本書為二〇一一年度國家社科基金重大項目
《黑水城漢文文獻整理與研究》系列成果之一

中國藏黑水城漢文文獻的整理與研究（下）

孫繼民 宋坤 陳瑞青 杜立暉 等著

中國社會科學出版社

圖書在版編目(CIP)數據

中國藏黑水城漢文文獻的整理與研究：全三冊/孫繼民等著.—北京：中國社會科學出版社，2016.10
ISBN 978-7-5161-8781-4

Ⅰ.①中… Ⅱ.①孫… Ⅲ.①出土文物—文獻—研究—額濟納旗—西夏 Ⅳ.①K877

中國版本圖書館 CIP 數據核字(2016)第 196881 號

出 版 人	趙劍英
責任編輯	宋燕鵬
責任校對	石春梅
責任印製	李寡寡

出　　版	中國社會科學出版社
社　　址	北京鼓樓西大街甲 158 號
郵　　編	100720
網　　址	http://www.csspw.cn
發 行 部	010-84083685
門 市 部	010-84029450
經　　銷	新華書店及其他書店
印刷裝訂	北京君昇印刷有限公司
版　　次	2016 年 10 月第 1 版
印　　次	2016 年 10 月第 1 次印刷
開　　本	787×1092　1/16
印　　張	146.5
字　　數	2532 千字
定　　價	568.00 圓(全三冊)

凡購買中國社會科學出版社圖書，如有質量問題請與本社營銷中心聯繫調換
電話：010-84083683
版權所有　　侵權必究

第九冊

卷十　圖畫、印章及其他文書卷（上）

（一）圖畫

1. 元如意圖飾

題解：

本件《中國藏黑水城漢文文獻》中原始編號為84H・F15：W5/0503，出版編號為M1・1498，收於第九冊《圖畫》第1815頁，擬題為《圖飾》，並記其尺寸為19cm×27cm。《黑城出土文書（漢文文書卷）》一書未收。文書為一如意式裝飾圖案，保存較為完整，圖飾中部分花朵用朱色填充。

錄文標點：

（略）

2. 元貢品與幡圖案

題解：

本件《中國藏黑水城漢文文獻》中原始編號為F97：W87，出版編號為M1・1499，收於第九冊《圖畫》第1816頁，擬題為《貢品與幡》，並記其尺寸為19.8cm×9cm。《黑城出土文書（漢文文書卷）》一書未收。文書所載圖案最右為火焰，火中三如意珠；中間為貢品，左邊為兩面旗幡，旗下為花。

錄文標點：

（略）

3. 元香爐式樣圖

題解：

本件《中國藏黑水城漢文文獻》中原始編號為 F111：W4，出版編號為M1·1500，收於第九冊《圖畫》第1817頁，擬題為《香爐》，並記其尺寸為13.6cm×15.3cm。《黑城出土文書（漢文文書卷）》一書未收。文書應為香爐式樣圖，圖中畫一香爐，腰部書"花"字，下足連接處書"牙子"，右下角為兩簽押，錄文按從上往下順序釋錄。

錄文標點：

1. 　　花
2. 花　　花
3. 牙　　牙
4. 子　　子
5. （簽押）（簽押）

4. 元小鳥圖

題解：

本件《中國藏黑水城漢文文獻》中無原始編號，出版編號為M1·1501，收於第九冊《圖畫》第1818頁，擬題為《小鳥圖》，並記其尺寸為17cm×18cm。《黑城出土文書（漢文文書卷）》一書未收。文書所載圖案右部為兩帶狀圖案，左部為雜畫多隻小鳥圖形。圖案除用墨筆勾畫外，還有朱筆勾畫的痕跡，似為文字，但無法釋讀。

錄文標點：

（略）

5. 元圖畫殘片

題解：

本件《中國藏黑水城漢文文獻》原始編號為84H·文官府：W27/2924，出版編號為M1·1502，收於第九冊《圖畫》第1819頁，擬題為《圖畫》，並記其尺寸為 17cm×18cm。《黑城出土文書（漢文文書卷）》一書未收。文書中圖案位於文書上下兩端，中間無，上部完整，為一帳簾樣式，下部殘損。

錄文標點：

（略）

6. 元方格圖

題解：

本件《中國藏黑水城漢文文獻》中原始編號為 F1：W35，出版編號為M1・1503，收於第九冊《圖畫》第 1820 頁，擬題為《方格圖》，並記其尺寸為11cm×18cm。《黑城出土文書（漢文文書卷）》一書未收。文書所載圖案為一大方格，大方格又分為四個小米字格。

錄文標點：

（略）

7. 元佩劍人物像殘片

題解：

本件《中國藏黑水城漢文文獻》中原始編號為 F13：W64，出版編號為M1・1504，收於第九冊《圖畫》第 1821 頁，擬題為《人物像》，並記其尺寸為20cm×18cm。《黑城出土文書（漢文文書卷）》一書未收。文書所載圖案為一佩劍人物像殘件，殘存右上部。

錄文標點：

（略）

8. 元幾何圖案殘片

題解：

本件《中國藏黑水城漢文文獻》中原始編號為 F6：W84，出版編號為M1・1505，收於第九冊《圖畫》第 1822 頁，擬題為《幾何圖》，並記其尺寸為17cm×6cm。《黑城出土文書（漢文文書卷）》一書未收。文書所載幾何圖案由兩個三角形或梯形拼合組成一扇形，右邊三角形中間有一圓形朱色圓點，左邊則在中間空一圓形，其餘部位用朱色填充。

  錄文標點：

  （略）

9. 元幾何圖案殘片

  題解：

  本件《中國藏黑水城漢文文獻》中原始編號為 F6：W83，出版編號為 M1·1506，收於第九冊《圖畫》第 1822 頁，擬題為《幾何圖》，並記其尺寸為 10cm×9cm。《黑城出土文書（漢文文書卷）》一書未收。文書所載幾何圖案為一大墨色方中間畫一小朱色方格，並用朱筆勾畫墨色大方格對角線。

  錄文標點：

  （略）

10. 元馬匹版畫殘片

  題解：

  本件《中國藏黑水城漢文文獻》中原始編號為 F14：W98B，出版編號為 M1·1507，收於第九冊《圖畫》第 1823 頁，擬題為《馬》，並記其尺寸為 30cm×42cm。《黑城出土文書（漢文文書卷）》一書未收。文書所載圖案為一馬，從圖案來看，應為印刷而成，非手繪，似為神碼殘片。

  錄文標點：

  （略）

11. 元神將版畫

  題解：

  本件《中國藏黑水城漢文文獻》中原始編號為 F19：W106，出版編號為 M1·1508，收於第九冊《圖畫》第 1824 頁，擬題為《門神》，並記其尺寸為 23cm×22cm。《黑城出土文書（漢文文書卷）》一書未收。文書所載圖案為兩神將版畫，圖案中間部分及左下角有殘缺。

錄文標點：

（略）

12. 元方格圖案

題解：

本件《中國藏黑水城漢文文獻》中原始編號為 F42：W4，出版編號為M1·1509，收於第九冊《圖畫》第 1825 頁，擬題為《方格》，並記其尺寸為 20cm×21cm。《黑城出土文書（漢文文書卷）》一書未收。文書所載圖案為一 4 行 4 列表格，其中第二條橫線與第三條縱線及第三條橫線與第二條縱線的交叉處有 X 形標記。

錄文標點：

（略）

13. 元圖案殘片

題解：

本件《中國藏黑水城漢文文獻》中原始編號為 F79：W20，出版編號為M1·1510，收於第九冊《圖畫》第 1826 頁，擬題為《圖畫》，並記其尺寸為 6cm×13cm。《黑城出土文書（漢文文書卷）》一書未收。文書所載圖案難以識別，圖案中間為一圓圈，圓圈中間畫一圖案；圍繞中間圓圈有兩環，最外一環畫多個人面樣式圖案，在其下內環中各用蒙古文字注釋說明。

錄文標點：

（略）

14. 元圖案殘片

題解：

本件《中國藏黑水城漢文文獻》中原始編號為 F111：W5，出版編號為M1·1511，收於第九冊《圖畫》第 1827 頁，擬題為《圖畫》，並記其尺寸為 13cm×24.2cm。《黑城出土文書（漢文文書卷）》一書未收。文書為一殘件，從殘存部分來看，似為建築物或者用具的結構圖。

錄文標點：

（略）

15. 元人像殘片（一）

題解：

本件《中國藏黑水城漢文文獻》中原始編號為 F135：W1，出版編號為 M1·1512，收於第九冊《圖畫》第1828頁，擬題為《人像》，並記其尺寸為 4.7cm×12.4cm。《黑城出土文書（漢文文書卷）》一書未收。文書殘存為一完整人物像，似為一供養人，除黑色線條外，另有朱色的塗抹痕跡。按，本號文書人像繪畫風格與同頁M1·1513［F135：W2］號文書同，且其編號相連，應為同一圖畫殘片。文書擬題據綴合後所定。

錄文標點：

（略）

16. 元人像殘片（二）

題解：

本件《中國藏黑水城漢文文獻》中原始編號為 F135：W2，出版編號為 M1·1513，收於第九冊《圖畫》第1828頁，擬題為《人像》，並記其尺寸為 7.5cm×34.6cm。《黑城出土文書（漢文文書卷）》一書未收。文書共兩件殘片，各存一人像。殘片一的人物面朝右，除黑色線條外，有朱色的塗抹痕跡；殘片二的人物面朝左，下視，僅由黑色線條勾勒而成。按，本號文書人像繪畫風格與同頁M1·1512［F135：W1］號文書同，且其編號相連，應為同一圖畫殘片。文書擬題據綴合後所定。

錄文標點：

（略）

17. 元圖畫殘片

題解：

本件《中國藏黑水城漢文文獻》中原始編號為 F135：W4，出版編號為M1·

1514，收於第九冊《圖畫》第1829頁，擬題為《圖畫殘件》，並記其尺寸為7cm×10.2cm。《黑城出土文書（漢文文書卷）》一書未收。文書殘存右上角，有祥雲圖案。

錄文標點：

（略）

18. 元圖畫殘片（一）

題解：

本件《中國藏黑水城漢文文獻》中原始編號為F135:W5，出版編號為M1·1515，收於第九冊《圖畫》第1829頁，擬題為《圖畫殘件》，並記其尺寸為6.5cm×12.5cm。《黑城出土文書（漢文文書卷）》一書未收。文書共兩件殘片，殘缺嚴重，不明何圖。按，本號文書繪畫風格與同頁M1·1516［F135:W6］相同，或為同一圖案殘件。文書擬題據綴合後所定。

錄文標點：

（略）

19. 元圖畫殘片（二）

題解：

本件《中國藏黑水城漢文文獻》中原始編號為F135:W6，出版編號為M1·1516，收於第九冊《圖畫》第1829頁，擬題為《圖畫殘件》，並記其尺寸為5cm×6.4cm。《黑城出土文書（漢文文書卷）》一書未收。文書殘損嚴重，不明何圖。按，本號文書繪畫風格與同頁M1·1515［F135:W5］相同，或為同一圖案殘件。文書擬題據綴合後所定。

錄文標點：（略）

20. 元鹿圖殘片（一）

題解：

本件《中國藏黑水城漢文文獻》中原始編號為F135:W7，出版編號為M1·1517，收於第九冊《圖畫》第1830頁，擬題為《鹿圖殘件》，並記其尺寸為

15cm×10cm。《黑城出土文書（漢文文書卷）》一書未收。文書殘存為一條動物的前肢及一蹄。按，本號文書與同頁M1·1518［F135：W8］號文書殘片一相似，應為同一圖案殘片。

錄文標點：

（略）

21. 元鹿圖殘片（二）及圖畫殘片（一）

題解：

本件《中國藏黑水城漢文文獻》中原始編號為F135：W8，出版編號為M1·1518，收於第九冊《圖畫》第1830頁，擬題為《圖畫殘件》，並記其尺寸為13cm×28.6cm。《黑城出土文書（漢文文書卷）》一書未收。文書共三件殘片，殘片一所繪為一動物的腿部，從紙張顏色來看，其應與M1·1517［F135：W7］號文書為同一圖案殘片；殘片二似是人物像上的衣服線條，從紙張顏色及殘存圖案來看，其應與《中國藏黑水城漢文文獻》第1831頁M1·1519［F135：W9］、M1·1520［F135：W12］號文書為同一圖案殘片；殘片三無法辨認。

錄文標點：

（略）

22. 元圖畫殘片（二）

題解：

本件《中國藏黑水城漢文文獻》中原始編號為F135：W9，出版編號為M1·1519，收於第九冊《圖畫》第1831頁，擬題為《圖畫殘件》，並記其尺寸為10.4cm×26cm。《黑城出土文書（漢文文書卷）》一書未收。文書共五件殘片，似為一人物像殘件。從紙張顏色及殘存圖案來看，其應與《中國藏黑水城漢文文獻》第1830頁M1·1518［F135：W8］殘片二及第1831頁M1·1520［F135：W12］號文書為同一圖案殘片。文書擬題據綴合後所定。

錄文標點：

（略）

23. 元圖畫殘片（三）

題解：

本件《中國藏黑水城漢文文獻》中原始編號為 F135:W12，出版編號為M1·1520，收於第九冊《圖畫》第 1831 頁，擬題為《圖畫殘件》，並記其尺寸為 9.6cm×24cm。《黑城出土文書（漢文文書卷）》一書未收。文書共三件殘片，從紙張顏色及殘存圖案來看，其應與《中國藏黑水城漢文文獻》第 1830 頁M1·1518［F135:W8］殘片二及第 1831 頁M1·1519［F135:W9］號文書為同一圖案殘片。文書擬題據綴合後所定。

錄文標點：

（略）

24. 元人物像殘片（一）

題解：

本件《中國藏黑水城漢文文獻》中原始編號為 F135:W11，出版編號為M1·1521，收於第九冊《圖畫》第 1832 頁，擬題為《圖畫殘件》，並記其尺寸為 6.3cm×25cm。《黑城出土文書（漢文文書卷）》一書未收。文書共兩件殘片，其應為人物像殘片，從紙張顏色及殘存圖案來看，其應與同頁M1·1522［F135:W13］號文書為同一圖案殘件。文書擬題據綴合後所定。

錄文標點：

（略）

25. 元人物像殘片（二）

題解：

本件《中國藏黑水城漢文文獻》中原始編號為 F135:W13，出版編號為M1·1522，收於第九冊《圖畫》第 1832 頁，擬題為《圖畫殘件》，並記其尺寸為 17cm×31cm。《黑城出土文書（漢文文書卷）》一書未收。文書共五件殘片，其應為人物像殘片，從紙張顏色及殘存圖案來看，其應與同頁M1·1521［F135:W11］號文書為同一圖案殘片。

26. 元版畫殘片

題解：

本件《中國藏黑水城漢文文獻》中原始編號為 F146：W5，出版編號為 M1·1523，收於第九冊《圖畫》第 1833 頁，擬題為《印本圖飾》，並記其尺寸為 5cm×12cm。《黑城出土文書（漢文文書卷）》一書未收。文書應為一版畫殘件，圖案內容不明。

錄文標點：

（略）

27. 元版畫人像

題解：

本件《中國藏黑水城漢文文獻》中原始編號為 F197：W28，出版編號為 M1·1524，收於第九冊《圖畫》第 1833 頁，擬題為《人像》，並記其尺寸為 8.5cm×14cm。《黑城出土文書（漢文文書卷）》一書未收。文書為一人像圖案，但僅能看出輪廓、無法辨認其外貌，由線條勾勒而成，其似為一版畫人像。

錄文標點：

（略）

28. 元佛教圖案殘片

題解：

本件《中國藏黑水城漢文文獻》中原始編號為 F197：W29，出版編號為 M1·1525，收於第九冊《圖畫》第 1834 頁，擬題為《密咒》，並記其尺寸為 7cm×15cm。《黑城出土文書（漢文文書卷）》一書未收。文書主體部分圖案似為供養品，其上部有一圈梵文。

錄文標點：

（略）

29. 元圖畫殘片

題解：

本件《中國藏黑水城漢文文獻》中原始編號為 F210：W3，出版編號為 M1·1526，收於第九冊《圖畫》第 1834 頁，擬題為《圖畫殘件》，並記其尺寸為 10cm×20cm。《黑城出土文書（漢文文書卷）》一書未收。文書共四件殘片，紙張顏色較接近，但難以辨認出所繪為何。

錄文標點：

（略）

30. 元人物像殘片

題解：

本件《中國藏黑水城漢文文獻》中原始編號為 F224：W15，出版編號為 M1·1527，收於第九冊《圖畫》第 1835 頁，擬題為《圖像殘件》，並記其尺寸為 6.7cm×15.8cm。《黑城出土文書（漢文文書卷）》一書未收。文書應為人物像殘片。

錄文標點：

（略）

31. 元佛教圖案

題解：

本件《中國藏黑水城漢文文獻》中原始編號為 F225：W2，出版編號為 M1·1528，收於第九冊《圖畫》第 1835 頁，擬題為《密咒》，並記其尺寸為 8cm×8cm。《黑城出土文書（漢文文書卷）》一書未收。文書圖案為外圍一圓，圓內似為一梵文。

錄文標點：

（略）

32. 元版畫殘片

題解：

本件《中國藏黑水城漢文文獻》中原始編號為 F245：W27，出版編號為 M1·

1529，收於第九冊《圖畫》第 1836 頁，擬題為《圖像殘件》，並記其尺寸為 9cm×19.4cm。《黑城出土文書（漢文文書卷）》一書未收。文書為一圖像的左半部分，似為一版畫神像殘件。

錄文標點：

（略）

33. 元人物像殘片

題解：

本件《中國藏黑水城漢文文獻》中原始編號為 F250：W1，出版編號為 M1·1530，收於第九冊《圖畫》第 1836 頁，擬題為《圖像殘件》，並記其尺寸為 22cm×16cm。《黑城出土文書（漢文文書卷）》一書未收。文書紙張顏色較深，圖像線條呈白色，為一人物像殘件。

錄文標點：

（略）

34. 元圖案殘片

題解：

本件《中國藏黑水城漢文文獻》中原始編號為 84H·F255：W31/2631，出版編號為 M1·1531，收於第九冊《圖畫》第 1837 頁，擬題為《圖飾》，並記其尺寸為 13.4cm×12.8cm。《黑城出土文書（漢文文書卷）》一書未收。文書殘存圖像上部，殘損嚴重，不知所繪何物。

錄文標點：

（略）

35. 元圖案殘片

題解：

本件《中國藏黑水城漢文文獻》中原始編號為 Y1：W86B，出版編號為 M1·1532，收於第九冊《圖畫》第 1837 頁，擬題為《圖飾》，並記其尺寸為 20cm×17cm。《黑城出土文書（漢文文書卷）》一書未收。文書紙張墨色較深，從殘存部分看爲一幅圖飾右下角，爲祥雲式樣。

錄文標點：

（略）

36. 元圖案殘片

題解：

本件《中國藏黑水城漢文文獻》中原始編號爲84H·Y1采：W115/2785，出版編號爲M1·1533，收於第九冊《圖畫》第1838頁，擬題爲《圖像》，並記其尺寸爲6.8cm×13.6cm。《黑城出土文書（漢文文書卷）》一書未收。文書殘損嚴重，不明所繪何物。

錄文標點：

（略）

37. 元圖案殘片

題解：

本件《中國藏黑水城漢文文獻》中原始編號爲F210：W9，出版編號爲M1·1534，收於第九冊《圖畫》第1838頁，擬題爲《圖畫殘件》，並記其尺寸爲8cm×8.6cm。《黑城出土文書（漢文文書卷）》一書未收。文書所殘存部分爲一環形的左下角。

錄文標點：

（略）

38. 元圖案殘片

題解：

本件《中國藏黑水城漢文文獻》中原始編號爲84H·Y5：W3/2966，出版編號爲M1·1535，收於第九冊《圖畫》第1838頁，擬題爲《圖飾》，並記其尺寸爲10cm×32cm。《黑城出土文書（漢文文書卷）》一書未收。文書共七件殘片，其中殘片一、二、四、五、六均有文字，殘片一存"竺"，殘片二存"利"，殘片四存"□來"，殘片五文字不清，殘片六似爲"北□"，殘片三圖像不明，殘片七為四串用繩子串起來的銅錢圖案。

錄文標點：

（略）

39. 元圖像殘片

題解：

本件《中國藏黑水城漢文文獻》中原始編號為 T3：W1，出版編號為M1·1536，收於第九冊《圖畫》第1839頁，擬題為《圖像》，並記其尺寸為36.7cm×27.8cm。《黑城出土文書（漢文文書卷）》一書未收。文書為陰刻圖像，所繪圖像有人物像、鹿、羊等和一些飛禽。

錄文標點：

（略）

40. 元圖案殘片

題解：

本件《中國藏黑水城漢文文獻》中原始編號為 84H·F193：W6/2240，出版編號為M1·1537，收於第九冊《圖畫》第1840頁，擬題為《圖畫殘件》，並記其尺寸為13cm×31.8cm。《黑城出土文書（漢文文書卷）》一書未收。文書共三件殘片，所繪何物不明。

錄文標點：

（略）

41. 元圖案殘片

題解：

本件《中國藏黑水城漢文文獻》中原始編號為 84H·F68：W6/0912，出版編號為M1·1538，收於第九冊《圖畫》第1840頁，擬題為《圖畫殘件》，並記其尺寸為5.3cm×7.1cm。《黑城出土文書（漢文文書卷）》一書未收。文書所繪何物不明，最末一筆狀如蝌蚪。

錄文標點：

（略）

42. 元串珠圖案殘片

題解：

本件《中國藏黑水城漢文文獻》中原始編號為84H·F116：W3/1174，出版編號為M1·1539，收於第九冊《圖畫》第1840頁，擬題為《串珠》，並記其尺寸為11cm×23.2cm。《黑城出土文書（漢文文書卷）》一書未收。文書所繪圖案為一根細繩串起來的珠子。

錄文標點：

（略）

43. 元如意珠圖案殘片

題解：

本件《中國藏黑水城漢文文獻》中原始編號為F19：W108，出版編號為M1·1540，收於第九冊《圖畫》第1841頁，擬題為《圖畫》，並記其尺寸為30.8cm×38.9cm。《黑城出土文書（漢文文書卷）》一書未收。文書為供養如意珠火焰圖像殘件。

錄文標點：

（略）

44. 元如意珠圖案

題解：

本件《中國藏黑水城漢文文獻》中原始編號為F19：W11，出版編號為M1·1541，收於第九冊《圖畫》第1842頁，擬題為《圖畫》，並記其尺寸為22cm×38cm。《黑城出土文書（漢文文書卷）》一書未收。文書與為供養如意珠火焰圖案。

錄文標點：

（略）

（二）印章與畫押

1. 元勘合文書殘片

題解：

本件《中國藏黑水城漢文文獻》中原始編號為84H・F13：W70/0421，出版編號為M1・1542，收於第九冊《印章與畫押》第1845頁，擬題為《押印》，並記其尺寸為15.8cm×16.5cm。《黑城出土文書（漢文文書卷）》一書未收。文書現存文字4行，第1行鈐朱印2枚，杜立暉指出印文為"亦集乃路總管府印"；第3行文字為左半文字，並鈐朱印，僅左半；第4行為兩處簽押。杜立暉指出本件文書應為元代勘合文書原件。參考文獻：杜立暉《元代勘合文書探析——以黑水城文獻為中心》，《歷史研究》2015年第2期。

錄文標點：

（前缺）

1. ☐碩 陸卙整①
2. ☐准此
3. ☐弓卞挍旨②
4. （簽押）（簽押）

2. 元文書殘尾

題解：

本件《中國藏黑水城漢文文獻》中無原始編號，出版編號為M1・1543，收於第九冊《印章與畫押》第1846頁，擬題為《押印》，並記其尺寸為18.8cm×19.8cm。《黑城出土文書（漢文文書卷）》一書未收。文書現存文字2行，第1行為八思巴蒙古文，第二行為日期，其上鈐印章一枚。從內容來看，其應為文書殘尾。

錄文標點：

（前缺）

---

① 此行文字鈐朱印兩枚，印文為"亦集乃路總管府印"。
② 此行文字鈐朱印一枚，為左半。

1.　　　（蒙古文）
2.　　十八日①

3. 元文書殘尾
題解：
本件《中國藏黑水城漢文文獻》中原始編號為84H·F116：W457/1629，出版編號為M1·1544，收於第九冊《印章與畫押》第1847頁，擬題為《押印》，並記其尺寸為21.4cm×25.4cm。《黑城出土文書（漢文文書卷）》一書未收。文書共兩件殘片，殘片一僅存朱印右上角，殘片二存日期、朱印、簽押各一。從內容來看，其應為文書殘尾。

錄文標點：
（一）
（殘朱印）
（二）
　　　　　　　（前缺）
1.　　廿五日②
2.　　　　　（簽押）

4. 元文書殘尾
題解：
本件《中國藏黑水城漢文文獻》中原始編號為84H·F116：W464/1636，出版編號為M1·1545，收於第九冊《印章與畫押》第1848頁，擬題為《押印》，並記其尺寸為9.8cm×21.7cm。《黑城出土文書（漢文文書卷）》一書未收。文書現存日期、朱印及簽押墨戳各一。從內容來看，其應為文書殘尾。

錄文標點：
　　　　　（前缺）

---

① "十八日"上鈐印章一枚。
② "廿五日"上鈐朱印一枚。

1510　中國藏黑水城漢文文獻的整理與研究

1.　　□□日① 　（簽押墨戳）

5. 元文書殘尾

題解：

本件《中國藏黑水城漢文文獻》中原始編號為84H·F116：W369/1541，出版編號為M1·1546，收於第九冊《印章與畫押》第1849頁，擬題為《押印》，並記其尺寸為25.2cm×23.6cm。《黑城出土文書（漢文文書卷）》一書未收。文書現存文字2行，第2行為日期、朱印、簽押。從內容來看，其應為文書殘尾。

錄文標點：

（前缺）

1.　　　　　二年正月

2.　初五日② 　（簽押）

6. 元文書殘尾

題解：

本件《中國藏黑水城漢文文獻》中原始編號為84H·F116：W219/1391，出版編號為M1·1547，收於第九冊《印章與畫押》第1850頁，擬題為《押印》，並記其尺寸為16.8cm×12.3cm。《黑城出土文書（漢文文書卷）》一書未收。文書共兩件殘片，殘片一文字不清，殘片二現存日期及印章。從內容來看，其應為文書殘尾。

錄文標點：

（一）

（前缺）

1.　　　□□

（後缺）

----

① "□□日"上鈐朱印一枚。
② "初五日"上鈐朱印一枚。

(二)

(前缺)

1.　　廿八日①

(後缺)

7. 元文書殘尾

題解：

本件《中國藏黑水城漢文文獻》中原始編號為84H·F116：W61/1233，出版編號為M1·1548，收於第九冊《印章與畫押》第1850頁，擬題為《押印》，並記其尺寸為21.7cm×10.2cm。《黑城出土文書（漢文文書卷）》一書未收。文書現存日期及印章各一。從內容來看，其應為文書殘尾。

錄文標點：

(前缺)

1.　　初六□②

(後缺)

8. 元文書殘尾

題解：

本件《中國藏黑水城漢文文獻》中原始編號為84H·F79：W45/0980，出版編號為M1·1549，收於第九冊《印章與畫押》第1851頁，擬題為《押印》，並記其尺寸為21.4cm×28cm。《黑城出土文書（漢文文書卷）》一書未收。文書現存日期、朱印及簽押各一。從內容來看，其應為文書殘尾。

錄文標點：

(前缺)

1.　　廿二日③　　(簽押)

---

① "廿八日"上鈐印章一枚。
② "初六□"上鈐印章一枚。
③ "廿二日"上鈐朱印一枚。

9. 元文書殘尾

題解：

本件《中國藏黑水城漢文文獻》中原始編號為84H·F79：W44/0979，出版編號為M1·1550，收於第九冊《印章與畫押》第1852頁，擬題為《押印》，並記其尺寸為19.3cm×32.5cm。《黑城出土文書（漢文文書卷）》一書未收。文書現存日期、朱印及簽押各一。從內容來看，其應為文書殘尾。

錄文標點：

　　　　（前缺）

1.　　廿三日① 　　（簽押）

10. 元文書殘尾

題解：

本件《中國藏黑水城漢文文獻》中原始編號為84H·F16：W8/0526，出版編號為M1·1551，收於第九冊《印章與畫押》第1853頁，擬題為《押印》，並記其尺寸為21.4cm×35cm。《黑城出土文書（漢文文書卷）》一書未收。文書現存日期、朱印及簽押各一。從內容來看，其應為文書殘尾。

錄文標點：

　　　　（前缺）

1.　　卅日② 　　（簽押）

11. 元文書殘尾

題解：

本件《中國藏黑水城漢文文獻》中原始編號為84H·F116：W563/1737，出版編號為M1·1552，收於第九冊《印章與畫押》第1854頁，擬題為《張德明等畫押》，並記其尺寸為62.8cm×10cm。《黑城出土文書（漢文文書卷）》一書未收。文書為二紙粘接，第一紙現存文字4行，均為官吏署名及簽押；第二紙現存

---

① "廿三日"上鈐朱印一枚。
② "卅日"上鈐朱印一枚。

簽押一處。從內容來看，其應為文書殘尾。

錄文標點：

（前缺）
1. ☐張　德明（簽押）
2. ☐威　□察（簽押）
3. ☐（簽押）
4. ☐（簽押）
　——————————
5. ☐（簽押）
（後缺）

12. 元文書殘片

題解：

本件《中國藏黑水城漢文文獻》中原始編號為 F116：W538，出版編號為 M1·1553，收於第九冊《印章與畫押》第 1854 頁，擬題為《畫押》，並記其尺寸為 53.4cm×13.2cm。《黑城出土文書（漢文文書卷）》一書未收。文書僅存下半部，現存文字 3 行，第 3 行應為墨戳。

錄文標點：

（前缺）
1. ☐承
2. ☐（簽押）
3. （墨戳）
（後缺）

13. 元雜寫殘片

題解：

本件《中國藏黑水城漢文文獻》中原始編號為 84H·F224：W43/2465，出版編號為M1·1554，收於第九冊《印章與畫押》第 1855 頁，擬題為《畫押》，並記其尺寸為 8.3cm×25.8cm。《黑城出土文書（漢文文書卷）》一書未收。文書共

1514 中國藏黑水城漢文文獻的整理與研究

兩件殘片，殘片一字跡繚亂，應為雜寫，可辨認的為簽押多處；殘片二現存一"孫"字。

錄文標點：

（一）

（前缺）

1. ☐☐一夜☐
2. ☐☐二日
3. （簽押）（簽押）
4. ☐☐☐☐人

（後缺）

（二）

（前缺）

1. ☐☐☐孫

（後缺）

14. 元文書殘片

題解：

本件《中國藏黑水城漢文文獻》中原始編號為84H·F21：W13/0730，出版編號為M1·1555，收於第九冊《印章與畫押》第1855頁，擬題為《畫押》，並記其尺寸為12.4cm×21cm。《黑城出土文書（漢文文書卷）》一書未收。文書共兩件殘片，殘片一現存文字3行；殘片二現存文字2行，第2行為簽押。按，兩件文書紙張顏色不同，應非同一件文書殘片。

錄文標點：

（一）

（前缺）

1. 户輯☐☐☐
2. 承☐☐☐
3. ☐☐王☐

（後缺）

（二）

　　　　　　（前缺）

1. ▭▭▭▭▭▭□

2. ▭▭▭▭▭（簽押）

　　　　　　（後缺）

15. 元文書殘尾

題解：

本件《中國藏黑水城漢文文獻》中原始編號為84H·F111：W12/1090，出版編號為M1·1556，收於第九冊《印章與畫押》第1856頁，擬題為《畫押》，並記其尺寸為14.1cm×29.1cm。《黑城出土文書（漢文文書卷）》一書未收。文書現存日期、朱印及簽押各一。從內容來看，其應為文書殘尾。

錄文標點：

　　　　　（前缺）

1.　　廿八 日 ①（簽押）

16. 元文書殘片

題解：

本件《中國藏黑水城漢文文獻》中原始編號為84H·F90：W6/1050，出版編號為M1·1557，收於第九冊《印章與畫押》第1857頁，擬題為《畫押》，並記其尺寸為8.3cm×18.5cm。《黑城出土文書（漢文文書卷）》一書未收。文書共兩件殘片，殘片一現存文字3行，草書；殘片二中僅存一處簽押。

錄文標點：

（一）

　　　　　（前缺）

1. ▭▭▭□▭▭

2. ▭▭▭関 到 ▭▭

---

① "廿八 日 "上鈐朱印一枚。

1516　中國藏黑水城漢文文獻的整理與研究

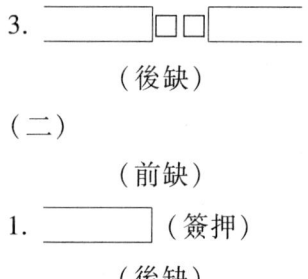

（二）
　　　　　（前缺）
1.　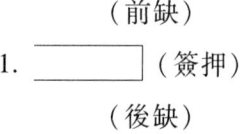（簽押）
　　　　　（後缺）

17. 元文書殘片

題解：

本件《中國藏黑水城漢文文獻》中原始編號為84HF130，出版編號為M1·1558，收於第九冊《印章與畫押》第1857頁，擬題為《畫押》，並記其尺寸為9.7cm×6cm。《黑城出土文書（漢文文書卷）》一書。文書僅存一處簽押。

錄文標點：

　　　　　（前缺）
1.　　　　　（簽押）
　　　　　（後缺）

18. 元文書殘片

題解：

本件《中國藏黑水城漢文文獻》中無原始編號，出版編號為M1·1559，收於第九冊《印章與畫押》第1858頁，擬題為《畫押》，並記其尺寸為22.2cm×22.5cm。《黑城出土文書（漢文文書卷）》一書未收。文書僅存一處簽押。

錄文標點：

　　　　　（前缺）
1.　　　　　（簽押）
　　　　　（後缺）

19. 元文書殘尾

題解：

本件《中國藏黑水城漢文文獻》中原始編號為84H·采：W14/2954，出版編號爲M1·1560，收於第九册《印章與畫押》第1859頁，擬題爲《畫押》，並記其尺寸爲18cm×22.3cm。《黑城出土文書（漢文文書卷）》一書未收。文書共兩件殘片，殘片一現存文字1行；殘片二現存朱印殘痕，並有墨跡。從内容來看，其應爲文書殘尾。

錄文標點：

（一）

（前缺）

1.　　☐李（簽押）

（後缺）

（二）

（朱印殘痕）

20. 元文卷殘片

題解：

本件《中國藏黑水城漢文文獻》中原始編號爲84H·F116：W525/1699，出版編號爲M1·1561，收於第九册《印章與畫押》第1860頁，擬題爲《畫押》，並記其尺寸爲35cm×10.5cm。《黑城出土文書（漢文文書卷）》一書未收。文書共三紙粘接而成，第一紙無文字殘留，第二紙現存簽押兩處，第三紙現存文字1行。從内容來看，其似爲一文卷殘片，第一紙及第二紙爲一件文書殘尾，第三紙爲一件文書開頭。

錄文標點：

（前缺）

──────────

1.　　──────．（簽押）

2.　　──────（簽押）

──────────

3.　──────書省劄付爲☐──

（後缺）

21. 元文書殘尾

題解：

本件《中國藏黑水城漢文文獻》中原始編號為84H・F116：W529/1703，出版編號為M1・1562，收於第九冊《印章與畫押》第1861頁，擬題為《畫押》，並記其尺寸為18cm×11cm。《黑城出土文書（漢文文書卷）》一書未收。文書共兩件殘片，殘片一現存文字2行，第2行為簽押；殘片二僅存日期。從內容來看，其應為文書殘尾。

錄文標點：

（一）

　　　　（前缺）
1. 　　□四年九月　□
2. 　　（簽押）
　　　　（後缺）

（二）

　　　　（前缺）
1. 　廿日
　　　　（後缺）

22. 元文書殘片

題解：

本件《中國藏黑水城漢文文獻》中原始編號為84H・F116：W330/1502，出版編號為M1・1563，收於第九冊《印章與畫押》第1861頁，擬題為《印章》，並記其尺寸為13.7cm×13.4cm。《黑城出土文書（漢文文書卷）》一書未收。文書僅存朱印左上角。

錄文標點：

（殘朱印）

23. 元文書殘尾

題解：

本件《中國藏黑水城漢文文獻》中原始編號為84H・F116：W157/1329，出版編號為 M1·1564，收於第九冊《印章與畫押》第 1862 頁，共四件殘片，分為兩組，擬題為《畫押》，並記其尺寸分別為 11cm×10.2cm、23.2cm×12cm。《黑城出土文書（漢文文書卷）》一書未收。文書殘片一、二、四各存簽押一處，殘片三現存文字 3 行，為官吏署名。從內容來看，其應為文書殘尾。

錄文標點：

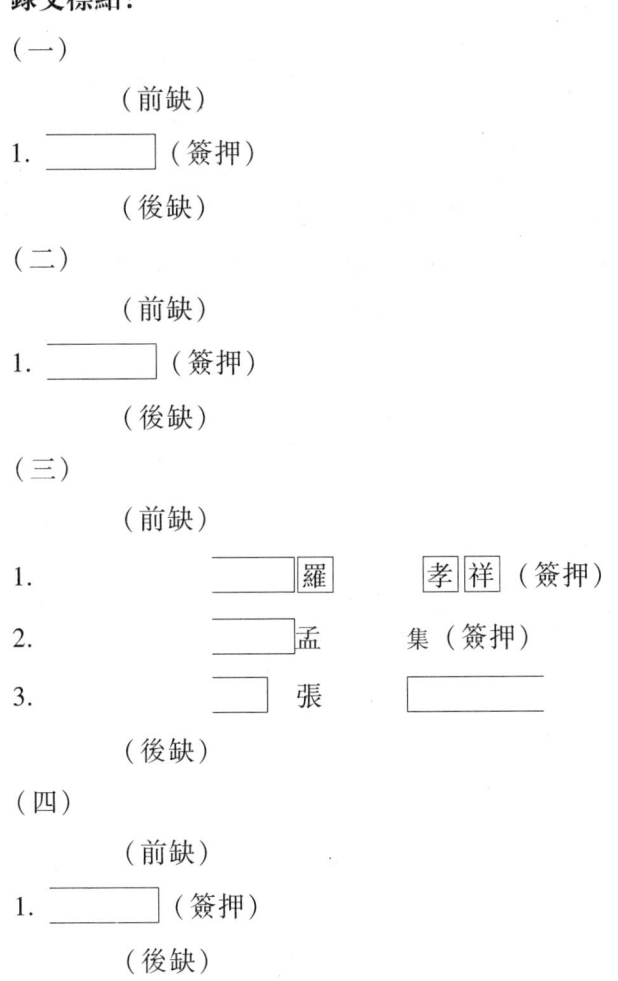

（一）

（前缺）

1. ☐☐☐（簽押）

（後缺）

（二）

（前缺）

1. ☐☐☐（簽押）

（後缺）

（三）

（前缺）

1. ☐☐☐ 羅　孝 祥（簽押）
2. ☐☐☐ 孟　集（簽押）
3. ☐☐ 張　☐☐☐

（後缺）

（四）

（前缺）

1. ☐☐☐（簽押）

（後缺）

24. 元文書殘尾

題解：

本件《中國藏黑水城漢文文獻》中原始編號為 84H·F183：W7/2198，出版編號為 M1·1565，收於第九冊《印章與畫押》第 1863 頁，擬題為《畫押》，並記其尺寸為 21.5cm×33.8cm。《黑城出土文書（漢文文書卷）》一書未收。文書

1520　中國藏黑水城漢文文獻的整理與研究

現存日期、朱印各一，簽押二。從內容來看，應為文書殘尾。

　　錄文標點：

　　　　　　　（前缺）

1.　　　□六日①
2.（簽押）　　（簽押）

25. 元簽押

題解：

　　本件《中國藏黑水城漢文文獻》中原始編號為84HF125B，出版編號為M1·1566，收於第九冊《印章與畫押》第1864頁，擬題為《畫押》，並記其尺寸為20cm×24cm。《黑城出土文書（漢文文書卷）》一書未收。文書共兩件殘片，各存一簽押。

錄文標點：

（一）

　　　　　　（前缺）
1.（簽押）
　　　　　　（後缺）

（二）

　　　　　　（前缺）
1.（簽押）
　　　　　　（後缺）

26. 元簽押

題解：

　　本件《中國藏黑水城漢文文獻》中原始編號為84H·F117：W18/1810，出版編號為M1·1567，收於第九冊《印章與畫押》第1865頁，擬題為《畫押》，並記其尺寸為10.8cm×12cm。《黑城出土文書（漢文文書卷）》一書未收。文書似為簽押雜寫。

---

① "□六日"上鈐朱印一枚。

錄文標點：
> （前缺）
1. （簽押）
2. （簽押）
> （後缺）

27. 元簽押

題解：

本件《中國藏黑水城漢文文獻》中原始編號為84H·F111：W9/1087，出版編號為M1·1568，收於第九册《印章與畫押》第1865頁，擬題為《畫押》，並記其尺寸為30.9cm×9.4cm。《黑城出土文書（漢文文書卷）》一書未收。本件文書似為包封殘片，其紙原左右兩端粘接，簽押書寫於粘接處，後粘接斷開，簽押也分為左右兩半，分居於紙張左右兩端。

錄文標點：
> （前缺）
1. （簽押）
> （後缺）

28. 元簽押

題解：

本件《中國藏黑水城漢文文獻》中原始編號為84H·F111：W8/1086，出版編號為M1·1569，收於第九册《印章與畫押》第1866頁，擬題為《畫押》，並記其尺寸為6cm×15.5cm。《黑城出土文書（漢文文書卷）》一書未收。文書僅存簽押二處。

錄文標點：
> （前缺）
1. （簽押）（簽押）
> （後缺）

29. 元文書殘尾

題解：

本件《中國藏黑水城漢文文獻》中原始編號為84H·F111：W7/1085，出版編號為M1·1570，收於第九冊《印章與畫押》第1866頁，擬題為《畫押》，並記其尺寸為9cm×16.9cm。《黑城出土文書（漢文文書卷）》一書未收。文書現存日期及簽押各一，其日期似為墨戳印刷。從內容來看，其應為文書殘尾。

錄文標點：

（前缺）

1.　　□□日　　（簽押）

30. 元至正二十五年（1365）文書殘尾

題解：

本件《中國藏黑水城漢文文獻》中原始編號為84H·F80：W11/1040，出版編號為M1·1571，收於第九冊《印章與畫押》第1867頁，擬題為《畫押》，並記其尺寸為11.6cm×21.7cm。《黑城出土文書（漢文文書卷）》一書未收。文書為殘片現存文字1行，其中"至正　年　月　日"等字為墨戳印刷，之後手寫填入具體數字，其上鈐朱印一枚，下簽押二處。從內容來看，其應為文書殘尾。

錄文標點：

（前缺）

1. 至正廿五年四月　日① 　（簽押）（簽押）

31. 元文書殘尾

題解：

本件《中國藏黑水城漢文文獻》中原始編號為84H·F74：W1/0930，出版編

---

① 日期上鈐朱印一枚。

號為M1·1572，收於第九冊《印章與畫押》第1868頁，擬題為《畫押》，並記其尺寸為14.9cm×28.5cm。《黑城出土文書（漢文文書卷）》一書未收。文書現存日期及簽押各一，無印章。從內容來看，其應為文書殘尾。

錄文標點：

（前缺）

1. 初六日　（簽押）

32. 元文書殘尾

題解：

本件《中國藏黑水城漢文文獻》中原始編號為84H·F68：W2/0908，出版編號為M1·1573，收於第九冊《印章與畫押》第1869頁，擬題為《畫押》，並記其尺寸為18cm×7.6cm。《黑城出土文書（漢文文書卷）》一書未收。文書為現存文字2行，第2行為簽押二處。從內容來看，其應為文書殘尾。

錄文標點：

（前缺）

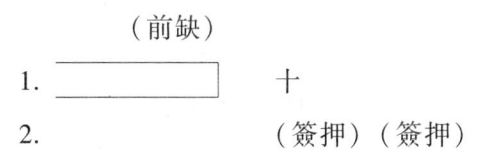

1. ▢▢▢▢　　十
2. 　　　　（簽押）（簽押）

33. 元□真呈文殘尾

題解：

本件《中國藏黑水城漢文文獻》中原始編號為84H·F41：W7/0778，出版編號為M1·1574，收於第九冊《印章與畫押》第1869頁，擬題為《畫押》，並記其尺寸為12cm×8cm。《黑城出土文書（漢文文書卷）》一書未收。文書現存文字2行，第2行為簽押。從內容來看，其應為文書殘尾。

錄文標點：

（前缺）

1. ▢▢▢真呈
2. 　　　（簽押）

34. 元文書殘尾

題解：

本件《中國藏黑水城漢文文獻》中原始編號為84H・F20：W58/0707，出版編號為M1・1575，收於第九冊《印章與畫押》第1870頁，擬題為《畫押》，並記其尺寸為11.6cm×27.3cm。《黑城出土文書（漢文文書卷）》一書未收。文書為現存文字2行，第2行為日期及簽押。從內容來看，其應為文書殘尾。

錄文標點：

（前缺）

1.　　　　関
2.　　□□日　　（簽押）（簽押）

35. 元文書殘片

題解：

本件《中國藏黑水城漢文文獻》中原始編號為84H・F114：W14/1168，出版編號為M1・1576，收於第九冊《印章與畫押》第1871頁，擬題為《畫押》，並記其尺寸為17.5cm×20cm。《黑城出土文書（漢文文書卷）》一書未收。文書墨跡凌亂，現存跡日期及簽押。

錄文標點：

（前缺）

1.　　□□日　　（簽押）

36. 元契約文書殘片

題解：

本件《中國藏黑水城漢文文獻》中原始編號為F14：W5，出版編號為M1・1577，收於第九冊《印章與畫押》第1872頁，擬題為《畫押》，並記其尺寸為14.8cm×21.3cm。《黑城出土文書（漢文文書卷）》一書未收。文書現存文字6行，從內容來看，其應為契約殘片。

錄文標點：

　　　　（前缺）
1.　　　□▭▭▭▭▭
2.　　　知見人□□□（簽押）
3.　　　知見人李買住（簽押）
4.　　　知見人郭拜住（簽押）
5.　　　知見人戴占僧（簽押）
6.　　　知見人▭▭▭▭▭
　　　　（後缺）

37. 元文書殘尾

題解：

本件《中國藏黑水城漢文文獻》中原始編號為 AE204ZHi43，出版編號為 M3·0016，收於第九冊《印章與畫押》第 1873 頁，擬題為《畫押》，並記其尺寸為 12cm×24.5cm。《黑城出土文書（漢文文書卷）》一書未收。文書現存日期及簽押。從內容來看，其應為文書殘尾。

錄文標點：

　　　　（前缺）
1.　　　￼十八日　　（簽押）（簽押）

38. 元谢朶立只失朶簽押習寫

題解：

本件《中國藏黑水城漢文文獻》中原始編號為 84H·大院内 a6：W98/2887，出版編號為M1·1578，收於第九冊《印章與畫押》第 1874 頁，擬題為《畫押》，並記其尺寸為 24.5cm×24.5cm。《黑城出土文書（漢文文書卷）》一書未收。文書為簽押習寫，其上滿寫簽押，在左下角處現存 3 行同一人名，其下畫簽押。

錄文標點：

　　　　（前缺）
1.（簽押）（簽押）（簽押）（簽押）（簽押）（簽押）（簽押）（簽押）（簽

押）張☐

2.（簽押）　（簽押）　（簽押）　（簽押）　（簽押）　（簽押）　（簽押）_____

3.（簽押）　　（簽押）　　（簽押）　　（簽押）　　（簽押）　　（簽押）_____

4.（簽押）（簽押）（簽押）（簽押）（簽押）（簽押）（簽押）（簽押）王王王王

5.（簽押）（簽押）（簽押）（簽押）（簽押）（簽押）（簽押）（簽押）（簽押）

6.　（簽押）　　（簽押）　　　　　謝朶立只失朶（簽押）

7._____只失朶（簽押）

8._____立只失朶（簽押）

（後缺）

39. 元簽押習寫（一）

題解：

本件《中國藏黑水城漢文文獻》中原始編號為84H·F175：W3/2179，出版編號為M1·1579，收於第九冊《印章與畫押》第1875頁，擬題為《畫押》，並記其尺寸為10.3cm×35.9cm。《黑城出土文書（漢文文書卷）》一書未收。文書為簽押習寫，其上僅存簽押，且位置凌亂。按，本號文書紙張及簽押字體均與同頁M1·1580［84H·F175：W2/2178］號文書同，其應為同一件文書殘頁。文書擬題依綴合後所定。

錄文標點：

（略）

40. 元簽押習寫（二）

題解：

本件《中國藏黑水城漢文文獻》中原始編號為84H·F175：W2/2178，出版編號為M1·1580，收於第九冊《印章與畫押》第1875頁，擬題為《畫押》，並記其尺寸為6cm×26.4cm。《黑城出土文書（漢文文書卷）》一書未收。文書為簽押習寫，其上僅存簽押，且位置凌亂。按，本號文書紙張及簽押字體均與同頁M1·1570［84H·F175：W3/2179］號文書同，其應為同一件文書殘頁。文書擬題依綴合後所定。

錄文標點：
（略）

41. 元簽押習寫

題解：

本件《中國藏黑水城漢文文獻》中原始編號為84H·F124：W9/1835，出版編號為M1·1581，收於第九冊《印章與畫押》第1876頁，擬題為《畫押》，並記其尺寸為24.5cm×24.5cm。《黑城出土文書（漢文文書卷）》一書未收。文書為簽押習寫，其上多為簽押，僅習寫四字，且位置凌亂。

錄文標點：
（前缺）
1. （簽押）（簽押）（簽押）（簽押）門
2. 　（簽押）　　　寒
3. （簽押）（簽押）　（簽押）（簽押）（簽押）
4. 　　　　　違　違　（簽押）（簽押）（簽押）
5. （簽押）（簽押）
6. （簽押）（簽押）（簽押）（簽押）（簽押）
7. （簽押）（簽押）（簽押）（簽押）（簽押）（簽押）
　　（後缺）

42. 元簽押習寫

題解：

本件《中國藏黑水城漢文文獻》中原始編號為84H·F114：W4/1168，出版編號為M1·1582，收於第九冊《印章與畫押》第1877頁，擬題為《畫押》，並記其尺寸為7.8cm×29.5cm。《黑城出土文書（漢文文書卷）》一書未收。文書為簽押習字，字跡潦草，且有字頭向下者。

錄文標點：

（前缺）

1. （簽押）（簽押）道五①望正大大工（簽押）②
2. 　　（簽押）

（後缺）

43. 元簽押習寫

題解：

本件《中國藏黑水城漢文文獻》中原始編號為83H·F9：W56/0310，出版編號為M1·1583，收於第九冊《印章與畫押》第1877頁，擬題為《畫押》，並記其尺寸為9.8cm×4.4cm。《黑城出土文書（漢文文書卷）》一書未收。文書現存簽押兩處，其餘為雜畫，呈"H"形。

錄文標點：

（略）

44. 元簽押習寫

題解：

本件《中國藏黑水城漢文文獻》中原始編號為83H·F2：W26/0093，出版編號為M1·1584，收於第九冊《印章與畫押》第1877頁，擬題為《畫押》，並記其尺寸為6cm×11.5cm。《黑城出土文書（漢文文書卷）》一書未收。文書為簽押習寫，其上僅存簽押，且位置凌亂。

錄文標點：

（略）

45. 元文書殘片

題解：

本件《中國藏黑水城漢文文獻》中原始編號為84H·F224：W44/2466，出版

---

① "道五"二字字頭向下。
② "大工（簽押）"等字字頭向下。

編號為M1·1585，收於第九冊《印章與畫押》第1878頁，擬題為《落款畫押》，並記其尺寸為24.9cm×13.5cm。《黑城出土文書（漢文文書卷）》一書未收。文書共兩件殘片，殘片一為文書下部，現存文字4行；殘片二為文書上部，現存文字3行。

錄文標點：

（一）

（前缺）

1. ☐☐☐☐石伯玉（簽押）
2. ☐☐☐☐首領賀布（簽押）
3. ☐☐☐李順（簽押）
4. ☐☐☐王海（簽押）

（後缺）

（二）

（前缺）

1. 李☐失屈二☐☐☐☐
2. 吳兀立 屯 布☐☐☐
3. 吳兀海☐☐☐☐

（後缺）

46. 元吳榮等簽押

題解：

本件《中國藏黑水城漢文文獻》中原始編號為F1：W23，出版編號為M1·1586，收於第九冊《印章與畫押》第1879頁，擬題為《畫押》，並記其尺寸為13.9cm×12.4cm。《黑城出土文書（漢文文書卷）》一書未收。文書現存文字6行，均為落款及簽押。

錄文標點：

（前缺）

1. ☐☐呂☐☐☐
2. ☐☐吳榮（簽押）

3.　　　　李吉善（簽押）
4.　　　　陳德賢（簽押）
5.　　　　孟成
6.　　　　譚知（簽押）
　　　　（後缺）

47. 元放支文書殘片

題解：

本件《中國藏黑水城漢文文獻》中原始編號為84H·F210：W13/2398，出版編號為M1·1587，收於第九冊《印章與畫押》第1879頁，擬題為《畫押》，並記其尺寸為5.2cm×16.2cm。《黑城出土文書（漢文文書卷）》一書未收。文書共三件殘片，殘片一左半部似為墨戳，殘片二現存文字1行，殘片三僅存簽押一處。

錄文標點：

（一）

　　　　（前缺）
1.　　　放支
2.　　　□□□①
　　　　（後缺）

（二）

　　　　（前缺）
1.　　　□對同□□
　　　　（後缺）

（三）

　　　　（前缺）
1.　　　□（簽押）
　　　　（後缺）

---

①　此行似為墨戳文字。

整理編　第九冊　　1531

48. 元文書殘片

題解：

本件《中國藏黑水城漢文文獻》中原始編號為84H·F116：W255/1427，出版編號為M1·1588，收於第九冊《印章與畫押》第1880頁，擬題為《畫押》，並記其尺寸為32.4cm×13cm。《黑城出土文書（漢文文書卷）》一書未收。文書為二紙粘接，第一紙現存文字2行，第二紙僅存簽押一處。

錄文標點：

　　　　　（前缺）

1.　　　☐蒙武節☐

2.　　　☐牘劉　（簽押）

　　―――――――――――

3.　　　　　　（簽押）

　　　　（後缺）

49. 元文書殘尾

題解：

本件《中國藏黑水城漢文文獻》中原始編號為84H·F270：W4/2643，出版編號為M1·1589，收於第九冊《印章與畫押》第1880頁，擬題為《印章》，並記其尺寸為14.5cm×9.7cm。《黑城出土文書（漢文文書卷）》一書未收。文書現存文字3行，第2行為日期及朱印，第3行似為雜寫。從內容來看，其應為文書殘尾。

錄文標點：

　　　　　（前缺）

1.　　　☐

2.　　廿五日①

―――――――――――

①　"廿五日"上鈐朱印一枚。

3.　部□▭
　　　　（後缺）

50. 元印章殘片

題解：

本件《中國藏黑水城漢文文獻》中無原始編號，出版編號為M1·1590，收於第九冊《印章與畫押》第1881頁，擬題為《印章》，並記其尺寸為21.8cm×27cm。《黑城出土文書（漢文文書卷）》一書未收。文書僅存一墨印底邊。

錄文標點：

（殘墨印）

51. 元文書殘片

題解：

本件《中國藏黑水城漢文文獻》中原始編號為84H·F116：W603/1777，出版編號為M1·1591，收於第九冊《印章與畫押》第1882頁，擬題為《印章》，並記其尺寸為18cm×21.3cm。《黑城出土文書（漢文文書卷）》一書未收。文書共三件殘片，其中殘片一火焚痕跡嚴重，紙色深黑，僅能辨認一"関"字；殘片二無痕跡殘留，殘片三現存一朱印右邊框。

錄文標點：

（略）

52. 元文書殘尾

題解：

本件《中國藏黑水城漢文文獻》中原始編號為84H·F116：W499/1671，出版編號為M1·1592，收於第九冊《印章與畫押》第1883頁，擬題為《印章》，並記其尺寸為10.8cm×12.3cm。《黑城出土文書（漢文文書卷）》一書未收。文書現存日期及朱印。從內容來看，其應為文書殘尾。

錄文標點：

　　　　（前缺）

1.　　　初四日①

53. 元文書殘尾
題解：

本件《中國藏黑水城漢文文獻》中原始編號為84H·F116：W407/1579，出版編號為M1·1593，收於第九冊《印章與畫押》第1883頁，擬題為《印章》，並記其尺寸為9.6cm×13.6cm。《黑城出土文書（漢文文書卷）》一書未收。文書現存日期及朱印。從內容來看，其應為文書殘尾。

錄文標點：

（前缺）

1.　　　卅日②

54. 元文書殘尾
題解：

本件《中國藏黑水城漢文文獻》中原始編號為84H·F116：W180/1352，出版編號為M1·1594，收於第九冊《印章與畫押》第1884頁，擬題為《印章》，並記其尺寸為14.3cm×13.7cm。《黑城出土文書（漢文文書卷）》一書未收。文書現存文字2行，第1行僅見文字殘痕；第2行為日期及朱印，均殘損。從內容來看，其應為文書殘尾。

錄文標點：

（前缺）

1. □□□_____

2.　　　初□□③

---

① "初四日"上鈐朱印一枚。
② "卅日"上鈐朱印一枚。
③ "初□□"上鈐朱印一枚。

55. 元文書殘片

題解：

本件《中國藏黑水城漢文文獻》中原始編號為84H·F116：W112/1284，出版編號為M1·1595，收於第九冊《印章與畫押》第1885頁，擬題為《印章》，並記其尺寸為12.3cm×18cm。《黑城出土文書（漢文文書卷）》一書未收。文書共兩件殘片，殘片一現存日期及印章，均殘損；殘片二現存文字2行。

錄文標點：

（一）

　　　　（前缺）

1.　　卅 日 ①

（二）

　　　　（前缺）

1.　　　　照依元□□
2.　　　　　□□
　　　　（後缺）

56. 元文書殘片

題解：

本件《中國藏黑水城漢文文獻》中原始編號為84H·F209：W54/2352，出版編號為M1·1596，收於第九冊《印章與畫押》第1886頁，擬題為《印章》，並記其尺寸為13.4cm×16.8cm。《黑城出土文書（漢文文書卷）》一書未收。文書共兩件殘片，殘片一現存印章殘跡及簽押一處，殘片二上有印章及文字殘跡。

錄文標點：

（一）

　　　　（前缺）

1.　　（印章）（簽押）

---

① "卅 日"上鈐朱印一枚。

（後缺）

（二）

（前缺）

1.　□叁‾‾‾‾‾‾①

（後缺）

57. 元至正年間文書殘片

題解：

本件《中國藏黑水城漢文文獻》中原始編號為84H·F193：W5/2239，出版編號為M1·1597，收於第九冊《印章與畫押》第1886頁，擬題為《印章》，並記其尺寸為8cm×19.5cm。《黑城出土文書（漢文文書卷）》一書未收。文書現存日期及朱印。日期中年號及年月日等字字體粗大，具體數字字體較小，朱印為長方形，較小。按，通過元代年號推斷，本件文書應為至正年間文書。

錄文標點：

（前缺）

1.　□正□年正月 捌初 日②

58. 元印章殘片

題解：

本件《中國藏黑水城漢文文獻》中原始編號為84H·F80：W14/1043，出版編號為M1·1598，收於第九冊《印章與畫押》第1887頁，擬題為《印章》，並記其尺寸為20cm×22cm。《黑城出土文書（漢文文書卷）》一書未收。文書僅存一方朱印的右半部。

錄文標點：

（殘朱印）

---

① 此行左側有印章一枚。
② 此行文字鈐朱印一枚，印為長方形，印體較小。

59. 元河西隴北道肅政廉訪司等戳印殘片

題解：

本件《中國藏黑水城漢文文獻》中原始編號為 F116：W131，出版編號為 M1·1599，收於第九冊《印章與畫押》第 1888 頁，擬題為《戳印》，並記其尺寸為 25.8cm×15cm。《黑城出土文書（漢文文書卷）》一書未收。文書為四方墨戳並排戳印，戳印所刻之字較大，殘片左部可辨認出有"河西隴北"三字，疑為河西隴北道肅政廉訪司所用。

錄文標點：

（前缺）

1. ☐大夫☐☐☐☐☐
2. 奉政大夫河西☐☐☐☐
3. 河西北 道 ☐☐☐☐
4. ☐☐☐☐☐☐☐☐

（後缺）

60. 元河西隴北道肅政廉訪司等戳印殘片

題解：

本件《中國藏黑水城漢文文獻》中原始編號為 84H·F116：W131/1303，出版編號為M1·1600，收於第九冊《印章與畫押》第 1889—1890 頁，共四件殘片，分為三組，擬題為《戳印》，並記其尺寸分別為 9cm×14.5cm、14.2cm×34.5cm、12.8cm×13.4cm。《黑城出土文書（漢文文書卷）》一書未收。文書殘片一、二各存墨戳一方，殘片三現存文字 2 行，殘片四現存文字 1 行及墨戳一方。

錄文標點：

（一）

（前缺）

1. 奉直大夫☐☐☐☐☐

（後缺）

（二）

　　　　　（前缺）

1. □□□北道肅政廉訪司□□□

　　　　　（後缺）

（三）

　　　　　（前缺）

1. 　農□□□

2. 僉

　　　　　（後缺）

（四）

　　　　　（前缺）

1. □□□□□

2. 奉政大夫河西□□□□

　　　　　（後缺）

61. 元亦集乃路交割文書殘片

題解：

本件《中國藏黑水城漢文文獻》中無原始編號，出版編號為M1·1601，收於第九冊《印章與畫押》第1891頁，擬題為《戳印》，並記其尺寸為21.5cm×18.7cm。《黑城出土文書（漢文文書卷）》一書未收。文書共兩件殘片，殘片一現存文字3行，第1行為蒙古文，第2行為漢文，第3行為蒙古文墨戳，殘片二僅存一"右"字。

錄文標點：

（一）

　　　　　（前缺）

1. （蒙古文）

2. 亦集乃交割課□□□

3. （蒙古文戳印）

　　　　　（後缺）

1538　中國藏黑水城漢文文獻的整理與研究

（二）
　　　　　（前缺）
1. 右□□□□□□□□
　　　　　（後缺）

62. 元文書殘片

題解：

本件《中國藏黑水城漢文文獻》中無原始編號，出版編號為M1·1602，收於第九冊《印章與畫押》第1892頁，擬題為《戳印》，並記其尺寸為12.4cm×25.7cm。《黑城出土文書（漢文文書卷）》一書未收。文書共三件殘片，殘片一為一墨戳殘痕，文字不清；殘片二現存2字，不易釋讀；殘片三為一墨戳殘痕，其旁一行文字，不清。

錄文標點：

（一）
（墨戳殘痕）
（二）
　　　　　（前缺）
1. □□□□□□
2. □
　　　　　（後缺）
（三）
　　　　　（前缺）
1. （墨戳殘痕）
2. □□□□□□□程□
　　　　　（後缺）

63. 元文書殘尾

題解：

本件《中國藏黑水城漢文文獻》中原始編號為84H·F249∶W7/2540，出版編號為M1·1603，收於第九冊《印章與畫押》第1893頁，擬題為《戳印》，並記其尺寸為 13.9cm×32.5cm。《黑城出土文書（漢文文書卷）》一書未收。文書現存朱印及墨戳殘痕，墨戳應為年號。從內容來看，其應為文書殘尾。

錄文標點：

（前缺）

1. ▨▨▨□　　　□□①

（後缺）

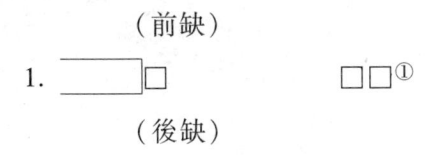

64. 元蒙古年號戳印殘片

題解：

本件《中國藏黑水城漢文文獻》中原始編號為 84H·F210∶W7/2392，出版編號為M1·1604，收於第九冊《印章與畫押》第 1893 頁，擬題為《戳印》，並記其尺寸為6cm×16.8cm。《黑城出土文書（漢文文書卷）》一書未收。文書共兩件殘片，均為蒙古文年號墨戳，其中手書蒙古文填寫具體數字。

錄文標點：

（略）

65. 元蒙古文戳印殘片

題解：

本件《中國藏黑水城漢文文獻》中原始編號為 84H·F13∶W69/0420，出版編號為M1·1605，收於第九冊《印章與畫押》第 1894 頁，擬題為《戳印》，並記其尺寸為 13cm×19.7cm。《黑城出土文書（漢文文書卷）》一書未收。文書現存蒙古文墨戳及朱印，兩者均印右半部。

錄文標點：

（略）

66. 元戳印殘片

題解：

本件《中國藏黑水城漢文文獻》中原始編號為 84H·F114∶W16/1170，出版

---

① 此處有朱印一枚。

1540 中國藏黑水城漢文文獻的整理與研究

編號為M1·1606，收於第九冊《印章與畫押》第1894頁，擬題為《戳印》，並記其尺寸為12.8cm×24cm。《黑城出土文書（漢文文書卷）》一書未收。文書共兩件殘片，均有墨戳殘痕。

錄文標點：

（略）

67. 元河西隴北道肅政廉訪司等戳印殘片

題解：

本件《中國藏黑水城漢文文獻》中原始編號為F116：W49，出版編號為M1·1607，收於第九冊《印章與畫押》第1895—1896頁，擬題為《戳印》，共四件殘片，分為兩組，並記其尺寸分別為9cm×23cm、20.5cm×16.6cm。《黑城出土文書（漢文文書卷）》一書未收。文書共四件殘片，其中殘片一、二可拼合，存文字1行，墨戳1行；殘片三、四可拼合，拼合後存墨戳2行。

錄文標點：

（一、二）

　　　　　　（前缺）

1. ☐☐

2. 奉 政 大 夫 河 西 隴 北 道

　　　　　　（後缺）

（三、四）

　　　　　　（前缺）

1. ☐☐☐隴北道☐☐☐

2. 奉政大夫河西隴☐☐☐☐

　　　　　　（後缺）

68. 元河西隴北道肅政廉訪司刷訖戳印

題解：

本件《中國藏黑水城漢文文獻》中原始編號為84H·F116：W489/1661，出版編號為M1·1608，收於第九冊《印章與畫押》第1897頁，擬題為《戳印》，並記其尺寸為13.3cm×12.8cm。《黑城出土文書（漢文文書卷）》一書未收。文書現存一河西隴北道肅政廉訪司所用刷訖墨戳。

錄文標點：

（前缺）

```
┌─────────────┐
│ 河西隴北道    │
│      □□①   │
│ 肅政廉訪司    │
└─────────────┘
```

69. 元文書殘片

題解：

本件《中國藏黑水城漢文文獻》無原始編號，出版編號為M1·1609，收於第九冊《印章與畫押》第1898頁，擬題為《殘件》，並記其尺寸為18cm×19.5cm。《黑城出土文書（漢文文書卷）》一書未收。文書共三件殘片，殘片一、二各存文字1行，殘片三無文字殘留。

錄文標點：

（一）

（前缺）

1. ▭你

（後缺）

（二）

（前缺）

1. 亦集▭

（後缺）

（三）

（無文字殘留）

70. 元文書殘尾

題解：

本件《中國藏黑水城漢文文獻》中原始編號為F14:W101，出版編號為M1·

---

① 據M1·0295［F116:W552］號文書可知，出版編號為"刷訖"。

1542　中國藏黑水城漢文文獻的整理與研究

1610，收於第九冊《印章與畫押》第 1899 頁，擬題為《畫押》，並記其尺寸為 24.2cm×20cm。《黑城出土文書（漢文文書卷）》一書未收。文書現存一處日期及兩處畫押。從內容來看，其應為文書殘尾。

錄文標點：

（前缺）

1. 　　　□

2. 初九日

3. 　　　（簽押）（簽押）

71. 元至正八年（1348）九月文書殘尾

題解：

本件《中國藏黑水城漢文文獻》中原始編號為 F111∶W11，出版編號為 M1·1611，收於第九冊《印章與畫押》第 1900 頁，擬題為《戳印》，並記其尺寸為 15.2cm×17.3cm。《黑城出土文書（漢文文書卷）》一書未收。文書現存日期及朱印。日期中年號及年月日等字為墨戳文字，手寫補入具體數字。從內容來看，其應為文書殘尾。

錄文標點：

（前缺）

1. 　　　行

2. 至正八年九月　　　①

（三）年款

1. 元至正八年（1348）税白麵文書殘片

題解：

本件《中國藏黑水城漢文文獻》中原始編號為 F110∶W1，出版編號為 M1·1612，收於第九冊《年款》第 1903 頁，擬題為《至正八年九月初九日程白麵》，

---

① 此行文字上鈐朱印一枚。

並記其尺寸為7.4cm×28.7cm。本件文書還於《黑城出土文書（漢文文書卷）》第114頁《錢糧類·糧食儲運收支》，其所記文書編號與《中國藏黑水城漢文文獻》原始編號同，並列出文書諸要素為：竹紙，屑，行書，尺寸為28.3cm×5.6cm。文書現存文字2行，其中第一行殘缺較為嚴重。

錄文標點：

（前缺）

1. 至正八年□□初九

2. 至正八年九月初九日 稅① 白面

（後缺）

2. 元至正十年（1350）五月置卯曆文書殘片

題解：

本件《中國藏黑水城漢文文獻》中原始編號為F175：W9，出版編號為M1·1613，收於第九冊《年款》第1904頁，擬題為《至正十年五月》，並記其尺寸為26.5cm×27.3cm。本件文書還於《黑城出土文書（漢文文書卷）》第99頁《軍政事務類》，其所記文書編號與《中國藏黑水城漢文文獻》原始編號同，並列出文書諸要素為：竹紙，殘，楷書，尺寸為26.6cm×26cm。文書現存文字2行，第2行字體較大，墨色濃。

錄文標點：

（前缺）

1. 　　至②正十年五月　日置

2. **卯曆**

3. 元至大四年（1311）四月文書殘片

題解：

本件《中國藏黑水城漢文文獻》中原始編號為84H·F116：W327/1499，出

---

① "稅"，《黑城出土文書》錄文作"程"，據《中國藏黑水城漢文文獻》一書定名可知，編者將此字也釋讀為"程"，現據圖版改。

② "至"字上方有一墨痕，似為墨戳印。

版編號為M1·1614，收於第九冊《年款》第1905頁，擬題為《至大四年四月》，並記其尺寸為17.5cm×14.9cm。《黑城出土文書（漢文文書卷）》一書未收。文書現存文字6行，前缺後完。

錄文標點：

（前缺）
1. ☐☐☐
2. ☐☐ 又 差以 承 ☐
3. 本 末 者。承此，合行再☐
4. ☐
5.   至大四年四月   ☐
6.   （簽押）

4. 元至治年間文書殘片

題解：

本件《中國藏黑水城漢文文獻》中原始編號為84H·F75：W2/0934，出版編號為M1·1615，收於第九冊《年款》第1906頁，擬題為《至治年款》，並記其尺寸為9.7cm×9.2cm。《黑城出土文書（漢文文書卷）》一書未收。文書現存文字2行，前後均缺。

錄文標點：

（前缺）
1. 總
2. 至治☐
（後缺）

5. 元泰定年間文書殘片

題解：

本件《中國藏黑水城漢文文獻》中原始編號為84H·F75：W1/0933，出版編號為M1·1616，收於第九冊《年款》第1906頁，擬題為《泰定年款》，並記其尺寸為8.6cm×11cm。《黑城出土文書（漢文文書卷）》一書未收。文書現存文字1行。

錄文標點：

（前缺）

1.　　泰定☐☐☐☐☐☐

（後缺）

6. 元至正十三年（1353）文書殘片

題解：

本件《中國藏黑水城漢文文獻》中原始編號為83H·F2：W4/0071，出版編號為M1·1617，收於第九冊《年款》第1906頁，擬題為《年款》，並記其尺寸為5.9cm×9cm。《黑城出土文書（漢文文書卷）》一書未收。文書現存文字2行，前缺後完。按，第2行年款處年號殘存一"正"字，故其應為"至正"年間文書。

錄文標點：

（前缺）

1.　　☐☐☐☐☐☐☐☐☐

2.　　☐[①]正十三年　月☐☐☐

7. 元至正十一年（1351）文書殘片

題解：

本件《中國藏黑水城漢文文獻》中原始編號為84H·F19：W54/0591，出版編號為M1·1618，收於第九冊《年款》第1907頁，擬題為《至正十一年三月》，並記其尺寸為3.5cm×14cm。《黑城出土文書（漢文文書卷）》一書未收。文書現存文字1行，前後均缺。

錄文標點：

（前缺）

1. 至正十一年三月☐☐☐☐

（後缺）

[①]　據元代年號推斷，此處所缺文字應為"至"。

8. 元文書殘尾

題解：

本件《中國藏黑水城漢文文獻》中原始編號為84H・F20：W59/0708，出版編號為M1・1619，收於第九冊《年款》第1907頁，擬題為《年款殘件》，並記其尺寸為10.3cm×19.4cm。《黑城出土文書（漢文文書卷）》一書未收。文書共兩件殘片，殘片一現存日期及朱印，殘片二僅存一條墨蹟。從內容來看，其應為文書殘尾。

錄文標點：

（一）

　　　　　　（前缺）

1.　　　十八日①

（二）

（無文字殘留）

9. 元文書殘片

題解：

本件《中國藏黑水城漢文文獻》中原始編號為84H・F197：W22/2272，出版編號為M1・1620，收於第九冊《年款》第1908頁，擬題為《年款殘件》，並記其尺寸為3.9cm×27.4cm。《黑城出土文書（漢文文書卷）》一書未收。文書共兩件殘片，各存文字1行，但二者字跡非一，應非同件文書。

錄文標點：

（一）

　　　　　　（前缺）

1. □百二八

　　　　　　（後缺）

（二）

　　　　　　（前缺）

---

① "十八日"上鈐朱印一枚。

1. ☐二年三月 初 ☐
　　　（後缺）

10. 元元統二年（1334）七月文書殘片

題解：

本件《中國藏黑水城漢文文獻》中原始編號為84H・F116：W14/1185，出版編號為M1・1621，收於第九冊《年款》第1908頁，擬題為《元統元年七月》，並記其尺寸為5.4cm×11.8cm。《黑城出土文書（漢文文書卷）》一書未收。文書現存文字1行。

錄文標點：

　　　（前缺）
1. 元統二①年七月 內② 田 ☐
　　　（後缺）

11. 元至大四年（1311）八月文書殘尾

題解：

本件《中國藏黑水城漢文文獻》中原始編號為84H・F116：W458/1630，出版編號為M1・1622，收於第九冊《年款》第1909頁，擬題為《至大四年八月》，並記其尺寸為18.4cm×24.6cm。《黑城出土文書（漢文文書卷）》一書未收。文書現存文字2行。從內容來看，其應為文書殘尾。

錄文標點：

　　　（前缺）
1.　　至大四年八月

2.　　　☐☐日③

---

① "元統二"年無七月，故可知《中國藏黑水城漢文文獻》對此件文書時間判定有誤，現據圖版改。
② "內"字為右行補入，現徑改。
③ "☐☐日"上鈐朱印一枚。

12. 元後至元五年（1339）呈文殘尾

題解：

本件《中國藏黑水城漢文文獻》中原始編號為 Y1：W46b，出版編號為M1·1623，收於第九冊《年款》第1910頁，擬題為《至元五年》，並記其尺寸為19cm×18cm。《黑城出土文書（漢文文書卷）》一書未收。文書現存文字3行，第1行為朱書，其字不清。文書年款為至元五年，按元世祖和元順帝各有一至元年號，在黑水城出土的文書中尚未見到有元世祖至元前期的文書，因此此處至元五年疑為元順帝時期年號，即后至元。從內容來看，其應為呈文殘尾。

錄文標點：

（前缺）

1. _____①
2. 呈
3. 至元五年____

（後缺）

13. 元後至元四年（1338）梁兀大使衣文書殘片

題解：

本件《中國藏黑水城漢文文獻》中原始編號為 F224：W47，出版編號為M1·1624，收於第九冊《年款》第1911頁，擬題為《至元四年十一月》，並記其尺寸為22cm×23.2cm。《黑城出土文書（漢文文書卷）》一書未收。文書現存文字3行，年款為至元四年。按，元世祖和元順帝各有一至元年號，在黑水城出土的文書中尚未見到有元世祖至元前期的文書，因此此處至元五年疑為元順帝時期年號，即後至元。

錄文標點：

（前缺）

1. □□_____

---

① 此行文字為朱筆所書，文字不清。

2. 至元四年十一月□▢

3. 有梁兀大使衣□田阿□□▢

　　　（後缺）

14. 元至正元年（1341）文書殘片

題解：

本件《中國藏黑水城漢文文獻》中原始編號為84H·大院內a6：W73/2862，出版編號為M1·1625，收於第九冊《年款》第1912頁，擬題為《至正元年四月》，並記其尺寸為1.2cm×13.6cm。《黑城出土文書（漢文文書卷）》一書未收。文書現存文字1行，前後均缺。

錄文標點：

　　　（前缺）

1. ▢□一名于支[城]至正元年四月內[得]

　　　（後缺）

15. 元放支泰定四年（1327）某物文書殘片

題解：

本件《中國藏黑水城漢文文獻》中原始編號為84H·F13：W101/0452，出版編號為M1·1626，收於第九冊《年款》第1912頁，擬題為《泰定四年》，並記其尺寸為6.8cm×16.5cm。《黑城出土文書（漢文文書卷）》一書未收。文書現存文字2行，前後均缺。

錄文標點：

　　　（前缺）

1. ▢□有元在黃▢
2. ▢即目放支泰定四年▢

　　　（後缺）

16. 元泰定四年（1327）文書殘片

題解：

本件《中國藏黑水城漢文文獻》中原始編號為84H·大院內a6：W30/2819，出版編號為M1·1627，收於第九冊《年款》第1913頁，擬題為《泰定四年十一月》，並記其尺寸為9.8cm×18.8cm。《黑城出土文書（漢文文書卷）》一書未收。文書現存文字3行，前後均缺。

錄文標點：

（前缺）

1. ＿＿＿□總管府□＿＿＿
2. ＿＿＿泰定四年十一月□＿＿
3. ＿＿＿等錢米＿＿＿＿＿

（後缺）

17. 元大德十年（1306）閏正月文書殘片

題解：

本件《中國藏黑水城漢文文獻》中原始編號為Y1：W91，出版編號為M1·1628，收於第九冊《年款》第1913頁，擬題為《大德十年閏正月》，並記其尺寸為9cm×23cm。《黑城出土文書（漢文文書卷）》一書未收。文書現存文字1行，前後均缺。

錄文標點：

（前缺）

1. 　　大德十年閏正月　日與□□孫聚

（後缺）

18. 北元宣光二年（1372）三月十六日批文殘片

題解：

本件《中國藏黑水城漢文文獻》中原始編號為84HF170正，出版編號為M1·1629，收於第九冊《年款》第1914頁，擬題為《宣光二年三月十六日》，並記其尺寸為9.5cm×29cm。《黑城出土文書（漢文文書卷）》一書未收。文書為正背雙面書寫，此為正面內容，現存4行，其中第2、3行為蒙古文墨戳。

錄文標點：

（前缺）

1. 右差
2. 　　（蒙古文墨戳）
3. 宣光二年三月十六日 批 行
4. 　　（蒙古文墨戳）

19. 元魯即卓立溫布文書殘片

題解：

本件《中國藏黑水城漢文文獻》中原始編號為84HF170背，出版編號為M1·1630，收於第九冊《年款》第1914頁，擬題為《文書殘件》，並記其尺寸為9.5cm×29cm。《黑城出土文書（漢文文書卷）》一書未收。文書為正背雙面書寫，此為背面內容，現存文字1行。

錄文標點：

（前缺）

1. 魯即卓立溫布告□孺（簽押）

（後缺）

20. 元後至元四年（1338）四月十二日批文書殘片

題解：

本件《中國藏黑水城漢文文獻》中原始編號為Y1：W9B，出版編號為M1·1631，收於第九冊《年款》第1915頁，擬題為《至元四年四月十二日》，並記其尺寸為13.8cm×27.6cm。《黑城出土文書（漢文文書卷）》一書未收。文書現存文字2行，前後均缺，第2行鈐朱印一枚。文書年款為至元四年，按元世祖和元順帝各有一至元年號，在黑水城出土的文書中尚未見到有元世祖至元前期的文書，因此此處至元五年疑為元順帝時期年號，即後至元。

1552　中國藏黑水城漢文文獻的整理與研究

錄文標點：

（前缺）

1.　　　　　　　　准此

2.　至元四年四月十二日批行①

21. 元至大四年（1311）文書殘片

題解：

本件《中國藏黑水城漢文文獻》中原始編號為84H·F116：W245/1417，出版編號為M1·1632，收於第九冊《年款》第1916頁，擬題為《年款》，並記其尺寸為32.5cm×16cm。《黑城出土文書（漢文文書卷）》一書未收。文書共兩件殘片，殘片一無文字殘留，殘片二現存文字4行。

錄文標點：

（一）

（無文字殘留）

（二）

（前缺）

1. 伏 取

2. 台旨。

3. 至 大 四 年 　月 　　　②

4. □□□③

22. 元泰定四年（1327）二月文書殘尾

題解：

本件《中國藏黑水城漢文文獻》中原始編號為F130：W5，出版編號為M1·1633，收於第九冊《年款》第1917頁，擬題為《泰定四年二月》，並記其尺寸為

---

① 此行文字鈐朱印一枚。
② 該行左側上方有一雜寫文字。
③ 據元代文書書寫格式可知，此處應為日期，且文章中此處鈐朱印一枚。

31.4cm×27.3cm。《黑城出土文書（漢文文書卷）》一書未收。文書現存文字3行，前後均缺。從內容來看，其應為文書殘尾。

錄文標點：

（前缺）

1. 泰定四年二月☐☐☐☐
2. （簽押）
3. 十六日①

23. 元延祐四年（1317）七月呈文殘片

題解：

本件《中國藏黑水城漢文文獻》中原始編號為 F125：W4，出版編號為M1·1634，收於第九冊《年款》第1918頁，擬題為《延祐四年七月》，並記其尺寸為6.8cm×22.7cm。《黑城出土文書（漢文文書卷）》一書未收。文書現存文字2行，前後均缺。從內容來看，其應為呈文殘尾。

錄文標點：

（前缺）

1. 呈。
2. 延祐四年七月☐☐☐

24. 元延祐元年（1314）文書殘片

題解：

本件《中國藏黑水城漢文文獻》中原始編號為 F4：W4，出版編號為M1·1635，收於第九冊《年款》第1918頁，擬題為《延祐元年十一月十二日》，並記其尺寸為7.5cm×22.7cm。《黑城出土文書（漢文文書卷）》一書未收。文書現存文字1行，前後均缺。

錄文標點：

（前缺）

---

① "十六日"上鈐朱印一枚。

1.　＿＿□□延祐元年十一月十二日
　　　（後缺）

25. 元元統三年（1335）文書殘片

題解：

本件《中國藏黑水城漢文文獻》中原始編號為F1：W12，出版編號為M1・1636，收於第九冊《年款》第1919頁，擬題為《元統三年》，並記其尺寸為4.5cm×11.8cm。《黑城出土文書（漢文文書卷）》一書未收。文書現存文字1行，前後均缺。

錄文標點：

　　　（前缺）
1.　　元統三年＿＿＿＿
　　　（後缺）

26. 元元統三年（1335）文書殘片

題解：

本件《中國藏黑水城漢文文獻》中原始編號為F224：W101，出版編號為M1・1637，收於第九冊《年款》第1919頁，擬題為《元統三年》，並記其尺寸為5.1cm×12.1cm。《黑城出土文書（漢文文書卷）》一書未收。文書現存文字1行，前後均缺。

錄文標點：

　　　（前缺）
1.　　元統三年□　　　＿＿＿＿
　　　（後缺）

27. 元元統三年（1335）文書殘片

題解：

本件《中國藏黑水城漢文文獻》中原始編號為F1：W27，出版編號為M1・1638，收於第九冊《年款》第1919頁，擬題為《年款》，並記其尺寸為3cm×

21.6cm。《黑城出土文書（漢文文書卷）》一書未收。文書現存文字 1 行，前後均缺。

錄文標點：

（前缺）

1. ☐☐☐元統三年☐☐☐☐

（後缺）

28. 元至正六年（1346）文書殘尾

題解：

本件《中國藏黑水城漢文文獻》中原始編號為 F15：W2，出版編號為 M1·1639，收於第九冊《年款》第 1920 頁，擬題為《至正六年》，並記其尺寸為 18.7cm×17.2cm。《黑城出土文書（漢文文書卷）》一書未收。文書現存文字 2 行，前後均缺。從內容來看，其應為文書殘尾。

錄文標點：

（前缺）

1. 台旨
2. 　　至正六年☐☐☐☐

（後缺）

29. 元至正八年（1348）文書殘片

題解：

本件《中國藏黑水城漢文文獻》中原始編號为 F170：W2，出版編號为 M1·1640，收於第九冊《年款》第 1921 頁，擬題為《至正八年》，並記其尺寸為 14.4cm×17cm。《黑城出土文書（漢文文書卷）》一書未收。文書現存文字 2 行，前完後缺。

錄文標點：

（前缺）

1. 　　未經☐☐☐☐

（中缺）

2.　　　　　至正八年☐☐☐☐☐☐

（四）行文擡頭與落款

1. 元戶雜房呈文殘片

題解：

本件《中國藏黑水城漢文文獻》中原始編號為83H・F9：W27/0281，出版編號為M1・1641，收於第九冊《行文擡頭與落款》第1925頁，擬題為《行文擡頭》，並記其尺寸為10cm×12cm。《黑城出土文書（漢文文書卷）》一書未收。文書現存文字2行，前完後缺。

錄文標點：

1. 戶雜房
2. 呈：照得近准屯☐☐☐☐☐☐

　　　（後缺）

2. 元甘州路文書殘片

題解：

本件《中國藏黑水城漢文文獻》中原始編號為84H・F116：W308/1480，出版編號為M1・1642，收於第九冊《行文擡頭與落款》第1925頁，擬題為《行文擡頭》，並記其尺寸為22cm×14.3cm。《黑城出土文書（漢文文書卷）》一書未收。文書共兩件殘片，殘片一無文字殘留，殘片二現存文字3行，前完後缺。

錄文標點：

（一）

（無文字殘留）

（二）

1. 皇帝聖旨裏，甘州路☐☐☐☐☐☐☐
2. 　　　呈一☐任沙伯渠☐☐☐☐
3. 　　☐☐不合於☐☐☐☐☐☐☐

　　　（後缺）

3. 元甘肅行省咨文殘片

題解：

本件《中國藏黑水城漢文文獻》中原始編號為84H·F245：W23/2520，出版編號為M1·1643，收於第九冊《行文擡頭與落款》第1926頁，擬題為《行文擡頭》，並記其尺寸為10.7cm×22.2cm。《黑城出土文書（漢文文書卷）》一書未收。文書現存文字2行，前完後缺。

錄文標點：

1. 皇帝聖旨裏，甘肅等處行
2. 　　中書省諮奏
　　　　（後缺）

4. 元廣成縣文書殘片

題解：

本件《中國藏黑水城漢文文獻》中原始編號為84H·F209：W21/2319，出版編號為M1·1644，收於第九冊《行文擡頭與落款》第1927頁，擬題為《行文擡頭》，並記其尺寸為11.7cm×14.4cm。《黑城出土文書（漢文文書卷）》一書未收。文書現存文字3行，前完後缺。參考文獻：吳超《〈黑水城出土文書〉所見亦集乃路達魯花赤》，《陰山學刊》2011年第2期。

錄文標點：

1. 皇帝聖旨裏，廣成縣▢
2. 　　達魯花赤脫▢▢
3. 　　甘肅行省前蒙▢
　　　　（後缺）

5. 元文書殘片

題解：

本件《中國藏黑水城漢文文獻》中原始編號為84H·F124：W7/1833，出版編號為M1·1645，收於第九冊《行文擡頭與落款》第1928頁，擬題為《落款》，並記其尺寸為6.9cm×15.5cm。《黑城出土文書（漢文文書卷）》一書未收。文書現存文字1行，前後均缺。

錄文標點：

（前缺）

1. ☐前，合行具呈，伏乞

（後缺）

6. 元亦集乃路文書殘片

題解：

本件《中國藏黑水城漢文文獻》中無原始編號，出版編號為M1·1646，收於第九冊《行文擡頭與落款》第1928頁，擬題為《行文擡頭》，並記其尺寸為8.6cm×10.5cm。《黑城出土文書（漢文文書卷）》一書未收。文書現存文字2行，前完後缺。

錄文標點：

1. ☐帝聖旨裏，亦集乃☐☐☐
2. ☐肅等處行☐☐☐☐

（後缺）

7. 元某司申甘肅行省文殘片

題解：

本件《中國藏黑水城漢文文獻》中原始編號為84H·F20:W11/0660，出版編號為M1·1647，收於第九冊《行文擡頭與落款》第1929頁，擬題為《落款》，並記其尺寸為14.8cm×16cm。《黑城出土文書（漢文文書卷）》一書未收。文書現存文字4行，前後均缺。

錄文標點：

（前缺）

1. 照驗施行，須至申者。
2. 右具如前，伏乞
3. 甘肅等處行中書省

4.　　照　驗　□☐

　　　　（後缺）

8. 元至正六年（1346）文書殘尾

題解：

本件《中國藏黑水城漢文文獻》中原始編號為84H·F180:W8/2199，出版編號為M1·1648，收於第九冊《行文擡頭與落款》第1930頁，擬題為《落款》，並記其尺寸為15.9cm×18.9cm。《黑城出土文書（漢文文書卷）》一書未收。文書現存文字3行。從內容來看，其應為文書殘尾。

錄文標點：

　　　　（前缺）

1. 右各行

2. 至正 六 年六月　　吏普 敏 生 （簽押）①

3.　　　□控案牘　　　□（簽押）

　　　　（後缺）

9. 元文書殘片

題解：

本件《中國藏黑水城漢文文獻》中原始編號為84H·F126:W11/1934，出版編號為M1·1649，收於第九冊《行文擡頭與落款》第1931頁，擬題為《落款》，並記其尺寸為8.5cm×22.5cm。《黑城出土文書（漢文文書卷）》一書未收。文書現存文字1行，前後文字非一，似經二次書寫。

錄文標點：

　　　　（前缺）

1. 右謹具　差撥□☐

　　　　（後缺）

───────

①　此行文字鈐朱印一枚。

1560　中國藏黑水城漢文文獻的整理與研究

10. 元文書殘片
題解：

本件《中國藏黑水城漢文文獻》中原始編號為84H・F116：W195/1367，出版編號為M1・1650，收於第九冊《行文擡頭與落款》第1932頁，擬題為《落款》，並記其尺寸為22.6cm×18.7cm。《黑城出土文書（漢文文書卷）》一書未收。文書現存文字1行，前後均缺。

錄文標點：

　　　　（前缺）
1. 右謹具
　　　　（後缺）

11. 元呈文殘片
題解：

本件《中國藏黑水城漢文文獻》中原始編號為84H・F116：W606/1780，出版編號為M1・1651，收於第九冊《行文擡頭與落款》第1933頁，擬題為《落款》，並記其尺寸為18cm×17.6cm。《黑城出土文書（漢文文書卷）》一書未收。文書現存文字4行，前後均缺。

錄文標點：

　　　　（前缺）
1. 　□□人□□
2. 　奉此合行具呈者
3. 　右謹具
4. 　呈
　　　　（後缺）

12. 元文書殘片
題解：

本件《中國藏黑水城漢文文獻》中無原始編號，出版編號為M1・1652，收於第九冊《行文擡頭與落款》第1934頁，擬題為《落款》，並記其尺寸為21cm×

19.6cm。《黑城出土文書（漢文文書卷）》一書未收。文書共兩件殘片，均有被火焚過痕跡，殘片一現存日期及印章各一，殘片二現存文字3行，前後均缺。

錄文標點：

（一）

（前缺）

1.　　十四□①

（二）

（前缺）

1.　　失□▭

2.　聖旨事意施行事，承▭

3.　　右謹具

（後缺）

13. 元張伯元呈文殘片

題解：

本件《中國藏黑水城漢文文獻》中原始編號為84H・F117：W16/1808，出版編號為M1・1653，收於第九冊《行文擡頭與落款》第1935頁，擬題為《落款》，並記其尺寸為15.3cm×13cm。《黑城出土文書（漢文文書卷）》一書未收。文書現存文字1行，前後均缺。

錄文標點：

（前缺）

1.　　▭　日當直張　　伯元（簽押）　　呈

（後缺）

14. 元文書殘片

題解：

本件《中國藏黑水城漢文文獻》中原始編號為84H・F114：W10/1164，出版編號為M1・1654，收於第九冊《行文擡頭與落款》第1936頁，擬題為《行文擡

---

① 此處所缺文字應為"日"，且此處鈐朱印一枚。

頭》，並記其尺寸為 5.5cm×17cm。《黑城出土文書（漢文文書卷）》一書未收。文書現存文字 1 行，前完後缺。

  錄文標點：

   1. 皇帝聖旨裏，□□▭

     （後缺）

15. 元呈文殘片

題解：

本件《中國藏黑水城漢文文獻》中原始編號為84HF79B，出版編號為M1·1655，收於第九冊《行文擡頭與落款》第 1936 頁，擬題為《落款》，並記其尺寸為 7.3cm×11.9cm。《黑城出土文書（漢文文書卷）》一書未收。文書現存文字 3 行，前後均缺。

  錄文標點：

    （前缺）

   1. ▭府指▭

   2. ▭事。承此，合行具呈者。

   3. □謹具

     （後缺）

16. 元亦集乃路總管府文書殘片

題解：

本件《中國藏黑水城漢文文獻》中原始編號為 84H·F249：W25/2558，出版編號為M1·1656，收於第九冊《行文擡頭與落款》第 1937 頁，擬題為《行文擡頭》，並記其尺寸為5cm×15.7cm。《黑城出土文書（漢文文書卷）》一書未收。文書現存文字 1 行，且前半部有塗抹痕跡。

  錄文標點：

   1. 皇帝聖旨裏，亦集乃①路揔管府▭

     （後缺）

---

① "皇帝聖旨裏亦集乃"等字被塗抹。

17. 元亦集乃路廣積倉大使孫福文書殘片

題解：

本件《中國藏黑水城漢文文獻》中原始編號為84H·F239：W1/2494，出版編號為M1·1657，收於第九冊《行文擡頭與落款》第1937頁，擬題為《落款》，並記其尺寸為4.3cm×15.9cm。《黑城出土文書（漢文文書卷）》一書未收。文書現存文字2行，第1行僅存兩字殘痕。

錄文標點：

（前缺）
1. ▅▅▅▅▅□ □▅▅
2. 　　　亦集乃路廣積倉大使孫　福▅▅
（後缺）

18. 元文書殘尾

題解：

本件《中國藏黑水城漢文文獻》中原始編號為84H·F21：W8/0725，出版編號為M1·1658，收於第九冊《行文擡頭與落款》第1938頁，擬題為《落款》，並記其尺寸為13.4cm×20.1cm。《黑城出土文書（漢文文書卷）》一書未收。文書現存文字2行，前後均缺。從內容來看，其應為文書殘尾。

錄文標點：

（前缺）
1. 　□□六年四月　　吏張　襄（簽押）
2. 　　　　提控案牘田　　□成（簽押）
（後缺）

19. 元提調農桑文卷殘件（之一）

題解：

本件《中國藏黑水城漢文文獻》中原始編號為84H·F116：W318/1490＋F116：W296，出版編號為M1·1659，收於第九冊《行文擡頭與落款》第1939頁，擬題為《肅政廉訪司落款》，並記其尺寸為 34cm×7.6cm。本件還收錄於《黑城出土文書（漢文文書卷）》第 105 頁《農牧類·提調農桑文卷》，其所記文書編號為 F116: W296，並列出文書諸要素為：前半段宣紙，宣紙末尾為木雕八思巴字，後半截粘接竹紙，均為殘屑，漢文行草書，尺寸為 14.5cm×72cm。文書為提調農桑文卷殘片，現存文字 5 行。從內容來看，其應為某司呈文。

錄文標點：

（前缺）

1. ▢▢▢▢▢之良法也。

（中缺）

2. （八思巴蒙古文戳記）
3. （八思巴蒙古文戳記）（簽押）

4. ▢▢▢▢▢肅政廉訪司諜該：
5. ▢▢▢▢▢□事。承此，合行具呈

（後缺）

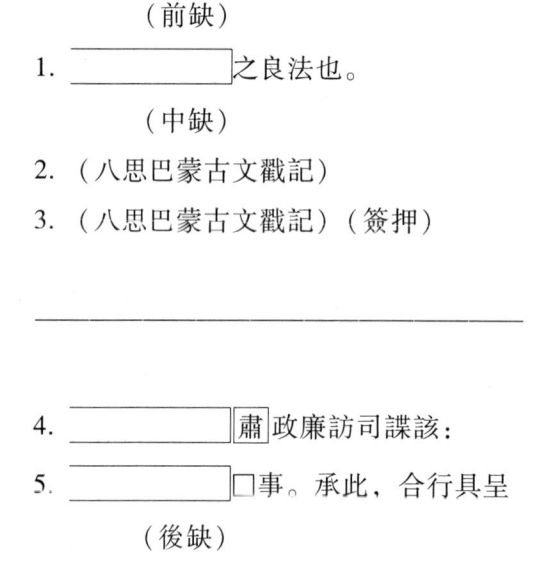

20. 元呈文殘尾

題解：

本件《中國藏黑水城漢文文獻》中原始編號為 84H·F125: W30/1880，出版編號為 M1·1660，收於第九冊《行文擡頭與落款》第 1940 頁，擬題為《落款》，並記其尺寸為 17.8cm×22.6cm。《黑城出土文書（漢文文書卷）》一書未收。文書現存文字 5 行，前後均缺。從內容來看，其應為文書殘尾。

錄文標點：

（前缺）

1. ▢□□
2. 　　麦足朵立只你

整理編　第九冊　1565

3. □①謹具

4. 呈

5. ☐六年八月 ☐

　　　（後缺）

21. 元文書殘片

題解：

本件《中國藏黑水城漢文文獻》中原始編號為84H・F125：W48/1898，出版編號為M1・1661，收於第九冊《行文擡頭與落款》第1941頁，擬題為《行文擡頭》，並記其尺寸為11.9cm×19.2cm。《黑城出土文書（漢文文書卷）》一書未收。文書共兩件殘片，二者字跡非一，應非同一件文書殘片。

錄文標點：

（一）

　　　（前缺）

1. □☐

2. 亦集乃路☐

　　　（後缺）

（二）

　　　（前缺）

1. ☐勅□☐

2. ☐□□☐

　　　（後缺）

22. 元稅使司文書殘片

題解：

本件《中國藏黑水城漢文文獻》中原始編號為84H・F125：W46/1896，出版編號為M1・1662，收於第九冊《行文擡頭與落款》第1941頁，擬題為《文書殘

---

① 據元代文書格式可知，此處所缺文字應為"右"。

件》，並記其尺寸為8.7cm×9cm。《黑城出土文書（漢文文書卷）》一書未收。文書現存文字4行，前後均缺。

錄文標點：

（前缺）

1. ☐☐☐☐☐□驗得☐☐☐☐☐☐
2. ☐☐☐☐☐☐事│地□☐☐
3. ☐☐☐☐路□稅使司□☐☐☐
4. ☐☐☐☐□□☐☐☐☐☐

（後缺）

23. 元亦集乃路文書殘片

題解：

本件《中國藏黑水城漢文文獻》中原始編號為AE194 ZHi33，出版編號為M3・0017，收於第九冊《行文擡頭與落款》第1942頁，擬題為《行文擡頭》，並記其尺寸為7.7cm×19.4cm。本件文書還收於陳炳應《黑城新出土的一批元代文書》一文（《考古與文物》1983年第1期），其指出本件文書出土於T3，所記文書編號為79:23，並列出文書諸要素為：行體墨書，屬官府命令。陳文載有本件文書錄文，無圖版。文書為正背雙面書寫，此為正面內容，現存文字2行，前完後缺；背面圖版《中國藏黑水城漢文文獻》未收，陳炳應《黑城新出土的一批元代文書》也未釋錄，從正面所透字跡看，背面現存文字3行。

錄文標點：

正：

1. 皇帝聖旨裏①，亦集乃│路│②☐☐☐
2. 　　揔府今用仰字陸拾号③

（後缺）

―――――――――

① "裏"，《黑城新出土的一批元代文書》錄文漏錄，現據圖版補。

② "│路│"，《黑城新出土的一批元代文書》錄文未釋讀，現據圖版補。

③ "仰字陸拾号"，《黑城新出土的一批元代文書》錄文作"卯字☐☐"，現據圖版改。

背：
　　　　　　（前缺）
1.　　　　　□失孫
2.　　一項省□□得官□
3.　　　　　□□□
　　　　　　（後缺）

24. 元梁柔黑承管狀殘片

題解：

本件《中國藏黑水城漢文文獻》中原始編號為84H·F224：W32/2454，出版編號為M1·1663，收於第九冊《行文擡頭與落款》第1943頁，擬題為《取承管人狀》，並記其尺寸為10cm×18cm。《黑城出土文書（漢文文書卷）》一書未收。文書共兩件殘片，各存文字2行，均前後缺。

錄文標點：

（一）
　　　　　　（前缺）
1.　　　　］八月　取承管人梁柔黑　狀
2.　
　　　　　　（後缺）

（二）
　　　　　　（前缺）
1.　　　倫布未
2.　□□花
　　　　　　（後缺）

25. 元後至元三年（1337）楊天福承管狀殘尾

題解：

本件《中國藏黑水城漢文文獻》中原始編號為84H·Y1采：W37/2707，出版編號為M1·1664，收於第九冊《行文擡頭與落款》第1943頁，擬題為《取承管人狀》，並記其尺寸為 5cm×22.8cm。《黑城出土文書（漢文文書卷）》一書未收。文書現存文字 1 行，前缺後完。從內容來看，其應為楊天福承管狀殘尾。文書年款為至元三年。按，元世祖和元順帝各有一至元年號，在黑水城出土的文書中尚未見到有元世祖至元前期的文書，因此此處至元五年疑為元順帝時期年號，即後至元。

錄文標點：

（前缺）

1.　　至元三年十月　　取承管 人 楊天福（簽押）狀

26. 元馬令只等承管狀殘片

題解：

本件《中國藏黑水城漢文文獻》中原始編號為 84H·大院內 a6：W5/2794，出版編號為 M1·1665，收於第九冊《行文擡頭與落款》第 1944 頁，擬題為《取承管人馬令只等》，並記其尺寸為 5cm×36.5cm。《黑城出土文書（漢文文書卷）》一書未收。文書現存文字 1 行，前完後缺。

錄文標點：

1. 取承管人馬令只等

（後缺）

27. 元亦集乃路總管府文書殘片

題解：

本件《中國藏黑水城漢文文獻》中原始編號為 84H·F501：W6/2668，出版編號為 M1·1666，收於第九冊《行文擡頭與落款》第 1944 頁，擬題為《行文擡頭》，並記其尺寸為 5.7cm×18.2cm。《黑城出土文書（漢文文書卷）》一書未收。文書現存文字 1 行，前完後缺。

錄文標點：

1. □□① 聖 旨裏，亦集乃路揔管府＿＿＿＿＿＿

（後缺）

---

① 據元代文書格式可知，此處所缺文字應為"皇帝"。

28. 元元統三年（1335）蔡華文書殘尾

題解：

本件《中國藏黑水城漢文文獻》中原始編號為 F245：W24，出版編號為M1·1667，收於第九冊《行文擡頭與落款》第 1945 頁，擬題為《元統三年六月吏蔡》，並記其尺寸為 7.6cm×26.6cm。《黑城出土文書（漢文文書卷）》一書未收。文書現存文字 1 行，前後均缺。從內容來看，其應為文書殘尾。

錄文標點：

   （前缺）

1. 元統三年六月吏蔡　華（簽押）

   （後缺）

29. 元至順四年（1333）五月等文書殘尾

題解：

本件《中國藏黑水城漢文文獻》中原始編號為 F125：W42，出版編號為M1·1668，收於第九冊《行文擡頭與落款》第 1945 頁，擬題為《提控案牘龔》，並記其尺寸為 11cm×23.3cm。《黑城出土文書（漢文文書卷）》一書未收。文書共兩件殘片，各存文字 1 行，但字跡非一。

錄文標點：

（一）

   （前缺）

1. 提控案牘龔　蕎（簽押）

   （後缺）

（二）

   （前缺）

1. 至順四年五月　日置①

   （後缺）

---

① 此行文字上鈐朱印一枚。

30. 元至正十九年（1359）十月文書殘尾

題解：

本件《中國藏黑水城漢文文獻》中原始編號為 F105：W4，出版編號為 M1·1669，收於第九冊《行文擡頭與落款》第 1946 頁，擬題為《落款》，並記其尺寸為 16.3cm×21.2cm。《黑城出土文書（漢文文書卷）》一書未收。從文書現存痕跡來看，其前原應粘接另一紙，但其紙脫落，現文書右端存朱印半枚，中間文字 1 行，左端墨戳右半部。從內容來看，其應為文書殘尾。

錄文標點：

　　　　　（前缺）

1.　　至正十九年十月　　吏　高　柔義（簽押）
　　　　　　　　　　　　　　陳　□順（簽押）

2.　　（墨戳）　　　　　　德（簽押）

　　　　　（後缺）

31. 元至正八年（1348）□顏哥責領狀殘尾

題解：

本件《中國藏黑水城漢文文獻》中原始編號為 F2：W49，出版編號為 M1·1670，收於第九冊《行文擡頭與落款》第 1947 頁，擬題為《責領狀人落款》，並記其尺寸為 15.5cm×26.8cm。《黑城出土文書（漢文文書卷）》一書未收。文書現存文字 2 行，前缺後完。從內容來看，其應為□顏哥責領狀殘尾。

錄文標點：

　　　　　（前缺）

1. □□

2.　　至正八年　月　　責領狀人□顏哥　狀

32. 元胡文整呈亦集乃路總管府文為收學課錢事（三）

題解：

本件《中國藏黑水城漢文文獻》中無原始編號，出版編號為 M1·1671

［正］，收於第九冊《行文擡頭與落款》第 1948 頁，擬題為《落款》，並記其尺寸為 20.6cm×32.9cm。《黑城出土文書（漢文文書卷）》未收。文書為正背雙面書寫。按，本件實為《中國藏黑水城漢文文獻》第七冊《府學文書》第 1419 頁 M1·1142 號文書左半部，編者此處重複收錄，有誤。本文書為正面內容，現存文字 4 行，前後均缺。

錄文標點：

（前缺）

1. 亦集乃路總管府，伏乞
2. 詳察施行，須至呈者，
3. 右謹具
4. 呈。
5. ＿＿＿＿亦集乃＿＿＿＿＿

（後缺）

33. 元頌辭殘片

題解：

本件《中國藏黑水城漢文文獻》中無原始編號，出版編號為 M1·1672［背］，收於第九冊《行文擡頭與落款》第 1949 頁，擬題為《文書》，並記其尺寸為 20.5cm×34cm。《黑城出土文書（漢文文書卷）》一書未收。文書為正背雙面書寫，兩面文字字跡非一，內容不同，應為兩件文書。本文書為背面內容，現存文字 7 行，其中有墨筆勾畫痕跡。從文書內容來看，其應為頌辭。

錄文標點：

（前缺）

1. 伏以
2. 未明肇序，萬姓□□□□□□□
3. 詳□□□昇□□之□□□□□□
4. 瑞靄□興孚□以仁□□□□□
5. 德□日月照臨有物皆新□□□
6. 高拱無为致治一□月□□□□

7. □咸□□□□□阻趨□□□□
　　　　（後缺）

（五）其他文书(上)

1. 元文書殘片

題解：

本件《中國藏黑水城漢文文獻》中原始編號為83H・F2:W6/0073，出版編號為M1・1673，收於第九冊《其他文書上》第1953頁，擬題為《文書殘件》，並記其尺寸為1.9cm×5.1cm。《黑城出土文書（漢文文書卷）》一書未收。文書現存2字殘痕。

錄文標點：

　　　　　（前缺）
1. □□□□
　　　　（後缺）

2. 元文書殘尾

題解：

本件《中國藏黑水城漢文文獻》中原始編號為83H・F6:W86/0246，出版編號為M1・1674，收於第九冊《其他文書上》第1953頁，擬題為《文書殘件》，並記其尺寸為10.9cm×7.6cm。《黑城出土文書（漢文文書卷）》一書未收。文書現存文字2行，從內容來看，應為文書殘尾。

錄文標點：

　　　　　（前缺）
1. □□□具批□□
2. 　□□□□斌（簽押）
　　　　（後缺）

3. 元文書殘片

題解：

本件《中國藏黑水城漢文文獻》中原始編號為83H・F1：W7/0007，出版編號為M1・1675，收於第九冊《其他文書上》第1953頁，擬題為《文書殘件》，並記其尺寸為7.5cm×10.7cm。《黑城出土文書（漢文文書卷）》一書未收。文書殘存墨跡，但非文字。

錄文標點：

（略）

4. 元雜寫殘片

題解：

本件《中國藏黑水城漢文文獻》中原始編號為83H・F1：W19/0019，出版編號為M1・1676，收於第九冊《其他文書上》第1953頁，擬題為《文書殘件》，並記其尺寸為6.6cm×8.6cm。《黑城出土文書（漢文文書卷）》一書未收。文書為雜寫，字跡凌亂。

錄文標點：

（前缺）
1. □□事▭▭▭▭▭▭
2. □□事▭▭▭▭▭▭
（後缺）

5. 元文書殘片

題解：

本件《中國藏黑水城漢文文獻》中原始編號為84H・F19：W51/0538，出版編號為M1・1677，收於第九冊《其他文書上》第1954頁，擬題為《文書殘件》，並記其尺寸為23.8cm×14.2cm。《黑城出土文書（漢文文書卷）》一書未收。文書共三件殘片，各存1行文字殘痕，圖版均倒置。

錄文標點：

（一）

　　　　（前缺）

1. 内除☐

　　　　（後缺）

（二）

　　　　（前缺）

1. 生貟☐

　　　　（後缺）

（三）

　　　　（前缺）

1. 一貟口☐

　　　　（後缺）

6. 元文書殘片

題解：

本件《中國藏黑水城漢文文獻》中原始編號為84HF21B，出版編號為M1·1678，收於第九冊《其他文書上》第1954頁，擬題為《文書殘件》，並記其尺寸為15.6cm×18.2cm。《黑城出土文書（漢文文書卷）》一書未收。文書共五件殘片，殘損嚴重，但其字跡非一，應非同一件文書殘片。

錄文標點：

（一）

1. 皇帝聖☐
2. 　齊☐

　　　　（後缺）

（二）

　　　　（前缺）

1. ☐口☐

　　　　（後缺）

（三）

　　　　（前缺）
1. ____□□□____
　　　　（後缺）

（四）

　　　　（前缺）
1. ____□□□____
　　　　（後缺）

（五）

　　　　（前缺）
1. ____□收____
　　　　（後缺）

7. 元文書殘片

題解：

本件《中國藏黑水城漢文文獻》中原始編號為84H・F62：W10/0878，出版編號為M1・1679，收於第九冊《其他文書上》第1955頁，擬題為《文書殘件》，並記其尺寸為6.7cm×11.2cm。《黑城出土文書（漢文文書卷）》一書未收。文書現存文字3行，字跡模糊，難以辨識。

錄文標點：

　　　　（前缺）
1. ____□□記□短□□____
2. ____□□忠□□
3. _____
　　　　（後缺）

8. 元文書殘片

題解：

本件《中國藏黑水城漢文文獻》中原始編號為84H・F114：W8/1162，出版編號為M1·1680，收於第九冊《其他文書上》第1955頁，擬題為《文書殘件》，並記其尺寸為9.7cm×23.3cm。《黑城出土文書（漢文文書卷）》一書未收。文書似為大小字相間，字跡模糊，難以辨識。

錄文標點：

(前缺)

1. □ □ □
2. □ □
3. □□

(後缺)

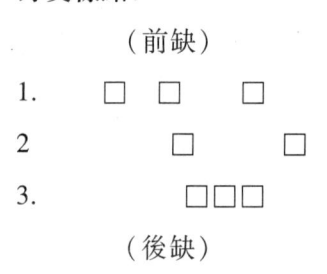

9. 元文書殘片

題解：

本件《中國藏黑水城漢文文獻》中原始編號為84H·F117：W14/1806，出版編號為M1·1681，收於第九冊《其他文書上》第1956頁，擬題為《文書殘件》，並記其尺寸為11.6cm×21.6cm。《黑城出土文書（漢文文書卷）》一書未收。文書墨跡濃重，無法看清文字。

錄文標點：

(略)

10. 元文書殘片

題解：

本件《中國藏黑水城漢文文獻》中原始編號為84H·F155：W8/2110，出版編號為M1·1682，收於第九冊《其他文書上》第1956頁，擬題為《文書殘件》，並記其尺寸為5.6cm×11.3cm。《黑城出土文書（漢文文書卷）》一書未收。文書殘存文字1行，前後均缺。

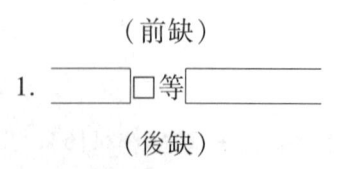

錄文標點：

(前缺)

1. ▁▁□等▁▁▁

(後缺)

11. 元文書殘片

題解：

本件《中國藏黑水城漢文文獻》中原始編號為 84H·F245：W18/2515，出版編號為 M1·1683，收於第九冊《其他文書上》第 1957 頁，擬題為《文書殘件》，並記其尺寸為 13.2cm×9cm。《黑城出土文書（漢文文書卷）》一書未收。文書共兩件殘片，殘片一字跡凌亂，似非文字；殘片二現存 1 行文字殘痕。

錄文標點：

（一）

（略）

（二）

　　　　（前缺）

1. ▭▢▢▢▭

　　　　（後缺）

12. 元文書殘片

題解：

本件《中國藏黑水城漢文文獻》中原始編號為 84HF209，出版編號為 M1·1684，收於第九冊《其他文書上》第 1957 頁，擬題為《文書殘件》，並記其尺寸為 18.5cm×11cm。《黑城出土文書（漢文文書卷）》一書未收。文書共兩件殘片，各存 1 字殘痕。

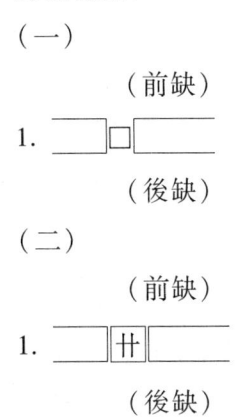

錄文標點：

（一）

　　　　（前缺）

1. ▭▢▭

　　　　（後缺）

（二）

　　　　（前缺）

1. ▭廿▭

　　　　（後缺）

13. 元文書殘片

題解：

本件《中國藏黑水城漢文文獻》中原始編號為84H·F135：W43/1994，出版編號為M1·1685，收於第九冊《其他文書上》第1958頁，擬題為《文書殘件》，並記其尺寸為2.8cm×4.6cm。《黑城出土文書（漢文文書卷）》一書未收。文書現存2行文字殘痕。

錄文標點：

（前缺）
1. ▭▭□▭▭
2. ▭▭□復鬭□▭▭
（後缺）

14. 元簽押殘片

題解：

本件《中國藏黑水城漢文文獻》中原始編號為84HF135 坑內 F，出版編號為M1·1686，收於第九冊《其他文書上》第1958頁，擬題為《文書殘件》，並記其尺寸為6.9cm×8.4cm。《黑城出土文書（漢文文書卷）》一書未收。文書現存簽押二處。

錄文標點：

（前缺）
1. ▭▭▭（簽押）（簽押）
（後缺）

15. 元文書殘片

題解：

本件《中國藏黑水城漢文文獻》中原始編號為84H·F135：W62/2013，出版編號為M1·1687，收於第九冊《其他文書上》第1958頁，擬題為《文書殘件》，並記其尺寸為3.8cm×2.3cm。《黑城出土文書（漢文文書卷）》一書未收。文書現存2字，前後均缺。

錄文標點：

（前缺）

1. ☐☐□首☐☐

（後缺）

16. 元庫房文書殘片（一）

題解：

本件《中國藏黑水城漢文文獻》中原始編號為84H·F135：W53/2004，出版編號為M1·1688，收於第九冊《其他文書上》第1958頁，擬題為《文書殘件》，並記其尺寸為5.2cm×8.3cm。《黑城出土文書（漢文文書卷）》一書未收。文書現存文字1行，且其與同頁M1·1689［84H·F135：W52/2003］號文書字跡相同，編號相連，似為同件文書。文書擬題依綴合後所定。

錄文標點：

（前缺）

1. ☐☐□□房內藏☐☐

（後缺）

17. 元庫房文書殘片（二）

題解：

本件《中國藏黑水城漢文文獻》中原始編號為84H·F135：W52/2003，出版編號為M1·1689，收於第九冊《其他文書上》第1958頁，擬題為《文書殘件》，並記其尺寸為4.4cm×3.6cm。《黑城出土文書（漢文文書卷）》一書未收。文書現存文字1行，且其與同頁M1·1688［84H·F135：W53/2004］號文書字跡相同，編號相連，似為同件文書。文書擬題依綴合後所定。

錄文標點：

（前缺）

1. ☐☐庫房☐☐

（後缺）

18. 元文書殘片

題解：

本件《中國藏黑水城漢文文獻》中原始編號為84H·F135：W23/1974，出版編號為M1·16890（按前後排序，此出版編號應為M1·1690，編者誤寫），收於第九冊《其他文書上》第1959頁，擬題為《文書殘件》，並記其尺寸為4.3cm×4.5cm。《黑城出土文書（漢文文書卷）》一書未收。文書現存文字2行。

錄文標點：

（前缺）

1. ☐☐☐合納☐☐☐
2. ☐☐照驗。得此，府☐

（後缺）

19. 元文書殘片

題解：

本件《中國藏黑水城漢文文獻》中原始編號為84H·F135：W17/1968，出版編號為M1·1691，收於第九冊《其他文書上》第1959頁，擬題為《文書殘件》，並記其尺寸為5.3cm×17.5cm。《黑城出土文書（漢文文書卷）》一書未收。文書現存2行文字殘痕，前後均缺。

錄文標點：

（前缺）

1. 糧卜☐☐☐☐
2. ☐☐☐☐

（後缺）

20. 元文書殘片

題解：

本件《中國藏黑水城漢文文獻》中原始編號為84H·F135 坑內G，出版編號為M1·1692，收於第九冊《其他文書上》第1959頁，擬題為《文書殘件》，並記其尺寸為6.8cm×16.9cm。《黑城出土文書（漢文文書卷）》一書未收。文書共兩件殘片，殘片一現存文字1行，殘片二現存文字2行，二者字跡非一，似非同件文書。

錄文標點：

（一）

　　　　（前缺）

1. ☐☐☐壹拾☐

　　　　（後缺）

（二）

　　　　（前缺）

1. ☐☐（簽押）

2. ☐取① 　☐

　　　　（後缺）

21. 元文書殘片

題解：

本件《中國藏黑水城漢文文獻》中原始編號為84H·F134：W4/1952，出版編號為M1·1693，收於第九冊《其他文書上》第1960頁，擬題為《文書殘件》，並記其尺寸為6cm×22.8cm。《黑城出土文書（漢文文書卷）》一書未收。文書共兩件殘片，各存文字1行。

錄文標點：

（一）

　　　　（前缺）

1. ☐恭　社来至☐

　　　　（後缺）

（二）

　　　　（前缺）

---

① 此"取"字字跡較淺。

1. ☐☐☐☐男☐方
   （後缺）

22. 元文書殘片

題解：

本件《中國藏黑水城漢文文獻》中原始編號為84H·F135：W16/1968，出版編號為M1·1694，收於第九冊《其他文書上》第1960頁，擬題為《文書殘件》，並記其尺寸為7.7cm×11.4cm。《黑城出土文書（漢文文書卷）》一書未收。文書原存文字3行，第2行及第3行開頭被塗抹。

錄文標點：

　　（前缺）
1. 人口☐☐☐☐☐☐☐☐
2. ☐①☐日☐☐☐☐☐☐②
　　（後缺）

23. 元亦集乃路文書殘片

題解：

本件《中國藏黑水城漢文文獻》中原始編號為F130：W4B，出版編號為M1·1695，收於第九冊《其他文書上》第1960頁，擬題為《文書殘件》，並記其尺寸為6.2cm×9cm。《黑城出土文書（漢文文書卷）》一書未收。文書現存文字2行，前完後缺。

錄文標點：

1. ☐☐☐☐裹，亦集乃路☐☐☐☐
2. ☐☐☐道肅政廉訪☐☐☐
　　（後缺）

---

① 此字前原有"☐人口"三字，後塗抹，現徑改。
② 此行文字前原有一行文字，後塗抹，現徑改。

整理編　第九冊　1583

24. 元文書殘片

題解：

本件《中國藏黑水城漢文文獻》中原始編號為84H·F134：W2/1950，出版編號為M1·1696，收於第九冊《其他文書上》第1961頁，擬題為《文書殘件》，並記其尺寸為10.6cm×18.2cm。《黑城出土文書（漢文文書卷）》一書未收。文書共兩件殘片，殘片一現存1行文字殘痕，殘片二現存文字3行。

錄文標點：

（一）

　　　　（前缺）

1. ▭▭▭▭▭▭▭▭▭

　　　　（後缺）

（二）

　　　　（前缺）

1. ▭▭▭▭▭□拾 定
2. ▭▭▭▭▭拾 份 定
3. ▭▭▭▭▭□計

　　　　（後缺）

25. 元某司呈文殘片

題解：

本件《中國藏黑水城漢文文獻》中原始編號為84H·F126：W8/1931，出版編號為M1·1697，收於第九冊《其他文書上》第1961頁，擬題為《文書殘件》，並記其尺寸為9.5cm×29cm。《黑城出土文書（漢文文書卷）》一書未收。文書現存文字3行，有塗改痕跡。從內容來看，其應為呈文殘片。

錄文標點：

　　　　（前缺）

1. ▭▭▭▭□□奉

1584　中國藏黑水城漢文文獻的整理與研究

2.　　　總府官台旨□□帖康石羅布①□②
3.　　　□③取照者。承此，□□元保人驗，今亦□④將差□□者
　　　　（後缺）

26. 元文書殘片
題解：
本件《中國藏黑水城漢文文獻》中原始編號為84H・F125：W65/1915，出版編號為M1・1698，收於第九冊《其他文書上》第1962頁，擬題為《文書殘件》，並記其尺寸為22.4cm×14.4cm。《黑城出土文書（漢文文書卷）》一書未收。文書共兩件殘片，殘片一現存文字2行，第2行"總府"兩字字體較大；殘片二現存文字2行，墨色深淺不一，應經二次書寫。

錄文標點：
（一）
　　　　（前缺）
1.　　□
2.　**總府**
　　　　（後缺）
（二）
　　　　（前缺）
1. □□□木八取（簽押）⑤
2.　九月初三日
　　　　（後缺）

27. 元文書殘片
題解：
本件《中國藏黑水城漢文文獻》中原始編號為84H・F125：W50/1900，出版

---

① "帖康石羅布"原作"□□人把呼□"，塗抹後於右行改寫，現徑改。
② 此字書寫原誤，塗抹後於左行改寫，現徑改。
③ 此字書寫原誤，塗抹後於左行改寫，現徑改。
④ "□□元保人驗，今亦□"為右行補入，現徑改。
⑤ 文書經二次書寫，其中"木八取（簽押）"為二次填寫。

編號為M1·1699，收於第九冊《其他文書上》第1963頁，擬題為《卷宗等殘件》，並記其尺寸為11.3cm×20.5cm。《黑城出土文書（漢文文書卷）》一書未收。文書共五件殘片，各存文字2行，殘片一與殘片二至五紙張、字體均不同，應非同一件文書殘片。

錄文標點：

（一）

　　　　　（前缺）

1.　　　　□□
2.　令禿忽不花詔□

　　　　　（後缺）

（二）

　　　　　（前缺）

1.　　　□日

　　　　　（後缺）

（三）

　　　　　（前缺）

1.　　　□□三時觀
2.　　　金□見行已

　　　　　（後缺）

（四）

　　　　　（前缺）

1.　　一件諧色
2.　　　□□

　　　　　（後缺）

（五）

　　　　　（前缺）

1.　　□户
2.　　□□

　　　　　（後缺）

28. 元張文秀等文書殘片

題解：

本件《中國藏黑水城漢文文獻》中原始編號為84H・F125：W28/1878，出版編號為M1・1700，收於第九冊《其他文書上》第1964頁，擬題為《張文秀等字殘件》，並記其尺寸為8.4cm×17.6cm。《黑城出土文書（漢文文書卷）》一書未收。文書共兩件殘片，殘片一現存文字1行，殘片二無文字殘留。

錄文標點：

（一）

　　　　（前缺）

1. ▭▭▭□溫□至関提前□張文秀等

　　　　（後缺）

（二）

（無文字殘留）

29. 元泰定五年（1328）等契約殘片

題解：

本件《中國藏黑水城漢文文獻》中原始編號為84H・F125：W22/1872，出版編號為M1・1701，收於第九冊《其他文書上》第1965頁，擬題為《契約等殘件》，並記其尺寸為13.6cm×19.6cm。《黑城出土文書（漢文文書卷）》一書未收。文書共三件殘片，殘片一與殘片二、三字跡不同，內容無關，非同一件文書。從內容來看，殘片一應為公文殘片，殘片二、三應為契約殘片。

錄文標點：

（一）

　　　　（前缺）

1. ▭▭▭旨仰勾唆坐去人等，各

　　　　（後缺）

（二）

　　　　（前缺）

1. ☐☐斗，不令短省☐☐
2. ☐☐一面替还无詞，恐☐
3. 　　　泰定五年二月☐
　　　（後缺）
（三）
　　　（前缺）
1. ☐☐☐至☐八月終☐☐
　　　（後缺）

30. 元亦集乃路某房文書殘片

題解：

本件《中國藏黑水城漢文文獻》中原始編號為84H·F125：W9/1859，出版編號為M1·1702，收於第九冊《其他文書上》第1966頁，擬題為《文書殘件》，並記其尺寸為17.5cm×27cm。《黑城出土文書（漢文文書卷）》一書未收。文書共三件殘片，殘片一現存文字3行，殘片二現存文字2行。

錄文標點：

（一）
　　　（前缺）
1. 　☐☐房
2. 　☐准本路總管普撒☐☐
3. 　☐路関請當戩①☐☐
　　　（後缺）
（二）
　　　（前缺）
1. 　　　知　　事
2. 　　　經　　歷
　　　（後缺）

---

① "戩"字後原衍兩字，後塗抹，現徑改。

31. 元文書殘片

題解：

本件《中國藏黑水城漢文文獻》中原始編號為84東南牆角+84HF125C，出版編號為M1·1703，收於第九冊《其他文書上》第1967頁，擬題為《文書殘件》，並記其尺寸為8cm×21.8cm。《黑城出土文書（漢文文書卷）》一書未收。文書共兩件殘片，殘片一現存文字1行，殘片二現存文字2行。兩殘片紙張、字跡均不同，應非同一件文書殘片。

錄文標點：

（一）

　　　　（前缺）

1. ▭□施行

　　　　（後缺）

（二）

　　　　（前缺）

1. ▭□
2. ▭□到

　　　　（後缺）

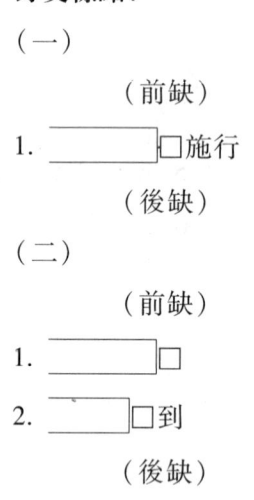

32. 元文書殘片

題解：

本件《中國藏黑水城漢文文獻》中原始編號為84H·F125：W25，出版編號為M1·1704，收於第九冊《其他文書上》第1967頁，擬題為《寧夏路等字殘件》，並記其尺寸為1.9cm×6cm。《黑城出土文書（漢文文書卷）》一書未收。文書現存文字1行。

錄文標點：

　　　　（前缺）

1. ▭寧夏路人，今▭

　　　　（後缺）

整理編　第九冊　1589

33. 元文書殘片

題解：

本件《中國藏黑水城漢文文獻》中原始編號為84H・F125：W1/1850，出版編號為M1・1705，收於第九冊《其他文書上》第1968頁，擬題為《提控案牘龔》，並記其尺寸為14.2cm×27cm。《黑城出土文書（漢文文書卷）》一書未收。文書共三件殘片，各存文字1行。殘片一與殘片二、三字跡非一，應非同一件文書殘片。

錄文標點：

（一）

　　　　（前缺）

1.　　　　提控案牘龔　　　☐

　　　　（後缺）

（二）

　　　　（前缺）

1.　　　　提控案牘☐

　　　　（後缺）

（三）

　　　　（前缺）

1.　☐拾定

　　　　（後缺）

34. 元亦憐只文書殘片

題解：

本件《中國藏黑水城漢文文獻》中原始編號為84H・F124：W12/1838，出版編號為M1・1706，收於第九冊《其他文書上》第1969頁，擬題為《亦憐只等字殘件》，並記其尺寸為4.8cm×27.5cm。《黑城出土文書（漢文文書卷）》一書未收。文書現存文字3行，有塗改痕跡。

錄文標點：

（前缺）

1. 總府官☐☐

2. 亦憐只实監實奉土并①

3. ☐☐☐☐☐☐等②☐

（後缺）

35. 元劉敬臣等文書殘片

題解：

本件《中國藏黑水城漢文文獻》中原始編號為84H·F124：W14/1840，出版編號為M1·1707，收於第九冊《其他文書上》第1969頁，擬題為《劉敬臣等將文書再填寫》，並記其尺寸為46cm×24.8cm。（從圖版來看，文書較窄，尺寸46cm顯然不妥，當為4.6cm，疑為編者失誤所致。）《黑城出土文書（漢文文書卷）》一書未收。文書現存文字1行，前後均缺。

錄文標點：

（前缺）

1. 刘敬臣　宋可道　將文書再填寫与☐☐

（後缺）

36. 元文書殘片

題解：

本件《中國藏黑水城漢文文獻》中原始編號為84H·F124：W8/1834，出版編號為M1·1708，收於第九冊《其他文書上》第1970頁，擬題為《文書殘件》，並記其尺寸為17.2cm×15.5cm。《黑城出土文書（漢文文書卷）》一書未收。文書現存文字6行，前後均缺。

---

① "土并"兩字與其他文字字體不同。
② "等"字為右行補入，現徑改。

錄文標點：

（前缺）

1. 白面赤髮□□□□□□□□□□
2. □脫忽前 來 为□恐□□□□
3. 城①南②草地內□□□□□□
4. 前去③城內已將干板④□□□
5. □草地內向脫忽赤說□□□□
6. □□官不□動手□失班⑤□□

（後缺）

37. 元陳忠文書殘片

題解：

本件《中國藏黑水城漢文文獻》中原始編號為84H·F123：W5/1823，出版編號為M1·1709，收於第九冊《其他文書上》第1971頁，擬題為《文書殘件》，並記其尺寸為12.3cm×26.5cm。《黑城出土文書（漢文文書卷）》一書未收。文書現存文字5行，字跡潦草，中多塗抹痕跡。

錄文標點：

（前缺）

1. ＿＿＿＿＿＿＿至六⑥月十六日
2. □□　男女□□□□元日　　□□
3. □陳忠并妻張氏□□十一取小⑦夜豆
4. □婦高有女郎支⑧□版破□□□衣裳打這來，本人即

---

① "城"字前原衍兩字，後塗抹，現徑改。
② "南"字書寫原誤，塗抹後於右行改寫，現徑改。
③ "去"字書寫原誤，塗抹後於右行改寫，現徑改。
④ 此字書寫原誤，塗抹後於右行改寫，現徑改。
⑤ "失班"兩字為右行補入，現徑改。
⑥ "至"字前原衍數字，後塗抹，另，"六"原作"五"，塗抹後於右行改寫，現徑改。
⑦ "小"字原作"長男婦小"，塗抹後於右行改寫，現徑改。
⑧ "郎支"兩字為右行補入，現徑改。

5. 郎支今系官司所係□□□□□□□①
6. 　合用②□□□□□□□□□□
　　　（後缺）

38. 元雜寫殘片

題解：

本件《中國藏黑水城漢文文獻》中原始編號為83H·F123：W4/1822，出版編號為M1·1710，收於第九冊《其他文書上》第1972頁，擬題為《文書殘件》，並記其尺寸為17.3cm×14.7cm。《黑城出土文書（漢文文書卷）》一書未收。文書文字位置隨意，應為雜寫。

錄文標點：

　　　（前缺）
1. 緫□□□□□

2. 　　事
3. 　賢帛
4. 　十九日□□□□□
　　　（後缺）

39. 元營田文書殘片

題解：

本件《中國藏黑水城漢文文獻》中原始編號為84H·F123：W2/1820，出版編號為M1·1711，收於第九冊《其他文書上》第1972頁，擬題為《文書殘件》，並記其尺寸為11.4cm×7.2cm。《黑城出土文書（漢文文書卷）》一書未收。文書現存文字3行，上完下殘，前後缺。

---

① 此行文字前原有一行文字，後塗抹，現徑改。
② "用"字為右行補入，且其前有塗抹痕跡，現徑改。

錄文標點：

（前缺）

1. 承揔□▭
2. 渠營田▭
3. 分作二□▭

（後缺）

40. 元亦集乃路文書殘片

題解：

本件《中國藏黑水城漢文文獻》中原始編號為84H·F117：W21/1813，出版編號為M1·1712，收於第九冊《其他文書上》第1973頁，擬題為《文書殘件》，並記其尺寸為10.8cm×26.5cm。《黑城出土文書（漢文文書卷）》一書未收。文書共兩件殘片，殘片一現存文字3行，殘片二現存文字2行，均前後缺。

錄文標點：

（一）

（前缺）

1. ▭是▭
2. 亦集乃□▭路□▭
3. 本路□▭

（後缺）

（二）

（前缺）

1. ▭管刘时（签押）
2. ▭達

（後缺）

41. 元也火汝足立崽土地案文卷（之一）

題解：

本件《中國藏黑水城漢文文獻》中原始編號為84H·F117：W22/1814，出版

編號為M1·1713，收於第九冊《其他文書上》第1973頁，擬題為《阿立嵬回還》，並記其尺寸為7.3cm×30.6cm。《黑城出土文書（漢文文書卷）》一書未收。文書共兩件殘片，殘片一現存文字2行，殘片原存文字4行，中間2行被塗抹。按，從內容來看，本件文書似應與《中國藏黑水城漢文文獻》第四冊《也火汝足立嵬土地案卷》為同一組文書。

錄文標點：

（一）

（前缺）

1. ＿＿＿＿＿□至阿立嵬迴还＿＿＿＿
2. ＿＿＿＿＿□地面伊家去後經＿＿＿

（後缺）

（二）

（前缺）

1. ＿＿＿＿＿□前去勾喚卜阿支立嵬
2. ＿＿＿＿＿來①
3. ＿＿＿＿＿＿＿＿＿＿＿□②

（後缺）

42. 元文書殘片

題解：

本件《中國藏黑水城漢文文獻》中原始編號為84H·F114：W12/1166，出版編號為M1·1714，收於第九冊《其他文書上》第1974頁，擬題為《文書殘件》，並記其尺寸為8.6cm×24.6cm。《黑城出土文書（漢文文書卷）》一書未收。文書現存文字2行，首行右側有朱筆痕跡。

錄文標點：

（前缺）

1. ＿＿＿＿＿□人等如承此示

---

① "來"字前原有"□□路□阿立嵬訖□"等字，後塗抹，現徑改。
② 此行文字前原有一行文字"□□當有"，後塗抹，現徑改。

2. ☐☐☐☐☐☐☐□☐☐☐
　　　　（後缺）

43. 元文書殘片

題解：

本件《中國藏黑水城漢文文獻》中原始編號為84H·F117: W11/1803，出版編號為M1·1715，收於第九冊《其他文書上》第1974頁，擬題為《文書殘件》，並記其尺寸為13.8cm×14cm。《黑城出土文書（漢文文書卷）》一書未收。文書現存文字3行，字跡模糊潦草，難以辨別。

錄文標點：

　　　　（前缺）
1. ☐☐☐☐生 三 沒 油 □
2. ☐☐☐☐冬☐☐☐
3. ☐☐☐☐同
　　　　（後缺）

44. 元亦集乃路某站赤往來使臣支請祇應分例簿殘片（一）

題解：

本件《中國藏黑水城漢文文獻》中原始編號為84H·F111: W26/1104，出版編號為M1·1716，收於第九冊《其他文書上》第1975頁，擬題為《十月初六日章相公一起官員》，並記其尺寸為10.2cm×18.7cm。《黑城出土文書（漢文文書卷）》一書未收。文書現存文字3行，前後均缺。本號文書與《中國藏黑水城漢文文獻》第1976頁M1·1720［84H·F111: W24/1102］號文書字跡一致，內容相關，應為同件文書。從內容來看，其應為站赤支請往來使臣米、麵、肉、酒、鈔等物登記簿，與《中國藏黑水城漢文文獻》第二冊《官私錢物賬》第425頁M1·0318［F148: W3］、《俄藏黑水城文獻》第4冊第208頁TK204、第313—315頁TK248號文書為同一類文書。參考文獻：1. 陳高華《黑城元代站赤登記簿初探》，《中國社會科學院研究生院學報》2002年第5期；2. 孫繼民等《俄藏黑水城漢文非佛教文獻整理與研究》，北京師範大學出版社2012年版。

錄文標點：

（前缺）
1. 十月初六日
2. ☐☐☐章相公下馬☐一①起官員☐☐☐
3. ☐②　　　人．
（後缺）

45. 元各丑昔文書殘片

題解：

本件《中國藏黑水城漢文文獻》中原始編號為84H・F111：W49/1127，出版編號為M1・1717，收於第九冊《其他文書上》第1975頁，擬題為《文書殘件》，並記其尺寸為7cm×8.4cm。《黑城出土文書（漢文文書卷）》一書未收。文書現存文字1行，前後均缺。

錄文標點：

（前缺）
1. ☐☐☐各丑昔☐☐☐
（後缺）

46. 元達魯花赤總管府文書殘片

題解：

本件《中國藏黑水城漢文文獻》中原始編號為84H・F111：W25/1103，出版編號為M1・1718，收於第九冊《其他文書上》第1975頁，擬題為《達魯花赤總管》，並記其尺寸為4.3cm×12cm。《黑城出土文書（漢文文書卷）》一書未收。文書現存文字1行，前後均缺。

錄文標點：

（前缺）
1. ☐達魯花赤摠管府☐☐☐
（後缺）

---

① "一"字前原衍一字，後塗抹，現徑改。
② 此處為一墨痕，似有文字，不清。

47. 元至正廿二年（1362）失林婚書案文卷（之一）

題解：

本件《中國藏黑水城漢文文獻》中原始編號為84H·F96：W1/1060，出版編號為M1·1719，收於第九冊《其他文書上》第1976頁，擬題為《文書殘件》，並記其尺寸為14.7cm×22.6cm。《黑城出土文書（漢文文書卷）》一書未收。文書共三件殘片，殘損嚴重。從內容來看，本文書應與《中國藏黑水城漢文文獻》第四冊《失林婚書案》為同一組文書。

錄文標點：

（一）

（前缺）

1. ☐☐☐☐☐☐☐☐☐地☐☐

（後缺）

（二）

（前缺）

1. ☐☐☐☐☐☐☐☐☐☐兒☐☐

2. ☐本身在閑☐才主☐付☐

3. ☐☐☐前去達達地面

（後缺）

（三）

（前缺）

1. 在閑別無營☐☐☐☐☐

2. 貿易☐☐☐☐☐

（後缺）

48. 元亦集乃路某站赤往來使臣支請祗應分例簿殘片（二）

題解：

本件《中國藏黑水城漢文文獻》中原始編號為84H·F111：W24/1102，出版編號為M1·1720，收於第九冊《其他文書上》第1976頁，擬題為《章相公等字殘件》，並記其尺寸為 5.6cm×10.5cm。《黑城出土文書（漢文文書卷）》一書未收。文書現存文字 2 行，前後均缺。按，本號文書與《中國藏黑水城漢文文獻》第 1975 頁 M1·1716 ［84H·F111：W26/1104］號文書字跡一致，內容相關，應為同件文書。從內容來看，其應為站赤支請往來使臣米、麵、肉、酒、鈔等物登記簿，與《中國藏黑水城漢文文獻》第二冊《官私錢物賬》第 425 頁 M1·0318 ［F148：W3］、《俄藏黑水城文獻》第 4 冊第 208 頁 TK204、第 313—315 頁 TK248 號文書為同一類文書。參考文獻：1. 陳高華《黑城元代站赤登記簿初探》，《中國社會科學院研究生院學報》2002 年第 5 期；2. 孫繼民等《俄藏黑水城漢文非佛教文獻整理與研究》，北京師範大學出版社 2012 年版。

錄文標點：

（前缺）

1. ☐章相公☐四員
2. 　三員

（後缺）

49. 元書信殘片

題解：

本件《中國藏黑水城漢文文獻》中原始編號為 F111：W16，出版編號為 M1·1721，收於第九冊《其他文書上》第 1976 頁，擬題為《文書殘件》，並記其尺寸為 5.7cm×11cm。《黑城出土文書（漢文文書卷）》一書未收。文書現存文字 3 行，前後均缺。從內容來看，其似為書信殘片。

錄文標點：

（前缺）

1. 　作買①賣来了信
2. 　將估付起②
3. 　☐☐每信說你

（後缺）

---

① "買"字為右行補入，現徑改。
② "起"字後原衍一字，後塗抹，現徑改。

50. 元文書殘片

題解：

本件《中國藏黑水城漢文文獻》中原始編號為84H·F92：W3/1055，出版編號為M1·1722，收於第九冊《其他文書上》第1977頁，擬題為《文書殘件》，並記其尺寸為4.8cm×8.2cm。《黑城出土文書（漢文文書卷）》一書未收。文書現存文字2行。

錄文標點：

（前缺）

1. ▭▭▭兩半
2. ▭▭▭臣用

（後缺）

51. 元文書殘片

題解：

本件《中國藏黑水城漢文文獻》中原始編號為84H·F92：W2/1054，出版編號為M1·1723，收於第九冊《其他文書上》第1977頁，擬題為《文書殘件》，並記其尺寸為12.2cm×6cm。《黑城出土文書（漢文文書卷）》一書未收。文書現存文字1行。據元代文書格式推斷，其可能為甘肅行省下亦集乃路總管府劄付殘片。

錄文標點：

（前缺）

1. ▭▭▭准此

52. 元文書殘片

題解：

本件《中國藏黑水城漢文文獻》中原始編號為84H·F80：W10/1039，出版編號為M1·1724，收於第九冊《其他文書上》第1978頁，擬題為《文書殘件》，並記其尺寸為22.3cm×15.7cm。《黑城出土文書（漢文文書卷）》一書未收。文書共三件殘片，殘片一現存文字 2 行，殘片二、三各存文字 1 行。

錄文標點：

（一）

　　　　　（前缺）

1. 香酒 □▔▔▔▔▔

2. 小▔▔▔▔▔▔▔

　　　　　（後缺）

（二）

　　　　　（前缺）

1. ▔▔▔▔□定

　　　　　（後缺）

（三）

　　　　　（前缺）

1. 得 此 ▔▔ □ ▔▔

　　　　　（後缺）

53. 元文書殘片

題解：

本件《中國藏黑水城漢文文獻》中原始編號為 84H·文官府：W23/2920，出版編號為 M1·1725，收於第九冊《其他文書上》第 1979 頁，擬題為《文書殘件》，並記其尺寸為 7.5cm×19cm。《黑城出土文書（漢文文書卷）》一書未收。文書共兩件殘片，殘片一現存 1 字，殘片二現存文字 2 行。

錄文標點：

（一）

　　　　　（前缺）

1. □▔▔▔▔▔

　　　　　（後缺）

（二）

　　　　　（前缺）

1. ☐從☐頭有人來何☐
2. ☐取
　　　　（後缺）

54. 元文書殘片

題解：

本件《中國藏黑水城漢文文獻》中原始編號為84H·文官府：W26/2923，出版編號為M1·1726，收於第九冊《其他文書上》第1979頁，擬題為《文書殘件》，並記其尺寸為5.4cm×17.8cm。《黑城出土文書（漢文文書卷）》一書未收。文書有朱色痕跡，但無文字殘留。

錄文標點：

（略）

55. 元文書殘片

題解：

本件《中國藏黑水城漢文文獻》中原始編號為84H·文官府：W28/2925，出版編號為M1·1727，收於第九冊《其他文書上》第1980頁，擬題為《文書殘件》，並記其尺寸為6cm×21.5cm。《黑城出土文書（漢文文書卷）》一書未收。文書共四件殘片，各存文字1—2行，殘損嚴重。

錄文標點：

（一）
　　　　（前缺）
1. ☐無☐
2. ☐本☐
　　　　（後缺）

（二）
　　　　（前缺）
1. ☐到☐
　　　　（後缺）

（三）

　　　　　（前缺）
1. ☐☐人☐☐忠（簽押）
2. ☐☐☐☐☐（簽押）
　　　　　（後缺）

（四）

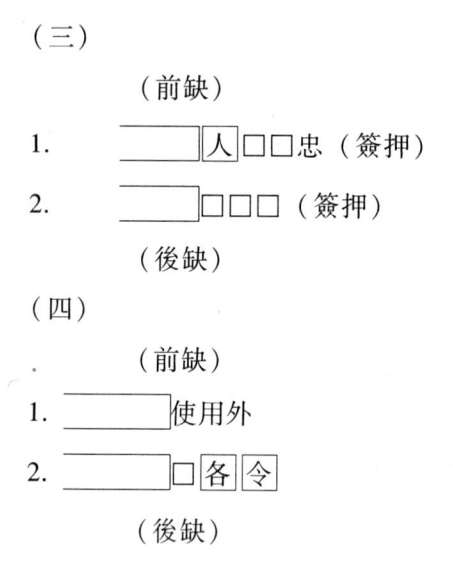

　　　　　（前缺）
1. ☐☐☐使用外
2. ☐☐☐☐各令
　　　　　（後缺）

56. 元文書殘片

題解：

本件《中國藏黑水城漢文文獻》中原始編號為84H·F116：W415/1687，出版編號為M1·1728，收於第九冊《其他文書上》第1981頁，擬題為《文書殘件》，並記其尺寸為23.5cm×9.8cm。《黑城出土文書（漢文文書卷）》一書未收。文書現存文字2行，前後均缺。

錄文標點：

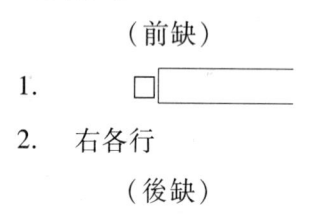

　　　　　（前缺）
1. 　☐☐☐☐
2. 右各行
　　　　　（後缺）

57. 元至正廿二年（1362）失林婚書案文卷（之一）等殘片

題解：

本件《中國藏黑水城漢文文獻》中原始編號為84H·F116：W323/1495，出版編號為M1·1729，收於第九冊《其他文書上》第1982頁，擬題為《文書殘件》，並記其尺寸為25.7cm×15.7cm。《黑城出土文書（漢文文書卷）》一書未收。文書共八件殘片，字跡不同，非同一件文書殘片。其中殘片一至四文字字跡相同，應為同一件文書殘片；殘片五至八字跡相同，為同一件文書，從其內容來看，應與《中國藏黑水城漢文文獻》第四冊《失林婚書案》為同一組文書。

錄文標點：

（一）

（前缺）

1. ☐奉訓☐

（後缺）

（二）

（前缺）

1. ☐稅糧去☐

（後缺）

（三）

（本殘片應為蒙古文年號墨戳，其中具體數字用蒙古文填寫）

（四）

（前缺）

1. ☐☐三日

2. ☐☐☐

（後缺）

（五）

（前缺）

1. 我交別☐

2. ☐☐☐☐

（後缺）

（六）

（前缺）

1. 居今☐☐

2. 林通☐

（後缺）

1604　中國藏黑水城漢文文獻的整理與研究

（七）
　　　　　（前缺）
1. □□年□□□
2. 量令本婦□
　　　　　（後缺）
（八）
　　　　　（前缺）
1. 婚書□□□
2. 一二日□□
　　　　　（後缺）

58. 元文書殘片

題解：

本件《中國藏黑水城漢文文獻》中原始編號為84H·F116：W326/1498，出版編號為M1·1730，收於第九冊《其他文書上》第1983頁，擬題為《文書殘件》，並記其尺寸為16cm×25cm。《黑城出土文書（漢文文書卷）》一書未收。文書共六件殘片，其中殘片六與其他殘片字跡不同，應非同一件文書殘片。從內容來看，殘片一至五應為公文殘片，殘片六似為契約殘片。

錄文標點：

（一）
　　　　　（前缺）
1. □□□中書省□□□
　　　　　（後缺）
（二）
　　　　　（前缺）
1. □□□□寶□□□
　　　　　（後缺）
（三）
　　　　　（前缺）

1. ☐☐☐☐徐文義☐☐☐☐

  （後缺）

（四）

  （前缺）

1. ☐☐☐☐□詳□☐☐☐☐

  （後缺）

（五）

1. 皇帝聖☐☐☐☐

2. ☐☐☐☐

  （後缺）

（六）

  （前缺）

1. ☐☐☐☐本利□等□俻鈔定☐☐☐☐

  （後缺）①

59. 元文書殘片

題解：

  本件《中國藏黑水城漢文文獻》中原始編號為 84H・F116：W254/1426，出版編號為 M1・1731，收於第九冊《其他文書上》第 1984 頁，擬題為《文書殘件》，並記其尺寸為 27cm×19.5cm。《黑城出土文書（漢文文書卷）》一書未收。文書共十八件殘片，均為殘屑，所存文字不多。

錄文標點：

（一）

  （前缺）

1. ☐☐☐☐□☐☐☐☐☐

  （後缺）

---

① 此殘片文字較小，與其他殘片非同件文書。

（二）

　　　　　（前缺）

1.　□□□□焦□□□□

　　　　　（後缺）

（三）

　　　　　（前缺）

1.　□□□定沙□□□□

　　　　　（後缺）

（四）

　　　　　（前缺）

1.　□□□□□□□□

2.　□□□田□□□□

　　　　　（後缺）

（五）

　　　　　（前缺）

1.　呈□□□□□□

　　　　　（後缺）

（六）

　　　　　（前缺）

1.　□□□官□□□□

　　　　　（後缺）

（七）

　　　　　（前缺）

1.　□□□他所□□□

　　　　　（後缺）

（八）

　　　　　（前缺）

1.　□□□□□□□□

　　　　　（後缺）

（九）

（前缺）

1. ☐☐☐□奉☐☐☐

（後缺）

（十）

（前缺）

1. ☐☐☐□☐☐☐

2. ☐☐之失□☐☐

（後缺）

（十一）

（前缺）

1. ☐☐□□□□☐☐

（後缺）

（十二）

（前缺）

1. ☐☐來☐☐

2. ☐☐亦☐

（後缺）

（十三）

（前缺）

1. ☐☐□☐☐

（後缺）

（十四）

（前缺）

1. ☐☐卧小☐☐☐

（後缺）

（十五）

（前缺）

1. ☐☐□元☐☐

1608　中國藏黑水城漢文文獻的整理與研究

2. ☐☐☐☐堅事☐☐☐☐
　　　　（後缺）
（十六）
　　　　（前缺）
1. ☐☐☐☐☐花☐☐☐☐
　　　　（後缺）
（十七）
　　　　（前缺）
1. ☐☐☐☐☐☐☐☐☐☐
　　　　（後缺）
（十八）
　　　　（前缺）
1.　　☐☐☐①
　　　　（後缺）

60. 元廣積倉文書殘片

題解：

本件《中國藏黑水城漢文文獻》中原始編號為84H・F116：W239/1411，出版編號為M1・1732，收於第九冊《其他文書上》第1985頁，擬題為《文書殘件》，並記其尺寸為8.6cm×22cm。《黑城出土文書（漢文文書卷）》一書未收。文書共兩件殘片，殘片一無文字殘留，殘片二現存文字2行。

錄文標點：

（一）
（無文字殘留）
（二）
　　　　（前缺）
1. ☐☐☐☐塲洋☐☐☐

―――――――――
① 此行文字鈐印章一枚，其應為日期。

2. ▢□廣積倉▢

（後缺）

61. 元文書殘片

題解：

本件《中國藏黑水城漢文文獻》中原始編號為84H·F116：W252/1424，出版編號為M1·1733，收於第九冊《其他文書上》第1986頁，擬題為《文書殘件》，並記其尺寸為26cm×19cm。《黑城出土文書（漢文文書卷）》一書未收。文書共六件殘片，各存文字1—2行。

錄文標點：

（一）

（前缺）

1. ▢□□▢

（後缺）

（二）

（前缺）

1. 　　大麥三分　▢

（後缺）

（三）

（前缺）

1. ▢　　裏到□▢

2. ▢□▢

（後缺）

（四）

（前缺）

1. ▢□准

2. ▢□請

（後缺）

1610　中國藏黑水城漢文文獻的整理與研究

（五）
　　　　　（前缺）
1.　____□□____
　　　　　（後缺）

（六）
　　　　　（前缺）
1.　____□各本是□____
　　　　　（後缺）

62. 元也先帖木兒等文書殘片

題解：

本件《中國藏黑水城漢文文獻》中原始編號為84H·F116：W222/1394，出版編號為M1·1734，收於第九冊《其他文書上》第1987頁，擬題為《文書殘件》，並記其尺寸為27cm×20cm。《黑城出土文書（漢文文書卷）》一書未收。文書共六件殘片，各存文字1—3行。

錄文標點：

（一）
　　　　　（前缺）
1.　_____□____
2.　____前來逐□____
3.　____□又有□____
　　　　　（後缺）

（二）
　　　　　（前缺）
1.　____□□驗以□____
2.　____□官吏知情____
　　　　　（後缺）

（三）
　　　　　（前缺）

1. ☐早爲照①依☐☐☐
2. ☐☐齐足囬☐☐若☐

　　　（後缺）

（四）

　　　（前缺）

1. （蒙古文墨戳）　也先帖木兒（簽押）

　　　（後缺）

（五）

　　　（前缺）

1. （蒙古文墨戳）　湏彌珊（簽押）

　　　（後缺）

（六）

　　　（前缺）

1. ☐☐☐等不畏公法
2. ☐☐☐☐☐官☐

　　　（後缺）

63. 元合即等渠文書殘片

題解：

本件《中國藏黑水城漢文文獻》中原始編號爲84H·F116：W260/（此處應缺一數字），出版編號爲M1·1735，收於第九册《其他文書上》第1988頁，擬題爲《文書殘件》，並記其尺寸爲10.4cm×18.6cm。《黑城出土文書（漢文文書卷）》一書未收。文書共三件殘片，各存文字1—2行。

錄文標點：

（一）

　　　（前缺）

1. ☐☐☐☐到 瓜 州 ☐☐

---

① "照"字爲右行補入，現徑改。

1612　中國藏黑水城漢文文獻的整理與研究

　　　　　（後缺）
（二）
　　　　　（前缺）
1.　□□□施行□問□是□□
2.　□□□□□□□□□
　　　　　（後缺）
（三）
　　　　　（前缺）
1.　□□□□□囲□提□□□
2.　□□□□□合□即等渠□□
　　　　　（後缺）

64. 元也火汝足立嵬土地案文卷（之一）

題解：

本件《中國藏黑水城漢文文獻》中原始編號為84H·F116：W280/1452，出版編號為M1·1736，收於第九冊《其他文書上》第1989頁，擬題為《文書殘件》，並記其尺寸為22.8cm×18.2cm。《黑城出土文書（漢文文書卷）》一書未收。文書共十二件殘片，均為碎屑，從字跡、內容來看，其應與《中國藏黑水城漢文文獻》第四冊《也火汝足立嵬土地案》為同一組文書。

錄文標點：

（一）
　　　　　（前缺）
1.　　亦□□□□□
2.　□□□□□□
　　　　　（後缺）
（二）
　　　　　（前缺）
1.　□□□□三□□□
　　　　　（後缺）

（三）

   （前缺）

1. ☐☐☐☐☐照☐☐

   （後缺）

（四）

   （前缺）

1. ☐☐☐☐☐术☐☐

   （後缺）

（五）

（蒙古文墨戳殘痕）

（六）

（印章殘痕）

（七）

   （前缺）

1. ☐☐☐☐☐虛实☐☐

   （後缺）

（八）

   （前缺）

1. ☐☐☐石☐☐

   （後缺）

（九）

（蒙古文日期墨戳，具體數字用蒙古文填寫）

（十）

（蒙古文墨戳殘痕）

（十一）

   （前缺）

1. ☐☐☐中書☐☐

   （後缺）

（十二）

（前缺）

1. 　　　一塊壹☐

（後缺）

65. 元文書殘片

題解：

本件《中國藏黑水城漢文文獻》中原始編號為84H・F116：W216/1488，出版編號為M1・1737，收於第九冊《其他文書上》第1990頁，擬題為《文書殘件》，並記其尺寸為24.8cm×8.6cm。《黑城出土文書（漢文文書卷）》一書未收。文書共三件殘片，殘片一為印章殘痕，殘片二、三紙色深，文字不清。

錄文標點：

（一）

（印章殘痕）

（二）

（前缺）

1. ☐□疋☐

（後缺）

（三）

（前缺）

1. ☐□□

（後缺）

66. 元文書殘片

題解：

本件《中國藏黑水城漢文文獻》中原始編號為84H・F116：W247/1419，出版編號為M1・1738，收於第九冊《其他文書上》第1990頁，擬題為《文書殘件》，並記其尺寸為8.2cm×13.5cm。《黑城出土文書（漢文文書卷）》一書未收。文書共三件殘片，殘片三與殘片一、二字跡不同，應非同一件文書。

錄文標點：

（一）

　　　　（前缺）

1. ▢不完▢

　　　　（後缺）

（二）

　　　　（前缺）

1. ▢▢違▢

　　　　（後缺）

（三）

　　　　（前缺）

1. ▢
2. 照▢
3. 本▢

　　　　（後缺）

67. 元文書殘尾

題解：

本件《中國藏黑水城漢文文獻》中無原始編號，出版編號為M1·1739，收於第九冊《其他文書上》第1990頁，擬題為《文書殘件》，並記其尺寸為14.6cm×22.8cm。《黑城出土文書（漢文文書卷）》一書未收。文書共兩件殘片，殘片一無文字殘留，殘片二現存日期及朱印。

錄文標點：

（一）

（無文字殘留）

（二）

　　　　（前缺）

1616　中國藏黑水城漢文文獻的整理與研究

1.　　　□三日①

68. 元文書殘片
題解：
本件《中國藏黑水城漢文文獻》中原始編號為84H·F116：W253/1425，出版編號為M1·1740，收於第九冊《其他文書上》第1991頁，擬題為《文書殘件》，並記其尺寸為24cm×21cm。《黑城出土文書（漢文文書卷）》一書未收。文書共五件殘片，各存文字1—3行。

錄文標點：
（一）
　　　　（前缺）
1. ☐府六月初七日☐
2. ☐☐
　　　　（後缺）
（二）
　　　　（前缺）
1. 揔☐
　　　　（後缺）
（三）
　　　　（前缺）
1. ☐☐
2. 中書省☐☐
　　　　（後缺）
（四）
　　　　（前缺）
1. 驗☐
2. 見有

---
① "□三日"上鈐朱印一枚。

3. 合□□□□□□□□

　　　　（後缺）

（五）

　　　　（前缺）

1. □□□□争不屋三□□□

　　　　（中缺）

2. 　　　　□□□□

　　　　（後缺）

69. 元文書殘片

題解：

本件《中國藏黑水城漢文文獻》中原始編號為84H・F116：W243/1415，出版編號為M1・1741，收於第九冊《其他文書上》第1992頁，擬題為《文書殘件》，並記其尺寸為3.6cm×16.4cm。《黑城出土文書（漢文文書卷）》一書未收。文書共三件殘片，各存文字1行。

錄文標點：

（一）

　　　　（前缺）

1. □□□□□王□□

　　　　（後缺）

（二）

　　　　（前缺）

1. □□□十二月終□□

　　　　（後缺）

（三）

　　　　（前缺）

1. □□本招伏□□□

　　　　（後缺）

70. 元文書殘片

題解：

本件《中國藏黑水城漢文文獻》中原始編號為84H·F116：W235/1407，出版編號為M1·1742，收於第九冊《其他文書上》第1992頁，擬題為《文書殘件》，並記其尺寸為9cm×22cm。《黑城出土文書（漢文文書卷）》一書未收。文書現存1行文字殘痕。

錄文標點：

（前缺）

1. □□年□□□□五　　□

（後缺）

71. 元至正九年（1349）文書等殘片

題解：

本件《中國藏黑水城漢文文獻》中原始編號為84H·F116：W500/1672，出版編號為M1·1743，收於第九冊《其他文書上》第1993頁，擬題為《至正九年正月等殘件》，並記其尺寸為15.8cm×22cm。《黑城出土文書（漢文文書卷）》一書未收。文書共三件殘片，殘片一現存文字4行，但其紙色較深，文字不易釋讀；殘片二現存文字1行；殘片三現存朱印殘痕。

錄文標點：

（一）

（前缺）

1. 稱本□□
2. 賊朶□
3. 亦□
4. □

（後缺）

（二）

（前缺）

1. ☐☐☐☐|限|至正九年正月|六|☐☐

   （後缺）

（三）

（朱印殘痕）

72. 元納米等文書殘片

題解：

本件《中國藏黑水城漢文文獻》中原始編號為 84H·F116：W13/1184，出版編號為M1·1744，收於第九冊《其他文書上》第1994頁，擬題為《文書殘件》，並記其尺寸為7.2cm×29.7cm。《黑城出土文書（漢文文書卷）》一書未收。文書共三件殘片，殘片一與殘片二、三字跡非一，應非同一件文書殘片；殘片三有補寫文字。

錄文標點：

（一）

   （前缺）

1. ☐☐ 楊英 ☐☐

   （後缺）

（二）

   （前缺）

1. ☐☐☐|示|下也托知|事|☐

2. 交収受

3. ☐☐☐☐☐☐☐☐

   （後缺）

（三）

   （前缺）

1. ☐☐☐☐□要者□☐☐☐☐

2. ☐☐☐□納米五十石☐☐☐

3. ☐☐☐□倉□粮収受入倉了當☐☐☐ ①

---

① 文書第1、3行字跡較小，墨色較淺，應為補寫文字，但不明應補入何處，現按文書所示位置釋錄。

4. □前詞並是的 實
5. 　　　□訖□
　　　　（後缺）

73. 元省府文書殘片

題解：

本件《中國藏黑水城漢文文獻》中原始編號為 F116：W43a + W43b，出版編號為M1·1745，收於第九冊《其他文書上》第 1994 頁，擬題為《文書殘件》，並記其尺寸為 13.8cm×31.2cm。《黑城出土文書（漢文文書卷）》一書未收。文書共兩件殘片，殘片一現存文字 4 行，殘片二現存文字 1 行，均前後缺。從內容來看，其似為甘肅行省下亦集乃路總管府劄付殘片。

錄文標點：

（一）
　　　　（前缺）
1. 　　　照依
2. 　　　亦曆單狀本
3. 　　□报到省府合下□
4. 　　　□申省□
　　　　（後缺）

（二）
　　　　（前缺）
1. 　　□省府合下仰
　　　　（後缺）

74. 元戶計等文書殘片

題解：

本件《中國藏黑水城漢文文獻》中無原始編號，出版編號為M1·1746，收於第九冊《其他文書上》第 1995 頁，擬題為《文書殘件》，並記其尺寸為29.8cm×18.8cm。《黑城出土文書（漢文文書卷）》一書未收。文書共四件殘片，殘片一、二無文字殘留，殘片三現存文字 3 行，殘片四現存文字 2 行。

錄文標點：

（一）

（無文字殘留）

（二）

（無文字殘留）

（三）

　　　　　（前缺）

1. ☐無病☐☐將　　納①☐
2. ☐戶計見在本府☐
3. ☐　　☐係☐幷☐

　　　　　（後缺）

（四）

　　　　　（前缺）

1. ☐☐十一月支☐
2. ☐　☐文卷☐

　　　　　（後缺）

75. 元斛斗文書殘片

題解：

本件《中國藏黑水城漢文文獻》中原始編號為84H·F116:W210/1382，出版編號為M1·1747，收於第九冊《其他文書上》第1996頁，擬題為《文書殘件》，並記其尺寸為12.9cm×10.6cm。《黑城出土文書（漢文文書卷）》一書未收。文書共五件殘片，均為碎屑。

錄文標點：

（一）

　　　　　（前缺）

1. ☐　　☐☐☐☐

---

① "納"字用墨筆圈畫。

1622　中國藏黑水城漢文文獻的整理與研究

　　　　　（後缺）
（二）
　　　　　（前缺）
1. ▭□保▭
　　　　　（後缺）
（三）
　　　　　（前缺）
1. ▭到□▭
　　　　　（後缺）
（四）
　　　　　（前缺）
1. ▭□柒升貳合□▭
　　　　　（後缺）
（五）
　　　　　（前缺）
1. 保結▭
2. 　□▭
　　　　　（後缺）

76. 元文書殘片

題解：

本件《中國藏黑水城漢文文獻》中原始編號為84H·F116:W67/1239，出版編號為M1·1748，收於第九冊《其他文書上》第1996頁，擬題為《文書殘件》，並記其尺寸為29.4cm×16.7cm。《黑城出土文書（漢文文書卷）》一書未收。文書共六件殘片，紙色較深，文字不易釋讀。

錄文標點：

（一）
　　　　　（前缺）
1. □▭

2. □□

（後缺）

（二）

（前缺）

1. 取□□

2. □□□

（後缺）

（三）

（前缺）

1. 粮□□

2. □□□

（後缺）

（四）

（前缺）

1. □當日□

2. 　□□□

（後缺）

（五）

（前缺）

1. □□

2. 書□□

3. □□

（後缺）

（六）

（前缺）

1. 　也迷□□

2. □□□□

（後缺）

1624　中國藏黑水城漢文文獻的整理與研究

77. 元文書殘片

題解：

本件《中國藏黑水城漢文文獻》中原始編號為84H·F116：W209/1381，出版編號為M1·1749，收於第九冊《其他文書上》第1997頁，擬題為《文書殘件》，並記其尺寸為16.8cm×30cm。《黑城出土文書（漢文文書卷）》一書未收。文書共六件殘片，均為碎屑。

錄文標點：

（一）

　　　　　（前缺）

1. 一户没□□□□□□

　　　　　（後缺）

（二）

（墨戳殘痕）

（三）

　　　　　（前缺）

1. _____□貰（簽押）

　　　　　（後缺）

（四）

（殘存一濃墨痕，不知是否為文字）

（五）

（蒙古文墨戳殘痕）

（六）

　　　　　（前缺）

1. _____□□蒙_____
2. _____人户实□_____

　　　　　（後缺）

78. 元亦集乃路總管府文書殘片

題解：

本件《中國藏黑水城漢文文獻》中原始編號為84H·F116：W333/1505A，出版編號為M1·1750，收於第九冊《其他文書上》第1998頁，擬題為《總管府案呈等文書殘件》，並記其尺寸為18cm×34.6cm。《黑城出土文書（漢文文書卷）》一書未收。文書共六件殘片，各存文字1—2行。從內容來看，其應為亦集乃路總管府文書殘片，且殘片一與殘片二可拼合。

錄文標點：

（一）

1. 皇帝聖旨☐☐☐☐☐

　　　　（後缺）

（二）

　　　　（前缺）

1. ☐☐☐☐☐总管府案呈云云

2. ☐☐☐☐☐合書填☐☐☐☐

　　　　（後缺）

（三）

　　　　（前缺）

1. ☐☐☐☐☐本府官☐☐☐☐

　　　　（後缺）

（四）

　　　　（前缺）

1. 　至正六年正月☐☐☐☐

　　　　（後缺）

（五）

　　　　（前缺）

1. 　　☐☐☐☐　文通（簽押）

2. 　　☐☐☐☐鄧　☐☐（簽押）

　　　　（後缺）

（六）

　　　　（前缺）

1. ☐☐☐☐☐☐☐☐

2. □到☐☐☐☐☐☐☐☐

　　　　　（後缺）

79. 元文書殘片

題解：

本件《中國藏黑水城漢文文獻》中原始編號為84H·F116:W333/1505B，出版編號為M1·1751，收於第九冊《其他文書上》第1999頁，擬題為《文書殘件》，並記其尺寸為20cm×24cm。《黑城出土文書（漢文文書卷）》一書未收。文書共三件殘片，殘片一現存文字2行，殘片二、三各存1行。

錄文標點：

（一）

　　　　　（前缺）

1. ☐☐☐各赤奧赤
2. ☐☐☐□□□

　　　　　（後缺）

（二）

　　　　　（前缺）

1. ☐☐☐□□□

　　　　　（後缺）

（三）

　　　　　（前缺）

1. ☐☐　五十一

　　　　　（後缺）

80. 元契約殘片

題解：

本件《中國藏黑水城漢文文獻》中無原始編號，出版編號為M1·1752，收於第九冊《其他文書上》第2000頁，擬題為《文書殘件》，並記其尺寸為14.6cm×10.5cm。《黑城出土文書（漢文文書卷）》一書未收。文書共兩件殘片，從內容來看，其應爲契約殘片。

錄文標點：

（一）

（前缺）

1. ☐☐☐照依☐
2. ☐在無錢交還代☐☐

（後缺）

（二）

（前缺）

1. ☐無憑，故立此☐

（後缺）

81. 元文書殘片

題解：

本件《中國藏黑水城漢文文獻》中原始編號爲84H·F116:W422/1594，出版編號爲M1·1753，收於第九冊《其他文書上》第2000頁，擬題爲《落款等殘件》，並記其尺寸爲26.5cm×13.3cm。《黑城出土文書（漢文文書卷）》一書未收。文書共三件殘片，其中殘片三爲二紙粘接，各存文字1行。

錄文標點：

（一）

（前缺）

1. ☐☐五十七壹石①
2. ☐☐☐六十七下

（後缺）

（二）

（前缺）

1. 各給☐☐壹☐☐

---

① "石"字前原衍一字，後塗抹，現徑改。

1628 中國藏黑水城漢文文獻的整理與研究

2. 依|照|下|各|□□□□□□
3. |任|仲|璋|□□□□□□
   （後缺）

（三）
   （前缺）
1. 右謹□□□□□□
 □□□□□□□□□□
2. 照□□□□□□□
   （後缺）

82. 元公用等文書殘片

題解：

本件《中國藏黑水城漢文文獻》中無原始編號，出版編號為M1·1754，收於第九冊《其他文書上》第 2001 頁，擬題為《紫驊馬等字殘件》，並記其尺寸為 15cm×27cm。《黑城出土文書（漢文文書卷）》一書未收。文書共五件殘片。

錄文標點：

（一）
   （前缺）
1. □□□房付該□□□□
   （後缺）

（二）
   （前缺）
1. □□□□□筆式管，墨□□□□
2. □□□□□□公用□□□□
   （後缺）

（三）
   （前缺）
1. □家□□□□□

2. □人□□□□□□

3. 户主□來□□□□

4. 延还行至東□□□□

5. □紫騾馬□□□□

　　　（後缺）

（四）

　　　（前缺）

1. □□□□□□□□

　　　（後缺）

（五）

　　　（前缺）

1. □□兀魯思□□□

2. □□□到□□□□

　　　（後缺）

83. 元延祐七年（1320）文書殘片

題解：

本件《中國藏黑水城漢文文獻》中無原始編號，出版編號為M1·1755，收於第九册《其他文書上》第2002頁，擬題為《文書殘件》，並記其尺寸為20cm×34cm。《黑城出土文書（漢文文書卷）》一書未收。文書共六件殘片。

錄文標點：

（一）

　　　（前缺）

1. □□照依省□□□□

2. □□奴籴接□□□□

　　　（後缺）

（二）

　　　（前缺）

1. □□□□□□□
2. 在迯不知□□□□
3. 元迯□口□□□□
4. 　　施行
　　　　（後缺）
（三）
　　　　（前缺）
1. □□□□□□□
2. □各倉其官運□□□
3. □□□□□□□
　　　　（後缺）
（四）
　　　　（前缺）
1. □□□把渡過有客□□
2. □□□該付勘合般運□□
3. □□□□付□□□
　　　　（後缺）
（五）
（蒙古文墨戳）
（六）
　　　　（前缺）
1. □□□□延祐七□□
　　　　（後缺）

84. 元地土文書殘片

題解：

本件《中國藏黑水城漢文文獻》中原始編號為84H·F116：W258/1430，出版編號為M1·1756，收於第九冊《其他文書上》第2003頁，擬題為《文書殘件》，並記其尺寸為 27.4cm×17.7cm。《黑城出土文書（漢文文書卷）》一書未收。文書共九件殘片，均為碎屑。

錄文標點：

（一）

　　　　　（前缺）

1. ☐☐捌伍畒陸☐

　　　　　（後缺）

（二）

　　　　　（前缺）

1. ☐☐☐☐☐

　　　　　（後缺）

（三）

　　　　　（前缺）

1. ☐☐☐

2. ☐☐付☐☐

　　　　　（後缺）

（四）

　　　　　（前缺）

1. ☐不☐☐

2. ☐☐渠二☐☐

　　　　　（後缺）

（五）

（無文字殘留）

（六）

（無文字殘留）

（七）

　　　　　（前缺）

1. ☐☐☐☐

2. ☐関得此及忘☐☐

　　　　　（後缺）

1632　中國藏黑水城漢文文獻的整理與研究

（八）

　　　　（前缺）
1. ☐☐☐種養地☐☐
　　　　（後缺）

（九）

　　　　（前缺）
1. ☐☐☐☐☐
2. ☐☐為軍馬☐☐
　　　　（後缺）

85. 元文書殘片

題解：

本件《中國藏黑水城漢文文獻》中原始編號為 84H・F116：W426/1598，出版編號為 M1・1757，收於第九冊《其他文書上》第 2004 頁，擬題為《文書殘件》，並記其尺寸為 29cm×20cm。《黑城出土文書（漢文文書卷）》一書未收。文書共八件殘片，均為殘屑。

錄文標點：

（一）

　　　　（前缺）
1. ☐☐☐☐☐
　　　　（後缺）

（二）

　　　　（前缺）
1. ☐☐☐☐鞏☐☐
　　　　（後缺）

（三）

　　　　（前缺）
1. ☐☐中之下☐☐
　　　　（後缺）

（四）

　　　　　（前缺）

1.　　□資□□

　　　　　（後缺）

（五）

　　　　　（前缺）

1.　　□剳収□

2.　　合□□

3.　　□□

　　　　　（後缺）

（六）

　　　　　（前缺）

1.　　攬援倉□□

　　　　　（後缺）

（七）

（無文字殘留）

（八）

　　　　　（前缺）

1.□運

　　　　　（後缺）

86. 元文書殘片

題解：

本件《中國藏黑水城漢文文獻》中原始編號為84H・F116：W352/1524，出版編號為M1・1758，收於第九冊《其他文書上》第2005頁，擬題為《文書殘件》，並記其尺寸為9.3cm×19.3cm。《黑城出土文書（漢文文書卷）》一書未收。文書現存文字1行，大字書寫，字跡模糊。

錄文標點：

　　　　　（前缺）

1. 术□大王

　　　　（後缺）

87. 元文書殘片

題解：

本件《中國藏黑水城漢文文獻》中原始編號為84H·F116：W345/1517，出版編號為M1·1759，收於第九冊《其他文書上》第2005頁，擬題為《文書殘件》，並記其尺寸為9.4cm×17.5cm。《黑城出土文書（漢文文書卷）》一書未收。文書共兩件殘片，各存文字2行。

錄文標點：

（一）

　　　　（前缺）

1. ▢□文恣犹公▢
2. ▢起馬

　　　　（後缺）

（二）

　　　　（前缺）

1. ▢□下首
2. ▢□到合行

　　　　（後缺）

88. 元文書殘片

題解：

本件《中國藏黑水城漢文文獻》中原始編號為84H·F116：W346/1518，出版編號為M1·1760，收於第九冊《其他文書上》第2006頁，擬題為《文書殘件》，並記其尺寸為15.3cm×28cm。《黑城出土文書（漢文文書卷）》一書未收。文書共八件殘片，均為殘屑。

錄文標點：

（一）

（前缺）

1. ☐☐☐☐本路達 魯
2. ☐☐☐曆朋 開 為☐☐
3. ☐☐☐☐☐☐☐☐

（後缺）

（二）

（前缺）

1. ☐☐☐☐☐☐

（後缺）

（三）

（無文字殘留）

（四）

（前缺）

1. ☐☐☐林不☐☐☐

（後缺）

（五）

（紙色深，文字不清）

（六）

（紙色深，文字不清）

（七）

（前缺）

1. ☐☐☐☐☐☐☐

（後缺）

（八）

（前缺）

1. ☐☐☐☐☐☐

（後缺）

（九）

（前缺）

1636 中國藏黑水城漢文文獻的整理與研究

  1. ☐☐☐☐畝撥
    （後缺）
（十）
    （前缺）
  1. ☐☐於至元☐☐☐
    （後缺）

89. 元文書殘片

題解：

  本件《中國藏黑水城漢文文獻》中原始編號為84H·F116：W331/1503，出版編號為M1·1761，收於第九冊《其他文書上》第2007頁，擬題為《文書殘件》，並記其尺寸為25.5cm×16.4cm。《黑城出土文書（漢文文書卷）》一書未收。文書共七件殘片，均為碎屑，其中殘片六為兩紙粘接，鈐騎縫章一枚。

錄文標點：

（一）
    （前缺）
  1. ☐☐☐□禿
    （後缺）

（二）
    （前缺）
  1. ☐☐☐除笇☐☐
    （後缺）

（三）
    （前缺）
  1. 事☐☐☐☐☐
    （後缺）

（四）
    （前缺）

1. ☐冬（簽押）

　　　（後缺）

（五）

　　　（前缺）

1. ☐□照本處

　　　（後缺）

（六）

　　　（前缺）

1. ☐照訖

———————（騎縫章）———————

2. ☐□□□

　　　（後缺）

（七）

（印章殘痕）

90. 元文書殘片

題解：

本件《中國藏黑水城漢文文獻》中原始編號為84H·F116：W226/1398，出版編號為M1·1762，收於第九冊《其他文書上》第2008頁，擬題為《文書殘件》，並記其尺寸為25cm×19cm。《黑城出土文書（漢文文書卷）》一書未收。文書共六件殘片，均為殘屑。

錄文標點：

（一）

　　　（前缺）

1. ☐半印勘合書填前☐

　　　（前缺）

（二）

　　　（前缺）

1. ☐□□□

　　　（前缺）

1638　中國藏黑水城漢文文獻的整理與研究

（三）

　　　　　（前缺）

1. □□□□□□□□
2. □□□□□□□□

　　　　　（後缺）

（四）

　　　　　（前缺）

1. ＿＿＿□ 准 替 ＿＿＿＿

　　　　　（後缺）

（五）

　　　　　（前缺）

1. ＿＿＿＿＿人 每 識者＿＿＿

　　　　　（後缺）

（六）

　　　　　（前缺）

1. □撥＿＿＿＿＿＿
2. □＿＿＿＿＿＿＿

　　　　　（後缺）

91. 元文書殘片

題解：

本件《中國藏黑水城漢文文獻》中原始編號為84H·F116：W244/1416，出版編號為M1·1763，收於第九冊《其他文書上》第2009頁，擬題為《文書殘件》，並記其尺寸為19cm×18.5cm。《黑城出土文書（漢文文書卷）》一書未收。文書共四件殘片，其中殘片一、二各存"皇帝"二字，據元代文書格式可知，其應為公文抬頭，故可知此四件殘片應非同件文書。

錄文標點：

（一）

1. 皇帝＿＿＿＿＿＿＿＿

　　　　　（後缺）

（二）

1. 皇帝☐☐☐☐☐☐☐

　　　　　（後缺）

（三）

　　　　　（前缺）

1.　台旨

2.　　☐☐☐☐☐

3. ☐☐☐☐☐☐

　　　　　（後缺）

（四）

　　　　　（前缺）

1.　　　☐交☐割☐☐☐

2.　　　☐☐咨請☐☐☐

　　　　　（後缺）

92. 元亦集乃路總管府文書殘片

題解：

本件《中國藏黑水城漢文文獻》中原始編號為84H·F116：W228/1400，出版編號為M1·1764，收於第九冊《其他文書上》第2010頁，擬題為《文書殘件》，並記其尺寸為26cm×23cm。《黑城出土文書（漢文文書卷）》一書未收。文書共六件殘片，從內容來看，其應為亦集乃路總管府文書殘片。

錄文標點：

（一）

　　　　　（前缺）

1. 事仰☐☐☐☐☐

2. 此以拠河渠司呈☐☐

　　　　　（後缺）

1640　中國藏黑水城漢文文獻的整理與研究

（二）
　　　　（前缺）
1. 揔府合下仰照☐☐☐
　　　　（後缺）

（三）
　　　　（前缺）
1. 照验施行
　　　　（後缺）

（四）
　　　　（前缺）
1. 　　（簽押）
　　　　（後缺）

（五）
　　　　（前缺）
1. 　☐☐日①
　　　　（後缺）

（六）
（印章殘痕）

93. 元文書殘片

題解：

本件《中國藏黑水城漢文文獻》中原始編號為84H·F116：W265/1428，出版編號為M1·1765，收於第九冊《其他文書上》第2011頁，擬題為《文書殘件》，並記其尺寸為14.2cm×19.8cm。《黑城出土文書（漢文文書卷）》一書未收。文書共三件殘片，殘片一、三各存文字3行，殘片二現存文字1行。

錄文標點：

（一）

―――――――――

①　"☐☐日"上鈐印章一枚。

　　　　　（前缺）
1. □□前項鈔□□□
2. □□既係一躰□□
3. □□□放□□
　　　　　（後缺）

（二）
　　　　　（前缺）
1. □□□式拾伍□□
　　　　　（後缺）

（三）
　　　　　（前缺）
1. 打奪□□□□□
2. 牢固□□□□□
3. 勘該□□□□□
　　　　　（後缺）

94. 元張大亨文書殘片

題解：

本件《中國藏黑水城漢文文獻》中原始編號為84H·F116：W281/1453，出版編號為M1·1766，收於第九冊《其他文書上》第2012頁，擬題為《張大亨畫押等殘件》，並記其尺寸為27cm×18cm。《黑城出土文書（漢文文書卷）》一書未收。文書共六件殘片。

錄文標點：

（一）
　　　　　（前缺）
1. □□□書省□□□
2. □□□□你每□□
　　　　　（後缺）

1642　中國藏黑水城漢文文獻的整理與研究

　　（二）
　　　　　（前缺）
1. □□□□□□□□
2. （墨戳殘痕）
　　　　　（後缺）
　　（三）
　　　　　（前缺）
1. □□□□禿□□□□
　　　　　（後缺）
　　（四）
　　　　　（前缺）
1. □□□□□今捨齊□□□
2. □□□□張掛若有□□①
　　　　　（後缺）
　　（五）
（蒙古文墨戳殘痕）
　　（六）
　　　　　（前缺）
1. 　□□□□張大亨（簽押）
　　　　　（後缺）

95. 元文書殘片

題解：

　　本件《中國藏黑水城漢文文獻》中原始編號為84H・F116: W302/1474，出版編號為M1・1767，收於第九冊《其他文書上》第2013頁，擬題為《文書殘件》，並記其尺寸為30cm×12.6cm。《黑城出土文書（漢文文書卷）》一書未收。文書共三件殘片，殘片一無文字殘留，殘片二現存文字5行，殘片三現存文字2行。

---

① 此兩字被墨筆圈畫。

錄文標點：

（一）

（無文字殘留）

（二）

　　　　　（前缺）
1. ☐☐☐☐☐☐☐☐
2. ☐☐□同情商量□☐
3. ☐☐篦□一个与□☐
4. ☐☐月初二日黃□□☐
5. ☐☐☐□□
　　　　　（後缺）

（三）

　　　　　（前缺）
1. □□□☐
2. 解省府除外☐
　　　　　（後缺）

96. 元文書殘片

題解：

本件《中國藏黑水城漢文文獻》中原始編號為84H·F116：W309/1481，出版編號為M1·1768，收於第九冊《其他文書上》第2013頁，擬題為《文書殘件》，並記其尺寸為30cm×12.2cm。《黑城出土文書（漢文文書卷）》一書未收。文書共五件殘片，其殘片順序排列有誤，殘片五應為文書抬頭。

錄文標點：

（一）

　　　　　（前缺）
1. ☐☐之夫張□□☐
2. ☐☐□□□□請☐
　　　　　（後缺）

1644　中國藏黑水城漢文文獻的整理與研究

(二)
　　　　（前缺）
1. □□□□□□□□

　　　　（後缺）

(三)
　　　　（前缺）
1. □□□總府除將已斷□
2. □□□□所押□□

　　　　（後缺）

(四)
　　　　（前缺）
1. □□□□□□

　　　　（後缺）

(五)
　　　　（前缺）

1. 皇帝聖旨裏，□□□□
2. 　　□□□□□□

　　　　（後缺）

97. 元文書殘片

題解：

本件《中國藏黑水城漢文文獻》中原始編號為84H·F116：W303/1475，出版編號為M1·1769，收於第九冊《其他文書上》第2014頁，擬題為《文書殘件》，並記其尺寸為30cm×18cm。《黑城出土文書（漢文文書卷）》一書未收。文書共八件殘片，均為殘屑。

錄文標點：

(一)
　　　　（前缺）

1. ▢▢▢□文□▢▢▢▢①

   （後缺）

（二）

（紙色深，文字不清）

（三）

（紙色深，文字不清）

（四）

   （前缺）

1. 右各行

   （後缺）

（五）

   （前缺）

1. ▢▢□付爲本路大□▢▢▢

   （後缺）

（六）

   （前缺）

1. ▢▢▢常□▢▢

   （後缺）

（七）

   （前缺）

1. ▢▢▢通行▢▢▢②

   （前缺）

（八）

   （前缺）

1. ▢▢□□

   （後缺）

---

① 此行文字被塗抹。
② 該殘片圖版倒置。

98. 元呈文殘片

題解：

本件《中國藏黑水城漢文文獻》中原始編號為84H・F116：W322/1494，出版編號為M1・1770，收於第九冊《其他文書上》第2015頁，擬題為《落款等殘件》，並記其尺寸為20.9cm×8.8cm。《黑城出土文書（漢文文書卷）》一書未收。文書共兩件殘片，殘片一現存文字2行；殘片二為二紙粘接，第一紙現存文字1行，第二紙現存文字2行。從內容來看，其應為呈文殘片。

錄文標點：

（一）

（前缺）

1. ☐☐☐☐合下☐☐☐☐
2. ☐☐就繳遞☐☐☐☐

（後缺）

（二）

（前缺）

1. 右謹具
　　　　──────
2. ☐☐☐
3. ☐☐☐

（後缺）

99. 元文書殘片

題解：

本件《中國藏黑水城漢文文獻》中原始編號為84H・F116：W218/1390，出版編號為M1・1771，收於第九冊《其他文書上》第2016頁，擬題為《文書殘件》，並記其尺寸為24.2cm×15.2cm。《黑城出土文書（漢文文書卷）》一書未收。文書共八件殘片，均為殘屑。

錄文標點：

（一）

　　　　　（前缺）

1. ☐☐保結☐

　　　　　（後缺）

（二）

　　　　　（前缺）

1. ☐☐□不見☐

　　　　　（後缺）

（三）

　　　　　（前缺）

1. ☐☐保結申☐

　　　　　（後缺）

（四）

　　　　　（前缺）

1. ☐☐麦壹☐

　　　　　（後缺）

（五）

（似為蒙古文墨戳殘痕）

（六）

　　　　　（前缺）

1. ☐☐□路捴□☐

　　　　　（後缺）

（七）

（墨戳殘痕）

（八）

　　　　　（前缺）

1. ☐☐見有☐

　　　　　（後缺）

1648　中國藏黑水城漢文文獻的整理與研究

100. 元亦集乃路總管府文書殘片

題解：

本件《中國藏黑水城漢文文獻》中原始編號為84H・F116：W170/1342，出版編號為M1・1772，收於第九冊《其他文書上》第2017—2018頁，共四件殘片，分為兩組，擬題為《文書殘件》，並記其尺寸為22cm×12cm、20cm×15cm。《黑城出土文書（漢文文書卷）》一書未收。文書殘片一為二紙粘接，各存文字3行；殘片二現存文字1行；殘片三現存文字2行；殘片四為二紙粘接，第一紙無文字殘留，殘片二現存文字1行。

錄文標點：

（一）

　　　　　（前缺）

1. 總府官台□□□□□□
2. 別赴
3. 厅取旨施行者 滿□□
　　————————————
4. 　　普失的
5. 　　答 石 □
6. 　　□ 中 □
　　　　　（後缺）

（二）

　　　　　（前缺）

1. 旨□□□□□□□
　　　　　（後缺）

（三）

　　　　　（前缺）

1. _____吏① 張廷（簽押）
　　　　　　　郭斌（簽押）
　　　　　（後缺）

---

① 此行文字鈐印章一枚。

（四）

　　　　　（前缺）

――――――――――――――――

1. □□□□裏，亦集乃路總管府案□□□

　　　　　（後缺）

101. 元文書殘片

題解：

本件《中國藏黑水城漢文文獻》中原始編號為84H・F116：W167/1339，出版編號為M1・1773，收於第九冊《其他文書上》第2018頁，擬題為《文書殘件》，並記其尺寸為15.7cm×9.7cm。《黑城出土文書（漢文文書卷）》一書未收。文書共兩件殘片，殘片一現存文字3行，殘片二現存文字1行。兩殘片字跡非一，應非同一件文書殘片。

錄文標點：

（一）

　　　　　（前缺）

1. □在迯節□□□□□
2. 朵花住以□□□□
3. 撿□□□□□

　　　　　（後缺）

（二）

　　　　　（前缺）

1. □□□□□□
2. □乃路總管□□□

　　　　　（後缺）

102. 元文書殘片

題解：

本件《中國藏黑水城漢文文獻》中原始編號為84H・F116：W166/1338，出版編號為M1·1774，收於第九冊《其他文書上》第 2019 頁，擬題為《落款等殘件》，並記其尺寸為 17.6cm×25.5cm。《黑城出土文書（漢文文書卷）》一書未收。文書共四件殘片。從內容來看，其似為亦集乃路總管府下巡檢司文書殘片。

錄文標點：

（一）

　　　　　　（前缺）

1. 右下巡☐☐☐☐☐

　　　　　　（後缺）

（二）

　　　　　　（前缺）

1. ☐☐☐☐☐☐
2. 的斤 妳 亦 ☐☐☐☐
3. 答☐☐☐☐☐
4. 來 正 ☐☐☐☐

　　　　　　（後缺）

（三）

　　　　　　（前缺）

1. ☐☐☐☐☐☐☐計會☐☐☐☐

　　　　　　（後缺）

（四）

　　　　　　（前缺）

1. ☐☐☐☐驗　謹　具☐☐☐

　　　　　　（後缺）

103. 元呈文殘片

題解：

本件《中國藏黑水城漢文文獻》中原始編號為 84H·F116：W165/1337，出版編號為M1·1775，收於第九冊《其他文書上》第 2020 頁，擬題為《文書殘件》，並記其尺寸為 27cm×11cm。《黑城出土文書（漢文文書卷）》一書未收。文書共兩件殘片，殘片一現存文字1行，殘片二現存文字2行。

錄文標點：

（一）

（前缺）

1. ☐具呈

（後缺）

（二）

（前缺）

1. ☐☐當府☐
2. ☐案牘劉☐

（後缺）

104. 元文書殘片

題解：

本件《中國藏黑水城漢文文獻》中原始編號為84H・F116：W164/1336，出版編號為M1・1776，收於第九冊《其他文書上》第2020頁，擬題為《文書殘件》，並記其尺寸為27.5cm×6.5cm。《黑城出土文書（漢文文書卷）》一書未收。文書共兩件殘片，各存文字1行。

錄文標點：

（一）

（前缺）

1. 右謹☐①

（後缺）

（二）

1. 皇帝☐

（後缺）

---

① 據元代文書格式推斷，此處所缺文字應為"具"。

105. 元某司呈亦集乃路總管府文殘片

題解：

本件《中國藏黑水城漢文文獻》中原始編號為84H·F116：W147/1319，出版編號為M1·1777，收於第九冊《其他文書上》第2021頁，擬題為《落款等殘件》，並記其尺寸為29.8cm×19.5cm。《黑城出土文書（漢文文書卷）》一書未收。文書共三件殘片。從內容來看，其應為某司呈亦集乃路總管府文書殘片。

錄文標點：

（一）

　　　　　（前缺）

1. □

　　　　　（後缺）

（二）

　　　　　（前缺）

1. 容 刺
2. 府□
3. 一□

　　　　　（後缺）

（三）

　　　　　（前缺）

1. □
2. 到□
3. 例合□
4. 右　謹　□

　　　　　（後缺）

106. 元文書殘片

題解：

本件《中國藏黑水城漢文文獻》中原始編號為84H·F116：W139/1311，出版編號為M1·1778，收於第九冊《其他文書上》第2021頁，擬題為《文書殘件》，並記其尺寸為15.2cm×15.3cm。《黑城出土文書（漢文文書卷）》一書未收。文書共三件殘片，紙色深，字跡不清。

錄文標點：

（一）

（前缺）

1. □□▢▢▢▢▢
2. □□▢▢▢▢▢
3. 是□▢▢▢▢

（後缺）

（二）

（前缺）

1. ▢▢弟□▢▢

（後缺）

（三）

（前缺）

1. □▢▢▢▢
2. □▢▢▢▢

（後缺）

107. 元文書殘片

題解：

本件《中國藏黑水城漢文文獻》中原始編號為84H·F116：W138/1310，出版編號為M1·1779，收於第九冊《其他文書上》第2022頁，擬題為《文書殘件》，並記其尺寸為31cm×17cm。《黑城出土文書（漢文文書卷）》一書未收。文書共六件殘片，其中殘片六與殘片一至五字跡、紙張不同，應非同件文書。從內容來看，殘片一至五應為公文殘片，殘片六似為書信殘片。

錄文標點：

（一）

1654　中國藏黑水城漢文文獻的整理與研究

　　　　　（前缺）
1. □正□□□□□□
2. □□□□□□□
　　　　　（後缺）
（二）
　　　　　（前缺）
1. □□□□□□□
2. 李□□□□□□
3. □□□□□□□
　　　　　（後缺）
（三）
　　　　　（前缺）
1. □□□□□□□□
2. 　□□□□□□
　　　　　（後缺）
（四）
　　　　　（前缺）
1. □□□□□□□
2. □□□□□□□
3. □□□□□□□
4. □□□□□□□
　　　　　（後缺）
（五）
　　　　　（前缺）
1. 　　□□□□□
2. 　省
　　　　　（後缺）

整理編　第九冊　**1655**

（六）
　　　　　（前缺）
1.　　舅□□□□
2.　□去呵阿兒□□□
　　　　　（後缺）

108. 元文書殘片

題解：

本件《中國藏黑水城漢文文獻》中原始編號為84H·F116：W135/1307，出版編號為M1·1780，收於第九冊《其他文書上》第2023頁，擬題為《文書殘件》，並記其尺寸為33cm×17.2cm。《黑城出土文書（漢文文書卷）》一書未收。文書共七件殘片，各存文字1—2行。

錄文標點：

（一）
　　　　　（前缺）
1.　□□□□□
2.　□照勘中間別無重□
　　　　　（後缺）

（二）
　　　　　（前缺）
1.　□□□□□□□
2.　照□□□□□□
　　　　　（後缺）

（三）
（墨戳殘件）

（四）
　　　　　（前缺）
1.　以通□□□
2.　開坐
　　　　　（後缺）

1656　中國藏黑水城漢文文獻的整理與研究

（五）
　　　　（前缺）
1. 壹万□□□□□□
　　　　（後缺）

（六）
　　　　（前缺）
1. 照驗□□□□□□
　　　　（後缺）

（七）
　　　　（前缺）
1. 末□□□□□□
　　　　（後缺）

109. 元文書殘片

題解：

本件《中國藏黑水城漢文文獻》中原始編號為84H・F116：W133/1305，出版編號為M1・1781，收於第九冊《其他文書上》第2024頁，擬題為《文書殘件》，並記其尺寸為30cm×17cm。《黑城出土文書（漢文文書卷)》一書未收。文書六件殘片，其中殘片一、二均為二紙粘接，且其第一紙均無文字殘留。

錄文標點：

（一）
　　　　（前缺）
────────────
1.　　一差□□□□
2.　　　□□□□□
　　　　（後缺）

（二）
　　　　（前缺）
────────────

1. 呈

　　　　（後缺）

（三）

　　　　（前缺）

1. 坐□□□□□

2. □□□□□□□

　　　　（後缺）

（四）

　　　　（前缺）

1. 恭□□□□□

2. 子楊□□□□□

3. 滿□□□□□

　　　　（後缺）

（五）

　　　　（前缺）

1. 屯田□□□□□

2. 至順□□

3. □□□□□□

　　　　（後缺）

（六）

　　　　（前缺）

1. □□□□□□□

2. 時□□□□□

3. 年你□□□□□

4. 答□□□□□

　　　　（後缺）

110. 元文書殘片

題解：

本件《中國藏黑水城漢文文獻》中原始編號為 84H·F116:W111/1283，出版編號為 M1·1782，收於第九冊《其他文書上》第 2025—2026 頁，文書共三件殘片，分為兩組，擬題為《文書殘件》，並記其尺寸為 21.5cm × 12.8cm、17.6cm×25.5cm。《黑城出土文書（漢文文書卷）》一書未收。文書殘片一現存文字 2 行，殘片二、三均存一濃墨大字"十一日"。

錄文標點：

（一）

（前缺）

1. ☐☐☐☐☐□☐☐☐☐☐
2. ☐☐☐□本渠言行☐☐

（後缺）

（二）

（前缺）

1. □☐☐☐☐
2. 十一日

（三）

（前缺）

1. □☐☐☐☐
2. 十一日

111. 元文書殘片

題解：

本件《中國藏黑水城漢文文獻》中原始編號為 84H·F116:W87/1259，出版編號為M1·1783，收於第九冊《其他文書上》第 2027 頁，擬題為《文書殘件》，並記其尺寸為 7.3cm×9.3cm。《黑城出土文書（漢文文書卷）》一書未收。文書現存文字 3 行，前後均缺。

錄文標點：

　　　　　（前缺）

1. □_____
2. 数中_____
3. 施行。

　　　　　（後缺）

112. 元文書殘片

題解：

本件《中國藏黑水城漢文文獻》中原始編號為84H·F116：W66/1238，出版編號為M1·1784，收於第九冊《其他文書上》第2027頁，擬題為《文書殘件》，並記其尺寸為7cm×26.2cm。《黑城出土文書（漢文文書卷）》一書未收。文書共三件殘片，文字模糊不清。

錄文標點：

（一）

　　　　　（前缺）

1. 也□_____
2. 　□□_____

　　　　　（後缺）

（二）

　　　　　（前缺）

1. □□_____
2. 　壹_____

　　　　　（後缺）

（三）

　　　　　（前缺）

1. _____兒也迷立_____
2. _____

　　　　　（前缺）

113. 元牒文殘片

題解：

本件《中國藏黑水城漢文文獻》中原始編號為84H·F116：W60/1232，出版編號為M1·1785，收於第九冊《其他文書上》第2028頁，擬題為《文書殘件》，並記其尺寸為17cm×28cm。《黑城出土文書（漢文文書卷）》一書未收。文書現存文字1行，從內容來看，其應為某司牒文殘片。

錄文標點：

（前缺）

1. 右　　　牒

（後缺）

114. 元斛斗文書殘片

題解：

本件《中國藏黑水城漢文文獻》中原始編號為84H·F116：W51/1223，出版編號為M1·1786，收於第九冊《其他文書上》第2029頁，擬題為《文書殘件》，並記其尺寸為27cm×17cm。《黑城出土文書（漢文文書卷）》一書未收。文書共八件殘片，均為殘屑。

錄文標點：

（一）

（前缺）

1. 如今☐☐☐☐☐☐☐☐
2. ☐☐☐☐☐☐☐☐☐

（後缺）

（二）

（前缺）

1. 人作☐☐☐☐☐☐☐
2. ☐☐☐☐☐☐☐☐

3. □_____

　　　　（後缺）

（三）

　　　　（前缺）

1. 一小□□_____
2. □□_____

　　　　（後缺）

（四）

　　　　（前缺）

1. 一斗□□_____

　　　　（後缺）

（五）

　　　　（前缺）

1. _____□□□_____
2. _____底

　　　　（後缺）

（六）

　　　　（前缺）

1. 右□□_____

　　　　（後缺）

（七）

　　　　（前缺）

1. □□_____

　　　　（後缺）

（八）

　　　　（前缺）

1. 刺□_____

　　　　（後缺）

1662 中國藏黑水城漢文文獻的整理與研究

115. 元文書殘片

題解：

本件《中國藏黑水城漢文文獻》中原始編號為84H·F116:W48/1220，出版編號為M1·1787，收於第九冊《其他文書上》第2030頁，擬題為《文書殘件》，並記其尺寸為7cm×26.2cm。《黑城出土文書（漢文文書卷）》一書未收。文書共八件殘片，均為殘屑。

錄文標點：

（一）

　　　　（前缺）

1. □_____

2. 前□_____

　　　　（後缺）

（二）

　　　　（前缺）

1. 事□_____

　　　　（後缺）

（三）

　　　　（前缺）

1. 別坐_____

2. □_____

　　　　（後缺）

（四）

　　　　（前缺）

1. 都□_____

　　　　（後缺）

（五）

　　　　（前缺）

1. □_____

2. □□□□□□□□□
　　　（後缺）

（六）
　　　（前缺）
1. □□□□□□□□
2. 省□□□□□□□
　　　（後缺）

（七）
　　　（前缺）
1. □□□□□□□
2. 係大□□□□□□
　　　（後缺）

（八）
　　　（前缺）
1. 右謹具
　　　（後缺）

116. 元文書殘片

題解：

本件《中國藏黑水城漢文文獻》中原始編號為84H·F116：W41/1213，出版編號為M1·1788，收於第九冊《其他文書上》第2031頁，擬題為《文書殘件》，並記其尺寸為8.4cm×14.7cm。《黑城出土文書（漢文文書卷）》一書未收。文書現存文字1行。

錄文標點：

　　　（前缺）
1. □□　照　　驗　□□
　　　（後缺）

117. 元文書殘片

題解：

本件《中國藏黑水城漢文文獻》中原始編號為84H·F116：W16/1187，出版

1664　中國藏黑水城漢文文獻的整理與研究

編號為M1·1789，收於第九冊《其他文書上》第2031頁，擬題為《文書殘件》，並記其尺寸為5.5cm×15.6cm。《黑城出土文書（漢文文書卷）》一書未收。文書共三件殘片，均為殘屑。

錄文標點：

（一）
　　　　　（前缺）
1.　　　指揮
　　　　　（後缺）

（二）
　　　　　（前缺）
1.　　　於五日
2.　　　府今用
　　　　　（後缺）

（三）
　　　　　（前缺）
1.　　　　□
2.　　　該□体比
3.　　　□□者
　　　　　（後缺）

118. 元文書殘片

題解：

本件《中國藏黑水城漢文文獻》中原始編號為84H·F116：W12/1183，出版編號為M1·1790，收於第九冊《其他文書上》第2032頁，擬題為《文書殘件》，並記其尺寸為10.8cm×24.3cm。《黑城出土文書（漢文文書卷）》一書未收。文書共六件殘片，殘片三與其他殘片字跡不同，應非同件文書。

錄文標點：

（一）
　　　　　（前缺）
1.　　　蒙他兩□□

2. 山 竹 塔子前蓆□▭

　　　　（後缺）

（二）

　　　　（前缺）

1. ▭照□他□▭
2. ▭□子前蓆苫▭

　　　　（後缺）

（三）

　　　　（前缺）

1. ▭□□置在▭

　　　　（後缺）

（四）

　　　　（前缺）

1. 呈
2. 　□▭

　　　　（後缺）

（五）

　　　　（前缺）

1. ▭已□回取訖 所 情▭

　　　　（後缺）

（六）

　　　　（前缺）

1. ▭▭□□□▭

　　　　（後缺）

119. 元文書殘片

題解：

本件《中國藏黑水城漢文文獻》中原始編號為84H・F116：W11/1182，出版編號為M1・1791，收於第九冊《其他文書上》第2033頁，擬題為《文書殘件》，並記其尺寸為 11cm×24cm。《黑城出土文書（漢文文書卷）》一書未收。文書共六件殘片，均為殘屑。

錄文標點：

（一）

　　　　　（前缺）

1.　　　□無干

　　　　　（後缺）

（二）

　　　　　（前缺）

1.　　　□審問得為

2.　　　朶木重到招伏不

3.　　　　□粮田□

　　　　　（後缺）

（三）

　　　　　（前缺）

1.　　　□来將都

2.　　　□

　　　　　（後缺）

（四）

　　　　　（前缺）

1.　　□□日①

（五）

（墨戳殘痕）

（六）

　　　　　（前缺）

1.　　□□□照般

　　　　　（後缺）

---

① 此行文字鈐印章一枚。

120. 元文書殘片

題解：

本件《中國藏黑水城漢文文獻》中原始編號為84H·F116：W10/1181，出版編號為M1·1792，收於第九冊《其他文書上》第2034頁，擬題為《文書殘件》，並記其尺寸為5.8cm×18cm。《黑城出土文書（漢文文書卷）》一書未收。文書共兩件殘片，各存文字2行。

錄文標點：

（一）

（前缺）

1. ☐☐☐☐☐☐
2. ☐☐☐止扵☐

（後缺）

（二）

（前缺）

1. ☐☐☐
2. ☐☐

（後缺）

121. 元文書殘片

題解：

本件《中國藏黑水城漢文文獻》中原始編號為84H·F116：W234/1406，出版編號為M1·1793，收於第九冊《其他文書上》第2034頁，擬題為《文書殘件（2-1）》，並記其尺寸為11.2cm×17.3cm。《黑城出土文書（漢文文書卷）》一書未收。文書共四件殘片，各存文字1行。

錄文標點：

（一）

（前缺）

1. ☐三孝説☐☐

（後缺）

1668　中國藏黑水城漢文文獻的整理與研究

（二）

　　　　（前缺）

1.　□無│仰開元│□

　　　　（後缺）

（三）

　　　　（前缺）

1.　□存│日向丑│□

　　　　（後缺）

（四）

　　　　（前缺）

1.　大麥六分

　　　　（後缺）

122. 元大德十一年（1307）文書殘片

題解：

本件《中國藏黑水城漢文文獻》中原始編號為84H·F116∶W234/1406，出版編號為M1·1793，收於第九冊《其他文書上》第2035頁，擬題為《大德十一年等殘件（2－2）》，並記其尺寸為17.8cm×18cm。《黑城出土文書（漢文文書卷）》一書未收。文書共四件殘件，各存文字1—2行。

錄文標點：

（一）

　　　　（前缺）

1.　□他│每一个│□
2.　□□│怎生│□

　　　　（後缺）

（二）

　　　　（前缺）

1.　□大│德十一年│□

　　　　（後缺）

（三）

　　　　　（前缺）

1. □司□

　　　　　（後缺）

（四）

　　　　　（前缺）

1. 　□　歷　□

　　　　　（後缺）

123. 元文書殘片

題解：

本件《中國藏黑水城漢文文獻》中原始編號為84H·F116：W477/1649，出版編號為M1·1794，收於第九冊《其他文書上》第2036—2037頁，共八件殘片，分為兩組，擬題為《文書殘件》及《驅口等字殘件》，並記其尺寸分別為24cm×12.5cm、12.4cm×18.4cm。《黑城出土文書（漢文文書卷）》一書未收。文書八件殘片各存文字1—3行。

錄文標點：

（一）

　　　　　（前缺）

1. 照驗依□

　　　　　（後缺）

（二）

　　　　　（前缺）

1. □成收粂□
2. 雜受錢虛□□
3. □下罷役□

　　　　　（後缺）

（三）

　　　　　（前缺）

1670　中國藏黑水城漢文文獻的整理與研究

1. □□□十七下□□□
2. □□□□或拎□□

　　　（後缺）

（四）

　　　（前缺）

1. 　一差□布□□□□

　　　（後缺）

（五）

　　　（前缺）

1. □□□底撒立义□□

　　　（後缺）

（六）

　　　（前缺）

1. □□□□□□
2. □□□□□□

　　　（後缺）

（七）

　　　（前缺）

1. □□□□招□□

　　　（後缺）

（八）

　　　（前缺）

1. 驅□□□□□□

　　　（後缺）

124. 元文卷殘片

題解：

本件《中國藏黑水城漢文文獻》中原始編號為84H・F116：W441/1613，出版編號為M1・1795，收於第九冊《其他文書上》第2038頁，擬題為《畫押年款等殘件》，並記其尺寸為 19.8cm×25cm。《黑城出土文書（漢文文書卷）》一書未收。文書共三件殘片，殘片一為二紙粘接，第一紙僅存簽押一處，第二紙現存文字 3 行；殘片二現存文字 3 行，殘片三僅存印章殘痕。從文書現存形式看，其應為某文卷殘片。

錄文標點：

（一）

（前缺）

1. ▢▢▢（簽押）

_____

2. ▢▢▢

3. ▢▢書省劄付為 日 請 ▢▢▢

4. ▢▢▢者

（後缺）

（二）

（前缺）

1. 至▢▢▢▢▢

2. 至 正八▢▢▢▢

3. ▢▢▢▢▢

（後缺）

（三）

（印章殘痕）

125. 元文書殘片

題解：

本件《中國藏黑水城漢文文獻》中原始編號為 84H·F116：W347/1519，出版編號為M1·1796，收於第九冊《其他文書上》第 2039 頁，擬題為《畫押等殘件》，並記其尺寸為 22.7cm×20.8cm。《黑城出土文書（漢文文書卷）》一書未收。文書共兩件殘片，各存文字 1 行。

錄文標點：

（一）

（前缺）

1. ☐☐☐☐（簽押）

（後缺）

（二）

（前缺）

1. 洪字 太 ☐ ☐ ☐☐☐☐

（後缺）

126. 元某司下吏王文勝文殘尾

題解：

本件《中國藏黑水城漢文文獻》中原始編號為84H·F116：W59/1231，出版編號為M1·1797，收於第九冊《其他文書上》第2040頁，擬題為《印章等殘件》，並記其尺寸為25.2cm×12.8cm。《黑城出土文書（漢文文書卷）》一書未收。文書共兩件殘片，各存文字1行。從內容來看，其應為某司下王文勝文書殘尾。

錄文標點：

（一）

（前缺）

1. ☐吏王文勝　　准此

（後缺）

（二）

（前缺）

1. 　　十八☐[①]

127. 元文書殘片

題解：

本件《中國藏黑水城漢文文獻》中原始編號為84H·F116：W169/1341，出

[①] 據元代文書格式可知，此處所缺文字應為"日"，且此行文字鈐朱印一枚。

版編號為M1·1798，收於第九冊《其他文書上》第2041頁，擬題為《文書殘件》，並記其尺寸為14.8cm×25cm。《黑城出土文書（漢文文書卷）》一書未收。文書共三件殘片，各存文字1—3行。

錄文標點：

（一）

（前缺）

1. ☐☐為

（後缺）

（二）

（前缺）

1. ☐☐而非理行事☐☐
2. ☐☐照得每☐蚕☐☐

（後缺）

（三）

（前缺）

1. ☐
2. （墨戳）
3. ☐☐①

（後缺）

128. 元文書殘片

題解：

本件《中國藏黑水城漢文文獻》中原始編號為84H·F21：W22/0739，出版編號為M1·1799，收於第九冊《其他文書上》第2042頁，擬題為《文書殘件》，並記其尺寸為10cm×16cm。《黑城出土文書（漢文文書卷）》一書未收。文書僅有一墨戳殘痕。

---

① 此處有印章一枚。

錄文標點：

（略）

129. 元文書殘片

題解：

本件《中國藏黑水城漢文文獻》中原始編號為84H·F125：W43/1893，出版編號為M1·1800，收於第九冊《其他文書上》第2042頁，擬題為《文書殘件》，並記其尺寸為6.2cm×29cm。《黑城出土文書（漢文文書卷）》一書未收。文書有墨跡，但無文字。

錄文標點：

（略）

130. 元文書殘片

題解：

本件《中國藏黑水城漢文文獻》中原始編號為84H·F80：W6/1035，出版編號為M1·1801，收於第九冊《其他文書上》第2043頁，擬題為《文書殘件》，並記其尺寸為5.3cm×4.7cm。《黑城出土文書（漢文文書卷）》一書未收。文書僅存一字。

錄文標點：

（前缺）

1. 畜

（後缺）

131. 元文書殘尾

題解：

本件《中國藏黑水城漢文文獻》中原始編號為84H·F57：W4/0852，出版編號為M1·1802，收於第九冊《其他文書上》第2043頁，擬題為《文書殘件》，並記其尺寸為14cm×13.6cm。《黑城出土文書（漢文文書卷）》一書未收。文書現存文字3行，均為官吏署名簽押。

錄文標點：

（前缺）
1. ☐趙（簽押）
2. ☐邢（簽押）
3. ☐（簽押）

（後缺）

132. 元亦集乃路文書殘片

題解：

本件《中國藏黑水城漢文文獻》中原始編號為84H·F20：W17/0666，出版編號為M1·1803，收於第九冊《其他文書上》第2044頁，擬題為《文書殘件》，並記其尺寸為9cm×14cm。《黑城出土文書（漢文文書卷）》一書未收。文書現存文字1行，前完後缺。

錄文標點：

1. ☐集乃路☐☐

（後缺）

133. 元某司呈文為罪犯結狀事殘片

題解：

本件《中國藏黑水城漢文文獻》中原始編號為83H·F6：W78/（此處應缺一數字），出版編號為M1·1804，收於第九冊《其他文書上》第2044頁，擬題為《文書殘件》，並記其尺寸為5.8cm×25cm。《黑城出土文書（漢文文書卷）》一書未收。文書現存文字2行，前後均缺。從內容來看，其應為某司為罪犯結狀拾呈亦集乃路總管府文。

錄文標點：

（前缺）
1. 今將罪犯結狀亦集乃路☐路☐
2. 招右具呈者伏乞

（後缺）

134. 元汝足立嵬文書殘片

題解：

本件《中國藏黑水城漢文文獻》中原始編號為84H・F277：W3/2661，出版編號為M1・1805，收於第九冊《其他文書上》第2045頁，擬題為《文書殘件》，並記其尺寸為9cm×23cm。《黑城出土文書（漢文文書卷）》一書未收。文書現存文字4行，前後均缺。

錄文標點：

（前缺）

1. 与汝足立嵬等前來□_____
2. □□羅疋若无□ 还 浸泡 □_____
3. _____□□身□□□□
4. _____王即立溫布虛

（後缺）

135. 元承告人張才福文書殘片

題解：

本件《中國藏黑水城漢文文獻》中原始編號為84H・F135：W70/2021，出版編號為M1・1806，收於第九冊《其他文書上》第2045頁，擬題為《文書殘件》，並記其尺寸為11cm×22cm。《黑城出土文書（漢文文書卷）》一書未收。文書共兩件殘片，各存文字1行。

錄文標點：

（一）

（前缺）

1. 逊□罪□_____

（後缺）

（二）

1. 承告人張才 福 _____

（後缺）

整理編　第九冊　1677

136. 元賊人婁朋布文書殘片

題解：

本件《中國藏黑水城漢文文獻》中原始編號為84H・F116：W149/1321，出版編號為M1・1807，收於第九冊《其他文書上》第2046頁，擬題為《盜賊案等殘件》，並記其尺寸為14.6cm×24.5cm。《黑城出土文書（漢文文書卷）》一書未收。文書共三件殘片，各存文字1—2行。

錄文標點：

（一）

　　　　（前缺）
1. ▢□□▢
2. ▢賊人婁朋布▢
　　　　（後缺）

（二）

　　　　（前缺）
1. ▢□牒▢
　　　　（後缺）

（三）

　　　　（前缺）
1. 三月初七▢
2. 初七日己▢
　　　　（後缺）

137. 元承管狀殘片

題解：

本件《中國藏黑水城漢文文獻》中原始編號為84H・文官府：W18/2915，出版編號為M1・1808，收於第九冊《其他文書上》第2047頁，擬題為《文書殘件》，並記其尺寸為16cm×10.7cm。《黑城出土文書（漢文文書卷）》一書未收。文書現存文字1行，前完後缺。

1678 中國藏黑水城漢文文獻的整理與研究

錄文標點：

1. 取承 管▢▢▢▢▢

　　　　（後缺）

138. 元呈狀殘片

題解：

本件《中國藏黑水城漢文文獻》中原始編號為 84H・F197：W21/2271，出版編號為M1・1809，收於第九冊《其他文書上》第 2047 頁，擬題為《文書殘件》，並記其尺寸為 10.6cm×13.3cm。《黑城出土文書（漢文文書卷）》一書未收。文書共兩件殘片，殘片一現存日期及印章殘痕，殘片二現存文字 1 行。

錄文標點：

（一）

　　　　（前缺）

1.　廿 二 ▢①

（二）

　　　　（前缺）

1.　▢▢▢▢▢ ▢狀

　　　　（後缺）

139. 元亦集乃路總管府文書殘片

題解：

本件《中國藏黑水城漢文文獻》中無原始編號，出版編號為M1・1810，收於第九冊《其他文書上》第 2047 頁，擬題為《文書殘件》，並記其尺寸為 20cm×28.5cm。《黑城出土文書（漢文文書卷）》一書未收。文書共三件殘片，各存文字 1—2 行。

錄文標點：

（一）

　　　　（前缺）

---

① 據元代文書格式可知，此處所缺文字應為"日"，且此行文字鈐印章一枚。

整理編　第九冊　1679

1. ☐☐亦集路總☐☐
　　　（後缺）

（二）
　　　（前缺）
1. ☐☐☐☐
2. ☐人户实☐☐
　　　（後缺）

（三）
　　　（前缺）
1. ☐☐司贪唐家間☐☐
　　　（後缺）

140. 元書信殘片

題解：

本件《中國藏黑水城漢文文獻》中原始編號為 84H・F117：W15/1807，出版編號為M1・1811，收於第九冊《其他文書上》第 2048 頁，擬題為《文書殘件》，並記其尺寸為 10cm×9.9cm。《黑城出土文書（漢文文書卷）》一書未收。文書現存文字 4 行，前後均缺。從內容來看，其應為書信殘片。

錄文標點：

　　　（前缺）
1. ☐☐☐至肅☐☐
2. ☐☐通事兄若☐
3. 処分付開拆☐
4. ☐☐☐弟董文☐☐
　　　（後缺）

141. 元和籴錢文書殘片

題解：

本件《中國藏黑水城漢文文獻》中原始編號為 84H・Y1 采：W42/2712，出版編號為M1・1812，收於第九冊《其他文書上》第 2048 頁，擬題為《錢糧文等殘件》，並記其尺寸為15.7cm×30cm。《黑城出土文書（漢文文書卷）》一書未收。文書共四件殘片，各存文字1—4行。

錄文標點：

（一）

（前缺）

1. □□□□□□

2. 妻都行止与也火□

（後缺）

（二）

（前缺）

1. □申①报②

（後缺）

（三）

（前缺）

1. □□

2. □伯捌拾捌□令伍兩□

3. 和籴錢壹仟□

4. 老人賜□□

（後缺）

（四）

（前缺）

1. □□□報□

（前缺）

142. 元文書殘片

題解：

本件《中國藏黑水城漢文文獻》中原始編號為84H·文官府：W11/2908，出

---

① "申"字前原有數字，後塗抹，現徑改。
② 文書此行文字後原有一行文字"非報今來"，後塗抹，現徑改。

版編號為M1·1813，收於第九冊《其他文書上》第2049頁，擬題為《文書殘件》，並記其尺寸為7.3cm×5cm。《黑城出土文書（漢文文書卷）》一書未收。文書現存文字3行，前後均缺。

錄文標點：

（前缺）

1. 取□□▭
2. 怯□▭
3. 當▭

（後缺）

143. 元楊巡檢文書殘片

題解：

本件《中國藏黑水城漢文文獻》中原始編號為84H·文官府：W19/2916，出版編號為M1·1814，收於第九冊《其他文書上》第2049頁，擬題為《文書殘件》，並記其尺寸為5cm×16cm。《黑城出土文書（漢文文書卷）》一書未收。文書現存文字2行，有墨筆勾畫痕跡。

錄文標點：

（前缺）

1. ▭楊巡檢▭至□▭
2. ▭□疋　朵布□三疋▭①

（後缺）

144. 元文書殘片

題解：

本件《中國藏黑水城漢文文獻》中原始編號為84H·大院內a6：W91/2880，出版編號為M1·1815，收於第九冊《其他文書上》第2049頁，擬題為《文書殘件》，並記其尺寸為6.4cm×30cm。《黑城出土文書（漢文文書卷）》一書未收。

---

① 此行文字有墨筆勾畫痕跡。

1682　中國藏黑水城漢文文獻的整理與研究

文書共三件殘片，各存文字 1—2 行。

錄文標點：

（一）

　　　　　（前缺）

1. □堂☐
2. 苔□□☐①

　　　　　（後缺）

（二）

　　　　　（前缺）

1. ☐怯帖木兒☐
2. ☐火帖木兒□☐

　　　　　（後缺）

（三）

　　　　　（前缺）

1. □□□☐

　　　　　（後缺）

145. 元朵只昔吉文書殘片

題解：

本件《中國藏黑水城漢文文獻》中原始編號為 84H・F116：W196/1368，出版編號為M1・1816，收於第九冊《其他文書上》第 2050 頁，擬題為《朵只昔吉等字殘件》，並記其尺寸為 16.4cm×11.9cm。《黑城出土文書（漢文文書卷）》一書未收。文書共兩件殘片，殘片一現存文字 2 行；殘片二現存文字 1 行，字體較大。

錄文標點：

（一）

　　　　　（前缺）

---

① 此兩行文字有墨筆勾畫痕跡。

1. ☐☐☐☐朵只昔吉
2. ☐田
  （後缺）
（二）
  （前缺）
1. ☐☐☐斗
  （後缺）

146. 元文書殘片
題解：

本件《中國藏黑水城漢文文獻》中原始編號為84H·F116：W257/1429，出版編號為M1·1817，收於第九冊《其他文書上》第2050頁，擬題為《文書殘件》，並記其尺寸為9.9cm×11.5cm。《黑城出土文書（漢文文書卷）》一書未收。文書現存文字2行，前後均缺。

錄文標點：

  （前缺）
1. ☐☐☐□計看守係官□☐
2. ☐☐☐□你□□□☐
  （後缺）

147. 元劄子殘片
題解：

本件《中國藏黑水城漢文文獻》中原始編號為F116：W102及F116：W102＋F116：W103，出版編號為M1·1818，收於第九冊《其他文書上》第2051—2052頁，共兩件殘片，擬題為《文書殘件》，並記其尺寸分別為18.5cm×11.4cm、21.3cm×11.7cm。《黑城出土文書（漢文文書卷）》一書未收。文書殘片一為二紙粘接，第一紙無文字殘留，第二紙現存文字4行；殘片二現存文字6行。

錄文標點：

（一）

（前缺）

_____

1. 劄子：奉□□□□□
2. 判在前今□□□□
3. 日鎖過□□□□
4. 詔敕節該□□□□

（後缺）

（二）

（前缺）

1. 典□□□□□
2. 沙□□□□
3. 倍減該□□□□
4. 詔敕己□□□□
5. 相應□□□□
6. 照□□□□□

（後缺）

第十冊

卷十　圖書、印章及其他文書卷（下）

（五）其他文書（下）

1. 元延祐年間劄子殘片

題解：

本件《中國藏黑水城漢文文獻》中原始編號為 F116：W101，出版編號為 M1·1819，收於第十冊《其他文書下》第 2079 頁，共兩件殘片，擬題為《文書殘件》，並記其尺寸分別為 23.6cm×12.2cm、23.6cm×12.2cm（從圖版看兩殘片大小不一，殘片二較小，編者所記尺寸有誤）。《黑城出土文書（漢文文書卷）》一書未收。殘片一現存文字 9 行，殘片二現存文字 4 行，均前後缺。按，本號文書與《中國藏黑水城漢文文獻》第 2080 頁 M1·1820 ［F116：W103］號文書字跡相同，內容相近，可能為同組文書殘片。

錄文標點：

（一）

　　　　　　（前缺）

1. □□☐
2. 延祐☐
3. 已□□☐
4. 主典之手☐
5. 總府官☐
6. 友文合近☐
7. 詔赦已發事☐

8. 省府照得☐
9. 右謹具
　　　　（後缺）
（二）
　　　　（前缺）
1. 剳子
2. 承奉☐
3. 甘肅等☐
4. 為☐☐
　　　　（後缺）

2. 元呈文殘片

題解：

本件《中國藏黑水城漢文文獻》中原始編號為 F116：W103，出版編號為 M1·1820，收於第十冊《其他文書下》第 2080 頁，共兩件殘片，擬題為《文書殘件》，並記其尺寸分別為 20.2cm×10.9cm、16.9cm×10.5cm。《黑城出土文書（漢文文書卷）》一書未收。文書殘片一現存文字 6 行，前完後缺；殘片二現存文字 4 行，前後均缺。按，本號文書與《中國藏黑水城漢文文獻》第 2079 頁 M1·1819［F116：W101］號文書字跡相同，內容相近，可能為同組文書殘片。

錄文標點：

（一）
　　　　（前缺）
1. 皇帝☐
2. ☐☐
3. 照得☐
4. 詔敕節☐
5. 驗施行☐
6. 在延☐☐
　　　　（後缺）

整理編　第十冊　1689

（二）

　　　　　　（前缺）

1. 名位下□▭

2. 　具呈□▭

3. 　右謹□①

4. 　呈

　　　　　　（後缺）

3. 元文書殘片

題解：

本件《中國藏黑水城漢文文獻》中原始編號為84H·F29：W2/0758，出版編號為M1·1821，收於第十冊《其他文書下》第2081頁，擬題為《文書殘件》，並記其尺寸為18.6cm×20.6cm。《黑城出土文書（漢文文書卷）》一書未收。文書文字漫漶，可見有6行文字痕跡，且右、下雙欄。

錄文標點：

　　　　　　（前缺）

1. ▭府□里　百□年▭

2. ▭前▭

3. ▭▭

4. ▭申到▭

5. ▭▭

6. ▭▭

　　　　　　（後缺）

4. 元文書殘片

題解：

本件《中國藏黑水城漢文文獻》中原始編號為84H·F19：W44/0581，出版

---

① 據元代文書格式可知，此處所缺文字應為"具"。

編號為M1·1822，收於第十冊《其他文書下》第2082頁，擬題為《文書殘件》，並記其尺寸為10.2cm×27.6cm。《黑城出土文書（漢文文書卷）》一書未收。文書共十件殘片，其中殘片一至五現存文字殘痕，殘片六至十為版畫殘件，且殘片一、五字跡及內容均與殘片二至四不同，應非同件文書。

錄文標點：

（一）

（前缺）

1. ☐朮☐☐
2. ☐☐☐☐

（後缺）

（二）

（前缺）

1. ☐☐☐☐

（後缺）

（三）

（前缺）

1. ☐☐☐☐

（後缺）

（四）

（前缺）

1. ☐☐王☐

（後缺）

（五）

（前缺）

1. 七十七石六斗四升

（後缺）

（六）—（十）

（版畫殘片）

5. 元版畫殘片

題解：

本件《中國藏黑水城漢文文獻》中原始編號為 F135：W10，出版編號為 M1·1823，收於第十冊《其他文書下》第 2082 頁，擬題為《文書殘件》，並記其尺寸為 12.6cm×24.7cm。《黑城出土文書（漢文文書卷）》一書未收。文書共六件殘片，其中殘片一、二、四為版畫殘件，殘片三、五、六存文字殘痕，但無法釋讀。

錄文標點：

（略）

6. 元圖案殘片

題解：

本件《中國藏黑水城漢文文獻》中原始編號為 F135：W3，出版編號為 M1·1824，收於第十冊《其他文書下》第 2083 頁，擬題為《文書殘件》，並記其尺寸為 6.4cm×9.3cm。《黑城出土文書（漢文文書卷）》一書未收。文書為圖案殘片。

錄文標點：

（略）

7. 元圖案殘片

題解：

本件《中國藏黑水城漢文文獻》中原始編號為 F79：W36，出版編號為 M1·1825，收於第十冊《其他文書下》第 2083 頁，擬題為《文書殘件》，並記其尺寸為 11.3cm×7.9cm。《黑城出土文書（漢文文書卷）》一書未收。文書為圖案殘片。

錄文標點：

（略）

8. 元圖案殘片

題解：

本件《中國藏黑水城漢文文獻》原始編號為 F79：W21，出版編號為 M1·

1826，收於第十冊《其他文書下》第 2083 頁，擬題為《文書殘件》，並記其尺寸為 10.9cm×23.3cm。《黑城出土文書（漢文文書卷）》一書未收。文書共兩件圖畫殘片，所繪何物不明。

錄文標點：

（略）

9. 元文書及版畫殘片

題解：

本件《中國藏黑水城漢文文獻》中原始編號為 84H·F19：W17/0554，出版編號為 M1·1827，收於第十冊《其他文書下》第 2084 頁，擬題為《文書殘件》，並記其尺寸為 12cm×27.2cm。《黑城出土文書（漢文文書卷）》一書未收。文書共五件殘片，殘片一至三各存文字 1—2 行，但其字跡及內容均不同，應非同一件文書殘片；殘片四、五為佛經版畫殘件。

錄文標點：

（一）

　　　　（前缺）

1. ▢▢▢▢▢

　　　　（後缺）

（二）

　　　　（前缺）

1. ▢▢世

2. 一十九①

　　　　（後缺）

（三）

　　　　（前缺）

1. 屈引奧赤屈

　　　　（後缺）

---

① "一十九"三字被方框圈畫，似為版心或旁題。

（四、五）

（版畫殘片）

10. 元文書殘片

題解：

本件《中國藏黑水城漢文文獻》中原始編號為 F17：W5，出版編號為M1·1828，收於第十冊《其他文書下》第 2085 頁，擬題為《文書殘件》，並記其尺寸為 2.5cm×15.7cm。《黑城出土文書（漢文文書卷）》一書未收。文書現存墨跡，但無文字。

錄文標點：

（略）

11. 元雜鈔數文書殘片

題解：

本件《中國藏黑水城漢文文獻》中原始編號為 83H·F2：W20/0087＋83H·F2：W11/0078，出版編號為M1·1829，收於第十冊《其他文書下》第 2085 頁，擬題為《文書殘件》，並記其尺寸為 13cm×27.7cm。《黑城出土文書（漢文文書卷）》一書未收。文書現存文字 4 行，前後均缺。

錄文標點：

（前缺）

1. ☐☐☐等雜鈔數：

2. 　　上等六十兩　中等一定

3. 　　下等叁十兩

4. ☐☐仰照驗以赴☐☐☐

（後缺）

12. 元文書殘片

題解：

本件《中國藏黑水城漢文文獻》中原始編號為 84H·F19：W49/0586，出版編號為M1·1830，收於第十冊《其他文書下》第2086頁，擬題為《文書殘件》，並記其尺寸為5.6cm×19.8cm。《黑城出土文書（漢文文書卷）》一書未收。文書共三件殘片，均前後缺。

錄文標點：

（一）

　　　　（前缺）

1. ☐念有管☐☐☐
2. ☐今托疾不肯前☐
3. ☐☐☐無病☐

　　　　（後缺）

（二）

　　　　（前缺）

1. ☐☐☐
2. ☐☐式石☐
3. ☐☐式☐

　　　　（後缺）

（三）

　　　　（前缺）

1. ☐壹拾陸☐
2. ☐☐☐

　　　　（前缺）

13. 元支羊鈔文書殘片（一）

題解：

本件《中國藏黑水城漢文文獻》中原始編號為84H·F20∶W32/0681，出版編號為M1·1831，收於第十冊《其他文書下》第2086頁，擬題為《支羊文殘件》，並記其尺寸為8.6cm×5.6cm。《黑城出土文書（漢文文書卷）》一書未收。文書現存文字4行，前後均缺。按，本號文書與《中國藏黑水城漢文文獻》第2087頁M1·1832［84H·F19∶W53/0590］號文書字跡相同，內容相關，應為同件文書。文書擬題依綴合後所定。

錄文標點：

（前缺）

1. ☐☐☐☐二兩
2. ☐☐☐☐☐支羊
3. ☐☐☐☐分①外，实
4. ☐☐☐☐☐☐☐二②☐

（後缺）

14. 元支羊鈔文書殘片（二）

題解：

本件《中國藏黑水城漢文文獻》中原始編號為84H·F19:W53/0590，出版編號為M1·1832，收於第十冊《其他文書下》第2087頁，擬題為《支羊文等殘件》，並記其尺寸為18cm×27.5cm。《黑城出土文書（漢文文書卷）》一書未收。文書共六件殘片，各存文字1—3行。按，本號文書與《中國藏黑水城漢文文獻》第2086頁M1·1831［84H·F20:W32/0681］號文書字跡相同，內容相關，應為同件文書殘件。文書擬題依綴合後所定。

錄文標點：

（一）

（前缺）

1. ☐☐二日，每日☐☐
2. ☐☐鈔壹定肆拾☐☐
3. ☐☐☐☐☐

（後缺）

（二）

（前缺）

---

① "分"字有墨筆勾畫痕跡。
② "二"字為右行補入，現徑改。

1. 式□
2. 支鈔壹□

　　　（後缺）

（三）

　　　（前缺）

1. _____□
2. _____肆拾兩，計

　　　（後缺）

（四）

　　　（前缺）

1. _____壹石□_____

　　　（後缺）

（五）

　　　（前缺）

1. 拾兩□_____

　　　（後缺）

（六）

　　　（前缺）

1. _____等數
2. _____□請依上施行。准此，
3. _____□。承此，合支中等羊

　　　（後缺）

15. 元物帳等文書殘片

題解：

本件《中國藏黑水城漢文文獻》中原始編號為84H·F105:W1/1072，出版編號為M1·1833，收於第十冊《其他文書下》第2088頁，擬題為《物賬等殘件》，並記其尺寸為14cm×17cm。《黑城出土文書（漢文文書卷）》一書未收。文書共兩件殘片，殘片一現存文字4行，殘片二現存文字3行，均前後缺。

錄文標點：

（一）

　　　　　　　（前缺）

1.＿＿＿＿＿＿＿＿＿＿＿□□□＿＿＿
2.＿＿＿＿＿＿＿＿＿＿＿於當月＿
3.＿＿鈔下与□酒四斗知得三紅鈔下与＿
4.＿＿牲 中 間□谷勇急官処□□＿

　　　　　　　（後缺）

（二）

　　　　　　　（前缺）

1.＿＿五个　青碗二个＿＿
2.＿＿□兒一十二个＿＿
3.＿＿□＿＿

　　　　　　　（後缺）

16. 元文書殘片

題解：

本件《中國藏黑水城漢文文獻》中原始編號為84H·F124：W2/1828，出版編號為M1·1834，收於第十冊《其他文書下》第2089頁，擬題為《文書殘件》，並記其尺寸為11cm×22cm。《黑城出土文書（漢文文書卷）》一書未收。文書被裁切為弧狀紙條，現存文字2行，第2行現存1字，字體粗大，墨色較淡。

錄文標點：

　　　　　　（前缺）

1. 見羊□＿＿
2. 小

　　　　　　（後缺）

17. 元錢鈔文書殘片

題解：

本件《中國藏黑水城漢文文獻》中原始編號為84H·F125：W11/1861，出版

編號為M1·1835，收於第十冊《其他文書下》第2090頁，擬題為《文書殘件》，並記其尺寸為8.7cm×14.5cm。《黑城出土文書（漢文文書卷）》一書未收。文書現存文字6行，前後均缺。

錄文標點：

（前缺）
1. □□▢
2. 柒兩伍錢▢
3. 連□坐関□▢
4. 府官台旨□□▢
5. 省府官□□統鈔伍□▢
6. □□▢

（後缺）

18. 元斛斗文書殘片

題解：

本件《中國藏黑水城漢文文獻》中原始編號為84H·F224：W8/2430，出版編號為M1·1836，收於第十冊《其他文書下》第2090頁，擬題為《文書殘件》，並記其尺寸為4.9cm×19cm。《黑城出土文書（漢文文書卷）》一書未收。文書現存文字1行，前後均缺。

錄文標點：

（前缺）
1. ▢兩石

（後缺）

19. 元錢鈔文書殘片

題解：

本件《中國藏黑水城漢文文獻》中原始編號為84H·Y5：W5/2968，出版編號為M1·1837，收於第十冊《其他文書下》第2091頁，擬題為《文書殘件》，並記其尺寸為10.6cm×28cm。《黑城出土文書（漢文文書卷）》一書未收。文書

整理編　第十冊　1699

共三件殘片，殘片一現存文字 4 行，殘片二現存文字 2 行，殘片三為正背雙面書寫，正面現存文字 3 行，背面圖版《中國藏黑水城漢文文獻》未收，從正面所透字跡看，現存文字 2 行。

錄文標點：

（一）

　　　　　（前缺）
1. ☐☐☐
2. ☐檢司☐
3. ☐☐勾☐
4. ☐☐合☐☐
　　　　　（後缺）

（二）

　　　　　（前缺）
1. ☐☐一十兩
2. ☐☐支
　　　　　（後缺）

（三）

正：

　　　　　（前缺）
1. ☐陸☐
2. ☐壹拾☐☐
3. ☐☐☐
　　　　　（後缺）

背：

　　　　　（前缺）
1. 一十☐
2. 除支☐
　　　　　（後缺）

20. 元文書殘片

題解：

本件《中國藏黑水城漢文文獻》中原始編號為84H·大院內a6：W97/2886，出版編號為M1·1838，收於第十冊《其他文書下》第2091頁，擬題為《文書殘件》，並記其尺寸為5cm×27cm。《黑城出土文書（漢文文書卷）》一書未收。文書共兩件殘片，殘片一現存文字2行，殘片二現存文字1行。

錄文標點：

（一）

（前缺）

1. □□□□□□
2. 　□□□□□

（後缺）

（二）

（前缺）

1. □□□□□伍斤拆□□□

（後缺）

21. 元算計盤纏文書殘片

題解：

本件《中國藏黑水城漢文文獻》中原始編號為84H·F224：W26/2448，出版編號為M1·1839，收於第十冊《其他文書下》第2092頁，擬題為《文書殘件》，並記其尺寸為7cm×27cm。《黑城出土文書（漢文文書卷）》一書未收。文書現存文字1行，前後均缺。

錄文標點：

（前缺）

1. 六日算計盤纏□外，

（後缺）

22. 元文書殘片

題解：

本件《中國藏黑水城漢文文獻》中原始編號為84H·大院內a6: W76/2865，出版編號為M1·1840，收於第十冊《其他文書下》第2092頁，擬題為《文書殘件》，並記其尺寸為6cm×27cm。《黑城出土文書（漢文文書卷）》一書未收。文書共兩件殘片，二者字跡不同，應非同件文書，且殘片二有塗改痕跡。

錄文標點：

（一）

　　　　（前缺）

1. ☐☐☐☐照驗。得此，照得☐☐☐☐
2. ☐☐☐☐柴薪等錢計☐☐☐☐

　　　　（後缺）

（二）

　　　　（前缺）

1. ☐☐斧刃①☐☐☐☐☐②
2. ☐☐☐☐☐材木☐☐☐☐

　　　　（後缺）

23. 元支鈔文書殘片

題解：

本件《中國藏黑水城漢文文獻》中原始編號為84H·Y1采: W65/2735，出版編號為M1·1841，收於第十冊《其他文書下》第2093頁，擬題為《文書殘件》，並記其尺寸為34cm×26cm。《黑城出土文書（漢文文書卷）》一書未收。文書墨跡滲擴淡化，字跡較難辨清。

錄文標點：

1. 計☐錢內支：

---

① 此行文字前原有1行文字，後塗抹，現徑改。
② "斧刃"書寫原誤，塗抹後於左行改寫，現徑改。

2. 廿七日□□□□鈔□兩

3. 廿九日□吏房支□□行省□□

4. 卅日□_____原支鈔

5. □_____□□□□

6. 趙□□_____

24. 元親家翁取米文書殘片

題解：

本件《中國藏黑水城漢文文獻》中原始編號為84H·F207：W3/2294，出版編號為M1·1842，收於第十冊《其他文書下》第2094頁，擬題為《文書殘件》，並記其尺寸為12.9cm×29.5cm。《黑城出土文書（漢文文書卷）》一書未收。文書現存文字1行，前後均缺。

錄文標點：

（前缺）

1. □親家翁取米□壹_____□一十二兩半

（後缺）

25. 元支持庫文書殘片

題解：

本件《中國藏黑水城漢文文獻》中原始編號為84H·F125：W18/1868，出版編號為M1·1843，收於第十冊《其他文書下》第2094頁，擬題為《文書殘件》，並記其尺寸為7.6cm×24.3cm。《黑城出土文書（漢文文書卷）》一書未收。文書現存文字2行，有塗抹痕跡。

錄文標點：

（前缺）

1. 支持庫二千四百□□

2. 　　　二兩五錢①

　　（後缺）

26. 元文書殘片

題解：

本件《中國藏黑水城漢文文獻》中原始編號為84H·F116：W136/1308，出版編號為M1·1844，收於第十冊《其他文書下》第2095頁，擬題為《文書殘件》，並記其尺寸為25.5cm×20.3cm。《黑城出土文書（漢文文書卷）》一書未收。文書共五件殘片，殘片一現存文字4行，殘片二、三、五各存文字3行，殘片四現存文字7行。

錄文標點：

（一）

　　　　（前缺）

1. 王□位□□□□□□

2. 茶褐段□□□□□□

3. 肙②重衣婦人□□□

4. 褐袖壹領□□□□□

　　（後缺）

（二）

　　　　（前缺）

1. 白末糸布□□□□□

2. 袖壹領□□□□□□

3. □二□□□□□□□

　　（後缺）

（三）

　　　　（前缺）

---

① "二兩五錢"書寫原誤，塗抹後於右行改寫，另，本行文字後原有一行文字，後塗抹，現徑改。
② "肙"通"絹"。

1. □□□□
2. 禿思想說作
3. □許兒以此□
　　　（後缺）

（四）
　　　（前缺）
1. 日関□
2. 引領前去
3. 卅口馬叁疋□
4. □□
5. 哈忽并躯□
6. 使令兀赤□□
7. 　　□
　　　（後缺）

（五）
　　　（前缺）
1. 府
2. 甘肅
3. □
　　　（後缺）

27. 元錢鈔文書殘片

題解：

本件《中國藏黑水城漢文文獻》中原始編號為 84H・F80：W4/1033，出版編號為M1・1845，收於第十冊《其他文書下》第 2096 頁，擬題為《文書殘件》，並記其尺寸為 6cm×6.7cm。《黑城出土文書（漢文文書卷）》一書未收。文書現存文字 2 行，前後均缺。

錄文標點：

(前缺)

1. ☐☐☐☐拾壹兩
2. ☐☐☐☐☐☐☐☐

(後缺)

28. 元文書殘片

題解：

本件《中國藏黑水城漢文文獻》中原始編號為84H·F79：W31/0966，出版編號為M1·1846，收於第十冊《其他文書下》第2096頁，擬題為《文書殘件》，並記其尺寸為13cm×7.2cm。《黑城出土文書（漢文文書卷）》一書未收。文書現存文字3行，前後均缺。

錄文標點：

(前缺)

1. ☐☐☐上房四間☐☐☐
2. ☐☐☐☐四☐☐☐☐
3. ☐☐年三十☐☐☐☐

(後缺)

29. 元錢鈔文書殘片

題解：

本件《中國藏黑水城漢文文獻》中原始編號為84H·F21：W6/1723，出版編號為M1·1847，收於第十冊《其他文書下》第2096頁，擬題為《文書殘件》，並記其尺寸為4cm×14.2cm。《黑城出土文書（漢文文書卷）》一書未收。文書現存文字2行，前後均缺。

錄文標點：

(前缺)

1. ☐☐曆☐本☐☐壹錢計抄伍錢

2. ☐除外小曆子壹拾本，驗 抄 伍兩伍錢

（後缺）

30. 元文書殘片

題解：

本件《中國藏黑水城漢文文獻》中原始編號為84H·F20：W41/0690，出版編號為M1·1848，收於第十冊《其他文書下》第2097頁，擬題為《文書殘件》，並記其尺寸為10cm×14cm。《黑城出土文書（漢文文書卷）》一書未收。文書現存文字3行，前後均缺。

錄文標點：

（前缺）

1. ☐☐☐☐□黑巴取 僧 領一張計
2. ☐☐☐☐此□□
3. ☐☐☐□□☐☐□□

（後缺）

31. 元文書殘片

題解：

本件《中國藏黑水城漢文文獻》中原始編號為Y1：W100B，出版編號為M1·1849，收於第十冊《其他文書下》第2097頁，擬題為《文書殘件》，並記其尺寸為9.5cm×17.7cm。《黑城出土文書（漢文文書卷）》一書未收。文書似為中統鈔殘片。

錄文標點：

（略）

32. 元朵貢等文書殘片

題解：

本件《中國藏黑水城漢文文獻》中原始編號為84H·F117：W3/1795，出版

編號為M1·1850，收於第十冊《其他文書下》第2098頁，擬題為《文書殘件》，並記其尺寸為11.4cm×15.3cm。《黑城出土文書（漢文文書卷）》一書未收。文書為二紙粘接，第一紙現存文字2行，第二紙現存文字4行，有塗改痕跡。

錄文標點：

（前缺）

1. 挤□
2. 朶貢①一十
3. 壹口
4. 挤
5. 苔古一十四
6. □□□

（後缺）

33. 元文書殘片

題解：

本件《中國藏黑水城漢文文獻》中無原始編號，出版編號為M1·1851，收於第十冊《其他文書下》第2098頁，擬題為《文書殘件》，並記其尺寸為26.5cm×9cm。《黑城出土文書（漢文文書卷）》一書未收。文書現存文字6行，前後均缺。

錄文標點：

（前缺）

1. 如人
2. 三个
3. 先□
4. 官□

---

① "貢"字書寫原誤，塗抹後於右行改寫，現徑改。

5. ☐☐☐☐☐☐☐☐☐☐

6. ☐☐☐☐☐☐☐☐☐
（後缺）

34. 元甘州劉震書信包封

題解：

本件《中國藏黑水城漢文文獻》中無原始編號，出版編號為M1·1852，收於第十冊《其他文書下》第2099頁，擬題為《文書殘件》，並記其尺寸為9.6cm×16cm。本件還收錄於《黑城出土文書（漢文文書卷）》203頁《雜類·封簽及包封》，其所記文書編號為F135:W21，並列出文書諸要素為：麻紙，缺，行書，尺寸為15.4cm×9.1cm。文書原應為包封，左右兩端粘接，於粘接處書寫文字1行，現粘接處開裂，故文字裂為兩半分居於紙張左右兩端。

錄文標點：

1. 甘州寄居不肖劉震頓首謹封

35. 元呈文殘尾

題解：

本件《中國藏黑水城漢文文獻》中無原始編號，出版編號為M1·1853，收於第十冊《其他文書下》第2099頁，擬題為《文書殘件》，並記其尺寸為28.2cm×9.8cm。《黑城出土文書（漢文文書卷）》一書未收。文書現存文字3行，為文書殘尾。

錄文標點：

（前缺）

1. 呈
2. 　　至☐☐☐☐☐☐☐
3. 　　　初☐☐①

---

① 據元代文書格式可知，此行文字應為"初☐日"，且此行文字鈐朱印一枚。

36. 元文書殘片

題解：

本件《中國藏黑水城漢文文獻》中原始編號為 84H・F116：W370/1542，出版編號為M1・1854，收於第十冊《其他文書下》第 2100 頁，擬題為《文書殘件》，並記其尺寸為 12.8 cm×14.4 cm。《黑城出土文書（漢文文書卷）》一書未收。文書共兩件殘片，各存文字 2 行。

錄文標點：

（一）

　　　　　（前缺）

1. ▢▢▢▢亦▢▢▢▢
2. 對不完，事繫利害▢▢

　　　　　（後缺）

（二）

　　　　　（前缺）

1. ▢▢▢▢▢▢□□▢
2. ▢▢▢▢數責領放支中統▢

　　　　　（後缺）

37. 元課錢文書殘片

題解：

本件《中國藏黑水城漢文文獻》中原始編號為 84H・F150：W5/2096，出版編號為M1・1855，收於第十冊《其他文書下》第 2100 頁，擬題為《文書殘件》，並記其尺寸為 10.4 cm×11.7 cm。《黑城出土文書（漢文文書卷）》一書未收。文書共兩件殘片，殘片一現存文字 1 行，殘片二現存文字 3 行，均前後缺。

錄文標點：

（一）

　　　　　（前缺）

1. ▢▢▢等課錢□▢▢

　　　　　（後缺）

（二）
　　　　　（前缺）
1. ☐無已於☐
2. ☐本路所☐
3. ☐先☐
　　　　　（後缺）

38. 元首領官文書殘片

題解：

本件《中國藏黑水城漢文文獻》中原始編號為84H·F135：W22/1973，出版編號為M1·1856，收於第十冊《其他文書下》第2101頁，擬題為《文書殘件》，並記其尺寸為11.7cm×25.6cm。《黑城出土文書（漢文文書卷）》一書未收。文書共兩件殘片，殘片一現存文字1行，殘片二現存文字5行。

錄文標點：

（一）
　　　　　（前缺）
1. ☐亦去☐
　　　　　（後缺）

（二）
　　　　　（前缺）
1. ☐首領官☐☐
2. ☐委人等不係拘☐
3. ☐
4. ☐店亦不許☐
5. ☐奉都堂鈞☐
　　　　　（後缺）

39. 元抄本佛典殘片

題解：

本件《中國藏黑水城漢文文獻》中原始編號為F13：W102，出版編號為M1·

1857，收於第十冊《其他文書下》第2101頁，擬題為《文書殘件》，並記其尺寸為4.4cm×16.6cm。《黑城出土文書（漢文文書卷）》一書未收。文書現存文字3行，從其內容來看，似為佛教典籍。

錄文標點：

（前缺）
1. ☐☐☐☐☐歟然而之如万行因
2. ☐☐☐□示生病□□□之称應機設教
3. ☐☐☐其三界外无依四生而失祐
（後缺）

40. 元占卜文書殘片

題解：

本件《中國藏黑水城漢文文獻》中原始編號為F150：W2，出版編號為M1·1858，收於第十冊《其他文書下》第2102頁，擬題為《文書殘件》，並記其尺寸為11cm×20cm。《黑城出土文書（漢文文書卷）》一書未收。文書共三件殘片，殘片一現存文字3行，殘片二現存文字1行，殘片三現存文字4行。從內容來看，殘片一"中""謙者退也"一句，多見於《周易》釋"謙"卦，另殘片三中"碧天空接水"一句又見於《鬼谷子分定經》，故本件文書應為占卜文書殘件。

錄文標點：

（一）

（前缺）
1. □☐☐☐☐☐☐☐
2. 謙者退也，二□□異姓人□☐☐
3. ☐☐□之☐☐☐
（後缺）

（二）

（前缺）
1. 好終享夏社春夏社　□☐☐
（後缺）

（三）

　　　　　（前缺）

1. ___□惱和同孤□___
2. ___□根淂終日不傷官躰身___
3. ___碧天空接水，桃□___
4. _____影□___

　　　　　（後缺）

41. 元文書殘片

題解：

本件《中國藏黑水城漢文文獻》中原始編號為 F125：W69，出版編號為M1·1859，收於第十冊《其他文書下》第2103頁，擬題為《文書殘件》，並記其尺寸為20.5cm×8.3cm。《黑城出土文書（漢文文書卷）》一書未收。文書僅存一濃墨大字。

錄文標點：

1. 義

42. 元兩司文書殘片

題解：

本件《中國藏黑水城漢文文獻》中原始編號為84H·F73：W12/0925，出版編號為M1·1860，收於第十冊《其他文書下》第2103頁，擬題為《文書殘件》，並記其尺寸為10.9cm×16cm。《黑城出土文書（漢文文書卷）》一書未收。文書現存文字2行。

錄文標點：

　　　　（前缺）

1. 兩司
2. □□□

　　　　（後缺）

整理編　第十冊　1713

43. 元文書殘片

題解：

本件《中國藏黑水城漢文文獻》中原始編號為 F210：W6，出版編號為M1·1861，收於第十冊《其他文書下》第2104頁，擬題為《文書殘件》，並記其尺寸為 15.5cm×11cm。《黑城出土文書（漢文文書卷）》一書未收。文書共兩件殘片，殘片一現存文字1行，殘片二現存2行文字殘痕，兩殘片字跡非一，應非同件文書殘件。

錄文標點：

（一）

（前缺）

1. ＿＿＿潤無　□＿＿＿

（後缺）

（二）

（前缺）

1. ＿＿＿□

2. ＿＿＿□

（後缺）

44. 元習抄詩文殘片

題解：

本件《中國藏黑水城漢文文獻》中原始編號為 83H·F2：W25/0092，出版編號為M1·1862，收於第十冊《其他文書下》第2104頁，擬題為《文書殘件》，並記其尺寸為4.5cm×11.7cm。《黑城出土文書（漢文文書卷）》一書未收。文書現存文字3行，第1行墨色淺，從其內容來看，似為詩文習抄。

錄文標點：

（前缺）

1. ＿＿＿□花春□＿＿＿

2. 　　　　宿浮煙

3. ☐☐☐☐樂晚鋪☐
　　　　（後缺）

45. 元習抄殘片

題解：

本件《中國藏黑水城漢文文獻》中原始編號為83H·F2：W41/0108，出版編號為M1·1863，收於第十冊《其他文書下》第2105頁，擬題為《文書殘件》，並記其尺寸為14.4cm×11.3cm。《黑城出土文書（漢文文書卷）》一書未收。文書現存文字1行，從內容來看，似為習抄。

錄文標點：

　　　　（前缺）
1. 聖君賢才

46. 元文書殘片

題解：

本件《中國藏黑水城漢文文獻》中原始編號為84H·F249：W17/2550，出版編號為M1·1864，收於第十冊《其他文書下》第2105頁，擬題為《文書殘件》，並記其尺寸為13.3cm×12.9cm。《黑城出土文書（漢文文書卷）》一書未收。文書共三件殘片，殘片一無文字殘留。

錄文標點：

（一）
（無文字殘留）
（二）
　　　　（前缺）
1. ☐☐蘭☐☐☐
2. ☐☐平☐☐☐
3. ☐☐柏☐
4. ☐☐杏☐
5. ☐☐杏☐

6. ☐菊①☐
7. ☐☐☐
　　　（後缺）

（三）
　　　（前缺）
1. ☐☐☐
2. ☐☐腮☐
3. ☐☐☐
　　　（後缺）

47. 元文書殘片

題解：

本件《中國藏黑水城漢文文獻》中原始編號為83H·F4：W6/0138，出版編號為M1·1865，收於第十冊《其他文書下》第2106頁，擬題為《文書殘件》，並記其尺寸為6.3cm×16.8cm。《黑城出土文書（漢文文書卷）》一書未收。文書現存文字3行，前後均缺。

錄文標點：
　　　（前缺）
1. ☐☐☐
2. ☐恐傷人巫匠亦然☐
3. ☐☐☐☐☐為☐☐
　　　（後缺）

48. 元習抄殘片

題解：

本件《中國藏黑水城漢文文獻》中原始編號為83H·F1：W9/0009，出版編號為M1·1866，收於第十冊《其他文書下》第2106頁，擬題為《文書殘件》，並

---

① "菊"字為朱書。

記其尺寸為6.5cm×8cm。《黑城出土文書（漢文文書卷）》一書未收。文書現存文字3行，前後均缺。從內容來看，其似為習抄某書殘片。

錄文標點：

（前缺）

1. □
2. 成□儒
3. 趨而過

（後缺）

49. 元文書殘片

題解：

本件《中國藏黑水城漢文文獻》中原始編號為84HF125D，出版編號為M1·1867，收於第十冊《其他文書下》第2106頁，擬題為《文書殘件》，並記其尺寸為9cm×3.7cm。《黑城出土文書（漢文文書卷）》一書未收。文書上單欄，現存文字2行。

錄文標點：

（前缺）

1. 在
2. 城

（後缺）

50. 元習抄殘片

題解：

本件《中國藏黑水城漢文文獻》中原始編號為84H·Y1采：W72/2742，出版編號為M1·1868，收於第十冊《其他文書下》第2107頁，擬題為《文書殘件》，並記其尺寸為12.8cm×6cm。《黑城出土文書（漢文文書卷）》一書未收。文書現存文字3行，前後均缺。文書前兩行文字見於《詩經》及《孟子》，文書似為習抄殘片。

錄文標點：

（前缺）

1. ☐不　日
2. ☐民　子　来
3. ☐□文王

（後缺）

附：《詩經》及《孟子》相關內容如下：

經始靈台，經之營之；庶民攻之，不日成之；經始勿亟，庶民子来。

51. 元文書殘片

題解：

本件《中國藏黑水城漢文文獻》中原始編號為 Y1：W93C 北牆下，出版編號為 M1·1869，收於第十冊《其他文書下》第 2107 頁，擬題為《文書殘件》，並記其尺寸為 12.2cm×11.8cm。《黑城出土文書（漢文文書卷）》一書未收。文書現存文字 3 行，前後均缺。

錄文標點：

（前缺）

1. ☐□□☐
2. ☐断相應□
3. ☐□邊□☐

（後缺）

52. 元文書殘片

題解：

本件《中國藏黑水城漢文文獻》中原始編號為 84H·F192：W3/2223，出版編號為 M1·1870，收於第十冊《其他文書下》第 2107 頁，擬題為《文書殘件》，並記其尺寸為 7.2cm×4.5cm。《黑城出土文書（漢文文書卷）》一書未收。文書現存 1 字，墨色濃。

錄文標點：

（前缺）

1. ☐☐☐☐☐

（後缺）

53. 元收管文書殘片

題解：

本件《中國藏黑水城漢文文獻》中原始編號為83H·F9：W10/0264，出版編號為M1·1871，收於第十冊《其他文書下》第2108頁，擬題為《物賬等殘件》，並記其尺寸為11.4cm×18.7cm。《黑城出土文書（漢文文書卷）》一書未收。文書共兩件殘片，殘片一現存文字2行，殘片二現存文字5行，均前後缺。

錄文標點：

（一）

（前缺）

1. ☐☐☐戶陳儔☐☐☐☐
2. ☐☐☐訖活羊一口☐☐

（後缺）

（二）

（前缺）

1. ☐☐☐出俗鈔一十定
2. ☐☐☐收管至十
3. ☐☐☐訖何二哥
4. ☐☐☐鄒立憲家
5. ☐☐☐☐☐☐

（後缺）

54. 元文書殘片

題解：

本件《中國藏黑水城漢文文獻》中原始編號為84H·F19：W62/0599，出版

編號為M1·1872，收於第十冊《其他文書下》第2109頁，擬題為《文書殘件》，並記其尺寸為17cm×206cm（此處編者所記尺寸應有誤）。《黑城出土文書（漢文文書卷）》一書未收。文書共四件殘片，四件殘片文字字跡均不同，且殘片三墨跡凌亂，疑為西夏字，應非同件文書。

錄文標點：

（一）

（前缺）

1. ▢付使欠▢[①]

（後缺）

（二）

（前缺）

1. ▢江口▢
2. ▢行劫▢
3. ▢官▢

（後缺）

（三）

（疑為西夏字）

（四）

（前缺）

1. ▢麦酒壹并▢

（後缺）

55. 元卜列▢文書殘片

題解：

本件《中國藏黑水城漢文文獻》中原始編號為84H·F57∶W5/0853，出版編號為M1·1873，收於第十冊《其他文書下》第2110頁，擬題為《文書殘件》，並記其尺寸為16.4cm×29.3cm。《黑城出土文書（漢文文書卷）》一書未收。文

[①] 此行文字右側有墨筆勾畫痕跡。

1720 中國藏黑水城漢文文獻的整理與研究

書共四件殘片，殘片一現存文字2行，墨色較淡；殘片二、四各存文字1行，殘片三現存文字2行。

錄文標點：

（一）

　　　　　　（前缺）

1. 右□卜列□，年 五 十□□□

2. 所管包艮①户計□□□□

　　　　　　（後缺）

（二）

　　　　　　（前缺）

1. □□委得甘限　日□□

　　　　　　（後缺）

（三）

　　　　　　（前缺）

1. □□□□□□

2. 官承 當 □□

　　　　　　（後缺）

（四）

　　　　　　（前缺）

1. □□□欠米人薛□□□

　　　　　　（後缺）

56. 元文書殘片

題解：

本件《中國藏黑水城漢文文獻》中原始編號為84H·F116:W153/1325，出版編號為M1·1874，收於第十册《其他文書下》第2111頁，擬題為《文書殘件》，並記其尺寸為13cm×24.7cm。《黑城出土文書（漢文文書卷）》一書

---

① "艮"通"銀"。

未收。文書共兩件殘片，殘片一現存文字 2 行，殘片二現存文字 4 行，均前後缺。

錄文標點：

（一）

　　　　　（前缺）

1. ☐☐☐☐☐☐☐☐☐
2. ☐接濟人☐☐☐☐☐

　　　　　（後缺）

（二）

　　　　　（前缺）

1. 付☐☐☐☐☐☐
2. 昌米☐☐☐☐☐
3. 郝☐☐☐☐☐
4. ☐☐☐☐☐

　　　　　（後缺）

57. 元文書殘片

題解：

本件《中國藏黑水城漢文文獻》中原始編號為 83H·F224:W29/2451，出版編號為M1·1875，收於第十冊《其他文書下》第 2112 頁，擬題為《契約等殘件》，並記其尺寸為 15.6cm×12cm。《黑城出土文書（漢文文書卷）》一書未收。文書共兩件殘片，字跡非一，應非同件文書。其中殘片一現存文字 2 行，從內容來看，其應為契約殘片；殘片二現存文字 3 行，有塗改痕跡，內容不明。

錄文標點：

（一）

　　　　　（前缺）

1. 坐，一寫已定，兩☐☐☐☐
2. 恐人失信，故立☐☐☐☐

　　　　　（後缺）

（二）

　　　　　（前缺）

1. ▢▢□些鈔使有立加□▢▢

　　　家見有□三兩①

2. 移趕喝前到□二火□▢▢

3. ▢▢▢▢□者▢▢

　　　　　（後缺）

58. 元文書殘片

題解：

本件《中國藏黑水城漢文文獻》中原始編號為84H・F144：W13/2046，出版編號為M1・1876，收於第十冊《其他文書下》第2113頁，擬題為《文書殘件》，並記其尺寸為7.7cm×15cm。《黑城出土文書（漢文文書卷）》一書未收。文書共兩件殘片，殘片一現存文字1行，從內容看，應為契約殘片；殘片二文字位於兩紙粘接騎縫綫處，第二紙佚失，現存1行文字右半。

錄文標點：

（一）

　　　　　（前缺）

1. 干的借小▢▢▢▢

　　　　　（後缺）

（二）

　　　　　（前缺）

1. 富□□▢▢▢

　　　　　（後缺）

59. 元文書殘片

題解：

本件《中國藏黑水城漢文文獻》中原始編號為84H・F209：W40/2338，出版

---

① 此行文字與左右二行行距較窄，應為補寫文字，但不明補寫於何處，現按文書格式釋錄。

編號為M1・1877，收於第十冊《其他文書下》第2113頁，擬題為《文書殘件》，並記其尺寸為6.5cm×8.5cm。《黑城出土文書（漢文文書卷）》一書未收。文書現存文字2行，前後均缺。

錄文標點：

（前缺）

1. ▨官照銷如是
2. ▨願將本家

（後缺）

60. 元文書殘片

題解：

本件《中國藏黑水城漢文文獻》中原始編號為84H・Y1采：W49/2719，出版編號為M1・1878，收於第十冊《其他文書下》第2113頁，擬題為《文書殘件》，並記其尺寸為4.4cm×26.2cm。《黑城出土文書（漢文文書卷）》一書未收。文書現存文字1行，前後均缺。

錄文標點：

（前缺）

1. ▨□拾伍隻□張為立

（後缺）

61. 元文書殘片

題解：

本件《中國藏黑水城漢文文獻》中原始編號為84H・Y1采：W111/2781，出版編號為M1・1879，收於第十冊《其他文書下》第2114頁，擬題為《文書殘件》，並記其尺寸為9.5cm×22cm。《黑城出土文書（漢文文書卷）》一書未收。文書現存文字1行。

錄文標點：

1. 保　江梅

62. 元押白帖文書殘片

題解：

本件《中國藏黑水城漢文文獻》中原始編號為84H·大院內a6：W81/2870，出版編號為M1·1880，收於第十冊《其他文書下》第2115頁，擬題為《文書殘件》，並記其尺寸為11.6cm×19.2cm。《黑城出土文書（漢文文書卷）》一書未收。文書現存文字6行，前後均缺。

錄文標點：

（前缺）

1. 　　　　□今　　移関請勾
2. 　　　□□日□① 　五兩□
3. 　　　　押白帖作數施行
4. 　　□寫　押墨作何
5. 　　　□□慶□周
6. 　　　　　　　　　

（後缺）

63. 元張大処開坼文書殘片

題解：

本件《中國藏黑水城漢文文獻》中原始編號為84H·F79：W39/0974，出版編號為M1·1881，收於第十冊《其他文書下》第2116頁，擬題為《寧東關外張大處開坼》，並記其尺寸為9.9cm×20cm。文書現存文字4行，前後均缺。

錄文標點：

（前缺）

1. 　　　　　　関 府
2. 　　　翁 書付

---

① 此處文字墨色較淺。

整理編　第十冊　1725

3. ☐寧東關外張大処開坽
4. ☐□年五月初二日士□□
　　　（後缺）

64. 元文書殘片
題解：
本件《中國藏黑水城漢文文獻》中原始編號為84H·F79：W34/0969，出版編號為M1·1882，收於第十冊《其他文書下》第2117頁，擬題為《站赤文等殘件》，並記其尺寸為11.3cm×26.5cm。《黑城出土文書（漢文文書卷）》一書未收。文書共兩件殘片，殘片一現存文字1行，殘片二現存文字4行。兩殘片字跡非一，應非同件文書殘件。

錄文標點：
（一）
　　　（前缺）
1. ☐□十三石田地
　　　（後缺）
（二）
　　　（前缺）
1. □□□□□床子☐
2. 山口站四十石床☐
3. ☐元係□☐
4. 　當山口☐
　　　（後缺）

65. 元文書殘片
題解：
本件《中國藏黑水城漢文文獻》中原始編號為84H·F135：W38/0198，出版編號為M1·1883，收於第十冊《其他文書下》第2117頁，擬題為《借錢契等殘件》，並記其尺寸為11.2cm×29.2cm。《黑城出土文書（漢文文書卷）》一書未

1726 中國藏黑水城漢文文獻的整理與研究

收。文書共兩件殘片，字跡非一，內容無關，非同件文書。其中殘片一現存文字2行，從內容來看，為亦集乃路總管府文書殘片；殘片二現存文字5行，從內容來看，為王六欠錢契約殘片。

錄文標點：

（一）

（前缺）

1. □帝聖旨裏，亦□□□□
2. 　管下數□□□□□

（後缺）

（二）

（前缺）

1. □□□□□人王六
2. □□□□弌拾五兩入
3. □□□數足。恐人無信故
4. □□□詞。
5. □□□欠錢人王六□

（後缺）

66. 元文書殘片

題解：

本件《中國藏黑水城漢文文獻》中原始編號為83H·F1:W50/0050，出版編號為M1·1884，收於第十冊《其他文書下》第2118頁，擬題為《文書殘件》，並記其尺寸為17.7cm×18.8cm。《黑城出土文書（漢文文書卷）》一書未收。文書共兩件殘片，字跡非一，內容無關，應非同件文書殘件。殘片一現存文字5行，殘片二為墨戳及文字混合書寫，墨戳內容不明。

錄文標點：

（一）

（前缺）

整理編　第十冊　1727

1. □□▭
2. □穿▭
3. □受▭
4. 叚計▭
5. 兩四錢▭
　　　（後缺）

（二）
　　　（前缺）
1.（墨戳）
2.（墨戳）
3.（墨戳）

4.（墨戳）
5. ▭崔□（簽押）
　　　（後缺）

67. 元文書殘片

題解：

本件《中國藏黑水城漢文文獻》中原始編號為84H・大院內a6：W61/2840，出版編號為M1・1885，收於第十冊《其他文書下》第2119頁，擬題為《文書殘件》，並記其尺寸為8cm×16cm。《黑城出土文書（漢文文書卷）》一書未收。文書現存1濃墨大字。

錄文標點：

1. 府

68. 元肅政廉訪司文書殘片

題解：

本件《中國藏黑水城漢文文獻》中原始編號為84H・大院內a6：W52/2841，出版編號為M1・1886，收於第十冊《其他文書下》第2119頁，擬題為《文書殘件》，並記其尺寸為7.6cm×14.5cm。文書現存2字，從內容來看，其應為肅政廉訪司照刷文書所留。

錄文標點：

1. 已絕

69. 元書信殘片

題解：

本件《中國藏黑水城漢文文獻》中原始編號為84H・F124：W4/1830，出版編號為M1・1887，收於第十冊《其他文書下》第2120頁，擬題為《文書殘件》，並記其尺寸為3cm×10.3cm。《黑城出土文書（漢文文書卷）》一書未收。文書現存文字2行，楷書，前後均缺。從內容來看，似為書信殘件。

錄文標點：

（前缺）

1. ☐☐奉此糸 詳 ☐☐☐☐☐☐☐
2. ☐☐豪子弟發下訓誨，庶望成材☐☐☐

（後缺）

70. 元文書殘片

題解：

本件《中國藏黑水城漢文文獻》中原始編號為F249：W32，出版編號為M1・1888，收於第十冊《其他文書下》第2120頁，擬題為《文書殘件》，並記其尺寸為8cm×11.2cm。《黑城出土文書（漢文文書卷）》一書未收。文書現存文字3行，前後均缺。

錄文標點：

（前缺）

1. ☐☐☐□道 城 頭 者交拜不
2. ☐☐☐早交回來。又有單
3. ☐☐☐☐☐☐☐☐ 案 一付

（後缺）

71. 元文書殘片

題解：

本件《中國藏黑水城漢文文獻》中原始編號為84H·F224：W39/（此處編者應漏一數字），出版編號為M1·1889，收於第十冊《其他文書下》第2121頁，擬題為《文書殘件》，並記其尺寸為6cm×11.2cm。《黑城出土文書（漢文文書卷）》一書未收。文書現存文字3行，有塗改痕跡。

錄文標點：

（前缺）

1. □□□□□□□小
2. □物家内①受窮無奈
3. □本少妇忘扵②見□

（後缺）

72. 元文書殘片

題解：

本件《中國藏黑水城漢文文獻》中原始編號為84H·文官府：W3/2900，出版編號為M1·1890，收於第十冊《其他文書下》第2121頁，擬題為《文書殘件》，並記其尺寸為8.2cm×13.4cm。《黑城出土文書（漢文文書卷）》一書未收。文書現存文字1行。

錄文標點：

（前缺）

1. 見在卅□□□□

（後缺）

73. 元書信殘片

題解：

本件《中國藏黑水城漢文文獻》中原始編號為84H·文官府：W6/2903，出版

---

① "家内"兩字為右行補寫，現徑改。
② "扵"字為右行補寫，現徑改。

1730　中國藏黑水城漢文文獻的整理與研究

編號為M1·1891，收於第十冊《其他文書下》第2121頁，擬題為《文書殘件》，並記其尺寸為19.3cm×9cm。《黑城出土文書（漢文文書卷）》一書未收。文書現存文字6行，前後均缺。從內容來看，其似為書信殘片。

錄文標點：

　　　　　　（前缺）
1. □□□□□□□□孟簡
2. □□□□□□□□細狀
3. □□□□□□与国用
4. □□□□小曹
5. □□
6. □□月　日示
　　　　　　（後缺）

74. 元書信殘片

題解：

本件《中國藏黑水城漢文文獻》中原始編號為84H·F20∶W54/0703，出版編號為M1·1892，收於第十冊《其他文書下》第2122頁，擬題為《文書殘件》，並記其尺寸為10.7cm×13.6cm。《黑城出土文書（漢文文書卷）》一書未收。文書共三件殘片，各存文字1行。從內容來看，似為書信殘件。

錄文標點：

（一）
　　　　（前缺）
1. □□父親自□□□□
　　　　（後缺）

（二）
　　　　（前缺）
1. □□□人書興□□□
　　　　（後缺）

整理編　第十冊　1731

（三）

　　　　　（前缺）
1. ▢▢▢□至▢▢▢▢
　　　　　（後缺）

75. 元文書殘片

題解：

本件《中國藏黑水城漢文文獻》中原始編號為84H·F20：W25/0674，出版編號為M1·1893，收於第十冊《其他文書下》第2122頁，擬題為《文書殘件》，並記其尺寸為7.7cm×13cm。《黑城出土文書（漢文文書卷）》一書未收。文書現存文字3行，前後均缺。

錄文標點：

　　　　　（前缺）
1. ▢▢□元拋▢▢▢▢▢▢
2. ▢▢□帖木家奴頓外，□▢▢▢▢
3. ▢▢櫃裝盛，自納到官▢▢▢
　　　　　（後缺）

76. 元刻本殘片

題解：

本件《中國藏黑水城漢文文獻》中原始編號為84H·F51：W19/0844，出版編號為M1·1894，收於第十冊《其他文書下》第2122頁，擬題為《文書殘件》，並記其尺寸為13cm×22.6cm。《黑城出土文書（漢文文書卷）》一書未收。文書共兩件殘片，殘片一為刻本殘頁，上、右單欄，花紋中間兩空心圓，圓中書"酞""子"兩字；殘片二現存文字1行，文字漫漶不清。

錄文標點：

（一）
　　　　　（前缺）
1. 子▢▢▢▢▢

1732　中國藏黑水城漢文文獻的整理與研究

2. 猷☐☐☐☐☐☐☐
　　　（後缺）
（二）
　　　（前缺）
1. ☐☐☐☐☐☐☐☐☐
　　　（後缺）

77. 元書信殘片

題解：

本件《中國藏黑水城漢文文獻》中原始編號為84H・F20：W19/0668，出版編號為M1・1895，收於第十冊《其他文書下》第2123頁，擬題為《文書殘件》，並記其尺寸為3.7cm×10cm。《黑城出土文書（漢文文書卷）》一書未收。文書現存文字2行，前後均缺。從内容來看，其應為書信殘片。

錄文標點：

　　　（前缺）
1. ☐前去，如書到日即
2. ☐☐☐☐与書上寫來
　　　（後缺）

78. 元文書殘片

題解：

本件《中國藏黑水城漢文文獻》中原始編號為84H・F19：W37/0574，出版編號為M1・1896，收於第十冊《其他文書下》第2123頁，擬題為《文書殘件》，並記其尺寸為15.4cm×7.4cm。《黑城出土文書（漢文文書卷）》一書未收。文書現存文字8行，前後均缺。

錄文標點：

　　　（前缺）
1. ☐能官☐☐
2. ☐案約☐☐

3. ☐祖父何☐☐
4. ☐☐放生☐☐
5. ☐☐近准寧☐
6. ☐☐院今戢官☐
7. ☐☐部議得令☐
8. ☐☐☐施☐☐
　　（後缺）

79. 元文書殘片

題解：

本件《中國藏黑水城漢文文獻》中原始編號為 F13：W119，出版編號為 M1·1897，收於第十冊《其他文書下》第 2124 頁，擬題為《文書殘件》，並記其尺寸為 1.2cm×6.9cm。《黑城出土文書（漢文文書卷）》一書未收。文書現存文字 1 行，前後均缺。

錄文標點：

　　（前缺）
1. ☐☐母親高思中智照☐☐
　　（後缺）

80. 元學生使驢文書殘片

題解：

本件《中國藏黑水城漢文文獻》中原始編號為 F2：W44，出版編號為 M1·1898，收於第十冊《其他文書下》第 2124 頁，擬題為《文書殘件》，並記其尺寸為 14.5cm×13.8cm。《黑城出土文書（漢文文書卷）》一書未收。文書現存文字 4 行，前後均缺。

錄文標點：

　　（前缺）
1. ☐☐☐

1734 中國藏黑水城漢文文獻的整理與研究

2. ☐☐☐的孝生都使馿☐☐☐
3. ☐☐有時☐不受馿☐☐
4. ☐☐上馿☐☐☐☐

（後缺）

81. 元百户王才貴文書殘片

題解：

本件《中國藏黑水城漢文文獻》中原始編號為84H·F125:W23/1873，出版編號為M1·1899，收於第十冊《其他文書下》第2125頁，擬題為《百户王才貴總巡檢》，並記其尺寸為12.8cm×31.8cm。《黑城出土文書（漢文文書卷）》一書未收。文書共五件殘片，殘損嚴重，有塗改痕跡。

錄文標點：

（一）

（前缺）

1. 取☐☐☐☐☐☐
2. ☐官☐☐☐☐☐

（後缺）

（二）

（前缺）

1. ☐☐下司躬☐☐

（後缺）

（三）

（前缺）

1. ☐☐☐☐☐☐
2. ☐☐☐長事☐☐

（後缺）

（四）

（前缺）

1. 百户王才貴☐☐①據巡檢司②☐☐☐☐☐☐☐☐

2. ☐③☐☐☐☐☐☐☐☐☐☐☐☐☐

　　　　（後缺）

（五）

　　　　（前缺）

1. ☐☐☐☐☐兩

2. ☐☐☐☐壹定弍拾

3. ☐☐面十石④☐☐☐☐定弍拾☐

4. ☐☐☐☐兩兩个月

5. ☐☐☐☐兩个

　　　　（後缺）

82. 元生剌复等文書殘片

題解：

本件《中國藏黑水城漢文文獻》中原始編號為83H・F9：W28/0282，出版編號為M1・1900，收於第十冊《其他文書下》第2126頁，擬題為《文書殘件》，並記其尺寸為6cm×17.4cm。《黑城出土文書（漢文文書卷）》一書未收。文書現存文字3行，前後均缺。

錄文標點：

　　　　（前缺）

1. ☐☐☐禿☐荅　☐☐☐　☐☐☐☐

2. ☐☐☐☐生剌复　卜剌复　阿☐☐

3. ☐☐☐☐☐☐☐☐☐☐☐都荅承

　　　　（後缺）

---

① 此兩字為左行補入，現徑改。

② "司"字原誤寫為三字，塗抹後於左行改寫，現徑改。

③ 此字前原衍"根勾☐☐☐☐☐☐"等字，後塗抹，現徑改。

④ "☐☐面十石"為右行補入，現徑改。

1736 中國藏黑水城漢文文獻的整理與研究

83. 元柴薪文書殘片

題解：

本件《中國藏黑水城漢文文獻》中原始編號為83H·F51：W15/0840，出版編號為M1·1901，收於第十冊《其他文書下》第2126頁，擬題為《文書殘件》，並記其尺寸為5.8cm×25cm。《黑城出土文書（漢文文書卷）》一書未收。文書共兩件殘片，殘片一現存文字1行，殘片二現存文字2行。

錄文標點：

（一）

　　　　　（前缺）

1.　　一柴薪本路附下□□□□□

　　　　　（後缺）

（二）

　　　　　（前缺）

1.　□□□如此□

2.　□□□□

　　　　　（後缺）

84. 元文書殘片

題解：

本件《中國藏黑水城漢文文獻》中原始編號為84H·F116：W229/1401，出版編號為M1·1902，收於第十冊《其他文書下》第2127頁，擬題為《文書殘件》，並記其尺寸為28.4cm×20.3cm。《黑城出土文書（漢文文書卷）》一書未收。文書共五件殘片，各存文字1—3行。

錄文標點：

（一）

　　　　　（前缺）

1.　·□肆□□□□

2.　□倉依例□□□□

3. ▢米種和▢▢▢▢

　　　　（前缺）

（二）

　　　　（前缺）

1. ▢失覺察者減▢

2. ▢▢▢除欽尊①

3. ▢▢▢▢▢▢下

　　　　（後缺）

（三）

　　　　（前缺）

1. ▢數支②紙有等

2. ▢▢得▢▢▢

　　　　（後缺）

（四）

　　　　（前缺）

1. 　▢▢日

（五）

　　　　（前缺）

1. 經▢▢▢▢▢▢

　　　　（後缺）

85. 元文書殘片

題解：

　　本件《中國藏黑水城漢文文獻》中原始編號為83H·F1：W17/0017，出版編號為M1·1903，收於第十冊《其他文書下》第2128頁，擬題為《文書殘件》，並記其尺寸為6.4cm×10.5cm。《黑城出土文書（漢文文書卷）》一書未收。文書

---

① "除欽尊"三字被墨筆圈畫。
② "支"字前原衍一字，後塗抹，現徑改。

1738 中國藏黑水城漢文文獻的整理與研究

現存文字 2 行，前後均缺。

錄文標點：

（前缺）

1. ☐☐路
2. ☐司總帥府達魯花☐☐

（後缺）

86. 元文書殘片

題解：

本件《中國藏黑水城漢文文獻》中原始編號為83H·F1：W11/0011，出版編號為M1·1904，收於第十冊《其他文書下》第2128頁，擬題為《文書殘件》，並記其尺寸為4.5cm×11.5cm。《黑城出土文書（漢文文書卷）》一書未收。文書現存文字 1 行，有朱筆點畫痕跡。

錄文標點：

（前缺）

1. ☐日☐八☐十☐☐一十兩內，作☐☐

（後缺）

87. 元文書殘片

題解：

本件《中國藏黑水城漢文文獻》中原始編號為83H·F1：W4/0004，出版編號為M1·1905，收於第十冊《其他文書下》第2128頁，擬題為《文書殘件》，並記其尺寸為3.3cm×7.5cm。《黑城出土文書（漢文文書卷）》一書未收。文書現存文字 1 行，前後均缺。

錄文標點：

（前缺）

1. ☐前去合下☐☐

（後缺）

88. 元文書殘片

題解：

本件《中國藏黑水城漢文文獻》中原始編號為83H·F1: W15/0015，出版編號為M1·1906，收於第十冊《其他文書下》第2128頁，擬題為《文書殘件》，並記其尺寸為7.2cm×9.6cm。《黑城出土文書（漢文文書卷）》一書未收。文書現存文字1行，前後均缺。

錄文標點：

（前缺）

1. ☐☐☐☐柒錢伍分

（後缺）

89. 元糧米文書殘片

題解：

本件《中國藏黑水城漢文文獻》中無原始編號，出版編號為M1·1907，收於第十冊《其他文書下》第2129頁，擬題為《錢糧文等殘件》，並記其尺寸為15.4cm×12cm。《黑城出土文書（漢文文書卷）》一書未收。文書共三件殘片，其中殘片一紙色較淺，楷體；殘片二、三紙色較深，行草，非同件文書。

錄文標點：

（一）

（前缺）

1. ☐☐南至韋古忠地☐☐

（後缺）

（二）

（前缺）

1. ☐☐☐□□民□□
2. ☐☐与户部一同議

（後缺）

（三）

（前缺）

1. ☐米一石至十石至☐

（後缺）

90. 元水牌子陳関兒文書殘片

題解：

本件《中國藏黑水城漢文文獻》中原始編號為83H・F2：W21/0088，出版編號為M1・1908，收於第十冊《其他文書下》第2130頁，擬題為《水牌子》，並記其尺寸為5.6cm×12.2cm。《黑城出土文書（漢文文書卷）》一書未收。文書現存文字2行，前後均缺。

錄文標點：

（前缺）

1. ☐☐

2. 　水牌子陳関兒

（後缺）

91. 元與理問相公書殘片

題解：

本件《中國藏黑水城漢文文獻》中原始編號為84H・F125：W39/1889，出版編號為M1・1909，收於第十冊《其他文書下》第2130頁，擬題為《文書殘件》，並記其尺寸為15cm×10cm。《黑城出土文書（漢文文書卷）》一書未收。文書現存文字3行，前後均缺。從內容來看，其應為書信殘片。

錄文標點：

（前缺）

1. 理問相公閣☐

2. 　推官☐

3. 　五府☐

（後缺）

整理編　第十冊　1741

92. 元劄付殘片

題解：

本件《中國藏黑水城漢文文獻》中原始編號為84H·F19：W65/0602，出版編號為M1·1910，收於第十冊《其他文書下》第2131頁，擬題為《文書殘件》，並記其尺寸為18cm×41.3cm。《黑城出土文書（漢文文書卷）》一書未收。文書現存文字1行及朱印一枚。

錄文標點：

　　　　（前缺）
1. 右劄付剌實路
2. 　　　（朱印）

93. 元文書殘片

題解：

本件《中國藏黑水城漢文文獻》中原始編號為84H·F245：W10/2507，出版編號為M1·1911，收於第十冊《其他文書下》第2132頁，擬題為《文書殘件》，並記其尺寸為9cm×17cm。《黑城出土文書（漢文文書卷）》一書未收。文書現存文字4行，前後均缺。

錄文標點：

　　　　（前缺）
1. ☐☐☐實至日獨支才情願信納☐☐☐☐
2. ☐☐☐塔剌赤昝吉等
3. （簽押）
4. ☐☐乃路☐☐☐☐☐
　　　　（後缺）

94. 元當站役文書殘片

題解：

本件《中國藏黑水城漢文文獻》中原始編號為84H·F124：W23/1849，出版編號為M1·1912，收於第十冊《其他文書下》第2132頁，擬題為《文書殘件》，

並記其尺寸為4.8cm×14.6cm。《黑城出土文書（漢文文書卷）》一書未收。文書現存文字4行，前後均缺。

錄文標點：

　　　　（前缺）

1. 　　□□而新設祗候或 剩 　　　
2. 　　站役□得兩當公役去訖　　　
3. 　　□□□榮①□有望收重因又急□　
4. 　　　　　　□

　　　　（後缺）

95. 元文書殘片

題解：

本件《中國藏黑水城漢文文獻》中原始編號為84H・F124：W19/1845，出版編號為M1・1913，收於第十冊《其他文書下》第2132頁，擬題為《文書殘件》，並記其尺寸為5.7cm×13.3cm。《黑城出土文書（漢文文書卷）》一書未收。文書現存文字1行，前後均缺。

錄文標點：

　　　　（前缺）

1. 是將近十月嗦要②　　

　　　　（後缺）

96. 元柴價文書殘片

題解：

本件《中國藏黑水城漢文文獻》中原始編號為84H・F207：W5/2296，出版編號為M1・1914，收於第十冊《其他文書下》第2133頁，擬題為《畫押等殘件》，並記其尺寸為15.4cm×22.5cm。《黑城出土文書（漢文文書卷）》一書未收。文書共五件殘片，各存文字1—3行。從內容來看，其似應與孤老柴薪有關。

---

① "□榮"兩字為右行補入，現徑改。
② 此處殘存朱印殘痕。

錄文標點：

（一）

　　　　　（前缺）

1. 至正条格☐☐☐☐

2. 　議得貧☐☐☐☐

3. 　擬合依☐☐☐☐

　　　　　（後缺）

（二）

　　　　　（前缺）

1. ☐☐☐☐☐☐☐☐柴價

2. ☐☐☐☐☐☐☐事王（簽押）

3. ☐☐☐☐☐　事

　　　　　（後缺）

（三）

　　　　　（前缺）

1. ☐☐☐☐一十歲，無病

　　　　　（後缺）

（四）

　　　　　（前缺）

1. ☐☐☐尚☐☐

　　　　　（後缺）

（五）

　　　　　（前缺）

1. ☐☐☐☐（簽押）

　　　　　（後缺）

97. 元墨戳殘片

題解：

本件《中國藏黑水城漢文文獻》中原始編號為 F19：W105，出版編號為M1·1915，收於第十冊《其他文書下》第 2134 頁，擬題為《文書殘件》，並記其尺寸

1744　中國藏黑水城漢文文獻的整理與研究

為6.5cm×35cm。《黑城出土文書（漢文文書卷）》一書未收。文書為墨戳，其文字似為蒙古文。

錄文標點：

（略）

98. 元承管狀殘片

題解：

本件《中國藏黑水城漢文文獻》中原始編號為84H・F192：W5/2225，出版編號為M1・1916，收於第十冊《其他文書下》第2134頁，擬題為《文書殘件》，並記其尺寸為10.3cm×31cm。《黑城出土文書（漢文文書卷）》一書未收。文書共三件殘片，殘片一現存文字2行，殘片二現存文字1行，殘片三現存文字3行。從内容來看，其應為承管狀殘片。

錄文標點：

（一）

　　　　（前缺）

1.　　□此，照□□□□□□

2.　　□兩拾伍内照依□□□

　　　　（後缺）

（二）

　　　　（前缺）

1.　　□嵬承管根勾得蔡□□

　　　　（後缺）

（三）

　　　　（前缺）

1.　　□□病身死①

2.　　　　　□□

3.　　　　□不□□

　　　　（後缺）

---

① "死"字後原衍三字，後塗抹，現徑改。

99. 元書信殘片（一）

題解：

本件《中國藏黑水城漢文文獻》中原始編號為84H·F192：W11/2231，出版編號為M1·1917，收於第十冊《其他文書下》第2135頁，擬題為《文書殘件》，並記其尺寸為17.5cm×30.3cm。《黑城出土文書（漢文文書卷）》一書未收。文書共四件殘片。按，本號文書與《中國藏黑水城漢文文獻》第2136頁M1·1918〔84H·F192：W12/2232〕、第2137頁M1·1919〔84H·F192：W13/2233〕、第2138頁M1·1920〔84H·F192：W10/2230〕號等文書字跡、紙張相同，內容相關，應為同件文書。文書擬題依綴合後所定。

錄文標點：

（一）

　　　　　（前缺）

1. □□□□□

　　　　　（後缺）

（二）

　　　　　（前缺）

1. □□□發落却□□

　　　　　（後缺）

（三）

　　　　　（前缺）

1. 每至二月廿二日早有使□□□

2. □□□騎坐黑騸□□□□

　　　　　（後缺）

（四）

　　　　　（前缺）

1. □□□□□□□□

2. □□□錢中統鈔□

　　　　　（後缺）

100. 元書信殘片（二）

題解：

本件《中國藏黑水城漢文文獻》中原始編號為84H·F192：W12/2232，出版編號為M1·1918，收於第十冊《其他文書下》第2136頁，擬題為《文書殘件》，並記其尺寸為20.6cm×27cm。《黑城出土文書（漢文文書卷）》一書未收。文書共三件殘片，從內容來看，應為書信殘件。按，本號文書與《中國藏黑水城漢文文獻》第2135頁M1·1917［84H·F192：W11/2231］、第2137頁M1·1919［84H·F192：W13/2233］、第2138頁M1·1920［84H·F192：W10/2230］號等文書字跡、紙張相同，內容相關，應為同件文書。文書擬題依綴合後所定。

錄文標點：

（一）

（前缺）

1. ＿＿＿□四个，願你每商量了呵，我依□＿＿

（後缺）

（二）

（前缺）

1. ＿＿＿我喚你來了，如今沙立
2. ＿＿＿□到去了呵，□也□
3. ＿＿＿□□你去□＿＿

（後缺）

（三）

（前缺）

1. 當，如今阿金忽禿不來□＿＿

（後缺）

101. 元書信殘片（三）

題解：

本件《中國藏黑水城漢文文獻》中原始編號為84H·F192：W13/2233，出版

編號為M1·1919，收於第十冊《其他文書下》第2137頁，擬題為《文書殘件》，並記其尺寸為17.7cm×26.3cm。《黑城出土文書（漢文文書卷）》一書未收。文書共兩件殘片，從內容來看，應為書信殘件。按，本號文書與《中國藏黑水城漢文文獻》第2135頁M1·1917［84H·F192：W11/2231］、第2136頁M1·1918［84H·F192：W12/2232］、第2138頁M1·1920［84H·F192：W10/2230］號等文書字跡、紙張相同，內容相關，應為同件文書，且本文書正背雙面均有文字，背面圖版《中國藏黑水城漢文文獻》未收錄。文書擬題依綴合後所定。

錄文標點：

正：

（一）

（前缺）

1. 他去看□来那，不来拜也，脩德□

2. 前去望他□，見有阿金忽禿者，彼□

（後缺）

（二）

（前缺）

1. 肯依隨時，我將你放□□□□你

2. 帶衣服，好生擡舉□拜①也

（後缺）

背：

（略）

102. 元書信殘片（四）

題解：

本件《中國藏黑水城漢文文獻》中原始編號為84H·F192：W10/2230，出版編號為M1·1920，收於第十冊《其他文書下》第2138頁，擬題為《文書殘件》，並記其尺寸為18.4cm×25.8cm。《黑城出土文書（漢文文書卷）》一書未收。文

---

① "拜"字前原衍三字，後塗抹，現逕改。

書共兩件殘片,從內容來看,應為書信殘件。按,本號文書與《中國藏黑水城漢文文獻》第 2135 頁 M1·1917［84H·F192：W11/2231］、第 2136 頁 M1·1918［84H·F192：W12/2232］、第 2137 頁 M1·1919［84H·F192：W13/2233］號等文書字跡、紙張相同,內容相關,應為同件文書,且本文書正背雙面均有文字,背面圖版《中國藏黑水城漢文文獻》未收錄。文書擬題依綴合後所定。

錄文標點：

正：

（一）

　　　　　（前缺）

1. 他 觀 馬抽□,他身子取□
2. 商量□□
3. □

　　　　　（後缺）

（二）

　　　　　（前缺）

1. □有失列行知竟將我打
2. □□□此我与你□□得了阿金忽
3. □□□了本人中統鈔一定至你下

　　　　　（後缺）

背：

（略）

103. 元小麥本文書殘片

題解：

本件《中國藏黑水城漢文文獻》中原始編號為 84H·F144：W18/2051,出版編號為 M1·1921,收於第十冊《其他文書下》第 2139 頁,擬題為《文書殘件》,並記其尺寸為 15.2cm×32.5cm。《黑城出土文書（漢文文書卷）》一書未收。文書共四件殘片,各存文字 2 行。

整理編　第十冊　1749

錄文標點：

（一）

（前缺）

1. ▭□等来恭審□▭
2. ▭▭□▭

（後缺）

（二）

（前缺）

1. ▭□令□人資些▭
2. ▭字不及一一①細修

（後缺）

（三）

（前缺）

1. □□小麥本▭
2. 一日每月□▭

（後缺）

（四）

（前缺）

1. ▭知往▭
2. ▭□▭□□

（後缺）

104. 元文書殘片

題解：

　　本件《中國藏黑水城漢文文獻》中原始編號為84H·F144：W16/2049，出版編號為M1·1922，收於第十冊《其他文書下》第2139頁，擬題為《文書殘件》，並記其尺寸為14.6cm×30cm。《黑城出土文書（漢文文書卷）》一書未收。文書

---

① 第二個"一"字為省文符號，現徑改。

1750　中國藏黑水城漢文文獻的整理與研究

共六件殘片，各件字跡非一，應非同件文書。

錄文標點：

（一）

　　　　　（前缺）
1. 導□□□□□□□
　　　　　（後缺）

（二）

　　　　　（前缺）
1. □□□□□湏□□□□□
　　　　　（後缺）

（三）

　　　　　（前缺）
1. □□□□□翼 籍 所官拜
　　　　　（後缺）

（四）

　　　　　（前缺）
1. □□□　月　日　□□□
　　　　　（後缺）

（五）

　　　　　（前缺）
1. 秦□□□□□□□
2. 馮知事□□□□
3. □□□□□□□①
　　　　　（後缺）

（六）

　　　　　（前缺）
1. □□□□□弍碩②
　　　　　（後缺）

---

① 此殘片中每行文字前均被墨筆勾畫。
② 此殘片中文字字體大，墨色濃。

105. 元文書殘片

題解：

本件《中國藏黑水城漢文文獻》中原始編號為84H·F116：W234/1406，出版編號為M1·1923，收於第十冊《其他文書下》第2140頁，擬題為《文書殘件》，並記其尺寸為11.6cm×27.2cm。《黑城出土文書（漢文文書卷）》一書未收。文書共三件殘片，殘片一字體與殘片二、三不同，應非同件文書。

錄文標點：

（一）

　　　　（前缺）

1. ☐☐☐舍在迦公事

2. ☐☐☐有身孕外

3. ☐☐☐☐急并穩

　　　　（後缺）

（二）

　　　　（前缺）

1. ☐☐計一斗三☐至元廿☐☐

　　　　（後缺）

（三）

　　　　（前缺）

1. ☐☐☐☐中書省至元廿☐☐

2. ☐☐☐轉運司粮斛☐☐

　　　　（後缺）

106. 元文書殘片

題解：

本件《中國藏黑水城漢文文獻》中原始編號為84H·文官府：W9/2906，出版編號為M1·1924，收於第十冊《其他文書下》第2141頁，擬題為《文書殘件》，並記其尺寸為 3.7cm×7cm。《黑城出土文書（漢文文書卷）》一書未收。文書現存文字 2 行，前後均缺。

錄文標點：

（前缺）

1.　　　　答言

2.　☐本官即答①

（後缺）

107. 元契約殘片

題解：

本件《中國藏黑水城漢文文獻》中原始編號為 84H・文官府：W5/2902，出版編號為 M1・1925，收於第十冊《其他文書下》第 2141 頁，擬題為《文書殘件》，並記其尺寸為 6cm×8cm。《黑城出土文書（漢文文書卷）》一書未收。文書現存文字 3 行，前後均缺。從內容來看，其應為契約殘片。

錄文標點：

（前缺）

1.　☐☐

2.　☐別無得處☐

3.　碩小

（後缺）

108. 元某司呈甘肅行省文（稿）

題解：

本件《中國藏黑水城漢文文獻》中原始編號為 84H・F249：W37/2570，出版編號為 M1・1926，收於第十冊《其他文書下》第 2141 頁，擬題為《文書殘件》，並記其尺寸為 7cm×29cm。《黑城出土文書（漢文文書卷）》一書未收。文書原存文字 3 行，其中第 1 行整行及第 2、3 行前半部均被塗抹。從內容來看，其應為某

---

① "即答"二字被墨筆圈畫。

司呈甘肅行省文草稿。

錄文標點：

（前缺）

1. 稟①
2. 省②府照詳 施 行 者

（後缺）

109. 元習字殘片

題解：

本件《中國藏黑水城漢文文獻》中原始編號為 84H·F249：W13/2546，出版編號為 M1·1927，收於第十冊《其他文書下》第 2142 頁，擬題為《文書殘件》，並記其尺寸為 15.5cm×25.5cm。《黑城出土文書（漢文文書卷）》一書未收。文書文字位置不規整，應為習字。

錄文標點：

（前缺）

1. □
2. 粗　　　細
3. 細　什　良
4. 中 統
5. ＿＿＿細

（後缺）

110. 元文書殘片

題解：

本件《中國藏黑水城漢文文獻》中原始編號為 84H·F249：W14/2547，出版

---

① 此行文字前原有一行文字"＿＿＿＿十余年"，另"稟"字前原有"承□□籍各照得係□□□□"等字，後均塗抹，現徑改。
② "省"字前原有"□得□□"等字，後塗抹，現徑改。

1754 中國藏黑水城漢文文獻的整理與研究

編號為M1·1928，收於第十冊《其他文書下》第2143頁，擬題為《文書殘件》，並記其尺寸為17cm×26cm。《黑城出土文書（漢文文書卷）》一書未收。文書共兩件殘片，殘片一現存文字5行，殘片二現存文字1行，均前後缺。

錄文標點：

（一）

　　　　　（前缺）

1.　　　□水　流□
2.　　　□麦苗顯跡為驗同□
3.　　　□倒將地逐旋渲崩去訖
4.　　　□去緣撒立□等思付得上項
5.　　　　　　　□□此送□
6.　　　　　　　　　　□□

　　　　　（後缺）

（二）

　　　　　（前缺）

1.　右下□□□□□□

　　　　　（後缺）

111. 元文書殘片

題解：

本件《中國藏黑水城漢文文獻》中原始編號為84H·F249∶W1/2534，出版編號為M1·1929，收於第十冊《其他文書下》第2144頁，擬題為《文書殘件》，並記其尺寸為11.4cm×29.4cm。《黑城出土文書（漢文文書卷）》一書未收。文書共三件殘片，其中殘片二、三可拼合，且殘片三圖版倒置。

錄文標點：

（一）

　　　　　（前缺）

1.　　□□案牘王　□

　　　　　（後缺）

(二、三)
　　　　　（前缺）
1.　　　初一日①

112. 元文書殘片
題解：

本件《中國藏黑水城漢文文獻》中原始編號為84H·F249：W6/2539，出版編號為M1·1930，收於第十冊《其他文書下》第2144頁，擬題為《文書殘件》，並記其尺寸為7.4cm×30.4cm。《黑城出土文書（漢文文書卷）》一書未收。文書共兩件殘片，字跡非一，應非同件文書殘件。其中殘片一現存文字1行，殘片二現存文字2行，有塗改痕跡。

錄文標點：

（一）
　　　　　（前缺）
1.　　　提 控 案 牘 □　　　世禄 簽押
　　　　　（後缺）

（二）
　　　　　（前缺）
1. 半張自□□
2. 行支付□五日②
　　　　　（後缺）

113. 元延祐五年（1318）庫官文書殘片
題解：

本件《中國藏黑水城漢文文獻》中原始編號為F249：W38，出版編號為M1·1931，收於第十冊《其他文書下》第2145頁，擬題為《文書殘件》，並記其尺寸為11.6cm×26.2cm。《黑城出土文書（漢文文書卷）》一書未收。文書現存文字1行，前缺後完。

---

① "初一日"上鈐朱印一枚。且，"初一"為殘片三內容，"日"為殘片二內容。
② "□五日"書寫原誤，塗抹後於右行改寫，現徑改。

1756　中國藏黑水城漢文文獻的整理與研究

錄文標點：
（前缺）
1. 延祐五年庫官

114. 元文書殘片

題解：

本件《中國藏黑水城漢文文獻》中原始編號為84H·F249：W31/2564，出版編號為M1·1932，收於第十冊《其他文書下》第2145頁，擬題為《文書殘件》，並記其尺寸為8.5m×11.4cm。《黑城出土文書（漢文文書卷）》一書未收。文書現存文字1行，前後均缺。

錄文標點：
（前缺）
1. 周君□▢▢▢▢▢▢
（後缺）

115. 元官麥文書殘片

題解：

本件《中國藏黑水城漢文文獻》中原始編號為84H·F255：W32/2632，出版編號為M1·1933，收於第十冊《其他文書下》第2146頁，擬題為《文書殘件》，並記其尺寸為6.5cm×6.8cm。《黑城出土文書（漢文文書卷）》一書未收。文書現存文字1行，前後均缺。

錄文標點：
（前缺）
1. ▢▢▢□官麥▢▢▢
（後缺）

116. 元文書殘片

題解：

本件《中國藏黑水城漢文文獻》中原始編號為84H·F255：W33/2633，出版編號為M1·1934，收於第十冊《其他文書下》第2146頁，擬題為《文書殘件》，

並記其尺寸為3cm×4cm。《黑城出土文書（漢文文書卷）》一書未收。文書現存文字2行，前後均缺。

錄文標點：

(前缺)

1. ☐☐照驗。得此☐☐☐
2. ☐☐前 保 令☐☐☐

(後缺)

117. 元文書殘片

題解：

本件《中國藏黑水城漢文文獻》中原始編號為84H・F501：W4/2666，出版編號為M1・1935，收於第十冊《其他文書下》第2146頁，擬題為《文書殘件》，並記其尺寸為5.6cm×22cm。《黑城出土文書（漢文文書卷）》一書未收。文書共兩件殘片，各存文字1行。

錄文標點：

(一)

(前缺)

1. 有伯条☐☐☐☐☐

(後缺)

(二)

(前缺)

1. ☐☐☐☐光菩☐☐☐☐

(後缺)

118. 元文書殘片

題解：

本件《中國藏黑水城漢文文獻》中原始編號為84H・F501：W5/2667，出版編號為M1・1936，收於第十冊《其他文書下》第2147頁，擬題為《文書殘件》，並記其尺寸為12.7cm×14cm。《黑城出土文書（漢文文書卷）》一書未收。文書

1758 中國藏黑水城漢文文獻的整理與研究

現存文字 4 行，前後均缺。

　　錄文標點：

　　　　　　（前缺）

　　1. ☐☐司☐祗候小☐☐☐

　　2. ☐☐等等并☐☐☐☐

　　3. 到官。據完者☐☐☐

　　4. ☐☐☐了☐☐☐☐

　　　　　　（後缺）

119. 元文書殘片

題解：

本件《中國藏黑水城漢文文獻》中原始編號為 Y1：W46a，出版編號為 M1·1937，收於第十冊《其他文書下》第 2147 頁，擬題為《文書殘件》，並記其尺寸為 22.3cm×12cm。《黑城出土文書（漢文文書卷）》一書未收。文書現存文字 2 行，前後均缺。

　　錄文標點：

　　　　　　（前缺）

　　1. ☐☐☐☐牒呈奉，照 得

　　　　　　（中缺）

　　2. ☐☐☐☐中間 不 致☐☐

　　　　　　（後缺）

120. 元歲舉守令官員文書殘片

題解：

本件《中國藏黑水城漢文文獻》中原始編號為 Y1：W1a，出版編號為 M1·1938，收於第十冊《其他文書下》第 2148 頁，擬題為《文書殘件》，並記其尺寸為 15.6cm×27.3cm。《黑城出土文書（漢文文書卷）》一書未收。文書現存文字 3 行，前後均缺。

錄文標點：

（前缺）

1. ☐乃路揔管府承奉
2. ☐剳付為歲夅守令官員
3. ☐此，仰

（後缺）

121. 元墨戳殘片

題解：

本件《中國藏黑水城漢文文獻》中原始編號為 Y1：W1b，出版編號為 M1·1939，收於第十冊《其他文書下》第 2149 頁，擬題為《文書殘件》，並記其尺寸為 16.9cm×27.5cm。《黑城出土文書（漢文文書卷）》一書未收。文書現存一蒙古文墨戳。

錄文標點：

（略）

122. 元文書殘片

題解：

本件《中國藏黑水城漢文文獻》中原始編號為 Y1：W68d，出版編號為 M1·1940，收於第十冊《其他文書下》第 2150 頁，擬題為《文書殘件》，並記其尺寸為 2.4cm×6.8cm。《黑城出土文書（漢文文書卷）》一書未收。文書現存文字 1 行，前後均缺。

錄文標點：

（前缺）

1. ☐耳立䏰

（後缺）

123. 元元統三年（1335）封簽殘片

題解：

本件《中國藏黑水城漢文文獻》中原始編號為 Y1：W68e，出版編號為 M1·

1941，收於第十冊《其他文書下》第 2150 頁，擬題為《文書殘件》，並記其尺寸為 6cm×7.3cm。《黑城出土文書（漢文文書卷）》一書未收。文書現存文字 2 行，前後均缺，從內容來看，似為包封。

錄文標點：

（前缺）

1. ☐元統三年
2. ☐統三年☐

（後缺）

124. 元文書殘片

題解：

本件《中國藏黑水城漢文文獻》中原始編號為 Y1:W72c，出版編號為 M1·1942，收於第十冊《其他文書下》第 2150 頁，擬題為《文書殘件》，並記其尺寸為 5.3cm×9.8cm。《黑城出土文書（漢文文書卷）》一書未收。文書僅存 1 字殘痕，字體較大，墨色較濃。

錄文標點：

1. ☐

（後缺）

125. 元文書殘片

題解：

本件《中國藏黑水城漢文文獻》中原始編號為 84H·Y5:W8/2971，出版編號為 M1·1943，收於第十冊《其他文書下》第 2151 頁，擬題為《文書殘件》，並記其尺寸為 1.9cm×8cm。《黑城出土文書（漢文文書卷）》一書未收。文書現存文字 1 行，前後均缺。

錄文標點：

（前缺）

1. ☐使同居，今為☐

（後缺）

126. 元渠社長何九住文書殘片

題解：

本件《中國藏黑水城漢文文獻》中原始編號為84H·大院內a6：W2/2791，出版編號為M1·1944，收於第十冊《其他文書下》第2151頁，擬題為《文書殘件》，並記其尺寸為5.4cm×16cm。《黑城出土文書（漢文文書卷）》一書未收。文書現存文字2行，有塗改痕跡，前後均缺。

錄文標點：

（前缺）

1. ＿＿＿□□渠各家処□[①]督
2. ＿＿＿□渠社長何九住

（後缺）

127. 元申文殘片

題解：

本件《中國藏黑水城漢文文獻》中原始編號為84H·大院內a6：W28/2817，出版編號為M1·1945，收於第十冊《其他文書下》第2152頁，擬題為《文書殘件》，並記其尺寸為6cm×14.6cm。《黑城出土文書（漢文文書卷）》一書未收。文書現存文字2行，有塗改痕跡，前後均缺。

錄文標點：

（前缺）

1. ＿＿＿外盡到已將□□[②]＿＿＿
2. 者具申

（後缺）

[①] "各家処□"為左行補寫，現徑改。

[②] "到已將□□"原作"同侯完俗另＿＿＿"，塗抹後於左行改寫，現徑改。

128. 元文書殘片

題解：

本件《中國藏黑水城漢文文獻》中原始編號為84H·大院內a6：W29/2818，出版編號為M1·1946，收於第十冊《其他文書下》第2152頁，擬題為《文書殘件》，並記其尺寸為10cm×11.3cm。《黑城出土文書（漢文文書卷）》一書未收。文書現存文字4行，前後均缺。

錄文標點：

（前缺）

1. ☐☐☐☐☐
2. ☐☐各開坐呈☐☐
3. ☐☐十一月一个月☐☐☐
4. ☐☐☐

（後缺）

129. 元羊錢文書殘片

題解：

本件《中國藏黑水城漢文文獻》中原始編號為84H·大院內a6：W52/2821，出版編號為M1·1947，收於第十冊《其他文書下》第2153頁，擬題為《文書殘件》，並記其尺寸為7.7cm×29cm。《黑城出土文書（漢文文書卷）》一書未收。文書共兩件殘片，殘片一現存文字3行，有墨筆勾畫痕跡；殘片二僅存墨筆書短橫杠，共六杠，無文字殘留。

錄文標點：

（一）

（前缺）

1. 迷取羊錢一定☐
2. 先將羔兒一口，抄一十☐
3. 後將羊二口☐

（後缺）

(二)

（無文字殘留）

130. 元文書殘片

題解：

本件《中國藏黑水城漢文文獻》中原始編號為84H·大院內a6：W33/2822，出版編號為M1·1948，收於第十冊《其他文書下》第2153頁，擬題為《文書殘件》，並記其尺寸為4cm×36cm。《黑城出土文書（漢文文書卷）》一書未收。文書現存文字2行，第2行僅存文字殘痕，不能釋讀。

錄文標點：

（前缺）

1. 今當
2. ☐☐☐☐☐☐☐☐☐☐☐☐☐

（後缺）

131. 元文書殘片

題解：

本件《中國藏黑水城漢文文獻》中原始編號為84H·大院內a6：W36/2825，出版編號為M1·1949，收於第十冊《其他文書下》第2154頁，擬題為《文書殘件》，並記其尺寸為5.7cm×33.5cm。《黑城出土文書（漢文文書卷）》一書未收。文書共兩件殘片，各存文字2行。

錄文標點：

(一)

（前缺）

1. ☐☐☐你每☐將到稅使司☐☐☐
2. ☐☐☐☐☐☐☐☐☐☐

（後缺）

(二)

（前缺）

1. □□事院委官
2. ▨事□▨
   （後缺）

132. 元見禁罪囚起數文書殘片

題解：

本件《中國藏黑水城漢文文獻》中原始編號為84H·大院內a6：W43/2832，出版編號為M1·1950，收於第十冊《其他文書下》第2154頁，擬題為《文書殘件》，並記其尺寸為7.3cm×27.7cm。《黑城出土文書（漢文文書卷）》一書未收。文書現存文字2行，另有多處墨痕。

錄文標點：

（前缺）
1. 見①
2. 見禁罪囚起數
   （後缺）

133. 元某司呈亦集乃路總管府文殘片

題解：

本件《中國藏黑水城漢文文獻》中原始編號為84H·大院內a6：W38/2827，出版編號為M1·1951，收於第十冊《其他文書下》第2155頁，擬題為《文書殘件》，並記其尺寸為7cm×30.5cm。《黑城出土文書（漢文文書卷）》一書未收。文書共兩件殘片，殘片一原存文字3行，第1行被塗抹；殘片二現存文字4行。從內容來看，其似為某司呈亦集乃路總管府文殘片。

錄文標點：

（一）

（前缺）
1. ▨摠府官台□仰□▨②

---

① 此字墨色較淺，似為雜寫。
② 此行文字前原有一行文字，後塗抹，現徑改。

2. ▭☐☐☐
　　　　（後缺）

（二）
　　　　（前缺）
1. ▭☐▭
2. 惣府官台 旨▭
3. 結，如違 當 罪▭
4. ▭☐☐
　　　　（後缺）

134. 元文書殘片

題解：

本件《中國藏黑水城漢文文獻》中原始編號為84H·F5：W7/0832，出版編號為M1·1952，收於第十冊《其他文書下》第2155頁，擬題為《莞豆等字殘件》，並記其尺寸為7.8cm×19.3cm。《黑城出土文書（漢文文書卷）》一書未收。文書共兩件殘片，殘片一現存文字2行，殘片二現存文字3行。

錄文標點：

（一）
　　　　（前缺）
1. ▭莞豆▭
2. ▭里▭
　　　　（後缺）

（二）
　　　　（前缺）
1. ▭大小麥弎☐▭
2. ▭便要上馬▭
3. ▭累令☐▭
　　　　（後缺）

135. 元呈文殘片

題解：

本件《中國藏黑水城漢文文獻》中原始編號為84H・F51：W4/0829，出版編號為M1・1953，收於第十冊《其他文書下》第2156頁，擬題為《文書殘件》，並記其尺寸為10cm×25cm。《黑城出土文書（漢文文書卷）》一書未收。文書共兩件殘片，各存文字1行。

錄文標點：

（一）

　　　　（前缺）
1. 呈
　　　　（後缺）

（二）

　　　　（前缺）
1. ▢▢▢▢照驗欽依纂
　　　　（後缺）

136. 元文書殘片

題解：

本件《中國藏黑水城漢文文獻》中原始編號為84H・F61：W5/0864，出版編號為M1・1954，收於第十冊《其他文書下》第2156頁，擬題為《文書殘件》，並記其尺寸為7.9cm×25.2cm。《黑城出土文書（漢文文書卷）》一書未收。文書共兩件殘片，字跡非一，應非同件文書。其中殘片一現存文字4行，殘片二現存文字2行。

錄文標點：

（一）

　　　　（前缺）
1. ▢▢▢路節▢▢▢▢
2. ▢▢▢▢用▢▢

3. ☐☐家
4. ☐☐□□□☐
　　　（後缺）
（二）
　　　（前缺）
1. ☐☐□□拜□
2. ☐☐寿
　　　（後缺）

137. 元屠户行黄道道责领状残片

题解：

本件《中國藏黑水城漢文文獻》中原始編號為84H·F124：W18/1844，出版編號為M1·1955，收於第十冊《其他文書下》第2157頁，擬題為《責領人屠戶行黃道道》，並記其尺寸為7cm×22cm。《黑城出土文書（漢文文書卷）》一書未收。文書現存文字1行，前完後缺。從內容來看，其應為黃道道責領狀殘片。

錄文標點：

1. 責領人屠户行黄道道
　　　（後缺）

138. 元木匠飯錢等文書殘片

題解：

本件《中國藏黑水城漢文文獻》中原始編號為84H·F51：W18/0843，出版編號為M1·1956，收於第十冊《其他文書下》第2157頁，擬題為《文書殘件》，並記其尺寸為10cm×23.3cm。《黑城出土文書（漢文文書卷）》一書未收。文書共兩件殘片，殘片一現存文字4行，殘片二現存文字3行，均前後缺。

錄文標點：

（一）
　　　（前缺）
1. ☐☐麻一兩□☐☐☐

2. □木匠飰錢一十□□□
3. □□總□□□□
4. □□□□用
　　（後缺）
（二）
　　（前缺）
1. □□□七十□
2. □□去處當門□
3. □□用仰□□
　　（後缺）

139. 元文書殘片
題解：
本件《中國藏黑水城漢文文獻》中原始編號為84H·F60：W5/0859，出版編號為M1·1957，收於第十冊《其他文書下》第2158頁，擬題為《文書殘件》，並記其尺寸為25cm×15cm。《黑城出土文書（漢文文書卷）》一書未收。文書共兩件正方狀殘片，殘片一無文字殘留，殘片二現存1字。

錄文標點：
（一）
（無文字殘留）
（二）
1. 抵

140. 元僉補文書殘片（一）
題解：
本件《中國藏黑水城漢文文獻》中原始編號為84H·F62：W8/0876，出版編號為M1·1958，收於第十冊《其他文書下》第2159頁，擬題為《文書殘件》，並記其尺寸為13cm×8.5cm。《黑城出土文書（漢文文書卷）》一書未收。文書現存文字7行，前後均缺。按，本號文書與同頁M1·1959［84H·F62：W9/0877］號文書字跡一致，編號相連，應為同件文書。文書擬題依綴合後所定。

錄文標點：

（前缺）
1. ☐☐☐☐☐祇候
2. ☐☐☐☐☐照驗放
3. ☐☐☐☐☐僉補如
4. ☐□原放良□□
5. 　投□列□□
6. ☐□內示驗□☐
7. ☐□例□補☐☐

（後缺）

141. 元僉補文書殘片（二）

題解：

本件《中國藏黑水城漢文文獻》中原始編號為84H・F62: W9/0877，出版編號為M1・1959，收於第十冊《其他文書下》第2159頁，擬題為《文書殘件》，並記其尺寸為7.4cm×6cm。《黑城出土文書（漢文文書卷）》一書未收。文書現存文字4行，前後均缺。按，本號文書與同頁M1・1958［84H・F62: W8/0876］號文書字跡一致，編號相連，應為同件文書。文書擬題依綴合後所定。

錄文標點：

（前缺）
1. 或□☐☐☐☐
2. 道☐☐☐☐
3. 刘☐☐☐☐
4. 物☐☐☐☐

（後缺）

142. 元文書殘片

題解：

本件《中國藏黑水城漢文文獻》中原始編號為84H・F62: W15/0883，出版編號為M1·1960，收於第十冊《其他文書下》第2159頁，擬題為《不顏息都魯》，並記其尺寸為25.7cm×8.2cm。文書右側存文字1行，左側大片留白。

錄文標點：

   （前缺）

1. ☐不顏忽都魯☐

   （後缺）

143. 元文書殘片

題解：

本件《中國藏黑水城漢文文獻》中原始編號為84H·F64：W4/0901，出版編號為M1·1961，收於第十冊《其他文書下》第2160頁，擬題為《文書殘件》，並記其尺寸為12.2cm×20.7cm。《黑城出土文書（漢文文書卷）》一書未收。文書共兩件殘片，各存文字4行，均前後缺。

錄文標點：

（一）

   （前缺）

1. ☐六月初五日为始☐
2. ☐□□□索人戶脫☐
3. ☐一日囬還具□☐
4. ☐府照詳☐

   （後缺）

（二）

   （前缺）

1. ☐前去馬
2. ☐恐馬□□□□
3. ☐
4. ☐□如

   （後缺）

整理編　第十冊　1771

144. 元地土文書殘片

題解：

本件《中國藏黑水城漢文文獻》中原始編號為84H・F68：W3/0909，出版編號為M1・1962，收於第十冊《其他文書下》第2160頁，擬題為《文書殘件》，並記其尺寸為4.9cm×13.2cm。《黑城出土文書（漢文文書卷）》一書未收。文書共兩件殘片，各存文字1行。

錄文標點：

（一）

（前缺）

1. ▢□□廿一日□▢

（後缺）

（二）

（前缺）

1. ▢田地弍頃▢

（後缺）

145. 元文書殘片

題解：

本件《中國藏黑水城漢文文獻》中原始編號為84HF79C，出版編號為M1・1963，收於第十冊《其他文書下》第2160頁，擬題為《文書殘件》，並記其尺寸為6cm×8.5cm。《黑城出土文書（漢文文書卷）》一書未收。文書原存文字2行，第1行被塗抹。

錄文標點：

（前缺）

1. ▢原諸処立□▢①

（後缺）

---

① 此行文字前原有一行文字，後塗抹，現徑改。

1772 中國藏黑水城漢文文獻的整理與研究

146. 元抄本佛典殘片

題解：

本件《中國藏黑水城漢文文獻》中原始編號為 F79：W14，出版編號為 M1·1964，收於第十冊《其他文書下》第 2161 頁，擬題為《文書殘件》，並記其尺寸為 13.5cm×18.2cm。《黑城出土文書（漢文文書卷）》一書未收。文書共四件殘片，從內容來看，本文書應為佛教典籍，疑出自《慈悲道場懺悔法》。

錄文標點：

（一）

（前缺）

1. □□清淨□□□
2. □□無有是處□

（後缺）

（二）

（前缺）

1. □□自慶
2. □□略□
3. □□慶則□
4. □□慶□

（後缺）

（三）

（前缺）

1. □□□第十三各□□
2. □□□梵王□□□
3. □□□□□

（後缺）

（四）

（前缺）

1. □□□自慶今宣□□

2. ☐鬼三☐☐☐
　　（後缺）

147. 元文書殘片

題解：

本件《中國藏黑水城漢文文獻》中原始編號為84H·F79：W24/0959，出版編號為M1·1965，收於第十冊《其他文書下》第2162頁，擬題為《文書殘件》，並記其尺寸為3.5cm×11.2cm。《黑城出土文書（漢文文書卷）》一書未收。文書現存文字1行，前後均缺。

錄文標點：

　　（前缺）
1. ☐☐☐☐☐☐是实☐☐
　　（後缺）

148. 元文書殘片

題解：

本件《中國藏黑水城漢文文獻》中原始編號為84H·F79：W29/0964，出版編號為M1·1966，收於第十冊《其他文書下》第2162頁，擬題為《文書殘件》，並記其尺寸為9cm×15.5cm。《黑城出土文書（漢文文書卷）》一書未收。文書現存文字2行，前後均缺。

錄文標點：

　　（前缺）
1. ☐☐☐此乃人
2. ☐☐☐福也
　　（後缺）

149. 元月魯不花文書殘片

題解：

本件《中國藏黑水城漢文文獻》中原始編號為83H·F2：W40/0107，出版編號為M1·1967，收於第十冊《其他文書下》第2162頁，擬題為《文書殘件》，

1774 中國藏黑水城漢文文獻的整理與研究

並記其尺寸為7.9cm×18.8cm。《黑城出土文書（漢文文書卷）》一書未收。文書現存文字2行，前後均缺，圖版倒置。

錄文標點：

（前缺）

1. ▨□

2. 　　　月魯不花（簽押）

（後缺）

150. 元文書殘片

題解：

本件《中國藏黑水城漢文文獻》中原始編號為84H·F79：W30/0965，出版編號為M1·1968，收於第十冊《其他文書下》第2163頁，擬題為《文書殘件》，並記其尺寸為12cm×30cm。《黑城出土文書（漢文文書卷）》一書未收。文書共四件殘片，殘片字跡不一，應非同件文書。其中殘片三為正背雙面書寫，正面現存文字3行，背面圖版《中國藏黑水城漢文文獻》未收錄，從正面所透字跡看，背面現存文字3行。

錄文標點：

（一）

（前缺）

1. ▨□管僧人見在□□▨

2. ▨面□▨

（後缺）

（二）

（前缺）

1. ▨樂種田▨

（後缺）

（三）

正：

（前缺）

1. 茲今□▭
2. □因□▭
3. □□□▭
  （後缺）

背：
  （前缺）
1. ▭
2. 日▭
3. ▭

（四）
  （前缺）
1. ▭文富
2. ▭人等
  （後缺）

151. 元治中追封文書殘片

題解：

本件《中國藏黑水城漢文文獻》中原始編號為84H・F80：W8/1037，出版編號為M1・1969，收於第十冊《其他文書下》第2163頁，擬題為《畫押等文書殘件》，並記其尺寸為8.6cm×29.3cm。《黑城出土文書（漢文文書卷）》一書未收。文書共兩件殘片，殘片一現存文字1行，殘片二現存文字2行。

錄文標點：

（一）
  （前缺）
1. ▭□府治中追封平涼
  （後缺）

（二）
  （前缺）

1. ☐☐☐☐☐☐☐|吏|張　吉恭（簽押）
2. 　　□|控|案牘田　☐

（後缺）

152. 元文書殘片

題解：

本件《中國藏黑水城漢文文獻》中原始編號為 F2：W6，出版編號為 M1·1970，收於第十冊《其他文書下》第 2164 頁，擬題為《文書殘件》，並記其尺寸為 7.7cm×8.6cm。《黑城出土文書（漢文文書卷）》一書未收。文書現存文字 2 行，前後均缺。

錄文標點：

（前缺）

1. ☐☐☐☐|軀說稱有|☐☐
2. ☐☐☐☐|公處|☐☐

（後缺）

153. 元文書殘片

題解：

本件《中國藏黑水城漢文文獻》中原始編號為 83H·F2：W24/0091，出版編號為M1·1971，收於第十冊《其他文書下》第 2164 頁，擬題為《文書殘件》，並記其尺寸為 5.8cm×12.4cm。《黑城出土文書（漢文文書卷）》一書未收。文書現存文字 3 行，前後均缺。

錄文標點：

（前缺）

1. ☐☐☐|高麗遼□|☐☐☐☐
2. ☐☐☐|省劄付与廉訪□|☐☐
3. ☐☐☐☐☐☐|□□|☐☐

（後缺）

154. 元文書殘片

題解：

本件《中國藏黑水城漢文文獻》中原始編號為84H·F2：W35/0102，出版編號為M1·1972，收於第十冊《其他文書下》第2164頁，擬題為《文書殘件》，並記其尺寸為8cm×12.6cm。《黑城出土文書（漢文文書卷）》一書未收。文書現存文字2行，前後均缺。

錄文標點：

　　　　（前缺）
1. □□耳立實合留
2. 足兀□□
　　　　（後缺）

155. 元小陳三等文書殘片（一）

題解：

本件《中國藏黑水城漢文文獻》中原始編號為83H·F2：W37/0104，出版編號為M1·1973，收於第十冊《其他文書下》第2165頁，擬題為《文書殘件》，並記其尺寸為2.9cm×22.3cm。《黑城出土文書（漢文文書卷）》一書未收。文書現存文字2行，前後均缺。按，本號文書與同頁M1·1974［83H·F2：W36/0103］號文書字跡相同，編號相連，應為同件文書。文書擬題依綴合後所定。

錄文標點：

　　　　（前缺）
1. ＿＿小陳三□□　　　　□□□□宝
2. ＿＿□惠明□□□□
　　　　（前缺）

156. 元小陳三等文書殘片（二）

題解：

本件《中國藏黑水城漢文文獻》中原始編號為83H·F2：W36/0103，出版

編號為M1·1974，收於第十冊《其他文書下》第2165頁，擬題為《文書殘件》，並記其尺寸為2.7cm×22.8cm。《黑城出土文書（漢文文書卷）》一書未收。文書現存文字2行，前後均缺。按，本號文書與同頁M1·1973［83H·F2：W37/0104］號文書字跡相同，編號相連，應為同件文書。文書擬題依綴合後所定。

錄文標點：

（前缺）

1. 也先一名 什 的　　　王二一名受全
2. 　　□□

（後缺）

157. 元習抄殘片

題解：

本件《中國藏黑水城漢文文獻》中原始編號為83H·F2: W62/0120，出版編號為M1·1975，收於第十冊《其他文書下》第2166頁，擬題為《文書殘件》，並記其尺寸為25.5cm×15.5cm。《黑城出土文書（漢文文書卷）》一書未收。文書現存文字4行，前後均缺。從內容來看，其似為習抄。

錄文標點：

（前缺）

1. 　晴轉
2. 乘　　雲
3. 時来天紫
4. 尊 □時□

（後缺）

158. 元文書殘片

題解：

本件《中國藏黑水城漢文文獻》中原始編號為83H·F4:W5/0137，出版編號為M1·1976，收於第十冊《其他文書下》第2167頁，擬題為《文書殘件》，並記其尺寸為3cm×12.3cm。《黑城出土文書（漢文文書卷）》一書未收。文書現存文字1行，前後均缺。

錄文標點：

（前缺）

1. □□□小人且將

（後缺）

159. 元文書殘片

題解：

本件《中國藏黑水城漢文文獻》中原始編號為83H·F4：W1/0133，出版編號為M1·1977，收於第十冊《其他文書下》第2167頁，擬題為《落款》，並記其尺寸為5.4cm×10.6cm。《黑城出土文書（漢文文書卷）》一書未收。文書現存文字1行，前後均缺。

錄文標點：

（前缺）

1. 右謹具

（後缺）

160. 元文書殘片

題解：

本件《中國藏黑水城漢文文獻》中原始編號為83H·F6：W85/0245，出版編號為M1·1978，收於第十冊《其他文書下》第2167頁，擬題為《文書殘件》，並記其尺寸為5.8cm×8cm。《黑城出土文書（漢文文書卷）》一書未收。文書僅存1字殘痕，似為"五"，也似為"立"，現釋錄為"立"，存疑。

錄文標點：

（前缺）

1. _____立

（後缺）

161. 元文書殘片

題解：

本件《中國藏黑水城漢文文獻》中原始編號為83H・F7：W1/0247＋83H・F7：W1/0248，出版編號為M1・1979，收於第十冊《其他文書下》第2168頁，擬題為《文書殘件》，並記其尺寸為9.6cm×17.3cm。《黑城出土文書（漢文文書卷）》一書未收。文書共兩件殘片，殘片一現存文字2行，殘片二現存文字4行。

錄文標點：

（一）

（前缺）

1. ▯▯▯▯等事廿一日甘當
2. ▯▯▯▯▯□□□□

（後缺）

（二）

（前缺）

1. ▯▯▯▯□扵伊元馿
2. ▯▯▯▯①
3. ▯▯▯▯家因
4. ▯▯▯▯至初

（後缺）

162. 元文書殘片

題解：

本件《中國藏黑水城漢文文獻》中原始編號為83H・F9：W7/0261，出版編號為M1・1980，收於第十冊《其他文書下》第2168頁，擬題為《文書殘件》，並記其尺寸為6.3cm×6.7cm。《黑城出土文書（漢文文書卷）》一書未收。文書現存文字3行，前後均缺。

---

① 此處無文字殘留，但據文書行距推斷，應缺一行文字，現徑補。

錄文標點：

（前缺）
1. 總計☐
2. 壹□兩☐
3. 家用☐

（後缺）

163. 元劉成他當日移関百戶長陳清文書殘片

題解：

本件《中國藏黑水城漢文文獻》中原始編號為83H·F9：W29/0283，出版編號為M1·1981，收於第十冊《其他文書下》第2169頁，擬題為《文書殘件》，並記其尺寸為2.3cm×18.7cm。《黑城出土文書（漢文文書卷）》一書未收。文書現存文字1行，前後均缺。

錄文標點：

（前缺）
1. 刘成他當日移関百戶長陳清

（後缺）

164. 元文書殘片

題解：

本件《中國藏黑水城漢文文獻》中原始編號為83H·F13：W99/0450，出版編號為M1·1982，收於第十冊《其他文書下》第2169頁，擬題為《文書殘件》，並記其尺寸為5.7cm×5.6cm。《黑城出土文書（漢文文書卷）》一書未收。文書現存文字2行，前後均缺。

錄文標點：

（前缺）
1. 旧管正田☐
2. 新収□☐

（後缺）

165. 元文書殘片

題解：

本件《中國藏黑水城漢文文獻》中原始編號為83H·F13：W107/0458，出版編號為M1·1983，收於第十冊《其他文書下》第2169頁，擬題為《文書殘件》，並記其尺寸為2.3cm×18.7cm。《黑城出土文書（漢文文書卷）》一書未收。文書現存文字2行，前後均缺。

錄文標點：

（前缺）

1. ☐☐限 日☐
2. ☐依限☐

（後缺）

166. 元周通文書殘片

題解：

本件《中國藏黑水城漢文文獻》中原始編號為83H·F13：W109/0460，出版編號為M1·1984，收於第十冊《其他文書下》第2170頁，擬題為《文書殘件》，並記其尺寸為5cm×19.7cm。《黑城出土文書（漢文文書卷）》一書未收。文書現存文字1行，前完後缺。

錄文標點：

1. ☐☐☐俉令史周通☐☐

（後缺）

167. 元文書殘片

題解：

本件《中國藏黑水城漢文文獻》中原始編號為83H·F14：W3/0485，出版編號為M1·1985，收於第十冊《其他文書下》第2170頁，擬題為《文書殘件》，並記其尺寸為9cm×15.5cm。《黑城出土文書（漢文文書卷）》一書未收。文書現存文字3行，前後均缺。

錄文標點：

（前缺）

1. ☐☐☐☐☐☐☐☐☐☐☐☐☐☐
2. ☐☐□十一月終，末限十二月終☐
3. ☐☐☐□首領官□

（後缺）

168. 元耳立文書殘片

題解：

本件《中國藏黑水城漢文文獻》中原始編號為84H·F14：W4/0513，編號為M1·1986收於第十冊《其他文書下》第2171頁，擬題為《文書殘件》，並記其尺寸為15.9cm×25.5cm。《黑城出土文書（漢文文書卷）》一書未收。文書共兩件殘片，殘片一現存文字2行，殘片二現存文字6行，均前後缺。

錄文標點：

（一）

（前缺）

1. ☐☐☐☐落卜
2. ☐☐☐□日後

（後缺）

（二）

（前缺）

1. ☐☐☐☐□人初聞說
2. ☐☐☐☐①
3. ☐☐☐☐却說
4. ☐☐☐☐□

---

① 此處無文字殘留，但據文書行距推斷，應缺一行文字，現徑補。

5. ☐☐☐☐☐人耳立將各人放
6. ☐☐☐☐去訖並不①知耳
　　　（後缺）

169. 元文書殘片
題解：
本件《中國藏黑水城漢文文獻》中原始編號為84H·F14：W7/0516，編號為M1·1987，收於第十冊《其他文書下》第2172頁，擬題為《文書殘件》，並記其尺寸為8.5cm×13cm。《黑城出土文書（漢文文書卷）》一書未收。文書共兩件殘片，各存文字2行，均前後缺。

錄文標點：
（一）
　　　（前缺）
1. ☐☐不下佈種☐☐☐☐
2. ☐☐☐☐☐☐☐
　　　（後缺）
（二）
　　　（前缺）
1. ☐☐☐會年☐☐☐
2. ☐☐☐☐☐☐
　　　（後缺）

170. 元文書殘片
題解：
本件《中國藏黑水城漢文文獻》中原始編號為84H·F16：W4/0522，編號為M1·1988收於第十冊《其他文書下》第2172頁，擬題為《文書殘件》，並記其尺寸為13.7cm×31.8cm。《黑城出土文書（漢文文書卷）》一書未收。文書現存

---

① 文書"不"字為後補寫，現徑改。

文字1行。

  錄文標點：

     （前缺）

 1. 議収□▭

     （後缺）

171. 元文書殘片

題解：

  本件《中國藏黑水城漢文文獻》中原始編號為83H·F9：W21/0275，編號為M1·1989收於第十冊《其他文書下》第2173頁，擬題為《文書殘件》，並記其尺寸為20.6cm×10.5cm。《黑城出土文書（漢文文書卷）》一書未收。文書現存文字4行，前後均缺。

  錄文標點：

     （前缺）

 1. 貳 拾 ▭

 2. 買據报 ▭

 3. 當如 ▭

 4. 今用 来 ▭

     （後缺）

172. 元文書殘片

題解：

  本件《中國藏黑水城漢文文獻》中原始編號為84H·F19：W23/0560，編號為M1·1990，收於第十冊《其他文書下》第2173頁，擬題為《文書殘件》，並記其尺寸為10cm×13.2cm。《黑城出土文書（漢文文書卷）》一書未收。文書共兩件殘片，殘片一現存文字3行，殘片二現存文字1行，均前後缺。

  錄文標點：

  （一）

     （前缺）

1. ▢□除|来|▢
2. ▢|五月至|▢
3. ▢|開|□□▢
        （後缺）
（二）
        （前缺）
1. ▢|兒忽堆等|□▢
        （後缺）

173. 元某倉文書殘片

題解：

本件《中國藏黑水城漢文文獻》中原始編號為84H・F19：W24/0561，編號為M1・1991，收於第十冊《其他文書下》第2173頁，擬題為《文書殘件》，並記其尺寸為12.4cm×9.5cm。《黑城出土文書（漢文文書卷）》一書未收。文書現存文字1行。

錄文標點：

        （前缺）
1. 開除本倉|賣||粮|▢
        （後缺）

174. 元文書殘片

題解：

本件《中國藏黑水城漢文文獻》中原始編號為84H・F19：W25/0562，編號為M1・1992，收於第十冊《其他文書下》第2174頁，擬題為《文書殘件》，並記其尺寸為4.4cm×23.4cm。《黑城出土文書（漢文文書卷）》一書未收。文書現存文字2行，前後均缺。

錄文標點：

        （前缺）

1. ☐☐☐☐☐不要負心力
2. 与廝兒安排後来不負工力
   （後缺）

175. 元也先帖木等文書殘片

題解：

本件《中國藏黑水城漢文文獻》中原始編號為 84H・F19：W29/0566，編號為M1・1993，收於第十冊《其他文書下》第 2174 頁，擬題為《也先帖木等人》，並記其尺寸為 5.2cm×25.6cm。《黑城出土文書（漢文文書卷）》一書未收。文書共兩件殘片，各存文字 1 行。

錄文標點：

（一）
   （前缺）
1. ☐☐☐☐取訖也先帖木等各人☐☐☐☐
   （後缺）

（二）
   （前缺）
1. ☐☐☐☐☐拾疋
   （後缺）

176. 元文書殘片

題解：

本件《中國藏黑水城漢文文獻》中原始編號為 84H・F19：W39/0576，出版編號為M1・1994，收於第十冊《其他文書下》第 2175 頁，擬題為《文書殘件》，並記其尺寸為 5.4cm×13.8cm。《黑城出土文書（漢文文書卷）》一書未收。文書現存文字 2 行，前後均缺。

錄文標點：

   （前缺）
1. ☐☐☐年正月☐二月終曆☐☐

2. ☐☐☐☐☐☐外巡☐☐
　　　（後缺）

177. 元文書殘片

題解：

本件《中國藏黑水城漢文文獻》中原始編號為84H·F19：W42/0579，出版編號為M1·1995，收於第十冊《其他文書下》第2175頁，擬題為《文書殘件》，並記其尺寸為8.7cm×10cm。《黑城出土文書（漢文文書卷）》一書未收。文書現存文字2行，前後均缺。

錄文標點：

　　（前缺）
1. ☐☐☐☐使外有☐☐☐☐
2. ☐☐☐☐☐定孝子☐☐☐
　　（後缺）

178. 元文書殘片

題解：

本件《中國藏黑水城漢文文獻》中原始編號為84H·F19：W43/0580，出版編號為M1·1996，收於第十冊《其他文書下》第2176頁，擬題為《文書殘件》，並記其尺寸為12.9cm×25.2cm。《黑城出土文書（漢文文書卷）》一書未收。文書共八件殘片，均為殘屑，其字跡非一，應非同件文書。其中殘片二、三、四、八字跡相同，應為同件文書，從內容來看，其與投稅有關；殘片七應為單獨一件文書；殘片一、五、六所存字跡較少，無法判定。

錄文標點：

（一）
　　（前缺）
1. ☐☐☐☐☐☐☐
　　（後缺）

(二)

　　　　　(前缺)

1. ▨□件□

　　　　　(後缺)

(三)

　　　　　(前缺)

1. ▨拾伍□

2. ▨火赤屈□

　　　　　(後缺)

(四)

　　　　　(前缺)

1. ▨□□

2. ▨处投稅□

3. ▨弍石弍

　　　　　(後缺)

(五)

　　　　　(前缺)

1. ▨□

2. ▨□校①

　　　　　(後缺)

(六)

　　　　　(前缺)

1. ▨(簽押)

　　　　　(後缺)

(七)

　　　　　(前缺)

1. ▨□户計▨

---

① 此件殘片左、下單欄。

1790　中國藏黑水城漢文文獻的整理與研究

　　　　　（後缺）
（八）
　　　　　（前缺）
1.　▢狗兒▢
2.　▢到官▢
　　　　　（後缺）

179. 元取狀殘片

題解：

本件《中國藏黑水城漢文文獻》中原始編號為84H·F19：W46/0583，出版編號為M1·1997，收於第十冊《其他文書下》第2177頁，擬題為《文書殘件》，並記其尺寸為8.2cm×9.5cm。《黑城出土文書（漢文文書卷）》一書未收。文書現存文字1行，前後均缺。

錄文標點：

　　　　　（前缺）
1.　▢年六月　日取狀
　　　　　（後缺）

180. 元亦集乃路總管府放支文書殘片

題解：

本件《中國藏黑水城漢文文獻》中原始編號為84H·F19：W52/0589，出版編號為M1·1998，收於第十冊《其他文書下》第2178頁，擬題為《文書殘件》，並記其尺寸為12.2cm×24.8cm。《黑城出土文書（漢文文書卷）》一書未收。文書共五件殘片，均為殘屑。

錄文標點：

（一）
　　　　　（前缺）
1.　▢承▢
　　　　　（後缺）

（二）

　　　　（前缺）

1. ▢▢捌▢▢

　　　　（後缺）

（三）

　　　　（前缺）

1. ▢▢令▢▢

2. ▢▢▢▢

　　　　（後缺）

（四）

　　　　（前缺）

1. ▢▢放支了當▢▢

2. ▢▢▢▢

　　　　（後缺）

（五）

　　　　（前缺）

1. ▢▢▢旨裏，亦集乃路▢▢

　　　　（後缺）

181. 元文書殘片

題解：

本件《中國藏黑水城漢文文獻》中原始編號為F19：W59，出版編號為M1·1999，收於第十冊《其他文書下》第2179頁，擬題為《文書殘件》，並記其尺寸為3.1cm×7.4cm。《黑城出土文書（漢文文書卷）》一書未收。文書似為墨戳刻印文字，文字漫漶不清，無法釋讀。

錄文標點：

（略）

182. 元動支官錢文書殘片

題解：

本件《中國藏黑水城漢文文獻》中原始編號為84H・F19：W60/0597，出版編號為M1・2000，收於第十冊《其他文書下》第2179頁，擬題為《文書殘件》，並記其尺寸為5.8cm×23.8cm。《黑城出土文書（漢文文書卷）》一書未收。文書共兩件殘片，殘片一現存文字2行，殘片二現存文字1行，均前後缺。

錄文標點：

（一）

（前缺）

1. 官前来，仰□□□
2. 依上照依彼中時□

（後缺）

（二）

（前缺）

1. □□動支官錢□

（後缺）

183. 元文書殘片

題解：

本件《中國藏黑水城漢文文獻》中原始編號為84H・F19：W63/0600，出版編號為M1・2001，收於第十冊《其他文書下》第2180頁，擬題為《文書殘件》，並記其尺寸為7.3cm×17.6cm。《黑城出土文書（漢文文書卷）》一書未收。文書現存文字2行，前後均缺。

錄文標點：

（前缺）

1. □□今月日不等
2. □□□路府州縣急闕□□

（後缺）

184. 元文書殘片

題解：

本件《中國藏黑水城漢文文獻》中原始編號為84H·F36：W3/0762，出版編號為M1·2002，收於第十冊《其他文書下》第2180頁，擬題為《文書殘件》，並記其尺寸為8cm×13cm。《黑城出土文書（漢文文書卷）》一書未收。文書現存文字4行，前後均缺。

錄文標點：

(前缺)

1. □□
2. 恕□
3. 訖本□
4. 正月

(後缺)

185. 元速丁狀殘片

題解：

本件《中國藏黑水城漢文文獻》中原始編號為84H·F20：W33/0682，出版編號為M1·2003，收於第十冊《其他文書下》第2181頁，擬題為《文書殘件》，並記其尺寸為25.5cm×18.6cm。《黑城出土文書（漢文文書卷）》一書未收。文書共四件殘片，各存文字1—2行。

錄文標點：

(一)

(前缺)

1. 　　□係麼糸以
2. 　　□兒兀□

(後缺)

(二)

(前缺)

1794 中國藏黑水城漢文文獻的整理與研究

1. ☐☐在外打兌☐☐
2. ☐☐□今□☐☐☐
　　　（後缺）

（三）
　　　（前缺）
1. 右
　　　（後缺）

（四）
　　　（前缺）
1. ☐☐☐☐速丁（簽押）狀

186. 元文書殘片

題解：

本件《中國藏黑水城漢文文獻》中原始編號為84H・F20：W37/0686，出版編號為M1・2004，收於第十冊《其他文書下》第2182頁，擬題為《文書殘件》，並記其尺寸為6.3cm×20.4cm。《黑城出土文書（漢文文書卷）》一書未收。文書現存文字2行，前後均缺。

錄文標點：

　　　（前缺）
1. ☐☐☐☐伏是實☐☐☐
2. 前件議得亦□□☐☐☐☐
　　　（後缺）

187. 元小麥文書殘片

題解：

本件《中國藏黑水城漢文文獻》中原始編號為84H・F20：W44/0693，出版編號為M1・2005，收於第十冊《其他文書下》第2182頁，擬題為《文書殘件》，並記其尺寸為8cm×10.4cm。《黑城出土文書（漢文文書卷）》一書未收。文書現存文字3行，前後均缺。

錄文標點：

（前缺）

1. 唆伯朵住人西□☐☐☐☐
2. 　小麦一斗☐☐☐☐
3. □□□　　　　　　①

（後缺）

188. 元放支文書殘片

題解：

本件《中國藏黑水城漢文文獻》中原始編號為84H·F21：W14/0731，出版編號為M1·2006，收於第十冊《其他文書下》第2183頁，擬題為《文書殘件》，並記其尺寸為15cm×24.4cm。《黑城出土文書（漢文文書卷）》一書未收。文書共六件殘片，其中殘片三現存2行蒙古文。

錄文標點：

（一）

（前缺）

1. ☐☐比對元發☐☐☐
2. ☐☐領☐☐

（後缺）

（二）

（前缺）

1. ☐☐揔計☐☐

（後缺）

（三）

（2行蒙古文）

（四）

（前缺）

---

① 此3行文字均被墨筆圈畫。

1. ☐☐☐仰 照☐☐☐
2. ☐☐責 領 放 支☐☐

   （後缺）

（五）

   （前缺）

1. ☐☐十二日☐☐☐

   （後缺）

（六）

   （前缺）

1. ☐ 収一十兩☐☐

   （後缺）

189. 元文書殘片

題解：

  本件《中國藏黑水城漢文文獻》中原始編號為84H·F21：W16/0733，出版編號為M1·2007，收於第十冊《其他文書下》第2184頁，擬題為《文書殘件》，並記其尺寸為4cm×7.7cm。《黑城出土文書（漢文文書卷）》一書未收。文書現存文字1行，圖版倒置。

錄文標點：

   （前缺）

1. ☐☐☐內☐四 疋 已☐☐

   （後缺）

190. 元文書殘片

題解：

  本件《中國藏黑水城漢文文獻》中原始編號為84H·F21：W21/0738，出版編號為M1·2008，收於第十冊《其他文書下》第2184頁，擬題為《畫押等文書殘件》，並記其尺寸為17.4cm×14.5cm。《黑城出土文書（漢文文書卷）》一書未收。文書共兩件殘片，殘片一僅存一簽押，殘片二現存文字 1 行，前後均缺。

錄文標點：

（一）

（前缺）

1. ☐（簽押）

（後缺）

（二）

（前缺）

1. 享之是以☐

（後缺）

191. 元玉卜倉糧食文書殘片

題解：

本件《中國藏黑水城漢文文獻》中原始編號為 84H·F29：W3/0759，出版編號為 M1·2009，收於第十冊《其他文書下》第 2185 頁，擬題為《文書殘件》，並記其尺寸為 26.3cm×13cm。《黑城出土文書（漢文文書卷）》一書未收。文書共兩件殘片，殘片一現存文字 1 行，殘片二現存文字 6 行，均前後缺。

錄文標點：

（一）

（前缺）

1. ☐官今請玉卜倉☐

（後缺）

（二）

（前缺）

1. ☐人每的雜色大☐
2. ☐人家口的粮☐
3. ☐□的人似這般躰☐
4. ☐每根底要罪☐
5. ☐

1798　中國藏黑水城漢文文獻的整理與研究

6. ☐☐☐☐☐週☐☐☐☐☐☐☐☐
　　　　　（後缺）

192. 元文書殘片

題解：

本件《中國藏黑水城漢文文獻》中原始編號為84H・F41：W4/0775，出版編號為M1・2010，收於第十冊《其他文書下》第2185頁，擬題為《文書殘件》，並記其尺寸為18cm×15.3cm。《黑城出土文書（漢文文書卷）》一書未收。文書共兩件殘片，殘片一現存文字1行，殘片二現存文字2行，均前後缺。

錄文標點：

（一）
　　　　（前缺）
1.　　怯列☐☐☐☐☐☐
　　　　（後缺）

（二）
　　　　（前缺）
1.　☐的干☐☐☐☐☐☐
2. 倉院 官 司 ☐☐☐☐☐
　　　　（後缺）

193. 元文書殘片

題解：

本件《中國藏黑水城漢文文獻》中原始編號為84H・F43：W4/0794，出版編號為M1・2011，收於第十冊《其他文書下》第2186頁，擬題為《文書殘件》，並記其尺寸為8.3cm×23.6cm。《黑城出土文書（漢文文書卷）》一書未收。文書共三件殘片，均為殘屑。

錄文標點：

（一）
1. 皇帝 聖 ☐☐☐☐☐

2. 中 書□□

3. 將□□□

  （後缺）

（二）

  （前缺）

1. □□□□

2. □主□□

3. □□豆□

4. □□□□

  （後缺）

（三）

  （前缺）

1. □□□總管府

  （後缺）

194. 元文書殘片

題解：

本件《中國藏黑水城漢文文獻》中原始編號為84H·F43：W3/0793，出版編號為M1·2012，收於第十冊《其他文書下》第2186頁，擬題為《文書殘件》，並記其尺寸為7.4cm×21.9cm。《黑城出土文書（漢文文書卷）》一書未收。文書共兩件殘片，殘片一現存文字1行，殘片二現存文字4行，均前後缺。

錄文標點：

（一）

  （前缺）

1. □□寧即居□□

  （後缺）

（二）

  （前缺）

1800 中國藏黑水城漢文文獻的整理與研究

1. ☐□元病伏恐☐
2. ☐替鈔定□
3. ☐□
4. ☐☐□□☐
　　（後缺）

195. 元馳隻文書殘片

題解：

本件《中國藏黑水城漢文文獻》中原始編號為84H·F50：W2/0823，出版編號為M1·2013，收於第十冊《其他文書下》第2187頁，擬題為《文書殘件》，並記其尺寸為10.9cm×11.6cm。《黑城出土文書（漢文文書卷）》一書未收。文書現存文字4行，前後均缺。

錄文標點：

　　（前缺）
1. ☐□黃母馳一隻□☐
2. ☐索一條將四□☐
3. ☐□□脫□☐
4. ☐□元柴☐
　　（後缺）

196. 元文書殘片

題解：

本件《中國藏黑水城漢文文獻》中原始編號為84H·F217：W3/2417，出版編號為M1·2014，收於第十冊《其他文書下》第2187頁，擬題為《文書殘件》，並記其尺寸為5.8cm×8.7cm。《黑城出土文書（漢文文書卷）》一書未收。文書現存文字3行，前後均缺。

錄文標點：

　　（前缺）

1. 与□諱□鎖□拷□
2. 逐賀□
3. □□

　　　（後缺）

197. 元文書殘片

題解：

本件《中國藏黑水城漢文文獻》中原始編號為84H·F224：W19/2441，出版編號為M1·2015，收於第十冊《其他文書下》第2187頁，擬題為《文書殘件》，並記其尺寸為5.2cm×21.5cm。《黑城出土文書（漢文文書卷）》一書未收。文書共兩件殘片，字跡非一，應非同件文書。其中殘片一現存文字3行，殘片二現存文字2行。

錄文標點：

（一）

　　　　（前缺）
1. □□□
2. □□抄之數□

　　　　（後缺）

（二）

　　　　（前缺）
1. 　至正十三年□
2. 　□訖□

　　　　（後缺）

198. 元某司批文殘片

題解：

本件《中國藏黑水城漢文文獻》中原始編號為84H·F224：W20/2442，出版編號為M1·2016，收於第十冊《其他文書下》第2188頁，擬題為《文書殘件》，

2. ☐☐☐☐☐自不尊奚呈索☐四
3. ☐☐☐☐☐二个月☐☐☐

201. 元文書殘片

題解：

本件《中國藏黑水城漢文文獻》中原始編號為84HF135，出版編號為M1·2019，收於第十冊《其他文書下》第2189頁，擬題為《文書殘件》，並記其尺寸為5.4cm×11.6cm。《黑城出土文書（漢文文書卷）》一書未收。文書現存文字1行，前後均缺。

錄文標點：

（前缺）
1. ☐☐☐☐☐☐書吏☐☐☐
（後缺）

202. 元文書殘片

題解：

本件《中國藏黑水城漢文文獻》中原始編號為84H·F224:W23/2445，出版編號為M1·2020，收於第十冊《其他文書下》第2189頁，擬題為《文書殘件》，並記其尺寸為8.5cm×23cm。《黑城出土文書（漢文文書卷）》一書未收。文書共兩件殘片，各存文字3行，字跡非一，應非同件文書。從內容來看，殘片一應為公文殘片，殘片二應為書信殘片。

錄文標點：

（一）

（前缺）
1. 刺沙 除 例 ☐
2. 八月初二日巳时①得，今去☐☐☐
3. ☐☐☐☐☐☐☐☐☐

---

① "巳时"兩字為右行補入，現徑改。

（後缺）

（二）

　　　　　（前缺）

1. ☐☐☐☐☐
2. ☐☐因迴 片 ☐
3. ☐☐　不宣☐

　　　　　（後缺）

203. 元書信殘片

題解：

本件《中國藏黑水城漢文文獻》中原始編號為 F212：W1，出版編號為 M1・2021，收於第十冊《其他文書下》第 2190 頁，擬題為《文書殘件》，並記其尺寸為 18.8cm×20cm。《黑城出土文書（漢文文書卷）》一書未收。文書現存文字 3 行，前後均缺。從內容來看，其似為書信殘片。

錄文標點：

　　　　　（前缺）

1. 　　　弟　之
2. ☐☐☐齊☐過☐吕馹二①身☐
3. 　　　子

　　　　　（後缺）

204. 元文書殘片

題解：

本件《中國藏黑水城漢文文獻》中原始編號為 84HF135 坑內 H，出版編號為 M1・2022，收於第十冊《其他文書下》第 2191 頁，擬題為《文書殘件》，並記其尺寸為 5.8cm×3.8cm。《黑城出土文書（漢文文書卷）》一書未收。文書現存文字 1 行，前後均缺。

---

① "二"字前原衍一字，後塗抹，現徑改。

錄文標點：

（前缺）

1. ▭台

（後缺）

205. 元文書殘片

題解：

本件《中國藏黑水城漢文文獻》中原始編號為84HF135 坑內 I，出版編號為M1・2023，收於第十冊《其他文書下》第2191頁，擬題為《文書殘件》，並記其尺寸為4cm×12.5cm。《黑城出土文書（漢文文書卷）》一書未收。文書現存文字1行，前後均缺。

錄文標點：

（前缺）

1. 致□□▭

（後缺）

206. 元文書殘片

題解：

本件《中國藏黑水城漢文文獻》中原始編號為84H・F135：W64/2015，出版編號為M1・2024，收於第十冊《其他文書下》第2192頁，擬題為《文書殘件》，並記其尺寸為7.8cm×31.4cm。《黑城出土文書（漢文文書卷）》一書未收。文書原存6行，但第2—4行文字被塗抹，現存文字3行。

錄文標點：

（前缺）

1. 廿四
2. ▭□元年十月廿日斤承息□▭ ①
3. ▭□□▭

---

① 此行文字前原有3行文字，後塗抹，現徑改。

（後缺）

207. 元文書殘片

題解：

本件《中國藏黑水城漢文文獻》中原始編號為84H·F144：W8/2041，出版編號為M1·2025，收於第十冊《其他文書下》第2192頁，擬題為《文書殘件》，並記其尺寸為5cm×20.2cm。《黑城出土文書（漢文文書卷）》一書未收。文書現存文字3行，前後均缺。

錄文標點：

（前缺）

1. ☐☐取有☐☐☐來☐☐☐☐具☐☐☐
2. ☐☐☐☐得此
3. ☐☐☐☐☐☐☐☐那等朵向吏朵☐真古☐☐☐

（後缺）

208. 元文書殘片

題解：

本件《中國藏黑水城漢文文獻》中原始編號為84H·F144：W14/2047，出版編號為M1·2026，收於第十冊《其他文書下》第2193頁，擬題為《文書殘件》，並記其尺寸為11cm×13.4cm。《黑城出土文書（漢文文書卷）》一書未收。文書共兩件殘片，各存文字2行。

錄文標點：

（一）

（前缺）

1. ☐☐☐☐☐☐☐
2. ☐☐也面闊不☐☐☐①

（後缺）

---

① 此行文字前有墨筆勾畫痕跡。

（二）
　　　　　（前缺）
1. ▢▢▢▢▢
2. ▢三日▢▢▢▢①
　　　　　（後缺）

209. 元文書殘片

題解：

本件《中國藏黑水城漢文文獻》中原始編號為 F144：W12，出版編號為M1·2027，收於第十冊《其他文書下》第2193頁，擬題為《文書殘件》，並記其尺寸為 7cm×15.5cm。《黑城出土文書（漢文文書卷）》一書未收。文書共兩件殘片，殘片一現存文字2行，殘片二現存文字3行。

錄文標點：

（一）
　　　　　（前缺）
1. ▢▢▢▢▢
2. ▢問得▢▢
　　　　　（後缺）

（二）
　　　　　（前缺）
1. ▢▢▢不▢▢
2. ▢▢安內懷②
3. ▢坐▢▢▢
　　　　　（後缺）

210. 元書信殘片

題解：

本件《中國藏黑水城漢文文獻》中原始編號為 84H·F144：W19/2052，出版

---

① 此行文字前有墨筆勾畫痕跡。
② "懷"字書寫原誤，塗抹後於右行改寫，現逕改。

編號為M1·2028，收於第十冊《其他文書下》第2194頁，擬題為《文書殘件》，並記其尺寸為19.8cm×30.5cm。《黑城出土文書（漢文文書卷）》一書未收。文書共四件殘片，各存文字1—3行。從內容來看，其似為書信殘片。

錄文標點：

（一）

　　　　　　（前缺）

1.　□□□□□□□□□
2.　赤真布□□□□□□

　　　　　　（後缺）

（二）

　　　　　　（前缺）

1.　　　□沙卜丁啓□
2.　　　李知事①　　□再開赴

　　　　　　（後缺）

（三）

　　　　　　（前缺）

1.　　　　□沙卜丁啓

　　　　　　（後缺）

（四）

　　　　　　（前缺）

1.　　　　　□
2.　　　　□忙中
3.　　　相會

　　　　　　（後缺）

211. 元達魯花赤文書殘片

題解：

本件《中國藏黑水城漢文文獻》中原始編號為84H·F146: W11/2067，出版

---

① "李知事"等字為右行補入，現徑改。

編號為M1·2029，收於第十冊《其他文書下》第2195頁，擬題為《文書殘件》，並記其尺寸為6.4cm×12.4cm。《黑城出土文書（漢文文書卷）》一書未收。文書現存文字2行，前後均缺。從內容來看，其應為達魯花赤文書殘片。

錄文標點：

（前缺）

1. ☐☐花赤奧☐☐☐
2. ☐☐官乞☐☐☐☐

（後缺）

212. 元書信殘片

題解：

本件《中國藏黑水城漢文文獻》中原始編號為84H·F146：W19/2075，出版編號為M1·2030，收於第十冊《其他文書下》第2195頁，擬題為《文書殘件》，並記其尺寸為9.5cm×19cm。《黑城出土文書（漢文文書卷）》一書未收。文書現存文字2行，有雙行小字。從內容來看，其應為書信殘片。

錄文標點：

（前缺）

1.　　　　不肖廿一坐遂☐☐
2. 椽☐仁兄 彦明錢子实☐☐☐☐☐☐
　　　　　國用張　父君☐☐　座前

（後缺）

213. 元文書殘片

題解：

本件《中國藏黑水城漢文文獻》中原始編號為84H·F146：W12/2068，出版編號為M1·2031，收於第十冊《其他文書下》第2196頁，擬題為《文書殘件》，並記其尺寸為10.5cm×26.8cm。《黑城出土文書（漢文文書卷）》一書未收。文書共兩件殘片，殘片一現存文字3行，殘片二現存文字1行，均前後缺。

錄文標點：

（一）

（前缺）

1. ☐☐☐☐☐☐
2. ☐府回市招欄☐
3. ☐☐乞照驗☐☐

（後缺）

（二）

（前缺）

1. ☐☐☐輕軟☐

（後缺）

214. 元文書殘片

題解：

本件《中國藏黑水城漢文文獻》中原始編號為84H・F146：W15/2071，出版編號為M1・2032，收於第十冊《其他文書下》第2196頁，擬題為《文書殘件》，並記其尺寸為5cm×4cm。《黑城出土文書（漢文文書卷）》一書未收。文書現存文字2行，前後均缺。

錄文標點：

（前缺）

1. ☐☐☐
2. ☐馳扵彼☐

（後缺）

215. 元文書殘片

題解：

本件《中國藏黑水城漢文文獻》中原始編號為84H・F148：W2/2090，出版編號為M1・2033，收於第十冊《其他文書下》第2196頁，擬題為《文書殘件》，並記其尺寸為6.4cm×13.7cm。《黑城出土文書（漢文文書卷）》一書未收。文書現存文字1行，前後均缺。

1812 中國藏黑水城漢文文獻的整理與研究

錄文標點：
（前缺）
1. ☐☐☐刺直兒
（後缺）

216. 元文書殘片（一）
題解：
本件《中國藏黑水城漢文文獻》中原始編號為84H・F150：W6/2097，出版編號為M1・2034，收於第十冊《其他文書下》第2197頁，擬題為《文書殘件》，並記其尺寸為7.7cm×29.3cm。《黑城出土文書（漢文文書卷）》一書未收。文書共三件殘片，均為殘屑，其中殘片三《中國藏黑水城漢文文獻》一書編者倒置。按，本號文書與同頁M1・2035〔84H・F150：W9/2048〕號文書字跡相同，似為同件文書殘件。文書擬題依綴合後所定。

錄文標點：
（一）
（前缺）
1. ☐☐☐☐☐氣
（後缺）
（二）
（前缺）
1. ☐☐☐也☐☐☐
（後缺）
（三）
（前缺）
1. 對事箏☐☐☐☐☐
2. ☐大☐☐☐☐
（後缺）

217. 元文書殘片（二）
題解：
本件《中國藏黑水城漢文文獻》中原始編號為84H・F150：W9/2048，出版編號爲M1·2035，收於第十冊《其他文書下》第2197頁，擬題爲《文書殘件》，並記其尺寸爲8.3cm×25.8cm。《黑城出土文書（漢文文書卷）》一書未收。文書共兩件殘片，殘片一現存文字2行，殘片二現存文字3行，均前後缺。按，本號文書與同頁M1·2034［84H·F150：W6/2097］號文書字跡相同，似爲同件文書殘件。文書擬題依綴合後所定。

錄文標點：

（一）

（前缺）

1. ▭□也□▭
2. ▭□者□▭

（後缺）

（二）

（前缺）

1. ▭□□分▭
2. ▭弓身□□錢服□▭
3. ▭白□□▭

（後缺）

218. 元文書殘片

題解：

本件《中國藏黑水城漢文文獻》中原始編號爲84H·F155：W10/2112，出版編號爲M1·2036，收於第十冊《其他文書下》第2198頁，擬題爲《文書殘件》，並記其尺寸爲26.7cm×15.3cm。《黑城出土文書（漢文文書卷）》一書未收。文書共三件殘片，文字漫漶，不易釋讀。

錄文標點：

（一）

（前缺）

1. ▭□東関住人□□▭
2. ▭□□花廿□▭

1814 中國藏黑水城漢文文獻的整理與研究

3. ☐次女☐
4. ☐供人☐
5. ☐☐☐☐
　　　（後缺）

（二）
　　　（前缺）
1. ☐枉你說☐
2. ☐☐☐☐☐
　　　（後缺）

（三）
　　　（前缺）
1. ☐☐三姐家☐☐
2. ☐☐故☐☐
　　　（後缺）

219. 元文書殘片

題解：

本件《中國藏黑水城漢文文獻》中原始編號為84H·F155：W19/2121，出版編號為M1·2037，收於第十冊《其他文書下》第2199頁，擬題為《文書殘件》，並記其尺寸為17cm×15.8cm。《黑城出土文書（漢文文書卷）》一書未收。文書共三件殘片，殘片一現存文字2行，殘片二現存文字1行，殘片三現存文字5行。

錄文標點：

（一）
　　　（前缺）
1. ☐客☐☐☐☐
2. 人張☐☐☐☐
　　　（後缺）

（二）
　　　（前缺）

1. 不□_____

　　　　（後缺）

（三）

　　　　（前缺）

1. ____□□吉恐
2. ____到來將死
3. ____□死
4. ____□文
5. _____□

　　　　（後缺）

220. 元借麥契殘片

題解：

本件《中國藏黑水城漢文文獻》中原始編號為84H·F166：W14/2141，出版編號為M1·2038，收於第十冊《其他文書下》第2200頁，擬題為《文書殘件》，並記其尺寸為8cm×11cm。《黑城出土文書（漢文文書卷）》一書未收。文書現存文字4行，前後均缺。從內容來看，其應為借麥契約殘片。

錄文標點：

　　　　（前缺）

1. ____□口粮上今□□____
2. ____□上取。本人①自限至____
3. ____見交还，罰麦二斗____
4. ____□□□□保人一____

　　　　（前缺）

221. 元文書殘片

題解：

本件《中國藏黑水城漢文文獻》中原始編號為84H·F193：W7/2241，出版

---

① "人"字為右行補入，現徑改。

1816 中國藏黑水城漢文文獻的整理與研究

編號為M1·2039，收於第十冊《其他文書下》第2200頁，擬題為《文書殘件》，並記其尺寸為9cm×30cm。《黑城出土文書（漢文文書卷）》一書未收。文書共三件殘片，三者字跡均不同，應非同件文書。其中殘片一現存文字1行，殘片二現存文字2行，殘片三現存文字4行。

錄文標點：

（一）

　　　　　（前缺）
1. ▭□□軍▭
　　　　　（後缺）

（二）

　　　　　（前缺）
1. ▭□給據▭
2. ▭□異詞執▭
　　　　　（後缺）

（三）

　　　　　（前缺）
1. ▭□上報▭
2. ▭食恐▭
3. ▭□□
4. ▭切記▭
　　　　　（後缺）

222. 元文書殘片

題解：

本件《中國藏黑水城漢文文獻》中原始編號為84H·F193∶W8/2245，出版編號為M1·2040，收於第十冊《其他文書下》第2201頁，擬題為《文書殘件》，並記其尺寸為7cm×27cm。《黑城出土文書（漢文文書卷）》一書未收。文書共兩件殘片，各存文字3行。兩件殘片字跡非一，應非同件文書。

錄文標點：

（一）

　　　　　（前缺）

1. ☐☐□☐
2. ☐等並无 分 ☐
　　　　　（後缺）

（二）

　　　　　（前缺）

1. 　　□☐
2. 右□□
3. ☐□□
　　　　　（後缺）

223. 元文書殘片

題解：

本件《中國藏黑水城漢文文獻》中原始編號為84HF197B，出版編號為M1·2041，收於第十冊《其他文書下》第2201頁，擬題為《文書殘件》，並記其尺寸為10.6cm×8cm。《黑城出土文書（漢文文書卷）》一書未收。文書現存文字3行，前後均缺。

錄文標點：

　　　　　（前缺）

1. ☐☐□☐
　　　　　（中缺）
2. 　　蒙答失☐
3. ☐者
　　　　　（後缺）

224. 元呈文殘片

題解：

本件《中國藏黑水城漢文文獻》中原始編號為84H·F197：W12/2262，出版

1818　中國藏黑水城漢文文獻的整理與研究

編號為M1·2042，收於第十冊《其他文書下》第2202頁，擬題為《文書殘件》；並記其尺寸為6.5cm×21cm。《黑城出土文書（漢文文書卷）》一書未收。文書共兩件殘片，殘片一有一墨跡，似非文字；殘片二現存文字1行。

　　錄文標點：
　　（一）
　　（無文字殘留）
　　（二）
　　　　　　（前缺）
　　1.　　　　□文明呈
　　　　　　（後缺）

225. 元文書殘片
題解：
本件《中國藏黑水城漢文文獻》中原始編號為84H·F197：W17/2267，出版編號為M1·2043，收於第十冊《其他文書下》第2202頁，擬題為《文書殘件》，並記其尺寸為12.2cm×3.7cm。《黑城出土文書（漢文文書卷）》一書未收。文書共兩件殘片，殘片一現存文字1行，殘片二現存文字2行，均前後缺。

　　錄文標點：
　　（一）
　　　　　　（前缺）
　　1.　　　　大明
　　　　　　（後缺）
　　（二）
　　　　　　（前缺）
　　1.　　　□火 都
　　2.　　　　也 先帖木
　　　　　　（後缺）

226. 元文書殘片
題解：
本件《中國藏黑水城漢文文獻》中原始編號為84H·F209：W17/2315，出版

編號為M1·2044，收於第十冊《其他文書下》第2203頁，擬題為《文書殘件》，並記其尺寸為8.6cm×20cm。《黑城出土文書（漢文文書卷）》一書未收。文書共兩件殘片，各存文字1行。

錄文標點：

（一）

　　　　（前缺）

1.　　　文彬□　□□

　　　　（後缺）

（二）

　　　　（前缺）

1.　□□為台□□□□□

　　　　（後缺）

227. 元文書殘片

題解：

本件《中國藏黑水城漢文文獻》中原始編號為84H·F209∶W19/2317，出版編號為M1·2045，收於第十冊《其他文書下》第2203頁，擬題為《文書殘件》，並記其尺寸為5cm×28.5cm。《黑城出土文書（漢文文書卷）》一書未收。文書現存文字1行，前後均缺。

錄文標點：

　　　　（前缺）

1. 將來了□外，再不知其余事情

　　　　（後缺）

228. 元文書殘片

題解：

本件《中國藏黑水城漢文文獻》中原始編號為84H·F209∶W23/2321，出版編號為M1·2046，收於第十冊《其他文書下》第2204頁，擬題為《文書殘件》，並記其尺寸為9.4cm×18.7cm。《黑城出土文書（漢文文書卷）》一書未收。文書現存文字 2 行，前後均缺。

錄文標點：

（前缺）

1. ☐☐付馬☐☐准此

2. ☐☐ 日

（後缺）

229. 元養老文書殘片

題解：

本件《中國藏黑水城漢文文獻》中原始編號為 84H・F209：W32/2330，出版編號為M1・2047，收於第十冊《其他文書下》第 2204 頁，擬題為《文書殘件》，並記其尺寸為 10cm×29cm。《黑城出土文書（漢文文書卷）》一書未收。文書現存文字 4 行，前後均缺，鈐朱印一枚。

錄文標點：

（前缺）

1. 本路土窑内家居，今他☐[①]
2. 日委是年邁孤独☐☐
3. 捌☐☐
4. ☐

（後缺）

230. 元文書殘片

題解：

本件《中國藏黑水城漢文文獻》中原始編號為 84H・F209：W46/2344，出版編號為M1・2048，收於第十冊《其他文書下》第 2205 頁，擬題為《文書殘件》，並記其尺寸為 7.5cm×20.4cm。《黑城出土文書（漢文文書卷）》一書未收。文書共兩件殘片，殘片一現存文字 2 行，殘片二現存一簽押。

---

① 此行文字鈐朱印一枚。

錄文標點：

（一）

　　　　　（前缺）

1. 林僧

2. 馿人

　　　　　（後缺）

（二）

　　　　　（前缺）

1. ☐☐☐☐（簽押）

　　　　　（後缺）

231. 元肅政廉訪司刷尾殘片

題解：

本件《中國藏黑水城漢文文獻》中原始編號為84H·F209：W49/2347，出版編號為M1·2049，收於第十冊《其他文書下》第2205頁，擬題為《文書殘件》，並記其尺寸為9cm×25.7cm。《黑城出土文書（漢文文書卷）》一書未收。文書現存文字2行，第2行字體大，墨色濃，前後均缺。從內容來看，其應為肅政廉訪司照刷文卷所留。

錄文標點：

　　　　　（前缺）

1. 八紙☐☐☐①正月廿四日已絕☐☐☐☐

2. ☐☐☐日四☐☐☐

　　　　　（後缺）

232. 元呈文殘片

題解：

本件《中國藏黑水城漢文文獻》中原始編號為84H·F210：W14/2399，出版編號為M1·2050，收於第十冊《其他文書下》第2206頁，擬題為《文書殘件》，

---

① 此處文字為左行補入，文字不清。

並記其尺寸為5cm×13cm。《黑城出土文書（漢文文書卷）》一書未收。文書現存文字2行，前後均缺。

錄文標點：

（前缺）

1. ☐☐至呈者
2. ☐☐　　　（簽押）

（後缺）

233. 元文書殘片

題解：

本件《中國藏黑水城漢文文獻》中原始編號為84H·F224：W24，出版編號為M1·2051，收於第十冊《其他文書下》第2206頁，擬題為《文書殘件》，並記其尺寸為5.5cm×14cm。《黑城出土文書（漢文文書卷）》一書未收。文書現存文字2行，前後均缺。

錄文標點：

（前缺）

1. ☐☐總管 驗 ☐自
2. ☐☐理守分却不合听

（後缺）

234. 元文書殘片

題解：

本件《中國藏黑水城漢文文獻》中原始編號為84H·F224：W30/2452，出版編號為M1·2052，收於第十冊《其他文書下》第2207頁，擬題為《文書殘件》，並記其尺寸為7cm×18.5cm。《黑城出土文書（漢文文書卷）》一書未收。文書共兩件殘片，殘片一現存文字2行，殘片二現存文字1行，均前後缺。

錄文標點：

（一）

（前缺）

1. ☐伏取
2. ☐☐☐☐

（後缺）

（二）

（前缺）

1. ☐承負不⸺

（後缺）

235. 元文書殘片

題解：

本件《中國藏黑水城漢文文獻》中原始編號為84H・F224：W36/2458，出版編號為M1・2053，收於第十冊《其他文書下》第2207頁，擬題為《文書殘件》，並記其尺寸為8.7cm×6.2cm。《黑城出土文書（漢文文書卷）》一書未收。文書現存文字4行，前後均缺。

錄文標點：

（前缺）

1. ☐廿日☐
2. ☐家取 給
3. ☐本路公用
4. ☐外官送☐

（後缺）

236. 元文書殘片

題解：

本件《中國藏黑水城漢文文獻》中原始編號為84H・F224：W38/2460，出版編號為M1・2054，收於第十冊《其他文書下》第2208頁，擬題為《文書殘件》，並記其尺寸為11.2cm×20cm。《黑城出土文書（漢文文書卷）》一書未收。文書共三件殘片，殘片一現存文字2行；殘片二現存文字2行，墨色濃淡不勻；殘片三現存1字殘痕，字體大，墨色濃，似為日期殘痕。

1824　中國藏黑水城漢文文獻的整理與研究

錄文標點：

（一）

　　　　　（前缺）

1. ☐☐☐☐☐☐客白髮☐

2. 一引☐☐☐☐☐☐☐地☐☐

　　　　　（後缺）

（二）

　　　　　（前缺）

1. ☐☐☐☐中好

2. ☐☐☐☐☐☐

　　　　　（後缺）

（三）

　　　　　（前缺）

1. 廿☐☐☐

　　　　　（後缺）

237. 元文書殘片

題解：

本件《中國藏黑水城漢文文獻》中原始編號為84H·F249：W4/2567，出版編號為M1·2055，收於第十冊《其他文書下》第2208頁，擬題為《文書殘件》，並記其尺寸為8.8cm×29.8cm。《黑城出土文書（漢文文書卷）》一書未收。文書共三件殘片，殘片一、二各存文字1行，殘片二現存文字4行，均前後缺。

錄文標點：

（一）

　　　　　（前缺）

1. 本路寄☐☐☐☐☐☐☐

　　　　　（後缺）

（二）

　　　　　（前缺）

1. ☐提☐控案牘孔☐☐☐☐☐
   （後缺）
（三）
   （前缺）
1. ☐☐☐☐☐口☐☐
2. ☐☐☐☐買到☐☐
3. ☐☐☐☐造一本☐
4. ☐☐☐☐家信☐☐
   （後缺）

238. 元文書殘片

題解：

本件《中國藏黑水城漢文文獻》中原始編號為84H·F224：W39/2461，出版編號為M1·2056，收於第十冊《其他文書下》第2209頁，擬題為《文書殘件》，並記其尺寸為8cm×17cm。《黑城出土文書（漢文文書卷）》一書未收。文書現存文字3行，前後均缺。

錄文標點：

   （前缺）
1. ☐☐☐☐使作活依☐☐☐☐☐☐☐☐
2. ☐☐☐☐☐口拐帶訖伊使景耳合☐☐☐
3. ☐☐☐☐☐☐☐口黑色騙口☐☐☐☐
   （後缺）

239. 元文書殘片

題解：

本件《中國藏黑水城漢文文獻》中原始編號為84H·F224：W42/2464，出版編號為M1·2057，收於第十冊《其他文書下》第2209頁，擬題為《文書殘件》，並記其尺寸為9.2cm×26.5cm。《黑城出土文書（漢文文書卷）》一書未收。文書

1826　中國藏黑水城漢文文獻的整理與研究

共三件殘片，三者字跡均不同，應非同件文書殘件。

錄文標點：

（一）

　　　　（前缺）

1. ☐☐至☐☐

　　　　（後缺）

（二）

　　　　（前缺）

1. ☐日文☐

　　　　（後缺）

（三）

　　　　（前缺）

1. ☐右朋☐

2. ☐咨發到官☐

3. ☐招伏，如不斷罪☐

　　　　（後缺）

240. 元文書殘片

題解：

本件《中國藏黑水城漢文文獻》中原始編號為84H・F224：W45/2467，出版編號為M1・2058，收於第十冊《其他文書下》第2210頁，擬題為《文書殘件》，並記其尺寸為11.5cm×18cm。《黑城出土文書（漢文文書卷）》一書未收。文書共兩件殘片，各存文字1行，有塗抹痕跡，前後均缺。

錄文標點：

（一）

　　　　（前缺）

1. ☐踏☐邊☐☐☐也去來[①]

[①] 此行文字後原有一行文字，後塗抹，現逕改。

　　　　　（後缺）
（二）
　　　　　（前缺）
1. □□□名錢中
　　　　　（後缺）

241. 元文書殘片

題解：

本件《中國藏黑水城漢文文獻》中原始編號為84H·F225：W1/2471，出版編號為M1·2059，收於第十冊《其他文書下》第2210頁，擬題為《文書殘件》，並記其尺寸為5cm×18.2cm。《黑城出土文書（漢文文書卷）》一書未收。文書現存文字3行，有塗改痕跡，前後均缺。

錄文標點：

　　　　　（前缺）
1. 陸□①錢②□③
2. 　壹佰拾④□□
3. 　□□□
　　　　　（後缺）

242. 元文書殘片

題解：

本件《中國藏黑水城漢文文獻》中原始編號為84H·F239：W3/2496，出版編號為M1·2060，收於第十冊《其他文書下》第2211頁，擬題為《文書殘件》，並記其尺寸為5.3m×10.8cm。《黑城出土文書（漢文文書卷）》一書未收。文書現存文字1行，前後均缺。

---

① 此字前原衍一字，後塗抹，現徑改。
② "錢"字前原衍一字，後塗抹，現徑改。
③ 此字前原衍一字，後塗抹，現徑改。
④ "拾"字前原衍一"捌"字，後塗抹，現徑改。

1828　中國藏黑水城漢文文獻的整理與研究

錄文標點：

　　　　（前缺）

1. ▢▢生玖口見□|捌|▢▢▢

　　　　（後缺）

243. 元文書殘片

題解：

本件《中國藏黑水城漢文文獻》中原始編號為 F245：W101，出版編號為 M1·2061，收於第十冊《其他文書下》第 2211 頁，擬題為《文書殘件》，並記其尺寸為 8cm×7cm。《黑城出土文書（漢文文書卷）》一書未收。文書現存文字 2 行，第 1 行為圖案墨戳，第 2 行現存 3 字，字形凌亂，不能釋讀。

錄文標點：

　　　　（前缺）

1. （圖案墨戳）
2. ▢▢▢□□□▢▢

　　　　（後缺）

244. 元文書殘片

題解：

本件《中國藏黑水城漢文文獻》中原始編號為 84H·F245：W19/2516，出版編號為M1·2062，收於第十冊《其他文書下》第 2211 頁，擬題為《文書殘件》，並記其尺寸為 6cm×12.8cm。《黑城出土文書（漢文文書卷）》一書未收。文書共兩件殘片，殘片一現存文字 1 行，殘片二現存文字 3 行。

錄文標點：

（一）

　　　　（前缺）

1. ▢▢□明㫖|判|▢▢

　　　　（後缺）

（二）

（前缺）
1. ____□□____
2. ____□____
3. ____□明□____

（後缺）

245. 元文書殘片

題解：

本件《中國藏黑水城漢文文獻》中原始編號為84H・F249：W8/2541，出版編號為M1・2063，收於第十冊《其他文書下》第2212頁，擬題為《文書殘件》，並記其尺寸為21.5cm×27cm。《黑城出土文書（漢文文書卷）》一書未收。文書現存文字4行，書寫於紙張中心位置，天頭、地腳、左右均留有大片空白。

錄文標點：

（前缺）
1. ____□____
2. □高□是□
3. 有省□富□
4. 女開 赴
5. 　□□

（後缺）

246. 元文書殘片

題解：

本件《中國藏黑水城漢文文獻》中無原始編號，出版編號為M1・2064，收於第十冊《其他文書下》第2213頁，擬題為《文書殘件》，並記其尺寸為9.4cm×25.4cm。《黑城出土文書（漢文文書卷）》一書未收。文書現存1行2字。

錄文標點：

1. 擴　□

1830　中國藏黑水城漢文文獻的整理與研究

247. 元文書殘片
題解：
本件《中國藏黑水城漢文文獻》中無原始編號，出版編號為M1·2065，收於第十册《其他文書下》第2214頁，擬題為《文書殘件》，並記其尺寸為13.3cm×12.4cm。《黑城出土文書（漢文文書卷）》一書未收。文書共兩件殘片，殘片一現存文字1行，前完後缺；殘片二因紙色較深，文字不清，無法釋讀。

錄文標點：
（一）
1. 皇帝聖旨裏，□☐☐☐☐
　　　　（後缺）
（二）
（紙色深，文字不清）

248. 元也火汝足立嵬土地案文卷（之一）
題解：
本件《中國藏黑水城漢文文獻》中原始編號為84H·F116∶W215/1387，出版編號為M1·2066，收於第十册《其他文書下》第2214頁，擬題為《土地等文書殘件》，並記其尺寸為32cm×15cm。《黑城出土文書（漢文文書卷）》一書未收。文書共四件殘片，殘片一、二、三各存文字2行，殘片四現存文字3行。從字跡及內容來看，其似應與《中國藏黑水城漢文文獻》第四册《也火汝足立嵬土地案》爲同組文書殘片。

錄文標點：
（一）
　　　　（前缺）
1. ☐☐☐☐□鹻硬壹頃☐☐☐☐
2. ☐☐☐□轉主開耕
　　　　（前缺）

（二）

　　　　　（前缺）

1. ☐寧息人☐

2. ☐公地時將本處人☐

　　　　　（後缺）

（三）

　　　　　（前缺）

1. ☐以躰勘過，今蒙取勾所☐

2. ☐分內渠口☐

　　　　　（後缺）

（四）

　　　　　（前缺）

1. ☐段計壹頃叄拾☐

2. ☐知事公地為用四☐

3. ☐大小二麦☐

　　　　　（後缺）

249. 元文書殘片

題解：

本件《中國藏黑水城漢文文獻》中無原始編號，出版編號為M1·2067，收於第十冊《其他文書下》第2215頁，擬題為《文書殘件》，並記其尺寸為21.8cm×16.7cm。《黑城出土文書（漢文文書卷）》一書未收。文書共六件殘片，殘片一無文字殘留，殘片二現存文字1行，文字不清，殘片三、四、六各存文字2行，殘片五現存一大字殘痕。

錄文標點：

（一）

（無文字殘留）

（二）

　　　　　（前缺）

1. ☐☐☐☐☐☐☐☐
　　　（後缺）
（三）
　　　（前缺）
1. 　一故牒☐☐☐☐☐☐
2. 　　　☐☐☐☐☐☐
　　　（後缺）
（四）
　　　（前缺）
1. ☐☐☐☐毀公☐☐☐
2. ☐☐☐☐☐☐☐
　　　（後缺）
（五）
　　　（前缺）
1. 　一☐☐☐☐☐
　　　（後缺）
（六）
　　　（前缺）
1. ☐☐☐勘☐☐☐
2. ☐☐☐主當☐☐☐
　　　（後缺）

250. 元文書殘片

題解：

本件《中國藏黑水城漢文文獻》中原始編號為84H・F224：W31/2453，出版編號為M1・2068，收於第十冊《其他文書下》第2216頁，擬題為《文書殘件》，並記其尺寸為7cm×14.7cm。《黑城出土文書（漢文文書卷）》一書未收。文書現存文字2行，前後均缺。

整理編　第十冊　1833

錄文標點：

　　　　（前缺）
1. 從白赤屈所說▢▢▢▢▢▢
2. 只▢▢▢▢▢隻內十一歲▢▢
　　　　（後缺）

251. 元文書殘片

題解：

本件《中國藏黑水城漢文文獻》中原始編號為84H·F224：W25/2447，出版編號為M1·2069，收於第十冊《其他文書下》第2216頁，擬題為《文書殘件》，並記其尺寸為7.3 cm×21.5 cm。《黑城出土文書（漢文文書卷）》一書未收。文書共兩件殘片，殘片一現存文字3行，有塗改痕跡；殘片二僅存兩大字，墨色濃，字跡凌亂，不能釋讀。

錄文標點：

（一）

　　　　（前缺）
1. 拿到官▢▢▢▢▢▢
2. 撒荅明白招詞①▢▢▢
3. ▢▢▢▢②
　　　　（後缺）

（二）

　　　　（前缺）
1. ▢▢▢▢▢▢▢
　　　　（後缺）

252. 元文書殘片

題解：

本件《中國藏黑水城漢文文獻》中無原始編號，出版編號為M1·2070，收於

---

① "明白招詞"原作"承管"，塗抹後於右行改寫，現徑改。
② 此行文字右側補寫"知▢▢"及"无▢"等字，後塗抹，現徑改。

第十冊《其他文書下》第2217頁，擬題為《文書殘件》，並記其尺寸為10cm×12.8cm。《黑城出土文書（漢文文書卷）》一書未收。文書現存文字3行，第2行天頭字有三個印刷體文字，似為墨戳戳印。

錄文標點：

(前缺)

1. 　　　大王□□□□□□
2. □□田①廣□□□□□□
3. 　　　廣□□□□□□

(後缺)

253. 元阿魯禿文書殘片

題解：

本件《中國藏黑水城漢文文獻》中原始編號為 AE196ZHi35，出版編號為 M3・0018，收於第十冊《其他文書下》第2217頁，擬題為《文書殘件》，並記其尺寸為7.5cm×22cm。《黑城出土文書（漢文文書卷）》一書未收。文書為正背雙面書寫，正面現存文字2行，背面圖版《中國藏黑水城漢文文獻》未收錄，從正面所透字跡看，現存文字1行。

錄文標點：

正：

(前缺)

1. 听此阿魯禿依□□□□□□□
2. 麻兒家自行雇身作活。阿□□□

(後缺)

背：

1. 　總計 官 馬　□

---

① 此三字似為墨戳戳印。

254. 元馬匹文書殘片

題解：

本件《中國藏黑水城漢文文獻》中原始編號為84H·F224：W41/2463，出版編號為M1·2071，收於第十冊《其他文書下》第2218頁，擬題為《文書殘件》，並記其尺寸為7.3cm×22cm。《黑城出土文書（漢文文書卷）》一書未收。文書共兩件殘片，各存文字2行。從內容來看，應與馬匹事項有關。

錄文標點：

（一）

　　　　（前缺）

1. 歲黃色☐☐☐☐☐☐☐
2. 隻，八歲黃☐☐☐☐☐

　　　　（後缺）

（二）

　　　　（前缺）

1. ☐☐☐☐☐☐☐☐輕地面雖無☐☐☐☐☐
2. ☐☐☐☐☐☐☐☐梁耳☐☐☐☐☐

　　　　（後缺）

255. 元脫歡文書殘片

題解：

本件《中國藏黑水城漢文文獻》中原始編號為84H·大院內a6：W42/2831，出版編號為M1·2072，收於第十冊《其他文書下》第2218頁，擬題為《文書殘件》，並記其尺寸為7.7cm×15.8cm。《黑城出土文書（漢文文書卷）》一書未收。文書現存文字3行，前完後缺。

錄文標點：

1. ☐☐☐人脫歡
2. ☐☐☐歲，無疾孕，係本路[①]☐☐☐☐☐

[①] "本路"兩字為右行補入，現徑改。

1836　中國藏黑水城漢文文獻的整理與研究

3. ☐☐☐☐☐施行①☐☐☐☐☐☐☐

（後缺）

256. 元也火汝足立嵬土地案文卷（之一）

題解：

本件《中國藏黑水城漢文文獻》中原始編號為"大院北牆下 B"，出版編號為M1·2073，收於第十冊《其他文書下》第2219頁，擬題為《文書殘件》，並記其尺寸為 20cm×33cm。《黑城出土文書（漢文文書卷）》一書未收。文書共三件殘片，殘片一現存文字4行；殘片二現存文字3行，鈐朱印一枚；殘片三為日期，並鈐朱印一枚。從字跡及內容來看，其應與第四冊《也火汝足立嵬土地案》為同組文書。

錄文標點：

（一）

（前缺）

1. ☐☐☐☐☐☐完☐
2. ☐☐每簽充永昌☐☐☐
3. 听此汝足立嵬☐☐☐
4. 立布祖父☐

（後缺）

（二）

（前缺）

1. ☐☐☐官台旨仰哈☐☐☐
2. ☐☐☐☐☐☐
3. ☐☐☐☐☐得此②

（後缺）

（三）

（前缺）

---

① "施行"兩字為右行補入，現徑改。
② 第2、3行鈐朱印一枚。

1.　　　初□□①
　　　　（後缺）

257. 元文書殘片

題解：

本件《中國藏黑水城漢文文獻》中原始編號為84H・采：W13/2953，出版編號為M1・2074，收於第十冊《其他文書下》第2220頁，擬題為《文書殘件》，並記其尺寸為12.4cm×28cm。《黑城出土文書（漢文文書卷）》一書未收。文書共兩件殘片，各存文字2行，均前後缺。

錄文標點：

（一）

　　　　（前缺）

1. □□　　　　裏□

2. 語②句 閏 □□□□賊人王尹歹并

　　　　（後缺）

（二）

　　　　（前缺）

1. 本位下管的軍 閏 這句當只合每王傅

2. ＿＿＿＿＿＿＿＿＿＿家各

　　　　（後缺）

258. 元文書殘片

題解：

本件《中國藏黑水城漢文文獻》中原始編號為84H・大院內a6：W93/2882，出版編號為M1・2075，收於第十冊《其他文書下》第2221頁，擬題為《文書殘件》，並記其尺寸為14cm×27cm。《黑城出土文書（漢文文書卷）》一書未收。文

---

① 此行文字鈐朱印一枚。
② "語"字前原衍一字，後塗抹，現逕改。

書共五件殘片，均為殘屑。

錄文標點：

（一）

　　　　　（前缺）

1. ＿＿＿＿梁立嵬□＿＿＿

　　　　　（後缺）

（二）

　　　　　（前缺）

1. ＿＿＿＿□司交＿＿＿

2. ＿＿＿＿□梁阿□＿＿

　　　　　（後缺）

（三）

　　　　　（前缺）

1. ＿＿＿訖

2. ＿＿＿＿□立嵬

　　　　　（後缺）

（四）

　　　　　（前缺）

1. ＿＿＿＿□□＿＿

2. ＿＿＿差阿立＿＿

3. ＿＿＿□到今＿

　　　　　（後缺）

（五）

　　　　　（前缺）

1. ＿＿＿＿□好□□□＿＿＿

2. ＿＿＿＿□立等[①]前来＿＿＿

　　　　　（後缺）

---

① "等"字書寫原誤，後於右行改寫，現徑改。

259. 元錢鈔文書殘片

題解：

本件《中國藏黑水城漢文文獻》中原始編號為84H·Y5：W4/2967，出版編號為M1·2076，收於第十冊《其他文書下》第2222頁，擬題為《文書殘件》，並記其尺寸為15.3cm×32cm。《黑城出土文書（漢文文書卷）》一書未收。文書共六件殘片，均為殘屑。

錄文標點：

（一）

（前缺）

1. ☐☐五年獄司☐☐

（後缺）

（二）

（前缺）

1. ☐☐去☐☐

（後缺）

（三）

（前缺）

1. ☐☐今☐前☐☐
2. ☐☐☐攷主典之手☐
3. ☐☐☐☐☐☐☐

（後缺）

（四）

（前缺）

1. ☐☐☐放支秋季☐☐☐ ①

（後缺）

---

① 此行文字後原有一行文字，後塗抹，現徑改。

（五）

　　　　　（前缺）

1. ◻甘◻◻◻◻◻

　　　　　（後缺）

（六）

　　　　　（前缺）

1. ◻◻卅七兩◻◻
2. ◻◻定四十六兩◻錢
3. ◻◻◻十月　日
4. ◻◻◻◻◻◻

　　　　　（後缺）

260. 元亦集乃路文書殘片（一）

題解：

本件《中國藏黑水城漢文文獻》中原始編號為84H·大院內a6：W53/2842，出版編號為M1·2077，收於第十冊《其他文書下》第2223頁，擬題為《文書殘件》，並記其尺寸為9.6cm×25cm。《黑城出土文書（漢文文書卷）》一書未收。文書共兩件殘片，殘片一現存文字3行，有塗改痕跡；殘片二現存文字2行，有墨筆勾畫痕跡。按，本號文書與同頁M1·2078［84H·大院內a6：W55/2844］號文書字跡、紙張均一致，應為同件文書。文書擬題依綴合後所定。

錄文標點：

（一）

　　　　　（前缺）

1. 如再◻人◻◻◻◻
2. 亦集乃路揔管◻◻◻
3. 照驗还①呈行◻◻◻

---

① "还"字前原衍三字，後塗抹，現徑改。

4. ▭▭□▭▭▭
(後缺)

(二)
(前缺)
1. ▭礼國□▭▭
2. ▭楊①□▭▭
(後缺)

261. 元亦集乃路文書殘片（二）

題解：

本件《中國藏黑水城漢文文獻》中原始編號為84H·大院內a6：W55/2844，出版編號為M1·2078，收於第十冊《其他文書下》第2223頁，擬題為《文書殘件》，並記其尺寸為7.5cm×22.2cm。《黑城出土文書（漢文文書卷）》一書未收。文書共三件殘片，殘片一現存文字1行，殘片二、三各存文字4行，均有塗抹痕跡。按，本號文書與同頁M1·2077［84H·大院內a6：W53/2842］號文書字跡、紙張均一致，應為同件文書。

錄文標點：

(一)
(前缺)
1. ▭▭奴于朮▭▭
(後缺)

(二)
(前缺)
1. ▭▭□□蠻▭▭
2. ▭▭錢②□▭▭
3. ▭▭俱無▭▭

---

① "楊"字前有墨筆勾畫痕跡。
② "錢"字前原衍數字，後塗抹，現徑改。

1842　中國藏黑水城漢文文獻的整理與研究

4. ▭▭□□▭▭▭▭

　　　　（後缺）

（三）

　　　　（前缺）

1. ▭□只母▭▭▭

2. ▭□實▭▭▭▭①

3. ▭在此別□▭

4. ▭□▭▭

　　　　（前缺）

262. 元某司批文殘片

題解：

本件《中國藏黑水城漢文文獻》中原始編號為84H·大院內a6：W58/2847，出版編號為M1·2079，收於第十冊《其他文書下》第2224頁，擬題為《文書殘件》，並記其尺寸為9.7cm×27.6cm。《黑城出土文書（漢文文書卷）》一書未收。文書現存文字2行，前後均缺。

錄文標點：

　　　　（前缺）

1. 右差

2. ▭▭▭▭□司□對批行

　　　　（後缺）

263. 元訴狀殘片

題解：

本件《中國藏黑水城漢文文獻》中原始編號為84H·大院內a6：W59/2848，出版編號為M1·2080，收於第十冊《其他文書下》第2224頁，擬題為《文書殘件》，並記其尺寸為8.3cm×23cm。《黑城出土文書（漢文文書卷）》一書未收。

---

① 文書此行文字前原有一行文字，後塗抹，且"實"字後原衍一字，後塗抹，現徑改。

文書共兩件殘片，殘片一現存文字 2 行，殘片二現存文字 4 行，均前後缺。從內容來看，其似為訴狀殘片。

錄文標點：

（一）

（前缺）

1. ☐☐☐陳告①至正元
2. ☐☐☐☐

（後缺）

（二）

（前缺）

1. ☐☐☐巴不到
2. ☐等元占經官
3. ☐官強行占
4. 石驢買等☐

（後缺）

264. 元吾花哈真布男文書殘片

題解：

本件《中國藏黑水城漢文文獻》中原始編號為84H·大院內a6：W61/2850，出版編號為M1·2081，收於第十冊《其他文書下》第2225頁，擬題為《吾即渠等字殘件》，並記其尺寸為5.4cm×28.5cm。《黑城出土文書（漢文文書卷）》一書未收。文書現存文字 1 行，前後均缺。

錄文標點：

（前缺）

1. 吾花哈真布男取立亦吾即渠

（後缺）

---

① "告"字有改寫痕跡。

1844　中國藏黑水城漢文文獻的整理與研究

265. 元中統鈔文書殘片

題解：

本件《中國藏黑水城漢文文獻》中原始編號為84H·大院內 a6：W68/2857，出版編號為M1·2082，收於第十冊《其他文書下》第2225頁，擬題為《文書殘件》，並記其尺寸為7.6cm×15.5cm。《黑城出土文書（漢文文書卷）》一書未收。文書現存文字2行，前後均缺。

錄文標點：

　　　　（前缺）
1. ▢十年一月一日▢▢▢▢
2. 　　中統鈔
　　　　（後缺）

266. 元亦集乃路總管府文書殘片

題解：

本件《中國藏黑水城漢文文獻》中原始編號為84H·大院內 a6：W70/2859，出版編號為M1·2083，收於第十冊《其他文書下》第2226頁，擬題為《文書殘件》，並記其尺寸為9.4cm×9.8cm。《黑城出土文書（漢文文書卷）》一書未收。文書現存文字1行，前後均缺。

錄文標點：

　　　　（前缺）
1. ▢亦集乃路揔管▢▢
　　　　（後缺）

267. 元文書殘片

題解：

本件《中國藏黑水城漢文文獻》中原始編號為84H·大院內 a6：W72/2861，出版編號為M1·2084，收於第十冊《其他文書下》第2226頁，擬題為《文書殘件》，並記其尺寸為10.4cm×29.6cm。《黑城出土文書（漢文文書卷）》一書未收。文書現存文字3行，前後均缺。

錄文標點：

（前缺）

1. □□□今□□□大尽內一日□□□□□
2. □□德取狀如此事□□□□□□□□
3. □□□是实，伏取

（後缺）

268. 元孤老支鈔文書殘片

題解：

本件《中國藏黑水城漢文文獻》中原始編號為84H·大院內 a6：W74/2863，出版編號為M1·2085，收於第十冊《其他文書下》第2227頁，擬題為《文書殘件》，並記其尺寸為11.5cm×26cm。《黑城出土文書（漢文文書卷）》一書未收。文書現存文字6行，前後均缺。

錄文標點：

（前缺）

1. 具呈者：
2. 旧管□□□男子、婦女□貳拾貳名：
3. 男子壹拾壹名，婦壹拾壹名。
4. 開除具
5. 实在孤老男子婦女貳拾貳名，每名月
6. 支抄□□柒兩□錢□□□計抄

（後缺）

269. 元文書殘片

題解：

本件《中國藏黑水城漢文文獻》中原始編號為84H·大院內 a6：W75/2864，

1846　中國藏黑水城漢文文獻的整理與研究

出版編號為M1・2086，收於第十冊《其他文書下》第2227頁，擬題為《文書殘件》，並記其尺寸為5cm×13.2cm。《黑城出土文書（漢文文書卷）》一書未收。文書現存文字1行，字跡大小濃淡不勻。

　　錄文標點：

　　　　（前缺）

1.　　資□書

　　　　（後缺）

270. 元習字殘片

題解：

本件《中國藏黑水城漢文文獻》中原始編號為84H・大院內a6：W77/2866，出版編號為M1・2087，收於第十冊《其他文書下》第2228頁，擬題為《文書殘件》，並記其尺寸為17cm×22cm。《黑城出土文書（漢文文書卷）》一書未收。文書字跡、大小濃淡不勻，且相互之間無關聯，應為習字殘件。

　　錄文標點：

1.　　**畫畫**

2.　　一龍一一　　憲　　一标一年　　窮賤（簽押）憲
　　　三年二月　　　　至元年

3.　　**用字**（簽押）**字**（簽押）**一**（簽押）□

　　　　（後缺）

271. 元責領狀殘片

題解：

本件《中國藏黑水城漢文文獻》中原始編號為84H・大院內a6：W80/2869，出版編號為M1・2088，收於第十冊《其他文書下》第2229頁，擬題為《文書殘件》，並記其尺寸為7.6cm×12.7cm。《黑城出土文書（漢文文書卷）》一書未收。文書現存文字1行，前完後缺。

　　錄文標點：

1.　　取責領狀□□▆▆▆▆▆▆

　　　　（後缺）

272. 元墨戳殘片

題解：

本件《中國藏黑水城漢文文獻》中原始編號為84H·Y1：W10/2799，出版編號為M1·2089，收於第十冊《其他文書下》第2229頁，擬題為《文書殘件》，並記其尺寸為10.6cm×16.2cm。《黑城出土文書（漢文文書卷）》一書未收。文書現存二蒙古文墨戳，右小左大。

錄文標點：

（略）

273. 元文書殘片

題解：

本件《中國藏黑水城漢文文獻》中原始編號為Y1：W52，出版編號為M1·2090，收於第十冊《其他文書下》第2230頁，擬題為《文書殘件》，並記其尺寸為6.7cm×19.5cm。《黑城出土文書（漢文文書卷）》一書未收。文書現存3字，楷體大字，墨色濃。

錄文標點：

1. 龍分管

274. 元文書殘片

題解：

本件《中國藏黑水城漢文文獻》中原始編號為84H·Y1：W96/2885，出版編號為M1·2091，收於第十冊《其他文書下》第2231頁，擬題為《文書殘件》，並記其尺寸為25cm×10cm。《黑城出土文書（漢文文書卷）》一書未收。文書現存文字3行，第1行為蒙古文墨戳，橫書。

錄文標點：

（前缺）

1. （蒙古文墨戳）
2. ☐☐☐☐文道

3. ▢▢▢
(後缺)

275. 元契約殘片

題解：

本件《中國藏黑水城漢文文獻》中原始編號為 Y1：W20，出版編號為 M1·2092，收於第十冊《其他文書下》第 2231 頁，擬題為《文書殘件》，並記其尺寸為 14.4cm×16cm。《黑城出土文書（漢文文書卷）》一書未收。文書現存文字 5 行，前後均缺。從內容來看，其應為契約殘片。

錄文標點：

(前缺)
1. ▢小子人小兒▢
2. ▢兒。今為闕少
3. ▢不乞▢。自限
4. ▢不見帰▢
5. ▢▢▢
(後缺)

276. 元文書殘片

題解：

本件《中國藏黑水城漢文文獻》中原始編號為 84H·采：W3/2943，出版編號為 M1·2093，收於第十冊《其他文書下》第 2232 頁，擬題為《文書殘件》，並記其尺寸為 5.3cm×11.8cm。《黑城出土文書（漢文文書卷）》一書未收。文書現存文字 2 行，前後均缺。

錄文標點：

(前缺)
1. ▢良
2. （簽押）▢
(後缺)

整理編　第十冊　1849

277. 元文書殘片

題解：

本件《中國藏黑水城漢文文獻》中原始編號為84H·采：W4/2944，出版編號為M1·2094，收於第十冊《其他文書下》第2232頁，擬題為《文書殘件》，並記其尺寸為10.7cm×6cm。《黑城出土文書（漢文文書卷）》一書未收。文書現存文字4行，前後均缺。

錄文標點：

（前缺）
1. ☐張☐
2. ☐山師☐
3. ☐☐致事☐
4. ☐人經☐
（後缺）

278. 元文書殘片

題解：

本件《中國藏黑水城漢文文獻》中原始編號為84H·采：W5/2945，出版編號為M1·2095，收於第十冊《其他文書下》第2232頁，擬題為《文書殘件》，並記其尺寸為10cm×8.4cm。《黑城出土文書（漢文文書卷）》一書未收。文書現存文字3行，前後均缺。

錄文標點：

（前缺）
1. ☐
2. 臣僚
3. 奏對
（後缺）

279. 元文書殘片

題解：

本件《中國藏黑水城漢文文獻》中原始編號為84H·采：W1/2964，出版編號為M1·2096，收於第十冊《其他文書下》第2233頁，擬題為《文書殘件》，並記其尺寸為12.2cm×27.6cm。《黑城出土文書（漢文文書卷）》一書未收。文書共四件殘片，其中殘片四與其餘三件殘片字跡不同，應非同件文書。

錄文標點：

（一）

（前缺）

1. □□□□□
2. 施□□□□
3. □伏□□□

（後缺）

（二）

（前缺）

1. 立里□□□
2. 亦的□□□

（後缺）

（三）

（前缺）

1. □□志至□□

（後缺）

（四）

（前缺）

1. □□省軍你要那□□□

2. 訖①官給照賞②钱在□☐☐☐
　　　　　（後缺）

280. 元文書殘尾

題解：

本件《中國藏黑水城漢文文獻》中原始編號為84H·Y5采：W2/2965，出版編號為M1·2097，收於第十冊《其他文書下》第2233頁，擬題為《文書殘件》，並記其尺寸為8.7cm×4.5cm。《黑城出土文書（漢文文書卷）》一書未收。文書現存文字1行，編者將圖版橫置。

錄文標點：

　　　　　（前缺）

1.　　廿九日

281. 元文書殘片

題解：

本件《中國藏黑水城漢文文獻》中原始編號為84H·Y1采：W90/2940，出版編號為M1·2098，收於第十冊《其他文書下》第2233頁，擬題為《文書殘件》，並記其尺寸為10.4cm×50.6cm。《黑城出土文書（漢文文書卷）》一書未收。文書現存文字1行，前後均缺。

錄文標點：

　　　　　（前缺）

1.　☐☐☐☐府准此

　　　　　（後缺）

282. 元錢鈔文書殘片

題解：

本件《中國藏黑水城漢文文獻》中原始編號為84H·文官府：W2/2899，出版

---

① "訖"字書寫原誤，塗抹後於右行改寫，現徑改。

② "賞"字為右行補入，現徑改。

編號為M1·2099，收於第十冊《其他文書下》第2234頁，擬題為《文書殘件》，並記其尺寸為11.4cm×8.7cm。《黑城出土文書（漢文文書卷）》一書未收。文書共兩件殘片，殘片一現存文字2行，編者將其圖版倒置；殘片二現存文字1行。

錄文標點：

（一）

　　　　　（前缺）

1. ☐☐☐☐☐□☐☐☐☐☐

2. ☐☐☐☐☐見在鈔弍☐

　　　　　（後缺）

（二）

　　　　　（前缺）

1. ☐☐☐繋緊☐☐☐

　　　　　（後缺）

283. 元文書殘片

題解：

本件《中國藏黑水城漢文文獻》中原始編號為84H·文官府: W29/2926，出版編號為M1·2100，收於第十冊《其他文書下》第2235頁，擬題為《文書殘件》，並記其尺寸為6cm×26.3cm。《黑城出土文書（漢文文書卷）》一書未收。文書共兩件殘片，殘片一無文字殘留，殘片二現存2行文字殘痕。

錄文標點：

（一）

（無文字殘留）

（二）

　　　　　（前缺）

1. □□肆伯□□□□□

2. □□□□壹伯陸拾伍□

　　　　　（後缺）

整理編 第十冊 1853

284. 元文書殘片

題解：

本件《中國藏黑水城漢文文獻》中原始編號為84H·文官府：W35/2932，出版編號為M1·2101，收於第十冊《其他文書下》第2235頁，擬題為《文書殘件》，並記其尺寸為5.7cm×23.3cm。《黑城出土文書（漢文文書卷）》一書未收。文書共兩件殘片，各存文字2行，均前後缺。

錄文標點：

（一）

（前缺）

1. ☐☐☐☐☐☐☐
2. ☐☐☐種☐

（後缺）

（二）

（前缺）

1. ☐☐☐四☐本渠住人耳☐☐☐
2. ☐☐☐☐☐☐城☐☐☐☐

（後缺）

285. 元文書殘片

題解：

本件《中國藏黑水城漢文文獻》中原始編號為84H·大院內a6：W45/2834，出版編號為M1·2102，收於第十冊《其他文書下》第2236頁，擬題為《回回地面人等字殘件》，並記其尺寸為5.7cm×16.4cm。《黑城出土文書（漢文文書卷）》一書未收。文書現存文字3行，有塗改痕跡。

錄文標點：

（前缺）

1. ☐家☐☐已有☐☐☐數起① ☐☐☐路☐因活，問有巴实王☐☐☐☐☐
2. ☐☐☐☐☐☐回回地面人☐咱每數☐☐☐☐☐
3. ☐☐☐☐☐☐☐☐☐者

（後缺）

286. 元肅政廉訪司刷尾殘片

題解：

本件《中國藏黑水城漢文文獻》中原始編號為84H・F209：W38/2336，出版編號為M1・2103，收於第十冊《其他文書下》第2236頁，擬題為《文書殘件》，並記其尺寸為5.4cm×17.5cm。《黑城出土文書（漢文文書卷）》一書未收。文書現存文字2行，從內容來看，應為肅政廉訪司照刷文卷所留。

錄文標點：

（前缺）

1. 未經照刷已絕一件例☐☐☐☐☐☐
2. ☐☐☐☐☐

（後缺）

287. 元文書殘片

題解：

本件《中國藏黑水城漢文文獻》中無原始編號，出版編號為M1・2104，收於第十冊《其他文書下》第2237頁，擬題為《文書殘件》，並記其尺寸為14.7cm×25.3cm。《黑城出土文書（漢文文書卷）》一書未收。文書共三件殘片，殘片一現存文字1行，殘片二年現存文字2行，殘片三現存文字1行，均前後缺。

錄文標點：

（一）

（前缺）

---

① "☐家☐☐已有"等字為右行補入，"☐☐☐數起"等字為左行補入，現徑改。

整理編　第十冊　1855

1.　　一名☐☐☐☐☐☐
　　　　　（後缺）
（二）
　　　　　（前缺）
1. ☐拠照☐☐☐☐☐☐
2. 開坐具呈☐☐☐☐
　　　　　（後缺）
（三）
　　　　　（前缺）
1.　　一名陈☐☐☐☐☐
　　　　　（後缺）

288. 元文書殘片

題解：

本件《中國藏黑水城漢文文獻》中原始編號為84H・Y1 采：W15/2685，出版編號為M1・2105，收於第十冊《其他文書下》第2238頁，擬題為《文書殘件》，並記其尺寸為5cm×6cm。《黑城出土文書（漢文文書卷）》一書未收。文書現存文字3行，前後均缺。

錄文標點：

　　　　　（前缺）
1.　　中給☐☐☐☐
2.　　　官☐☐☐☐
3.　詔書事至正☐☐☐
　　　　　（後缺）

289. 元文書殘片

題解：

本件《中國藏黑水城漢文文獻》中原始編號為84H・Y1 采：W18/2688，出版編號為M1·2106，收於第十冊《其他文書下》第2238頁，擬題為《文書殘件》，並記其尺寸為7.8cm×10.3cm。《黑城出土文書（漢文文書卷）》一書未收。文書現存文字2行，其曾經裱壓，現裱紙脫落。

  錄文標點：

     （前缺）

 1. □□准□□□付□□□

 2. □□□限□□到頭□□□

     （後缺）

290. 元文書殘片

題解：

本件《中國藏黑水城漢文文獻》中原始編號為84H·Y1 采：W17/2687，出版編號為M1·2107，收於第十冊《其他文書下》第2238頁，擬題為《文書殘件》，並記其尺寸為12.7cm×25.5cm。《黑城出土文書（漢文文書卷）》一書未收。文書共兩件殘片，字跡非一，應非同件文書，其中殘片一現存文字4行，殘片二現存文字2行，均前後缺。

  錄文標點：

（一）

    （前缺）

 1. □□□□□□□□□

 2. □□□□行□□□□□

 3. □□□公舍人雅納□□

 4. □□□□□□□□

    （前缺）

（二）

    （前缺）

 1. □□□人在近□□□

整理編　第十冊　1857

2. ▢▢▢□十口一年都□▢▢
　　　（後缺）

291. 元文書殘片

題解：

本件《中國藏黑水城漢文文獻》中原始編號為84H·Y1采:W19/2689，出版編號為M1·2108，收於第十冊《其他文書下》第2239頁，擬題為《文書殘件》，並記其尺寸為12.3cm×13.4cm。《黑城出土文書（漢文文書卷）》一書未收。文書共兩件殘片，各存文字2行。

錄文標點：

（一）
　　　（前缺）
1. ▢▢▢▢□三五
2. ▢▢▢□□□□
　　　（後缺）

（二）
　　　（前缺）
1. ▢▢▢□月□日帖木承奉
2. ▢▢▢□□▢▢□□□
　　　（後缺）

292. 元文書殘片

題解：

本件《中國藏黑水城漢文文獻》中原始編號為84H·Y1采:W21/2691，出版編號為M1·2109，收於第十冊《其他文書下》第2239頁，擬題為《文書殘件》，並記其尺寸為15.7cm×10cm。《黑城出土文書（漢文文書卷）》一書未收。文書現存文字2行，字體較大，墨色濃。

錄文標點：

　　　（前缺）

1858　中國藏黑水城漢文文獻的整理與研究

1. □
2. 府
　　　（後缺）

293. 元文書殘片

題解：

本件《中國藏黑水城漢文文獻》中原始編號為84H·Y1采：W22/2692，出版編號為M1·2110，收於第十冊《其他文書下》第2240頁，擬題為《文書殘件》，並記其尺寸為13.2cm×12.8cm。《黑城出土文書（漢文文書卷）》一書未收。文書現存文字2行，有墨筆勾畫痕跡。

錄文標點：

　　　（前缺）
1.　　　　廿□
2.　　一下司吏①
　　　（後缺）

294. 元文書殘片

題解：

本件《中國藏黑水城漢文文獻》中原始編號為84H·Y1采：W24/2694，出版編號為M1·2111，收於第十冊《其他文書下》第2240頁，擬題為《文書殘件》，並記其尺寸為10cm×8.4cm。《黑城出土文書（漢文文書卷）》一書未收。文書現存文字4行，前後均缺。

錄文標點：

　　　（前缺）
1. 同知相□
2. 至甘州□
3. □處□□

---

① 此行文字前有墨筆勾畫痕跡。

4. □□□☐

　　　　（後缺）

295. 元文書殘片

題解：

本件《中國藏黑水城漢文文獻》中原始編號為84H·Y1采：W30/2700，出版編號為M1·2112，收於第十冊《其他文書下》第2241頁，擬題為《文書殘件》，並記其尺寸為4.6cm×23.7cm。《黑城出土文書（漢文文書卷）》一書未收。文書共三件殘片，均為殘屑。

錄文標點：

（一）

　　　　（前缺）

1. □取☐

　　　　（後缺）

（二）

　　　　（前缺）

1. ☐甘肅 等 ☐
2. ☐☐□□

　　　　（後缺）

（三）

　　　　（前缺）

1. ☐正相□□

　　　　（後缺）

296. 元文書殘片

題解：

本件《中國藏黑水城漢文文獻》中原始編號為84H·Y1采：W41/2711，出版編號為M1·2113，收於第十冊《其他文書下》第2241頁，擬題為《文書殘件》，並記其尺寸為4.8cm×31.7cm。《黑城出土文書（漢文文書卷）》一書未收。文書共兩件殘片，殘片一現存文字 2 行，殘片二現存 1 字。

錄文標點：

（一）

（前缺）

1. ☐☐李没兒人☐☐☐
2. ☐☐用

（後缺）

（二）

（前缺）

1. 奉

（後缺）

297. 元文書殘片

題解：

本件《中國藏黑水城漢文文獻》中原始編號為 84H·Y1 采：W48/2718，出版編號為 M1·2114，收於第十冊《其他文書下》第 2242 頁，擬題為《文書殘件》，並記其尺寸為 32.7cm×18cm。《黑城出土文書（漢文文書卷）》一書未收。文書現存文字 7 行，前後均缺。

錄文標點：

（前缺）

1. ☐☐☐
2. 府具☐
3. 馳驿☐
4. ☐☐
5. ☐間
6. ☐
7. ☐五付

（後缺）

298. 元文書殘片

題解：

本件《中國藏黑水城漢文文獻》中原始編號為84H・Y1采：W69/2739，出版編號為M1・2115，收於第十冊《其他文書下》第2243頁，擬題為《文書殘件》，並記其尺寸為11.4cm×27cm。《黑城出土文書（漢文文書卷）》一書未收。文書共四件殘片，殘片一、二為墨筆所書，字跡不同；殘片三、四為朱筆所書，應為同一件文書殘片。

錄文標點：

（一）

　　　　　（前缺）

1.　　□正四 年

　　　　　（後缺）

（二）

　　　　　（前缺）

1.　　　 渠 司官為□

2.　　　 □□□□

　　　　　（後缺）

（三）

　　　　　（前缺）

1.　　　□民

　　　　　（後缺）

（四）

　　　　　（前缺）

1. □徐

　　　　　（後缺）

299. 元至正六年（1346）文書殘片

題解：

本件《中國藏黑水城漢文文獻》中原始編號為84H・Y1采：W73/2743，出版編號為M1·2116，收於第十冊《其他文書下》第2244頁，擬題為《文書殘件》，並記其尺寸為6cm×28.2cm。《黑城出土文書（漢文文書卷）》一書未收。文書共兩件殘片，各存文字1行，均前後缺。其中殘片二編者將圖版倒置。

錄文標點：

（一）

（前缺）

1. 七月□☐

（後缺）

（二）

（前缺）

1. 至正六☐

（後缺）

300. 元文書殘片

題解：

本件《中國藏黑水城漢文文獻》中原始編號為84H·Y1采：W107/2777，出版編號為M1·2117，收於第十冊《其他文書下》第2244頁，擬題為《文書殘件》，並記其尺寸為9cm×30.8cm。《黑城出土文書（漢文文書卷）》一書未收。文書共兩件殘片，字跡非一，應非同件文書。其中殘片一現存文字1行，從內容來看，應為某司呈亦集乃路總管府文書殘片；殘片二墨筆、朱筆雜寫。

錄文標點：

（一）

（前缺）

1. ☐□☐
2. ☐總管府伏乞☐

（後缺）

（二）

（前缺）

整理編 第十冊 1863

1. ☐☐古☐①
2. ☐☐趙古②
　（後缺）

301. 元文書殘片

題解：

本件《中國藏黑水城漢文文獻》中原始編號為84H·Y1采：W105/2775，出版編號為M1·2118，收於第十冊《其他文書下》第2245頁，擬題為《文書殘件》，並記其尺寸為6.7cm×23.3cm。《黑城出土文書（漢文文書卷）》一書未收。文書共兩件殘片，字跡非一，應非同件文書殘件。其中殘片一現存文字2行，殘片二現存文字1行，均前後缺。

錄文標點：

（一）
　　（前缺）
1. 中統☐☐☐☐☐☐
2. 定☐☐☐☐☐☐☐
　（後缺）

（二）
　　（前缺）
1. 行具差☐☐☐☐
　（後缺）

302. 元文書殘片

題解：

本件《中國藏黑水城漢文文獻》中原始編號為84H·Y1采：W50/2720，出版

---

① "古☐"兩字為朱筆所書。
② "古"字為朱筆所書。

編號為M1·2119，收於第十冊《其他文書下》第2245頁，擬題為《文書殘件》，並記其尺寸為6.5cm×11.8cm。《黑城出土文書（漢文文書卷）》一書未收。文書現存文字2行，前後均缺。

錄文標點：

（前缺）

1. ☐☐☐☐☐☐☐□术准此☐☐☐☐☐
2. ☐☐☐☐午後發行

（後缺）

303. 元習寫殘片

題解：

本件《中國藏黑水城漢文文獻》中原始編號為84H·Y1采：W51/2721，出版編號為M1·2120，收於第十冊《其他文書下》第2246頁，擬題為《文書殘件》，並記其尺寸為8.3cm×28.4cm。《黑城出土文書（漢文文書卷）》一書未收。文書現存2字，應為雜寫。

錄文標點：

1. 扣寫

304. 元寧夏住人等文書殘片（一）

題解：

本件《中國藏黑水城漢文文獻》中原始編號為84H·Y1采：W93/2763，出版編號為M1·2121，收於第十冊《其他文書下》第2246頁，擬題為《文書殘件》，並記其尺寸為10.2cm×10.9cm。《黑城出土文書（漢文文書卷）》一書未收。文書現存文字3行，前後均缺。按，本號文書與《中國藏黑水城漢文文獻》第2247頁M1·2122［84H·Y1采：W97/2767］號文書字跡相同，應為同件文書。文書擬題依綴合後所定。

錄文標點：

（前缺）

1. 僉

2. 乃書赴□□□□□□□□□□
3. 　□開□□□□□□□□□□
　　　（後缺）

305. 元寧夏住人等文書殘片（二）

題解：

本件《中國藏黑水城漢文文獻》中原始編號為84H·Y1采：W97/2767，出版編號為M1·2122，收於第十冊《其他文書下》第2247頁，擬題為《文書殘件》，並記其尺寸為14.4cm×15.5cm。《黑城出土文書（漢文文書卷）》一書未收。文書現存文字4行，前後均缺。按，本號文書與《中國藏黑水城漢文文獻》第2246頁M1·2121［84H·Y1采：W93/2763］號文書字跡相同，應為同件文書。文書擬題依綴合後所定。

錄文標點：

　　　（前缺）
1. 乃□□□□□□□□□□
2. 　□寶□□□□□□□□
3. 寧夏住人□□□□□□□□
4. 　住人翟□□□□□□□□
　　　（後缺）

306. 元雜錄殘片

題解：

本件《中國藏黑水城漢文文獻》中原始編號為83H·F1：W20/0020，出版編號為M1·2123，收於第十冊《其他文書下》第2247頁，擬題為《文書殘件》，並記其尺寸為6.6cm×10.2cm。《黑城出土文書（漢文文書卷）》一書未收。文書現存文字1行2字，字體較大，編者將圖版反置。

錄文標點：

　　　（前缺）
1. 雜錄
　　　（後缺）

307. 元文書殘片

題解：

本件《中國藏黑水城漢文文獻》中原始編號為83H・F1：W10/0010，出版編號為M1・2124，收於第十冊《其他文書下》第2247頁，擬題為《文書殘件》，並記其尺寸為4.8cm×12.7cm。《黑城出土文書（漢文文書卷）》一書未收。文書為正背雙面書寫，正面現存文字1行，前後均缺；背面圖版《中國藏黑水城漢文文獻》未收，從正面所透墨跡看，現存文字1行。

錄文標點：

正：

（前缺）

1. ▢▢▢帖木兒當府除外

（後缺）

背：

（前缺）

1. ▢▢▢初三日

（後缺）

308. 元文書殘片

題解：

本件《中國藏黑水城漢文文獻》中原始編號為84H・Y1采：W108/2778，出版編號為M1・2125，收於第十冊《其他文書下》第2248頁，擬題為《文書殘件》，並記其尺寸為4.5cm×27.8cm。《黑城出土文書（漢文文書卷）》一書未收。文書共兩件殘片，字跡非一，應非同件文書。其中殘片一現存文字2行，字體大，墨色濃，應為習字殘片；殘片二現存文字2行，有塗改痕跡。

錄文標點：

（一）

（前缺）

1. □□▢▢▢

2. 生生□□□□□□□
　　　　（後缺）
（二）
　　　　（前缺）
1. 人衆①六月□□□□
2. □□□□□□□□
　　　　（後缺）

309. 元文書殘片

題解：

本件《中國藏黑水城漢文文獻》中原始編號為83H·F2: W3/0070，出版編號為M1·2126，收於第十冊《其他文書下》第2248頁，擬題為《文書殘件》，並記其尺寸為6.6cm×6.3cm。《黑城出土文書（漢文文書卷）》一書未收。文書為墨筆、朱筆雜寫，現存文字4行，第1、2、4行為朱筆所書，第3行為墨筆所書，朱筆文字漫漶不清，不易釋讀。

錄文標點：

　　　　（前缺）
1. ＿＿□ □＿＿
2. ＿＿□□□□＿
3. ＿＿□已乞叉＿
4. ＿＿□□日＿＿
　　　　（後缺）

310. 元文書殘片

題解：

本件《中國藏黑水城漢文文獻》中原始編號為83H·F1: W58/0058，出版編號為M1·2127，收於第十冊《其他文書下》第2249頁，擬題為《文書殘件》，

---

① "衆"字原作"等"，塗抹後於右行改寫，現徑改。

1868　中國藏黑水城漢文文獻的整理與研究

並記其尺寸為 17cm×28.7cm。《黑城出土文書（漢文文書卷）》一書未收。文書現存文字 6 行，其中有墨筆所畫方格，但文字未按方格書寫。

錄文標點：

　　　　（前缺）

1. □□□□　　□□──
2. 七物□□　八白□□
3. 　□籍　　　□□□□
4. 九社□義　十□□祿
5. 　　　　　遠□
6. □□□增　十二龔克□

　　　　（後缺）

311. 元文書殘片

題解：

本件《中國藏黑水城漢文文獻》中原始編號為 83H·F1: W6/0006，出版編號為 M1·2128，收於第十冊《其他文書下》第 2250 頁，擬題為《文書殘件》，並記其尺寸為 8.8cm×5.4cm。《黑城出土文書（漢文文書卷）》一書未收。文書現存文字 1 行，位於紙張左側，右留大片空白。

錄文標點：

　　　　（前缺）

1. ──□頭張四──

　　　　（後缺）

312. 元錢鈔文書殘片

題解：

本件《中國藏黑水城漢文文獻》中原始編號為 83H·F1: W8/0008，出版編號為 M1·2129，收於第十冊《其他文書下》第 2250 頁，擬題為《文書殘件》，並記其尺寸為 5.4cm×7.6cm。《黑城出土文書（漢文文書卷）》一書未收。文書現存文字 2 行，前後均缺。

錄文標點：

　　　　（前缺）

1. ▢▢府司▢▢▢▢▢
2. ▢▢等錢公①事▢▢

　　　　（後缺）

313. 元文書殘片

題解：

本件《中國藏黑水城漢文文獻》中原始編號為 84H·F146: W22/2078，出版編號為 M1·2130，收於第十冊《其他文書下》第 2250 頁，擬題為《文書殘件》，並記其尺寸為 5.9cm×8.6cm。《黑城出土文書（漢文文書卷）》一書未收。文書現存文字 3 行，前後均缺。

錄文標點：

　　　　（前缺）

1. ▢▢▢天祐

2. ▢▢▢選保貼書開▢▢
3. ▢▢▢軀▢▢

　　　　（後缺）

314. 元戶籍文書殘片

題解：

本件《中國藏黑水城漢文文獻》中原始編號為 84H·F192: W14/2234，出版編號為 M1·2131，收於第十冊《其他文書下》第 2251 頁，擬題為《文書殘件》，並記其尺寸為 23.3cm×24.7cm。《黑城出土文書（漢文文書卷）》一書未收。文書共三件殘片，殘片一現存文字 6 行，殘片二現存文字 2 行，殘片三現存文字 1 行。從文書內容及格式來看，其應為戶籍文書殘件。參考文獻：1. 劉曉《從黑城

---

① "公"字為右行補入，現徑改。

文書看元代的戶籍制度》,《江西財經大學學報》2000 年第 6 期；2. 吳超《蒙元時期亦集乃路畜牧業初探》,《農業考古》2012 年第 1 期。

錄文標點：

（一）

　　　　　　（前缺）

1.　□□
2.　　弟荅□□
3.　事產無
4.　孳畜：
5.　　馬一疋　　牛一
6.　　□狀供根脚元係

　　　　　（後缺）

（二）

　　　　　（前缺）

1.　男不蘭奚，年
　　　　（中缺）
2.　溫古□□□

　　　　　（後缺）

（三）

　　　　　（前缺）

1.　　　　廿歲

　　　　　（後缺）

315. 元取狀文書殘片

題解：

本件《中國藏黑水城漢文文獻》中原始編號為 84H·F224: W35/2457，出版編號為 M1·2132，收於第十冊《其他文書下》第 2252 頁，擬題為《取狀文殘件》，並記其尺寸為 19.8cm×22cm。《黑城出土文書（漢文文書卷）》一書未收。文書共兩件殘片，殘片一現存文字 2 行，第 1 行被裁切，僅存左半；殘片二現存文字 5 行。兩殘片字跡非一，應非同件文書。

錄文標點：

（一）

（前缺）

1. □委□□□□□□□□□
2. 揔府官台旨仰移関肅州路□□□

（後缺）

（二）

（前缺）

1. □□將罪犯陸十招□□
2. □□　招伏是實，伏□□
3. □
4. □　六月　取狀人吳兀帖□
5. _____□（簽押）

（後缺）

316. 元至正十年（1350）文書殘片（一）

題解：

本件《中國藏黑水城漢文文獻》中原始編號為83H・F9：W4/0258，出版編號為M1・2133，收於第十冊《其他文書下》第2253頁，擬題為《元統三年殘件》，並記其尺寸為7cm×23.4cm。《黑城出土文書（漢文文書卷）》一書未收。文書共兩件殘片，殘片一現存文字1行，其中天頭處有朱書二字；殘片二現存文字2行。按，本號文書與同頁M1・2134［83H・F9：W8/0262］號文書字跡、紙張相同，應為同件文書。文書擬題依綴合後所定。

錄文標點：

（一）

（前缺）

1. □月① 一帖元統三□☐

　　　　（後缺）

（二）

　　　　（前缺）

1. ☐□如蒙□□□
2. ☐　　　☐

　　　　（後缺）

317. 元至正十年（1350）文書殘片（二）

題解：

本件《中國藏黑水城漢文文獻》中原始編號為83H·F9：W8/0262，出版編號為M1·2134，收於第十冊《其他文書下》第2253頁，擬題為《元統三年十二月等文書殘件》，並記其尺寸為8.5cm×21.9cm。《黑城出土文書（漢文文書卷）》一書未收。文書共兩件殘片，殘片一現存文字1行，殘片二現存文字2行。按，本號文書與同頁M1·2133［83H·F9：W4/0258］號文書字跡、紙張相同，應為同件文書。文書擬題依綴合後所定。

錄文標點：

（一）

　　　　（前缺）

1. ☐帖元統三年十二☐

　　　　（後缺）

（二）

　　　　（前缺）

1. ☐□給付
2. 　□正拾年☐

　　　　（後缺）

---

① "□月"兩字為朱筆所書。

318. 元領鈔文書殘片

題解：

本件《中國藏黑水城漢文文獻》中原始編號為83H·F2：W27/0094，出版編號為M1·2135，收於第十冊《其他文書下》第2254頁，擬題為《文書殘件》，並記其尺寸為2.6cm×13.8cm。《黑城出土文書（漢文文書卷）》一書未收。文書現存文字2行，其中第2行字體較大，墨色較淡。

錄文標點：

（前缺）

1. 　　　該領五定
2. 八年七月□
　　　（後缺）

319. 元斛斗文書殘片

題解：

本件《中國藏黑水城漢文文獻》中原始編號為83H·F2：W34/0101，出版編號為M1·2136，收於第十冊《其他文書下》第2254頁，擬題為《文書殘件》，並記其尺寸為9.8cm×14.3cm。《黑城出土文書（漢文文書卷）》一書未收。文書現存文字2行，前後均缺。

錄文標點：

（前缺）

1. ＿＿＿□下首領官委去＿＿＿
2. ＿＿＿伍阡石＿＿＿
　　　（後缺）

320. 元新附屯田百戶所文書殘片

題解：

本件《中國藏黑水城漢文文獻》中原始編號為83H·F13：W111/0462，出版編號為M1·2137，收於第十冊《其他文書下》第2255頁，擬題為《文書殘件》，

並記其尺寸為4.2cm×10.4cm。《黑城出土文書（漢文文書卷）》一書未收。文書現存文字2行，前完後缺。

錄文標點：

1. ☐☐☐☐裏，官領新附屯☐☐☐
2. ☐☐☐☐☐☐☐☐☐☐
（後缺）

321. 元驅婦文書殘片

題解：

本件《中國藏黑水城漢文文獻》中原始編號為84H·F14∶W3/0512，出版編號為M1·2138，收於第十冊《其他文書下》第2255頁，擬題為《驅婦一名等》，並記其尺寸為9.3cm×5.3cm。《黑城出土文書（漢文文書卷）》一書未收。文書現存文字5行，前後均缺。

錄文標點：

（前缺）
1. ☐☐☐☐☐訖☐☐☐
2. ☐☐☐飲酒間有☐☐
3. ☐☐☐☐從先睡☐☐
4. ☐☐☐驅婦一名☐☐
5. ☐☐☐☐上看☐☐☐
（後缺）

322. 元沙伯等渠文書殘片

題解：

本件《中國藏黑水城漢文文獻》中原始編號為84H·F20∶W26/0675，出版編號為M1·2139，收於第十冊《其他文書下》第2255頁，擬題為《吾即與耳卜等渠名》，並記其尺寸為9.5cm×30.6cm。《黑城出土文書（漢文文書卷）》一書未收。文書共四件殘片，現存文字1—3行。

錄文標點：

（一）

（前缺）

1. □□□□□□□□□□□□□□
2. □□沙伯渠　　耳卜□□□□□
3. □□□□□　□立渠　吾即渠

（後缺）

（二）

（前缺）

1. 　准□□□□□□
2. 　等另□□□□□
3. 　□□□

（後缺）

（三）

（前缺）

1. □□□□勾□□□

（後缺）

（四）

（前缺）

1. □□□□□此□□□

（後缺）

323. 元文書殘片

題解：

本件《中國藏黑水城漢文文獻》中原始編號為84HF84，出版編號為M1·2140，收於第十冊《其他文書下》第2256頁，擬題為《文書殘件》，並記其尺寸為35cm×19.4cm。《黑城出土文書（漢文文書卷）》一書未收。文書為正背雙面書寫，正面現存9行蒙古文；背面圖版《中國藏黑水城漢文文獻》未收，從正面所透字跡看，現存文字3字。

1876　中國藏黑水城漢文文獻的整理與研究

錄文標點：

正：

（9行蒙古文）

背：

1. □
2. □
3. □

324. 元馬疋文書殘片

題解：

本件《中國藏黑水城漢文文獻》中原始編號為84H·F126：W3/1926，出版編號為M1·2141，收於第十冊《其他文書下》第2257頁，擬題為《文書殘件》，並記其尺寸為6cm×13.6cm。《黑城出土文書（漢文文書卷）》一書未收。文書現存文字3行，有塗改痕跡。

錄文標點：

　　　　（前缺）

1. ＿＿＿□馬卅疋
2. ＿＿＿□①
3. ＿＿＿□見在卅②五疋

　　　　（後缺）

325. 元馬疋文書殘片

題解：

本件《中國藏黑水城漢文文獻》中原始編號為84H·F126：W16/1866，出版編號為M1·2142，收於第十冊《其他文書下》第2257頁，擬題為《文書殘件》，並記其尺寸為8.7cm×14.5cm。《黑城出土文書（漢文文書卷）》一書未收。文書現存文字4行，前後均缺。

---

① 此字為右行補寫，且此字後原有"生馬廿疋"，後塗抹，現徑改。
② "卅"字為右行補入，現徑改。

錄文標點：

（前缺）
1. ☐定☐☐☐☐☐
2. 　先次☐☐☐☐
3. 　今次☐☐☐
4. 　成馬車☐☐☐
（後缺）

326. 元文書殘片

題解：

本件《中國藏黑水城漢文文獻》中原始編號為84H·F111：W23/1101，出版編號為M1·2143，收於第十冊《其他文書下》第2258頁，擬題為《文書殘件》，並記其尺寸為6.4cm×5.3cm。《黑城出土文書（漢文文書卷）》一書未收。文書現存文字1行，前後均缺。

錄文標點：

（前缺）
1. ☐☐☐☐☐吾即兒☐（簽押）
（後缺）

327. 元訴狀殘片

題解：

本件《中國藏黑水城漢文文獻》中原始編號為84H·F126：W5/1928，出版編號為M1·2144，收於第十冊《其他文書下》第2258頁，擬題為《文書殘件》，並記其尺寸為9.5cm×15.6cm。《黑城出土文書（漢文文書卷）》一書未收。文書現存文字4行，有塗改痕跡。從內容來看，其似為訴狀殘片。

錄文標點：

（前缺）
1. ☐☐☐☐扎吉兒☐☐☐☐

1878 中國藏黑水城漢文文獻的整理與研究

2. 告①稱②這馬☐☐☐☐☐
3. 毀苗稼③，貳日无人④☐☐☐
4. ☐無詞☐☐☐☐☐
（後缺）

328. 元文書殘片

題解：

本件《中國藏黑水城漢文文獻》中原始編號為84H·F116：W535/1709，出版編號為M1·2145，收於第十冊《其他文書下》第2259頁，擬題為《文書殘件》，並記其尺寸為35cm×17.8cm。《黑城出土文書（漢文文書卷）》一書未收。文書共四件殘片，其中殘片一、四無文字殘留，殘片二現存2字殘痕，殘片三現存文字6行。

錄文標點：

（一）
（無文字殘留）
（二）
　　　（前缺）
1. ☐☐☐☐
　　　（後缺）
（三）
　　　（前缺）
1. ☐☐☐
2. 一下☐
3. ☐
4. 前去☐

---

① "告"字前原衍二字，後塗抹，現徑改。
② "稱"字原作"說"，塗抹後於右行改寫，現徑改。
③ "苗稼"為右行補入，現徑改。
④ "人"字後原衍"前来"二字，後塗抹，現徑改。

5.　　　字樣☐
6.　　　☐
　　　　（後缺）
（四）
（無文字殘留）

329. 元文書殘片

題解：

本件《中國藏黑水城漢文文獻》中原始編號為84H・F116：W487/1659，出版編號為M1・2146，收於第十冊《其他文書下》第2260頁，擬題為《文書殘件》，並記其尺寸為8.7cm×21.6cm。《黑城出土文書（漢文文書卷）》一書未收。文書為二紙粘接，均無文字殘留。

錄文標點：

（略）

330. 元文書殘片

題解：

本件《中國藏黑水城漢文文獻》中原始編號為84H・F116：W408/1580，出版編號為M1・2147，收於第十冊《其他文書下》第2260頁，擬題為《文書殘件》，並記其尺寸為6cm×20.5cm。《黑城出土文書（漢文文書卷）》一書未收。文書為二紙粘接，均無文字殘留。

錄文標點：

（略）

331. 元文書殘片

題解：

本件《中國藏黑水城漢文文獻》中原始編號為84H・F116：W400/1572，出版編號為M1・2148，收於第十冊《其他文書下》第2261頁，擬題為《文書殘件》，並記其尺寸為7.2cm×11.7cm。《黑城出土文書（漢文文書卷）》一書未收。文書現存文字2行，前後均缺。

錄文標點：

（前缺）

1. 龍兒年□▭
2. 　　管押▭

（後缺）

332. 元文書殘片

題解：

本件《中國藏黑水城漢文文獻》中原始編號為84H·F219：W8/2393，出版編號為M1·2149，收於第十冊《其他文書下》第2261頁，擬題為《文書殘件》，並記其尺寸為6.8cm×10cm。《黑城出土文書（漢文文書卷）》一書未收。文書共兩件殘片，在絹布上書寫，其中殘片一現存文字1行，殘片二現存文字2行。

錄文標點：

（一）

（前缺）

1. ▭陽□□

（後缺）

（二）

（前缺）

1. ▭　吽
2. ▭□　夫

（後缺）

333. 元簽押習寫

題解：

本件《中國藏黑水城漢文文獻》中原始編號為84H·F217：W5/2420，出版編號為M1·2150，收於第十冊《其他文書下》第2262頁，擬題為《文書殘件》，並記其尺寸為14.4cm×17cm。《黑城出土文書（漢文文書卷）》一書未收。文書為簽押習寫，記有 10 處簽押，位置凌亂。

錄文標點：

（略）

334. 元文書殘片

題解：

本件《中國藏黑水城漢文文獻》中原始編號為 84H·F224：W11/2433，出版編號為 M1·2151，收於第十冊《其他文書下》第 2263 頁，擬題為《文書殘件》，並記其尺寸為 4.6cm×8.8cm。《黑城出土文書（漢文文書卷）》一書未收。文書現存 1 字殘痕，字體較大，墨色較濃。

錄文標點：

（前缺）

1. ▢▢

（後缺）

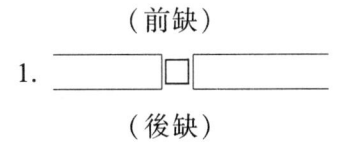

335. 元文書殘片

題解：

本件《中國藏黑水城漢文文獻》中原始編號為 84H·F224：W12/2434，出版編號為 M1·2152，收於第十冊《其他文書下》第 2263 頁，擬題為《文書殘件》，並記其尺寸為 5.5cm×14cm。《黑城出土文書（漢文文書卷）》一書未收。文書現存文字 1 行 4 字，第 2 字為朱筆所書，且與第 1 字部分重疊。

錄文標點：

（前缺）

1. ▢□身① 身 □▢

336. 元習字殘片

題解：

本件《中國藏黑水城漢文文獻》中原始編號為 84H·F224：W48/2470，出版

---

① 此"身"字為朱筆所書。

編號為M1·2153，收於第十冊《其他文書下》第2264頁，擬題為《文書殘件》，並記其尺寸為6cm×28cm。《黑城出土文書（漢文文書卷）》一書未收。文書現存文字1行，字跡潦草，墨色淡，應為習字。

錄文標點：

    （前缺）

1. ☐☐馬年白☐☐

    （後缺）

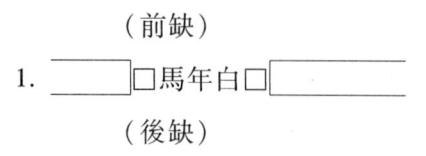

337. 元文書殘片

題解：

本件《中國藏黑水城漢文文獻》中原始編號為84H·文官府：W7/2904，出版編號為M1·2154，收於第十冊《其他文書下》第2264頁，擬題為《文書殘件》，並記其尺寸為9cm×15.6cm。《黑城出土文書（漢文文書卷）》一書未收。文書共兩件殘片，殘片一現存1字殘痕，殘片二現存2字殘痕，字跡凌亂。

錄文標點：

（一）

    （前缺）

1. ☐☐☐☐

    （後缺）

（二）

    （前缺）

1. ☐☐蒙照☐☐

    （後缺）

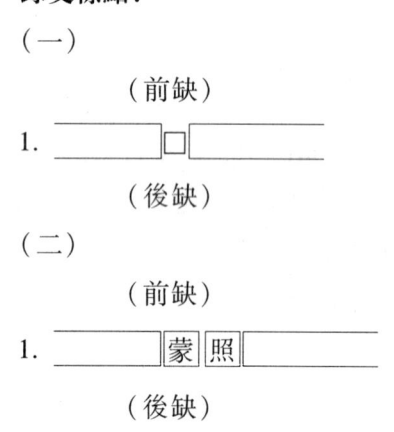

338. 元至順年間文書殘片

題解：

本件《中國藏黑水城漢文文獻》中原始編號為84H·文官府：W17/2914，出版編號為M1·2155，收於第十冊《其他文書下》第2265頁，擬題為《文書殘件》，並記其尺寸為13.7cm×12.5cm。《黑城出土文書（漢文文書卷）》一書未收。文書現存文字1行，為"至順"年號，字體扁長，且"至"字中空白處有小字"□試□"三字，其後接雙行文字。

錄文標點：

(前缺)

1. ☐至①順   留
              至順

(後缺)

339. 元文書殘片

題解：

本件文書在《中國藏黑水城漢文文獻》中無原始編號，出版編號為M1·2156，收於第十冊《其他文書下》第2265頁，擬題為《文書殘件》，並記其尺寸為9.8cm×12.8cm。《黑城出土文書（漢文文書卷）》一書未收。文書現存文字2行，2行文字字跡不同。

錄文標點：

(前缺)

1. 頭子至□☐
2. 佛面

(後缺)

340. 元放支文書殘片

題解：

本件《中國藏黑水城漢文文獻》中原始編號為84H·F209：W34/2332，出版編號為M1·2157，收於第十冊《其他文書下》第2266頁，擬題為《文書殘件》，並記其尺寸為7.7cm×19.4cm。《黑城出土文書（漢文文書卷）》一書未收。文書共兩件殘片，殘片一現存1字，殘片二現存文字2行，有朱印殘痕。

錄文標點：

(一)

(前缺)

---

① "至"字中空白處寫"□試□"三小字。

1. ☐☐☐☐支☐☐☐☐
    （後缺）
（二）
       （前缺）
1. ☐☐☐樣相同別 無 ☐☐
2. ☐☐☐領放支羊☐☐☐☐ ①
       （後缺）

341. 元文書殘片

題解：

本件《中國藏黑水城漢文文獻》中原始編號為84H·F116：W240/1412，出版編號為M1·2158，收於第十冊《其他文書下》第2266頁，擬題為《文書殘件》，並記其尺寸為25.2cm×15.1cm。《黑城出土文書（漢文文書卷）》一書未收。文書共兩件殘片，殘片一無文字殘留，殘片二現存文字3行。

錄文標點：

（一）
（無文字殘留）
（二）
       （前缺）
1. ☐☐☐☐☐☐☐
2. ☐☐☐八日☐☐☐
3. ☐☐☐☐☐☐
       （後缺）

342. 元開坐花名文書殘片

題解：

本件《中國藏黑水城漢文文獻》中原始編號為84H·F249：W3/2536，出版

---

① 文書此行文字後有朱印殘痕。

編號為M1·2159，收於第十冊《其他文書下》第2267頁，擬題為《文書殘件》，並記其尺寸為12cm×31.1cm。《黑城出土文書（漢文文書卷）》一書未收。文書共三件殘片，殘片一現存文字4行，有塗改痕跡；殘片二、三各存文字2行，均前後缺。

錄文標點：

（一）

（前缺）

1. _____□
2. _____□檢校事
3. _____年六月初七日有脚三□人①□
4. _____□到喚

（後缺）

（二）

（前缺）

1. _____花名□_____
2. _____過各各②花名

（後缺）

（三）

（前缺）

1. 　　提控案牘_____
2. 　　提控案_____

（後缺）

343. 元學生米糧文書殘片

題解：

本件《中國藏黑水城漢文文獻》中原始編號為84H·Y1采:W74/2744，出版編號為

---

① "有脚三□人"等字為右行補入，現徑改。
② 第二個"各"字為省文符號，現徑改。

M1·2160，收於第十冊《其他文書下》第2267頁，擬題為《文書殘件》，並記其尺寸為7.5cm×34.9cm。《黑城出土文書（漢文文書卷）》一書未收。文書共兩件殘片，殘片一現存文字1行，殘片二現存文字2行，且有墨筆勾畫痕跡。

錄文標點：

（一）

　　　　　（前缺）

1. ☐☐☐☐☐☐☐☐☐年五月廿八日孛生

　　　　　（後缺）

（二）

　　　　　（前缺）

1. ☐☐☐☐☐☐☐☐☐☐☐☐☐☐

2. ☐☐☐☐☐☐米叁佰伍拾石竜徒①

　　　　　（後缺）

344. 元張受文書殘片

題解：

本件《中國藏黑水城漢文文獻》中原始編號為84H·F114:W5/1159，出版編號為M1·2161，收於第十冊《其他文書下》第2268頁，擬題為《文書殘件》，並記其尺寸為12.9cm×28cm。《黑城出土文書（漢文文書卷）》一書未收。文書現存文字3行，前後均缺。

錄文標點：

　　　　　（前缺）

1. 張受六兩半　　☐☐☐☐☐

2. 張奈二兩　　某旧吏二兩

3. 小鄧七兩半

　　　　　（後缺）

---

① 此行文字右側有墨筆勾畫痕跡。

345. 元亦集乃路總管府文書殘片（一）

題解：

本件《中國藏黑水城漢文文獻》中原始編號為 Y1：W34aB，出版編號為M1·2162，收於第十冊《其他文書下》第2269頁，擬題為《亦集乃路達魯花赤》，並記其尺寸為 11cm×21.2cm。本件還收錄於《黑城出土文書（漢文文書卷）》第141頁《官用錢糧類》，其所記文書編號為 Y1：W34（1），並列出文書諸要素為：竹紙，殘屑，草書，尺寸為 20.5cm×9.0cm。該書將本號文書與《中國藏黑水城漢文文獻》第2270頁M1·2163［Y1：W34bB］號文書統一編號為 Y1：W34，作為一件文書釋錄。按，兩號文書字跡、紙張相同，編號相連，應為同件文書。文書現存文字5行，前完後缺。從內容來看，其應為亦集乃路總管府文書殘片。文書擬題依綴合後所定。

錄文標點：

（前缺）

1. □□①聖旨裏，亦集乃路達魯花②
2. 　　　赤　□□□③府呈：奉
3. 　　　□□④等処行中書省 刭 付 該 ⑤：

（後缺）

346. 元亦集乃路總管府文書殘片（二）

題解：

本件《中國藏黑水城漢文文獻》中原始編號為 Y1：W34bB，出版編號為M1·2163，收於第十冊《其他文書下》第2270頁，擬題為《文書殘件》，並記其尺寸為 14.4cm×17.9cm。本件還收錄於《黑城出土文書（漢文文書卷）》第141頁《官用錢糧類》，文書編號為 Y1：W34（2），並列出文書諸要素為：竹紙，殘屑，

---

① 據元代文書格式可知，此處所缺文字應為"皇帝"。
② 《黑城出土文書》錄文於"花"字後衍錄一"赤"字，現據圖版改。
③ 此處存3字，漫漶殘損，《黑城出土文書》錄文作"總管"，現據圖版改。
④ 據元代文書格式可知，此處所缺文字應為"甘肅"。
⑤ "該"，《黑城出土文書》錄文作"到"，現據圖版改。

草書，尺寸為 16.3cm×12.3cm。該書將本號文書與《中國藏黑水城漢文文獻》第 2269 頁 M1·2162［Y1:W34aB］號文書統一編號為 Y1:W34，作為一件文書釋錄。按，兩號文書字跡、紙張相同，編號相連，應為同件文書。文書現存文字 5 行，前後均缺。其應為亦集乃路總管府呈甘肅行省文。文書擬題依綴合後所定。

錄文標點：

（前缺）
1. ▢▢▢▢□□▢▢▢
2. ▢▢一▢□百户□▢
3. ▢▢給施行　馬兀木□▢
4. ▢▢□僧錄①司　常海□▢
5. 　照驗□錄依九月事②
（後缺）

347. 元阿立嵬口糧文卷（之一）

題解：

本件《中國藏黑水城漢文文獻》中原始編號為 84HF135 坑内 J，出版編號為 M1·2164，收於第十冊《其他文書下》第 2271 頁，擬題為《文書殘件》，並記其尺寸為 6cm×10.5cm。《黑城出土文書（漢文文書卷）》一書未收。文書現存文字 3 行，前後均缺。本件文書殘存"息你阿"及"至治元年"等字，與《中國藏黑水城漢文文獻》第二冊《阿立嵬口糧文書》相同，應為同組文書殘件。另，本號文書與同頁 M1·2165［84HF135 坑内 K］、M1·2166［84HF135 坑内 I］號文書字跡相同，應為同組文書殘片。文書擬題依綴合後所定。

---

① "錄"字為右行補入，現徑改。
② 本文書《黑城出土文書》錄文作：
　1. ▢▢此百户下馬兀木▢
　2. 給施行
　3. 　　僧錄司▢
　4. 　　照驗□仰施行
現據圖版改。

整理編　第十冊　1889

錄文標點：

（前缺）

1. 米 内 関 訖
2. 用了當，至治元年十
3. 息你阿

（後缺）

348. 元阿立嵬口糧文卷（之一）

題解：

本件《中國藏黑水城漢文文獻》中原始編號為 84HF135 坑内 K，出版編號為 M1·2165，收於第十冊《其他文書下》第 2271 頁，擬題為《文書殘件》，並記其尺寸為 11.5cm×7.5cm。《黑城出土文書（漢文文書卷）》一書未收。文書現存文字 5 行，前後均缺。按，本號文書與同頁 M1·2164［84HF835 坑内 J］、M1·2166［84HF835 坑内 I］號文書字跡相同，應為同組文書殘片。文書擬題依綴合後所定。

錄文標點：

（前缺）

1. ▢▢
2. 月支
3. 宣慰司
4. 也先忻都等
5. ▢數等

（後缺）

349. 元阿立嵬口糧文卷（之一）

題解：

本件《中國藏黑水城漢文文獻》中原始編號為 84HF135 坑内 L，出版編號為 M1·2166，收於第十冊《其他文書下》第 2271 頁，擬題為《文書殘件》，並記其

1890　中國藏黑水城漢文文獻的整理與研究

尺寸為9.9cm×8.8cm。《黑城出土文書（漢文文書卷）》一書未收。文書現存文字1行，前後均缺。按，本號文書與同頁M1·2164［84HF835 坑內 J］、M1·2165［84HF835 坑內 K］號文書字跡相同，應為同組文書殘片。文書擬題依綴合後所定。

錄文標點：

　　　　　（前缺）
1.　　　至治元□□□□□
　　　　　（後缺）

350. 元偷盜衣服文書殘片（一）

題解：

本件《中國藏黑水城漢文文獻》中原始編號為84HF135 坑內 M，出版編號為M1·2167，收於第十冊《其他文書下》第2272頁，擬題為《文書殘件》，並記其尺寸為8.3cm×9.6cm。《黑城出土文書（漢文文書卷）》一書未收。文書現存文字3行，前後均缺。按，本號文書與同頁M1·2168［84HF135 坑內 N］號文書字跡相同，內容相關，應為同件文書。文書擬題依綴合後所定。

錄文標點：

　　　　　（前缺）
1.　　□□□□□□一
2.　　□□花暗花面兒
3.　　□□毛索札鏈□．
　　　　　（後缺）

351. 元偷盜衣服文書殘片（二）

題解：

本件《中國藏黑水城漢文文獻》中原始編號為84HF135 坑內 N，出版編號為M1·2168，收於第十冊《其他文書下》第2272頁，擬題為《文書殘件》，並記其尺寸為10.7cm×15.9cm。《黑城出土文書（漢文文書卷）》一書未收。文書現存文字4行，前後均缺。按，本號文書與同頁M1·2167［84HF135 坑內 M］號文書字跡相同，內容相關，應為同件文書。文書擬題依綴合後所定。

錄文標點：

（前缺）

1. ☐☐☐前來，同賊阿立加三☐
2. ☐☐☐☐☐☐元盜衣服內都剌沙
3. ☐☐☐☐☐☐☐☐☐☐☐袖
4. ☐☐☐☐☐☐☐☐☐☐☐☐☐袖

（後缺）

352. 元文書殘片

題解：

本件《中國藏黑水城漢文文獻》中原始編號為84H·F135：W79/2030，出版編號為M1·2169，收於第十冊《其他文書下》第2273頁，擬題為《文書殘件》，並記其尺寸為16.7cm×30.8cm。《黑城出土文書（漢文文書卷）》一書未收。文書共八件殘片，其中殘片一、二、三、五、六、八均無文字殘留；殘片四原存文字4行，其中第2、3行被塗抹，現存文字2行；殘片七現存文字2行。

錄文標點：

（一）

（無文字殘留）

（二）

（無文字殘留）

（三）

（無文字殘留）

（四）

（前缺）

1. ☐☐☐項追①納到☐☐☐
2. ☐☐☐☐罪犯☐☐☐☐②

（後缺）

---

① "追"字前原衍一字，後塗抹，現徑改。
② 此行文字前原有兩行文字，後塗抹，現徑改。

（五）

（無文字殘留）

（六）

（無文字殘留）

（七）

    （前缺）

1. ☐☐□碩甘肅☐☐

2. ☐☐實

    （後缺）

（八）

（有殘存墨跡，但無文字殘留）

353. 元阿立嵬口糧文卷（之一）

題解：

本件《中國藏黑水城漢文文獻》中原始編號為84H·F135：W68/2019，出版編號為M1·2170，收於第十冊《其他文書下》第2274頁，擬題為《口糧等文書殘件》，並記其尺寸為6.2cm×28.7cm。《黑城出土文書（漢文文書卷）》一書未收。文書共三件殘片，殘片一現存文字2行；殘片二現存文字3行，殘片三現存文字2行。據文書之出土地、紙張、字跡、內容等可推斷，本件文書應為元阿立嵬口糧文卷之一。

錄文標點：

（一）

    （前缺）

1. ☐☐☐□☐☐

2. ☐☐☐年內☐

    （後缺）

（二）

    （前缺）

1. ☐☐☐☐□☐☐□☐

整理編　第十冊　1893

2. ☐☐月 八 日納狀人☐☐
3. ☐☐☐結纽孔☐☐
　　　　（後缺）
（三）
　　　　（前缺）
1. 户軍☐☐月口粮☐☐
2. ☐☐黄米一 斗 ☐☐
　　　　（後缺）

354. 元文書殘片
題解：
本件《中國藏黑水城漢文文獻》中原始編號為84H·F135：W66/2017，出版編號為M1·2171，收於第十冊《其他文書下》第2274頁，擬題為《文書殘件》，並記其尺寸為4.2cm×25.2cm。《黑城出土文書（漢文文書卷）》一書未收。文書共三件殘片，殘片一、二各存文字2行，殘片三現存文字1行。文書殘片三與殘片一、二字跡不同，應非同件文書。

錄文標點：
（一）
　　　　（前缺）
1. ☐☐劉☐☐
2. ☐☐☐☐
　　　　（後缺）
（二）
　　　　（前缺）
1. ☐☐一人　　☐☐
2. ☐☐
　　　　（後缺）
（三）
　　　　（前缺）

1894 中國藏黑水城漢文文獻的整理與研究

1. ▭□等防▭
　　　　（後缺）

355. 元坤只禿文書殘片

題解：

本件《中國藏黑水城漢文文獻》中原始編號為84H·F135：W51/2002，出版編號為M1·2172，收於第十冊《其他文書下》第2275頁，擬題為《文書殘件》，並記其尺寸為13cm×28.4cm。《黑城出土文書（漢文文書卷）》一書未收。文書共兩件殘片，殘片一現存文字3行，殘片二現存文字6行，均有塗抹痕跡。

錄文標點：

（一）
　　　　（前缺）
1. ▭□據坤只禿□▭
2. ▭招①伏是實，今▭
3. ▭軍□▭②□③。
　　　　（後缺）

（二）
　　　　（前缺）
1. ▭户口
2. ▭坤只禿□□□謝□▭
3. ▭伏既係荅荅裏男□□▭
4. ▭入▭口分④都不合斤承
5. ▭□□□□要車車禿万户赴⑤

---

① "招"字前原衍"其詞訴"三字，後塗抹，現徑改。
② "軍□▭"等為右行補入，現徑改。
③ 此字前原衍數字，後塗抹，現徑改。
④ "▭口分"原作"延祐七年十二月▭"，塗抹後於右行改寫，現徑改。
⑤ "□要車車禿万户赴"原行書寫誤，塗抹後於右行改寫，現徑改。

6. _____①

　　　　（後缺）

356. 元米糧文書殘片（一）

題解：

本件《中國藏黑水城漢文文獻》中原始編號為84H・F116：W225/1397，出版編號為M1・2173，收於第十冊《其他文書下》第2276頁，擬題為《文書殘件》，並記其尺寸為19.4cm×25cm。《黑城出土文書（漢文文書卷）》一書未收。文書共五件殘片，均為殘屑。按，本號文書與《中國藏黑水城漢文文獻》第2277頁M1・2174號文書字跡相同，內容相關，應為同件文書。文書擬題依綴合後所定。

錄文標點：

（一）

　　　　（前缺）

1. _____石到倉
2. _____受若不設

　　　　（後缺）

（二）

　　　　（前缺）

1. _____□米種和中
2. _____到倉依例

　　　　（後缺）

（三）

　　　　（前缺）

1. _____伍拾□_____

　　　　（後缺）

---

① 此行文字現存部分均被塗抹，其餘部分是否殘留文字不明。

（四）

　　　　　（前缺）

1. ☐☐☐☐☐☐

　　　　　（後缺）

（五）

　　　　　（前缺）

1. ☐☐☐☐者罪☐

2. ☐☐人罪一等買粮

3. ☐☐知而不首

　　　　　（後缺）

357. 元米糧文書殘片（二）

題解：

本件《中國藏黑水城漢文文獻》中無原始編號，出版編號為M1·2174，收於第十冊《其他文書下》第2277頁，擬題為《文書殘件》，並記其尺寸為20.7cm×28.6cm。《黑城出土文書（漢文文書卷）》一書未收。文書共四件殘片。按，本號文書與《中國藏黑水城漢文文獻》第2276頁M1·2173〔84H·F116：W225/1397〕號文書字跡相同，似為同件文書。文書擬題依綴合後所定。

錄文標點：

（一）

　　　　　（前缺）

1. ☐☐各一貟不妨

2. ☐☐屬人等如遇

3. ☐☐中間如無夾帶

4. ☐☐☐到米樣無

5. ☐☐蓋依法而平

6. ☐☐得因而子☐

　　　　　（後缺）

（二）

　　　　　（前缺）

1. ☐☐☐☐|鈔|壹定☐☐☐☐

　　　　　（後缺）

（三）

　　　　　（前缺）

1. ☐☐☐☐往往①赴倉☐
2. ☐☐☐☐|榜|禁约課為来
3. ☐☐☐☐具☐☐☐
4. ☐☐☐☐☐得此照得先奉
5. ☐☐☐☐☐除已應付☐

　　　　　（後缺）

（四）

　　　　　（前缺）

1. ☐☐|☐☐☐官☐☐
2. ☐☐☐☐☐人員管民提
3. ☐☐☐☐☐粮壹万石用

　　　　　（後缺）

358. 元蘇按普文書殘片

題解：

本件《中國藏黑水城漢文文獻》中原始編號為84H·F178：W3/2190，出版編號為M1·2175，收於第十冊《其他文書下》第2278頁，擬題為《本府住人蘇按普文書殘件》，並記其尺寸為 10.6cm × 21.1cm。《黑城出土文書（漢文文書卷）》一書未收。文書現存文字3行，前後均缺。

錄文標點：

　　　　　（前缺）

1. ☐☐☐☐合扱义来之☐☐☐☐☐☐

---

① 第二個"往"字為省文符號，現徑改。

2. ☐☐本府住人蘇按普等作☐☐☐
3. ☐☐☐☐☐☐碩每石☐☐☐
　　　（後缺）

359. 元文書殘片
題解：

本件《中國藏黑水城漢文文獻》中原始編號為84H·F126：W7/1930，出版編號為M1·2176，收於第十冊《其他文書下》第2278頁，擬題為《文書殘件》，並記其尺寸為9.2cm×19.4cm。《黑城出土文書（漢文文書卷）》一書未收。文書共兩件殘片，字跡非一，應非同件文書。其中殘片一現存文字4行，有塗抹痕跡；殘片二現存文字2行。

錄文標點：

（一）
　　　　　（前缺）
1. ☐☐☐不赴一小月
2. ☐☐府除①外合行
3. ☐☐☐☐☐☐粮依
　　　　　（後缺）

（二）
　　　　　（前缺）
1. ☐
2. ☐將我来你是老賊発☐☐
　　　　　（後缺）

360. 元訴狀殘片
題解：

本件《中國藏黑水城漢文文獻》中原始編號為AE199ZHi38，出版編號為M3·0019，收於第十冊《其他文書下》第2279頁，擬題為《文書殘件》，並記

---

① "除"字右旁似補寫兩字，但其文字不清。

其尺寸為6.7cm×22cm。《黑城出土文書（漢文文書卷）》一書未收。文書共兩件殘片，各存文字3行。從內容來看，其應為訴狀殘片。

錄文標點：

（一）

（前缺）

1. 限　日☐☐☐☐☐☐☐☐
2. 住☐☐☐☐☐☐☐☐☐☐
3. ☐☐☐☐☐☐☐☐☐

（後缺）

（二）

（前缺）

1. ☐☐☐☐☐☐☐元日尹要今告人管已
2. ☐☐☐☐☐☐☐字一☐文字一厼赴官
3. ☐☐☐☐☐☐☐☐☐列帖木自合遵

（後缺）

361. 元阿立嵬口糧文卷（之一）

題解：

本件《中國藏黑水城漢文文獻》中原始編號為84H·F116：W132/1304，出版編號為M1·2177，收於第十冊《其他文書下》第2280—2282頁，共十三件殘片，分為三組，擬題為《文書殘件》，並記其尺寸分別為29cm×17cm、27.2cm×8.5cm、17.6cm×30cm。《黑城出土文書（漢文文書卷）》一書未收。文書均為殘屑，紙色較深，文字不清。按，本件文書中出現"息你立嵬"字樣，疑其應與第二冊《阿立嵬口糧文書》為同組文書殘件。

錄文標點：

（一）

（前缺）

1. 呈

（後缺）

（二）

（前缺）

1. 婦□☐

2. 末□☐

3. 紅□☐

（後缺）

（三）

（無文字殘留）

（四）

（前缺）

1. 總府□☐

2. 照驗施行☐

3. 　□□☐

（後缺）

（五）

（前缺）

1. 皮在亦☐

2. □□列木☐

（後缺）

（六）

（無文字殘留）

（七）

（前缺）

1. 家□□☐

2. 有我軀□☐

（後缺）

（八）

（前缺）

1. 　除外□☐

2. 正卅年□□□□□

3. □□□□□

　　　（後缺）

（九）

　　　（前缺）

1. 右謹具

　　　（後缺）

（十）

　　　（前缺）

1. 末糸二□□□□□

2. 同本人□□□□□

3. 前項事□□□□□

4. □□□□□

　　　（後缺）

（十一）

　　　（前缺）

1. □□訖伊妹夫息你立嵬□□□□

2. □家灯明下看覷□係年各□□□

3. 又令馬忽魯丁等□□□□□

4. □□栓絆搖□□□□□□□

　　　（後缺）

（十二）

　　　（前缺）

1. 丁根勾到官□□□□□

2. 別無虛□□□□

3. 巴沙的□□□□□

　　　（後缺）

1902 中國藏黑水城漢文文獻的整理與研究

(十三)
　　　　(前缺)
1. 荒野之地□□□□□
2. 各喚撐定□□□□□
3. 彼処別無□□□□
4. 二月內迍去□□□□
5. □住人□□□□□
　　　　(後缺)

362. 元文書殘片

題解：

本件《中國藏黑水城漢文文獻》中原始編號為84H·F116：W200/1372，出版編號為M1·2178，收於第十册《其他文書下》第2283頁，擬題為《文書殘件》，並記其尺寸為14.3cm×22cm。《黑城出土文書（漢文文書卷）》一書未收。文書共七件殘片，均為殘屑。

錄文標點：

(一)
　　　　(前缺)
1.　　初二日①

(二)
　　　　(前缺)
1. 對 刺 □□□□
　　　　(後缺)

(三)
　　　　(前缺)
1. ____□守____

---

① "初二日"上鈐印章一枚。

2. ☐☐田張黑☐

　　　（後缺）

（四）

　　　（前缺）

1. 　☐　歷　田　☐

　　　（後缺）

（五）

　　　（前缺）

1. ☐☐☐日權

　　　（後缺）

（六）

　　　（前缺）

1. 一☐☐☐
2. 渠☐☐

　　　（後缺）

（七）

　　　（前缺）

1. ☐☐偽☐

　　　（後缺）

363. 元文書殘片

題解：

　　本件《中國藏黑水城漢文文獻》中原始編號為84H・F116：W289/1461，出版編號為M1・2179，收於第十冊《其他文書下》第2284頁，擬題為《文書殘件》，並記其尺寸為27.4cm×17.3cm。《黑城出土文書（漢文文書卷）》一書未收。文書共六件殘片，均為殘屑。

錄文標點：

（一）

（前缺）

1. □□□①

（二）

（前缺）

1. □軍弍伯伍□
2. □名外其余弍
3. □□□□下□

（後缺）

（三）

（前缺）

1. □□□
2. □□□

（後缺）

（四）

（前缺）

1. □定伍拾□
2. □年九月□

（後缺）

（五）

（前缺）

1. □□式□□

（後缺）

（六）

（前缺）

---

① 此殘片現存兩字殘痕，字體較大，墨色濃，應為日期殘痕，現按元代文書簽押日期格式釋錄。

1. ▢▢已方▢▢▢
2. ▢▢▢營▢▢▢
3. ▢▢▢乞▢▢▢
　　　（後缺）

364. 元文書殘片

題解：

本件《中國藏黑水城漢文文獻》中原始編號為84H·F209：W16/2814，出版編號為M1·2180，收於第十冊《其他文書下》第2285頁，擬題為《文書殘件》，並記其尺寸為5.5cm×12.2cm。《黑城出土文書（漢文文書卷）》一書未收。文書現存文字2行，字體較大，較扁。

錄文標點：

　　　（前缺）
1. ▢▢▢▢□□□
2. ▢▢□□可見飛
　　　（後缺）

365. 元習字殘片

題解：

本件《中國藏黑水城漢文文獻》中原始編號為84H·文官府：W40/2937，出版編號為M1·2181，收於第十冊《其他文書下》第2285頁，擬題為《文書殘件》，並記其尺寸為14.4cm×24.3cm。《黑城出土文書（漢文文書卷）》一書未收。文書現存文字4行，前完後缺。從內容來看，其應為習字。

錄文標點：

1. 說為趙教授
2. 雖有孔聖之書
3. □行周公之
4. 　衣
　　　（後缺）

366. 元試筆習字殘片

題解：

本件《中國藏黑水城漢文文獻》無原始編號，出版編號為M1·2182—2183，收於第十冊《其他文書下》第2286—2287頁，擬題為《試筆大吉》，並記其尺寸為17.9cm×31.9cm 及17.6cm×31.4cm（此處尺寸應有一處有誤，兩者為正背面圖版，尺寸應一致）。《黑城出土文書（漢文文書卷）》一書未收。文書共四件殘片，其中殘片一、二均為正背雙面書寫，殘片一正面現存文字5行，其中文書內容3行，字跡較小，試筆2行，字跡較大，墨色較濃，背面為雜寫；殘片二正面簽押習寫1行，文字2行，背面現存文字2行，墨色濃，另雜寫多字，墨色淡，字跡不清；殘片三現存文字2行，圖版橫置；殘片四現存2字殘痕。四件殘片字跡非一，應非同件文書。

錄文標點：

（一）

正：

　　　　（前缺）

1.　　　来再行照前卷☐☐☐☐

2. 一常平倉已行申

3.　　　省照驗☐☐今来☐☐☐

4. 試筆大吉講武善

5. 論文注書孔孟之微

　　　　（後缺）

背：

　　　　（前缺）

1. 廿七日　廿七日　廿六日　亦集乃

2. 不明[①]　　廿二日　廿一日　廿六日

3. 廿八日　　廿九日　廿☐日

[①] "不明"兩字於天頭處橫書。

4. □□日　□□　十二　十□日

　　　　（後缺）

（二）

正：

　　　　（前缺）

1. _____（簽押）（簽押）（簽押）（簽押）

2. _____年六月

3. _____□十三日

　　　　（後缺）

背：

　　　　（前缺）

1. _____府

2. _____□先錢□半□①

　　　　（前缺）

（三）

　　　　（前缺）

1. _____事大德三年五_____

2. _____□十□_____

　　　　（後缺）

（四）

　　　　（前缺）

1. _____　□（簽押）

　　　　（後缺）

367. 元習抄《孝經》殘片

題解：

本件《中國藏黑水城漢文文獻》中原始編號為84H・Y1采：W103/2773，出

---

① "□半□"三字横書，字頭向右，墨色淡。

1908 中國藏黑水城漢文文獻的整理與研究

版編號為M1·2184，收於第十冊《其他文書下》第2288頁，擬題為《試筆大吉》，並記其尺寸為13.7cm×30.9cm。《黑城出土文書（漢文文書卷）》一書未收。文書共兩件殘片，殘片一為正背雙面書寫，正面現存文字2行，內容出自《孝經》之《諫諍章第十五》，背面圖版《中國藏黑水城漢文文獻》未收；殘片二現存文字3行，第1行為簽押習寫。

錄文標點：

（一）

正：

（前缺）

1. 不 失 其 天下，諸侯 ☐ ①

2. 五人，雖 無 道，不失 ☐ ②

背：

（略）

（二）

（前缺）

1. ☐（簽押）（簽押）

2. ☐筆太吉

3. ☐ 筆

（後缺）

368. 元文書殘片

題解：

本件《中國藏黑水城漢文文獻》中原始編號為84H·F116∶W282/1454，出版編號為M1·2185，收於第十冊《其他文書下》第2289頁，擬題為《分例米麵等文書殘件》，並記其尺寸為26cm×16.7cm。《黑城出土文書（漢文文書卷）》一書未收。文書共八件殘片，均為殘屑，其字跡非一，應非同件文書。其中殘片

---

① 據《孝經》可知，此處所缺文字應為"有諍臣"。
② 據《孝經》可知，此處所缺文字應為"其國"。

一、三、四、六、七紙張、字跡相同，應為同件文書，從內容來看，其應為分例米麵文書殘片；殘片二、八字跡相同，應為同件文書，從內容來看，其應為地土文書殘片；殘片五紙張與其他均不同，應為單獨一件文書殘片。

錄文標點：

（一）

　　　　（前缺）

1. ☐本☐

　　　　（後缺）

（二）

　　　　（前缺）

1. ☐条叚数☐

　　　　（後缺）

（三）

　　　　（前缺）

1. ☐費☐

　　　　（後缺）

（四）

　　　　（前缺）

1. 二日曾☐

　　　　（後缺）

（五）

（蒙古文）

（六）

　　　　（前缺）

1. ☐三个月分例米面☐

　　　　（後缺）

（七）

　　　　（前缺）

1. 前去☐

　　　　（後缺）

(八)
　　　　　（前缺）
1. ☐☐☐八个月☐☐☐
2. ☐☐☐提調外，及囬
3. ☐☐☐　　　☐
　　　　　（後缺）

369. 元文書殘片

題解：

本件《中國藏黑水城漢文文獻》中原始編號為 F116：W504，出版編號為 M1・2186，收於第十冊《其他文書下》第 2290 頁，擬題為《文書殘件》，並記其尺寸為 33.4cm×10cm。《黑城出土文書（漢文文書卷）》一書未收。文書共兩件殘片，殘片一現存文字 1 行，殘片二僅存一簽押。

錄文標點：

（一）
　　　　（前缺）
1. ☐☐☐☐司
　　　　（後缺）

（二）
　　　　（前缺）
1. ☐☐☐（簽押）

370. 元文書殘尾

題解：

本件《中國藏黑水城漢文文獻》中原始編號為 84H・F116：W203/1375，出版編號為M1・2187，收於第十冊《其他文書下》第 2290 頁，擬題為《文書殘件》，並記其尺寸為 13.3cm×12.5cm。《黑城出土文書（漢文文書卷）》一書未收。文書現存文字 1 行，為蒙古文年號日期，其中年號、月、日等字為墨戳文字，具體數字手書填寫，且鈐朱印一枚。

錄文標點：

（略）

371. 元亦集乃路總管府文書殘片

題解：

本件《中國藏黑水城漢文文獻》中原始編號為 F2：W63，出版編號為 M1·2188，收於第十冊《其他文書下》第 2291 頁，擬題為《亦集乃路總管府》，並記其尺寸為 8.8cm×35.8cm。《黑城出土文書（漢文文書卷）》一書未收。文書現存文字 1 行，前完後缺。

錄文標點：

1. 亦 集 乃 路 總 管 府　　□□
　　　　（後缺）

372. 元呈文殘片

題解：

本件《中國藏黑水城漢文文獻》中原始編號為 F166：W13，出版編號為 M1·2189，收於第十冊《其他文書下》第 2291 頁，擬題為《文書殘件》，並記其尺寸為 15.5cm×30.3cm。《黑城出土文書（漢文文書卷）》一書未收。文書共四件殘片，均為殘屑，其中殘片一圖版反置，文字在圖版背面，從正面所透字跡看，現存 1 字，似為"呈"。

錄文標點：

（一）

　　　　（前缺）

1. 呈

　　　　（後缺）

（二）

　　　　（前缺）

1. ☐☐☐☐☐　　（簽押）
2. ☐☐☐☐☐　□□□

　　　　（後缺）

(三)

　　　　(前缺)

1. □

　　　　(後缺)

(四)

　　　　(前缺)

1. ☐行伏乞

　　　　(後缺)

373. 元亦集乃路總管府文書殘片

題解：

本件《中國藏黑水城漢文文獻》中原始編號為 F166：W10，出版編號為 M1・2190，收於第十冊《其他文書下》第 2292 頁，擬題為《文書殘件》，並記其尺寸為 6cm×6.3cm。《黑城出土文書（漢文文書卷）》一書未收。文書現存文字 1 行。

錄文標點：

　　　　(前缺)

1. ☐管　府

　　　　(後缺)

374. 元至大元年（1308）亦集乃路總管府照勘大德十一年稅糧文卷（之一）

題解：

本件《中國藏黑水城漢文文獻》中無原始編號，出版編號為 M1・2191，收於第十冊《其他文書下》第 2292 頁，擬題為《文書殘件》，並記其尺寸為 14.3cm×12.6cm。本件還收錄於《黑城出土文書（漢文文書卷）》第 116—117 頁《錢糧類・大德十一年稅糧文卷》，其所記文書編號為 F116：W313（3），並列出文書諸要素為：竹紙，殘屑，行書，尺寸為 14.3cm×12.6cm。該書將本號文書與《中國藏黑水城漢文文獻》第二冊《大德十一年稅糧文書》第 277 頁 M1・0196

[F116：W313] 號文書釋錄為一，編號為 F116：W313。按，兩號文書字跡相同，應為同件文書。文書擬題依綴合後所定。

錄文標點：

（前缺）
1. ☐☐☐☐趙　　震（簽押）
2. 　□□案牘羅　孝祥（簽押）
3. 　　□　事　孟　　集①（簽押）
4. 　　□　　　歷②

（後缺）

375. 元文書殘片

題解：

本件《中國藏黑水城漢文文獻》中原始編號為 84H・F135：W61/2012，出版編號為M1・2192，收於第十冊《其他文書下》第 2293 頁，擬題為《文書殘件》，並記其尺寸為 9.8cm×20.4cm。《黑城出土文書（漢文文書卷）》一書未收。文書共兩件殘片，殘片一現存文字 2 行，殘片二現存文字 4 行，均前後缺。兩殘片字跡非一，應非同件文書。

錄文標點：

（一）

（前缺）
1. 提□☐☐☐☐☐☐☐
2. □☐☐☐☐☐☐☐

（後缺）

（二）

（前缺）
1. ☐☐☐☐家口衣粮錢
2. ☐☐☐☐□將我□根

---

① "集"，《黑城出土文書》錄文未釋讀，現據圖版補。
② 此行文字《黑城出土文書》錄文未釋讀，現據圖版補。

1914 中國藏黑水城漢文文獻的整理與研究

3. ☐☐取拾鈔一定三兩
4. ☐☐☐☐□者承此
　　　（後缺）

376. 元黃米文書殘片

題解：

本件《中國藏黑水城漢文文獻》中原始編號為84H·F135：W42/1993，出版編號為M1·2193，收於第十冊《其他文書下》第2293頁，擬題為《文書殘件》，並記其尺寸為7.4cm×22.6cm。《黑城出土文書（漢文文書卷）》一書未收。文書共兩件殘片，殘片一現存文字1行，殘片二現存文字3行。

錄文標點：

（一）
　　　（前缺）
1. ☐☐□今後☐☐
　　　（後缺）

（二）
　　　（前缺）
1. ☐☐等百户軍☐☐
2. ☐☐黃米一☐十五石☐☐
3. ☐☐人户□□☐
　　　（後缺）

377. 元文書殘片

題解：

本件《中國藏黑水城漢文文獻》中原始編號為84H·F135：W26/1977，出版編號為M1·2194，收於第十冊《其他文書下》第2294頁，擬題為《文書殘件》，並記其尺寸為6.9cm×28cm。《黑城出土文書（漢文文書卷）》一書未收。文書共三件殘片，均為殘屑。

錄文標點：

（一）

　　　　（前缺）

1. ☐☐倉存☐

　　　　（後缺）

（二）

　　　　（前缺）

1. ☐☐☐☐

2. ☐☐☐前☐

　　　　（後缺）

（三）

　　　　（前缺）

1. ☐　　暗蒲　☐
2. ☐☐　哈散　☐
3. ☐　　暗蒲　☐
4. ☐　　☐☐　☐

　　　　（後缺）

378. 元欽鈔文書殘片（一）

題解：

本件《中國藏黑水城漢文文獻》中原始編號為84H・F135：W20/1971，出版編號為M1・2195，收於第十冊《其他文書下》第2294頁，擬題為《文書殘件》，並記其尺寸為7.9cm×18.5cm。《黑城出土文書（漢文文書卷）》一書未收。文書原存文字4行，後兩行塗抹。按，本號文書與《中國藏黑水城漢文文獻》第2295頁M1・2196［84H・F135：W29/1980］號文書殘片三，應為同件文書。文書擬題依綴合後所定。

錄文標點：

　　　　（前缺）

1. ☐鎮撫☐☐

2. □□每名各斂鈔五兩□☐①

（後缺）

379. 元斂鈔文書殘片（二）

題解：

本件《中國藏黑水城漢文文獻》中原始編號為84H・F135：W29/1980，出版編號為M1・2196，收於第十冊《其他文書下》第2295頁，擬題為《文書殘件》，並記其尺寸為4.6cm×28.6cm。《黑城出土文書（漢文文書卷）》一書未收。文書共三件殘片，各存文字1行。按，本號文書與《中國藏黑水城漢文文獻》第2294頁M1・2195［84H・F135：W20/1971］號文書字跡相同，應為同件文書。文書擬題依綴合後所定。

錄文標點：

（一）

（前缺）

1. ☐□數□☐

（後缺）

（二）

（前缺）

1. ☐具□☐

（後缺）

（三）

（前缺）

1. ☐□軍內每②☐　五兩□☐③

（後缺）

---

① 此行文字後原有兩行文字，後塗抹，現徑改。
② "☐□軍內每"等字為右行補入，現徑改。
③ 此行文字前原有一行文字，後塗抹，現徑改。

380. 元文書殘片

題解：

本件《中國藏黑水城漢文文獻》中原始編號為84H·F125：W10/1860，出版編號為M1·2197，收於第十冊《其他文書下》第2295頁，擬題為《文書殘件》，並記其尺寸為3.8cm×16.6cm。《黑城出土文書（漢文文書卷）》一書未收。文書現存文字1行，前後均缺。

錄文標點：

（前缺）

1. ▢▢▢數，將見在▢開坐囙付施行

（後缺）

381. 元錢鈔文書殘片

題解：

本件《中國藏黑水城漢文文獻》中無原始編號，出版編號為M1·2198，收於第十冊《其他文書下》第2296頁，擬題為《文書殘件》，並記其尺寸為4.4cm×6.6cm。《黑城出土文書（漢文文書卷）》一書未收。文書現存文字1行，前後均缺。

錄文標點：

（前缺）

1. ▢價錢中▢

（後缺）

382. 元錢鈔文書殘片

題解：

本件《中國藏黑水城漢文文獻》中原始編號為84H·F125：W33/1883，出版編號為M1·2199，收於第十冊《其他文書下》第2296頁，擬題為《文書殘件》，並記其尺寸為5.4cm×12.7cm。《黑城出土文書（漢文文書卷）》一書未收。文書現存文字2行，前後均缺。

録文標點：

（前缺）

1. 估每口價 錢☐
2. ☐☐☐☐☐

（後缺）

383. 元試筆習字殘片

題解：

本件《中國藏黑水城漢文文獻》中原始編號為 F2：W64，出版編號為 M1·2200，收於第十冊《其他文書下》第 2297 頁，擬題為《試筆大吉》，並記其尺寸為 16.6cm×29.4cm。《黑城出土文書（漢文文書卷）》一書未收。文書現存文字 3 行。

録文標點：

（前缺）

1. 初九日　初九日　初九日
2. 試筆太吉（簽押）
3. 　　　　亦集乃路

（後缺）

384. 元試筆習字殘片

題解：

本件《中國藏黑水城漢文文獻》中原始編號為 84H·大院采 a6：W65/2854，出版編號為 M1·2201，收於第十冊《其他文書下》第 2298 頁，擬題為《試筆大吉》，並記其尺寸為 7.8cm×28.5cm。《黑城出土文書（漢文文書卷）》一書未收。文書現存文字 4 行，為雜寫。

録文標點：

（前缺）

1. 　　則近近則皇☐☐自
　　　　　進
2. 　　大☐☐　　儲　拜

3. **試筆大吉**　諸

4. 　　**自**

　　　　（後缺）

385. 元文書殘片

題解：

本件《中國藏黑水城漢文文獻》中原始編號為 84H・F19：W45／0582，出版編號為M1・2202，收於第十冊《其他文書下》第 2298 頁，擬題為《試筆大吉》，並記其尺寸為 6.6cm×5cm。《黑城出土文書（漢文文書卷）》一書未收。文書原存文字 4 行，前兩行塗抹，現存文字 2 行。從內容來看，《中國藏黑水城漢文文獻》擬題有誤，其非試筆習字。

錄文標點：

　　　　（前缺）

1.　　右①　　　　　②

2. 一向□　　　　

　　　　（後缺）

386. 元試筆習字殘片

題解：

本件《中國藏黑水城漢文文獻》中原始編號為 F1：W41，出版編號為M1・2203，收於第十冊《其他文書下》第 2299 頁，擬題為《試筆大吉》，並記其尺寸為 13.7cm×9.2cm。《黑城出土文書（漢文文書卷）》一書未收。文書為正背雙面書寫，正面現存文字 3 行，背面圖版《中國藏黑水城漢文文獻》未收。

錄文標點：

正：

　　　（前缺）

1. □筆大吉

---

① "右"字前有墨筆勾畫痕跡。
② 此行文字前原有兩行文字，後塗抹，現徑改。

2. ▢□六十三□米▢

3. **試筆太吉利**

（後缺）

背：

（略）

387. 元文書殘片

題解：

本件《中國藏黑水城漢文文獻》中原始編號為84H・F20：W28/1677，出版編號為M1・2204，收於第十冊《其他文書下》第2299頁，擬題為《文書殘件》，並記其尺寸為8.6cm×9.8cm。《黑城出土文書（漢文文書卷）》一書未收。文書共兩件殘片，殘片一現存文字3行，殘片二無文字殘留。

錄文標點：

（一）

（前缺）

1. ▢年卅六歲

2. ▢稱布年廿九□

3. ▢□▢□①

（後缺）

（二）

（無文字殘留）

388. 元差令巴文書殘片

題解：

本件《中國藏黑水城漢文文獻》中原始編號為84H・F134：W3/1951，出版編號為M1・2205，收於第十冊《其他文書下》第2300頁，擬題為《總府差令巴前去》，並記其尺寸為3.5cm×21cm。《黑城出土文書（漢文文書卷）》一書未

---

① 此行文字現存兩字殘痕，均為右行補入，現徑改。

收。文書現存文字 2 行，前後均缺。

錄文標點：

（前缺）

1. 總府差令巴前去各 站☐☐☐☐
2. ☐☐☐☐☐☐☐☐☐☐

（後缺）

389. 元祖朵立只答取狀文書殘片

題解：

本件《中國藏黑水城漢文文獻》中原始編號為 84H·F135：W24/1975，出版編號為 M1·2206，收於第十冊《其他文書下》第 2300 頁，擬題為《取狀等文書》，並記其尺寸為 9.3cm×32cm。《黑城出土文書（漢文文書卷）》一書未收。文書共兩件殘片，各存文字 1 行。兩件殘片字跡非一，應非同件文書。

錄文標點：

（一）

（前缺）

1. 年十月十二日有百☐☐☐☐

（後缺）

（二）

（前缺）

1. ☐☐取狀人吏祖朵立只荅狀

390. 元文書殘片

題解：

本件《中國藏黑水城漢文文獻》中原始編號為 84H·F135：W28/1979，出版編號為 M1·2207，收於第十冊《其他文書下》第 2301 頁，擬題為《文書殘件》，並記其尺寸為 5cm×17.9cm。《黑城出土文書（漢文文書卷）》一書未收。文書共兩件殘片，各存文字 1 行。

1922　中國藏黑水城漢文文獻的整理與研究

錄文標點：

（一）

（前缺）

1. ▢▢□□□□▢▢

（後缺）

（二）

（前缺）

1. ▢▢▢□十七日納扵□▢▢▢

（後缺）

391. 元文書殘片

題解：

本件《中國藏黑水城漢文文獻》中原始編號為84H·F135：W35/1986，出版編號為M1·2208，收於第十冊《其他文書下》第2301頁，擬題為《文書殘件》，並記其尺寸為6.7cm×13.8cm。《黑城出土文書（漢文文書卷）》一書未收。文書共三件殘片，均為殘屑。

錄文標點：

（一）

（前缺）

1. ▢▢▢▢□下

（後缺）

（二）

（前缺）

1. ▢▢▢□言田□▢▢

（後缺）

（三）

（前缺）

1. ▢▢▢▢□等
2. ▢▢▢▢□三丁□

3. ▭□□
    （後缺）

392. 元文書殘片

題解：

本件《中國藏黑水城漢文文獻》中原始編號為84H・F146：W20/2076，出版編號為M1・2209，收於第十冊《其他文書下》第2302頁，擬題為《文書殘件》，並記其尺寸為8.6cm×15cm。《黑城出土文書（漢文文書卷）》一書未收。文書現存文字3行，墨色較淡，不易釋讀。

錄文標點：

（前缺）

1. ▭本府
2. ▭□照驗轉□今差吏
3. ▭□□具申，伏乞
   （後缺）

393. 元文書殘片

題解：

本件《中國藏黑水城漢文文獻》中原始編號為84H・F155：W9/2111，出版編號為M1・2210，收於第十冊《其他文書下》第2302頁，擬題為《文書殘件》，並記其尺寸為7.7cm×29.3cm。《黑城出土文書（漢文文書卷）》一書未收。文書共三件殘片，殘片一、三各存文字2行，殘片二現存文字1行。

錄文標點：

（一）

（前缺）

1. ▭□□
2. ▭□路▭
   （後缺）

1924 中國藏黑水城漢文文獻的整理與研究

（二）
　　　　（前缺）
1.　□處復當□
　　　　（後缺）

（三）
　　　　（前缺）
1.　□見住□□□□
2.　□馬跑邊境
　　　　（後缺）

394. 元至正四年（1344）文書糜子文書殘片

題解：

本件《中國藏黑水城漢文文獻》中原始編號為84H・F192：W7/2227，出版編號為M1・2211，收於第十冊《其他文書下》第2303頁，擬題為《至正四年文書》，並記其尺寸為22.4cm×22cm。《黑城出土文書（漢文文書卷）》一書未收。文書共四件殘片，均為殘屑。

錄文標點：

（一）
　　　　（前缺）
1.　一關□□事理
　　　　（後缺）

（二）
　　　　（前缺）
1.　□糜子兩石□
2.　□□月十□
　　　　（後缺）

（三）
　　　　（前缺）
1. 省堂□

2. □▭▭▭
　　　　（後缺）
（四）
　　　（前缺）
1. 至正四年七月▭▭▭
　　　　（後缺）

395. 元文書殘片

題解：

本件《中國藏黑水城漢文文獻》中原始編號為 84HF20，出版編號為 M1·2212—2213，收於第十冊《其他文書下》第 2304—2305 頁，擬題為《文書殘件》，並記其尺寸為 16.7cm×20.9cm 及 16.7cm×19.3cm（此處尺寸應有一處有誤，兩者為正背面圖版，尺寸應一致）。《黑城出土文書（漢文文書卷）》一書未收。文書共十件殘片，均為正背雙面書寫，其中殘片二、三、四、七、十均為一面漢文，一面西夏文文字；殘片六、八雙面均為西夏文，且殘片六正面下半部文字被裱壓；殘片一、五、九雙面均為漢文。從現存漢文來看，其應為元文書殘片。

錄文標點：

（一）

正：
　　　（前缺）
1. ▭▭□▭▭▭
2. ▭▭□計▭
　　　（後缺）

背：
　　　（前缺）
1. ▭▭□□□□
　　　（後缺）

（二）

正：

（前缺）
1. ☐☐☐移前☐☐☐
2. ☐☐☐講武☐☐☐
3. ☐☐☐孤效☐☐☐
4. ☐☐☐☐☐☐☐
（後缺）

背：

（四行西夏文）

（三）

正：

（前缺）
1. ☐☐☐☐☐☐
2. ☐☐☐☐城☐☐
3. ☐☐☐在城☐☐
（後缺）

背：

（四行西夏文）

（四）

正：

（三行西夏文）

背：

（前缺）
1. ☐☐☐☐☐本☐☐☐
（後缺）

（五）

正：

（前缺）
1. ☐☐☐☐ ☐☐
（後缺）

背：

　　　　　（前缺）

1. ▢▢　▢　▢▢

2. 　　▢▢▢

　　　（後缺）

（六）

正：

（一行西夏文）

背：

（一行西夏文）

（七）

正：

　　　　（前缺）

1. ▢▢▢訛▢

2. ▢▢▢▢▢

　　　（後缺）

背：

（三行西夏文）

（八）

正：

（三行西夏文）①

背：

（四行西夏文）

（九）

正：

　　　　（前缺）

1. ▢▢軀粮▢

2. ▢▢▢与▢

---

① 此殘片下半部分文字被裱墾。

1928　中國藏黑水城漢文文獻的整理與研究

　　3.　□□典人等□□
　　4.　□□至九日□□
　　　　　（後缺）

背：
　　　　　（前缺）
　　1.　□□日不成□□
　　2.　□□□俗□
　　3.　□□□

　　　　　（後缺）

（十）

正：
　　　　　（前缺）
　　1.　　　開
　　2.　□□□□□
　　　　　（後缺）

背：
（五行西夏文）

396. 元墨戳殘片

題解：

本件《中國藏黑水城漢文文獻》中原始編號為84HF97，出版編號為M1·2214，收於第十冊《其他文書下》第2306頁，擬題為《文書殘件》，並記其尺寸為20.5cm×29.8cm。《黑城出土文書（漢文文書卷）》一書未收。文書現存一墨戳，墨色淡，文字不清，旁有兩字，被墨筆雙欄圈畫，再左有一朱筆"日"字，字體大，墨色淡。

錄文標點：

　　　　　（前缺）
　　1.　（墨戳）

2.　　　稅□①

3. 日②

397. 元習字殘片

題解：

本件《中國藏黑水城漢文文獻》中原始編號為"大院內北牆下 C"，出版編號為M1·2215，收於第十冊《其他文書下》第 2307 頁，擬題為《文書殘件》，並記其尺寸為 16cm×27cm。《黑城出土文書（漢文文書卷）》一書未收。文書為正背雙面書寫，正面現存文字 2 行，字體大小、墨色不均，為習寫；背面圖版《中國藏黑水城漢文文獻》未收。

錄文標點：

正：

　　　　（前缺）

1. 小學小學

　　　　　□如□

2. 小學日　　負

　　　　　□李③

　　　　（後缺）

背：

（略）

398. 元習字殘片

題解：

本件《中國藏黑水城漢文文獻》中原始編號為 HF24X，出版編號為M1·2216—2217，收於第十冊《其他文書下》第 2308—2309 頁，擬題為《文書殘件》，並記其尺寸為 17.7cm×27.4cm 及 18.3cm×27.5cm（此處尺寸應有一處有

---

① 此兩字被墨筆雙欄圈畫。
② 此"日"字為朱筆，墨色淡。
③ 此三行文字字頭向下。

誤，兩者為正背面圖版，尺寸應一致）。《黑城出土文書（漢文文書卷）》一書未收。文書為正背雙面書寫，正面現存文字3行，第1行位於右下角，字頭向左上角，墨色較淡；第2、行字體大，墨色濃；背面現存文字3行，第3行墨色淡。從內容來看，文書應為習寫。

錄文標點：

正：

   （前缺）

1.   行□①
2. ▭日
3. ▭右牓

   （後缺）

背：

   （前缺）

1. ▭通知
2. ▭自　通　首
3.   張舍

   （後缺）

399. 元文書殘片

題解：

本件《中國藏黑水城漢文文獻》中原始編號為"架閣庫F116"，出版編號為M1·2218，收於第十冊《其他文書下》第2310頁，擬題為《天字二十八號公文》，並記其尺寸為16.1cm×26.6cm。《黑城出土文書（漢文文書卷）》一書未收。文書由三紙重疊裱補而成，其中最下一紙為正背雙面書寫，正面現存文字1行，背面現存文字二行，背面圖版《中國藏黑水城漢文文獻》未收；中間一紙無文字殘留；最上一紙為正背雙面書寫，正面現存文字3行，背面現存文字1行，背面圖版《中國藏黑水城漢文文獻》未收。

---

① 此兩字字頭向左上角。

錄文標點：

最下一紙：

正：

（前缺）

1. ☐☐☐☐伍号

（後缺）

背：

（前缺）

1. ☐☐☐☐☐至正廿一年　☐☐（簽押）

2. ☐☐☐☐☐☐　韓　　☐☐（簽押）

（後缺）

中間一紙：

（無文字殘留）

最上一紙：

正：

（前缺）

1. 　☐☐☐☐

2. **天字廿八号**

3. ☐☐☐☐

（後缺）

背：

（前缺）

1. 　☐☐四年　☐

（後缺）

400. 元文書殘片

題解：

本件《中國藏黑水城漢文文獻》中無原始編號，出版編號為M1·2219，收於第十冊《其他文書下》第2311—2312頁，擬題為《文書殘件》，並記其尺寸為

23.5cm×27.6cm 及 23.7cm×28cm（此處尺寸應有一處有誤，兩者為正背面圖版，尺寸應一致）。《黑城出土文書（漢文文書卷）》一書未收。文書為正背雙面書寫，正面現存文字 3 行，背面裱補六紙片，字跡非一，應非同件文書。

錄文標點：

正：

    （前缺）

1. ____□□□____

2. （簽押）（簽押）

3. □□ □

    （後缺）

背：

（一）

    （前缺）

1. 蒙_____

2. _____□□□辰□主□

3. _____□曆□□ □□□

4. _____□_____

    （後缺）

（二）

（蒙古文 2 行）

（三）

（墨戳一枚，文字不清）

（四）

    （前缺）

1. □□_____

2. □_____①

    （後缺）

---

① 此裱補殘片鈐朱印一枚。

（五）

　　　　（前缺）

1. ▢▢▢▢

2. ▢▢▢▢▢

3. ▢▢除▢▢▢又一石▢

　　　　（後缺）

（六）

　　　　（前缺）

1. 列▢之

2. 以下

3. ▢▢

　　　　（後缺）

401. 元文書殘片

題解：

本件《中國藏黑水城漢文文獻》中原始編號為"HF111（下層）D正"，出版編號為M1·2221背，收於第十冊《其他文書下》第2313頁，擬題為《文書殘件》，並記其尺寸為10.5cm×18.5cm。《黑城出土文書（漢文文書卷）》一書未收。文書為正背雙面書寫，兩面字跡不同，應非同件文書。此為正面內容，現存文字4行，前後均缺。

錄文標點：

　　　　（前缺）

1. ▢將元▢

2. 始曆又無干▢人▢▢▢

3. 有吉俱各開坐▢

4. 似難取

　　　　（後缺）

402. 元中統元年（1260）置到鈔文書殘片

題解：

本件《中國藏黑水城漢文文獻》中原始編號為"HF111（下層）D背"，出版編號為M1·2222背，收於第十冊《其他文書下》第2313頁，擬題為《中統元年八月》，並記其尺寸為10.5cm×18cm（此處尺寸與上件文書尺寸應有一處有誤，兩者為正背面圖版，尺寸應一致）。《黑城出土文書（漢文文書卷）》一書未收。文書為正背雙面書寫，兩面字跡不同，應非同件文書。此為背面內容，現存文字3行，前後均缺。

錄文標點：

（前缺）

1. 府判
2. 中統元年八月日置到
3. 余剩鈔□□十八兩

（後缺）

403. 元文書殘片

題解：

本件《中國藏黑水城漢文文獻》中原始編號為HF125，出版編號為M1·2223—2224，收於第十冊《其他文書下》第2314—2315頁，擬題為《放官羊人戶等文書》，並記其尺寸為20.8cm×34.5cm及19.8cm×34cm（此處尺寸應有一處有誤，兩者為正背面圖版，尺寸應一致）。《黑城出土文書（漢文文書卷）》一書未收。文書由若干紙片裱補粘接而成，正背雙面有字，文字佈局雜亂，且各殘片字跡非一，應非同件文書。

錄文標點：

正：

（一）

（前缺）

1. ▢霧雲霧霧雲術霧氣　雲雲

2. _____　雲

3. _____　雲

　　　（後缺）

（二）

　　　（前缺）

1. _____□□_____

2. ____□下云

3. _____□□_____

　　　（後缺）

（三）

　　　（前缺）

1. _____得係至□取中統鈔一十_____

2. _____□月廿五日移狀王傅_____

3. _____□失□年今□_____

　　　（後缺）

（四）

　　　（前缺）

1. _____在城站□_____

　　　（後缺）

（五）

（蒙古文3行）

（六）

　　　（前缺）

1. _____人殺害。蒙元帥府

2. _____你父親被_____

3. _____□放官羊人戶殺害是實，得此語句①，今

　　　（後缺）

---

① "語句"兩字為右行補入，現徑改。

背：

（一）

（前缺）

1. ☐☐光☐☐☐☐☐

（雜畫簽押多處）

2. ☐☐☐☐☐奴☐性☐☐

3. ☐☐☐☐☐☐☐☐☐☐☐☐

（後缺）

（二）

（前缺）

1. ☐☐☐☐☐☐☐

2. 每近幾遍動文書故☐

（後缺）

（三）

（前缺）

1. ☐☐王秀（簽押）（簽押）

2. 　　推送王秀（簽押）

3. ☐☐☐☐王秀（簽押）

（後缺）

（四）

（前缺）

1. ☐是平常☐☐☐

（後缺）

（五）

（前缺）

1. ☐☐☐商量者☐

（後缺）

（六）

（前缺）

1. 大麦□☐☐☐☐☐☐☐
　　　　　（後缺）
（七）
　　　　　（前缺）
1. ☐☐☐☐☐☐☐☐
2. ☐☐☐陳官照驗初九日□
3. 陳官
　　　　　（後缺）

404. 元文書殘片

題解：

本件《中國藏黑水城漢文文獻》中原始編號為84HF155A，出版編號為M1·2225—2226，收於第十冊《其他文書下》第2316—2317頁，擬題為《文書殘件》，並記其尺寸為20.4cm×27.7cm及20.8cm×28.2cm（此處尺寸應有一處有誤，兩者為正背面圖版，尺寸應一致）。《黑城出土文書（漢文文書卷）》一書未收。文書共七件殘片，均為正背雙面書寫，其中殘片三、四背面均為刻本文獻殘片，且殘片三正面為圖畫，左、下墨筆畫雙欄；殘片二、五正背均為西夏文，兩者字跡相同，應為同件文書。從漢文內容來看，其應為元文書殘片。

錄文標點：

（一）

正：
　　　　　（前缺）
1. ☐☐☐☐　（簽押）
　　　　　（後缺）

背：（墨色極淡，字跡模糊不清）
　　　　　（前缺）
1. 開□□□□□
2. 經□□□□□□
3. 調合行□□□□

4. 實□□□□

5. 至正□年□月（朱印）

　　　　　（後缺）

（二）

正：

（三行西夏文，寫於背面文書兩行之間空白處）

背：

（五行西夏文）

（三）

正：

（圖案）

背：

　　　　（前缺）

1. □糧未俯故

2. □□住　演

3. □□□

　　　　（後缺）

（四）

正：

　　　　（前缺）

1. □不換金正□

2. □斗全大□□

　　　　（後缺）

背：

　　　　（前缺）

1. □銀兩准擬□

2. □

3. □□□

　　　　（後缺）

（五）

正：

（三行西夏文，寫於背面文書兩行之間空白處）

背：

（四行西夏文）

（六）

正：

1. 身

背：

1. **梁武懺全**

（七）

正：（墨色極淡，字跡模糊不清）

　　　　　（前缺）

1. 　　　□□□

2. 蒙古文墨戳一行

3. □□□

4. □□□

　　　　　（後缺）

背：

　　　　　（前缺）

1. 　　行人郭思溫

　　　　　（後缺）

405. 元文書殘片

題解：

本件《中國藏黑水城漢文文獻》中原始編號為84HF155B，出版編號為M1·2227，收於第十冊《其他文書下》第2318頁，擬題為《文書殘件》，並記其尺寸為11.7cm×26.5cm。《黑城出土文書（漢文文書卷）》一書未收。文書共兩件殘片，殘片一墨跡凌亂，似非文字，殘片二無文字殘留。

1940　中國藏黑水城漢文文獻的整理與研究

錄文標點：
（略）

406. 元文書殘片

題解：

本件《中國藏黑水城漢文文獻》中原始編號為HF197A—HF197B，出版編號為M1·2228—2231，收於第十冊《其他文書下》第2319—2322頁，文書共兩件殘片，擬題為《文書殘件》及《蒙古文文書》，並記其尺寸分別為（一）32.4cm×16.6cm 及 32.6cm×16.7cm（此處尺寸應有一處有誤，兩者為正背面圖版，尺寸應一致）；（二）17.8cm×16.3cm 及 18.1cm×16.2cm（此處尺寸應有一處有誤，兩者為正背面圖版，尺寸應一致）。《黑城出土文書（漢文文書卷）》一書未收。文書為正背雙面書寫，殘片一正面現存漢文文字7行及簽押3處，背面現存簽押3處及蒙古文9行；殘片二正面現存漢文文字4行，背面現存蒙古文7行，均前後缺。

錄文標點：

正：

（一）HF197A

　　　　（前缺）

1.　　　　□驢　　亦苦朮
2.　　　　不□□　陳家
3.　　　　
4.　　　　也速□兒　定住
5.　　　　尊勝①　巴都魯
6.　　　□立　阿的納
7.□□顏乂
8.　　　　（簽押）
9.　　（簽押）（簽押）

---

① "尊胜"二字原誤寫作三字，塗抹後於右行改寫，現徑改。

（二）HF197B
　　　（前缺）
1. ▢　刘馬▢　　▢
2. ▢　李不顔帖木　▢
3. ▢領　小何
4. 軍户　甘州
　　　（後缺）

背：
（一）HF197A
　　　（前缺）
（簽押）（簽押）
　　　（簽押）
（蒙古文9行）
　　　（後缺）
（二）HF197B
（蒙古文7行）

407. 元二麥文書殘片

題解：

本件《中國藏黑水城漢文文獻》中原始編號為HF210，出版編號為M1·2232—2233，收於第十冊《其他文書下》第2323—2324頁，擬題為《天字號文書》，並記其尺寸為17.7cm×19cm及17.9cm×20cm（此處尺寸應有一處有誤，兩者為正背面圖版，尺寸應一致）。《黑城出土文書（漢文文書卷）》一書未收。文書共三件殘片，均為正背雙面書寫。三件殘片字跡非一，應非同件文書。

錄文標點：

（一）
正：
　　　（前缺）
1. ▢以宋守忠▢
　　　（後缺）

背：

（前缺）
1. ▭統鈔壹拾▭
（後缺）

（二）
正：
1. ▭□路總管府案呈云云：
2. ▭□總府除外今用天字
3. ▭書填□▭
（後缺）

背：
（前缺）
1. ▭▭□
2. ▭二兩，小椒伍兩
3. ▭□薛时米
4. ▭批行
（後缺）

（三）
正：
（前缺）
1. □ □
2. 元統六年二月与参政保男▭
3. ▭大麦九□与司吏□▭
4. 管府□□▭
5. ▭□□小麦一□▭
（後缺）

背：
（前缺）
1. ▭日
2. ▭□年二月与
3. 干□二日

4. 弌麦□□附户

　　　　（後缺）

408. 元李來甘結狀等殘片

題解：

本件《中國藏黑水城漢文文獻》中原始編號為84HF204，出版編號為M1·2234—2235，收於第十冊《其他文書下》第2325—2326頁，擬題為《文書殘件》，並記其尺寸為12.7cm×13.6cm及12.7cm×13.7cm（此處尺寸應有一處有誤，兩者為正背面圖版，尺寸應一致）。《黑城出土文書（漢文文書卷）》一書未收。文書共兩件殘片，均為正背雙面書寫。殘片一正背面均為波斯文；殘片二正背面各存文字2行。

錄文標點：

（一）

（正背均為波斯文）

（二）

正：

　　　　（前缺）

1. □答失家那孩□□□□

2. 物□□憲放床□□□□

　　　　（後缺）

背：

1. 取甘結狀人李來

2. 今管

　　　　（後缺）

409. 元文書殘片

題解：

本件《中國藏黑水城漢文文獻》中原始編號為HF249，出版編號為M1·2236—2237，收於第十冊《其他文書下》第2327—2328頁，擬題為《文書殘件》，並記其尺寸為12.6cm×14.8cm及12.1cm×15.1cm（此處尺寸應有一處有誤，兩者為正背面圖版，尺寸應一致）。《黑城出土文書（漢文文書卷）》一書未收。文書共兩件殘片，字跡非一，應非同件文書。其中殘片一一面有字，殘片二正背雙面書寫，正面現存文字2行，背面現存文字1行。

錄文標點：

（一）

正：

（無文字殘留）

背：

　　　　（前缺）

1.　□□□▢

2. 承①▢

3. □合行已令□②□□▢

　　　　（後缺）

（二）

正：

　　　　（前缺）

1. ▢填前去

2. ▢樣墨蹟

　　　　（後缺）

背：

　　　　（前缺）

1. ▢一个見在

　　　　（後缺）

410. 元文書殘片

題解：

本件《中國藏黑水城漢文文獻》中原始編號為84HF249C，出版編號為M1·2238—2239，收於第十冊《其他文書下》第2329—2330頁，擬題為《文書殘件》，並記其尺寸為22cm×32cm。《黑城出土文書（漢文文書卷）》一書未收。文

---

① "承"字後有數字被塗抹，現徑改。
② "合行已令□"等字為右行補寫，現徑改。

書共兩件殘片，均爲正背雙面書寫。殘片正背字跡不同，應非同件文書。

錄文標點：

（一）

正：

　　　　（前缺）

1. ☐☐間依☐☐☐☐☐
2. ☐☐奴係☐得☐☐☐
3. ☐人馬☐①粮☐②☐☐

　　　　（後缺）

背：

　　　　（前缺）

1. ☐示☐☐☐☐☐
2. 照驗早爲☐☐☐
3. 既將坐去粮數☐☐☐
4. ☐☐☐

　　　　（後缺）

（二）

正：

　　　　（前缺）

1. 毫厘出王位下差
2. 　必力哥帖木兒☐☐等七人☐☐☐
3. 孛羅帖木兒☐☐後下計☐☐

　　　　（後缺）

背：

　　　　（前缺）

1. ☐☐☐剌速迭兒地叁拾☐☐☐
2. 一户蔡連來名，地式拾畝，粮八☐☐

---

① "☐"字前原衍一"錢"字，後塗抹，現徑改。
② 此字書寫原誤，塗抹後於右行改寫，現徑改。

3. 一户李□吉，地式拾畝，粮八斗☐

4. 一户亦丹□☐

　　　（後缺）

411. 元文書殘片

題解：

本件《中國藏黑水城漢文文獻》中原始編號為"大院內北牆下D"，出版編號為M1·2240—2241，收於第十册《其他文書下》第2331—2332頁，擬題為《文書殘件》，並記其尺寸為18.4cm×28.4cm及19cm×28.5cm（此處尺寸應有一處有誤，兩者為正背面圖版，尺寸應一致）。《黑城出土文書（漢文文書卷）》一書未收。文書共七件殘片，字跡非一，非同件文書。其中殘片一、二均為朱筆所書；殘片三、四、六均為正背雙面書寫，且殘片四、六可拼合，其內容出自《册府元龜》卷七百四十《陪臣部·規諷》；殘片五、七無文字殘留。

錄文標點：

（一）

正：（無文字殘留）

背：

　　　（前缺）

1. 初二日☐

　　　（後缺）

（二）

正：（無文字）

背：

　　　（前缺）

1. ☐□□□①

　　　（後缺）

（三）

正：

---

① 文書殘片一、二均為朱筆所書。

　　　　　（前缺）

1. ☐南

2. ☐奉

3. ☐北

　　　　　（後缺）

背：

　　　　　（前缺）

1. ☐☐

2. ☐三日到役，故當☐至

3. ☐輪

4. ☐偽付勘完絛取

5. ☐楞

　　　　　（後缺）

（四）

正：

　　　　　（前缺）

1. ☐

2. 慈子

3. 去順

4. 將禍

　　　　　（後缺）

背：

　　　　　（前缺）

1. 合

2. 天

　　　　　（後缺）

（五）

（無文字殘留）

1948 中國藏黑水城漢文文獻的整理與研究

（六）

正：

　　　　　（前缺）

1. ▭▭□☐

　　　　　（後缺）

背：

　　　　　（前缺）

1. ▭▭□□義臣行父▭▭
2. ▭▭□謂六順也□▭
3. ▭▭禍也君人者▭▭

　　　　　（前缺）

（七）

（無文字殘留）

附：殘片四（正）與殘片六（背）拼合，並將所缺文字補齊應為：

　　　　　（前缺）

1. 遠間親，新間舊，小加大，淫破義，

2. 所謂六逆也；君義臣行，父慈子

3. 孝，兄愛弟敬，所謂六順也。去順

4. 效逆，所以速禍也。君人者將禍

　　　　　（後缺）

412. 元文書殘片

題解：

本件《中國藏黑水城漢文文獻》中原始編號為 AE190ZHi29，出版編號為 M3·0020，收於第十冊《其他文書下》第 2333 頁，擬題為《文書殘件》，並記其尺寸為 15.2cm×14.6cm。《黑城出土文書（漢文文書卷）》一書未收。文書共兩件殘片，字跡非一，內容無關，應非同件文書。其中殘片一現存文字 5 行，從內容來看，應為公文殘片；殘片二現存文字 3 行，從內容來看，似為佛經論疏殘片。

錄文標點：

（一）

（前缺）

1. 官承管☐
2. 定十一☐
3. 靴☐
4. ☐
5. 名☐

（後缺）

（二）

（前缺）

1. ☐因果莫越此
2. ☐也故云因
3. ☐☐☐☐也

（後缺）

413. 元抄本密教儀軌殘片

題解：

本件《中國藏黑水城漢文文獻》中原始編號為 AE201ZHi40，出版編號為 M3·0021，收於第十冊《其他文書下》第 2333 頁，擬題為《文書殘件》，並記其尺寸為 4.7cm×7.2cm。《黑城出土文書（漢文文書卷）》一書未收。文書現存文字 2 行，從內容來看，似為密宗修習儀軌殘片。

錄文標點：

（前缺）

1. 施此黑色悖☐
2. 者伏☐

（後缺）

414. 北元宣光八年（1378）文書殘片

題解：

本件《中國藏黑水城漢文文獻》中原始編號為 AE206ZHi45 正，出版編號為 M3·0022—0023，收於第十冊《其他文書下》第 2334—2335 頁，擬題為《文書殘件》，並記其尺寸為 16.1cm×26.8cm 及 16.1cm×26.5cm（此處尺寸應有一處有誤，兩者為正背面圖版，尺寸應一致）。《黑城出土文書（漢文文書卷）》一書未收。文書為正背雙面書寫，正面現存文字 1 行，墨色淡，文字不清；背面現存蒙古文墨戳 1 行及日期、朱印各一。

錄文標點：

正：

　　　　（前缺）

1.　宣光八年六月　　　□□□□（簽押）

背：

　　　　（前缺）

1.（蒙古文墨戳）

2.　　十八日①

---

① "十八日"上鈐朱印一枚。

研究編

軍政文書研究

從黑水城出土文書看元代的肅政廉訪司刷案制度

孫繼民　郭兆斌

在《中國藏黑水城漢文文獻》中收錄有 7 件元代河西隴北道肅政廉訪司照刷案牘的文書和殘片，其中 F116:W552 大德四年軍用錢糧文卷是比較完整的刷尾文書；F116:W390 大德四年刷尾文卷和 F20:W56 諸投下分例文卷是有刷尾和刷訖墨印的文書；F111:W17 卜魯罕妃子分例米麵文卷、F116:W496、F116:W485 納冬妃子分例米麵文卷及 F116:W474 也火汝足立嵬地土案文卷是僅有刷尾紙的文書。關於元代肅政廉訪司的這一職能，李治安先生在其著作《元代政治制度研究》中已經做了詳細的研究，筆者在此結合黑水城所出土的文書，對其進行補充和完善，錯訛之處還請方家指正。

元代肅政廉訪司和照刷制度淵源探討

元代的肅政廉訪司是至元二十八年（1291）由先前設立的提刑按察司改立而來。但在至元六年（1269）設立提刑按察司之前，筆者就發現有廉訪司和廉訪府的記載。如：

> 六皇后攝政，執政者擬公為西京等路廉訪使，先帝南征，大臣又奏公可為平陽太原等路廉訪使，皆以疾辭。[①]

[①] 李修生主編：《全元文》卷一五六《胡祗遹一一·德興燕京太原人匠達嚕噶齊王公神道碑》，江蘇古籍出版社 1999 年版，第 5 冊，第 414 頁。文中六皇后是窩闊台後乃馬貞氏，執政時間是 1242 年至 1245 年。

至元元年，以才望為山東東路廉訪府詳議官。①

對於這種現象，劉曉先生研究認為，"廉訪使"之名來自於金代的按察使，是在耶律楚材主持漢地政務時所改，猶如將金代的轉運司易名為課稅所一樣，出於同樣的考慮。② 耶律楚材所慮為何，文中未予明示。然而，將元初"廉訪使"一職的出現的時間定位在金代，筆者認為有欠妥當。據《宋史》所記"（政和六年）秋七月，辛酉改走馬承受公事為廉訪使者"③ 可知，宋代的廉訪使或者廉訪使者是由走馬承受公事改稱而來，"宋徽宗朝，走馬承受改名為廉訪使者之後，'一路事無巨細，皆所按刺'，'序位在轉運使、副、判官提點刑獄、提舉學士、常平官之下'成為帥司路的重要監察官"，並且"脅制州縣"。④ 筆者認為無論從名稱還是從職能上講，元初的廉訪使都是直接採用了宋代廉訪使者之名，非劉先生所說是由金代按察使易名而來。廉訪使的辦公場所自然是廉訪府。至元二十八年（1291）改立為肅政廉訪司與此存在着名稱上的淵源關係。設置提刑按察司之後到改立為肅政廉訪司之前，廉訪使和廉訪府就不再見於典籍的記載，想必與此時設立提刑按察司有關，應是提刑按察司設立之後便取消廉訪府和廉訪使，抑或直接由廉訪府改立為提刑按察司。由廉訪到提刑按察再到肅政廉訪，官司及官稱的變更都是與其具體的職能有關，提刑按察司更注重於"提點刑獄"而廉訪司（府）則偏重於"訪"，即所謂的監治、體察。

肅政廉訪司的主要職能就是監察諸路府州縣及行省部分機構的官吏。照刷案牘是其監察職能的一種深入或者細致的體現，即將其監察職能細化到了其他官府的簿書期會之中。簿書指的就是官府中的文書簿冊；期會就是指在規定的期限內實施政令，多指有關朝廷或官府的財物出入。

照，明也，後引申為查看、了解等義；刷，刮也，清也，引申為刷抹、塗抹、查核、查究等義。所以照刷案牘簡而言之就是對案牘的查看和查核。與照刷相近的詞有照驗、照得和根刷，等等，它們也含有查看、了解、核查等義，照驗是查驗、勘合之義，照得則是查看而後得知之義，根刷則是根治、徹底追究之義。

---

① 《全元文》卷三九八《劉敏中一二·故山東轉運詳議魏公墓誌銘》，第 11 冊，第 567 頁。
② 劉曉：《大蒙古國與元朝初年的廉訪使》，《元史論叢》（第八輯），江西教育出版社 2001 年版，第 121 頁。
③ （元）脫脫等：《宋史》卷二一《本紀第二十一·徽宗三》，中華書局 1977 年版，第 396 頁。
④ 賈玉英：《宋代監察制度》，河南大學出版社 1996 年版，第 399 頁。

"照刷"一詞最早見於《宋會要輯稿》，其文曰"（建炎）四年九月十五日……仰諸路州縣守令按籍根刷，如有其似此之類，已經其照刷者，並與銷落。未及三十年者，自今冬為始起理租課，已前積欠並與放免。"① 通讀上下文，我們可以發現此處"照刷"已經有了查看和核查之義，這是州縣官吏對自己轄境內戶籍與田產的核對和稽查。有宋一代，並不見其監司有檢核官府文案的制度②，監司的職能還是集中於風聞言事和按察官吏。金代的監察機構提刑按察司始有"照刷案牘"職能，《金史》載："按察司……使一員，正三品，掌審察刑獄、照刷案牘、糾察濫官汙吏豪滑之人、私鹽酒麴並應禁之事"③。然而，金代提刑按察司是如何進行照刷案牘，史書不見記載。到了元代，無論是提刑按察司還是肅政廉訪司，在照刷案牘時主要是採用各個官府官吏的朱銷簿進行照刷，而朱銷簿是"將應行大小公事盡行標附，依程期檢舉、勾銷，准備監察御史、提刑按察司官不測比對元行文卷施行月日，照刷稽遲"④。這樣一來就避免風聞言事和按察造成的"不待稽覆證左，會有失實而抵坐之也"的情況。在通過照刷文案對官吏進行監察的同時，也對官吏轉遷的依據進行了調查，這點與宋代的磨勘轉官制度又有着一定淵源。關於宋代磨勘轉官與元代照刷案牘的關係，覃兆劌先生認為照刷制度是在宋代磨勘轉官制度之法的基礎上演變而來的檢查制度。兩者相較，"由磨勘的評價功能轉變為稽查監控功能，由注重行政的後果轉變為追蹤控制行政的過程，由對官員的直接審查轉變為對記錄行政過程的文捲進行復核，由看政績之已果轉變為防患於未然。"⑤

　　綜上，元代初期的廉訪使（府）和至元二十八年之後的廉訪司，其名稱是來自宋代的走馬承受公事而非由金代的提刑按察司易名而來。參照着朱銷簿對各級官司的案牘進行照刷避免了前代監司風聞言事和按察中經常出現"失實"的現象，在照刷案牘的同時也可對官吏的政績進行考察，這與宋代實行的磨勘轉官制度又存在着淵源。所以，元代照刷案牘的制度是歷代監察機構工作方法和制度的一個新發展，這項制度也為後來的明清所繼承。

---

① （清）徐松輯：《宋會要輯稿》食貨五之二三，中華書局1957年版，第4872頁。另，食貨六一之七中此條，"有"與"經"之下無"其"字，見同書，第5877頁。
② 賈玉英先生認為宋代御史台有檢查司法機構的文卷的職能，見《宋代監察制度》，河南大學出版社1996年版，第58頁。
③ （元）脫脫等撰：《金史》卷五七《百官三》，中華書局1975年版，第1308頁。
④ 《元典章》卷十三《吏部七・置立朱銷文簿》，第511頁。
⑤ 覃兆劌：《磨勘轉官與照刷磨勘文卷制度》，《光明日報・歷史週刊》，2000年5月19日。

元代肅政廉訪司照刷案牘制度研究

在黑水城出土的文獻中有幾件是跟肅政廉訪司照刷案牘有關的文卷，為我們對肅政廉訪司照刷案牘制度提供了更形象和直觀的認識。既然是廉訪司照刷其他地方官府的案牘，那麼一件完整的廉訪司刷案文卷則必然要包括作為主體部分的地方官府的案牘及粘連於其後的刷尾紙。黑水城所出的文卷大多僅剩下刷尾，只有一件保存得較為完整，筆者將以此文卷為主結合着其他殘卷對肅政廉訪司的刷案程序進行研究。先將該件文卷迻錄如下：

M1·0295［F116∶W552］《大德四年軍用錢糧文卷》

1. 皇帝聖旨裏，亦集乃路達魯花赤總管府六月
2. 蠻子歹駙馬位下使臣帖失兀
3. 海山太子位下使臣阿魯灰本路經過，赴
4. 术伯大王位下為迤北軍情声勾當等事。在倉粮斛數少，旦夕不
5. □大王大軍經過迤北征進到於本路支請口粮，委是不敷支遣，又□
6. 処人民所種田禾將欲出穗，却被蛆虫食踐，未見□□，
7. 特已於五月廿四日、六月十八日二次差人齎解赴
8. 省，計稟攢運粮斛准備支持。去後今月廿二日有使臣帖失兀、阿魯灰□
9. 术伯大王位下復回說稱
10. 术伯大王軍馬經由本路入川征進准備炒米麨粮等事。本路
11. 係小麥一色，又兼數少，委是不敷，申稟早為於甘州等
12. 運米麥前來，供給支持，不致耽悮軍儲，去訖
13. 术伯大王位下使臣也帖立禿思不花等赴
14. 晉王位下傳奉
15. 脫忽帖木兒大王
16. 脫忽答大王令旨，經由本路入川征進准備炒米麨
17. 敬此
18. 　　　一申　　甘肅等処行中書省　照得先

19. 　　　　　　粮並支持掃里鈔定已行差☐
20. 　　　　　　省計稟去訖，未蒙
21. 　　　　　　明降，今敬前因，合行作急☐
22. 　　　　　　照詳①早賜照例
23. 　　　　　　明降，付下施行，仰望不致失☐
24. 　　一差　　站馬戶　卜普扱合☐
25. 　　　　　　差本戡起馬一疋，前☐
26. 　　　　　　省計稟，回日繳納訖。

- - - - - - - - - - - - - - -（騎縫章）- - - - - - - - - - - - - - -

27. 右各行
28. 　　大德四年六月　　日府吏☐
29. 為軍粮掃里鈔事　　提控案牘馮☐
30. 　　　　　　知　　　事李☐
31. 　　　　　　經　　　歷☐
32. 　　**廿九日**（墨印）

- -

33. 勘行未絕一件為計置軍☐粮☐
34. 　　省檢目為首至☐
35. 　　別不見差☐
36. 聖旨檢違錯☐置☐
37. 詔書☐釋☐□後刳☐　　　②

| 河西隴北道　　　　　　　　　　　　　　 |
| 　　　　　　　刷訖　（朱印）書吏 王信／石泉 |
| 肅政廉訪司　　　　　　　　　　　　　　 |

該文卷收錄於《中國藏黑水城漢文文獻》卷二第八部分《大德四年軍用錢糧

---

① 《黑城出土文書》作"明降"。
② 此三行朱字，《黑城出土文書》中漏錄。

文書》中，尺寸為137.4cm×29.2cm（《黑城出土文書》編號為F116:W552，記有：竹紙，缺，末尾先用朱批，最後加蓋木刻照刷戳記。正文行書，275毫米×1371毫米）。從圖版上看，此文卷保存的還是較為完整的，只有下部被焚毀一些，除書寫的文字外，文卷上還有四方印章分別位於文卷三處不同的地方，而且該文卷是由三幅紙粘連而成，第一幅和第二幅紙粘連處還蓋有一方騎縫朱印印章，"用朱印以封紙縫者，防欺弊也。"① 第三幅紙明顯小於前兩幅，應是後來所附，以示與文卷主體部分相區別。

從首行至第32行是文卷的主體部分，其主要內容是亦集乃路總管府為諸王平定海都叛亂向甘肅行省申請軍糧，但還未形成正式的公文，朱建路稱為"議劄"。這是文卷的第一部分。對這一部分，李逸友、叢海平、朱建路等已經從不同角度進行了研究，② 在此不贅述。朱建路在對文卷的主體部分研究之餘，對所剩餘的部分即第二部分廉訪司的刷尾也進行了研究，筆者在其研究基礎之上，結合其他文書和典籍對廉訪司照刷案牘一職做進一步的研究。

首先，照刷內容。肅政廉訪司照刷的內容主要是稽遲和違錯。稽遲，即遲延、滯留，用於照刷上就是不按朝廷規定的大、中、小公事辦理期限，及時辦理以致延誤。這裏的大、中、小公事是指"常事五日程（謂不須檢復者），中事七日程（謂須檢復者），大事十日程（謂須計算簿帳或諮詢者），並要限內發遣了事。違者量事大小，計日遠近，隨時決罰"③。違錯，即失誤、錯亂，在《元典章·照刷抹子》中有着詳細的規定，既包括"改抹日月、文義差錯、塗注字樣、補堪文字並倒提日月"等技術性錯誤，又包括"磨算錢糧、已斷詞訟有無偏屈"等政事上的失誤、過錯。同時還規定了以下幾項：為格為例事理抄上；刷住稽遲文卷於刷尾上標寫稽遲或違錯二字；於刷尾紙上標寫照過二字；於刷尾縫上使墨印刷訖字一半上使司印勿漏係書；照刷尾上已絕未絕二字須要標寫先照後刷；刷印並司印須要圓正分明。

其次，照刷的過程。刷尾紙上可分為三部分：第一部分是33行和34行是兩

---

① 《元史》卷二〇五《桑哥傳》，第4576頁。
② 李逸友：《元代文書檔案制度舉隅——記內蒙古額濟納旗黑城出土元代文書》，《檔案學研究》1991年第4期。叢海平：《〈黑城出土文書〉所見海都之亂時期亦集乃路軍糧供給》，《雲南師範大學學報》（哲學社會科學版）2009年第4期。朱建路：《黑水城所出元代"議劄"文書初探》（未刊稿），《黑水城文獻研究回顧與展望學術研討會論文集》，石家莊，2009年，第397頁。
③ 《元典章》卷一三《吏部七·公事量程了畢》，第509頁。

行黑體字；第二部分是 35 行至 37 行，由朱筆書寫；第三部分是最後的一方墨印和一方朱印及書吏的簽押。

第 33 行 "創行未絕一件為計置軍糧" 中 "未絕" 是指公事尚未辦理完結之意，"創行" 從字面上講是首創並實行之意，結合文書我們可將其理解為：廉訪司此次所照刷的文卷是為計置軍糧文書中的第一部分或者說是按成文先後順序最先被照刷的，但是 "計置軍糧" 一事並未完成。除 "創行未絕" 外，在黑水城出土文獻中還有 F116: W390 文書中的 "接行已絕"① 和 F116: W485 文書中 "接行未絕"，② 除這三種情況外還應該有創行已絕。接行，顧名思義就是接着 "創行" 尚未處理完的公務接着辦理；已絕，就是公務已經完結；這樣一來，這四個詞所代表的公務處理情況就很明了了。從 F116: W390 中的 "接行已絕□糧事大德□" 可知，此次照刷的文卷仍然是辦理大德四年軍糧一事的文卷，此次辦理完之後，大德四年軍糧一事才是真正的完結。"為計置軍" 後雖有殘缺，但根據《元典章》中所規定的，應符合 "為格為例事理抄上" 這一條款的規定：將照刷的內容所符合的格例及緣由寫於刷尾紙上。計置軍糧就是籌劃措辦軍糧，點明了被照刷文卷的主要內容。此次照刷的是為計置軍糧一事，但在文卷的第 29 行有 "為軍糧掃里鈔事"，這樣第 33 行之後所缺可補 "掃里鈔事" 等字樣，只有如此才不會出現漏刷。另外，F116: W553 文書內容也是亦集乃路總管府為籌備軍糧所寫的申文，再加上其出土地點與這件文書相同、順序相近，因此可以斷定 F116: W553 是與這件文書一塊照刷的，因為它形成時間較早，所以應該是粘連在這件文書之前的，後因年代久遠而斷為兩件文書。再進一步講，"接行已絕" 的文書是否要和 "創行未絕" 的文書再次粘連進行照刷呢，這個典籍中並不見記載，但 F116: W496 納冬妃子分例米麵文卷③刷尾紙前後都粘有紙張，文書中有 "創行未絕" 字樣。粘連於其前的自然是納冬妃子分例一事一系列的先行文卷，粘連於其後的最有可能的就是 "接行" 的一系列文卷，換言之，與一件公事有關的所有文書都要按時間順序粘連，但中間為何又會出現刷尾紙就有待研究。

第 34 行 "省檢目為首至……"。對於 "檢目" 一詞，朱建路認為 "在向上呈文時需要有一種檢目文書同時齎解上呈"。檢目一詞在《金史·白華傳》中有記

---

① 《黑城出土文書》，第 139 頁。
② 同上書，第 135 頁。
③ 錄文見《黑城出土文書》第 134 頁；圖版見《中國藏黑水城漢文文獻》，第 3 冊，第 629 頁。

載，曰"奏事者，謂事有區處當取奏裁者殿奏，其奏每嫌辭費，必欲言簡而意明，退而奉行，即立文字謂之檢目。省院官殿上議事則默記之，議定歸院亦立檢目，呈覆。"①《元史·崔彧傳》中載："七曰：今起居注所書，不過奏事檢目而已。宜擇蒙古人之有聲望、漢人之重厚者，居其任，分番上直，帝主言動必書，以垂法於無窮。"② 由此看來，所謂"檢目"是一種類似於現在摘要性質的文體，主要是簡要記述一件事情或奏摺的內容。被照刷文卷的檢目，在照刷時是要附在主體文卷之前的。"省檢目為首至☐☐☐"後所殘缺正如朱建路所說"應為至哪件文書為尾，共有多少張紙等內容。"這點在《元典章》中有記載"刷尾一宗，自幾年月日始，除前刷外，今月某年月日甚文字，至幾年月日是何文字為尾，計紙幾張縫，通前幾經照刷，計紙幾張縫。"③ 在黑水城文獻中也有此部分保存比較完整的文書，如《納冬妃子分例米麫文卷》中編號 F116:W496 文書中有"創行未絕一件納冬妃子分例，至元四年十一月初五日呈解為首施行，至當日行 檢 為 尾，至正二年十一月☐☐"。④ 文卷中的至元年號應是元順帝后至元，這件文書的格式與《元典章》中所規定的基本一致，所殘缺的文字應是計紙的數量和司吏的簽押。在同是大德四年軍糧文卷的 F116:W390 中有"右劄付為首至當日為☐☐尾縫司吏張天福行"，也就是說此次照刷時是以一件劄付文卷為首的，在《大德四年軍糧文卷》這一組文書中只有編號為 F116:W581 文卷中有"右劄付亦集乃路總管府准☐右亦集乃軍糧事"字樣，文卷首行有"皇帝聖旨裏甘肅等處 行 中 書 省 ☐"可知是甘肅行省下達給亦集乃路的劄付文書。雖不能就此斷定此文卷為這次照刷的文卷之首，但文卷的內容卻表明計置軍糧一事至此已完成。文卷的大概內容是"令旨，省裏去了一萬軍糧根底壹石宮糧休叫遲☐若便應付別無別文又先有無☐乞照明降事☐都省定奪去訖今☐內先行支付各軍☐"。可見，甘肅行省已經籌集到了軍糧並已發往亦集乃路，並囑咐其先行支付各軍。這就更證實了上文所說的至此大德四年軍糧一事才辦理完結，因此也就

---

① 《金史》卷一一四《白華傳》，第 2505 頁。
② 《元史》卷一七三《崔彧傳》，第 4040 頁。
③ 《元典章》卷六《台綱二·刷卷首尾相見體式》，第 179 頁。
④ 《黑城出土文書》，第 134 頁。"檢為尾"三字據其他文書補。

有了"接行已絕"字樣。

我們還應該注意到這些文字之後簽押的官稱都署為"司吏"①。按廉訪司所屬的吏員中並無司吏一職,可見在刷尾上書寫這些文字的並非是廉訪司所屬吏員,極有可能是被照刷的官府所屬司吏。《元史·百官志》之諸路總管府條下有"司吏無定制,隨事繁簡以為多寡之額"②的記載。除總管府外,其他官府也有設置司吏的,但廉訪司卻並未設置。據《元典章·刷卷首尾相見體式》規定"某衙門吏員 今照勘到某年上下半年應合該刷文卷,與委定首領官共眼同檢勘過號,計張縫粘連刷尾完備,逐一具報前去結定,中間並無隱漏差報宗數。如後因事發露或查勘得卻有漏報該刷卷宗,首領官吏情願當罪、厘事罷役無詞。"此處的"某衙門",筆者認為應是廉訪司所照刷的地方官府,換而言之,就是刷尾上關於紙張數量及案牘內容始末的敘述都應由地方官府的司吏所寫而非廉訪司的所屬人員。然而,在 F116: W390 文書中"司吏張天福"之前還冠以"尾縫"二字,張天福一名在 F116: W52③ 文書中也出現過,其職稱是"府吏"即總管府司吏的簡稱,在其他地方也並不見尾縫司吏字樣,因此筆者認為"尾縫司吏"只是一個臨時的稱謂而已。尾,末尾的意思,尾縫即最後一個接縫的意思;再結合這件文書是計置軍糧的最後一件文書,刷尾紙也是最後一件,因此,可以認定在與一件公務有關的所有案牘被按時間順序粘連之後,粘連於最後一件案牘之後的刷尾紙上簽押司吏之前要冠以"尾縫"二字,標誌着與這一公務有關案牘已被粘連完畢,別無遺漏。類似情況還見於《黑城出土文書》一書第 114 頁 F146: W21 文書中的"補填司吏"這一稱謂。

第二部分,從 35 行到 37 行,是用朱筆所寫,朱建路認為這是照過的內容。確切地說這是廉訪司照刷後的意見。由於這三行殘缺嚴重,故而只能做個大概推測。第 35 行"別不見差□□"應該是"別的不見有差錯,只有……"的意思,但由於殘缺很難判斷這一例外所指為何。第 36 行有"違錯"二字,這應是《元典章·照刷抹子》中所規定的"刷住稽遲文卷於刷尾上標寫稽遲或違錯二字",為軍糧掃里鈔事這件文書形成於大德四年六月廿九日,而文書中與其最為接近的日子是"廿二日有使臣帖失兀、阿魯灰術伯大王位下復回",廿二

---

① 見《黑城出土文書》,第 125 頁 F20: W56 號文書和第 126 頁 F11: W17 文書。
② 《元史》卷九一《百官志七》,第 2316 頁。
③ 見《黑城出土文書》,第 107 頁。

日到廿九日之間是否還有過跟計置軍糧有關的公事往來不得而知。兩個日期相差七天如果按元廷規定的大中小公事辦理期限的話，其已經超過了小事所規定的五日期限，但從第18行到第23行亦集乃路總管府向甘肅行省所上的申文中有"明降"字樣，換言之，此處申文是總管府向行省諮詢意見所寫，故而此事應屬於元廷規定的"大事"期限為十日，因此還不屬於稽遲文卷。由於文書殘缺，"違錯"在此是否指的文書中存在着違錯的現象也存有疑問，從下面加蓋有刷訖印章來看，應是沒出現違錯。總之，這是廉訪司在照刷後所寫的批語，由於文字殘損嚴重只能做出一些推測，尚待進一步考證。

第三部分即文卷末尾的兩方印章和書吏的簽押。長條形的墨印為河西隴北道廉訪司的刷訖印。據《吏學指南》載："長條印，《通典》曰：'北齊有督攝萬機長印，以木為之唯以印縫'，其原始此。"① "刷訖"即照刷完畢的之意，廉訪司的照刷工作至此結束。正方方的朱印為廉訪司的司印，從圖版上看，正位於廉訪司刷訖印中上部，從墨色和形狀上與廉訪司刷訖印有很明顯的區別。《元典章》中規定的"刷印並司印要圓正分明"和"於刷尾縫上使墨印刷訖字一半上使司印勿漏系書"正是如此。最後是廉訪司所屬書吏王信和石泉的簽押。

以上就是對廉訪司照刷案牘過程的一個分析。首先，各個被照刷官府的司吏要將被照刷文卷按時間先後順序粘連好形成一個整體，而後要將被照刷公事的始末和主要內容寫於刷尾紙上，將刷尾紙粘於主體文卷之後；上呈到廉訪司後，由廉訪司官吏進行照刷，並將照刷意見用朱筆寫於刷尾紙上；再加蓋廉訪司的刷訖印和廉訪司的司印，參與照刷的書吏最後進行簽押。《秋澗先生大全集》中載："一，照刷例　舊例照刷所司先具事目到台，其文卷後粘連刷尾，具公事本末。赴台照刷，監察御史於正位坐，閱朱銷簿，台令史一人在旁亦坐，執掌具到事目，其當該人員引卷通讀。若係算數文卷更設帳科司吏一名與台令史一同刷磨。其中，但有違錯稽遲，監察將文卷收訖申台量情治罪。餘無違錯者即令大程官於刷尾騎縫近下先用刷訖銅墨印，然後蓋以監察御史朱印，及於朱銷簿上結尾後亦用刷訖銅墨印。"② 王惲所記雖然是御史台的照刷，但作為地方監察機關的廉訪司也應是如此，只不過在廉訪司內照刷案牘的工作是由書吏執行而已，王惲所記的過程與《元典章》和文書所反映的是相互印證的。除此之外，文中還記述了除要在刷尾

---

① 《吏學指南》，第35頁。
② （元）王惲：《秋澗先生大全集》卷八三《烏台筆補》，《四部叢刊》本，第830頁。

上加蓋刷訖印之外，朱銷簿上也是要加蓋的。《元史·刑法志》記："諸省府以下百司，凡行公務，置朱銷簿，按治官以時考之。"① 廉訪司所要做的就是根據朱銷簿進行檢核以確定是否存在違錯或者稽遲，然後分別進行處理。上文已經提及朱銷簿是"將應行大小公事盡行標附，依程期檢舉、勾銷，准備監察御史、提刑按察司官不測比對元行文卷施行月日，照刷稽遲。庶望自今以往，去已前之積弊，俾中外政績煥然一新"，不難看出朱銷簿是一種類似現在工作日曆的簿冊。中書省及行中書省以下的大小衙門每日所要辦理的公務都要記錄在冊，實行此政策的目的是使官員的政績煥然一新。廉訪司用朱銷簿對官府案牘進行照刷既防止了官吏在案牘上作假和舞弊，也可以通過閱讀朱銷簿對官員為官期間的政績進行考察，這樣就可決定一個官員的升遷與否，這與宋代的磨勘轉官制度又有着密切的聯繫。

再次，照刷時間。據李治安先生研究認為，照刷案牘是與廉訪司出巡按部一併實施的。在至元二十八，"廉訪司分司、總司制確定後，分司官負責的照刷案牘也是在八月至翌年四月之際舉行。"② 朱建路在其文章中指出"在至元二十五年之前，官府的文卷都是每季照刷；至元二十五年之後，照刷的時間改為半年一次"③，進而認為F116: W552文書是在當年的六月底被照刷的。從兩位先生的觀點來看，其照刷時間至少存在過三次變更。李先生所說的分司和總司制應該是至元二十八年改立廉訪司時所規定的"二使留司，以總制一道，餘六人分臨所部"④的詔令，然而此詔令中並沒規定分司出巡的日期。我們查《元典章·察司巡按事理》條下有"今後各道除使二員守司，餘擬每年八月為始，分行各道，按治勾當。至次年四月還司。"⑤ 此條詔令頒佈於至元二十三年（1286），文中規定了分司八月出巡、次年四月還司的制度，餘處並不見有此規定，所以李先生所說的二十八年制定的八月出巡、四月還司有待商榷。朱建路所用材料以至元二十五年（1288）為界，至元二十五年之後廉訪司是分上下半年照刷，所以在每年的六月底和年終廉訪司要對各個衙門的案牘進行照刷，也因此這件六月二十九日形成的文案成了此次被粘連的為計置軍糧一事案卷的最後一件，刷尾紙也被粘連於其後。

---

① 《元史》卷一〇二《刑法志一》，第2610頁。
② 李治安：《元代政治制度研究》，人民出版社2003年版，第310頁。
③ 朱建路：《黑水城所出元代"議劄"文書初探》（未刊稿），《黑水城文獻研究回顧與展望學術研討會論文集》，石家莊，2009年，第397頁。
④ 《元史》卷一六《世祖十三》，第345頁。
⑤ 《元典章》卷六《台綱二·察司巡按事理》，第174頁。

筆者認同朱建路的說法，而且其時間也距大德四年（1300）較近。這是對總管府案牘的照刷，對於不同部門，照刷時間是不盡相同的。

對於出現違錯或者稽遲的處罰，在《元典章》中也有着詳細的記載："稽遲：六日以下，免罪；七日至上，半月之下，五下；半月之上，一月之下，七下；一月之上，兩月之中，一十七下；兩月之上罪止，二十七下；一年之上罪止，三十七下。違錯：卷宗數少着，二十七下；卷宗數多着，三十七下。"① 以上所引處罰僅僅是杖責這一項，據李治安先生研究還有罰俸等其他懲戒措施。我們可以發現元代的杖責超過五下之後並不是以五或者十為個位數，而是以"七"為其個位數。這點在《草木子》一書中有着解釋"笞杖罪既定，曰天饒他一下，地饒他一下，我饒他一下。自是合笞五十，止笞四十七；合杖一百十，止杖一百七。"② 雖然不能因此就說元代的刑罰比以往朝代要輕，但可以看出是有着當時一些特色的。

以上所述內容，都是廉訪司照刷其他官府的案牘。那麼廉訪司在工作中出現了稽遲違錯，又該如何呢？許有壬在《風憲十事》中講到"至於憲司之事，錯者遲者何限？首領官雖有檢舉之名，分司回還，亦有照刷之說。而常人之情，無所警畏，習於故常，狎於情好，終於付之不問而已。苟以照刷有司之法待之，將何所措手足耶？"③ 可知，廉訪司內部之事是由經歷等首領官進行監督和記錄的，但這些文書仍要由廉訪司進行照刷，這樣一來，官官相護或者首領官迫於壓力，到最後對廉訪司案牘的照刷就往往流於形式。

結語

通過以上研究，我們發現元代肅政廉訪司照刷案牘這一職能，既與宋代的磨勘轉官制度有着聯繫，又承襲了金代提刑按察司"照刷案牘"的職能，而且還被以後明清所沿襲，具有承前啟後的意義。然而，從其照刷範圍和程序來講，這項工作比較繁瑣，成為廉訪司工作中較為沉重的負擔，其彈劾官吏這一主要職能勢必受到影響。然而正如李治安先生所說，這是將行政監察貫徹於"簿書期會"之

---

① 《元典章》卷六《台綱二·斷例》，第 176 頁。
② （明）葉子奇撰：《草木子》卷三下《雜制篇》，中華書局 1997 年版，第 64 頁。
③ 《全元文》卷一一八二《許有壬三·風憲十事》，第 38 冊，第 30—31 頁。

中，也是"監察活動深入、細致的表現"①。在照刷的同時，檢核朱銷簿也是對官吏工作政績的一次檢查，對官吏升遷也有着一定的意義。此種制度實施不僅吸收于宋代磨勘轉官的一些特點，而且也更有利於對官員的監察、監督。

對文書的研究，使我們對元代廉訪司照刷案牘這一制度有了較為深刻的認識。在其照刷之前，地方官府已將未加蓋刷訖印的刷尾紙粘連於帶有檢目的文卷之後，刷尾紙上要寫明文卷的數量及公務始末，根據公務是否為首次辦理及辦理結果，會有創行未絕、創行已絕、接行未絕和接行已絕等字樣寫於刷尾之上。同時一併呈上的還有朱銷簿，廉訪司官就是利用朱銷簿去檢核相對應的文卷。分管照刷任務的除了廉訪司正官外還要有參與檢核的書吏。在檢核之後，於刷尾之末寫上照刷意見或者照刷結果，並寫上書吏本人的姓名，最後加蓋刷訖印和廉訪司的司印。照刷的案牘，除正式公文外也包括議劄等非正式公文。

（原刊於《寧夏社會科學》2012 年第 2 期）

---

① 李治安：《元代政治制度研究》，第 310 頁。

黑水城文獻所見元代肅政廉訪司"刷尾"工作流程
——元代肅政廉訪司文卷照刷制度研究之一

孫繼民

《寧夏社會科學》2012年第2期所刊署名筆者與郭兆斌的《從黑水城出土文書看元代的肅政廉訪司刷案制度》一文，實際上出自郭兆斌的手筆，筆者充其量貢獻了一點思路和幾點具體意見。不過，筆者對上文未逮之處的確頗多想法，今擬做一些補議。為了便於說明，先將黑水城文獻中有關元代肅政廉訪司10件刷尾文書分列如下。①

甲件：M1·0295 [F116:W552]《大德四年軍用錢糧文卷》。圖版見《中國藏黑水城漢文文獻》第2冊第397—401頁，錄文見內蒙古文物考古研究所、阿拉善盟文物工作站、李逸友編著《黑城出土文書（漢文文書卷）》② 第139頁。

（前略）
33.　剙③行未絕一件為計置軍粮☐☐☐☐☐☐
34.　　　省檢目為首，至☐☐☐☐☐☐
35.　　　別不見差☐☐☐☐☐☐
36. 聖旨檢違錯 罪 ☐☐☐☐
37. 詔書 釋 ☐後筍☐☐☐☐☐☐☐☐④

---

① 黑水城文獻中還有幾件可能屬於刷尾文書的殘片，但目前看來暫時不具有討論的價值，故不錄。
② 科學出版社1991年版。
③ "剙"同"創"。
④ 文書第35—37行為朱書，《黑城出土文書》未錄，現據圖版補。

```
┌─────────────────────────────────┐
│ 河西隴北道                       │
│                    刷訖 （朱印）書吏 王信  ①
│                                        石泉
│ 肅政廉訪司                       │
└─────────────────────────────────┘
```

以上"河西隴北道肅政廉訪司刷訖"墨印上疊加有朱文方印。

乙件：M1·0300［F116:W390］《大德四年軍用錢糧文卷》。圖版見《中國藏黑水城漢文文獻》第 2 册第 410 頁，錄文見《黑城出土文書（漢文文書卷）》第 139 頁。

　　　　（前缺）

1. 接行已絕 一 □□□ 軍 糧事，大德□□□□□□□□□□②
2. 　　　右 剳 付為首，至當日呈為□□□□□□□□□③
3. 　　　尾縫司吏張天福行。（以上三行錄文，《黑城出土文書（漢文文書卷）》未做標點，今補。）

```
┌─────────────────────────────────┐
│ 河西隴北道                       │
│                    刷訖 （朱印）書吏 王信
│                                        石泉
│ 肅政廉訪司                       │
└─────────────────────────────────┘
```

以上"河西隴北道 肅政廉訪司刷訖"墨印上疊加有朱文方印。

丙件：M1·0459［F20:W56］《延祐四年十月分例文書》。圖版見《中國藏黑水城漢文文獻》第 3 册第 552 頁，錄文見《黑城出土文書（漢文文書卷）》第 125 頁。

　　　　（前缺）

1. □□□□□□□□□□ 日 ④ 畏兀兒文字 □ 為首，至 ⑤ 九月二十五日 □□□
2. 　　　行檢寫尾，計紙貳拾貳張。司吏沈□□。

---

① 文書第 33 行至最後為第三紙，此紙較前兩紙較小，其內容為肅政廉訪司照刷文卷時所留。
② 本行"一""軍"兩字，《黑城出土文書（漢文文書卷）》原未錄，今補。
③ 本行"呈"字，《黑城出土文書（漢文文書卷）》原未錄，今補。
④ "□日"，《黑城出土文書（漢文書卷）》錄作"各用"，現據圖版改。
⑤ "□為首，至"，《黑城出土文書（漢文文書卷）》錄文作"寫有蛇年"，現據圖版改。

3. 延祐四年十月　日①

| 河西隴北道　　　　　　　刷訖 | （朱印）書吏 | 張（簽押）
王（簽押）
□（簽押） |
| 肅政廉訪司 | | |

以上"河西隴北道肅政廉訪司刷訖"墨印上疊加有朱文方印。

丁件：M1·0496 ［F111：W17］《卜魯罕妃子分例米麵文卷》。圖版見《中國藏黑水城漢文文獻》第 3 冊第 619 頁，錄文見《黑城出土文書（漢文文書卷）》第 126 頁，並將其歸入《諸投下分例》。

（前缺）

1. 　　　　接 行②

2. 卜魯罕妃子分例米面。至正四年四月③初三日接▢

3. 　　　　　　檢為尾，計紙貳拾貳▢

4. 　　　　至正四年　月司吏柳文▢　　　　④

（後缺）

戊件：M1·0503 ［F116：W496］《納冬妃子分例米麵文卷》。圖版見《中國藏黑水城漢文文獻》第 3 冊第 629 頁，錄文見《黑城出土文書（漢文文書卷）》第 134 頁。

（前缺）

⋯⋯⋯⋯⋯⋯⋯⋯⋯⋯⋯⋯⋯⋯⋯⋯⋯⋯⋯⋯⋯⋯⋯⋯⋯⋯⋯⋯⋯

1. 　　　創行未絕一件。

2. 納冬妃子分例。至元四年十一月初五日呈解為首，施行至當日行▢

3. 　　　　　　　　　　至正二年十一月⑤▢

⋯⋯⋯⋯⋯⋯⋯⋯⋯⋯⋯⋯⋯⋯⋯⋯⋯⋯⋯⋯⋯⋯⋯⋯⋯⋯⋯⋯⋯

（後缺）

---

① 本件第 1 行錄文上有殘朱印，印文不詳。又，本件錄文《黑城出土文書（漢文文書卷）》未做標點，今補。
② 此行《黑城出土文書（漢文文書卷）》原未錄，今補。
③ "四月"二字，《黑城出土文書（漢文文書卷）》原未錄，今補。
④ 本件錄文《黑城出土文書（漢文文書卷）》未做標點，今補。
⑤ 本件錄文《黑城出土文書（漢文文書卷）》未做標點，今補。

己件：M1·0510［F116：W485］《納冬妃子分例米麵文卷》。圖版見《中國藏黑水城漢文文獻》第 3 冊第 634 頁，錄文見《黑城出土文書（漢文文書卷）》第 135 頁。

（前缺）

……………………………………

1.　　　　接行未絕一件。
2. 納冬妃子分例米面。至元六年二月□　　　　　　　　　①

……………………………………

（後缺）

庚件：M1·0646［F116：474］《也火汝足立嵬地土案卷》。圖版見《中國藏黑水城漢文文獻》第 4 冊第 809 頁，錄文見《黑城出土文書（漢文文書卷）》第 164 頁。

（前缺）

……………………………………

1. 革前創行未絕壹件。也火汝足立嵬告復業□
2.　　　　至當日行檢為尾，計□
3.　　　　至正十三年正月　日司吏張世雄□　　　②

……………………………………

（後缺）

辛件：M1·0930［F116：W5］《簽補站戶文卷》。圖版見《中國藏黑水城漢文文獻》第 5 冊第 1146 頁，錄文見《黑城出土文書（漢文文書卷）》第 177 頁。

（前缺）

1. 行省劄付為③首，至當月十二日審核為尾，計昴
2.　　　　四張縫。司吏張天福承行。④

（後缺）

———————————————

① 本件錄文《黑城出土文書（漢文文書卷）》未做標點，今補。
② "呈"字，《黑城出土文書（漢文文書卷）》原釋為"等"，郭兆斌據圖版釋為"呈"，今從。又，本件錄文《黑城出土文書（漢文文書卷）》未做標點，今補。
③ "為"字，《黑城出土文書（漢文文書卷）》原釋為"舉"，今據圖版改。
④ 本件錄文《黑城出土文書（漢文文書卷）》未做標點，今補。

壬件：M1·0833［F116：W459］《公文殘件》。圖版見《中國藏黑水城漢文文獻》第 5 冊第 1059 頁，《黑城出土文書（漢文文書卷）》未錄文。

（前缺）

··①

1. ☐☐☐☐四年五月初十日☐☐☐☐☐☐☐☐
2. ☐☐☐☐☐檢為尾，計紙☐☐☐☐☐☐☐
3. ☐☐☐☐月　　日　　书吏

（後缺）

癸件：M1·2103［84H·F209：W38/2336］《文書殘件》。圖版見《中國藏黑水城漢文文獻》第 10 冊第 2236 頁，《黑城出土文書（漢文文書卷）》未錄文。

1. ☐☐☐☐未經照刷，已絕一件。例☐☐☐☐☐☐☐☐②

（後缺）

以上我們匯總了黑水城文獻所見的 10 件元代的刷尾文書。③ 所謂"刷尾"，應是因粘連在公文文卷本體之尾而得名。我們知道，元代肅政廉訪司的基本職能之一是照刷案牘，也叫照刷文卷等，是對轄區內路府州縣等衙署公務處理過程中形成的公文案牘等進行核查和清理的活動。這一活動的過程大體可以分為"照"和"刷"兩大階段，"照"是對被照刷對象的公文本體進行全面的核查和清理，"刷"是將核查和清理的結論寫印在附於公文本體之末的尾紙上，即所謂"先照後刷"。照刷案牘制度，在涉及元代的研究中並不鮮見，但是專門研究的則罕見。限於篇幅，本文不擬全面展開，僅就照刷文卷過程中形成的"刷尾"展開研究，不妥之處，尚祈大家指正。

首先談一下刷尾紙的外在形態。以上 10 刷尾文書，能夠反映刷尾與文卷本體關係的文書只有兩件，分別是甲件和戊件。甲件收錄於《中國藏黑水城漢文文獻》卷二第八部分《大德四年軍用錢糧文書》中，尺寸為 137.4cm × 29.2cm。④

---

① 此騎縫線有兩個朱印疊加。又，前紙末尾殘存一字左側筆劃，似是"七"字橫筆的左端。
② 該件前端和上端邊緣整齊，顯然是一紙脫落或尚未粘連的刷尾文書。
③ 黑水城文獻中還有若干似屬刷尾文書的殘片，如《中國藏黑水城漢文文獻》第 9 冊第 1921 頁的 M1·1640［F170：W2］《至正八年》，第 10 冊第 2119 頁的 10. M1·1886［84H·大院內 a6：W52/2841］《文書殘件》等，但因殘缺過甚，暫時看不具有研究價值，故不錄。
④ 《黑城出土文書》編號為 F116：W552，正文行書，275 × 1371 毫米。

從圖版看，甲件保存較為完整，首尾完整但上完下殘，只有下端部分被焚。甲件由三紙粘連而成，其中文卷本體為兩紙，刷尾為一紙。文卷本體兩紙寬度一致，因此粘連處高度一致，粘連處還蓋有一方騎縫朱印，即"用朱印以封紙縫者，防欺弊也"。但文卷本體用紙與刷尾用紙大小明顯不同，刷尾用紙上端的高度明顯低於文卷本體用紙，約低 1.5 厘米，且文卷本體與刷尾的粘連處沒有加蓋騎縫章①，這與文卷本體兩紙之間加蓋騎縫朱印形成鮮明對照。戊件則是一個殘件。從圖版看，戊件由三紙構成，中間一紙即刷尾，前後兩紙因殘缺嚴重而不見文字，推測前一殘紙為文卷本體用紙，後一殘紙為另一文卷本體用紙。戊件刷尾高度與文卷本體高度恰好與甲件相反。刷尾用紙高度明顯高於文卷本體用紙高度，約在 3、4 厘米，並且也是刷尾用紙與文卷本體用紙之間的粘連處未加蓋騎縫印章。由此可見，無論是甲件的刷尾用紙明顯低於文卷本體用紙，還是戊件刷尾用紙明顯高於文卷本體用紙，都是意在表明二者的不同。換言之，這是有意識地表明刷尾紙在文書外在形態上與文卷本體的不同，說明刷尾是作為文卷本體的附屬物而存在的。

以上 10 件刷尾文書可以分為兩種類型，甲件、乙件、丙件和壬件共四件為第一類，丁件、戊件、己件、庚件、辛件和癸件共六件為第二類。從圖版看，第一類中的甲件刷尾要素最全，前面兩行是墨書，殘存內容分別是"創行未絕一件。為計置軍糧"和"省檢目為首，至"；中間三行是朱書，殘存內容分別是"別不見差""聖旨檢違錯罪"和"詔書釋□後劄"；後面部分蓋有三枚印章，其中上部是一枚方形朱印和一枚長方墨印迭印在一起，墨印文字為"河西隴北道肅政廉訪司刷訖"，朱印文字為巴思八文，內容是"河西隴北道肅政廉訪司分司印"（根據詳下），下部是一枚無邊框的墨印，文字為"書吏王信、石泉"。乙件刷尾要素少於甲件，沒有中間的朱書部分，只有前後兩部分：前面三行是墨書，殘存內容分別是"接行已絕。□糧事。大德""右劄付為首，至當日呈為"和"尾縫司吏張天福行"；後面部分也是蓋有三方印章，其中上部也是一枚方形朱印和一枚長方墨印迭印在一起，墨印文字為"河西隴北道肅政廉訪司刷訖"，朱印文字甚淡，字跡模糊不清，內容亦應為"河西隴北道肅政廉訪司分司印"；下部也是一方無邊框的墨印，文字與甲件同，為"書吏王信、石泉"。丙件刷尾要素也少於

---

① 壬件的騎縫處則加蓋有印章。

甲件，類同於乙件，也沒有中間的朱書部分，只有前後兩部分：前面三行是墨書，殘存內容分別是"□日用畏兀兒文字□為首，至九月二十五日""行檢寫尾，計紙貳拾貳張。司吏沈□□"和"延祐四年十月　日"，但此部分還蓋有朱印一枚，這與甲件、乙件有所不同；後面則是兩枚印章，上部是文字為"河西隴北道肅政廉訪司刷訖"的長條墨印，下部是無邊框的長方墨印，文字為"書吏張、王、□"等。壬件也是殘件，上下前後均殘，但前半部分是文卷本體；刷尾紙與文卷本體騎縫處加蓋有兩枚朱印，但文字內容不詳；刷尾部分前三行文字內容殘存有"四年五月初十日""管為尾，計紙"和"月日"等，下部殘存有帶邊框的墨印，文字殘存有"書吏"二字。

第二類刷尾丁件只有墨書四行，殘存內容分別為"檢行""卜魯罕妃子分例米麵。至正四年初三接""檢為尾，計紙貳拾貳"和"至正四年　月司吏柳文"。此件因前後均殘，不知後面是原有印章已殘缺還是本來就沒有印章，此處暫歸類為無印章、無朱書的第二類刷尾。戊件只有墨書三行，殘存內容分別為"創行未絕一件""納冬妃子分例。至元四年十一月初五日呈解為首，施行至當日行"和"至正二年十一月"。此件刷尾上部完好，下部殘缺，從保留的部分看，此件刷尾應該沒有印章、沒有朱書。己件只有墨書兩行，殘存內容分別為"接行未絕一件"和"納冬妃子分例米麵。至元六年二月"，從圖版顯示的該件前後均有大幅空白處判斷，應該也是無印章和朱書。庚件只有墨書三行，殘存內容分別為"革前創行未絕壹件。也火汝足立嵬告復業""至當日行檢為尾"和"至正十三年正月　日司吏張世雄"等，從圖版所示該件上部和前後均有大幅空白判斷，應該也是無印章和朱書。辛件只有墨書兩行，內容分別為"行省剳付為首，至當月十二日審核為尾，計昏"和"四張縫。司吏張天福承行"，因此件前後均缺，無從判斷是否有印章和朱書。癸件只殘存墨書一行，內容為"未經照刷，已絕一件。例"，因後缺，也無從判斷是否有印章和朱書。

以上兩類刷尾，最大區別在於是否有三枚朱墨印章，第一類是全部有此三枚朱墨印章（壬件只有一枚墨印，推測也應有其餘兩枚朱墨印章），第二類是全部無此三枚朱墨印章。其中無邊框的墨印"書吏某某"應是參與照刷工作的吏人簽章，而長方墨印"河西隴北道肅政廉訪司刷訖"則是表明"刷訖"即刷卷工作結束的印章，至於朱印更是表明刷卷工作機關河西隴北道肅政廉訪司對所屬人員從事工作結束的認可和確認。據元人劉孟保等撰《南台備要·照刷例》記載："舊例照刷所司。先具事目到台，其文卷後粘連刷尾，具公事本末赴台照刷。監察御史於正位坐，閱朱銷簿，台令史一人在傍亦坐，執掌具到事目。其當該人員引卷通讀。若係籌數文卷，更設帳科司吏一名，與台令史一同刷磨。其中但有違錯稽遲，監察將文卷收訖申台，量情治罪。餘無違錯者，即令大程官於刷尾騎縫近下先用'刷訖'銅墨印，然後蓋以監察御史朱印。及於朱銷簿上結尾後。亦用'刷訖'銅墨印。"由此可見，使用過"刷訖"的墨印和監察御史朱印的刷尾，是已經完成照刷任務的文書，第一類刷尾應是表明照刷工作結束的文書，第二類刷尾則是表明照刷工作尚未結束的文書。換言之，"刷訖"表明已經完成，無"刷訖"章、無朱書，說明還是半成品，未完成。總之，以上 10 件刷尾文書，可分為已完成的"刷訖"刷尾和未完成"刷訖"的刷尾，前四件甲件、乙件、丙件和壬件屬於已完成照刷工作的刷尾文書，後六件丁件、戊件、己件、庚件、辛件和癸件很可能屬於尚未完成照刷工作，正在進行照刷工作中的刷尾文書。

在以上對刷尾文書分類的基礎上，我們下一步可以對刷尾文書的內容結構進行分析。完整的刷尾文書其內容結構主要由三大部分構成，結語、批語和印章。

刷尾文書中的結語即刷尾前端部分的墨書。所謂"結語"，是指照刷過程結束後對照刷工作形成的總結性話語，在元人文獻中通常稱事務的了斷和文案的終結為"結絕"。如《元典章》卷十九《戶部五·趙若震爭柑園》："官豪之家欺遏小民，不肯交業，以致逗留到今，不能結絕。"① 再如《元典章》卷二十《戶部六·燒毀偽造印板》："印造偽鈔，事既結絕，所據印板作具，例合燒毀。"② 又如《元史》卷一〇三《刑法志·戶婚》："諸婚田訴訟，必於本年結絕，已經務停而不結絕者，從廉訪司及本管上司，正官吏之罪。累經務停，而不結絕者，即與歸結，不在務停之限，違者罪亦如之。"③ 可見以上三例引文中的"結絕"既含有相關事務結束，也含有對應文案"結案"的內涵。我們將刷尾中的墨書內容概括為"結語"，就是意指該墨書內容是對文卷進行照刷之後的結論。

根據以上對 10 件刷尾文書墨書內容的分析，這個"結語"至少包括以下幾個要素：第一，被照刷文卷的立案狀態及其數量，其表述用語的句式和辭彙通常

---

① 陳高華點校：《元典章》卷一九《戶部五·趙若震爭柑園》，中華書局、天津古籍出版社 2011 年版，第 708 頁。
② 《元典章》卷二〇《戶部六·燒毀偽造印板》，第 739 頁。
③ （明）宋濂等撰：《元史》卷一〇三《刑法志·戶婚》，中華書局 1976 年版，第 2643 頁。

是"創行（或'接行'）未絕（或'已絕'）一件（或'多件'）"。例如甲件、戊件是說"創行未絕一件"，乙件是說"接行已絕"①，己件是說"接行未絕一件"，庚件是說"革前創行未絕壹件"，癸件是說"未經照刷，已絕一件"。丙件、丁件、辛件和壬件的相關內容均已缺失，不詳所言。所謂"創行"或"接行"，是指文卷是否首辦，"創行"是指首辦（應與元人行文中"元行文卷"一語約略相當），"接行"是指續辦。所謂"未絕"或"已絕"，是指文卷所辦理事務是否完成，"未絕"是指尚未完結，"已絕"是指已經完結。所謂"一件"或"多件"，是指文卷的數量。"創行"一語與元代公文中的"元行"等語應屬同義。

第二，被照刷文卷的立案事由，其表述用語的句式和辭彙通常是"為某某"等。例如甲件33行殘存內容有"為計置軍䊀"等，根據刷尾之前的文書內容應是意指大德四年籌措軍糧事。乙件1行殘存文字"軍糧事"也應做如上解。丙件2行"卜魯罕妃子分例米麪"，是指事由為卜魯罕妃子分例米麪事。戊件、己件的事由也都是"納冬妃子分例"事，庚件的事由是"也火汝足立嵬告復業"。

第三，被照刷文卷的行文起止時間和用紙數量，其表述用語的句式和辭彙通常是"（自某某或某一時間）為首，至（某某或某一時間）為尾，計紙（某某）張縫"。這一表述比較完整的內容見辛件1行和2行："行省劄付為首，至當月十二日審核為尾，計䋈四張縫。"這裏的"（自）行省劄付為首，至當月十二日審核為尾，計䋈四張縫"一語是說該文卷行文起始於行省劄付，終結於當月十二日，總計用紙四張縫。需要說明的是，這裏的所謂"張縫"，筆者理解"張"指公文的正文所用紙張，而"縫"應指公文正文之後粘附的刷尾（詳見下述）。這裏的"四張縫"應是公文用紙和刷尾用紙總數。至於甲件34行的"省檢目為首，至"，乙件2行的"右劄付為首，至當日呈為"，丙件2行的"行檢寫尾"，丁件的2行"至正四年四月初三日接"和3行的"檢為尾"，戊件2行的"至元四年十一月初五日呈解為首，施行至當日行"，己件的2行"至元六年二月"，庚件2行的"至當日行檢為尾"，壬件1行的"四年五月初十日"和2行的"管為尾，計紙"等語，雖因文字殘缺而無法呈現完整內容，但其表述用語與我們上述概括的句式基本相同或大同小異。可以說，我們上述概括的"（自某某或某一時間）為首，至（某某或某一時間）為尾，計紙（某某）張縫"句式適用於目前所知的所有刷尾文書。

---

① 此句之後的數詞已缺。

第四，被照刷文卷刷尾結語的落款，其表述用語的句式和辭彙通常是以一行文字書寫"某年某月某日司吏某某某"，或以兩行文字書寫"司吏某某某/某年某月某日"。以上10件刷尾文書的結語，保留有完整或不完整落款內容的有乙件、丙件、丁件、戊件、己件、庚件、辛件和壬件共八件，屬於一行文字落款形式的分別是丁件的"至正四年　月司吏柳文"和庚件的"至正十三年正月　日司吏張世雄"，其特點是年款在上姓名款在下；屬於兩行文字落款形式的分別是乙件的"尾縫司吏張天福行"①，丙件的"司吏沈□□/延祐四年十月　日"，戊件的"至正二年十一月"②，辛件的"司吏張天福承行"③，壬件的"月日"④，其特點是姓名款在前一行，年款在後一行。

行文至此，有必要對乙件"尾縫司吏張天福行"中的"尾縫"做一番解釋。筆者認為，此處的"尾"是指刷尾文書並無疑問，而這裏的"縫"則似是指刷尾紙。《元典章》卷六《臺綱·照刷》有幾處提到"張縫"或"尾縫"一語，如《臺綱·照刷·刷卷首尾相見體式》："今照勘到某年上下半年應合該刷文卷，與委定首領官，共眼同檢勘過〔厶〕號、計〔幾〕張、縫，粘連刷尾完備，逐一具報前去結定，中間並無隱漏差報宗數"；"刷尾一宗，自幾年月日始，除前刷外，今月某年月日甚文字，至幾年月日是何文字為尾，計紙幾張、縫，通前幾經照刷，計紙幾張、縫"。⑤ 這裏就是"張、縫"並提。顯然這裏的"張"應是指公文用紙的紙張單位，而"縫"應是公文刷尾用紙的紙張單位。例如《臺綱·照刷·照刷抹子》即云："於刷尾縫上使墨印'刷訖'字一半，上使司印、勿漏繫書。"⑥ 這裏所謂的"刷尾縫"顯然就是指刷尾文書所用的紙張。元人之所以用"縫"字指稱刷尾文書所用的紙張，推測因"縫"字本身有"裂縫""窄條形縫隙"等義而取其"窄條""窄縫"之意，因為刷尾文書用紙僅僅一二十厘米之長，這相對於公文文卷動輒數百厘米之長，也只能算是"窄條""窄縫"。所以，粘連在公文文卷之後的刷尾紙也就被稱為了"尾縫"。乙件中的"尾縫司吏"就大概因此而來。

---

① 此件年款根據文書保留下來的內容判斷應在下行，已缺。
② 此件姓名款根據文書保留下來的內容判斷應在上行下端，已缺。
③ 此件年款根據文書保留下來的內容判斷應在下行，已缺。
④ 此件姓名款根據文書保留下來的內容判斷應在上行下端，已缺。
⑤ 《元典章》卷六《臺綱·照刷》，第179頁。
⑥ 《元典章》卷六《臺綱·照刷·照刷抹子》，第179頁。

總之，刷尾文書的結語部分應包括以上四項內容，分別為被照刷文卷的運轉狀態及其數量；被照刷文卷的立案事由；被照刷文卷的行文起止時間和用紙數量；被照刷文卷刷尾結語的落款。

關於刷尾文書中的批語問題。批語即指刷尾文書中的朱書內容。就唐宋而言，朱書墨書並用的公文，通常是墨書為一次書寫，朱書為二次書寫；朱書除了是一般部門主管官員、上級官員的特殊意見和特殊標記之外，多是勾檢（審計）部門進行審計的工作語言、工作記錄和處理意見。元代肅政廉訪司刷尾文書中的朱書，無疑也是二次書寫，且應是元代肅政廉訪司主管官員針對刷尾結語內容所作的批示性文字。以上 10 件元代肅政廉訪司刷尾文書中，明確有朱書的只有甲件，且下半部分殘缺，殘存部分的字跡也比較淺淡。壬件則在騎縫章上有一暫時無法識別的朱書文字或勾畫符號。其他各件則不見朱書文字。甲件殘存的朱書文字共三行，內容分別是"別不見差""聖旨檢違錯罪"和"詔書釋口後劄"，其大意似乎是對被照刷文卷有否"差（失）""違錯"提出判斷和處理意見。從朱書位於刷尾之後和批示的口氣看，批語者應是元代肅政廉訪司主管官員。有關在刷尾上必須標明文卷是否"違錯"等，《元典章》卷六《台綱·照刷·照刷抹子》有規定，稱："刷住稽遲文卷，於刷尾上標寫稽遲或違錯二字。"①《元典章》未言明是由什麼人來"標寫稽遲或違錯二字"，刷尾文書則表明，其標寫人應是"司吏"之上的主管人員（負責照刷文卷的肅政廉訪司分司的主管官員副使或僉事以及書吏等），其標寫形式是朱書文字。當然，這裏也提出另外一個問題，即 10 件刷尾文書中只有一件有朱書批語，其他各件則均無，但不知是其他各件本有朱書而現在已缺失還是本來就無朱書。

關於刷尾文書中的印章問題。以上 10 件刷尾文書中，有印章的文書共四件，分別是甲件、乙件、丙件和壬件，其中甲件、乙件、丙件中使用的鈐印有三類：一類是方形朱印，其印文為巴思八文，據照那斯圖、薛磊《元國書官印匯釋》第 66 頁考釋，印文漢譯為"河西隴北道肅政廉訪司分司印"②；一類是印文為"河西隴北道肅政廉訪司刷訖"的長方形墨印；一類是印文為"書吏某某"的長方形墨印。壬件中使用的鈐印只殘存有"書吏"的長方形墨印，且此"書吏"長方形

---

① 《元典章》卷六《台綱·照刷·照刷抹子》，第 179 頁。
② 照那斯圖、薛磊：《元國書官印匯釋》，遼寧民族出版社 2011 年版，第 66 頁。該書所用方形朱印照片即出自甲件。

墨印有邊框，與甲件、乙件、丙件三件中無無邊框的"書吏某某"長方形墨印形成對比，這種區別應是反映了二者前後時間的差別。以上三類印章，印文為"書吏某某"的長方墨印應是參與照刷工作的吏人簽章，長方為"河西隴北道肅政廉訪司刷訖"的長方墨印則是表明刷卷工作結束"刷訖"的印章，方形朱印則是河西隴北道肅政廉訪司的衙署印章。

　　刷尾文書中鈐印的位置，甲件、乙件和丙件三件均位於刷尾紙的左上角，三枚印章的位置基本呈垂直分佈，即朱文方印和"刷訖"長方墨印重疊居上，"書吏"長方墨印居下。壬件因為殘缺過甚，看不到朱文方印和"刷訖"長方墨印兩枚印章，從圖版看，壬件"書吏"長方形殘印右側緊臨刷尾的"結語"，距刷尾與文卷正文的騎縫線也很近，且"書吏"殘印之上面有年月落款，因此估計"書吏"長方墨印與朱文方印和"刷訖"長方墨印不是垂直分佈，"書吏"長方墨印可能稍微居中偏下，朱文方印和"刷訖"長方墨印則可能位於左上角。甲件、乙件和丙件三件均位於刷尾紙的左上角，三枚印章的位置基本呈垂直分佈，這應不是巧合而體現出某種必然。壬件與其不同應是反映了二者前後時間的差異，即壬件時間居前，用印尚不規範，甲件、乙件和丙件三件居後，三枚印章垂直分佈。這也說明至遲在元代後期的大德和延祐年間，刷尾文書的用印已經比較規範，均位於尾紙左上角，三枚印章垂直分佈，其中朱文方印和"刷訖"長方墨印並重疊鈐印。

　　三枚印章使用的順序。從甲件圖版看，"河西隴北道肅政廉訪司刷訖"的長方墨印上有有朱印的痕跡，說明"刷訖"墨印印在前，朱文印章鈐印在後。至於兩類長方墨印所體現的前後關係，由於這兩類印章都屬於墨印，因此不易從墨色上判斷二者的先後關係。不過，我們可以從二者的位置關係試加判斷。從圖版看，兩方長方墨印位於一條直線上，"刷訖"長方墨章在上，"書吏"長方墨章在下，但"刷訖"長方墨章下緣與"書吏"長方墨章上緣疊加在一起，由此推測，應是"書吏"長方墨章鈐印在前而"刷訖"長方墨章鈐印在後，如果是"刷訖"長方墨章鈐印在前，則"書吏"長方墨章鈐印時應會適當下移而避免與"刷訖"長方墨章交集。因此，根據甲件圖版，可以推斷三枚印章鈐印的順序應是"書吏"長方墨章在前，"刷訖"長方墨章隨後，朱文印章最後。

　　需要說明的是，以上有印章的4件刷尾文書中，壬件結語與文卷正文騎縫位置上有兩方朱印殘跡，這明顯屬於騎縫印。丙件的結語位置上也有一方殘朱印，且顏色明顯比"刷訖"墨印上的朱印鮮艷，從其位置推測，這也可能屬於尾紙與文卷正文的騎縫印。這兩件文書中的騎縫印暫不列入本文的研究範圍之內。

基於以上對刷尾文書的分析，我們可以對元代河西隴北道肅政廉訪司刷尾文書處理的工作流程做以下概括：刷尾工作的第一步是由司吏撰擬"結語"，其特點是墨筆書寫，位置處於前部，內容通常包括文卷的運轉狀態數量、立案事由、起止時間用紙數量、司吏姓名年款四項要素；第二步是廉訪司的書吏在刷尾文書加蓋表明一組工作人員的姓名簽章，通常是二人或三人一組，簽章通常是墨色，有邊框和無邊框兩種，位置在尾紙後部居中；第三步仍應是書吏在刷尾文書加蓋"河西隴北道肅政廉訪司刷訖"長條墨印，位置在尾紙左上角，書吏姓名簽章之上；第四步是分司主管官員加蓋巴思八文的"河西隴北道肅政廉訪分司"的朱文方印，位置疊加在"河西隴北道肅政廉訪司刷訖"長條墨印之上。至此，刷尾工作的四個步驟全部完成。當然，以上四個步驟只是所有已經完成刷尾工作任務的文書至少應經過的工作流程，除此之外，可能有的文書還需要再增加一道如甲件那樣朱書的批語工作流程，這樣其工作步驟則不是四個環節而是五個環節。這一點需要特別提出。

以上我們通過分析黑水城文獻元代河西隴北道肅政廉訪司刷尾文書工作所得出的結論，對於深化元代肅政廉訪司制度特別是文卷照刷制度的研究，與傳世典籍記載進行關聯和比較研究，具有重要的借鑒意義和推動作用。可以相信，隨着時間的推移和學術的積累，黑水城文獻對元代肅政廉訪司的認識必將提供更多的細節和具體資料。

（本文原刊於《南京師大學報》〈社會科學版〉2012年第5期）

黑水城元代 Y1:W22 文書的性質和定名

孫繼民

　　李逸友等編著《黑城出土文書（漢文文書卷）》第85頁刊佈有編號為Y1:W22的一件元代文書錄文，但無標點，所記各要素和尺寸為：竹紙，缺，行草書，26.1cm×32.8cm。該書後附的圖版部分"圖版三"有該件的照片，為黑白片，稍顯模糊。《中國藏黑水城漢文文獻》所記該件的編號為M1·1033，收錄於第六冊第1295頁，擬題為《納冬妃子分例等文卷》，並記其尺寸為：32.6cm×26.7cm。兩書所記該件尺寸有異，前者為26.1cm×32.8cm，後者為32.6cm×26.7cm，未知孰是。為了便於研究，今據李氏錄文並加標點重錄如下。

1. 錢糧房司吏：
2. 謹呈。今將本房見行文卷開坐前去，合行具呈，伏乞
3. 照驗施行。須至呈者。
4. 　　一惣計文卷
5. 　　　　一件
6. 亦令只失加普大王位下漸丁軍粮
7. 　　　　分例
8. 納冬妃子分例
9. 　　　　一件米面　　　　　　一件羊酒
10. □□□[①]失妃子分例
11. 一件米面　　　　　一件羊酒

[①] 此處所缺三字，據Y1:W8號文書可知，應為"忙剌迷"，李氏錄文僅標注兩字，現改。

12.　卜魯罕妃子分例
13.　　　　　　一件米面　　　　　　一件羊酒
14.　倒剌的斤妃子分例
15.　　　　　　一件米面　　　　　　一件羊酒
16.　　　　軍人支粮
17.　　　　　一件征西元帥府軍人口粮　一件北庭元帥府軍人口粮
18.　　　　　一件蒙古元帥府軍人口粮　一件朵立只罕翼軍人口粮
19.　　　　　一件忽剌木翼軍人口粮　　一件看倉庫人口粮
20.　　　　　□□□□□□　　　　　　儒 學教授俸秩

　　（後缺）

　　該件文書首完尾殘，現存二十行文字，可分為兩大部分，前三行為第一大部分，是亦集乃路總管府錢糧房司吏撰擬的呈文主體部分的前半；後十七行為第二大部分，是呈文"見行文卷開坐"部分，附列了文卷的事項目錄，後面還應有呈文主體部分的後半，包括落款年款等，已缺。

　　該件第一大部分所述事由是錢糧房受命將"見行文卷"開列出來並呈送上去，從"合行具呈"的行文口氣看呈送的對象應是上級，但是哪個部門，不明。該件第二大部分從4行看應屬於"總計文卷"的內容。總計文卷之下分為一個單件和"分例""軍人支糧"兩個類別。一個單件即6行的"亦令只失加普大王位下漸丁軍糧。"分例"部分包括四個組件，分別是8行的"納冬妃子分例"，10行的"忙 剌 迷失妃子分例"、12行的"卜魯罕妃子分例"和14行的"倒剌的斤妃子分例"。這四個組件各包括兩件，即"一件米麵、一件羊酒"。"軍人支糧"部分則殘留了6個單件，分別是17行的"一件征西元帥府軍人口糧，一件北庭元帥府軍人口糧"，18行的"一件蒙古元帥府軍人口糧，一件朵立只罕翼軍人口糧"，19行的"一件忽剌木翼軍人口糧，一件看倉庫人口糧"。20行的"儒 學教授俸秩"歸屬不明。

　　該件內容的性質，《黑城出土文書（漢文文書卷）》第85頁《中國藏黑水城漢文文獻》和第六冊第1295頁均歸入"卷宗類"。筆者以為，文書本身雖然的確稱為"見行文卷"，但我們從內容看所列均是公文的事目，亦即公文的摘要兼目錄。換言之，該件是為了向有關部門呈送"見行文卷"而列出的摘要目錄，且其公文種類是"呈文",內容雖與卷宗管理有關而並非卷宗,簡單歸為"卷宗類"似乎不太準確。其性質可以參考日本學者竺沙雅章氏《漢籍紙背文書的研究》一文對元代文書進行研究的成果加以判定①。竺沙雅章氏在文中對宋刊元印《歐公本末》紙背的元代延祐五年(1318)婺州路公牘文書進行了錄文和研究。他把元代文書分為三類,第一類是元行文書,第二類是卷宗事目,第三類是卷宗刷尾。其中卷宗事目部分他有三段錄文。除因第三段錄文屬於婺州路架閣庫在庫目錄與本文無關不錄外,今錄前二段文字如下。第一段僅殘存三行文字:

1. 　　　　一宗至元二十年人口②
2. 　　　　延祐四年下半年
3. 　　　　延祐五年上半年

第二段也僅殘存三行文字:

1. 　　　　一宗檢校所寄收鈔。延祐五年上半年③
2. 前項合刷卷宗事目,中間別無隱漏,如蒙查照得,但
3. 罪無詞,執結是實。伏取

將黑水城 Y1∶W22 文書與元代延祐五年(1318)婺州路公牘文書進行比較,可見亦集乃路總管府錢糧房呈文與婺州路卷宗事目在著錄公文事目的格式上具有高度的相似性,前者著錄的格式或是"某某分例一件米麵",或是"一件某某某",後者的著錄格式則是"一宗某某某,某年某半年",二者的性質應該說很相似或曰很相近。而且,Y1∶W22 文書屬於亦集乃路總管府錢糧房的呈文,而婺州路文書有"前項合刷卷宗事目,中間別無隱漏,如蒙查照得,但罪無詞。執結是實,伏取"等語,從語氣和用詞看也分明是下級給上級的呈文,可證二者性質相同。那麼,既然婺州路文書明確稱申報的內容是"卷宗事目",則 Y1∶W22 文書也沒有道理僅僅稱為"卷宗",二者都應該都屬於有關卷宗事目的呈文。

不過,還需要說明,Y1∶W22 文書雖然可以稱為"公文",卻不能說是正式公文,只能算是一個尚未進入正式公文運行之中的草稿,這可以從三個方面證明:第一,格式不統一。例如該件稱謂檔數量,5 行"一件"顯然是說 6 行"亦令只失加普大王位下漸丁軍糧",但這裏將"一件"置於"亦令只失加普大王位下漸

---

① 竺沙雅章文見《東京大學文學部研究紀要》第十四。
② 文書此行上端有朱點。
③ 文書此行上端有朱點。

丁軍糧"之前，而"分例"部分的9行、11行、13行和15行的"一件米麵、一件羊酒"則均置於8行"納冬妃子分例"、10行"忙剌迷失妃子分例"、12行"卜魯罕妃子分例"和14行"倒剌的斤妃子分例"之後，二者明顯不同。"軍人支糧"部分則又是將"一件"冠於7個檔案名之首，與前兩者"一件"分別居於前行或後行又有所不同。如果是正式公文，應該不會在一個不太長的公文裏出現如此混亂的格式。

第二，符號、用語不規範。例如項目符號的橫道"一"與各行數字"一"的寫法沒有區別。4行"一總計文卷"，"總計文卷"前的"一"應是項目符號的橫道，而其他各行"一件"的"一"則是漢字數字，該件在書寫時沒有對符號和數字這兩種寫法加以區別。至少說明符號的書寫不規範。至於用語的不規範，以"總計文卷"一語最為典型。按"總計"一語在元代公文中通常適用於統計的場合，而本件只是逐件列出文卷的目錄，屬於呈報文卷事目的文書，並不需要進行統計，因此無需使用"總計"一語。下面我們可以舉出一條元代傳世文獻加以比較。《元典章》卷六《臺綱·照刷》"刷卷首尾相見體式"有如下內容①：

一、抱計若干宗

　已經照刷若干宗

　　已絕若干宗

　　　月分若干宗

　　　　刷尾一宗、自幾年月日始、除前刷外、今月某年月日甚文字、至幾年月日、是何文字為尾、計紙幾張縫、通前幾經照刷、計紙幾張縫

　餘依上開

未絕若干宗

　月分若干宗

　　開刷尾云云

　餘依上開

未經照刷若干宗

　已絕若干宗

　　月分若干宗

---

① 陳高華點校：《元典章》卷六《臺綱·照刷》，中華書局、天津古籍出版社2011年版，第179頁。

開刷尾云云
　　餘依上開
　未絶若干宗
　　月分若干宗
　　開刷尾云云
　　餘依上開

　　從上引文獻可見，《元典章》"揔計若干宗"就是在進行統計的場合使用的，它首先要分為"已經照刷若干宗"和"未經照刷若干宗"兩大類進行統計，而這兩大類又各分為"已絶若干宗""未絶若干宗"兩類進行統計；各類又下分"月分若干宗"進行統計。由此可見，《元典章》中的"揔計若干宗"是與各個類項的分類統計相聯繫的。Y1：W22 文書所列全是卷宗事目，不存在統計的場合，因此可以推知其所用"總計文卷"的"總計"是誤用，或者說這裏的"總計"只相當匯總列出之意。

　　第三，公文內容有加寫的痕跡。從圖版看，7 行的"分例"二字係在 6 行和 8 行之間加寫的一行，故 7 行與 6 行、7 行與 8 行的行距明顯小於其他各行的行距。在一次書寫的公文上加寫內容，是公文草稿撰擬中常見的現象，這只能說明該件不是一件正式公文。

　　基於以上三點認識，我們可以推定 Y1：W22 文書是一件元代公文呈文的草稿或習作。

　　前面已經提及，該件的呈送對象不明，但我們根據文書內容不妨做一番推測。我們知道，文書是錢糧房司吏向某個上級部門呈送本部門"見行文卷""伏乞照驗施行"的公文草稿。而元代對各個官署衙門檔案文卷負有檢查、驗核之責的機關在中央則是御史臺，在地方則主要是肅政廉訪司。這種對檔案文卷進行檢查、驗核的活動在當時的專業術語稱為"照刷"，不過，也有稱為"照驗"的，例如《元典章》卷四《朝綱·政紀》"近照刷河南江北等處行中書省文卷數內，各道宣慰司、路、府、運司等衙門應有申禀公事，當該掾史或受請求，及避照例，多不明白立案，披詳與決。又不引用條例，縱恣所為，止押行檢，朦朧回下，仰依例或照驗施行，故令中間事情支離，難於處置。"① 《元典章》卷六《臺綱·體察》

---

① 《元典章》卷四《朝綱·政紀》，第 138 頁。

"提刑按察司官，若分輪巡按所管官司，須得遍歷。其有改正及行移公事，報本司照驗，如有不當，聽本司會議改正。"① 這兩處的"照驗"與"照刷"意義相近。所以，考慮到該件發現於黑水城地區，這裏的錢糧房應該是亦集乃路總管府屬下的錢糧房，而其呈送"見行文卷""伏乞照驗施行"，看來也只能是肅政廉訪司了。亦集乃路總管府在監察區上屬於河西隴北道肅政廉訪司，那麼，該件呈送文卷的對象就只有河西隴北道肅政廉訪司的可能。而且，按照規定，地方官署衙門在接受肅政廉訪司照刷文卷之前也是要提交文卷目錄的。元人王惲《烏台筆補·照刷例》即稱："舊例照刷所司。先具事目到台，其文卷後粘連刷尾，具公事本末赴台照刷。監察御史於正位坐，閱朱銷簿，台令史一人在傍亦坐，執掌具到事目。其當該人員引卷通讀。若係算數文卷，更設帳科司吏一名，與台令史一同刷磨。其中但有違錯稽遲，監察將文卷收訖申台，量情治罪。餘無違錯者，即令大程官於刷尾騎縫近下先用'刷訖'銅墨印，然後盖以監察御史朱印。及於朱銷簿上結尾後，亦用'刷訖'銅墨印。"② 王惲這裏說的是中央機構御史台的情況，但其所講照刷文卷的程序應與肅政廉訪司類同。從王惲所述看，照刷文卷的第一道程序是"舊例照刷所司，先具事目到台，其文卷後粘連刷尾，具公事本末赴台照刷"，即被照刷部門首先要將文卷"事目"呈送到御史台，同時文卷後面要粘連刷尾。這裏的"事目"即摘要之類，類同現在揭示主要內容的標題，亦即文卷目錄。由此可見，Y1：W22號文書呈送"見行文卷""伏乞照驗施行"的對象顯然非負責照刷文卷的河西隴北道肅政廉訪司莫屬。

Y1：W22號文書、內容、性質和呈送對象既明，則其定名問題迎刃而解。基於其時代為元朝，撰擬主體為亦集乃路總管府屬下的錢糧房司吏，公文種類是呈文草稿，呈報對象為河西隴北道肅政廉訪司，事由為呈報照刷見行文卷的事目，則該件完整的定名應為《元錢糧房司吏呈文為開坐見行文卷事目事（草稿）》。定名既明，則該件呈報的目錄雖然包括納冬妃子分例的文書，但其本身並不屬於納冬妃子分例文書的範圍，因此，將該件歸入《納冬妃子分例等文卷》有失妥當。以上就是本文得出的結論。

（原刊於《吳天墀教授百年誕辰紀念文集》，四川人民出版社2013年版）

---

① 《元典章》卷六《台綱·體察》，第157—158頁。
② （元）王惲：《秋澗先生大全文集》卷八三《烏台筆補》，四部叢刊本，第830頁。

黑水城所出識認狀問題淺探

宋　坤

《中國藏黑水城漢文文獻》第四冊當中收錄有三件元代識認狀，分別為《失林婚書案卷》中的失林與閆從亮識認狀，以及皇慶元年古都不花識認狀。目前學界對其關注較少，僅有侯愛梅《〈失林婚書案文卷〉初探》[1]與陳瑞青《從黑水城所出失林婚書案卷看元代訴訟制度》[2]兩文當中有所涉及。筆者在研讀兩文過程中受益良多，但覺其中仍有餘意可發，可對已有成果略作補充，故作是文。不當之處，敬請方家批評指正。

失林識認狀綴合與復原

黑水城所出《失林婚書案卷》因相對完整，內容豐富，史料價值極高，故而格外受到專家們的重視。目前學界已有多篇研究論述，但多集中於對其中所反映的社會問題的探討，而對其中的司法問題則論述較少。[3] 相較而言，目前對於《失林婚書案卷》研究最為全面的當屬侯愛梅。侯愛梅《〈失林婚書案文卷〉初探》一文中對這批文書中涉及的訴狀、取狀、承管狀、責領狀、識認狀等進行了書式還原，並對整個案件的司法程序進行了探討。

---

[1] 侯愛梅：《〈失林婚書案文卷〉初探》，《寧夏社會科學》2007 年第 2 期。
[2] 陳瑞青：《從黑水城所出失林婚書案卷看元代訴訟制度》（待刊）。
[3] 邱樹森：《從黑城出土文書看元代"回回哈的司"》，《南京大學學報》2001 年第 3 期；劉曉：《元代收養制度研究》，《中國史研究》2000 年第 3 期；陳瑋：《元代亦集乃路伊斯蘭社會探析——以黑城出土文書、文物為中心》，《西域研究》2010 年第 1 期；楊淑紅：《從人口買賣看元朝政府與民間社會的博弈》，《河北師範大學學報》2011 年第 2 期。

關於案件始末，在失林及閆從亮的取狀中有所反映，大致來說是回回商人阿兀妻子失林在其夫出外經商時與鄰人閆從亮相識，對其訴說自己婚姻不幸。閆從亮提議失林將自己與阿兀婚書偷出銷毀，之後赴官告阿兀壓良為軀，等官府判決離異後，自己再大擺筵席迎娶失林。因阿兀共存放文契三紙，分別為買軀男木八剌並軀婦倒剌契書二紙及婚書一紙，但失林與閆從亮二人均不識字，故而失林將三紙文契全部偷出給閆從亮後，閆從亮到街上找史外郎識讀，並詭稱為買柴時所撿。在確認失林婚書後，閆從亮約失林到家，兩人將婚書燒毀。後阿兀路遇史外郎，史外郎告知阿兀有人撿到他家文契。阿兀回家後檢查發現少了文契一紙，詢問失林，失林稱曾將三紙文契拿與閆從亮，但閆從亮僅回付文契二紙。之後，阿兀將文契二紙拿與徐典識讀，知道所缺為自己與失林婚書，於是狀告到官。經官府審訊，失林與閆從亮均承認燒毀婚書一事，官府判決失林決四十七下並由阿兀帶回家中嚴加看管，對閆從亮的判決結果因文字缺失，無法得知。

在本案審理過程中，共涉及識認狀二份，分別為失林識認狀及閆從亮識認狀。其中，閆從亮識認狀保存相對完整，收錄於《中國藏黑水城漢文文獻》第四冊第882頁，為M1·0668〔F116:W71B〕號文書第八件殘片，其內容如下：

1. 取識認①狀人閆從亮
2. 今當
3. 摠府官識認得見到官阿☐
4. 男木八剌并兄苔孩元買軀☐
5. 書貳㐬委係失林元偷遞与☐
6. 字中間並無詐冒，識認是实，☐☐②
7. 台旨
8. 　　　至正廿二年十二月取識認狀人閆☐☐③
　　　（後缺）

本件文書還收錄於李逸友《黑城出土文書（漢文文書卷）》第169頁，所記

---

① "識認"，《黑城出土文書》錄文作"認識"，現據圖版改。下同，不再另作說明。
② 據元代文書書寫格式可知，此處所缺文字應為"伏取"。
③ 據文意推斷，此處所缺文字應為"從亮"。

文書編號為 F116: W188。① 該書所收錄本件文書共兩件殘片，其殘片二《中國藏黑水城漢文文獻》未收錄圖版，其內容為"初□日（印章）"。

失林識認狀則見於《中國藏黑水城漢文文獻》第四冊第 884—885 頁 M1·0670 ［F116: W79］號文書，該件文書共三件殘片，其內容如下：

（一）

（前缺）

1. 　　取識認②狀婦人失林
2. 今當
3. 摠府官識認得見到官夫阿
4. 買駈男木八剌并答孩所③

（後缺）

（二）

（前缺）

1. 頓放契書偷遞燒毀
2. 厅④對問過取狀，今來從亮
3. 細招詞另行招責外，今短

（後缺）

（三）

（前缺）

1. 亮□□
2. 將文字二昂分付　　収執

---

① 《中國藏黑水城漢文文獻》一書所收 M1·0668 ［F116: W71B］號文書共八件殘片，還收錄於《黑城出土文書（漢文文書卷）》第 165—168 頁，該書將［F116: W71B］殘片一、二、三、四、六統一編號為 F116: W71，作為一件文書釋錄，為失林取狀；將殘片五與《中國藏黑水城漢文文獻》第 894 頁 M1·0676 ［F116: W107］殘片一統一編號為 F116: W107，作為一件文書釋錄，為阿兀訴狀；將殘片七與《中國藏黑水城漢文文獻》第 883 頁 M1·0669 ［F116: W37］、第 912 頁 M1·0686 ［F116: W37］號文書（《中國藏黑水城漢文文獻》此處編號重複）統一編號為 F116: W37，作為一件文書釋錄，為失林取狀；將殘片八編號為 F116: W188，為閆從亮識認狀。
② "識認"，《黑城出土文書》錄文作"認識"，現據圖版改。下同，不再另作說明。
③ "所"，《黑城出土文書》錄文未釋讀，現據圖版改。
④ "厅"，《黑城出土文書》錄文作"听"，現據圖版改。

3. 外，有文字一昂，我交別人看 来
4. 你的婚書，我取了，明日
5. 来，我每有商量的話。說罷
　　　　———————（騎縫章）———————
6. 家。至廿七日上灯時，從亮
7. 間有失林隻身前往
8. 於房墻①内取出元藏
9. 一昂，向失林言②：這
10. 娶你為妾妻婚□
11. 者，等候一二日，我
12. 兀將你做妾妻，却行
13. 得斷出来時，我做筵
14. 每兩个永遠做夫妻。說罢
15. 將婚書對失林前於竈
16. 火燒毀
　　（後缺）

本件文書還收錄於《黑城出土文書（漢文文書卷）》第169頁，其所記文書編號與《中國藏黑水城漢文文獻》原始編號同。但從内容來看，此處《中國藏黑水城漢文文獻》編者及李逸友整理有誤，此三件殘片應非同件文書。其中殘片一應為失林識認狀殘片，殘片二、三應為閆從亮取狀殘片。理由如下：

首先，上文提到M1·0668［F116：W71B］號文書殘片八"閆從亮識認狀"中云"今當揔府官識認得見到官阿□□□男木八剌并兄荅孩元買 駈 □□□書貳昂□□□"，此處所缺文字據其他《失林婚書案卷》文書補齊應為"今當揔府官識認得見到官阿 兀元買駈 男木八剌並兄答孩元買駈 婦倒剌契 書貳紙"，可知識認狀中涉及事由僅為識認木八剌及倒剌買契，未涉其他案由。在其他文書中可見，

---

① "墻"同"牆"。下同，不再另作說明。
② 《黑城出土文書》錄文於"言"字後衍錄一"說"字，現據圖版改。

失林與閆從亮取狀內容基本相同，由此可以推知，其識認狀內容也應相同，也應為識認木八剌及倒剌買契一事，不應涉及其他案由。因此，本件文書殘片一與殘片二、三應非同件文書。

其次，本件文書殘片一抬頭為"取識認狀婦人失林"，據此可知其應為失林識認狀殘片，而殘片二第2、3行則云"廳對問過取狀，今來從亮□□細招詞另行招責外，今短□□□"，此語與《中國藏黑水城漢文文獻》第四冊第879—882頁M1·0668［F116：W71B］號文書殘片二第1、2行"當廳對問過所狀，今來失林除備細詞□□招責外，今短狀招伏不合"等語格式相同，應為同類文書。而M1·0668［F116：W71B］號文書殘片一、二、三、四、六在《黑城出土文書（漢文文書卷）》中統一編號為F116：W71，作為一件文書釋錄，為失林取狀。故而本件文書殘片二應為閆從亮取狀殘片。本件文書殘片三內容與殘片二相銜接，應為同件文書殘片，故其也應為閆從亮取狀殘片。

筆者經過比對發現，M1·0670［F116：W79］號文書殘片一可與《中國藏黑水城漢文文獻》第四冊第871—873頁M1·0664［F116：W117］號文書殘片三綴合，形成一相對完整的失林識認狀。M1·0664［F116：W117］號文書共三件殘片，還收錄於《黑城出土文書（漢文文書卷）》第170頁，該書將殘片一、二拼合為一釋錄。為論述方便，現將該件文書迻錄如下：

（一）

（前缺）

───────────────

1. 　　取狀人小閆名從亮
2. 右從良①年廿四歲，無病，係□□□□□□
3. 肇西縣所管軍户，現在城□□□□□□
4. 家寄居□□阿兀②□□□□□□□
5. □□□□□□□□□□□□③

────────

① 據文意推斷，此"良"字應為"亮"。
② "阿兀"，《黑城出土文書》錄文錄作下一行，現據圖版改。
③ 此行文字《黑城出土文書》錄文未標注，現據圖版補。

（後缺）
（二）
　　　　（前缺）
1. □□_____①
2. 的婚書呵，你扠了者____
3. 將伊家去訖。從亮還____
4. 廿六日，從亮將失林____
———————（騎縫章）———————
5. 乕□□□□□_____②
6. 紙費去，向史外____
7. 才往东街等柴去来____
8. 字二乕，你与我看覰，則____
9. 麼文書③？有史外郎將文____
10. 從亮言說：一乕係失林 合 同 □□
11. 一乕是荅孩元買 駈 婦 倒 ____
12. 你 的 這文字□□____
13. 識認④了時，取此⑤____
14. 文字是人家中用的文字____
15. 得此，至廿七日，從亮 約 婦 ____
16. 書一乕⑥留下，於本家房____
（三）
　　　　（前缺）

―――――――――――

① 此行文字《黑城出土文書》錄文未標注，現據圖版補。
② 此行文字《黑城出土文書》錄文未標注，現據圖版補。
③ "書"，《黑城出土文書》錄文作"字"，現據圖版改。
④ "識認"，《黑城出土文書》錄文作"認識"，現據圖版改。
⑤ "此"，《黑城出土文書》錄文作"些"，現據圖版改。
⑥ 《黑城出土文書》錄文於"一乕"兩字後衍錄"一乕"兩字。

1. 倒剌契書貳咼，委係失 林☐
2. 遞与小閆文契，中間並無詐☐
3. 識認①是实，伏取
4. 台旨。

　　　（後缺）

从內容來看，該件文書殘片一、二與殘片三應非同件文書殘片。殘片一、二內容銜接，應為同件文書殘片，且殘片一抬頭云"取狀人小閆名從亮"，據此可知其應為閆從亮取狀殘片，而殘片三第3行云"識認是实"，由此可知其應為一識認狀殘片，故而三件殘片應非同件文書。

从圖版來看，M1·0664［F116:W117］號文書殘片三與M1·0670［F116:W79］號文書殘片一筆跡、紙張相同，且均為識認狀殘片，故而提供了綴合的可能。兩者綴合後內容如下：

1.　　取識認②狀婦人失林
2. 今當
3. 揔府官識認得見到官夫阿☐
4. 買軀男木八剌并答孩所③☐
5. 倒剌契書貳咼，委係失 林☐
6. 遞与小閆文契，中間並無詐☐
7. 識認④是实，伏取
8. 台旨。

　　　（後缺）

由綴合後內容來看，其與上文提到閆從亮識認狀格式相同，且內容基本一致，均為識認失林偷遞閆從亮木八剌並倒剌買契一事，故而可知綴合應無誤。

---

① "識認"，《黑城出土文書》錄文作"認識"，現據圖版改。
② "識認"，《黑城出土文書》錄文作"認識"，現據圖版改。下同，不再另作說明。
③ "所"，《黑城出土文書》錄文未釋讀，現據圖版改。
④ "識認"，《黑城出土文書》錄文作"認識"，現據圖版改。

識認狀性質及書式復原

侯愛梅在《〈失林婚書案文卷〉初探》一文中提到"在全部審訊完畢後將記錄整理成被告人的識認狀。"認為識認狀是"對整個事情的認識和總結，應是結論性的東西。"其內容"包括識認人姓名、事情經過的描述、保證性的話語、時間及識認人簽字畫押四部分。識認狀與取狀一樣也是由官府吏員書寫，但是由當事人簽字畫押供認。"這個結論應是依據M1·0670［F116：W79］號文書內容得出。但上文提到，M1·0670［F116：W79］號文書編者整理有誤，其三件殘片非同件文書，故而侯愛梅"在全部審訊完畢後將記錄整理成被告人的識認狀。識認狀是對整個事情的認識和總結，應是結論性的東西"之結論有誤。且，由閆從亮及復原的失林識認狀也可看出，識認狀中並不包括事情經過的描述。

《失林婚書案卷》中的兩件識認狀除寫狀人不同之外，其餘內容基本相同。由其內容可見，其重點均是在識認"阿兀元買軀男木八剌並兄答孩元買軀婦倒剌契書貳紙"上，其文書書寫目的是確認此兩紙文契確為當初失林偷遞與閆從亮之文契，並為此而出具的保證書，而非是關於偷竊一事的招認文書。

另，《中國藏黑水城漢文文獻》第四冊《盜賊案》第715頁M1·0577［HF193B正］號文書，擬題為《皇慶元年認狀文書》，其內容如下：

1. 寫認狀人古都不花
2. 　　一名古都不花，年廿五歲，无病，係
3. 御位下昔宝赤頭目哈剌帖倫次男，見在迤北党魯地面住
4. 　　　　坐，前来亦集乃買賣寄居。
5. 　　一名識保人荅失哈①剌，年四十六歲，无係②，係曲典不花
6. 　　　　翼軍人，見在本營住坐。
7. 右古都不花各開年甲在前，今當
8. 摠府識認到本家元迯駆婦荅失，如後但有詐
9. 認，不係本家駆口，至日古都不花等甘當謝官
10. 罪，不詞，执結是实，伏取

---

① "哈"字為後補寫，現徑改。
② 據文意推斷，"係"字應為"病"。

11.　　　　台旨。
12.　　　　皇慶元年十二月　日寫認狀人古都不花（簽押）狀
13.　　　　　　　　　連狀識保人荅失哈☐①
14. 十三日

由內容可知，此件文書為古都不花為識認本家元逃軀婦荅失所寫識認狀，撰擬主體非是被告人，且內容也非"招認犯罪事實"，而是識認"荅失"確為本家元逃軀婦的保證書。

《事林廣記》辛集卷之十"寫狀法式"當中也收錄有一件"本主識認"書式，其文云：

厶村住人厶人：

右厶，年壯無病，伏為於今月厶日本家自不小心走失了甚

毛色牛幾頭，有無印記，厶即時隨處根覓不見。今來厶卻知

得厶村厶人收住上件牛畜，本人申覆到

官，見蒙出榜召人識認。所具上件牛畜，委是厶本家走失。今

具狀上告

某官，伏乞

詳狀給付厶收管施行。所告執結是實，伏取

裁旨。

年　月　日告狀人　　厶人　　　狀②

據內容可見，此書式應為元代識認狀書式，為識認本家走失牛所出之保證書。由此可見，元代識認狀並非只由被告書寫，且其內容均與識認失物有關。

《漢語大詞典》中"識認"一詞有二意：一為"辨識認定"；二為"認識相識"。但在史籍中則以第一語義為主。例如《三國志》卷六十《鐘離牧傳》云："（鐘離牧）少爰居永興，躬自墾田，種稻二十餘畝。臨熟，縣民有識認之，牧曰：'本以田荒，故墾之耳。'遂以稻與縣人。"③又如，《舊唐書》卷十九《本紀第十九上·懿宗》云："編甿失業，丘井無人，桑柘枌榆，鞠為茂草，應行營處百姓田宅產業為賊殘毀燒焚者，今既平寧，並許識認，各還本主，諸色人不得妄

---

① 據文意推斷，此處所缺文字應為"剌（簽押）"。
② 黃時鑒輯點：《元代法律資料輯存》，浙江古籍出版社1988年版，第220頁。
③ 《三國志》卷六〇《吳書十五·賀全呂周鐘離傳第十五》，中華書局1964年版，第1392頁。

有侵占。"① 再如,《元史》卷一百一《兵四》云:"隨路站赤三五戶,共當正馬一匹,十三戶供車一輛,自備一切什物公用。近年以來,多為諸王公主及正宮太子位下頭目識認招收,或冒入投下戶計者,遂致站赤損弊,乞換補站戶。"②《元史》卷一百五《刑法四》云:"諸闌遺人口到監,即移所稱籍貫,召主識認。半年之上無主識認者,匹配為戶,付有司當差。"③ 以上引文所出現之"識認"一詞,其語義均為"辨識認定"。

根據黑水城所出三件識認狀文書及《事林廣記》所載"本主識認"書式,並結合"認識"一詞"辨識認定"之意可見,元代識認狀的性質應為偷盜、逃驅或走失頭疋案件中,事主(此處所云事主包括偷盜者及本主)所出具的辨識確認失物的保證書。

"識認"一詞史籍中出現較早、較多,但"識認狀"史籍中則記載較少。筆者檢索古籍,元代之前僅在南宋韓元吉《南澗甲乙稿》中見到兩條記載,其一為卷九《集議繁冗虛偽弊事狀》:"今年二月,已降指揮依吏部措置,先召保識官二員,委保正身,不是代名。入試日,責書鋪識認狀,特立賞格,重行斷罪,不須更用簾試虛文"④;其一為卷十《論銓試簾試劄子》:"乞自今年銓試為始,應就試,先召保識官二員,委保正身,不是代名,別無違礙。至參選日,就用保官,更不再召引保。併入試日,並責書鋪識認狀,及同保互相保委,系是正身,特立賞格,許人告首。"⑤ 兩者內容基本相同。從文意來看,宋代書鋪所出具"識認狀"其性質應是"辨識認定"應試之人"係是正身",並為此所出具的保證書。其性質與元代識認狀基本相同,兩者之間似有相承關係,但限於資料較少,未見宋代識認狀書式或是原文,筆者不敢妄下論斷。另,相較而言,元代識認狀應用範圍要大於宋代識認狀,就史料所見而言,宋代識認狀主要應用於應試之時,且由書鋪出具,而元代在偷盜、走失、逃驅等案中均有識認狀,其書寫者則為偷盜者或是本主。

元代識認狀書式見於上文提到的《事林廣記》辛集卷之十"寫狀法式"中的

---

① 《舊唐書》卷一九《懿宗紀》,中華書局1975年版,第672頁。
② 《元史》卷一〇一《兵志四》,中華書局1976年版,第2586頁。
③ 《元史》卷一五〇《刑法志四》,第2686頁。
④ (宋)韓元吉:《南澗甲乙稿》卷九《集議繁冗虛偽弊事狀》,收於《叢書集成初編》,商務印書館1936年版,第155頁。
⑤ 《南澗甲乙稿》卷一〇《論銓試簾試劄子》,第172頁。

"本主認識"條。但從黑水城出土的三件識認狀來看，元代識認狀正式文狀與《事林廣記》所載並不相同。

黑水城所出的三件識認狀中，失林與閆從亮兩人因同屬一案，其識認狀格式、內容基本相同，但兩者與古都不花識認狀則差別較大。其差別主要體現在以下兩處：

一、古都不花識認狀中，載有古都不花年歲、身體狀況及戶計內容，這與《事林廣記》所載"本主識認"同，而失林及閆從亮識認狀中此項均缺。這應與失林及閆從亮案件審理情況相關，兩人的年歲、身體狀況及戶計內容在兩人取狀中已反復提及，故而此處省略。但由古都不花與《事林廣記》所載可知，正式的完整識認狀中應包含有寫識認狀人的具體情況介紹。

二、古都不花識認狀中，出現有連狀識保人答失哈剌，從內容來看，其作用應與契約文書中的代保人相同，失林與閆從亮識認狀中則無。出現此種差異的原因，筆者推斷應是因為古都不花為本主來識認本家元逃驅婦，怕其冒認，故而需識保人連狀，做一擔保。而失林與閆從亮則為偷盜者識認贓物，不存在冒認問題，故而不需識保人擔保。另，《事林廣記》中所載"本主識認"也為本主識認本家走失牛匹，但也無連狀識保人出現，故此我們可以推斷，元代本主為識認本家走失、逃亡頭疋寫具識認時，連狀識保人似非必須項。

綜合來看，元代識認狀應包括以下幾個要素：寫識認狀人姓名、年甲、病孕狀況、戶計、識認物品、保證性話語、時間及識認人簽字畫押。我們可根據黑水城所出的三件識認狀將其書式大概復原如下：

取（寫）識認狀人厶

右厶，年甲，無病（孕），見在厶地住坐。今當

總府識認到厶物，委系本人（偷盜、走失、元逃）厶物，如後但有詐認，至日厶等甘當謝官罪，不詞。執結（識認）是實，伏取

台旨。

年　月　日　取（寫）識認狀人厶（簽押）

要而言之，黑水城所出三件識認狀文書為我們提供了元代識認狀原件，對於研究元代相關法律規定及審判程序都有着極為重要的意義。例如，《元典章》刑部卷之十三、典章五十一《獲盜・捉獲逃驅給賞》載：至元七年四月，尚書省：近據樞密院呈："山東路統軍司呈：'沿邊巡哨軍人捉獲逃訖人口，本主識認，每

名擬令出備鈔一十五兩與捉事人充賞。'"① 而據皇慶元年（1312）古都不花識認狀可知，元代本主識認逃軀之時，需要出具識認狀，且識認狀有時還需有識保人連狀書寫。又如，根據失林及閆從亮識認狀可知，在元代審理盜竊案過程當中，在對盜竊者進行取狀之外，還需盜竊者對所盜對象進行辨識認定，出具識認狀。這些內容均為史籍所未載，而識認狀的發現則為我們研究相關問題提供了契機。

（原刊於《西夏研究》2014 年第 3 期）

---

① 《元典章》，第 1717 頁。

黑水城元代文獻中的"安定王"及其部隊

陳瑞青

黑水城元代文獻的內容異常豐富，對於研究元代後期西北地方政治、經濟、軍事等具有重要的價值。《俄藏黑水城文獻》第六冊中收錄有兩件元代站赤登記簿，這兩件文書的編號分別是 TK204 號和 TK248 號，在這兩件文書中涉及元代後期聚集在西北地方的諸王，其中有亦令只失加普寧肅王、必立傑帖木兒大王、唐兀歹大王、李羅帖木兒大王、怯乩肅王、令只巴柳城王、阿章王、嵬力幽王、與倫大王和朵立只巴安定王等。陳高華先生在《黑城元代站赤登記簿初探》一文中對這兩件文書進行了詳細的考證，尤其對文書中的幽王和肅王作了重點研究，其他諸王則只簡單介紹。陳先生認為站赤登記簿中的"朵立只巴"即是《元史》中的"朵兒只班"。① 儘管陳先生的研究為進一步推進該問題的深入探討提供了線索，但未對"安定王"在元末的活動情況展開論述，同時也未與元代文書中大量出現的"朵立只翼軍人"相結合，以致造成關涉安定王的諸多事實不清，因此有必要對文書中涉及的"安定王"問題進行重新審視和研究。

"朵立只巴安定王"只在俄藏 TK248 號文書中出現，為研究方便，現將該件文書中涉及"安定王"的部分節錄如下：

（前略）

70.　　　　一起

71.　　也可斡立脫使臣帖木立②等三人，前赴

72.　　朵立只巴安定王位下，計稟軍花名勾當，住至十三日起程，計支二日：

---

① 陳高華：《黑城元代站赤登記簿初探》，《中國社科院研究生院學報》2002 年第 5 期。
② "立"，《附錄·敘錄》脫，現據圖版補。

73.　　　　　　　　　　正二人
74.　　　　　　　　　　面四斤　酒四升　肉四斤　米四升　雜
　　　　　　　　　　　支鈔一兩
75.　　　　　　　　　　從一人　米二升

（後略）

　　這件文書記錄了元末某月十二日使臣帖木立等三人到朶立只巴安定王位下計稟軍隊花名之事。陳先生認爲文書中的"朶立只巴安定王"就是《元史》中的"安定王朶兒只班"。泰定二年（1325）二月，"賑安定王朶兒只班部軍糧三月"。① 這位安定王朶兒只班，《元史·宗室世系表》以及《南村輟耕錄·大元宗室世系》均說他是成吉思汗幼子闊列堅的後代。② 據胡小鵬先生考證，安定王系屬於察合台後裔。《元史·宗室世系表》闊列堅條下，拜答寒兄弟一欄，列有安定王脫歡。《元史·諸王表》無國邑名條下載："拜答寒大王，至元七年賜印，仍賜海青金符。"此拜答寒在《元史·世祖本紀》多次出現，至元七年（1270）八月，"諸王拜答寒部曲告饑，命有車馬者徙居黃忽兒玉良之地，計口給糧，無車馬者就食肅、沙、甘州。"至元二十五年（1288）十二月"丙子，也速不花以昔列門叛。甘肅行省官約諸王八八、拜答罕、駙馬昌吉，合兵討之，皆自縛請罪。"至元二十七年（1290）春正月，"章吉寇甘木里，諸王術伯、拜答寒、亦憐真擊走之。"二月，"庚辰，伯答罕民戶饑，給六十日糧。"可知世祖時期拜答寒活動在河西到哈密一帶。《元史·宗室世系表》將其列爲闊列堅後裔，但《史集》和《貴顯世系》所記闊列堅系譜中並無他的名字。杉山正明說《史集》察合台汗紀所列出的察合台庶長子莫赤·耶別的第三子迭克失諸子中有 Baidaghan 之名，《貴顯世系》所記帖木兒朝以前所有蒙古王族中，拜答罕之名只有這一處。所以，1270—1290 年在河西方面活動的拜答寒（伯答罕），也屬於察合台系的莫赤·耶別後裔。③ 他應是在元朝與察合台汗國的戰爭中，投誠到元朝方面來的察合台系宗王之一。因此，《宗室世系表》將拜答寒、脫歡列入闊列堅家族是錯誤的，安

---

① 《元史》卷二九《泰定帝紀一》，第 665 頁。
② 《元史》卷一〇七《宗室世系表》，第 2716 頁；（元）陶宗儀：《南村輟耕錄》卷一《大元宗室世系》，中華書局 1958 年版，第 8 頁。
③ 杉山正明：《兩個察合台家族》，收於小野百合子編《明清時代的政治和社會》，京都大學人文科學研究所 1983 年版，第 651—706 頁。

定王系屬於察合台後裔。① 皇慶二年（1313），元廷封脫歡為安定王，此時的安定王屬於出鎮性質的宗王。脫歡死後，朶立只巴襲位。由於材料限制，尚不能明確脫歡與朶立只巴是父子關係還是兄弟關係。前引《元史·泰定帝紀一》，泰定二年（1325）二月朶立只巴已為安定王。天曆二年（1329）五月丁丑，皇太子發京師，"鎮南王帖木兒不花，諸王也速、斡即、答來不花、朶來隻班、伯顏也不幹，駙馬別闍里及扈衛百官，悉從行。"② 這條材料中出現的"朶來隻班"，即是安定王"朶兒只班"。至順三年（1332）三月己卯，"詔以西寧王速來蠻鎮禦有勞，其如安定王朶兒只班例，置王傅官四人，鑄印給之。"③ 安定王朶立只巴何時去世，《元史》闕載。據《明史·西域傳二》稱："安定衛……元封宗室卜煙帖木兒為寧王鎮之。"④ 胡小鵬先生認為這條材料中出現的"寧王"，是"安定王"的不同譯法。⑤ 此說極為允當，元代寧王出自"闊闊出"一系，是窩闊台的後人。查《元史·宗室世系表》，闊闊出之後又有也里幹大王、哈魯罕王、宣靖王買奴、阿魯大王等為寧王。⑥ 寧王出自窩闊台系，而安定王出自察合台系，二者系別、屬地均有不同，因此不存在前後繼承關係。同時，除《明史·西域傳》稱卜煙帖木兒為寧王外，《明太祖實錄》則稱其為安定王，洪武七年六月"壬戌，西域撒里畏兀兒安定王卜煙帖木兒遣其府尉麻答兒、千戶剌爾嘉來朝，貢鎧甲、刀劍等物。撒里畏兀兒者，韃靼別部也，其地廣袤千里，去甘肅一千五百里，東抵罕東，西距天可里，北邇瓜沙州，南界吐蕃，居無城郭，以氈帳為廬舍，產多駝馬牛羊。至是，來朝貢。詔遣使賜卜煙帖木兒織錦文綺四匹，麻答兒等羅衣二襲。仍命召其酋長，立為四部，給銅印，曰阿端，曰阿真，曰苦先，曰帖里。"⑦ 《明實錄》中的記載說明，明初安定衛建立之時，"卜煙帖木兒"確為安定王無疑。安定王卜煙帖木兒在洪武十年（1377）四月被曲先衛指揮沙剌殺死，"其子板咱失里殺沙剌以報父仇，既而板咱失里復為沙剌部將所殺。"⑧

明初在河西地區立安定衛，即應是元代安定王的分地。關於明代安定衛的位

---

① 胡小鵬：《察合台系蒙古諸王集團與明初關西諸衛的成立》，《蘭州大學學報》2005 年第 5 期。
② 《元史》卷三一《明宗紀》，第 699 頁。
③ 《元史》卷三六《文宗紀五》，第 802 頁。
④ 《明史》卷三三〇《西域傳二》，第 8550 頁。
⑤ 參見胡小鵬《察合台系蒙古諸王集團與明初關西諸衛的成立》一文。
⑥ 《元史》卷一〇七《宗室世系表》，第 2709 頁。
⑦ 《明太祖實錄》卷九〇 "洪武七年六月壬戌"，上海書店出版社 1982 年版，第 1586 頁。
⑧ 《明太祖實錄》卷一一一 "洪武十年四月乙亥"，第 1852 頁。

置，據《明史·西域傳》稱："安定衛，距甘州西南一千五百里。漢為婼羌，唐為吐蕃地，元封宗室卜煙帖木兒為寧王鎮之。其地本名撒里畏兀兒，廣袤千里，東近罕東，北邇沙州，南接西番。居無城郭，以氈帳為廬舍。產多駝馬牛羊。"①據李並成先生研究，安定衛（苦爾丁）的位置在今蘇幹湖盆地，位於張掖西南1500里許，北面靠近敦煌，東面接近罕東（今酒泉市西南），南面緊鄰西番（今青海西部）。所謂"居無城郭，以氈帳為廬舍"，是指牧民大眾而言，衛自有衛城。今蘇幹湖盆地團結鄉西北，殘存明代故堡一座。其平面呈矩形，東西長約1000米，南北寬近500米，殘高2米許，以就地水漬城土夯築，牆體呈白色，當地哈族群眾稱其為"阿合塔木"，意即白城，該城應為安定衛的衛城。另在該城東南19公里許，又存明代小城堡一座，面積約為白城之半。蘇幹湖南十數公里的一些小山丘上，還殘存若干古烽燧，石塊壘砌。②安定王居地在撒里畏兀兒，即羅布泊東南，柴達木盆地西部，沙州（今甘肅敦煌）一帶。因此，李先生對於明代安定衛具體位置的判定，是有一定道理的。

　　元代西北諸王的分封和元代政局密切相關。元世祖時期，隨着察合台後王在河西的興起，不斷騷擾元朝西北邊境，元朝開始派駐宗王出鎮西北重要地區，其中有豳王、肅王、安定王、西寧王、武威西寧王等，其中以豳王的勢力最大。在統軍權方面，諸王位下都擁有怯薛軍隊，其領地部民本身就是一個遊牧軍民集團，擔任着鎮戍任務。此外，諸王還有義務率本投下軍隊從征出戍，這是諸王對皇權承擔的封建義務，隨領主出征也是部民為國家承擔的軍役。從黑水城文獻可以看出，元代中後期安定王位下部隊一直在亦集乃路總管府駐守。但諸王軍隊不直接聽命行省，而是由皇帝指定的某宗王節制，由他來協調諸王軍隊與行省的行動，有時則由行省官員會同諸王共同負責。元朝末年，隨着屯戍漢軍的逃亡、山東河南蒙古軍輪戍制度廢弛，甘肅行省已無可調之兵，明軍抵達河西時與之對陣的都是上述諸王軍隊，可知元朝後期諸王在河西的地位當更加突出。③洪武三年（1370）正月初三日，明太祖朱元璋命右丞相徐達為征虜大將軍，浙江行省平章李文忠為左副將軍，都督馮勝為右副將軍，御史大夫鄧愈為左副將軍，中山侯湯和為右副將軍率軍往征沙漠。對於北征沙漠的戰略方針，朱元璋根據元主滯留塞

---

① 《明史》卷三三〇《西域傳二》，中華書局1974年版，第8550頁。
② 李並成：《"西桐"地望考——附論明安定衛城》，《西北民族研究》1998年第1期。
③ 胡小鵬：《元代河西諸王與甘肅行省關係述論》，《甘肅社會科學》1992年第3期。

外之和林（今蒙古烏蘭巴托西南之哈爾和林），擴廓帖木兒駐兵定西（今屬甘肅），不斷南犯的情況，決定："分兵為二道：一令大將軍自潼關出西安搗定西，以取王保保（即擴廓帖木兒）；一令左副將軍出居庸關入沙漠以追元主，使其彼此自救，不暇應援。況元主遠居沙漠，不意吾師之至，為孤豚之遇猛虎，取之必矣，事有一舉而兩得者，此是也。"① 並命大同指揮金朝興、大同都督同知汪興祖等先期進攻山西、河北北部元軍，以吸引元軍注意力，策應主力作戰。關於這次戰鬥，《明史·韃靼傳》稱："（洪武）五年春，命大將軍徐達、左副將軍李文忠、征西將軍馮勝率師三道征之。大將軍達，由中路出雁門，戰不利，守塞。勝軍西次蘭州。右副將軍傅友德先進，轉戰至埒林山，勝等兵合，斬其平章不花，降上都驢等所部吏民八千三百餘戶，遂由亦集乃路至瓜、沙州，復連敗之。文忠東出居庸至口溫，元將棄營遁，乃率輕騎自臚朐河疾馳，進敗蠻子哈剌章於土剌河，追及阿魯渾河，又追及稱海，獲其官屬子孫並軍士家屬千八百餘，送京師。"② 在這次戰役中，駐守在亦集乃路的蒙古軍隊被擊潰，《明史·馮勝傳》稱："至蘭州，友德以驍騎前驅，再敗元兵，勝覆敗之掃林山。至甘肅，元將上都驢迎降。至亦集乃路，守將卜顏帖木兒亦降。次別篤山，岐王朵兒只班遁去，追獲其平章長加奴等二十七人及馬駝牛羊十餘萬。是役也，大將軍達軍不利，左副將軍文忠殺傷相當，獨勝斬獲甚衆，全師而還。"③ 在這次明朝北征大漠的戰役中，盤踞在西北地方的蒙古部隊遭到沉重打擊，朵立只罕翼軍人很可能在這次軍事行動中被擊敗，並被迫降明。同時這條材料中提到了"岐王朵兒只班"，此朵兒只班並非為安定王。岐王朵兒只班是阿剌乞的後代。據《元史》記載，至正九年（1349）閏七月戊子，朝廷"命岐王阿剌乞鎮西番"④。至正十二年（1352）七月庚寅，"以殺獲西番首賊功，賜岐王阿剌乞巴鈔一千錠，邠王嵬厘、諸王班的失監、平章政事鎖南班各金系腰一"⑤。至正二十五年（1365）二月戊午，"皇太子在冀寧，命甘肅行省平章政事朵兒只班以岐王阿剌乞兒軍馬會平章政事臧卜、李思齊，各以兵守寧夏"⑥。至正二十五年（1365），朵兒只班的身份是甘肅行省平章政事，

---

① 《明太祖實錄》卷四八"洪武三年正月癸巳"，第947—948頁。
② 《明史》卷三二七《韃靼傳》，第8464頁。
③ 《明史》卷一二九《馮勝傳》，第3798頁。
④ 《元史》卷四二《順帝紀五》，第887頁。
⑤ 同上書，第901頁。
⑥ 《元史》卷四六《順帝紀九》，第969頁。

這說明此時他尚未繼承岐王爵位。朵兒只巴襲"岐王"位的時間應當在元末或明初。關於岐王朵兒只巴《明史》中的記載較多，在明軍洪武五年（1372）北伐之後，岐王朵兒只巴逃到西涼府（今甘肅武威），洪武八年（1375）內附。但朵兒只巴"雖降而持兩端"①，並無誠意，殺死岐寧衛經歷熊鼎後叛明。之後，北元統治階層出現內訌。洪武十年（1377）"王為沙剌所弒，王子板咱失里復仇，誅沙剌。沙剌部將得復殺王子，部內大亂。番將朵兒只巴叛走沙漠，經安定，大肆殺掠，奪其印去，其眾益衰"②。此後，岐王朵兒只巴一直侵擾明朝西北邊境。從上述材料可以看出，岐王朵兒只班在西北崛起較晚，文書中"朵立只罕"出現的年代要早於朵兒只巴任岐王的時間，因此可以斷定，文書中的"朵立只罕"並非是岐王朵兒只巴，而是安定王朵立只巴。

在黑水城元代文書中存在大量的"朵立赤翼軍人""朵立只罕翼軍人"等，如M1·0268［F79:W25］號文書③第 3 行載"朵立赤翼軍糧"，M1·0280［F13:W121］號文書④第 2—3 行載"放支朵立只罕翼軍人至正廿九年冬季口糧"，M1·1033［Y1:W22］號文書⑤第 18 行載"一件朵立只罕翼軍人口糧"，M1·1034［84H·大院內 a6:W6/2795］號文書⑥第 1、2 行均載"朵立只罕翼軍人口糧"。另外，《斯坦因第三次中亞考古所獲漢文文獻（非佛經部分）》第 1 冊編號為"Or. 8212/754（K. K. 0150（b））"的文書⑦中第 9—10 行亦載："放支朵立只罕翼軍人春季三個月雜色大麥……"。這些文書均與放支軍糧有關。這幾頁文書中出現的"朵立赤翼軍人"和"朵立只罕翼軍人"應當是同一支部隊。"朵立赤"和"朵立只"是對"朵立只巴"的不同翻譯，因此這幾頁文書中的"朵立只罕"可能就是安定王朵立只巴。同時，黑水城元代文書中還出現了"忽剌木翼軍人"，關於此問題，筆者擬另文專考。材料中的"元太尉朵兒只巴"是指岐王"朵兒只巴"，"忽剌罕"即為"忽剌木罕"。"忽剌木罕"在亦集乃路的駐軍即稱

---

① （明）宋濂：《文憲集》卷一九《故岐甯衛經歷熊府君墓銘》，《影印文淵閣四庫全書》，第 1224 冊，臺灣商務印書館 1986 年版，第 153 頁。
② 《明史》卷三三〇《西域傳二·安定衛》，第 8550 頁。
③ 《中國藏黑水城漢文文獻》，第二冊，第 370 頁；《黑城出土文書（漢文文書卷）》，第 136 頁。
④ 《中國藏黑水城漢文文獻》，第二冊，第 381 頁；《黑城出土文書（漢文文書卷）》，第 136 頁。
⑤ 《中國藏黑水城漢文文獻》，第六冊，第 1295 頁；《黑城出土文書（漢文文書卷）》，第 85 頁。
⑥ 《中國藏黑水城漢文文獻》，第六冊，第 1296 頁；《黑城出土文書（漢文文書卷）》，第 86 頁，其所記文書編號為 Y1:W6。
⑦ 沙知、吳芳思：《斯坦因第三次中亞考古所獲漢文文獻（非佛經部分）》，上海辭書出版社 2006 年版，第 1 冊，第 226 頁。

為"忽剌木翼軍人"。由此可證,安定王朵立只巴在亦集乃路的駐軍即被稱為"朵立只罕翼軍人"。

在這幾件文書中,時代最早的是M1·0268［F79:W25］號文書,為"延祐六年(1319)正月"。英藏 Or. 8212/754（K.K. 0150（b）.）文書為至正十九年(1359),M1·0280［F13:W121］號文書為至正廿九年(1369),M1·1034［84H·大院內 a6:W6/2795］號文書為至元六年(1340),M1·1033［Y1:W22］號文書沒有明確紀年,但考證出其書寫時間大致在在泰定初年(1324)以後(詳見下文)。這說明在延祐六年(1319)至至正廿九年(1369)之間,朵立只罕翼軍人一直駐紮在亦集乃路,時間跨度達五十年之久,是元代亦集乃路重要的軍事力量。前面已經提到,泰定二年(1325)朵立只巴已經襲位安定王,這個時間恰好和"朵立只翼軍人"在亦集乃路駐紮的時間吻合。由於《元史》中沒有記載安定王朵立只巴去世的確切時間,但從黑水城元代文獻可以看出,至少在至正二十九年(1369),安定王朵立只巴仍然在世。同時,可以推測卜煙帖木兒被封為寧王的時間應當在至正二十九年(1369)之後。至正二十九年(1369),元朝已經滅亡,筆者推斷卜煙帖木兒可能是逃亡塞外的元惠宗封賞的。

以往學術界對於黑水城元代文書中"朵立只罕翼軍人"未曾留意,這幾件文書恰好和俄藏黑水城文獻站赤文書中的"朵立只巴安定王"相互印證,對於推進元末安定王的活動軌跡具有重要的價值。在這幾件涉及"朵立只罕翼軍人"的文書中,以英藏 Or. 8212/754（K.K. 0150（b））號文書較為完整,沙知曾對這件文書進行錄文,但其個別字釋讀有誤,例如將第9行"朵立只罕翼軍人"識讀為"朵立只等？莫？"。沙知還將該文書擬題為《元至正十九年亦集乃路廣積倉具申季報糧斛並放支軍人季糧事呈文》,該擬題大體允當。另,馬斯伯樂《斯坦因在中亞細亞第三次探險所獲中國古文書考釋》一書第204—205頁也收錄有此件文書錄文,但其釋讀的正確性尚不及沙知錄文。許生根先生在《英藏黑水城出土四件元代軍政文書初探》一文中曾對這件文書進行考釋,但其錄文完全遵照沙知錄文。① 為了論述方便,這里參照圖版,對該件文書重新釋錄如下:

（前缺）

1. 呈稟□□□②亦集乃路廣積倉照得至正十九年正月至三月終春季三个月季

---

① 許生根:《英藏黑水城出土四件元代軍政文书初探》,《宁夏社会科学》2008 年第 3 期。
② "呈稟□□□",沙知錄文作"呈□□□稟",今從馬斯伯樂錄文。

　　　　　　　報現①粮斛，已行

2.　　　　　　呈了當外，拠四月至六月終夏季三个月季報現②粮斛未曾具申☐

3.　　　　　　實有見在粮斛取八☐③保結開④坐，合⑤行具申，伏乞

4.　　　　　　旧管⑥粮壹阡肆⑦伯壹拾石令式斗柒合玖勺叁抄：

5.　　　　　　　　　　　　小麦玖伯肆拾石壹斗叁升捌合陸勺式抄

6. 令五升二合七勺六抄⑧　　大麦肆⑨伯柒拾石令陸升玖合叁勺壹抄

7.　　已支肆⑩伯六拾柒石☐⑪斗七升七合六勺一抄☐⑫作

8.　　　　　　大麦：⑬

9.　三勺　　　　一帖寒字陸拾伍号放支朶立只罕翼⑭軍人春季三个月雜色大

10.　　　　　　　　　麦柒拾石玖斗捌升陸合陸勺陸抄伍作

11.　　　　　　一帖寒字柒拾壹号放支蒙古元帥府軍人春季三个月雜色大

12.　　　　　　　　麦壹⑮拾柒石令壹升叁合

　　　　（後缺）

　　通過對俄藏黑水城站赤文書中安定王朶立只巴的考證，我們知道文書中多次出現的"朶立只罕翼軍人"就是安定王朶立只巴在亦集乃路總管府的駐軍。下面分析一下 Or. 8212/754（K. K. 0150（b））號文書的層次。文書第 1 行至第 3 行是亦集乃路廣積倉向亦集乃路總管府說明照驗"季報現糧斛"的理由，即廣積倉已

---

① "季報現"三字為右行補入，現徑改。
② "現"字為右行補入，現徑改。
③ "取八☐"為右行補入，且沙知錄文作"取八年"，馬斯伯樂錄文作"取八只☐"，現存疑。
④ "開"，馬斯伯樂錄文脫，現據圖版補。
⑤ "合"，沙知錄文、馬斯伯樂錄文均作"令"，現據圖版改。
⑥ "管"，沙知錄文、馬斯伯樂錄文均作"營"，現據圖版改。
⑦ "肆"，沙知錄文、馬斯伯樂錄文均作"陸"，現據圖版改。據下文數據相加推算，也應為"肆"。
⑧ 此行"五、二、七、六"原作"陸、九、三、一"，後於右行改寫，現徑改。
⑨ "肆"，馬斯伯樂錄文作"陸"，現據圖版改。
⑩ "肆"，沙知錄文、馬斯伯樂錄文均作"陸"，現據圖版改。
⑪ 此字原作"五"，後於左行改寫，改寫字殘，現徑改。沙知錄文、馬斯伯樂錄文均作"五"。
⑫ 此字不清，馬斯伯樂錄文作"陸"，現存疑。
⑬ 沙知錄文將第 7、8 行錄作 1 行。
⑭ "罕翼"，沙知錄文作"等莫"；"朶立只罕翼"，馬斯伯樂錄文作"朶甘思☐莫"，現據圖版改。
⑮ "壹"，馬斯伯樂錄文作"四"，現據圖版改。

經將至正十九年（1359）正月至三月的春季舊糧斛向總管府申報完畢，而四月至六月的夏季現糧斛未曾申報。文書第4行至第7行是至正十九年廣積倉夏季舊管糧斛總數，即"舊管糧壹阡肆佰壹拾石令弍斗柒合玖勺三抄"，而這個數字正好是大麥和小麥的總和，這是對廣積倉舊管存糧的說明。這些糧食主要用於放支至正十九年四月至六月的夏季軍糧。值得注意的是，第6、7行的"令五升二合七勺六抄，已支肆伯六拾柒石□斗七升七合六勺一抄□作"字號較大，應當是廣積倉對至正十九年春季支出糧斛總數的記錄。第8行至第12行是廣積倉分列支出大麥的情況，由於文書殘缺，現存文字中只包含放支朵立只罕翼軍人和蒙古元帥府軍人雜色大麥的情況。考慮到元末在亦集乃路總管府駐紮的還有北庭元帥府軍人和忽剌木翼軍人，因此後面所缺還應包括這兩支部隊支取大麥的情況。通過分析，我們不難看出，廣積倉向亦集乃路總管府申報的內容主要有兩項，一是舊管糧斛的數量，一是至正十九年春季支出糧斛的情況，之後所剩餘的應即為現有糧斛數量。

　　出鎮宗王的軍需很有特色，無論直屬軍隊或統率軍隊主要依靠朝廷、行省及宣慰司供給及屯田補充。而且軍糧歲賜，數額有常，"其餘非奉旨不得擅支"。[①] 出鎮宗王軍需的非自給性和依賴性，與他們不能在鎮戍區委派官員徵稅有關。他們與其他統軍將帥一樣，在軍需上受制於朝廷、行省和宣慰司，無法主動獲取豐裕的給養儲備。[②] 英藏 Or. 8212/754（K. K. 0150（b））號及其相關文書我們研究出鎮宗王部隊的供給情況提供了許多細節：其一，亦集乃路總管府駐軍的糧食種類分為小麥和大麥兩種，大麥稱為"雜色"，是相對於"正色"小麥而言的。實際上亦集乃路駐軍的軍糧不只包括這兩種，在《中國藏黑水城漢文文獻》M1·0184［F125：W17］號文書[③]中還出現了"正支米"和"折支米"，這說明除大麥和小麥之外，軍隊士兵的口糧還包括黃米。文書中的所謂的"折支米"即是將應放支口糧折現支付給士兵。同時M1·0270［F175：W7］號文書[④]中，記載了支持庫放支士兵口糧及補貼的情況，除大麥和小麥外，"每名月支鈔貳兩伍錢"；每名士兵月支柴薪硬柴伍秤；每名士兵"添支鈔"壹兩。這說明駐守亦集乃路的士兵

---

① 《元史》卷二一《成宗紀四》，第451頁。
② 李治安：《元代分封制度研究》，第203頁。
③ 《中國藏黑水城漢文文獻》，第2冊，第262頁。
④ 《中國藏黑水城漢文文獻》，第2冊，第372頁；《黑城出土文書》，第138頁。

除口糧外，尚能得到部分現鈔，這些現鈔包含三部分，分別是月支鈔、折支柴薪鈔和添支鈔。其二，從廣積倉庫存小麥和大麥的數量看，小麥數量是大麥數量的兩倍，這說明軍糧以小麥為主，輔以雜色大麥。其三，廣積倉向亦集乃路總管府申報放支軍糧情況，採用了"季報"形式。在中國藏黑水城文獻中士兵支取軍糧有"月支"和"季支"兩種形式，但作為物資保管機構的廣積倉是以"季報"形式向總管府申報的。其四，軍用物資的發放部門除廣積倉外，尚有支持庫。前面提到的M1·0270［F175:W7］號文書，軍人口糧、現鈔都是由支持庫放支的。M1·0272［F62:W18］號文書①也提到"支持庫放支各翼軍人閏七月一個月雜色"，這說明士兵補給的發放機構並非只有廣積倉一個，支持庫也具有放支軍用錢糧的職能。

綜上所述，安定王朶立只巴是元末西北地方重要的藩王，其駐地在今蘇幹湖盆地。黑水城文獻中出現的"朶立只罕翼軍人"是安定王朶立只巴在亦集乃路總管府的駐軍。這支軍隊在黑水城駐紮達五十年之久，在洪武五年（1372）明軍進攻漠北時降明。朶立只罕翼軍人的補給由總管府負責放支，其放支機構包括廣積倉和支持庫。其軍用錢糧補給的官府化和地方化，反映了出鎮宗王對朝廷的依賴性。

（原刊於《南京師大學報》〈社會科學版〉2012年第5期）

---

① 《中國藏黑水城漢文文獻》，第2冊，第374頁；《黑城出土文書（漢文文書卷）》，第136頁。

黑水城元代"忽剌木翼軍人"文書研究

陳瑞青

在《中國藏黑水城文獻》中，收錄有兩件反映亦集乃路總管府忽剌木翼軍人駐紮情況的文書，一件是M1·0299［F116：W581］號文書[①]作"忽剌术"；一件是M1·1033［Y1：W22］號文書[②]作"忽剌木翼軍人"。這兩件文書對於研究元代中後期西北地方駐軍問題具有重要價值。因此，有必要對元代文獻中的"忽剌木翼軍人"進行系統的梳理和研究。

《黑城出土文書（漢文文書卷）》中所記M1·0299［F116：W581］號文書編號為F116：W581，並列出文書諸要素為：宣紙，殘，末尾有八思巴字年款一行，漢文行草書。文書由兩件殘片組成，殘片一首全尾缺，上完下殘，現存文字11行；殘片二為印章。為研究方便，現將F116：W581號文書迻錄如下：

（一）

1. 皇帝聖旨裏，甘肅等處□□□[③]省
2. 　忽剌术大王位下使臣老的帖木兒哈
3. 　　　烏兀不花將
4. 令旨省裏去了，一万軍[④]根底壹石 官 粮休交遲
5. 　　　若便應付，別无明[⑤]文。又先有无

[①] 《中國藏黑水城漢文文獻》，第2冊，第409頁；《黑城出土文書》，第138頁。
[②] 《中國藏黑水城漢文文獻》，第6冊，第1295頁；《黑城出土文書》，第85頁。
[③] 據《中國藏黑水城漢文文獻》中所收《大德四年軍用錢糧文卷》其他文書可推知，此處所缺文字應為"行中書"。
[④] 《黑城出土文書》錄文於"軍"字後衍錄一"糧"字，現據圖版改。
[⑤] "明"，《黑城出土文書》錄文作"別"，現據圖版改。

6.　　　　乞照明降事□
7.　　　　都省定奪去訖。今□
8.　　　　內先行支付各軍□
9.　　　　剳付者□

10.　　　　　　右剳付亦集乃路摠管府，准□①。

11.　　　右亦集乃軍糧事
　　　　　（後缺）

（二）
　　　　　（前缺）
1.（印章）
　　　　　（後缺）

這件文書除末尾殘存印章外，其餘部分缺失。但可以根據其他文書進行補充。如M1·0295［116∶W552］號文書②保存較為完整，其文書末尾為：
（前略）
28.　　　大德四年六月　日　府吏□
29.　為軍糧掃里鈔事　　提控案牘馮□
30.　　　　　　　知　事李□
31.　　　　　　　經　歷□
32.　　　　廿九日③

33.　　刱④行未絕一件為計置軍糧□
34.　　　　　省檢目為首，至□
35.　　　別不見差□

---

① 此處殘缺，《黑城出土文書》錄文推補為"此"。
② 《中國藏黑水城漢文文獻》，第二冊，第397頁；《黑城出土文書（漢文文書卷）》，第139頁。
③ "廿九日"上鈐朱印一枚。
④ "刱"同"創"。

36. 聖旨檢違錯 罪 ☐

37. 詔書 釋 ☐後劄 ☐ ①

```
河西隴北道
                    刷訖  （朱印） 書吏  王信
                                      石泉 ②
肅政廉訪司
```

通過116：W552號文書可以看出，F116：W581號文書缺少了落款、官吏署名以及"河西隴北道肅政廉訪司"的刷尾。在黑水城元代大德四年軍糧文卷中保存有一件較為完整的"河西隴北道肅政廉訪司"刷尾，其編號為M1·0300 [F116：W390]，收錄於《中國藏黑水城漢文文獻》第二冊《軍用錢糧文書》第410頁，現將該文書迻錄如下：

（前缺）

1. 接行已絕 ☐ 粮事大德 ☐

2. 　右 劄 付 為首，至當日 ☐③ 為 ☐

3. 　　尾縫司吏張天福行

```
河西隴北道
                    刷訖  （朱印） 書吏  王信
                                      石泉
肅政廉訪司
```

F116：W390號文書很可能就是F116：W581號文書所缺失的"河西隴北道肅政廉訪司"刷尾部分。

F116：W581號文書第1行，根據《大德四年軍用錢糧文卷》其他文書可知應為"甘肅等處行中書省"，這表明F116：W581號文書的行文主體應為甘肅行省。文書第9、10行出現兩處"劄付"，這說明F116：W581號文書是甘肅行省給亦集乃路總管府的劄付。劄付，元代二品以上官府發給下級官府的文書稱為"劄付"，如中書省對樞密院、御史台、六部，行中書省對宣慰司、路，御史台或行台對廉訪司，文書均稱"劄付"。另外由中書省或行省簽發的流外官、吏員任命文書，

---

① 文書第35—37行為朱書，《黑城出土文書》未錄，現據圖版補。
② 文書第33行至最後為第三紙，此紙較前兩紙較小，其內容為肅政廉訪司照刷文卷時所留。
③ 此字《黑城出土文書（漢文文書卷）》錄文未標注，現據圖版補。

也稱劄付。《吏學指南》"公式"門"劄付"條："刺著為書曰劄，以文相與曰付，猶界賜也。"① 明中葉，朝鮮李朝所著《吏文輯覽》卷二"劄付"條："大概與照會同，但上司行所屬衙門居多，如五軍都督府行經歷司、都察院行御史道、六部行各清吏司之類。"② 元代對行省職官品級有着明確規定，"每省丞相一員，從一品；平章二員，從一品；右丞一員，左丞一員，正二品；參知政事二員，從二品，甘肅、嶺北二省各減一員。"③ 行省丞相、平章為從一品，左右丞為正二品。因此甘肅行省給亦集乃路總管府的公文使用劄子這種文體是符合元代規定的。

文書第4行出現"令旨"一詞，元代令旨主要適用於皇太子、諸王，為便於官民等的貫徹執行，大多數令旨被翻譯成具有口語風格的白話文。但這種翻譯文辭不雅，還夾雜着一些蒙古詞彙，顯得艱澀生硬，理解較為困難。不過，這種公文反映了蒙元王朝的公牘風貌，有着鮮明的時代特色和史料價值。④ 元代令旨以蒙文硬譯文體的起首語，起初多為"皇帝福蔭里，（某人）令旨"，後期則固定為"長生天氣力里，皇帝福蔭里，（某人）令旨"。⑤

同時，文書第7行出現"都省"。都省是指中書省，因相對於行中書省而言，故稱都省。如《元史·選舉志》："先是有亦馬罕者妄稱省委括地，蠶食其民，以有主之田俱為荒地，所至騷動，民高榮等六百人訴於都省，追其驛券，方議其罪，遇赦獲免，今乃獻其地於皇子。"⑥

這件文書主要是說，忽剌術大王位下使臣老的帖木兒哈、烏兀不花奉忽剌術大王令旨於甘肅行省籌措"過川軍"壹石官糧軍糧，但由於未得到中書省明文回復，因此甘肅行省要求亦集乃路總管府先行支付，以免貽誤軍情。

關於"忽剌木"的蒙古語義，《欽定遼史語解》卷九《人名》稱："蒙古語筵席也，卷六十七作忽里沒。"對於忽剌術大王的生平，史籍記載較為零散，《元史·阿沙不花傳》稱：

至元三十年，海都叛，成宗以皇孫撫軍於北。阿沙不花從行，逾金山戰

---

① 《吏學指南》，第35頁。
② 佚名：《吏文輯覽》卷二《劄付》，（日本）極東書店1962年版，第314頁。
③ 《元史》卷九一《百官志七》，第2305頁。
④ 汪楷：《從永昌王府白話令旨看鞏昌帥府與永昌王之關係》，《絲綢之路》2010年第18期。
⑤ 劉曉：《元代公文起首語初探——兼論〈全元文〉所收順帝詔書等相關問題》，《文史》2007年第3期。
⑥ 《元史》卷二二《武宗紀一》，第500頁。

杭海有功。成宗即位，會大宗正札魯火赤脫兒速以贓汙聞，詔鞫問之，脫兒速伏罪，就命代之。成宗目之曰阿即剌。阿即剌，譯言閻羅王也。有訴朱清、瑄張陰私，既抵罪，帝遣兵馬都指揮使忽剌術籍沒其家，以受賂誅。更命阿沙不花往，具以實聞，賜宅一區、鈔萬五千緡，兼兩城兵馬都指揮使事。①

在這條材料中，明確提出在至元三十年（1293）時，忽剌術任兵馬都指揮使。《元史》中關於忽剌術大王的記載較少，這為深入研究忽剌術大王在元中葉的活動製造了困難，而黑水城文獻的出土則在一定程度上為進一步推進關於忽剌術大王的研究提供了十分珍貴的資料。我們知道，F116∶W581 號文書與F116∶W552 號、F116∶W553 號、F116∶W566 號、F116∶W565 號、F116∶W581 號和116∶W552 號文書同屬於大德四年（1300）準備支持諸王大軍迤北軍情計稟攢運糧斛有關，故應為同一組文書。在上述文書中，以 F116∶W552 號文書最為完整。在這件文書中，提到"术伯大王軍馬經由本路入川征進，準備炒米面糧等事"。關於"入川軍"或"過川軍"，李治安先生曾做過專門的研究，認為元代與大漠相關的木憐站道、納鄰站道和哈密力東西站道，皆出現了被稱為"川"的地段。蒙古語的 cul－cul 在與漢字"川勒"發生對譯聯繫之際，主要指謂："荒漠、石川"。大德四年漠北宗王、駙馬使臣南下傳達"迤北軍情聲息"和"術伯大王軍馬"奉命"征進"漠北時的"入川""過川"等，無疑是穿越亦集乃路以北戈壁石川的納憐站道。此乃西北軍旅和使臣等所"入"、所"過"的第一處戈壁石川，亦屬與雲南建都納憐、甘肅納憐並為三納憐站道的通往嶺北行省的納憐站道。②叢海平先生則對大德四年軍糧文書的背景進行了研究，認為與元代中期元廷平定海都之亂有關，同時對對海都之亂時期亦集乃路的位置、為元軍籌措轉運軍糧情況等進行了探討，認為亦集乃路作為西北兵站之一，在元代北方軍糧後勤供給體系中充當了重要角色。③通過以上兩位先生的研究，基本釐清了大德四年軍糧文卷的歷史背景，對於準確理解和把握文書信息具有重要參考價值。通過考察黑水城文獻可以看出，大德四年元廷派出的軍隊除 F116∶W581 號文書中的"忽剌術大

---

① 《元史》卷一三六《阿沙不花傳》，第 3297 頁。
② 李治安：《元中葉西北"過川"及"過川軍"新探》，《歷史研究》2013 年第 2 期。
③ 叢海平：《〈黑城出土文書〉所見海都之亂時期亦集乃路的軍糧供給》，《雲南師範大學學報》2009 年第 4 期。

王"外，尚有蠻子歹駙馬、海山太子、術伯大王、脫忽答大王等。

元世祖忽必烈時期，西北發生海都、篤哇之亂，據史書記載："初，金山南北，叛王海都、篤娃據之，不奉正朔垂五十年，時入為寇。嘗命親王統左右部宗王諸帥，屯列大軍，備其衝突。"① 海都、篤哇之亂前後持續近五十年之久。大德二年（1298），"北邊諸王都哇、徹徹禿等潛師襲火兒哈禿之地。其地亦有山甚高，敵兵據之。"② 這次篤哇叛亂，在元朝征北諸軍元帥床兀兒的奮力反擊下被鎮壓下去。但西北戰局並未就此結束，海都、篤哇仍盤踞西北，伺機入寇。大德四年（1300），海都、篤娃再次叛亂，"大軍分為五隊，月赤察兒將其一。鋒既交，頗不利。月赤察兒怒，被甲持矛，身先陷陣，一軍隨之，出敵之背，五軍合擊，大敗之。海都、篤娃遁去，月赤察兒亦罷兵歸鎮。"③ 黑水城出土的 116：W552 號文書中出現的"海山太子"，即後來的元武宗。根據這件文書可知，大德四年（1300）作為太子的海山曾率領諸王部隊"入川"抗擊海都叛軍。《元史·特薛禪傳》稱："時武宗在藩邸，統大軍以鎮朔方，有旨令蠻子台總領蒙古軍民官，輔武守莽來，以遏北方。"④ 關於海山太子平定海都叛亂的過程，《元史·武宗紀》中這樣記載：

> 成宗大德三年，以寧遠王闊闊出總兵北邊，怠於備禦，命帝即軍中代之。四年八月，與海都軍戰於闊別列之地，敗之。十二月，軍至按臺山，乃蠻帶部落降。五年八月朔，與海都戰於迭怯里古之地，海都軍潰。越二日，海都悉合其眾以來，大戰於合剌合塔之地。師失利，親出陣力戰，大敗之，盡獲其輜重，悉援諸王、駙馬眾軍以出。明日，復戰，軍少卻，海都乘之，帝揮軍力戰，突出敵陣後，全軍而還。海都不得志去，旋亦死。⑤

大德四年（1300）擊潰海都叛亂是海山作為太子時的最主要的功績之一，因此在其本紀中進行了着意書寫。同時，元廷對篤哇的戰爭取得了勝利，《元史·李禿傳》稱："大德五年，戰哈剌答山，阿失射篤哇中其膝，擒殺甚多，篤哇號

---

① 《元史》卷一一九《博爾忽傳》，第 2951 頁。
② 《元史》卷一二八《床兀兒傳》，第 3136 頁。
③ 《元史》卷一一九《博爾忽傳》，第 2951 頁。
④ 《元史》卷一一八《特薛禪傳》，第 2916 頁。
⑤ 《元史》卷二二《武宗紀一》，第 477 頁。

哭而遁。"① 從上述記載可以看出，此次平定海都叛亂的時間大致是在大德三年（1299）至大德五年（1301）八月。而從黑水城文獻可以看出，海山太子率領的諸王部隊是在大德四年（1300）六月"入川"作戰的。在"入川"作戰過程中，所需軍糧要由亦集乃路提供。

元廷在取得對海都、篤哇戰爭的勝利後，對有功人員進行了嘉獎，"以大德五年戰功，賞北師銀二十萬兩、鈔二十萬錠、幣帛各五萬九千匹。賜皇侄海山及安西王阿難答，諸王脫脫、八不沙，駙馬蠻子台等各金五十兩，銀、珠、錦、幣等物有差。"② 但很奇怪的是，在這次元廷的受獎名單中，並沒有忽剌朮大王。筆者猜測，可能在對海都、篤哇作戰時忽剌朮大王的戰績並不十分突出，以致未進入獎賞名單。關於大德五年之後忽剌朮的活動情況，《元史·杜本傳》載："江浙行省丞相忽剌朮得其所上《救荒策》，大奇之，及入為御史大夫，力薦於武宗。"③ 這條材料則說明在武宗時期，忽剌朮曾任江浙行省丞相。

黑水城文獻 Y1: W22 號文書中有"一件忽剌木翼軍人口糧"的記載。筆者曾對 Y1: W22 號文書進行過考釋，認為其寫作年代在泰定初年（1324）以後（詳見上文）。結合 F116: W581 號文書，大德四年（1300）忽剌朮大王曾追隨海山太子從征海都、篤哇叛亂。兩件文書之間相差二十四年，從一個側面反映出忽剌朮大王的部隊在西北地方的影響力。

通過上述考察，我們大致知道忽剌朮大王在成宗朝曾擔任兵馬都指揮使，大德四年（1300），追隨海山太子平定海都、篤哇叛亂。武宗朝，忽剌朮曾任江浙行省丞相。泰定帝時期，忽剌朮大王在亦集乃路曾有駐軍。這樣，通過傳世典籍與黑水城文獻相結合，大致釐清了忽剌朮大王在元中葉的活動軌跡。當然，對於忽剌朮大王的研究仍有諸多待解之謎，如忽剌朮大王到底出自哪位宗王之後，泰定帝時為何重返亦集乃路等尚待進一步研究。

（原刊於《黑水城元代漢文軍政文書研究》，天津古籍出版社 2015 年版）

---

① 《元史》卷一一八《忽憐傳》，第 2923 頁。
② 《元史》卷二一《成宗紀四》，第 451 頁。
③ 《元史》卷一九九《杜本傳》，第 4477 頁。

黑水城所出元代"牌子頭"文書研究

陳瑞青

在蒙古政權建立初期,實行軍民合一的制度,"其民戶體統十人,謂之排(牌)子頭,自十而百,百而千,千而萬,各有長。"[①] 而"牌子頭者,乃彼國十人之長也。"[②] 元代的"牌子頭"相當於"百戶長"下面的"十人長",是元代在基層軍政機構設置的最小編制單位。在黑水城元代文獻中有兩頁文書涉及"牌子頭"問題,分別是M1·0004［F249：W22］號文書《吾即忍布等牌子下戶籍》[③](以下簡稱 F249：W22 號文書)和M1·0800［84H·F197：W1/2251］號《文書殘件》[④](以下簡稱 F197：W1 號文書)。其中 F197：W1 號文書李逸友先生《黑城出土文書(漢文文書卷)》一書沒有收錄。最早對這一問題進行研究的是劉曉先生,他在《從黑城文書看元代的戶籍制度》一文中對黑水城出土的戶籍文書進行了系統的研究,其中就涉及 F249：W22 號"牌子頭"文書。劉先生認為從文書中十戶長的名字來看,沒有一個是新附軍人,這似乎表明該文書殘卷是在軍屯、民屯合併為"兩屯百戶所"之後所進行的統計。[⑤] 石坤女士《從黑水城出土漢文文書看元亦集乃路的西夏遺民》一文也援引了 F249：W22 號文書,並認為這件文書為軍戶戶籍,應是元代初年歸附的西夏軍人。這些軍戶最初應該有單獨設立的管理機構進行管理,最初仍屬於軍隊性質,但隨着這些軍人逐漸從事當地的農業生產,

---

[①] (宋)彭大雅、徐霆:《黑韃事略》,王國維箋注本,載《蒙古史料校注四種》,清華大學研究院刊行,第16頁。
[②] 《蒙韃備錄》,第3頁。
[③] 《中國藏黑水城漢文文獻》,第1冊,第42頁;《黑城出土文書》,第91頁。
[④] 《中國藏黑水城漢文文獻》,第5冊,第1029頁。
[⑤] 劉曉:《從黑城文書看元代的戶籍制度》,《江西財經大學學報》2000年第6期。

便慢慢失去軍隊的性質，而後將其劃歸當地管民官進行管理。在至治三年（1323）的一件文書（M1·0757［F13：W131］①）中，記載有"新附軍屯田百戶所"；在元統二年（1334）的文書（M1·0779［Y1：W36］②）中，變為"兩屯百戶所"，可能就體現了這一變化過程。③ 從上面兩篇論文的結論可以看出，劉曉先生和石坤女士雖然都認為F249：W22號文書是"兩屯百戶所"成立後的戶籍登記，但對文書中牌子頭以及所轄戶主的身份存在的明顯差異未加關注。徐悅在《元代亦集乃路的屯田開發》一文中也引用了F249：W22號"牌子頭"文書，認為這件文書是元代亦集乃路的軍屯戶籍。④ 嗣後，寧夏大學賀甯甯的碩士論文《元代亦集乃路居民研究》中也引用F249：W22號這件文書，認為該文書是亦集乃路軍戶戶籍，同時指出這些軍戶是元代初年歸附的西夏軍人，觀點和石坤大體相同。⑤ 目前，學術界對於元代"牌子頭"問題研究較為深入的是吳超先生《〈黑城出土文書〉所見"牌子"考》一文，吳先生在文中對F249：W22號"牌子頭"文書進行了研究，並指出：金代的牌子，為軍事組織的基本單位，元代沿用了金代這一軍事組織的基本單位，但是性質已經發生了些許變化。牌子已經具有戶籍管理的職能，已經出現以戶為社會基本單位的牌子戶。黑水城文獻中的牌子戶證明了亦集乃路的社會基層組織為"渠牌制"。⑥ 儘管吳先生的研究已經相當完備，但沒有留意到《中國藏黑水城漢文文獻》中收錄的F197：W1號牌子頭文書，因此其研究對象並不全面，極大地限制了研究視野。不僅如此，在黑水城文獻中還保存了三頁"牌兵"登記簿，分別是M1·0273［F197：W23a］號⑦、M1·0274［F197：W23b］號⑧和M1·0276［F197：W13］號⑨，儘管文書中沒有出現"牌子頭"，但有"牌下"等文字。從內容上看，與上面提到的兩頁"牌子頭"文書相

---

① 《中國藏黑水城漢文文獻》，第5冊，第984頁；《黑城出土文書》，第89頁，其所記文書編號為Y1：W131。
② 《中國藏黑水城漢文文獻》，第5冊，第1009頁；《黑城出土文書》，第94頁，其所記文書編號為Y1：W30。
③ 石坤：《從黑水城出土漢文文書看元亦集乃路的西夏遺民》，《敦煌學輯刊》2005年第2期。
④ 徐悅：《元代亦集乃路的屯田開發》，《寧夏社會科學》2008年第3期。
⑤ 賀甯甯：《元代亦集乃路居民研究》，碩士學位論文，寧夏大學，2009年，第10頁。
⑥ 吳超：《〈黑城出土文書〉所見"牌子"考》，《北華大學學報》2009年第4期。
⑦ 《中國藏黑水城漢文文獻》，第2冊，第375頁；《黑城出土文書》第137頁，其所記文書編號為F197：W23（1）。
⑧ 《中國藏黑水城漢文文獻》，第2冊，第376頁；《黑城出土文書》第137頁，其所記文書編號為F197：W23（2）。
⑨ 《中國藏黑水城漢文文獻》，第2冊，第378頁；《黑城出土文書》第137頁。

關聯，極為遺憾的是之前學者們都沒有與前面的"牌子頭"文書結合起來進行研究。總之，雖然以上學者對黑水城文書中的"牌子頭"問題進行了細緻的考察，但研究的重點主要放在戶籍方面，而對於軍隊中的"牌兵"問題均未涉及，且某些學術觀點並不全面，有失偏頗。即使是關於戶籍制度的探討中所形成的觀點，也多有抵牾。基於此，有必要對黑水城元代文獻中涉及"牌子"問題的文書進行全面、系統的研究和論述。本文即擬主要對此問題進行一下探討。

黑城出土"牌子頭"文書內容分析

在黑水城元代文獻中明確帶有"牌子頭"字樣的文書只有 F197：W1 號文書，這件文書為元代牌子頭文書應無疑問。F249：W22 號文書雖然沒有明確出現"牌子頭"，但文書中有"牌下"等文字，因此研究這件文書的學者都把它看作是牌子頭文書。李逸友《黑城出土文書（漢文文書卷）》列出本件文書諸要素為：竹紙，殘，楷行書，尺寸 361 毫米×133 毫米。文書現存文字 9 行，首尾均缺。為論述方便，現將文書迻錄如下：

（前缺）

1. □俗
2. 賀竜徒沙牌子下：
3. 　　一户吾即棹①立哈，　一户李耳玉，　一户吾即朶立只令只，
4. 　　一户也火阿哈卜即，　一户李朶立只黑巴。
5. 吾即忍布牌子下：
6. 　　一户吾七耳玉，　一户义束莟失怗木立，　一户也火即兀束□
7. 李黑党立嵬牌子下：一户梁耳羅。
8. 也火俺伯牌子下：
9. 　　一户_____

（前缺）

關於這件文書，學術界的研究成果較多。文書中保留有四位牌子頭，這四位

---

① "棹"，《黑城出土文書》錄文作"桌"，現據圖版改。

牌子頭中三位下面的軍戶保存較為完整。這三位牌子頭下屬的軍戶分別是五戶、三戶和一戶。文書中一共涉及四個牌子頭，分別是賀龍徒沙、吾即忍布、李黑黨立嵬和也火俺伯。在這四人中，牌子頭賀龍徒沙較難通過姓名確定其族屬。李黑黨立嵬名字中含有西夏因素"立嵬"，應當指出的是，"李"姓也是西夏姓氏，頗疑"李黑黨立嵬"為西夏遺民。關於西夏人的姓氏問題，佟建榮女士曾有專門的論著。① 現引用佟女士的研究成果對文書中的姓氏進行分析。文書中牌子頭姓氏中的"吾即""也火"都屬於西夏姓氏，因此可以斷定吾即忍布和也火俺伯應當是西夏人。不僅如此在牌子頭下轄的軍戶中更多的是西夏遺民，如這些軍戶中"吾即""也火""李耳""吾七""梁耳"等都是西夏姓氏。在這件文書中一共有九位軍戶，其中七位可以判定為西夏遺民（黨項人）。關於這件文書涉及的人員性質，目前學術界有"軍屯說"和"民屯說"兩種觀點。"軍屯說"最早由李逸友先生提出，認為這件文書是元初歸附蒙古的西夏遺民之軍屯戶籍，但李逸友先生並沒有給出依據。大概李先生將這件文書與黑水城文書中"新附軍屯田百戶所"聯繫起來，故而得此上述結論。石坤、賀寧寧對文書中的姓名作了初步的考察，確定了其中的一部分人為西夏遺民，並贊成這件文書為西夏遺民軍屯登記簿的觀點。徐悅的碩士論文直接將這件文書列入"軍屯"的章節下進行分析，作者因襲李逸友先生的成說是顯而易見的。劉曉先生最早對這件文書的性質提出質疑，他認為文書第 1 行的"□俗"，大概是相對於與軍民一同屯田的"西僧餘戶"而言，由此認定這件文書中沒有一個是新附軍人。吳超的觀點則更加直接，他認為雖然從文書所載人員的民族成分來看為西夏遺民（黨項人），但是並不能據此認為這些人就是歸附於元代的西夏軍人。雖然元初"牌子"具有一定的軍事性質，但不能據此認為《黑城出土文書》所載"牌子戶"就是軍戶或者是具有軍事性質的戶籍。② 這兩種觀點都有道理，但如果我們結合黑水城出土的其他牌子頭文書就會發現，牌子頭在軍隊和地方組織的編制單位存在明顯的差異。軍隊中以"人"為單位，而地方組織以"戶"為單位，因此就編制形式而言，這件文書應當屬於社會組織性質的戶籍，但到底是軍屯還是民屯尚不能確定。

F197：W1 號文書，李逸友《黑城出土文書（漢文文書卷）》未收錄。該文書首尾均缺，上完下殘，現存文字 7 行，文書上方印有多方墨印。現將該文書逐錄

---

① 佟建榮：《〈中國藏黑水城漢文文獻〉中的西夏姓氏考證》，《寧夏社會科學》2010 年第 5 期。
② 吳超：《〈黑城出土文書〉所見"牌子"考》，《北華大學學報》2009 年第 4 期。

如下：

（前缺）

1. 牌子頭☐
2. 　李☐
3. 　李☐
4. 牌子頭哈☐
5. 　王☐
6. 　曹☐
7. 牌子頭☐☐☐
8. 　☐☐

（後缺）

儘管這件文書殘存文字較少，但文書中確切出現了"牌子頭"這一稱謂，為研究這一問題提供了寶貴的線索。這件文書雖然也是牌子頭文書，但其登記形式與F249：W22號文書有較大差別。F249：W22號文書一般先列出"某某牌子下"，再換行分列"一戶某某"。而F197：W1號文書則徑稱"牌子頭某某"，再換行分列下轄戶主姓名。文書中的牌子頭及所轄戶主姓氏有"李""曹"等，這些姓氏多為漢姓，第4行出現的哈姓牌子頭可能是回回人或蒙古人。另外，與F249：W22號文書相較，在這些牌子頭下面的人員前面缺少"一戶"字樣，我們推斷這件文書是以"人"作為單位進行統計和登記的。因此我們認為這件文書很可能是軍隊牌子頭登記簿。

上面已經提到，黑水城元代"牌兵"登記簿文書文書共有三頁。其中M1·0273［F197：W23a］號和M1·0274［F197：W23b］號兩頁文書筆跡、紙張、墨色相同，應為同一件文書。李逸友《黑城出土文書（漢文文書卷）》即將其統一編號為F197：W23，作為一件文書釋錄，並列出文書諸要素為：麻紙，殘，行書，尺寸為22.0cm×13.0cm。現將這兩頁文書迻錄如下：

F197：W23a：

（前缺）

1. 　　侯仟南布　　麦足瓦☐
2. 　　足兀朶立真荅　梁☐☐

3.　　　　吾即思仰布
4. □□①哈剌章牌下：
5.　　馬軍一十名：
6.　　　也火哈剌章　　米占受②　　汝足剌
7.　　　吾即不顏　　　也火不花　　高耳立支
　　　（後缺）

F197：W23b：

　　（前缺）

1. ▢下：
2.　　　□茲即　　　也火完者　　也火不花
3.　　　許字羅　　　樊哈剌不花　也火速迭兒
4. ▢：③
5.　　　趙歲力　　　脫歡帖木　　嵬名④脫歡
6.　　　▢　　　　　▢　　　　　撒剌
　　　（後缺）

F197：W23a 號文書第 4 行出現"□□哈剌章牌下"，這和 F249：W22 號文書中稱"某某牌子下"的登記形式較為接近，因此可以初步斷定其與元代的牌子頭相關聯。F197：W23a 文書第 5 行出現"馬軍一十名"等文字，這表明這件文書是元代軍隊中牌子兵的登記簿。值得注意的是，在這件文書中所登記的馬軍姓氏，有漢姓、西夏姓，同時也有蒙古人的名字。其中漢姓有侯、米、許、樊、趙等；西夏姓有也火、吾即、高耳等；蒙古人的名字有脫歡帖木、完者脫歡和撒剌等。從民族成分來看，這是一支由多民族組成的馬軍部隊。在文書中已經明確提出"馬軍一十名"，這表明在軍隊中的牌子頭制度還是嚴格實行十人編制的。由於文書殘缺，造成每位牌子頭下只有六名馬軍士兵。

M1·0276［F197：W13］號文書《中國藏黑水城漢文文獻》編者擬題為《馬

---

① 此處所缺文字，據下文"也火哈剌章"可推知，應為"也火"。
② "受"，《黑城出土文書》錄文作"愛"，現據圖版改。
③ 此處殘缺，無筆畫殘存，但據文書格式及文字行距可知，此處當有一行文字，故作缺字符號，《黑城出土文書》亦作缺字處理。
④ "嵬名"，《黑城出土文書》錄文作"完者"，現據圖版改。

軍梁兀納答等》。該文書還收錄於《黑城出土文書（漢文文書卷）》第137頁，其列出文書諸要素：麻紙，殘，行書，尺寸為"253毫米×123毫米"。文書首尾均缺，上完下殘，現存文字6行。本件文書載有魯即柔責牌下馬軍一十名之姓名，與F197：W23的文書格式相同，所載內容相似，應為同類文書。現將文書迻錄如下：

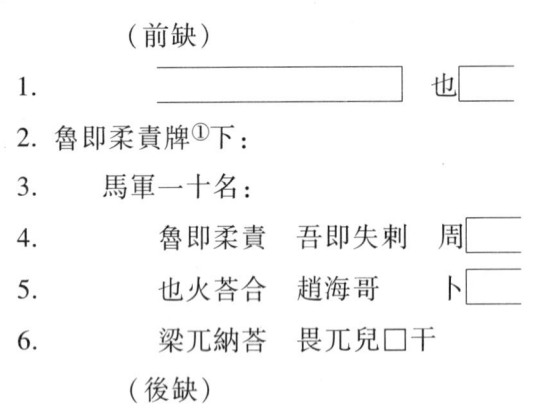

（前缺）
1. ▢▢▢▢▢▢▢▢ 也▢▢
2. 魯即柔責牌①下：
3. 　馬軍一十名：
4. 　　魯即柔責　吾即失剌　周▢▢
5. 　　也火荅合　趙海哥　　卜▢▢
6. 　　梁兀納荅　畏兀兒□干
（後缺）

這件文書與F197：W23號文書的形式完全一致，但筆跡不同。這件文書雖然不及F197：W23號文書所存文字多，但其價值卻不容小視。因為此文書較為完整，故其反應的信息要遠多於F197：W23號文書。如在F197：W23號文書中我們很難判斷牌子頭下的士兵是否包括牌子頭本人，但F197：W13號文書卻能給出確切的答案。在魯即柔責牌下的士兵中第一個列出的就是魯即柔責本人，這表明元代軍隊中的牌子頭是由"十名"馬軍中產生。明確了這一點，我們可以對F197：W23號文書中所缺少的文字進行推補。如F197：W23a文書第1行缺少的牌子頭應為"侯仟南布"，第4行"□□哈剌章"應為"也火哈剌章"；F197：W23b第1行的牌子頭應為"□茲即"，第4行的牌子頭應為"趙歲力"。不唯如此，F197：W13號文書中士兵的民族構成也十分豐富，不僅有漢人，還有西夏遺民，同時文書中最後一名士兵為"畏兀兒□干"，頗疑此人為回鶻人。而在這些由各民族組成的馬軍中，西夏遺民所占的比例最高。

黑城出土"牌子頭"文書價值

在黑水城文獻中出現的兩種形式的"牌子頭"文書，一類是作為屯田戶籍，

---

① "牌"，《黑城出土文書》錄文作"位"，現據圖版改。

一類是軍隊的士兵登記簿。這幾件黑水城出土的元代牌子頭文書儘管所存文字較少，但蘊含着大量的歷史信息，對於研究元代基層組織建制問題具有重要的史料價值。

首先，黑水城出土的元代牌子頭文書對於理解元代牌子頭制度的淵源具有重要價值。對於元代牌子頭淵源問題吳超先生已有論述，但吳先生的觀點有待進一步完善。吳先生在《〈黑城出土文書〉所見"牌子"考》一文中認為元代的牌子頭來源於金代猛安謀克中的蒲里衍。蒲里衍又稱蒲里偃、蒲里演、蒲輦、葫蘆眼等，是金代猛安謀克制度下位於百戶長之下的小官。據《金史》記載："金之初年，諸部之民無它徭役，壯者皆兵，平居則聽以佃漁射獵習為勞事，有警則下令部內，及遣使詣諸孛堇徵兵，凡步騎之仗糧皆取備焉。其部長曰孛堇，行兵則稱曰猛安、謀克，從其多寡以為號，猛安者千夫長也，謀克者百夫長也。謀克之副曰蒲里衍，士卒之副從曰阿里喜。"① 從這條材料中可以看出，蒲里衍是謀克的副手。另據《三朝北盟會編》記載："其官名則以九曜二十八宿為號曰：諳版孛極列，大官人；孛極列，官人。其職曰：忒母，萬戶；萌報，千戶；毛可，百人長；蒲里偃，牌子頭；勃極列者統官也。猶中國言總管云：自五十戶勃極列。"② 對於這條材料，學者們的解讀不同。日本學者三上次男認為牌子頭是對蒲里偃的注解；中國學者王增瑜先生認為是"忒母，萬戶；萌報，千戶；毛可，百人長；蒲里偃；牌子頭。"③ 很顯然，三上次男是將蒲里衍與牌子頭等而為一，而王增瑜是將牌子頭視作蒲里衍下面設置的職官。由於材料的解讀方式不同，二者得出的結論也就迥然不同了。三上次男在《金代女真研究》一書中認為金太子天輔年間已經有了作為謀克副手的蒲里衍，他指揮一謀克軍的半數，即一個謀克軍係由兩個蒲里衍軍編成。他們帶有小木牌作為隊的標識，故又稱為牌子頭。④ 在三上次男看來，金代的蒲里衍就是牌子頭。王增瑜先生在論述金代軍隊編制時，認為"蒲里衍"是金代的"五十夫長"，十夫長為牌子頭，同時還有伍長。⑤ 在王增瑜先生看來，牌子頭是設置在五十夫長蒲里衍下面的十夫長。在這兩種觀點中，筆者更贊

---

① 《金史》卷四四《兵志》，中華書局1975年版，第992頁。
② （宋）徐夢莘：《三朝北盟會編》卷三"重和二年正月十日丁巳記事"，上海古籍出版社1987年版，第18頁。
③ 王曾瑜：《論金軍編制》，《史學月刊》1994年第1期。
④ ［日］三上次男著，金啟孮譯：《金代女真研究》，黑龍江人民出版社1984年版，第400頁。
⑤ 王曾瑜：《論金軍編制》，《史學月刊》1994年第1期。

同王先生的說法。金代猛安謀克的稱謂比較複雜，有時指地方組織，有時指軍隊組織，有時指地方組織或軍隊組織的首領，"皆由其源自於軍事民主制時期兵民合一的農村公社"。① 儘管三上次男先生對"蒲里衍"的考察已經相當嚴謹，但沒有對"蒲里衍"存在地方組織和軍隊組織兩種不同的編制形態進行分析。《三朝北盟會編》卷二四四引張棣《金虜圖經》說："每一萬戶所轄十千戶，一千戶轄十謀克（謀克，謂百戶也），一謀克轄兩蒲輦（蒲輦，五十戶也）。自萬戶至蒲輦，階級雖設，尋常飲酒食，略不間別，與兄弟父子等。所以上下情通，無閉塞之患。"同出自張棣之手的《正隆事蹟記》也稱："至（正隆四年）冬十月，簽差始定，令女真、契丹、奚家三色之軍，統計為二十七萬，取有唐制，分為二十七軍。其所授正副萬戶各有差，遂以五十戶為蒲里演，百戶為謀克，千戶為猛安，萬戶為都統。"② 從上述記載來看，"蒲里衍"應當下轄五十戶，這大體反映了地方組織中"蒲里衍"的編制情況。但遇到軍事行動，金代的士兵是從猛安謀克中簽差的，這時就不能以"戶"作為單位，而只能以"人"作為單位進行統計和編排。而且作為軍事編制的"蒲里衍"顯然比日常編制要小得多。貞祐四年（1216）七月陳規上書說："今之軍法，每二十五人為一謀克，四謀克為一千戶，謀克之下有蒲輦一人、旗鼓司火頭五人，其任戰者才十有八人而已。"③ 這里稱二十五人為一謀克，並在謀克之下設立蒲里衍一人。金正隆六年（1161）三月下詔說："西道總管興國奴，將紫茸細軍三千人，令分五部，一部五百人。每隊六十人，謀克一人，隊頭一人，葫蘆眼一人，牌頭二人，飯食五人，隊身五十人。"④ 材料中的"葫蘆眼"，就是"蒲里衍"。這條材料，是目前所能見到的金代"牌子頭"編制情況最為重要的記載，因此有必要進行詳細的分析和考訂。三上次男先生認為這條材料中出現了五位軍事首腦即"謀克一人，隊頭一人，葫蘆眼一人，牌頭二人。"有些過多，因此認為"謀克"和"隊頭"應當是一人；"葫蘆眼""牌子頭"合為二人。這一推測顯然是不合理的，因為材料中明確指出了謀克下轄六十人，除去五個"首腦"和五位"飯食"，所剩的士兵正好是"五十人"。如果按照三上次男先生的改動，謀克所轄的人數就會發生變化。筆者認為，《三

---

① 王可賓：《女真國俗》，吉林大學出版社1988年版，第176頁。
② 《三朝北盟會編》卷二四二"紹興三十一年十一月二十八日丙申記事"，第1742頁。
③ 《金史》卷一〇九《陳規傳》，第2408頁。
④ 《三朝北盟會編》卷二四二"紹興三十一年十一月二十八日丙申記事"，第1746頁。

朝北盟會編》中記載的"六十人"為一謀克,其規模比陳規所說的"二十五人"要大一倍多,因此在謀克中設立五位首腦還是行得通的。明確了材料中記載的真實性,對於全面理解牌子頭問題具有重要意義。在以往的研究中多將元代牌子頭制度追溯到猛安謀克中的"蒲里衍",但根據記載金代的"蒲里衍"管轄五十戶,顯然與元代轄"十戶"的記載有較大差別。由於金代猛安謀克制度是不斷發生變化的,其編制情況隨之動態發展,因此造成史書記載前後出現抵牾。但不可否認的是《三朝北盟會編》中確切記載了在"蒲里衍"下面設置兩名"牌子頭"的事實。因此筆者推測可能在金代初期,由於猛安謀克制度尚不完善,"部卒之數,初無定制"①,後來,猛安謀克制度下的"蒲里衍"逐漸固定為五十戶。由於缺乏材料,我們不知道在地方組織中是否在"蒲里衍"下面設置五個"牌子頭",但從材料中我們已經可以看出,在軍隊中已經出現"蒲里衍"下設兩個"牌子頭"的情況。至於牌子頭是否管轄十人,不得而知。由此我們可以推測,金代中期已經基本形成百戶長(謀克)、五十戶長(蒲里衍)和十戶長(牌子頭)的編制體系,這一體系在軍事組織中的表現尤為明顯。明確了這一點,對於探討元代牌子頭制度至關重要。元代的牌子頭制度與金代猛安謀克制度下的"蒲里衍"的確有繼承關係,早期的"蒲里衍"稱作"牌子頭"。但在猛安謀克制度逐步完善之後,蒲里衍與牌子頭出現分化,開始在蒲里衍下面設置"牌子頭"。元代的牌子頭制度應當直接來源於金朝中後期猛安謀克制度中的"牌子頭",而非"蒲里衍"。從黑水城文獻中所存留牌子頭文書可以看出,元代的牌子頭制度大致可分為民籍和軍籍兩大類,分佈在地方組織和軍事組織之中。就目前掌握的材料看,金代軍隊中的牌子頭的設置較為普遍,而史籍對於地方組織中以"戶"作為單位進行管理的"牌子頭"則闕如。但由金代軍隊中的"牌子頭"存在情況看,金代猛安謀克在地方組織中似乎設置"牌子頭"的可能性比較大。就元代牌子頭的設置範圍來看,元代牌子頭與金代牌子頭,無論是名稱還是編制,都是一脈相承的。

彭大雅、徐霆《黑韃事略》中稱"其民戶體統十人,謂之排(牌)子頭,自十而百,百而千,千而萬,各有長"②。吳超先生在《〈黑城出土文書〉所見"牌子"考》一文中認為牌子是從民戶中抽出十人組成的基層組織。"體統十人謂之牌子頭"而非"體統十戶謂之牌子頭",故此時的牌子是抽調十人組成的軍事組

---

① 《金史》卷四四《兵志》,第992頁。
② 《黑韃事略》,第16頁。

織，為軍事組織的基本單位。同時他還指出，元代的"牌子"是以人為主組成的軍事組織的基本單位，牌子頭統領的十人，為軍事人員；而非普通部民（民戶），尚不具有戶籍管理（保甲）的職能。《元史·兵志》中記載，成吉思汗時期"蒙古軍皆國人，探馬赤軍則諸部族也。其法，家有男子，十五以上、七十以下，無衆寡盡簽為兵。十人為一牌，設牌頭，上馬則備戰鬥，下馬則屯聚牧養。"① "成吉思汗規定，軍隊應按照這樣一種方式組織起來：十個人之上設一人，我們稱之為十夫長，十個十夫長上面設一人，名為百夫長，十個百夫長上面設一軍士，被稱為千夫長"，"萬人之上置一長官，稱為萬夫長。"② 在牌子頭和百戶之間，還設有五十戶長。在賓尼的《蒙古史》中，牌子頭（十夫長、甲長），漢文音譯為"阿兒班那顏"。"那顏"，意為"官人"。③ 蒙古軍是以蒙古族士兵為主體的軍隊，這支軍隊作戰裝備所需物資均需士兵自備。據《世界征服者史》稱："無論何時，只要有抗敵和平叛的任務，他們便徵發需用的種種東西，從十八般武器到旗幟、針釘、繩索、馬匹和驢、駝等。每人都要按所屬的十戶或百戶供應攤派給他的那一份。"④ 這條材料中的"十戶"顯然是指"牌子頭"，這表明在蒙古時期的地方組織中確實存在"牌子頭"，並負責攤派作戰時軍用物資。因此，《黑韃事略》中記載的"其民戶體統十人，謂之排子頭"中的"民戶"可能就是作為地方組織"牌子頭"。也就是說，作為地方組織的牌子頭早在蒙古時期就已經出現了。元朝建立以後，作為地方組織的牌子頭制度進一步深化，太宗元年（1229）十一月，朝廷曾下詔："兄弟諸王諸子並衆官人等所屬去處簽軍事理，有妄分彼此者，達魯花赤並官員皆罪之。每一牌子簽軍一名，限年二十以上、三十以下者充，仍定立千戶、百戶、牌子頭。其隱匿不實及知情不首並隱藏逃役軍人者，皆處死。"⑤ 這里明確指出在每個牌子戶中"簽軍一名"，充分表明在元太宗窩闊台時期民戶中已經設置牌子頭。上述材料都是反映蒙古時期和元代早期在地方組織中設置牌子頭的情況，而黑水城出土的 F249：W22 號文書大致反映的是元代後期亦集乃路在屯田百戶所設置牌子頭的情況。從上述材料來看，元代在地方組織中設置牌子

---

① 《元史》卷九八《兵志一》，第 2508 頁。
② 加賓尼：《蒙古史》，呂浦、周良宵譯《出使蒙古記》，中國社會科學出版社 1983 年版，第 31—32 頁。
③ 史衛民：《元代軍隊的兵員體制與編制系統》，《蒙古史研究》第三輯，內蒙古人民出版社 1989 年版。
④ 志費尼著，何高濟譯：《世界征服者史》，內蒙古人民出版社 1981 年版，第 32 頁。
⑤ 《元史》卷九八《兵志一》，第 2509 頁。

頭的時間跨度相當大，其設置貫穿於整個蒙元時代。

其次，這批文書提供了元代牌子頭文書的原件，對於研究元代牌子頭的設置、登記情況具有重要的價值。黑水城出土的牌子頭文書包括地方組織和軍隊建制兩大類型，涵蓋了元代牌子頭的設置範圍。就地方組織性質的牌子頭而言，主要指F249：W22號文書，在這件文書中詳細記載了亦集乃路總管府將西夏遺民編入牌子頭進行管理的情況。吴超先生在《〈黑城出土文書〉所見"牌子"考》一文中認為文書中出現的牌子户是元代户籍管理的一種形式，也是元代控制人口的一種保甲制度。同時，他還推測亦集乃路的牌子可能和渠社相結合構成亦集乃路的基層社會組織，這種組織可能是亦集乃路所獨有的，並將其命名為"渠牌制"。這一觀點將元代的牌子與保甲相結合，同時兼顧亦集乃路的特殊情況，因此極富創見。吴先生的觀點是基於對F249：W22號文書不是軍屯户籍而得出的，但在元代軍屯組織中卻明確設有"牌子頭"這一職官。在陳高華、史衛民先生編寫的《中國經濟通史（元代經濟卷）》中依據《元典章新集·兵部·軍中不便事件》相關的記載，認為元代的軍屯組織與軍隊相應，有萬户、千户、百户、彈壓、牌子頭等名目。① 因此，我們還是不能排除F249：W22號文書為軍屯户籍的可能。當然，在民屯中也會相應地設置牌子頭。F249：W22號文書到底屬於軍屯還是民屯確實不好判斷，但這並不影響對牌子頭職能的探討。黑水城出土的以户為單位進行管理的"牌子頭"，確實屬於社會組織，而非軍事組織。即便F249：W22號文書確為軍户户籍，也是與其他以"人"為單位進行管理的軍事組織性質的牌子頭有本質差別的。就户籍中牌子頭的登記形式而言，確如劉曉先生所說首先列出牌子頭的性質是與"西僧餘户"對應的"□俗户"，再列出某某牌下，最後列出具體的户數。需要說明的是，在登記簿中，每位牌子頭所轄户數應另行書寫，但在李黑黨立鬼牌子下的梁耳羅，只有一户，因此沒有轉行，而是並行書寫。這種登記形式可能是為節省紙張而作的調整。應當指出的是，在牌子頭户籍登記簿中下轄各户並不包括牌子頭本身，這可能在統計時已經將牌子頭算在每一户牌之內。值得注意的是，在F249：W22號文書中牌子頭所轄户數最多的為五户，最少的只有一户。這種情況並不是亦集乃路所獨有，如至元五年四月，高麗藏用入朝說："往者臣國有軍四萬，三十餘年間死於兵疫，今止有牌子頭、五十户、百户、千户之

---

① 陳高華、史衛民：《中國經濟通史（元代經濟卷）》，經濟日報出版社2000年版，第266頁。

類虛名，而無軍卒。"① 從牌子頭至千戶只有虛名，而無軍卒的情況，應當與亦集乃路相類似，這從一個側面反映了亦集乃路總管府人口的劇減和經濟的衰落。就軍隊中的牌子頭而言，應當是嚴格按照十人編制進行登記的。每牌先登記牌子頭姓名，轉行登記部隊性質為"馬軍"並注明牌下為"一十人"，再轉行登記牌下士兵姓名。值得一提的是，在這十人中包括牌子頭本人，這是以往史籍中所不見的新情況。這些士兵應當都是從牌子戶中三等戶以上簽差的，《元史·兵志二》載："（至元）四年七月，諭東京等路宣撫司，命於所管戶內，以十等為率，於從上第三等戶，簽選侍衛親軍一千八百名。若第三等戶不敷，於第二等戶內簽補。仍定立千戶、百戶、牌子頭，並其家屬同來，赴中都應役。"② 元廷主要是從上第三等戶和二等戶中徵發壯丁當兵。同時元朝有明文規定，不允許驅口代替正身應役。至元二年六月初五日，元廷下旨說："聖旨到日，宣諭諸路，出征萬戶、千戶、百戶、牌子頭軍人，今後須要正身當役，無令驅口頂替雇覓，如違治罪。"③ 因此，筆者推斷這些服役的士兵應當為牌子戶中徵發的正身。不僅如此，黑水城出土的元代牌子頭文書還反映了元代地方軍隊中民族成分的多樣化。至元四年正月，元廷簽差蒙古軍，"每戶二丁、三丁者一人，四丁、五丁者二人，六丁、七丁者三人。二月，詔遣官簽平陽、太原人戶為軍，除軍、站、僧道、也里可溫、答失蠻、儒人等戶外，於係官、投下民戶、運司戶、人匠、打捕鷹房、金銀鐵冶、丹粉錫碌等，不以是何戶計，驗酌中戶內丁多堪當人戶，簽軍二千人，定立百戶、牌子頭，前赴陝西五路西蜀四川行中書省所轄東川出征。"④ 元代的戶籍是按照戶主身份訂立的，在這里明確說"不以是何戶計"，進行簽差，表明蒙古軍的民族成分發生了巨大變化。這在黑水城元代牌子頭文書中也有所反映，如在F197：W1號文書中就包括漢人和回回人；在其中M1·0273［F197：W23］號文書中既有漢姓侯、米、許、樊、趙等，也有西夏姓也火、吾即、高耳等，同時還有蒙古人的名字如脫歡帖木、完者脫歡和撒剌等。F197：W13號文書中除有漢姓、黨項姓之外還有回鶻姓。通過上述文書可以看出，亦集乃路地方部隊是由漢人、蒙古人、黨項人、回回以及回鶻人組成的多民族軍隊。在這支軍隊中黨項人的成分較多，

---

① 《元史》卷二○八《高麗傳》，第4614頁。
② 《元史》卷九九《兵志二》，第2531頁。
③ 《元典章》，第1164頁。
④ 《元史》卷九八《兵志一》，第2508頁。

這可能和西夏在黑水城設置黑水燕軍司相關。西夏時期，黑水城是黑水燕軍司所在地，因此在這里聚集着大量的黨項人。西夏滅亡之後，這些西夏遺民自然成為蒙古統治下的居民。這些西夏遺民被編入戶籍，並承擔相應的封建義務。總之，作為地方組織的牌子頭登記方式和作為軍事組織的牌子頭登記方式兩者存在明顯差異：前者以戶作為單位進行登記，後者以人為單位進行登記；前者登記時，牌子頭並不包含在牌子戶中，而後者牌子頭是包含在"牌兵"之內的。就登記形式而言，作為軍事組織的牌子頭要比作為地方社會組織的牌子頭更加嚴格和嚴密一些。

最後，黑水城出土的元代牌子頭文書還從一個側面反映了牌子頭與牌子戶之間、牌子頭與牌兵之間的義務與責任。在黑水城文書中有的文書沒有明顯的"牌子頭""牌下"等標誌，但通過分析也應當屬於牌子戶範疇。周思成先生在探討元代亦集乃路土地佔有與租佃關係時，認為M1·0949［F135：W71］[①]和M1·0948［F135：W72］[②]兩號文書為元統三年（1335）牌子戶繳納稅糧文書。[③]這兩件文書內容相近，都是廣積倉開具給徐大和徐五中統三年的稅糧收據（白帖）。M1·0949［F135：W71］號文書稱："廣積倉：今收到大不花下徐五納＼小麥壹石六斗；大麥玖斗。"M1·0948［F135：W72］號文書稱："廣積倉：今收到大不花下徐大納＼小麥壹石肆斗；大麥柒斗。"在這兩件文書中除交待徐大、徐五二人繳納稅糧數目外，同時指出二人的隸屬關係，都是在"大不花下"。由此可以推定，大不花應為牌子頭，而徐大、徐五為牌子戶。黑水城M1·0950［F270：W6］號文書[④]是廣積倉出具給牌子頭台不花繳納至正十一年（1351）稅糧的憑證，其內容如下：

1. 廣積倉今攵到沙立渠一戶台不花
2. 至正十一年稅粮壹拾壹石壹斗：
3. 　　小麦柒石肆斗[⑤]
4. 　　大麦叁石柒斗

---

① 《中國藏黑水城漢文文獻》，第6冊，第1218頁；《黑城出土文書》，第183頁。
② 《中國藏黑水城漢文文獻》，第6冊，第1217頁；《黑城出土文書》，第184頁。
③ 周思成：《黑城文書中所見元代亦集乃路土地佔有與租佃關係初探》，《元代國家與社會國際學術研討會論文集（上）》，南開大學歷史學院主辦，2012年8月，第308頁。
④ 《中國藏黑水城漢文文獻》，第6冊，第1219頁；《黑城出土文書》，第184頁。
⑤ 文書第1—3行鈐朱印兩枚。

5. 右給付本人，准此。

6. 　　至正十一年　月攢①典

7. 　　　　廣積倉付使　任　　　（簽押）

8. 　　　　廣積倉大使　慶喜　　（簽押）②

9. 　　　　廣積倉监支納　　　**銷訖**

10. 　　**倉**

據周先生考證，大不花與台不花、太不花應為同一人。這說明牌子頭也要繳納稅糧，而且繳納的數目比牌子戶要多。出現這種情況可能與牌子頭佔有的土地數量有關。周先生根據他們繳納稅糧的數目，推算出這三人佔有土地的情況為，徐大約七十畝，徐五約八十三畝，台不花約三百七十畝。③這一推斷儘管有一定道理，但忽視了應當與牌子戶出丁情況相結合。牌子戶出丁多，其所交的稅糧數目就會相應減少。黑水城M1·0952［F166∶W9］號文書④載沙立渠馬軍吾即阿剌繳納稅糧的數目為"小麥柒斗、大麥壹/斗外，黄米捌升三角，折大麥弍/斗。"顯然作為馬軍的吾即阿剌繳納的稅糧數目要比普通民戶繳納的少一些。總之，在戶牌制度之下，牌子頭和牌子戶都要向朝廷繳納稅糧，其繳納稅糧的數目不僅與土地佔有數量有關，也與牌子戶的出丁情況有一定的聯繫。在軍隊中牌兵與牌子頭之間，不僅是一種隸屬關係，同時牌子頭對於牌兵生病、死亡、逃竄、犯罪等均負有一定的責任。如胡祗遹在《紫山大全集》中說："當戒諭軍官，愛士卒如子姪，無得以私事困苦私怨捶撻。有病者，善為醫藥。必不能救而死者，當明注年月日身死病證、牌子頭姓名、身故人司縣村莊、籍貫、姓名、埋瘞處所。如在逃者，先罪責牌子頭、五十戶。有失關防及移文，鄂勒詰問本人，何故在逃，治罪起發，無有欺謾，不敢重並，庶幾不致逃竄。"⑤如果遇到士兵違法犯罪，牌子頭也要一同受到處置。元人程巨夫在《雪樓集》中說："今後諸處經過屯戍軍兵，敢於民間剽奪姦污者，本路達嚕噶齊即將犯人准法處斷。如漏失本人姓名，具管

---

① "攢"，《黑城出土文書》錄文作"積"，現據圖版改。
② 文書第7—8行鈐朱印兩枚。
③ 參見周思成《黑城文書中所見元代亦集乃路土地佔有與租佃關係初探》一文。
④ 《中國藏黑水城漢文文獻》，第6冊，第1221頁；《黑城出土文書》，第185頁。
⑤ （元）胡祗遹：《紫山大全集》卷二二《又二軍前身死在逃之弊狀》，《影印文淵閣四庫全書》，第1196冊，臺灣商務印書館1986年版，第405頁。

軍官姓名，呈省自其牌子頭至百戶定罪有差。若十人以上同罪，罪其主將。"① 由此可見，元代軍隊中的牌子頭不僅負責牌兵的訓練、作戰，同時對牌兵的生老病死、犯罪逃跑等都負有一定的監管和連帶責任。

要而言之，黑水城文獻中出現的兩類牌子頭是元代基層組織和軍隊編制中的最小細胞，這兩類牌子頭都源自金代的猛安謀克制度，並對明清時期保甲制度中戶牌制的普遍推行產生重要影響。黑水城文書對於研究元代社會提供了翔實而生動的史料，將這些史料與傳世典籍材料相結合，對於推動元史研究具有深遠的意義。黑水城元代牌子頭文書對於研究元代社會組織和軍隊編制具有重要的價值，提供了許多典籍材料中所沒有記載的細節，如兩類牌子頭存在不同的登記形式、牌兵中存在不同民族成分、牌兵仍需承擔封建義務等。這些細節的揭示，推進了我們對元代牌子頭制度的全面、準確理解。

（原刊於《黑水城元代漢文軍政文書研究》，天津古籍出版社 2015 年版）

---

① （元）程巨夫：《雪樓集》卷一〇《軍人作過甚者責其主將仍重各路達嚕噶齊之權》，《影印文淵閣四庫全書》，第 1196 冊，臺灣商務印書館 1986 年版，第 118 頁。

經濟文書研究

元代的保人擔保

——以黑水城所出民間借貸契約文書為中心

楊淑紅

中國古代的保人擔保，按照現代法學理論來說屬於人保中的保證擔保。"擔保"是一個現代法律概念，指促使債務人履行債務、確保債權人實現債權的保障措施。中國古代雖然沒有明確的"擔保"概念，但卻有擔保制度。借貸契約中保人擔保的內涵在傳統中國已經約定俗成，指債務人之外的第三人以自己的信用和所有財產向債權人提供保證，在債務人逃亡、死亡或到期不履行債務時承擔代償責任。關於中國古代的擔保制度，已有一些重要的研究成果。如，張域以中國歷史上的人保為中心，對中國歷史上的擔保法律制度與習俗進行文化解讀，在人保在擔保法律制度與習俗中的地位，契約實踐中保人的特徵、保證責任的內容及其履行，法律文本與契約實踐所體現的人保觀念等幾個方面上做了分析和比較[1]；

---

[1] 張域：《擔保法律制度與習俗的文化解讀——以中國歷史上的人保為中心》，博士學位論文，吉林大學，2007年。作者對《中國歷代契約會編考釋》所錄高昌至民國時期的144件借貸契約文書進行了統計分析，結論認為，從總體上看，人保在擔保實踐中佔有重要地位，傳統中國人更傾向於選擇人保。在筆者看來，其中存在四個問題：其一，正如作者所說，從統計樣本的構成來看，以高昌（489—640）、唐代、清代為主，宋元明時期的契約樣本很少，而元代黑水城出土借貸契約文書恰能補充元代的樣本。其二，在作者稱為物保的情況中，宋代以前（即高昌、唐代）契約文書中的典型表述為"若前卻不償，聽牒家財，平為錢直"，"如違限不還，一任掣奪家資雜物，用充麥直"，筆者認為，此種擔保是以債務人的一般財產（或曰全部財產）作為債務履行的擔保，並非以債務人的特定財產作為某一特定債務的擔保，實際上是一般擔保而非特別擔保中的物保。在其統計樣本中，指明以某項特定財產作為抵押擔保的情況，宋以前僅有少數幾件，而清代則是普遍的。其三，民間大量存在的土地和人口的典賣（活賣）、質當（以人和不動產為質押進行借貸）文書，是否作為借貸契約計入統計樣本，將在很大程度上影響到物保的比重。其四，動產質押借貸無疑應屬採用物保的情形，其契約文書（包括專營機構質庫、解典庫所發的"質帖"）雖流傳較少，但民間的動產質貸數量可以肯定是很多的，否則就不會有典當行業的蓬勃發展，是否考慮到這一點也將嚴重影響對物保比重的估計，影響對傳統中國擔保體系中人保與物保地位的判斷。

劉志剛則對宋代的債權擔保制度做了斷代研究①。

元代在債的擔保方面很少立法，契約雙方關於擔保的約定一般是遵循民間契約慣例。在元代借貸契約關係中，主要採用保人擔保和物保中的質押擔保。鑒於目前學界對元代保人擔保制度的研究較為薄弱，本文以內蒙古額濟納旗黑水城遺址出土的元代借貸契約文書為中心，對元代借貸契約關係中的保人擔保制度及實踐略做討論。

一

保人擔保在漢代的契約關係中就已出現，據《後漢書》記載，當時"富商大賈多放錢貨，中家子弟為之保役"②。在漢代簡牘契約文書中稱"任者"。如：

　　戍卒東郡聊成孔里孔定，貰賣劍一，直八百，觻得長杜里郭穉君所，舍里中東家南入，任者同里杜長完前上③。

　　終古隧卒東郡臨邑高平里召勝，字游翁，貰賣九稷曲布三匹，匹三百卅三，凡直千，觻得富裏張公子所，舍在里中二門東入，任者同里徐廣君④。

　　驚虜隧卒東郡臨邑呂里王廣卷上字次君，貰賣八稷布一匹，直二百九十，觻得定安里隨方子惠所，舍在上中門第二里三門東入，任者閻少季，薛少卿⑤。

從以上簡文可見，在漢代賒買賣契約中，常由鄰里做保人，為債務人（即賒買人）履行貨款交付義務提供擔保。其後的南北朝隋唐五代（包括高昌）時期，保人擔保更為普遍，稍稍翻閱張傳璽主編《中國歷代契約會編考釋》中所收錄的敦煌、吐魯番出土契約文書，即可鮮明地得到這一印象。借貸契約文書中常見此

---

① 劉志剛：《宋代債權擔保制度研究》，博士學位論文，河北大學，2008年。
② 《後漢書》卷二八上《桓譚馮衍列傳》，中華書局1965年版，第958頁。
③ 簡號 E. P. T51：84，《居延新簡》，文物出版社1990年版，第178頁。《中國簡牘集成》第十冊《居延新簡》卷2（敦煌文藝出版社2001年版，第75頁）釋為"杜長定"。
④ 簡號282.5，《居延漢簡釋文合校》，文物出版社1987年版，第472頁；《中國簡牘集成》第七冊《居延漢簡》卷3（第189頁）釋為"……舍上中門……"。
⑤ 簡號287.13，《居延漢簡釋文合校》，第485頁；《中國簡牘集成》第七冊《居延漢簡》卷3，第210頁。

類保證條款，如："如東西，仰保人代還。"①"如取錢後東西逃避，一仰保人等代還。"②"如東西不在，一仰同取保人代還。"③ 唐代制敕中也提及債務人"東西"後債權人向保人追征，保人則稱"舉錢主見有家宅莊業，請便收納"，以致"喧訴相次，實擾府縣"④ 的情況。另一方面，唐宋時期的國家法令均肯定了這一民間契約習慣，將其上升為法律制度。《宋刑統》引錄唐《雜令》"公私以財物出舉"條規定："諸公私以財物出舉者，任依私契，官不為理……如負債者逃，保人代償。"⑤ 南宋《慶元條法事類》所引《關市令》："諸負債違契不償，官為理索。欠者逃亡，保人代償，各不得留禁。"⑥ 唐宋時期都以國家法令規定了保人在債務人逃亡時承擔代償責任。⑦

元代，幾乎全部信用借貸契約都約定了保人擔保條款。筆者將黑水城所出元代漢文、蒙文借貸契約文書中的擔保條款製成如下表格，從中可以清楚地看出這一點。

---

① 《吐蕃醜年（821?）敦煌曹先玉便麥契》，張傳璽主編：《中國歷代契約會編考釋》（以下簡稱《考釋》），北京大學出版社1995年版，第361頁。
② 《唐大曆十六年（781）龜茲楊三娘舉錢契》，《考釋》，第354頁。
③ 《唐建中七年（786）于闐蘇門悌舉錢契》，《考釋》，第359頁。
④ 《宋刑統》卷二六《雜律·受寄財物輒費用》引唐元和五年（810）十一月六日敕文："及徵收本利，舉者便東西，保人等即稱舉錢主見有家宅莊業，請便收納，喧訴相次，實擾府縣。"吳翊如點校，中華書局1984年版，第413頁。
⑤ 《宋刑統》卷二六《雜律·受寄財物輒費用》引，第412—413頁。
⑥ 《慶元條法事類》卷32《財用門·理欠》，卷80《雜門·出舉債負》，楊一凡、田濤主編：《中國珍稀法律典籍續編》第一冊，戴建國點校，黑龍江人民出版社2002年版，第518、903頁。
⑦ 劉志剛《宋代債權擔保制度研究》一文認為，"宋代民間經濟關係中'保人'不再是契約中必備的條件，而是多以交易見證人的人證形式存在。宋代民事經濟關係中以專業化的'牙人'群體替代了民間交易中的'保人'，牙人成為交易活動中履行擔保職能的主要角色。"（見摘要部分）文章根據宋代關於田宅交易的法令中對"牙保"參與交易及其法律責任的強調，再加上徽州地契中沒有保人出現的情況，強調了交易見證人的證明作用和牙人、鋪戶的擔保作用，而忽略了民間一般保人擔保在經濟活動，尤其是民間借貸活動中的重要性，在一定程度上不夠準確、全面，也似乎混淆了牙人、保人、知見人（即交易見證人）的活動範圍、性質、功能和作用。宋代的契約文書原件除10件徽州地契之外極少流傳，保人在其最主要的活動領域——民間借貸契約中的地位和作用，無法通過契約文書得到直觀的體現，從而造成了一般保人在宋代債權擔保制度中的地位和作用被忽略。

黑水城出土元代借貸契約文書的擔保條款簡表

編號	時間	債務人	標的種類	擔保條款	第三方及其身份、與立契人的關係	文書編號	出處
1	至正廿五年（1365）	亦集乃東關住人張寶奴	小麥	如物人東西，代同人替還	□□人李□兒	M1·0983［F249：W18］①	《中藏》P1252
2	缺	沙立渠住人楊行者	小麥	如有借麥人走在東西，係同取代保人替□	缺	M1·1003［F125：W40］	《中藏》P1270
3	缺	楊文彧	小麥	如借麥人東西迷閃，代保人一面替還無詞	缺	M1·1011［F2：W57］	《中藏》P1277
4	龍年四月初六日	Sing Quli 和 Sing Isinambu	麥子	如果［我們］兩個借麥子的人在償還所借麥子之前搬到別處或外出，由保人 Nambu 替［我們］償還全部債務	保人 Nambo 證人 Suu Sarmbau 證人 Cang Quang 證人 Sod/Suun (?) Sibaγsi	G106	敖特根譯 G. 卡拉著《蒙古文文獻研究》P30－35
5	猴兒年正月初五日	撒藍伯	小麥	我撒藍伯如東西迷閃，則同取代保人我弟弟塔甘伯一面替還無辭	（同取代保人）塔甘伯；知見人哈喇塔吾兒；知見人闊闊	F209：W69（No.003）	吉田順一《ハラホト出土モソゴル文書の研究》P36－38
6	猴兒年正月初五日	失剌	小麥	至將此小麥還畢，我失喇，如東西迷閃，則同取代保人哈喇不花一面替還無辭	（同取代保人）哈喇不花；知見人塞帖木兒；知見人脫火赤（與撒藍伯契為同一件文書的正反兩面）	吉田順一《ハラホト出土モソゴル文書の研究》P36－38
7	猴兒年正月初五	張孛闊	米	若字闊東西迷閃，同取代保人依着我的另一件文書結算還畢	（同取代保人）暴速；知見人蒙哥禿	F250：W3（No.009）	吉田順一 P59－60
8	牛兒年正月初一日	牙忽兒失灰	糧食	還此麥米前，［我失灰］如東西迷閃……	缺	F17：W9（No.011）	吉田順一 P64－65
9	缺	缺	缺	［還］畢前，若東西迷閃，同取代保人我脫火赤依照此書一面替還無辭。	（同取代保人脫火赤）知見人 2（名缺）	F62：W19（No.007）	吉田順一 P54－55
10	……二十五日	索納的	羅兒失？	至還畢此糧，若索奴東西迷閃，同取代保人我麻兒坦一面替還無辭。	（同取代保人）麻兒坦 知見人唆木卜 知見人失木	F79：W6（No.006）	吉田順一 P51－53

---

① 李逸友《黑城出土文書（漢文文書卷）》（科學出版社 1991 年版）中，此件的原始編號為 F209：W18。

续表

編號	時間	債務人	標的種類	擔保條款	第三方及其身份、與立契人的關係	文書編號	出處
11	皇慶元年（1312）正月初一	任黑子	糧	如本人見在不辦、閃趑失走，一面同取代保人替還無詞	同取人敢的，代保人安通，知見人豬得、景直你	M1·0968 [F95：W1]	《中藏》P1237
12	至元四年（1338）十月二十九日	陳山和	缺	或本人走在東西、雖在無錢歸還，係同取代保人一面替還無詞	同取錢人陳本□、陳拜住，同取代保人翟敬甫，代保人董德先，知見人程二、翟典	M1·0972 [F62：W28]	《中藏》P1241
13	至正六年十一月（1346）初六日	陳山和	缺	或本人走在東西、雖在無錢歸還，係同取代保人一面將本利歸還無詞	同取錢人陳德□，同取代保人陳拜住，知見人楊三哥	M1·0976 [F62：W27]	《中藏》P1245
14	至元四年（1338）十月二十日	亦集乃路耳卜渠住人韓二	中統鈔	如至日不見交還，係同取代保人一面替還無詞	同取代保人張二，知見人葛二	M1·0971 [F74：W3]	《中藏》P1240
15	……九年三月	缺	小麥	如至日不還，同取代保人一面替還	缺	M3·0006 [AE198ZHi37]	《中藏》P1257
16	至正十一年（1351）十一月廿一日	缺	缺	日不見交還，同取代保人一面□詞	知見人常和順，代保人□	M1·1006 [F146：W26]	《中藏》P1272
17	缺	缺	紅花	如至日不見歸還，係同取代保人□詞	缺	M1·1016 [84H·F20；W53/0702]	《中藏》P1280
18	元統 年	缺	麥	□歸還，係同取代保人□	缺	M1·1007 [F125：W56]	《中藏》P1273
19	[猴年（?）][……月]六日	Babuya	米麥等	如果我，Babuya 碰巧在［其他某個地方］外面或裏面，直到我，Babuya 還［我的債，］算［利息，然後］Twsw 及其他保人：我 YYSNW［……］YNCW［將］計算並不找任何借口地［償付全部］	Twsw YYSNW-YNCW 或 K. Y. B. T. I, SYM YT' CW？	G109	敖特根譯 G.卡拉著《蒙古文文獻研究》（P39—42）

续表

編號	時間	債務人	標的種類	擔保條款	第三方及其身份、與立契人的關係	文書編號	出處
20	至正十一年（1351）五月初五日	軍戶阿的火者	大麥小麥	保人□□本息一面替還□□	同立文字人哈升日、阿厘，知見人霍洛□、張二，立字代書人王一	M1·0978 [F255:W35]	《中藏》P1247
21	元統二年（1334）二月初四日	也火合只乞你	物斛（糧）	一面替還 無詞	同取人男耳立吉，同取代保人也火合只玉你，知見人袁萬家奴、張龍保	M1·0987 [F246:W1]	《中藏》P1263
22	缺	額迷渠住人帖立都木立	小麥	係同取	缺	M1·1005 [F125:W37]	《中藏》P1271
23	缺	亦集乃路沙爾渠住人浪玉倫普	小麥	保人	缺	M3·0007 [AE193ZHi32]	《中藏》P1273
24	缺	……渠住人俺□	小麥	如至日不見交還，每月每石行息壹斗，按月計算，□□拖欠。如有	缺	M1·1010 [Y1:W87]	《中藏》P1276
25	年正月日	正借小麥人李杓歹、鄒既那孩			同取代保人梁耳黑，知見卜□	M1·1004 [F224:W28]	《中藏》P1270

  上表反映了目前所見漢文、蒙文借貸契約中所約定的保人擔保條款。①《新編事文類要啟劄青錢》所載《生鈔批式》和《生穀批式》中也都有保人擔保條款，寫明"如有東西，且保人甘伏代還不詞""如或過期，且保人甘當倍（陪）納不詞"②，末尾有保人署押。結合民間借貸契約文書與流行契式，可以判斷，在信用借貸（即未設定質押、抵押等物保的借貸）中，保人擔保條款是非常重要的契約要素。

---

  ① 由於語言條件以及斷代困難，此處暫時未涉及回鶻文契約文書。
  ② 《新編事文類要啟劄青錢》外集卷一一《公私必用》，大化書局1980年版，第752—753頁。

根據上表中契約文書的表述，元代的保人擔保按照所擔保的事項（或曰保證義務）可分為兩類：即保證債務人不逃亡、保證債務人履行清償義務，筆者將其分別稱為留住保證和履行保證。① 若保證事項未實現，保人需承擔代償責任。在25件借貸契約中，10件（第1—10號）採用留住保證，9件（第11—19號）採用履行保證，6件（20—25號）因文書缺損，僅能看出其中約定了保人擔保條款，無法判斷其具體類型。在履行保證中，按照保人代償責任的範圍，可分為一般保證和連帶責任保證。

二

　　在上表所列25件借貸契約中，第1—10號文書均約定，保人在債務人逃亡的情況下承擔代償責任（具體表述參見上表）。

　　契文中所謂"東西""東西迷閃""走在東西"，都是外出逃債、逃亡之意，當系沿襲高昌、隋唐五代時期的契約用語。② 此類保證條款中，只有出現債務人逃亡的後果時，保人才須承擔代償責任。換言之，只要能保得債務人不逃亡，不管債務人是否如期償還本利、履行債務，保人都不必承擔代償責任。因此，保人的擔保義務僅僅是留住債務人而不使其逃亡。中田薰、仁井田陞、戴炎輝等學者稱這種保證為"留住保證"。③

　　留住保證與現代的保人保證制度不同，它無法保障債權人實現債權，而僅僅是為債權實現提供一個前提條件。在債務人不逃亡但不履行或不能履行債務的情

---

① 中田薰、仁井田陞、戴炎輝等學者稱為"留住保證"和"支付保證"。在有些論著論中，似乎將保證事項（或曰保證義務的內容）和保證責任的承擔方式（簡稱保證責任）混為一談。本文在論述中試對其加以區分，以澄清一些認識。故不採用"支付保證"，而將以債務人如期履行清償義務為保證事項的保證稱為履行保證，將保證責任稱為代償責任。無論是留住保證還是履行保證，當保人所擔保的事項未能實現，均以代償為保證責任的承擔方式。
② 關於"東西"的詞義，余欣《中國古代契約詞語輯釋——以敦煌吐魯番出土文書為中心》（浙江大學碩士學位論文，1999年）認為系"離家外出之意，引申為逃亡，又引申為死的諱詞"，其考釋詳見該文第22頁。但是，此類保證條款中是否包含債務人死亡的情形，學界尚有不同意見。
③ 參見羅彤華《唐代民間借貸》，臺灣商務印書館2005年版，第312頁；張域《擔保法律制度與習俗的文化解讀——以中國歷史上的人保為中心》，第56—57頁。原著觀點分別見：中田薰《我古法に於ける保證及ぴ連帶債務》，收入《法制史論集》卷一，岩波書店1943年版，第122—130頁；仁井田陞《唐宋時代の保證と質制度》，收入《中國法制史研究——土地法・取引法》，東京大學出版會1981年版，第500—506頁；仁井田陞《唐宋法律文書の研究》，東京大學出版會1983年版，第299—307頁；戴炎輝《中國法制史》，三民書局1979年第三版，第337頁。

況下，債權人不能要求保人代償，只可以採取向債務人的同居共財親屬（如父母妻兒、同居共財的兄弟等）求償、向官府訴請代征等途徑實現債權。只有在債務人逃亡、而且是全戶盡逃的情況下，債權人才有權要求保人代為清償本利。元初法令也認可民間這一擔保習慣。《事林廣記》所載《至元雜令》中規定："諸以財物出舉者，每月取利不得過三分……若欠戶全逃，保人自用代償。"① 這與前引唐宋時期的法令是一致的，而且更進一步明確為債務人全戶逃亡。這種擔保制度中，保人承擔的擔保責任較輕，處境較為有利。大都人魏蔓"荒縱不事家業"，因欠回回債銀二錠而被拘禁，後深夜挈鎖，出逃十多年，其岳父"代還所欠"②，當是為了女兒免遭逼債之苦，反映出債務人逃亡後首先被追征的應是其近親屬。大寧人孫秀實，"里人王仲和嘗托秀實貸富人鈔二千錠，貧不能償，棄其親逃去。數年，其親思之，疾，秀實日饋薪米存問，終不樂。秀實哀之，悉為代償，取券還其親，復命奴控馬齎金，訪仲和使歸，父子歡聚，聞者莫不嗟美。"③ 看來，孫秀實應即受王仲和之托為其巨額借貸做保人，後債務人王仲和貧無所償棄親逃亡，而保人孫秀實在數年間並未受到債權人追征，他是因心懷憐憫而主動代償的。此事似也從側面反映了保人僅在"欠戶全逃"時才承擔代償責任。

三

上表中，第11—18號共8件契約所設定的擔保責任條款，是在債務人至期不履行債務時，保人承擔代償責任（具體表述參見上表）。其中，根據其表述方式又可分為兩類。

第11、12、13號契約不避繁瑣，採用列舉的方式詳細載明保人承擔代償責任的條件有二：一為債務人逃亡（即"走在東西""閃趂失走"）；二為債務人雖未逃亡但不履行或不能履行債務（即"見在不辦""雖在無錢歸還"）。保人若未能保證債務人不逃亡並如期履行債務，就要承擔代償責任。顯然，此種擔保條款是在留住保證的基礎上，又增加了債務人不履行清償義務為條件的保人代償責任，

---

① 日本元祿十二年翻刻元泰定本《事林廣記》壬集卷一《至元雜令·典質財物》，中華書局1999年影印本，第491—492頁。
② 《元典章》卷二三《禮部六·［禮雜］·孝節·魏阿張養姑免役》，第1144頁。
③ 《元史》卷一九七《孝友一·孫秀實》，第4455頁。

擔保義務擴大、擔保責任加重了。第19號契約中的擔保條款表述為："如果我，Baburya碰巧在［其他某個地方］外面或裏面，直到我，Baburya還［我的債，］算［利息，然後］Twsw及其他保人：我YYSNW［……］YNCW［將］計算並不找任何藉口地［償付全部］"，該契約文字系據蒙古文文書的英譯本轉譯而來，其間經過一次文字識讀、兩次語言翻譯，再加之文書缺損，其意義難稱明白曉暢，但大致可以理解為若債務人Baburya出門在外（實即逃亡），或者雖在本地、但並未歸還本利，保人Twsw、YYSNW、YNCW就要不找任何借口地全部償還。若這一理解不錯，該蒙文契約的擔保條款也與第11—13號漢文契約同類。

至於在債務人死亡的情況下，保人是否承擔保證責任，在上表第1—10號契約、第11、12、13號契約均未明確，至少從字面上看是如此。對於敦煌契約文書保證條款中經常出現的"身東西不在""身東西不平善"等，學界一般認為，"東西"指逃避、逃亡；"不在""不平善"等則是"死"的諱詞。[①] 羅彤華則指出，以唐令為藍本的日本養老令，在"負債者逃，保人代償"條下有注解曰："謂依律，雖負人身死，保人亦代償。"[②] 以上兩點，或可從側面說明保人承擔代償責任的條件也包括債務人死亡的情形。但是，在中國古代的家庭家族共產制下，債務人之借貸所得錢物一般並非個人消費[③]，而是作為家庭的整體消費，因此，若債務人未償而身死，揆諸情理和法理，債權人首先應當責諸債務人的妻兒父母兄弟等共財親屬，從其家財中優先受償，而不是向助人於急難之時、甘冒代償風險為人義務作保的保人求償。據元人記載，有人貸得黃金二鎰，未償即死，債權人曰："吾可同俗，訟其妻子與見知者，必其歸耶？"毀掉了契券，並未追徵。[④] 但從他的言語中卻反映出，對債務人死後遺留的債務，債權人通過"訟其妻子與見知者"的訴訟途徑追徵，是一種普遍現象。其中"見知者"應是指借貸契約中的"知見人"，他們作為借貸契約關係的證人而被捲入，但不會被強加給代償義務，債務人的"妻子"（妻子兒女）才是僅次於本人之後的償還義務人，在一定程度

---

① 參見季羨林《敦煌學大辭典》，上海辭書出版社1998年版，第390頁；張璈《擔保法律制度與習俗的文化解讀——以中國歷史上的人保為中心》，第57頁；余欣《中國古代契約詞語輯釋——以敦煌吐魯番出土文書為中心》，第23頁。
② 參見羅彤華《唐代民間借貸》，第313頁。該養老令令文見《令義解》卷一〇《雜令》"公私以財物"條，東京吉川弘文館1989年版，第337頁。
③ 除非是極少數紈絝子弟瞞著尊長擅自借貸，而且國家也另有法令專門規定這種無效契約關係的處理。
④ 姚燧：《徽州路總管府達嚕噶齊兼管內勸農事虎公神道碑》，《牧庵集》卷一四。

上,他們是應當被作為共同債務人或連帶債務人的。

上表中的第 14—17 號契約則簡單明確地約定:"如至日不見交(歸)還,同取代保人一面替還無詞",也即不管什麼原因,只要出現債務人未如期履行償還義務的實際情形,保人就要承擔代償責任。很顯然,其中包括了債務人逃、死、無力履行、惡意不還等各種原因造成的未如期履行,保人的保證責任明顯加重了許多。

第 18 號契約中擔保條款雖殘損不全,但據"……歸還,係同取代保人……"可以判斷,其保證類型肯定不屬於留住保證類型,不僅僅以債務人逃亡為承擔保證責任的條件,缺損部分或者列舉了幾種代償條件,或者是概括性的"至日不見歸還"。

概而言之,第 11—19 號契約中保人所擔保的事項是債務人如期履行債務,否則保人就要以代為清償的方式承擔保證責任。這種保證類型,仁井田陞等稱為"支付保證",筆者稱之為履行保證,這與現代法上保人保證的內涵是基本一致的,即保障債權人實現債權。

在現代法上,按照保人代償責任的範圍,可以分為一般保證和連帶責任保證,前者是首先以債務人全部財產清償債務,不足部分才由保人代償,保人代償責任是補充性的。後者則是連帶性的,只要債務人不如期履行債務,債權人就有權要求保人履行代為清償之保證責任。

筆者認為,第 14—17 號契約之"如至日不見交(歸)還,同取代保人一面替還無詞"的保證條款,實即現代法上的連帶責任保證,如我國《擔保法》所規定:"連帶責任保證的債務人在主合同規定的債務履行期屆滿沒有履行債務的,債權人可以要求債務人履行債務,也可以要求保證人在其保證範圍內承擔保證責任。"[①] 至於列舉的履行保證條款,第 11 號契約之"如本人見在不辦、閃趯失走",強調客觀上的債務人不履行、不問,此種保人代償,似為連帶保證責任;第 12、13 號契約之"或本人走在東西、雖在無錢歸還",強調債務人無力履行,此種保人代償,則似補充性的一般保證責任。在採用履行保證的 9 件契約中,以連帶責任保證為主,至少占 5 件。

履行保證中的一般保證責任,在文獻記載中則比較多見。元明時期形成的朝

---

① 《中華人民共和國擔保法》第 18 條第 2 款。

鮮漢語教科書《朴通事諺解》① 中講到寫契人替人書寫的一份借貸契約：

  京都在城積慶坊住人趙寶兒，今為缺錢使用，情願立約於某財主處，借到細絲官銀五十兩整，每兩月利幾分，按月送納，不致拖欠。其銀限至下年幾月內，歸還數足。如至日無錢歸還，將借錢人在家應有直錢物件，照依時價准折無詞。如借錢人無物准與，代保人一面替還。恐後無憑，故立此文契為用。某年月日借錢人某，同借錢人某，代保人某，同保人某等押。②

  其中的保證條款也屬履行保證，但與黑水城出土契約文書中的保證條款相比，更為明確、合理。"如至日無錢歸還，將借錢人在家應有直錢物件，照依時價准折無詞。如借錢人無物准與，代保人一面替還。"即首先以債務人的所有財產作為債權實現的一般擔保③，以債務人所有財產折價抵償後，不足部分才由保人代償。這與我國現代法上特別擔保中保人之一般保證責任的精神是一致的。《中華人民共和國擔保法》第 17 條第 2 款規定："一般保證的保證人在主合同糾紛未經審批或者仲裁，並就債務人財產依法強制執行仍不能履行債務前，對債權人可以拒絕承擔保證責任。"
  在官營借貸業務中也實行保人擔保，元代秘書監堂食本錢放貸營運制度中就規定：

  上項營運鈔定諸人借使……必須明白開寫正借錢人、代保人、元附籍貫、見任職役、事產。借錢人或遇別有遷除得代，本息納足，方許給由。如有拖欠利息，隨於代保人名下月俸內捐除還官。若上項正借錢人鈔定不完，代保人告滿，文解亦不行給付。借錢人雖在無錢，將事產折挫入官外，不敷之數，

---

① 朱德熙、陳高華等學者研究指出，《朴通事諺解》所反映的是元代的歷史事實、典章制度和元朝末年的社會面貌。原本《朴通事》當形成於十四世紀中葉，十五世紀下半期以後又對其多次進行刪改（所做修改主要是地名、貨幣及語言方面）、注解，十六世紀崔世珍編成《朴通事諺解》（已佚）、《老朴輯覽》，1677 年李朝司譯院據後者重作，今常見漢城《奎章閣叢書》本。參見陳高華《從〈老乞大〉、〈朴通事〉看元與高麗的經濟文化交流》，《元史研究新論》，上海社會科學院出版社 2005 年版，第 337—345 頁。
② 《朴通事諺解》卷上 53b—55a，朝鮮時代漢語教科書叢刊（一），中華書局 2005 年版，第 245 頁。
③ 筆者認為，從現代法律學的角度來看，"將借錢人在家應有直錢物件，照依時價准折"應當視為一般擔保，而不是特別擔保中的物保。物保應當指定某特定財產為某一特定債務的擔保。元代的保人擔保屬於特別擔保中的人保或曰保證人擔保。

代保人名下一面追征,事產亦行折挫。①

為了保證官本資金安全,在債務人未還清本息之前,債務人及保人雖遇職務變動、任期屆滿,均不得發給解由②;債務人如有拖欠,先以其事產折抵入官,不足部分向代保人追征,以其月俸或事產折抵還官。因而,其所採取的保證也是履行保證,其保證責任屬於補充性的一般保證。

在元代典籍中,也確實有債務人無力償還而由保人代償的情況。據時人記載,閻仲通從監郡(應即達魯花赤)答魯觪處借貸,求李氏作保人,後來閻無力償還,答魯觪"以郡檄"責償於李氏,李氏夫人乃"盡賣田以償"。③ 債權人動用了地方政權的力量,要求保人履行代償責任,而李氏之業殆盡,僅餘土地二、三頃。

雖然從以上契約文書以及文獻記載來看,在元代借貸契約中"履行保證"制已經興起,而且一些契約中還約定了連帶責任保證,但似乎仍不如"留住保證"制更為盛行。一方面,契約文書中採用"留住保證"的比例更高,尤其是蒙文契約中大都採用留住保證;而漢文契約則更傾向於採用履行保證。大約同期的回鶻文借貸契約中的保人擔保責任,一般是以主債務人死亡為要件,其典型表達是:"如果在償還前,我有什麼好歹,就讓×××(我妻子某、我兒子某或我兄弟某等)準確如實地償還。"④ 另一方面,社會實踐中,保人因債務人不能清償而承擔

---

① 《秘書監志》卷三《食本》,高榮盛點校本,浙江古籍出版社1992年版,第64—65頁。標點略有改動。
② 解由相當於官員的任滿考核鑒定書,是職務遷轉的重要根據。《吏學指南》謂"考滿職除曰解,曆其殿最曰由。"陳高華、史衛民著《中國政治制度通史》第八卷(人民出版社1996年版,第390—391頁)考察了元代解由的內容,其重要內容之一就是官員在任期間的財務審計與離任交割情況,並須有該官員上級機關就其情況屬實所作"保結"。
③ 虞集:《河東李氏先塋碑》,王珽點校《虞集全集》,天津古籍出版社2007年版,第1153頁。"公在時,郡人閻仲通假息錢於監郡答魯觪,嘗求公為保。認後,閻無以償,監郡以郡檄責償。公家夫人盡賣田以償……"點斷似有不當,疑當為"……嘗求公為保認,後閻無以償,監郡以郡檄責償公家,夫人盡賣田以償……"。
④ 參見霍存福、章燕《吐魯番回鶻文借貸契約研究》,《吉林大學社會科學學報》2004年第6期。該文還指出,蒙元時期畏兀兒借貸契約的保人制度是以家庭為主要單位,更重視家庭內的相互保證的力量。但是,筆者一直懷疑,家庭財產共有人對債務承擔清償責任,是屬於擔保問題還是特定財產制度下的債務承擔問題?夫妻本為一個財產共同體,在夫逃、死、不能清償時由妻償還,這很難視為第三人擔保;由並未分家析產的兒子、兄弟代替償還,也同樣如此。兒子、兄弟在彼此財產獨立的情況下代償,才屬於有債權擔保意義的保人擔保。若由妻以及作為財產共有人的兒子、兄弟對債務承擔責任,那麼其在借貸契約關係中的法律地位是共同債務人中的次債務人還是保人?而且,在中國古代財產制下,債務人只是作為家庭的代表人簽訂借貸契約,債務仍屬家庭債務,故原本就應當以家庭共有財產清償,那麼若由共有人承擔保證責任豈不是根本就沒有意義嗎?

代償責任的情形也並不多見,保人在債務人惡意不履行時承擔代償責任的情形則更爲少見。《朴通事諺解》中有一段關於債務糾紛的情景對話:

> 李小兒那廝,這兩日不見他,你見來麽?你饋我尋見了拿將來。
> 你不理會的,那廝高麗地面來的宰相門上做牙子,那狗骨頭知他那裏去誆惑人東西,不在家,你尋他怎麽?
> 他少我五兩銀子裏。別人便一兩要一兩利錢借饋。他京裏臨起身時節,那般磕頭禮拜央及我,限至周年,本利八兩銀子,寫定文書借與他來。到今一年半了,只還我本錢,一分利錢也不肯還。旦(因)此上,半夜三更裏起來,上他家門前叫喚着討時,他睬也不睬。那驢養下來的,只趒(躲)着我走,討了半年不肯還我,把我的兩對新靴子都走破了……①

從對話可知,李小兒立契借貸銀兩,約定一年後應還本利八兩,但到一年半時只還了本錢,至於利錢,則是"討了半年不肯還",對話即反映了債權人氣憤無奈的心情。債權人除屢次催討之外並未採取其他措施實現債權,由此似可推測,債權人並未要求保人代償,這或許是契約中並未約定保人在債務人不履行時承擔代償責任,或許是雖有約定,但債權人仍然選擇向債務人追償。在相州安陽,有人"貸錢爲本業,子本相埒至萬十數,貧莫能償",因債權人"責勢孔棘",竟至聲稱將自縊,同里胡彦明聞之,乃捐貲代償之。② 胡彦明之代償行爲是慈善之舉,而非保人承擔保證責任。在這個大額借貸契約中,没有設定人保的可能性不大,而保人並未被要求代償。可見,在元代的社會常態中,保人實際擔負的保證責任並不重,很少由保人實際承擔代償責任。

四

在中國古代的社會結構、文化傳統、倫理觀念、法律制度的協同作用下,民

---

① 《朴通事諺解》卷上30b—32a,第231頁。
② 《胡彦明墓誌銘》,《虞集全集》第903—904頁;馬祖常:《敕賜贈參知政事胡魏公神道碑》,《石田先生文集》卷一二,元人文集珍本叢刊本;王沂:《故贈中奉大夫江浙等處行中書省參知政事護軍魏郡公胡公行狀》,《伊濱集》卷二四,文淵閣《四庫全書》本。

間借貸契約實踐中保人保證對促進債務履行、保障債權的作用機制及其效果如何？

在中國古代的宗法性農業社會中，人們社會流動性較小，交往範圍大多非親即鄰，在人們的傳統倫理觀念中也以"信""義"為貴。在這樣的一個熟人倫理社會，社會關係中很容易形成靠道德約束、社會輿論和民間習慣相結合的自我調整、自我實施機制，從而產生一種近乎無需法律的民間秩序。①

就民間信用借貸的債權保證機制而言，契約關係第三方——保人的存在，就在契約雙方當事人之間增加了一個保障機制，其作用機理在於：首先，債權人為保證債權得以實現，要求債務人提供至少一個保人，該保人就債務人履行債務前不逃亡、有能力並最終將實際履行償還義務向債權人提供保證，若其所保事項未能實現，該保人就要向債權人承擔代償責任。其次，債務人處於經濟困境之中，為能夠獲得借貸，只得以自己的信用向親屬、鄰人、友人等求告以求獲得擔保。顯然，人品信用一貫很差的人將難以獲得他人的擔保，從而無法貸得錢物。這就在事實上對債務人的信用進行了一次過濾和篩選。再次，作為保人，當身陷急難的親、鄰、友向其求告作保時，憑着多年以來對他各方情況的瞭解，相信他不會惡意逃債而陷自己於不利之境，若真有力所不逮、無力償還的風險，為了這份情誼（或者聲望、地位），他也寧願做出犧牲來幫助他們渡過難關。或者，當親、鄰、友人央求作保時，他礙於情面而不得不同意作保、承受一定的代償風險。最後，簽訂契約、錢物轉移、借貸契約關係成立了，隨之就是債務人是否如期償還的問題。"殺人償命，欠債還錢"，此乃傳統社會公認之天理。一般情況下，債務人都會主動履行，這既是為了自己的名譽和信用、為了不牽累大義相助的保人，也是為了自己日後在熟人社會裏照常生存，因此，一般很少出現惡意逃避債務的情形。而無論所約定的是何種保證責任類型，在向債務人及其家屬追徵之前，債權人一般也不會向保人追償。問題往往出在債務人確實無力履行這方面。一旦遭遇天災人禍（或經營失利），債務人經濟困境無法紓解，就難以如期償還債務；一旦逼於公私債負或遇嚴重災害，債務人也可能加入逃亡的隊伍而成為流民。此

---

① 在關係緊密的群體中，除法律等正式規則之外，還存在著各種非正式規則，包括建立社會信任的各種機制，如社會規範、聲譽機制、風俗習慣、鄉規民約、關係網（如地緣、血緣、業緣等）中隱含的契約、道德，這些規則內生於人際關係的互動網路之中，形成私人秩序。這種情況不僅限於中國。埃里克森對美國夏斯塔縣民間社會進行的田野調查及相關研究也證明了這一點。參見張域《擔保法律制度與習俗的文化解讀——以中國歷史上的人保為中心》，第127頁；[美] 羅伯特·C. 埃里克森《無需法律的秩序》，蘇力譯，中國政法大學出版社2003年版，第346—354頁。

時，若基本的社會經濟和社會秩序狀況尚能維持，債權人就可能向債務人或其家屬、保人追償，不得已時會訴諸官府請求強制執行，負債不償的債務人及保人還可能被官府課以杖責。一些債權人作為權豪勢要，則可能私刑拷打、非法逼債、強奪資財人口。也有些債權人可能允許債務拖延、在償還無望時干脆"焚券"放棄債權。若社會經濟全面崩潰、社會秩序大亂，債務人、保人甚至債權人都有可能流離失所，恐怕是任誰也都無暇顧及什麼了。從債權人的角度講，他既然放債取利，自然也應承擔一定的風險，偶爾出現一些壞賬、呆賬也在所難免，而且其主要原因在於不公平的社會政治經濟制度造成的勞動人民赤貧化。就這樣，在當時的社會經濟條件和一套綜合調整機制作用下，民間的借貸關係維持了一定程度的秩序和平衡，成為民間社會經濟生活中不可缺少的一部分。

以上是從總體上對保人擔保制度下的借貸契約關係及其秩序進行的分析和概括，元代的文獻記載是可以驗證上述分析的。上文中已經談及閻仲通的保人李氏被債權人達魯花赤答魯帥責償、保人孫秀實主動為王仲和代償的案例，反映了債權人、債務人和保人的關係。元雜劇對此也有所反映，《玉清庵錯送鴛鴦被》中，李府尹被人劾奏，赴京聽勘，行前因缺少盤纏，立契向劉彥明借銀十錠，由玉清庵劉道姑做保，其女李玉英也被要求在文書上畫字。一年之後，李彥實未歸，本利未還，劉彥明找到劉道姑去向李玉英催討。劉彥明以債務相要脅，要娶李彥實之女李玉英為妻，以彩禮錢抵償本利銀二十錠，要劉道姑從中撮合。劉道姑不願，劉彥明就威脅說："當時借銀子時，是你來借，是你保人，我如今拖到官中去，那個出家人做保人。上起刑法來，我兒也直把你打掉那下半截來。"劉道姑被迫去找李玉英說合。而玉英呢，她想："為因我無錢還他，劉員外要去官中告這劉道姑，追拷這銀子。我想來干他甚事，倒要帶累他吃官司。"於是只得同意了劉彥明的要求。① 這些情節一方面反映，保人有督促債務人償債的義務，若債務人不在，其家人首先被追討，債務人、保人都負債不償，若債權人告官將有可能面臨刑責；另一方面，債務人及其家人也因不忍連累保人而盡力履行債務，甚至為此而不得不滿足債權人的無理要求。可見，在人保型借貸關係中，通過第三人（保人）在一定條件下被追加一定的契約義務，形成一種制約機制以保障債權實現，儘管在實踐中一般並不需要保人實際履行代償義務。

---

① 臧晉叔：《元曲選》第一冊，中華書局1958年版，第54—69頁。

從以上的契約文書列表來看，近親屬應是債務人尋求保人的首選。在契約文書中，"同取代保人"大多是近親屬，在有數個保人時其承擔的保證責任也重於其他一般保人。但是，保人與債務人的關係並不局限在近親屬的範圍內。除了親緣關係之外，其次就應當是基於友、鄰的感情關係了，契約文書中的非同姓保人應當是這種情形。值得強調的還有，從文獻記載來看，債務人會尋求地方精英為自己的借貸做保人，一方面，他們有實力、有信譽提供擔保；另一方面，他們為了自己的地位、聲望和自我認同，往往寧可承擔一定的代償風險，同意為他人作擔保。比如，上文提及為郡人閆仲通做保的李氏、為里人王仲和作保的孫秀實，都應屬此類。

(原刊於《寧夏社會科學》2013年第1期)

黑水城元代雇傭契約研究

楊淑紅

古代，出錢使人給自己做事或使人用車、船、馬等給自己服務稱爲"僱""傭"，也寫作"雇""顧""庸"，多一字單用，也稱"傭雇"。現代漢語中統一簡化爲"雇""傭"二字，或"雇傭"一詞。① 元人還常用"傭賃""倩（qìng）""顧倩""顧覓""顧募"等說法，② 上述字詞的内涵都應屬於雇傭關係。純粹的雇傭關係是勞動力的購買關係，没有人身依附性。但無論是在實際上，還是在雙方的觀念上，雇主與出雇人之間仍存在一定的身份隸屬關係，因而元代的雇傭契約文書稱爲"雇身契"③。本文以黑水城出土的雇傭契約文書爲中心，結合有關契式，分析雇傭契約關係的内容。

在元代社會經濟關係中，雇身契約與雇賃運輸契約（車、船、腳夫）在元人的觀念中，都屬於"雇"的契約關係，但仍然存在一定的區別。本文將其分爲兩類，分别進行討論。此外，民間社會實踐中經常發生的雇奶娘、雇人打牆、有償加工衣帽等，也可歸入雇傭契約關係，但未見相關契約文書傳世，姑且不論。

---

① 參見《漢語大詞典》相關詞條。
② 《吏學指南》對當時的常用語作釋義："和雇　兩順曰和，傭賃曰雇。借倩　權時供給曰借，雇人庸力曰倩。折庸　謂以役准鈔物也。顧倩　謂以物顧人代役也。顧覓　義同顧倩。顧募　顧謂以錢物招人應役也。招召　義同雇募。"第121—123頁。
③ 如黑水城所出M1·0979［F209∶W58］至正元年（1341）八月初四小張雇身契，M1·0979［F209∶W58］至正十一年（1351）九月雇身契，分别見《中國藏黑水城漢文文獻》第 6 册，第 1243、1248 頁。

雇身契約

《新編契文類要啟劄青錢》中收錄一件《雇小廝契式》[1]，其文為：

厶鄉某里姓　某

　　右某有親生男子名某，年幾歲，今因時年荒歉，不能供贍，情願投得某人保委，將本男雇與厶里厶人宅，充為小廝三年，當三面言議斷每年得工雇鈔若干貫文。其鈔當已預先借訖幾貫，所有餘鈔候在年月滿日結算請領。自男某計工之後，須用小心伏事，聽候使令，不敢違慢、伉對無禮，及與外人通同搬盜本宅財貨什物、將身閃走等事。如有此色，且保人並自知當，甘伏倍還不詞。或男某在宅，向後恐有一切不虞，並是天之命也，且某即無他說。今恐仁理難憑，故立此為用。謹契

　　年　月　日父　姓　厶　　號　契
　　　　保人姓　某　　　號

立契人將親生子雇與某人做男僕，約期三年，得工雇鈔若干貫文，部分預付、部分限滿時結算。從用語上和權利義務關係上看，更近似於雇傭關係，實即宋代的雇傭奴婢。其中約定"自男某計工之後，須用小心伏事，聽候使令，不敢違慢、伉對無禮"，"或男某在宅，向後恐有一切不虞，並是天之命也，且某即無他說"。顯然具有濃厚的身份依附性，在約定期限內其人身權幾乎被整體的轉讓。所以，從這個角度來說，這種契約關係的實質更近於約定期限的"典雇"契約，與典賣的區別僅僅在於不需回贖，年滿即歸。

在黑水城出土文獻中，有三件名為"雇身契"的漢文文書，首先對此予以分析。

其一，至正元年（1341）八月初四日小張雇身契[2]：

---

[1] 《新編事文類要啟劄青錢》外集卷一一《公私必用》，第756—757頁。
[2] M1·0974［F38∶W1］，《中國藏黑水城漢文文獻》第6冊，第1243頁。

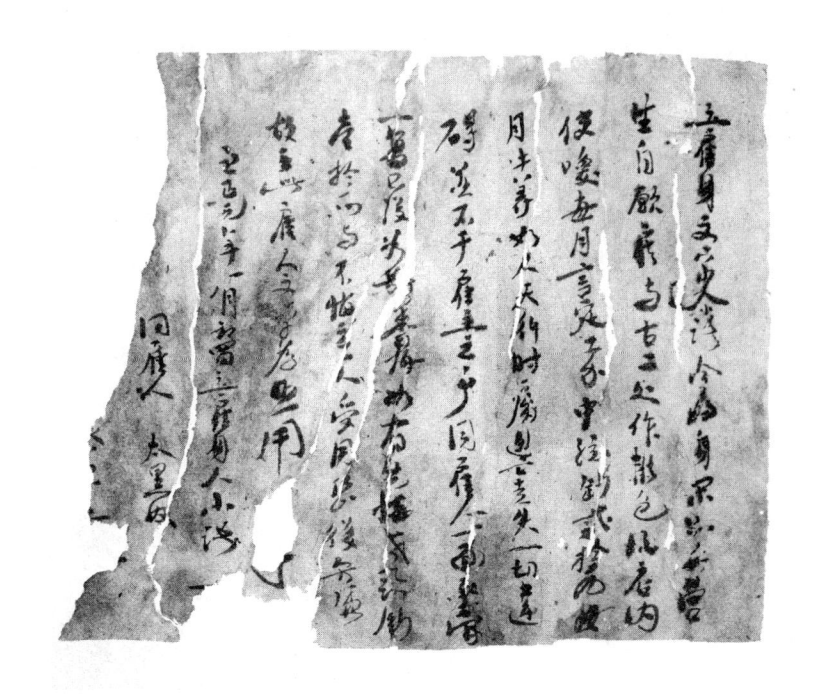

1. 立雇身文字人小①張，今為身閑，別無營
2. 生，自願雇与古二処作雜色酒店内
3. 使喚，每月言定工錢中统钞貳拾兩，按
4. 月計筭。如人夫②行时病，迯亡走失，一切違
5. 碍，並不干雇主之事，同雇人一面承當③。
6. 一寫已後，各無番悔，如有先悔者罰鈔
7. 壹拾兩与不悔之人受用。恐後無憑，
8. 故立此雇人文字为照用。（結止符）
9. 　　至正元年八月初四日立雇身人小張（簽押）
10. 　　　　　　　同雇人太黑内
11. 　　　　　￣￣￣□□□（簽押）
　　（後缺）

---

① "小"字字體較小，應為後寫補入，現徑改。
② "夫"，《黑城出土文書》錄文作"天"，現據圖版改。
③ "當"，《黑城出土文書》錄文作"管"，現據圖版改。

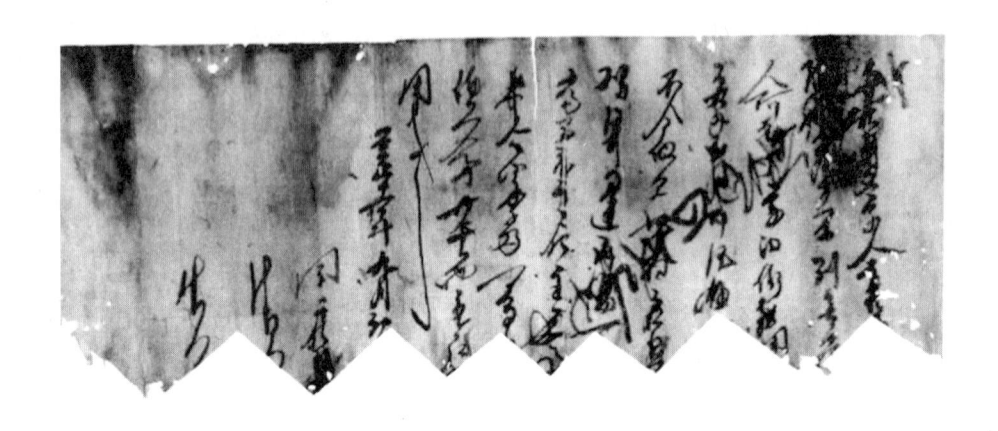

该契约文书的内容除立契双方当事人的情况及末尾的立契时间、立契人署押之外，契约权利义务关系的核心条款，一是雇工内容、工钱及其结算、支付方式，小张为古二做酒店杂务，每月工钱中统钞20两，按月支付；二是意外责任的承担，双方约定"人夫行时病、逃亡走失、一切违碍，并不干雇主之事"，均由同雇身人负责，在这方面人口的典卖契约与雇佣契约之习惯表述是相同的；三是毁约罚则，一写已后各无番悔，先悔者罚钞壹拾两给不悔人。双方并未约定雇佣期限，可以视为不定期雇佣。契约末尾至少有一人作为第三方署押。在本契约中，双方的权利义务关系是很清晰、明确的。

其二，至正十一年（1351）九月雇身契①：

正：

1. 立雇身文字人立朵
2. 钞用，今②为身闲③，别无营④
3. 人阿兀丁家内⑤做杂用
4. 每月工钱中统钞

---

① M1·0979 [F209: W58]，《中国藏黑水城汉文文献》，第6册，第1248页。
② "今"，《黑城出土文书》录文漏录，现据图版补。
③ "闲"，《黑城出土文书》录文未释读，现据图版补。
④ "营"，《黑城出土文书》录文未释读，现据图版补。
⑤ "内"，《黑城出土文书》录文漏录，现据图版补。

研究編　經濟文書研究　2055

5. 不令拖欠。如有雇身☐
6. 時 病①，乃連死傷，一☐
7. 當罪，亦②不干雇主之事☐
8. 本人一面承當。一寫③☐
9. 悔者罰抄一面無詞④☐
10. 用。（結止符）
11. 　　至正十一年九月初☐
12. 　　　　同雇身☐
13. 　　　　知　見☐
14. 　　　　知　見☐

背：

1. 中統鈔当月支工錢肆☐☐⑤

該文書只存上半部分，下半部分被以鋸齒狀裁去。契文以草書書寫，不易辨認。以上文書中出現的同雇人，應當是出雇人的近親屬，雇身人如有任何意外和不利後果，他都要為出雇人承擔和負責，其地位和作用類似但更重於保人，在其他類型的契約中稱為"同賣人""同立文字人""同取人""同取代保人"等。

其三，一件雖名為"雇身契"，但根據契文所約定的權利義務關係，可以確定其實質是買賣契約，即黑水城所出M1·0987［F504:W1］號文書⑥：

1. ☐字人綿合哥，今為要雇人身使
2. ☐☐，今將自己弟名喚妳馬歹
3. ☐☐住人苔古禿処永遠 為
4. ☐☐身，兩家言定雇錢中 統

────────

① "時病"，《黑城出土文書》錄文作"獨身"，現據圖版改。
② "亦"，《黑城出土文書》錄文作"并"，現據圖版改。
③ "一寫"，《黑城出土文書》錄文作"雇主"，現據圖版改。
④ "悔者罰抄一面無詞"，《黑城出土文書》錄文作"使人等不干雇主之事"，現據圖版改。
⑤ 此行文字為背面書寫，於正面第1—8行斜向書寫。
⑥ 《中國藏黑水城漢文文獻》，第6冊，第1256頁。

5. ▢▢▢▢▢
　　（後缺）

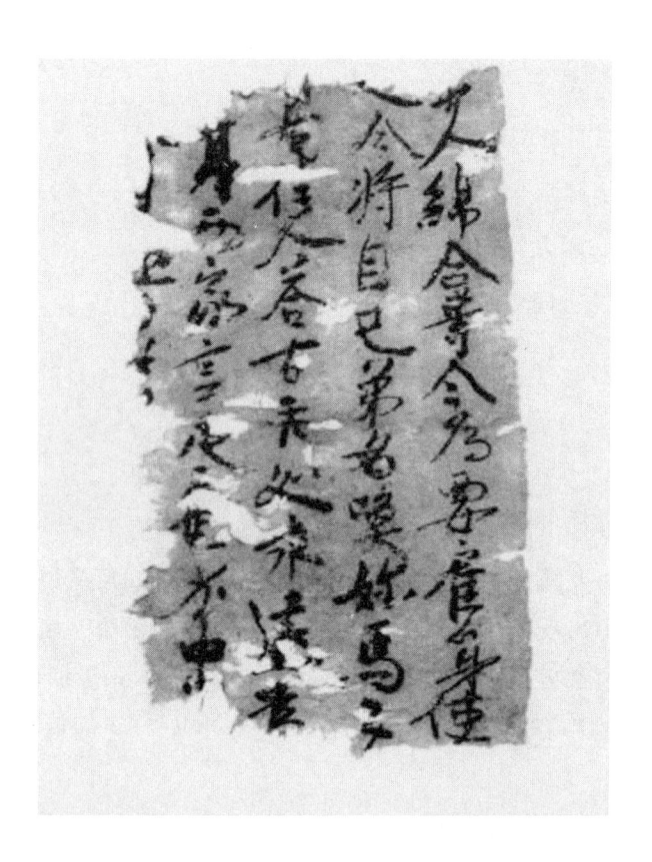

　　該文書殘損嚴重，殘存的中間部分文字有"將自己弟名喚妳馬歹▢▢住人答古禿處永遠為▢▢"之語，由此來看，這件契約與M1·0974［F38：W1］、M1·0979［F209：W58］兩件文書不同，並非雇傭契約，而是將弟弟出賣或典雇給答古禿"永遠為主"的帶有濃厚人身性質的買賣或典雇契約。

　　此外，在河北隆化鴿子洞發現的一件殘契，張傳璽先生將其定名為《元至正二十一年（1361）興州走兒出雇白契》①，並在注釋中說明，"走兒"是"傭工的一種，或雇工或賣兒之名"。

---

① 原件藏隆化縣博物館。隆化縣博物館《河北隆化鴿子洞元代窖藏》（《文物》2004年第5期）刊佈圖版和錄文。張傳璽《契約史買地券研究》第九章（第158—164頁）據此重新加以點斷識讀。

研究編　經濟文書研究　2057

（前缺）

1. 走兒今立☐☐☐☐☐☐
2. 西寨☐王大☐☐☐☐☐
3. 陸拾定☐☐☐☐☐
4. 書已後但有☐☐☐☐
5. 計並不干☐☐☐☐
6. 一面代賞不☐☐☐
7. ☐☐☐頭疋地土和小☐☐☐
8. ☐但有的大小差潑①提☐
9. 走出☐入不肯衣理作活罰☐
10. ☐倍恐後無憑故立過☐
11. ☐用②（結止符）
12. 至正二十一年四月初八日☐☐③

---

① 差潑，張傳璽先生認為，當釋作"差發"，是。
② 筆者認為，上一行和本行若補充完整，應當是"恐后無憑，故立過房文字為用者"。
③ 張先生在注釋中指出，此處應當釋作"初八日立過房☐☐"，筆者認為，立契時間之後應當是立契人署名，若完整的話，應當是"立過房文字人某某"。

13.　　　　代保人李彥□
14.　　　　作媒人小□□

筆者在對契約關係中所約定的權利義務關係進行分析，同時對闕文進行推補的基礎上，認爲這是一件名過房文書，其實與雇傭關係無涉。

雇賃運輸契約

黑水城出土漢文文獻中，有一件至治二年（1322）的攬脚契①，是黑水城出土的唯一一件漢文攬脚契，但僅存末尾部分：

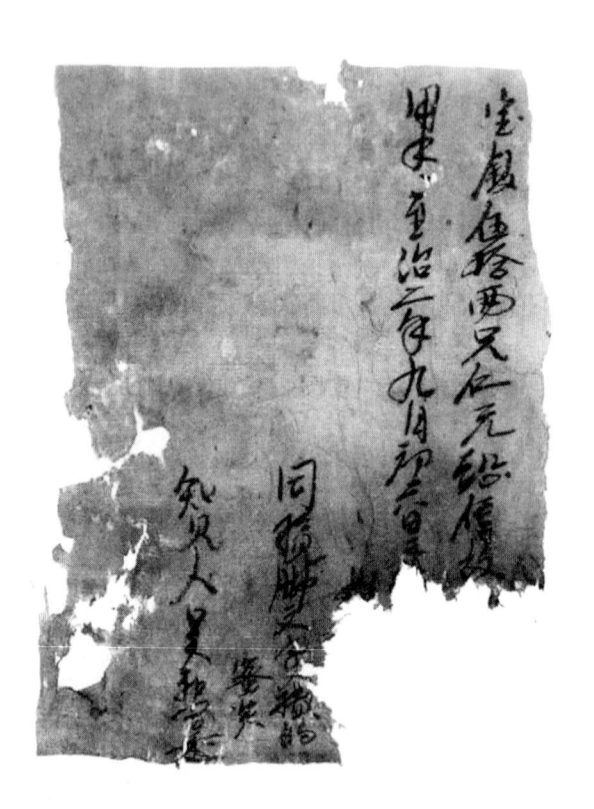

（前缺）

1. 宝鈔伍拾兩，兄仁无恐②信，故＿＿＿＿＿＿

---

① M1·0991［F144:W23］，《中国藏黑水城汉文文献》第 6 册，第 1261 頁。
② 據文意推斷，"無恐"應作"恐無"。

2. 用。（結止符）至治二年九月初六日立□□□□□□
3. 　　　　　　　　　　　　□□□□□□
4. 　　　　　同攬脚字人撒的蜜①失
5. 　　　　　知見人吴和尚（簽押）

除立契人之外的第三方署押人較多。其中的"宝鈔伍拾兩"，既有可能是雙方約定由托運人支付的運費數額，也可能是若出現違約責任時承運人支付的賠償或罰金數額。《新編事文類要啟劄青錢》載《雇脚夫契式》，從中可以較為全面地分析雙方的權利義務關係，兹轉錄如下：

某州某縣某里脚夫姓　厶
　右厶等今投得厶鄉厶里行老姓厶保委，當何得厶處某官行李幾擔，送至某處交卸。當三面議斷，工雇火食鈔若干貫文。當先借訖上期鈔幾貫，余鈔逐時在路批借，候到日結算請領。且某等自交過擔仗之後，在路須用小心照管，上下不敢失落，至於中途亦不敢妄生邀阻、需索酒食等事。如有閃走，且行老甘自填還上件物色，仍別雇脚夫承替，送至彼處交管。今恐無憑，立此為用。謹契
　年　月　日脚夫姓　厶　號　契
　行老姓　某　號②

《當何田地約式》《當何房屋約式》中，"當何"就是租賃、租佃之意，但不知此處的"當何"作何解？"行老"則兼牙人和保人的作用。從中可見，在元代為人提供脚力是具有較大規模的行業，且有自己的組織和慣例。

在中國古代，同業者形成一定規模，被稱為"行"。出於同業者內部協調經營行為、相互幫助接濟，以及對外接洽交涉等共同利益的的需要，進而形成"行"的組織。據全漢升《中國行會制度史》考察，"行"的名稱初見於隋代。③至宋代，有關"行"的記載頻繁出現，可知由於商品經濟的繁榮，"行"獲得空前發展。除了同業的商人和手工業者組織的行（即商業行會和手工業行會）之

---

① "蜜"，《黑城出土文书》录文作"密"，現据图版改。
② 《新編事文類要啟劄青錢》外集卷一一《公私必用》，第757—758頁。
③ 全漢升：《中國行會制度史》，百花文藝出版社2007年版，第26頁。

外,還有不需熟練技術、專門提供勞務的搬運行業,如《東京夢華錄》《夢梁錄》"雇覓人力"條所載苦力幫及"卸在行"。①《雇腳夫契式》所反映的就是這一行業中的契約關係。其中"腳夫"即該行從業人員稱謂,"行老"即該行會組織的首領,在唐代稱"行首",宋元時期多稱"行老"。

《新編事文類要啟劄青錢》還載有《雇船隻契式》②,其內容和所反映的權利義務關係與《雇腳夫契式》基本相同,不再引錄。

此外,《ハラホト出土モソゴル文書の研究》所識讀並考釋的 F61:W6 號蒙文文書③,是一件受雇運輸為內容的契約文書。其漢譯文如下:

1. 豬兒年三月二十九日
2. 我們申朵兒只,此等兀迷修失、
3. 溫蒂省忽里、朵兒賽賽齋、畏苦
4. 失吉、里省吉等五人根底
5. 瓦不壇立文書:此五人
6. 值運送地稅之番。
7. 將其五石五斗米
8. 我朵兒只承運至掌地稅之徵稅人處
9. 因運載此米有鼠耗
10. 每石加了一斗。
11. 工錢共五十
12. 五定鈔,於同年已由我一人
13. 強行取得。其工錢,將運至
14. 彼處之前,如有任何閃失,
15. 我朵兒只將賠償。又
16. 以後而運至,
17. 再索要工錢,則將所取之錠以

---

① 《東京夢華錄》"雇覓人力"條記載:"凡雇覓人力,幹當人、酒食作匠之類,各有行老供。"《夢梁錄》"雇覓人力"條載:"更有六房院府判提點,五房院承直太尉,諸內司殿管判司幕士,六部朝奉雇債私身轎番安童等人,或藥鋪要當鋪郎中、前後作、藥生作,下及門面鋪席要當鋪裏主管後作,上門下番,當直安童,俱各有行老引領;如有逃閃,將帶東西,有原地腳保職人前去根尋。……"
② 《新編事文類要啟劄青錢》外集卷一一《公私必用》,第 758 頁。
③ 《ハラホト出土モソゴル文書の研究》,第 36—38 頁。

18.　　雙倍退還，並
19. 依聖旨治重罪。
20. 為此立文。
21.　　　　於五石五斗……五斗
22.　　　　　　么道……
23.　此手印申朵兒只。※
24.　此手印立文人那可兒亦魯赤。※
25.　　　　知見人我沙吉兒八。※
26.　　　　知見人……
27.　　　　……昔兒失。

由於該文書從蒙文到日文、再到漢文，其間經歷一次文字識讀、兩次語言翻譯，未必能夠原樣再現元代蒙古人對於其權利義務關係的安排以及其中所體現的觀念。據以上譯文，概而言之，承運人為申朵兒只，他負責將稅糧（五石五斗穀物）運送至收稅人處，委託運輸人（即以前負責運送的兀迷修失等五人）支付工錢五十五定鈔。承運人已經取得運費，故保證"如有任何閃失，我朵兒只將賠償"，運達後也保證不再索要工錢，否則"將所取之錠以雙倍退還，並依聖旨治重罪"。其中提及"強行"取得運費，不知是否為原文原意的準確反映，也不知其何所指。

此類契約的性質，是運輸契約還是雇傭契約？法學專家認為，現代運輸合同中，運輸行為一般須借助一定運輸工具（如車、船、飛機等）實施；若僅以人力搬運物品或人身，則成立雇傭合同。[①] 運輸契約中以規模較大、運輸手段較先進為特徵；而雇傭契約中的雇人運送物品，則純以受雇人提供人力進行搬運為特徵，正如上述契約和契式中稱為"攬腳人""腳夫"，他們的搬運規模也往往很小。因此筆者認為，此類契約應當作為雇傭契約來看待。可以說，古代社會經濟中存在較多的雇傭契約，而到現代社會則被各類專門契約所取代。

最後，"雇身契"與"雇賃運輸"以及雇人打牆之類雇傭關係，存在的一個重要區別是，前者的人身性質較為突出，為定期或不定期地轉讓所有或大部分基於人身的權利，甚至出現雇主對受雇人的人身傷害，自然其義務範圍也是概括性

---

①　參見唐德華、孫秀君主編《合同法及司法解釋新編教程》，人民法院出版社2004年版。

的；而後者的契約義務範圍則是僅僅局限於明確約定的具體工作內容，而不涉及其他，相應地，期限短，完成約定任務雇傭關係即告結束，雇主對受雇人也不具有支配或干涉其人身的權利，因而表現為單純的勞動力商品交換關係，即短期而純粹的雇傭契約關係，不帶有身份性。

對於雇身人與雇主之間的身份關係，可從元政府對有關雇身人案件的審斷中看出。至元四年（1267）三月十四日，驅口張茶合馬因本使劉懷玉對其打罵而懷恨，挾仇殺死，事前曾告知另一驅口安馬兒夫婦以及雇身人李不魯休。茶合馬用钁頭將劉懷玉打死後，"阿石、李不魯休將本屍衣服燒埋，茶合馬、安馬兒將屍藏埋。"案發後，"張茶合馬殺主，安馬兒、阿石知而不告，皆處死。李不魯休系雇身奴婢，知而不告，決一百七下。"① 至順元年（1330）四月，會同館官員向刑部建議，長期吃住在雇主家的"受雇傭工之人"即"與昔日部曲無異"，因此對於雇主的犯罪行為應當容隱。該建議得到刑部認同，認為傭工受雇之人雖與奴婢不同，但因其"衣食皆仰於主"，故議定"除犯惡逆及損侵己身事理聽從赴訴，其餘事不干己，不許訐告，亦厚風俗之一端也。"② 從官府對雇身人以及長期雇工與雇主之間關係的認定可以看出，他們與雇主之間是有身份關係存在的，其身份依附性弱於奴婢，強於普通人。

元政府對民間雇傭關係的規範和調整很少。有限的立法主要是規定雇傭船隻必須要寫立書面契約，並有"管船飯頭人等"作為仲介和擔保③，同時建立了對船牙（即"管船飯頭"或稱"船行埠（步）頭"等）的選任和管理制度。但其主要目的並不是對契約關係的調整，而是在於強化社會治安。

蒙元時期，由於特定的原因和時代背景，民間各種合法的、非法的人口買賣現象較之唐宋時期更為突出，以或公開、或隱晦的形式大量存在。奴婢買賣契約中，雖然也屬於大宗財產交易，但仍是即時清結的簡單契約關係。當事人之間的權利義務關係並不復雜，主要是賣主需說明被賣人口的來源，並就所有權瑕疵做出責任保證。民間買賣親屬常採用典賣的形式，在契書中除需要約定典價、回贖

---

① 《元典章》卷四一《刑部三·諸惡·惡逆·奴殺本使》，第1410頁。
② 《刑統賦疏通例編年》，黃時鑒《元代法律資料輯存》，第209頁。
③ 至元三十一年（1294），中書省規定："凡江河往來雇船之人，須要經由管船飯頭人等三面說合，明白寫立文約。"見《至正條格·條格》卷二八《關市·雇船文約》，第90頁；《通制條格》卷一八《關市·雇船文約》，第551頁；《元典章》卷五九《工部二·造作二·船隻·舡戶攬載立約》，第1984頁。

事宜之外，尚需約定意外責任的承擔問題。民間買賣親屬，也有的採用典雇、典嫁、嫁賣的方式，雇妾書式與合同婚書都是人口買賣隱晦間接地以婚姻契約形式體現的典型。典為人身之典，承典人支付典價，出典人需向典權人支付原典價才能贖回出典的人口；"雇"則為勞動力之雇，雇主支付雇價，出雇方無需回贖。而"典雇"既有"典"的人身依附性特徵，又有"雇"的不需回贖的特徵；身份權被轉讓和分割的程度居於"賣"（包括買賣、典賣）與"雇"之間。在元代的雇傭契約關係中，"雇身契"期限較長，人身性質較為突出，出雇人的義務範圍是概括性的。"雇身"之稱正體現出雇主與出雇人之間存在一定的身份隸屬關係，元政府對有關"雇身人"案件的審斷也反映出其間存在的人身依附性。而雇人運輸等短期雇傭關係中，義務範圍則是僅僅局限於明確約定的具體工作內容而不涉及其他，雇主對受雇人也不具有支配或干涉其人身的權利，因而表現為單純的勞動力商品交換關係，即短期而純粹的雇傭契約關係，不帶有身份性。

（本文為首次刊發）

黑水城元代《卜魯罕妃子分例米麪文卷》復原

宋　坤　薄　嘉

潘潔、陳朝輝《元代亦集乃路大王妃子分例文書復原》[①]一文曾對《中國藏黑水城漢文文獻》第三冊收錄的《桑哥失里大王分例羊酒文卷》及《卜魯罕妃子分例米麪文卷》進行過單件文書的復原，但其文中卻忽略了對整體文卷的復原，本文即擬對其中的《卜魯罕妃子分例米麪文卷》進行整體文卷復原，以期略現文卷原貌。

《中國藏黑水城漢文文獻》編者歸入《卜魯罕妃子分例米麪文卷》的文書共計15個編號，收於第三冊第611—625頁。其中，第625頁M1·0502［F209：W50］及第619頁M1·0496［F111：W17］兩號文書內容與其餘文書相抵觸，應為混入《卜魯罕妃子分例米麪文卷》的其他文書，具體理由如下：

M1·0502［F209：W50］號文書

　　　　（前缺）

1. 怎生依在▢▢▢▢▢▢
2. 兒年正月初十日　　　譯史也先不花（簽押）

按，該文書書寫格式及第2行"譯史也先不花（簽押）"雖與《延祐四年卜魯罕妃子分例米麪文卷》中的譯史譯文相符，但時間衝突。第613頁M1·0490［F116：W62］號文書為延祐四年卜魯罕妃子正月申請分例的譯史譯文，其簽署時間為正月初九日（具體內容詳下），該件文書的正月初十日與其相抵觸。另，通

[①] 潘潔、陳朝輝：《元代亦集乃路大王妃子分例文書復原》，《寧夏社會科學》2007年第1期。該文主要利用文書行文規律，對文書所缺文字進行了推補，並對分例發放週期及具體數目等進行了分析。

讀，黑水城出土的大王妃子分例文卷可見，每次申請分例過程中，譯史譯文均只有一份，而據内容判斷《延祐四年卜魯罕妃子分例米麵文卷》正月申請分例的譯史譯文應為第 613 頁 M1·0490 [F116:W62] 號文書，故可知此件文書應為混入，不應歸於本次復原的文卷之中。

M1·0496 [F111:W17] 號文書

（前缺）

1. 　　　　　　　□□①
2. 卜魯罕妃子分例米麵至正四年四月②初三日□③ _____
3. 　　　　　　　撿為尾，計𢁥貳拾貳張④ _____
4. 　　　　　　至正四年　月司吏柳文 _____

（後缺）

從内容來看，該文書確屬卜魯罕妃子分例米麵文書。由"檢為尾"幾個字來看應為肅政廉訪司刷尾文書，是肅政廉訪司照刷卜魯罕妃子分例文書的殘尾。但從圖版上看，該件文書無論從紙張或是字跡都與其餘的延祐四年卜魯罕妃子分例米麵文書出入很大，且文書第三行"至正四年□月"應為文書書寫時間，與本文擬復原的延祐四年卜魯罕妃子分例米麵文卷時間不符，不能與上文所復原文卷綴合，應予剔除。

在剔除掉混入的兩個編號文書之後，屬於延祐四年卜魯罕妃子米麵分例文卷的文書共計 13 個編號，但其中第 611 頁 M1·0488 [F116:W367] 號文書六件殘片，第 620 頁 M1·0497 [F116:W73] 號文書四件殘片、第 622 頁 M1·0499 [F116:W371] 號文書四件殘片、第 623 頁 M1·0500 [F116:W90] 號文書六件殘片均非同一件文書殘片，原整理者整理有誤，其可拆分後補入其他文書之中。如此，經過拆分綴合，我們可以得到 12 件相對完整文書。此 12 件文書排序應為：

一、M1·0490 [F116:W62]（第 613 頁）；

二、M1·0497 [F116:W73] 殘片一、二（第 620 頁）與 M1·0488 [F116:W367] 殘片三、四、五、六（第 611 頁）綴合；

---

① 此行文字《黑城出土文書》錄文未標注，現據圖版補。

② "四月"，《黑城出土文書》漏錄，現據圖版補。

③ "□"，《黑城出土文書》錄文作"接"，但從圖版看應非"接"字，現存疑。

④ "張"，《黑城出土文書》錄文未釋讀，現據圖版補。

2066　中國藏黑水城漢文文獻的整理與研究

三、M1·0488［F116：W367］殘片一（第611頁）與M1·0497［F116：W73］（第620頁）殘片三、四、五、六綴合；

四、M1·0491［F116：W29］（第614頁）；

五、M1·0492［F116：W629］（第615頁）；

六、M1·0501［F116：W63］殘片一（第624頁）、M1·0488［F116：W367］殘片二（第611頁）與M1·0501［F116：W63］殘片三、四（第624頁）綴合；

七、M1·0493［F116：W349］（第616頁）；

八、M1·0498［F111：W86］殘片二、三、四、五（第621頁）；

九、M1·0489［F116：W363］（第612頁）；

十、M1·0494［F116：W92］（第617頁）；

十一、M1·0499［F116：W371］殘片一、二（第622頁）與M1·0500［F116：W90］殘片二、四、五、六（第623頁）綴合；

十二、M1·0500［F116：W90］殘片一、三（第623頁）與M1·0499［F116：W371］殘片三、四（第622頁）綴合；

按照這一順序，筆者將文卷進行復原並綴合如下：

一、M1·0490［F116：W62］：

（一、二、三）

　　　　　　（前缺）

（5行畏兀兒體蒙古文）

—————（騎縫章）—————

（四、五、六）

　　　　（中缺）①

1. 頭至十二月終三个月全得了也，如☐☐☐☐②

2. 兒年正月為頭至三月通閏四个月☐☐☐③

3. 分例米面㬱有，怎生 依 在 先 的 躰 例 与

---

① 潘潔、陳朝輝文認為此處所缺文字應為"亦集乃路總管府官人每根底，不蘭溪文字裏說有，卜魯罕妃子的分例米麵竜兒年十月為"。

② 潘潔、陳朝輝文認為此處所缺文字應為"今蛇"。

③ 《黑城出土文書》推補此處所缺文字為"的"，潘潔、陳朝輝文同。

4. 的，官人每識者。

5. 延祐四年正月　譯史也先不花（簽押）

6. 初九日①

二、M1·0497〔F116: W73〕

（一）

1. 　　　□②粮房

2. 　　據卜蘭奚文字裏說有

3. □□③罕妃子的分例米面竜兒年十月為頭至十二□□□

（二）

　　　　（中缺）④

1. 　□⑤通閏肆个月米面，仰扣筭合該數目，白米⑥以下廣

2. 　　□⑦倉放支外，據小麦令⑧屯田百户陸文政支付者，奉此

3. 　　　□合行再呈者：

M1·0488〔F116: W367〕：

（三）

1. 　　　　延祐四年正月至□□□粮肆石

2. 　　　　　　　　式斗：

3. 　　　　米月支肆斗伍升，肆个月該□□□

（四、五、六）

　　　　（中缺）

---

① "初九日"上鈐朱印一枚。另，文書第1—3行為殘片四內容；第4—5行為殘片五內容；第6行為殘片六內容。
② 據其他相關文書可知，此處所缺文字應為"錢"。
③ 據其他相關文書可知，此處所缺文字應為"卜魯"或"不魯"。
④ 據其他相關文書可知，殘片一、二之間所缺文字應為"終三個月分例已行放支了當，今據總府官台旨及卜蘭奚文字嗦要蛇兒年正月為頭至三"。
⑤ 據其他相關文書可知，此處所缺文字應為"月"。
⑥ "白米"，《黑城出土文書》錄文作"即□"，現據圖版改。
⑦ 據其他相關文書可知，此處所缺文字應為"積"。
⑧ "令"，《黑城出土文書》錄文漏錄，現據圖版補。

1.　　　　□□□　①
2. □②謹具③

————————（騎縫章）————————

3. □④
4.　　　延祐四年正月　吏張文興⑤呈
5.　　　　　　　　　（簽押）（簽押）

6.　　初九日⑥

三、M1·0488［F116:W367］：

（一）
　　　　　（前缺）
1.　　譯該云云，照勘接支相合，據依□
2.　　一下廣積倉　今⑦用辰字　號半⑧□

M1·0497［F116:W73］：

（三）
1.　　　　比對元発□⑨
2.　　　　照无差，依数責領放□⑩
3.　　　　開
4.　　實支小麦弍石□⑪

---

① 此行文字《黑城出土文書》錄文未標注，現據圖版補。
② 據元代公文格式可知，此處所缺文字應為"右"。
③ 文書第1—2行為殘片四內容，第3—5行為殘片五內容，第6行為殘片六內容。
④ 此字《黑城出土文書》錄文未標注，現據圖版補。據元代公文格式可知，此處所缺文字應為"呈"。
⑤ "文興"，《黑城出土文書》錄文作"世恭"，現據圖版改。
⑥ "初九日"上鈐朱印一枚。
⑦ "今"，《黑城出土文書》錄文作"公"，現據圖版改。
⑧ "半"，《黑城出土文書》錄文未釋讀，現據圖版補。
⑨ 據其他相關文書可知，此處所缺文字應為"號簿墨蹟字樣相同，更"。
⑩ 據其他相關文書可知，此處所缺文字應為"支施行"。
⑪ 《黑城出土文書》錄文認為此處不缺字，但據圖版及其他相關文書可知，此處應缺"肆斗"兩字。

（四）

　　　　　（中缺）

───────（騎縫章）───────

1.　　　　延祐四年正月☐☐☐☐☐☐①

2.　　　　　　　提控案牘　孔（簽押）

3. ☐☐☐②妃子分例米麵③

（五、六）

　　　　　（中缺）④

1.　　初九日⑤

四、M1·0491［F116：W29］：

（一）

（3行畏兀兒體蒙古文）

───────（騎縫章）───────

1.　　亦集乃路總管府官人每根☐☐☐☐⑥

2.　　字裏說有

（二、三）

　　　　　（中缺）⑦

1.　　為頭至六☐☐☐☐☐☐☐⑧

2.　　生依躰例与的，官人每識者。蛇兒年

3.　　　三月初九日☐☐☐☐☐⑨

---

① 據其他相關文書可知，此處所缺文字應為"吏張文興（簽押）"。
② 據其他相關文書可知，此處所缺文字應為"卜魯罕"或"不魯罕"。
③ 此行文字《黑城出土文書》錄文漏錄，現據圖版補。
④ 據其他相關文書可知，殘片四、五之間所缺文字應為"知事某（簽押）/經歷某（簽押）"。
⑤ "廿五日"上鈐印章一枚。
⑥ 據《中國藏黑水城漢文文獻》第612頁F116：W363號文書及其他相關文書可知，此處所缺文字應為"底撒里義文"。
⑦ 據其他相關文書可知，殘片一、二之間所缺文字應為"荀（或不）魯罕妃子的分例米麵蛇兒年正月為頭至三月通閏四個月的分例全得了也，如今蛇兒年四月"。
⑧ 據其他相關文書可知，此處所缺文字應為"月三個月的分例米麵嗦有怎"。
⑨ 據其他相關文書可知，此處所缺文字應為譯史姓名。

4. 初九日①

五、M1·0492［F116：W629］：

（一、二）

（前缺）②

1. 四個月的分例米面全得了也，如今四月
2. 為頭至六月三个月的米面嗦有，怎生依
3. 先躰例与的，　　　　　　③
4. 初九日。得此，　　　　　　④蘭
5. 奚畏兀兒文字嗦要
6. 卜魯罕妃子延祐四年正月至三月四个月分例米⑤
7. 面已行放支了當，今據前因照勘　　　⑥

（三、四、五）

（中缺）

1. 右謹具

――――――（騎縫章）――――――

2. 呈
3. 延祐四年三月
4. 提控案牘
5. 卜魯罕妃子分例⑦
6. 米面事
7. 　　知　事　馮　　　

① "初九日"上鈐朱印一枚。另，文書第1—3行為殘片二內容；第4行為殘片三內容。
② 據其他相關文書可知，此前所缺文字應為"錢糧房，據不蘭奚文字裏說有，卜（或不）魯罕妃子的分例米麵蛇兒年正月為頭至三月通閏"。
③ 據其他相關文書可知，此處所缺文字應為"官人每識者。蛇兒年四月"。
④ 據其他相關文書可知，此處所缺文字應為"照得，先據不"。
⑤ "米"，《黑城出土文書》錄文錄作下一行，現據圖版改。
⑥ 據其他相關文書可知，此處所缺文字應為"接支相同，奉"。另，文書第1—3行為殘片一內容，第4—7行為殘片二內容。
⑦ "分例"，《黑城出土文書》錄文漏錄，現據圖版補。

研究編　經濟文書研究　2071

8.　　　　　　☐①

9.　　☐☐日②

六、M1·0501［F116：W63］：

（一）

（前缺）

1.　　白米月支☐③
2.　　　石☐④
3.　　面月支肆拾伍斤，三个月☐⑤
4.　　　伯☐
5.　　　☐⑥
6. 廣積倉實支白米壹碩叁斗伍升，
7. 屯田百户陸文政合行實支小麦壹石☐

M1·0488［F116：W367］：

（二）

（中缺）

1.　　對元発號簿墨跡字樣相同，更
2.　　照无差，依数責領放支施行。
3.　　　開

M1·0501［F116：W63］：

（三）

（中缺）

---

① 據其他相關文書可知，此處所缺文字應為"經歷"。
② "☐☐日"上鈐朱印。另，此三字《黑城出土文書》錄文作"十一日"，但圖版殘缺，不能釋讀，但如其與殘片一、二為同一件文書的話，則此處三字應為"初九日"。文書第1—3行為殘片三內容，第4—7行為殘片四內容，第8行為推補內容，第9行為殘片五內容。
③ 據其他相關文書可知，此處所缺文字應為"肆斗伍升，三個月該米壹"。
④ 據其他相關文書可知，此處所缺文字應為"三斗伍升"。
⑤ 據其他相關文書可知，此處所缺文字應為"該面壹"。
⑥ 此行文字殘，《黑城出土文書》錄文推補作"☐☐小麥壹石捌斗"。據其他相關文書可知，第4、5行所缺文字應為"三拾伍斤，每柒拾伍斤折小麥壹石，計小麥壹石捌斗"，《黑城出土文書》推補文字無誤。

1. 右各行

（四）

1. 　　　　　　□① 事
2. 　　　　　　□② 歷③

　　　（後缺）

七、M1·0493［F116:W349］：

（一、二、三）

（5 行畏兀兒體蒙古文）

———————（騎縫章）———————

1. 　亦集乃路總管府官人每根底撒里義文字裏說有④，
2. □⑤魯罕妃子的分例米面蛇　　　　　　⑥
3. 　六月三个月的全得了也，如今七月為頭⑦
4. 　至九月　　　⑧分 例 米 面 嗦 有，怎生

（四、五）

　　　（中缺）⑨

1. 　初九日⑩

八、M1·0498［F111:W86］：

（二）

　　　（前缺）

1. 　　　⑪四年七月至九月　　　　⑫

---

① 據其他相關文書可知，此處所缺文字應為"知"。
② 據其他相關文書可知，此處所缺文字應為"經"。
③ 《黑城出土文書》錄文於此行文字後衍錄"□二日"等字。
④ "裏說有"三字《黑城出土文書》錄文錄作下一行，現據圖版改。
⑤ 潘潔、陳朝輝文認為此處所缺文字應為"卜"，據其他相關文書也可能為"不"。
⑥ 潘潔、陳朝輝文認為此處所缺文字應為"兒年四月為頭至"。
⑦ "頭"，《黑城出土文書》錄文未釋讀，現據圖版補。
⑧ 潘潔、陳朝輝文認為此處所缺文字應為"三個月的"。
⑨ 潘潔、陳朝輝文認為此處所缺文字為"依在先的躰例與的，官人每識者。/延祐四年七月　　　"。據其他相關文書可知，"七月"後所缺應為譯史姓名及簽押。
⑩ "初九日"上鈐印章一枚。另，此殘片《黑城出土文書》錄文及潘潔、陳朝輝文未釋讀。
⑪ 據其他相關文書可知，此處所缺文字應為"延祐"。
⑫ 據其他相關文書可知，此處所缺文字應為"三個月分例"。

2. 　　　糧三石 壹 斗 伍 升：
3. 　白米月支肆斗伍升，三个月該米壹石
4. 　　　　叁 斗 伍 □①；
5. 　面月支肆拾伍斤，三个月該面壹伯 三
6. 　　　拾伍斤，每柒拾伍斤折小麥
（三）
　　　　　　（中缺）②
1. 右謹具
（四、五）
　　　　　（中缺）③
1. 　　延祐四年六月　吏沈天祿（簽押）④
2. （簽押）
3. 　　　**廿五日**⑤（簽押）

九、M1·0489 ［F116∶W363］：

1. 　　　　錢糧房
2. 　　　據撒里義畏兀兒文字譯該：
3. 不 ⑥魯罕妃子的分例米面糧蛇兒⑦年四月為頭至六月三个 □ ⑧
4. 　　　的全得了也，如今七月為頭至九月三个月　　　　　⑨
5. 　　　米面嗦有，怎生依在先躰例与　　　　　　⑩

---

① 據其他相關文書可知，此處所缺文字應為"升"。
② 據其他相關文書可知，此處所缺文字應為"壹石，計小麥壹石捌斗"。
③ 據其他相關文書可知，殘片三、四之間所缺文字為"呈"字。
④ "簽押"，《黑城出土文書》錄文作"呈"，現據圖版改。
⑤ "廿五日"上鈐印章一枚。
⑥ " 不 "，《黑城出土文書》錄文作"卜"，據後文第13行應為"不"。
⑦ "兒"，《黑城出土文書》錄文漏錄，現據圖版補。
⑧ 潘潔、陳朝輝文認為此處所缺文字應為"月"。
⑨ 潘潔、陳朝輝文認為此處所缺文字應為"的分例"。
⑩ 潘潔、陳朝輝文認為此處所缺文字應為"的，官人每識者。得此，照得　　號半印勘合書填前"。按，從圖版來看，此處所缺文字應無這麼多。據文意推斷，其似為"的。今用□字□號半印勘合書填前"。

2074　中國藏黑水城漢文文獻的整理與研究

6.　　　　去，合下仰照驗，比對元発號簿字樣相同，□①
7.　　　　无差，依数責領放支施行。
8.　　　　　　　　開
9.　　　　　　實支粮叁碩壹斗 伍升 ：白 米 ② 　　□③
10.　　　　　　叁斗伍升；小麦 壹 碩 ④　　　　　□⑤
11. 右下廣積倉
12.　　　　　延祐四年六月　吏沈天祿（簽押）
13. 不⑥魯罕妃子分例　　　提控案牘孔□
14.　　　　　　　　　　　知　　事馮□
15.　　　　　　　　　　　經　　歷□⑦

16.　　**廿四日**⑧

十、M1·0494［F116∶W92］：

（一）

　　　　　（前缺）

（4行畏兀兒體蒙古文）

（二）

——————（騎縫章）——————

1.　　亦集乃路總管府官人每根底不蘭奚文字裏說有⑨

---

①　《黑城出土文書》錄文及潘潔、陳朝輝文均認為此處不缺文，但據圖版及文意，此處應缺"更照"兩字。
②　" 伍升 ：白 米 "，《黑城出土文書》錄文及潘潔、陳朝輝文作"大麥"，圖版中此處殘損，據其他相關文書可知，其應為" 伍升 ：白米"。
③　潘潔、陳朝輝文認為此處所缺文字應為"壹石"，但據前面"三碩"可知應為"壹碩"。
④　"碩"，《黑城出土文書》錄文作"石"，現據圖版改。
⑤　潘潔、陳朝輝文認為此處所缺文字應為"柒斗伍升"，但據其他相關文書可知，此處所缺文字應為"捌斗"。
⑥　"不"，《黑城出土文書》錄文作"卜"，現據圖版改。
⑦　潘潔、陳朝輝文認為此處所缺文字應為"亦黑迷失"。
⑧　"廿四日"上鈐朱印一枚。
⑨　"裏說有"三字《黑城出土文書》錄文錄作下一行，現據圖版改。

2. □①魯罕妃子的分例米面蛇兒年七月為頭　　　　②

　　　　（後缺）

十一、M1·0499［F116:W371］：

（一、二）

　　　　（前缺）

1.　　的全得了也，如今十月為頭至十二月三个月③　　④
2.　　怎生依在先的躰例交与的，官人每識者。得□⑤
3.　　照得先據撒里義嗦要
4. □⑥魯罕妃子七月至九月　　　　　　　　　　⑦
5.　　總府官台旨既□⑧前來嗦要　　　　　　　⑨
6.　　分例米面，仰扣算合該數目　　　　　　⑩
7.　　積倉放支，小　　　　　　　　　　　⑪

M1·0500［F116:W90］：

（三）

　　　　（中缺）

1.　　面月支肆拾伍斤，三个月該面壹伯
2.　　　　叁拾伍斤，每柒拾伍斤折小

（四）

　　　　（中缺）

1. 右謹具

---

① 潘潔、陳朝輝文認為此處所缺文字應為"卜"，據其他相關文書也可能為"不"。
② 潘潔、陳朝輝文認為此處所缺文字應為"至九月三個月的全得了也，如今十月為頭至十二月三個月的分例米麵嗦有，怎生依在先的躰例與的，官人每識者。"
③ "月"，《黑城出土文書》錄文作"的"，現據圖版改。
④ 據其他相關文書可知，此處所缺文字應為"的分例嗦有"。
⑤ 據其他相關文書可知，此處所缺文字應為"此"。
⑥ 據其他相關文書可知，此處所缺文字應為"卜"或"不"。
⑦ 據其他相關文書可知，此處所缺文字應為"三個月分例已行放支了當，今據"。
⑧ 此字殘損，《黑城出土文書》錄文作"系"，但從圖版看，其為一省文符號，指代"撒里義"。
⑨ 此處《黑城出土文書》錄文作"九至十二月"，但圖版中此處殘缺，所缺文字據其他相關文書可知，應為"九月至十二月三個月"。
⑩ 據其他相關文書可知，此處所缺文字應為"白米以下廣"。
⑪ 文書第1—4行為殘片一內容，第5—7行為殘片二內容。

（五）

　　　　　（中缺）

1.　　延祐四年九月　吏沈天祿　呈

（六）

1. 廿五日①

十二、M1・0500［F116:W90］：

（一）

1. 皇帝聖旨裏，亦集乃路總管府案呈云云，

2.　　一下廣積倉　　　除小麦另行放支☐②

（二）

1.　　外，據小☐

2.　　號半印勘合書填前去，☐☐③

3.　　仰照驗，比對元發號簿字☐

M1・0499［F116:W371］：

（三）

　　　　　（中缺）

1.　　延祐四年九月　吏沈天祿（簽押）④

2.　　　☐孔　☐⑤

（四）

　　　　　（中缺）

1.　　　經歷亦黑迷失（簽押）

　　　　　（後缺）

《卜魯罕妃子分例米麵文卷》經過以上復原和綴合，可以清楚地看到延祐四年整一年間，四次放支卜魯罕妃子分例米麵的詳細情況，其具體情況及綴合、連

---

① "廿五日"上鈐朱印一枚。
② "除小麦另行放支☐"等文字《黑城出土文書》錄文漏錄，現據圖版補。
③ 據其他相關文書可知，此處所缺文字應為"合下"。
④ "簽押"，《黑城出土文書》錄文作"呈"，現據圖版改。
⑤ 此行文字《黑城出土文書》錄文未錄，現據圖版補。據其他相關文書可知，此行文字補全應為"提控案牘孔（簽押）"。

綴原因如下：

　　綴合後第一至三件文書是關於延祐四年正月至三月通閏四個月的分例放支情況的。需要指出的是由潘潔《黑城分例文書中的屬相紀年》一文可知，延祐四年應為蛇兒年，並且該年存在閏正月，因此據殘留文字可知第一件應為申請延祐四年正月至三月通閏四個月分例的申請。M1·0497［F116: W73］收於《中國藏黑水城漢文文獻》第三冊第620頁，該號文書共六件殘片，《中國藏黑水城漢文文獻》編者認為此六件殘片可以拼合為一件文書。而M1·0488［F116: W367］收於《中國藏黑水城漢文文獻》第611頁，該號文書也為六件殘片。筆者認為兩號文書應分開綴合。第620頁殘片一、二與第611頁第三、四、五、六件殘片內容明顯是錢糧房核算分例數目並呈給亦集乃路總管府的呈文，並且從申請分例的時間"蛇兒年正月至三月通閏四個月"這一點來看，筆者所列第二件與第三件相吻合，應可以綴合為一件文書。而第620頁和第611頁其他幾件殘片則明顯是總管府發給廣積倉令其比對勘合文書後如數放支的下行文，與此件中殘片應不相關。而M1·0488［F116: W367］、M1·0497［F116: W73］兩號文書按內容來看應是總管府發給廣積倉令其比對勘合文書後如數放支的下行文，而其字體書寫也較為相似，應可以綴合為一件文書。其書寫時間是"延祐四年正月"，因此應為總管府發給廣積倉放支卜魯罕妃子蛇兒年正月至三月通閏四個月分例之文書，故筆者認為在文書開頭發文機關應為亦集乃路總管府，並推算出米麵數目應承接前一件文書中所核數目。而對文書進行連綴的原因基本可以書寫時間、分例放支時間和分例數目為線索進行連綴。

　　綴合後第四至六件是關於延祐四年四月至六月三個月分例放支的。第四件據文書中殘留文字可知應為譯史翻譯的申請延祐四年四月至六月三個月分例的申請文書。M1·0492［F116: W629］號文書前後均殘缺較為嚴重，但從第8、9行"右謹具呈"仍能看出是錢糧房核算分例數目並呈給總管府的公文。另外根據第6行殘留的上一分例放支周期的情況，此件應呈的是延祐四年四月至六月三個月分例的核算數目。筆者根據此類公文的格式，認為文書第一行應補發文機構"錢糧房"，第7行之後應補分例米麵的核算數目，按照定例應為白米月支四斗伍升，麵月支四十五斤，三個月共計糧食三石一斗五升。M1·0501［F116: W63］與M1·0488［F116: W367］兩號文書綴合後從內容上看應是總管府下發給廣積倉等分例放支機構，要求放支分例的文書，中間應殘缺要求其比對勘合文書放支的一段文字。雖然這件綴合的文書書寫日期殘缺，但從其筆跡、書寫格式及分例數目上來看，與復原的延祐四年文卷十分符合，且文卷中恰好缺少總管府給有關機構要求放支延祐四年四月至六月三個月分例的文書一件，因此本件很有可能是缺少的這一件文書。其連綴原因與上面相同。

綴合後第七至九件是關於延祐四年七月至九月三個月分例放支的，其連綴原因也與上面相同。需要特別指出的是M1·0489［F116:W363］號文書。此件文書按照內容來說是發給廣積倉，要求其對比勘合文書後放支分例的，但它與其他同類型文書最大的不同是本應為總管府發給廣積倉要求其對比勘合文書後放支分例的文書，卻是由錢糧房發出，而最後署名和簽押仍是錢糧房"吏沈天祿"和總管府官員"提控案牘""知事""經歷"等官吏。這一情況在桑哥失里大王文卷裏也出現過一次，而那次正好是錢糧房核算後認為"見在不敷"，而只放支了兩個月的分例，沒有放支所申請的共計四個月分例之時。筆者認為，在正常的分例放支的過程中，最後指示支持庫或廣積倉放支分例的應該就是亦集乃路總管府，但在實際的執行過程中，可能由於時間問題或者出現其他一些特殊情況，比如前面提到的"見在不敷"的情況或其他原因，可以由錢糧房直接發文給支持庫或是廣積倉要求放支分例，但仍需總管府官員簽押後方能生效。

綴合後第十至十二件是關於延祐四年十月至十二月三個月分例放支的。M1·0499［F116:W371］殘片一、二與M1·0500［F116:W90］殘片二、四、五、六按內容來看均為錢糧房核算分例數目並呈給總管府的呈文，因此筆者認為此六件殘片可綴合為一件文書。另外文書第一行發文機關應為"錢糧房"，第八行之前對白米的核算數目按照定例應為月支四斗五升，三個月共一石三斗五升；面應為三個月一石八斗，共計糧食三石一斗五升。M1·0500［F116:W90］殘片一、三與M1·0499［F116:W371］殘片三、四綴合後則為亦集乃路總管府發給廣積倉，令其按照勘合文書字號進行比對後放支分例之事的文書，對其進行連綴的原因也與上面一致。

綜上所述，此《卜魯罕妃子分例米麵文卷》應可如此綴合復原。復原後的文卷與《桑哥失里大王分例羊酒文卷》一同考察，可進一步加深我們對元代諸王妃子分例放支制度的認識。

（本文為首次刊發）

黑水城所出元代酒醋課程文書研究

陳瑞青

李逸友先生《黑城出土文書（漢文文書卷）》中收錄的 F116: W562 號文書涉及亦集乃路酒醋課程的徵收問題，對於研究元代賦稅制度具有重要的史料價值。潘潔《黑水城所出元代賦稅文書研究》一文對元代黑水城出土的賦稅文書進行了系統的梳理，其研究的重點是農業稅，即元代的稅糧問題，同時涉及元代稅收中的抽分、酒醋課、契本稅等。在涉及酒醋課程文書時，潘潔認爲 F116: W562 號文書是一件保存較爲完整的至元三十一年（1294）上下半年酒醋課程的呈牒，大致內容是至元三十一年的酒醋課程當爲中統鈔七錠，但實際的交納方式爲課羊七口，具體情況由周的吉認辦，不是亦集乃路總管府負責的。此外，交稅的標準爲"羊七口"，與同類型的其他文書以及正史中酒醋課程按用糧數量納課的記載有出入，但潘潔同志沒有指出文書中酒醋課程納羊的依據和原因。[1] 徐悅在《元代亦集乃路農作物種類考述》一文中也認爲 F116: W562 號文書是亦集乃路向行中書省豐備庫解納至元三十一年上下半年酒醋課程的呈牒[2]，這一判定存在諸多錯漏，仍需重新審視。

F116: W562 號文書收錄於李逸友《黑城出土文書（漢文文書卷）》第 112 頁，《中國藏黑水城文獻》第一册《户籍與賦稅文書類》收錄該文書，其編號爲M1·0038 [F116: W562]，編者將其定名爲《至元三十一年酒醋課文卷》[3]。據李書介紹，該文書爲竹紙，殘，行書，圖版大小爲小爲 137 毫米 × 652 毫米。據《中國

---

[1] 潘潔：《黑水城所出元代賦稅文書研究》，《西夏學》第四輯，寧夏人民出版社 2009 年版。
[2] 徐悅：《元代亦集乃路農作物種類考述》，《西夏學》第四輯，寧夏人民出版社 2009 年版。
[3] 《中國藏黑水城漢文文獻》，第 1 册，第 69 頁。

2080　中國藏黑水城漢文文獻的整理與研究

藏黑水城文獻》公佈的圖版，該文書共計 24 行，行 14 字。現將 F116：W562 號文書逐錄於下：

（前缺）

1. _____①
2. □奉
3. _____②台旨，仍③將至元卅一年上下半
4. _____□另具解申報者，奉此
5. _____④呈者：
6. _____⑤
7. _____酒醋等課：羊七口，係周
8. 　　　　的吉認辦，不係本
9. 　　　　路管。
10. _____稅課：中統鈔柒定，
11. _____□⑥中統鈔柒定。
12. 　　　酒醋等課係周的吉
13. 　　　　認辦。

―――――――――――

14. 　　　稅課中統鈔柒定。
15. _____赴　行中書省豐儲庫
16. 　　　　解納了當，見有⑦
17. 　　　　納到朱抄為憑。
18. _____⑧

―――――――――――

① 此行文字《黑城出土文書》錄文未標注，現據圖版補。
② 據元代文書格式可知，此處所缺文字應為"總府官"。
③ "仍"，《黑城出土文書》錄文未釋讀，現據圖版補。
④ 據元代文書格式可知，此處所缺文字應為"合行具"。
⑤ 此處無文字殘留，從行距推斷，其疑缺一行文字，《黑城出土文書》未標注，現據圖版補。
⑥ 此字殘，《黑城出土文書》錄文作"辦"，現存疑。
⑦ "有"，《黑城出土文書》錄文作"將"，現據圖版改。
⑧ 此處無文字殘留，從行距推斷，其疑缺一行文字，《黑城出土文書》未標注，現據圖版補。

19. ☐☐☐☐☐酒醋等課係周的吉認辦,
20. ☐☐☐☐☐羊七口,不係本路管。
21. ☐☐☐☐☐課中統☐☐定①,
22. ☐☐☐☐☐鈔柒定,
23. 　　　酒醋等課係周的吉
24. 　　　　認辦,
25. 　　　稅課中統鈔柒定,
26. ☐☐☐速赴　行中書省豐備
27. 　　　　悤庫解納了當。

（後缺）

文書第 2 行的"☐奉",應為"承奉"。文書的第 3 行出現了"台旨"字樣,一般黑水城文書中出現"台旨"都與亦集乃路總管府有關。如 Y1:W60A 號文書中稱:"總府官台旨仰兩屯百戶所";Y1:W84 號文書稱:"總府官台旨仰差人賫公文照驗去"等。據此推斷,文書中"☐☐☐台旨☐",應為"總府官台旨仰"。

文書中出現的行中書省豐備庫,是指甘肅行省豐備庫。《元史·選舉志二》稱:"甘肅行省豐備庫,提領一員,從七品,大使一員,正八品,於到選迤西資品人內升等銓注。"②《黑城出土文書（漢文文書卷）》中收錄的編號為 F116:W21 號文書③中也出現了"豐備庫"字樣。

文書第 15 行出現的"朱抄"亦作"朱鈔",是一種由官府加蓋朱文印章的納稅憑證或收據。"朱鈔"一詞最早出現在五代時期,後唐莊宗同光二年（924）三月三十日,御史台奏章中稱:"新授兼官者,併合送納前件光台憲御禮錢,今欲准例勒辭謝驅使官,申報牒兵部,勒告身案除准宣取外,准例須候送納光台憲御禮錢了［畢］,朱鈔到方可給付轉帖。"④ 這裏的朱鈔是新授官員向光台憲御已納禮錢的憑證。北宋時期沿襲以朱鈔作為收納憑證的慣例,據《欒城集》記載:"又如諸路召募押綱合得酬獎,諸庫務已給朱抄,先經太府寺印紙保明,指定合

---

① 據上文可知推知,此行文字完整應為"稅課中統鈔柒定"。
② 《元史》卷八二《選舉志二·銓法上》,第 2045 頁。
③ 《黑城出土文書》,第 140 頁。
④ （宋）王欽若:《冊府元龜》卷五一七《憲官部·振舉第二》,中華書局 1982 年版,第 6175 頁。

得酬獎，申尚書金部，金部再行勘驗詣實，關司勳句覆，然後關吏部施行。"① 大致到南宋時期，"人戶歲輸，全憑朱鈔"②，朱鈔逐漸由錢糧憑證向納稅憑證轉化。據《晦庵集》記載："諸縣人戶送納稅物官司交訖，合給朱鈔。縣鈔即關主簿勾銷，戶鈔即付人戶執照使人戶免致重迭，追呼搖擾。近年，諸縣間有受納錢物不即印鈔，即以鈔單給付人戶，既無官印，不可行用。及至追呼，不為點對勘斷監納，山谷細民被害尤甚。欲乞檢坐勑條行下，約束諸縣倉庫交到人戶稅物一錢以上，須管當日印給朱鈔，令所納人當官交領，不得似前只將鈔單脫賺人戶。"③ 南宋時期的朱鈔又作"赤鈔"，"赤鈔"是官府加蓋印章的憑據，沒有加蓋印章的則稱為"白關"。據《止齋集》稱："受納倉場並是當日給鈔銷簿。如有農家或將銀米憑托攬子鋪戶等人，須是便取去赤鈔為憑，不可信受手會白關之類。所慮攬鋪兜收過，已致作掛欠正當農務，忽被追呼。"④ 同時，郡縣胥吏有枉改赤鈔加害百姓的記載，《容齋隨筆》稱："郡縣胥史揩易簿案鄉司尤甚，民已輸租稅，朱批於戶下矣。有所求，不遂復洗去之。邑官不能察，而又督理比其持赤鈔為證，則追逮橫費，為害已深。"⑤ 元代時，朱鈔作為納稅憑證的慣例得以沿襲，天曆三年（1330），省臣議："江南、陝西、河南等處富實之家願納粟補官者，驗糧數等第，從納粟人運至被災處所，隨即出給勘合朱鈔，實授茶鹽流官，咨申省部除授。凡錢谷官隸行省者行省銓注，腹裏省者吏部注擬，考滿依例升轉。其願折納價鈔者，並以中統鈔為則。江南三省每石四十兩，陝西省每石八十兩，河南並腹裏每石六十兩。其實授茶鹽流官，如不願仕而讓封父母者聽。"⑥ 文書中出現的"朱鈔"，應當屬於一種由官府加蓋印章的納稅憑證。

文書第 15 行"□赴"，李逸友先生識讀成"速赴"，但比照圖版，"赴"上面的文字已經看不清楚。從文意上看，識讀為"速"解釋不通。這是因為，如果識讀成"速赴"的話，就是要求周的吉趕快到甘肅行省豐備庫繳納稅課，與後面的

---

① （宋）蘇轍：《欒城集》卷三八《論三省事多留滯狀》，上海古籍出版社 1987 年版，第 831 頁。
② （宋）袁甫：《蒙齋集》卷二《知徽州奏便民五事狀》，《影印文淵閣四庫全書》，第 1176 冊，臺灣商務印書館 1986 年版，第 355 頁。
③ （宋）朱熹：《晦庵集》卷二九《乞給由子與納稅戶條目》，《影印文淵閣四庫全書》，第 1143 冊，臺灣商務印書館 1986 年版，第 648 頁。
④ （宋）陳傅良：《止齋集》卷四四《桂陽軍勸農文》，《影印文淵閣四庫全書》，第 1150 冊，臺灣商務印書館 1986 年版，第 851 頁。
⑤ （宋）洪邁：《容齋隨筆·三筆》卷四《吏胥侮洗文書》，中華書局 2005 年版，第 471 頁。
⑥ 《元史》卷八二《選舉志二》，第 2053 頁。

"解納了當""朱鈔為憑"相互矛盾，因此筆者認為"□赴"可能是"已赴"，說明周的吉已經將課稅繳納完畢，並有豐備庫出具的朱鈔為憑。

《中國藏黑水城漢文文獻》將這件文書定名為《至元三十一年酒醋課文卷》，這一定名沒有說明文書的撰擬機構和呈送對象，同時對文書的書寫時間也沒有作辨正，因此該定名失之過簡。徐悅《元代亦集乃路農作物種類考述》一文認為F116：W562號文書是亦集乃路向行中書省豐備庫解納至元三十一年上下半年酒醋課程的呈牒①，這一判斷將F116：W562號文書的撰擬機構認定為亦集乃路，呈送對象為行中書省豐備庫，同時認定文書的體裁為呈牒。但這一結論並不是基於對文書本體的考證基礎之上得出的，而是出自作者的推斷，因此有必要對這件文書進行重新梳理，並重新定名。

關於F116：W562號文書的撰擬時間，文書第2—3行有"至元卅一年"字樣，但這件文書的寫作時間並非此年，這是因為文書要求申報"至元卅一年上下半年"的酒醋等課，這說此F116：W562號文書的形成時間應當在至元卅一年（1294）的下一年，即元貞元年（1295）。

在文書中多處出現"本路"字樣，本路即亦集乃路總管府。但這並不意味着本件文書的撰擬主體是亦集乃路總管府。這是因為，如果這件文書的撰擬主體是亦集乃路總管府的話，其呈報對象應當是甘肅行省的某個機構，這與F116：W562號文書仍存留於黑水城的現實相互矛盾。因此，筆者推斷該文書可能是亦集乃路總管府下轄諸房文書。亦集乃路總管府下設吏禮、戶、兵工、錢糧、刑、司吏六房，其中錢糧房負責管理財政收支事宜，F116：W562號文書涉及酒醋等課稅問題，因此最有可能是錢糧房文書。文書第2行出現"台旨"一詞表明，呈報周的吉至正卅一年課程的事項，是根據亦集乃路總管府的台旨進行的。同時，首行"奉"字說明該文書的撰擬主體為總管府下設機構，筆者推斷最有可能是亦集乃路錢糧房。

文書中涉及申報至元卅一年上下半年亦集乃路總管府管下酒醋等課程事項，黑水城文獻F116：W522號文書涉及此事，現將這件文書迻錄如下：

（前缺）

1. 承奉

---

① 徐悅：《元代亦集乃路農作物種類考述》，《西夏學》第四輯，寧夏人民出版社2009年版。

2. 甘肅等処行中書省剳付，仰將
3. ☐半年錢粮依式照勘
4. ☐承此，照得至元卅
5. ☐□承奉
6. ☐連到躰式，亦為取勘
7. ☐錢粮等事已經依式
8. ☐省申覆了當。今奉
9. 　　見有納獲米①
10. 　　抄為憑。
11. ☐申②
12. ☐年四月　日府吏張天福呈
13. （簽押）　（墨戳）③
14. □九日④（簽押）

這件文書第 4 行出現了"至元卅"字樣，由於文書殘缺，後面的文字到底是"至元卅年"還是"至元卅一年"不好確定，但從文書中出現的"半年"等文字可以看出，這件文書與 F116: W562 號文書密切相關。另外，這兩件文書同出土於 F116 號房間遺址，其編號相近，因此我們可推測，文書後面缺失的文字為"至元卅一年"的可能性最大。在 F116: W522 號文書中明確提到，甘肅行省剳付亦集乃路總管府，要求其依式照勘至元卅一年上下半年錢糧。文書落款中稱"府吏張天福呈"，"府吏"即亦集乃路總管府椽吏，說明這件文書亦集乃路總管府府吏張天福給總管府的呈文。通過呈文可以看出，亦集乃路總管府已將錢糧等事依式照勘，並向甘肅行省申覆，甘肅行省出具了朱抄作為憑據。

F116: W564 號文書由兩個殘頁組成，第一個殘頁存 7 行，第二個殘頁僅存 1 行。這件文書涉及亦集乃路總管府在接到甘肅行省剳付之後，要求屬下各司照驗至元卅一年上下半年，一切支納、見在錢糧情況。文書中稱："一切錢糧支納見在每/

---

① "米"，《黑城出土文書》錄文作"米"，現據圖版改。
② 此處鈐朱印一枚。
③ 此處印章為墨色，印章較小。
④ 此處鈐墨印一枚。

一年上半年錢糧已行差□/合行除外，據至元卅□/要照算錢糧官一就□/合下仰照驗，速為□/至元卅一年上半年□/申者，毋得有礙類咨□/亦集乃總管府准此"。在這件文書中，亦集乃路總管府不僅要求將各屬司委派官員照驗一切支納、見在錢糧，同時還要將照驗情況向總管府彙報。因此，我們推斷 F116: W562 號文書就是錢糧房向總管府彙報周的吉至元卅一年繳納稅課情況的公文。

在這件文書中出現了酒醋課和"稅課"兩個稅種。酒醋課是元代徵收的賦稅種類之一，主要是由各糟房酒戶、醋戶釀造的酒醋之課程。① 元朝所謂課程，主要是指工商稅課，包括歲課、鹽課、茶課、酒醋課、商稅、市舶抽分、額外課等名目。元代對酒、醋實行專賣，酒、醋等課稅的征榷是元政府重要的財政來源之一。據《元史·食貨志》記載："元之有酒醋課，自太宗始。其後皆着定額，為國賦之一焉，利之所入亦厚矣。初，太宗辛卯年，立酒醋務坊場官，權沽辦課，仍以各州府司縣長官充提點官，隸徵收課稅所，其課額驗民戶多寡定之。"② 稅課主要指商業中的交易稅。朝廷委派廉幹官二員提調諸路課稅，"凡隨路所辦，每月以其數申部"③。

F116: W562 號文書的內容比較簡單，共分為兩個層次，第 1 行至第 3 行為第一層次，主要是錢糧房奉總管府台旨對至元卅一年上下半酒醋等課稅進行申報；第 4 行至第 24 行是錢糧房彙報周的吉認辦酒醋等課稅的情況。文書中要求分上下半年申報周的吉繳納課稅的情況。第 4 行至第 15 行為上半年繳納課稅情況；第 16 行至第 24 行是下半年繳納課稅情況。文書第 4 行至第 9 行是說明周的吉應繳納的賦稅稅目的情況，主要有兩項：一是酒醋課，一是稅課。酒醋課羊七口不係本路管，因此不在審計之列；稅課中統鈔柒定應當是周的吉在亦集乃路繳納，因此在這次審計之列，第 11 行的"辦中統鈔柒定"表明周的吉已經將稅課繳納完畢。第 12 行至第 14 行也是說明周的吉繳納酒醋課和稅課的情況，所不同的是只標明酒醋課歸其認辦，既未說明酒醋課不係亦集乃路管，也未書寫其繳納酒醋課的數目為羊七口。繳納稅課統鈔柒定，與前面的情況相比未發生變化。為什麼會出現這一情況呢？筆者推測可能是由於前面已經標注，在第二次書寫時進行了減省。這樣做的主要原因在於周的吉所繳納的酒醋課不歸亦集乃路總管府管理，因此對於這次照勘工作無關緊要，因此

---

① 高樹林：《元代賦役制度研究》，河北大學出版社 1997 年版，第 66 頁。
② 《元史》卷九四《食貨志二》，第 2395 頁。
③ 同上書，第 2397 頁。

只作情況說明，不再重復敍述。從第 15 行至第 17 行的文字看，周的吉兩次稅課已經赴甘肅行省豐備庫繳納完畢，並有朱鈔為憑。第 18 行至第 26 行文字與第 6 至第 17 行情況相同，在此不再作說明。從這件文書可以看出，周的吉向亦集乃路總管府繳納的稅目主要是稅課，至元卅一年上下半年共繳納四次，因此其稅課是以季報形式繳納的，同時是以半年為限進行審計的。

關於文書的體裁，F116：W562 號文書第 5 行有"呈"字，《吏學指南》稱："呈，謂布意達於尊者，又陳示其狀也。"① 因此筆者推斷該文書的體裁應為"呈狀"。

綜合以上，筆者試對該件文書定名為《元貞元年錢糧房呈狀為申報周的吉至元卅一年上下半年稅課事》。

關於元代酒醋課程的研究成果，20 世紀九十年代，高樹林先生的《元朝茶戶酒醋戶研究》和《元朝鹽茶酒醋課研究》② 以及陳高華先生的《元代的酒醋課》③ 為代表，對元代酒醋課程的一系列問題進行了研究。最近，江玉勤先生《元代課程（雜稅）制度研究》一文對元代課程（雜稅）徵收制度的內容、執行機構、制約等各個方面進行了更加細致的研究，將課程內的各項稅收從一整套制度的角度來分析，推動了相關問題的深入探討。④ 上述研究成果對於我們瞭解元代酒醋課程徵收的整體情況具有重要參考價值。古代對於酒的征榷由來已久，元朝也不例外，元政府對酒實行政府專營的"榷酤法"，大體情況是由政府出備工本，指定專門的人戶為酒戶，造酒發賣，輸納酒課。至元二十二年（1285），改令酒戶自備工本造酒，由政府拘賣。元朝滅宋後，隨即在江南全面推行官制官銷的"榷酤法"，由政府設立酒庫，備辦工本，選差專人造酒發賣；後許鄉民造酒；至元二十七年（1290）前後，才全面罷廢"榷酤法"，推行"散辦法"。據《元典章》記載："已後廢榷沽之法，酒醋課程，散入民間恢辦（當作'辦'，筆者案），諸人皆得造酒。有地之家納門攤酒醋課者，許令造酒食用，造酒發賣者，止驗米赴務投稅。"⑤ 門攤酒醋課按戶定額，實際徵收時則多以稅糧或田畝多寡為標準，有

---

① 《吏學指南（外三種）》，第 36 頁。
② 兩文分別發表於《河北學刊》1996 年第 1 期和《河北大學學報》1995 年第 3 期，後收錄於《元代賦役制度研究》一書，河北大學出版社 1997 年版。
③ 發表於《中國史研究》1997 年第 2 期，後收錄於《元史研究新論》，上海社會科學院出版社 2005 年版。
④ 發表於《中國社會經濟史研究》2009 年第 1 期。
⑤ 《元典章》戶部卷之八《典章二十二》，第 871 頁。

地民戶造酒自用需繳交門攤酒課，反之，則無地民戶不需繳酒課。醋是一種用酒或酒糟發酵製成的酸味調料，自五代迄元，糟醋同酒一樣為國家專賣事業。後周顯德四年（957）下詔："諸道州府曲務今後一依往例，官中禁法賣曲逐處先置都務，候敕到日並仰停罷。據見在曲數，依時踏造候人戶，將價錢據數給曲，不得賒賣，抑配與人。應鄉村人戶，今後並許自造米醋及買糟造醋供食，仍許於本州縣界就精美處酤賣，其酒麴法條依舊施行。"① 後周時，只在城市中禁醋，鄉村仍得酤賣。宋採用周制榷醋設坊。金榷醋始於大定初年（1161），二十三年罷除。金章宗明昌五年（1194）復榷醋。元代沿襲宋金以來的做法，於太宗三年（1231）置酒醋務坊場官，開始官榷沽辦酒醋課程。至元二十二年，"諸處村莊農民盫醋者有數，在前有司與城市一體收課。今後聽從各處農民造醋食用，官司並免收課"②，免收鄉村醋課。至元二十七年前後，鄉村醋課與酒課同行門攤。

元代酒醋課程的徵收以至元二十二年為界限，大致可分為兩個階段，前一階段以官辦為主，後一階段以民辦為主。當然，酒醋課徵收由榷酤到散辦的反覆變化過程，榷酤和散辦政策的施行，既有來自中央官府自上而下的推行，也有各地根據自身實際情況而做出政策性自主調整，但大致應以前者居多。③ 黑水城出土的 F116: W562 號文書顯然屬於後者。關於元代酒醋課程實行"散辦法"之後的一些具體細節問題，傳世典籍材料語焉不詳，而 F116: W562 號文書恰可彌足典籍材料之不足。

首先，F116: W562 號文書反映了元代亦集乃路總管府酒醋課和稅課的申報時間。儘管周的吉認辦的酒醋課不歸亦集乃路總管府管，但從 F116: W562 號文書中，酒醋課與稅課同時出現，這表明這兩個稅目的徵收時間和審計時間是一致的。F116: W562 號文書第 3 行稱"將至元卅一年上下半年"的酒醋課、稅課進行申報，這說明元代酒醋課、稅課的申報是按照半年為期限，全年匯總進行審計的。F116: W562 號文書一共記載了周的吉四次申報酒醋課、稅課的內容，如果按上下半年推算，其申報時間應是按季計算的。元代對於酒醋課的申報時限有明文規定："所辦課程，每月赴所輸納。"④ 這說明，酒醋課程最早是按月申報。但至元二十五年

---

① 《冊府元龜》卷五〇四《邦計部·榷酤》，第 6045 頁。
② 《元典章》戶部卷之八《典章二十二》，第 867 頁。
③ 楊印民：《從榷酤到散辦：元代酒課征榷政策的調適及走向》，《中國社會經濟史研究》2009 年第 2 期。
④ 《元史》卷九四《食貨志二》，第 2297 頁。

(1288)之後，改由季報。"先為中原路分課程俱令按月申報，每季小考，年終大比，所據行省所轄路分，亦合一體比較移咨。今據見咨，地裹遙遠，不能依期咨報。都省議得：每季驗實辦到官課程，比附增虧總數，照依已行，每季咨報。外據登答備細數目，擬候年終，通類咨報。"① F116：W562號文書的寫作時間是在至元二十五年之後，因此文書反映了亦集乃路總管府酒醋課、稅課按季的情況。

其次，F116：W562號文書提供了亦集乃路總管府酒醋課程稅羊的實例。周的吉認辦的稅課使用中統鈔，而酒醋課卻用"羊"，這說明在亦集乃路總管府的課稅中存在兩種形態，一種是紙幣，一種是實物。元代酒課，除門攤酒課外，主要採取稅米，即按米的數量征課的辦法，課率不斷提高。酒課連工本一起徵收。至元十年（1273），米一石收鈔四兩，內米價三兩，酒課一兩。至元二十二年（1285），米一石收鈔十兩，當時糯米一石及酒麴等工本約為七兩，則酒課為三兩左右。同年改令酒戶自備工本，米一石收酒課五兩。從F116：W562號文書可以看出，其酒醋課程不僅僅輸納中統鈔，而且輸"羊七口"。至元二十八年（1291）之後，元朝明確規定使用中統鈔納課，"至元二十八年六月二十日奏過事內一件：桑哥等尚書省官人每，不揀甚麼差發課程、諸色錢物收呵，不要中統鈔，收至元鈔呵，怎生？麼道，奏呵。那般者。麼道，聖旨了來。俺商量得，若不要中統鈔，則要至元鈔呵，百姓每生受有。中統、至元鈔相袞著收呵。怎生？商量來。麼道，奏呵。不要中統鈔的言語，做賊的見識那無？麼道，聖旨了。哈散參議奏：根腳裹三年的其間裏，要將中統鈔收拾了。麼道的上頭，那般行來，別沒甚麼見識來。麼道奏呵。別無窒礙呵，依著您的言語，從百姓便當收要者。"② 文書中酒醋課納"羊"的記載，與元朝廷課程納中統鈔的規定是不符的。筆者認為，在北方遊牧地區，牧民所納稅的主要形式之一就是抽分牲畜，因此在遊牧地區有以牲畜繳納賦稅的傳統。同時在西北農牧區，牲畜作為家庭重要財產具有保值功能。因此以羊作為徵收課稅的標的物，是西北地方特有的現象。

再次，文書還反映了亦集乃路酒醋課、稅課的繳納流程。元代地方酒醋課的主管及徵收機構，主要是十路課稅所。同時，地方諸府、州、縣皆設官主管工商稅的徵收，由管民正官主掌其事。③ 關於酒醋課程的主管機構，元代幾經更迭，

---

① 《元典章》戶部卷之八《典章二十二》，第885頁。
② 同上。
③ 江玉勤：《元代課程（雜稅）制度研究》，《中國社會經濟史研究》2009年第1期。

最早由府、州、縣直接管轄，後一度曾隸屬於各路茶運司或鹽運司，至元二十八年（1291）九月壬子，朝廷下令"酒醋課不兼隸茶鹽運司，仍隸各府縣"①。因此，亦集乃路總管府對其轄區內的酒醋課有徵收的義務，但從文書可以看出亦集乃路總管府酒醋課"不係本路管"。為何會出現這種現象？從周的吉納"羊七口"作為酒醋課稅額的記載看，他不太可能赴甘肅行省豐備庫解納，這是因為從亦集乃路總管府到甘州要穿越巴丹吉林沙漠，往返數千里，沿途沙漠戈壁，不適合牲畜生存。因此周的吉酒醋課"羊七口"在當地解納的可能性比較大。從文書中可以看出，周的吉所納酒醋課不歸亦集乃路管，當然更不會向甘肅行省豐備庫解納。因此筆者推測，周的吉所納酒醋課可能歸分封在西北地方的某位蒙古王爺管理，由於沒有直接證據，因此只作簡單推測。

最後，文書還反映了亦集乃路實行包稅制度的一個側面。文書中提到亦集乃路酒醋課程是由周的吉認辦的，這涉及課程制度中的包稅制。元代酒醋課實行"散辦法"後，居民的繳稅形式是多樣的：一是由居民攤納；一是上戶自願認辦；一是勒派役戶包辦；還有一種是由酒戶或設肆之家辦納。而文書中明確指出周的吉承擔的亦集乃路酒醋課是其"認辦"，因此可以肯定的是周的吉屬於當地的上等戶的可能性比較大。

總之，黑水城出土的元代文書多以元後期為主，元代中前期文書數量相對較少。F116：W562號文書是元貞元年（1295）錢糧房向亦集乃路總管府彙報周的吉至元三十一年上下半年酒醋課、稅課的呈狀，屬於元代中期文書，其史料價值不可小視。該文書的寫作時間是在元代對酒醋課實行"散辦法"之後，因此對於研究這一時期元代酒醋課的征榷情況，具有重要價值。該文書反映了實行"散辦法"後，地方酒醋課的徵收實行由上等戶認辦的包稅制，酒醋課時限改由按季徵收，亦集乃路總管府是本府酒醋課的具體主管部門，酒醋課作為國家稅收，總管府並無支配權利。文書中反映的這一系列情況，集中體現了元代酒醋課徵收制度的新動向。

（原刊於《元史論叢》（第十四輯），天津古籍出版社 2014 年版）

---

① 《元史》卷一六《世祖紀十三》，第 350 頁。

從黑水城文獻看元代俸祿制度的運作

杜立暉

對於元代官吏的俸祿制度，官蔚藍、丹羽友三郎、大島立子、沈仁國、陳高華、史衛民、潘少平等國內外學者已進行了非常深入的探討，並取得了豐碩的研究成果。① 但是，由於黑水城文獻公佈較晚等原因，在研究該制度過程中，以上諸先生並未對黑水城文獻加以利用。近期對黑水城所出土的元代俸祿文書有所關注的是張國旺、蘇力等先生。張國旺先生《俄藏黑水城 TK194 號文書〈至正年間提控案牘與開除本官員狀〉的定名與價值》一文，對俄藏黑水城《至正年間提控案牘與開除本官員狀》所反映的官員到任和離任支取俸祿的信息進行了研究。② 蘇力先生《元代亦集乃路蒙古字學補證》一文，就黑水城文獻所反映的亦集乃路蒙古教授的俸祿問題進行了探討。③ 除以上兩文外，學界另無專論之文。《中國藏黑水城漢文文獻》中載錄《俸祿文書》一組④，蘇力先生之文涉及該組文書，張國旺先生之文則不涉及。該組文書記載了豐富的元代官吏俸祿放支信息，其中編

---

① 參見官蔚藍《元代之薄俸貪污與亡國》(《新中華》(復刊) 1948 年 2 月)；丹羽友三郎《元代における官吏の俸祿について》(《名古屋商科大學論集》15，1967 年)；大島立子的《元朝官僚俸祿考》(《中國史論集》，天津古籍出版社 1994 年版)；沈仁國《元代的俸祿制度》(《元史及北方民族史研究集刊》第 12—13 期)；陳高華、史衛民《中國經濟通史・元代經濟卷》(中國社會科學出版社 2007 年版)，《中國政治制度通史・元代》(人民出版社 1996 年版)；潘少平《論元朝俸祿制度》(《南都學壇》(人文社會科學學刊) 2002 年第 1 期)，《元朝俸祿制度研究》(博士學位論文，中國社會院研究生院，2003 年)；等等。
② 張國旺：《俄藏黑水城 TK194 號文書〈至正年間提控案牘與開除本官員狀〉的定名與價值》，《西域研究》2008 年第 2 期。
③ 蘇力：《元代亦集乃路蒙古字學補證》，《東北師範大學學報》(哲學社會科學版) 2012 年第 1 期。
④ 《中國藏黑水城漢文文獻》稱為《俸祿文書》，《黑城出土文書(漢文文書卷)》稱為《俸祿類》，前者有文書編號、圖版、定名，後者有文書編號、錄文。

號為M1·0402［F79:W46］①的文書尤為重要，該件文書不僅展現了元代官吏俸祿放支程序的細節，元代請俸呈文的特徵及書式結構，還載錄了元代官吏俸祿放支的時限、數量構成等諸多內容，是研究元代官吏俸祿制度運行實態的珍貴資料。因此，筆者擬在前人研究基礎上，以此件文書為中心，對黑水城文獻所見元代官吏俸祿制度的運作情況，試做粗淺的探討，不當之處，祈請方家批評指正。

文書性質及定名

M1·0402［F79:W46］號文書還收錄於《黑城出土文書（漢文文書卷）》第121頁《俸祿類》，該書所記文書編號為F79:W46，並列出文書諸要素為：竹紙，殘，楷行書，尺寸為25.1cm×42.0cm。（以下稱"F79:W46文書"）現依照圖版，按敦煌吐魯番文書的整理范式，將文書迻錄如下：

（前缺）
1. 收除無
2. 实在官典二名，各支下等，六月一个月該支鈔式定令伍兩。
3. 　　　俸錢壹定肆拾兩，
4. 　　　禄米陸斗，□②鈔壹拾伍兩。
5. 司獄楊那孩月支俸錢壹定壹拾兩。
6. 獄典倪文德月支俸錢肆拾伍兩：
7. 　　　俸錢叁拾兩，
8. 　　　禄米六斗，折鈔壹拾伍兩。
9. □③　謹　具
10. □④
11. 　　　　　　行
12. ＿＿＿＿＿＿六月　吏高仲德呈
13. 　　　（簽押）

---

① 《中國藏黑水城漢文文獻》，第3冊，第498頁。
② 據下文及文意可推知，此處所缺文字應為"折"。
③ 據元代公文格式可知，此處所缺文字應為"右"。
④ 據元代文書格式可知，此處所缺文字應為"呈"，《黑城出土文書》錄文未標注，現據圖版補。

14. 廿二日

　　此件文書首缺尾全，現存文字 14 行，其中第 11 行與第 14 行為大字書寫。其中第 11 行的"行"字，書寫筆跡與其他各行明顯不同，該字應屬於二次書寫的內容。文書第一次書寫的內容，即第 1—10 行及第 12—14 行之間的部分。[①] 這些內容似可劃分為如下三個層次：第一個層次，即第 1 行，"收除無"三字，據文義，該行應表示沒有增加或減少人員，這一內容與下文"實在官典"相對，可視作一個層次；第二個層次，即第 2 行至第 8 行，該層次載明"實在官典"六月份放支俸祿的情況，據其內容又可細分為兩層，第一層即第 2—4 行，載錄了"官典二名"放支俸祿的總數，第二層即第 5—8 行，詳細載錄"官典二名"六月份各自放支俸祿的情況。第二層中官典放支俸祿數目之和，與第一層的數目相同，因此可知，該部分第一個層次是總目，第二個層次是細目；第三個層次，即第 9—10、12—14 等四行的內容，該部分為文書的結尾，載有公文結尾的程序性用語"右謹具呈"，以及文書的撰擬人"吏高仲德"，文書的撰擬時間"▢▢▢▢六月""廿二日"等。其中在撰擬人後書寫了"呈"字，表明該件文書的性質應為上行的呈文。

　　由於此件文書的年款處殘缺，但該件文書是 1983 年和 1984 年在黑水城考古發掘所獲文獻，對於這批文獻，李逸友先生已指出："我們在黑城內發掘所得的漢文文書中，凡是屬於公文及民間交往的世俗文書，都是元代和北元遺物。"[②] 另，本件文書的紙張類型、書寫筆跡，尤其是本件文書中"廿二日"的書寫及鈐蓋印章的方式，均與黑水城其他元代文書相同，據之可以判定，此件文書無疑應為元代文書。而通過文書第 5、6 行的官吏名稱"司獄""獄典"判斷，該文書應與元代的司獄司有關。元代曾在諸路總管府設"司獄司"，如《元史》卷九一《百官志七》載，諸路總管府設司獄司，司獄司設"司獄一員，丞一員"。元人魏虞翼在《松江府司獄司記》中提到元代"司獄司"官吏的設置時說："諸路及散府各設司獄一員，獄典一員。"[③]《元典章》戶部卷之一《典章十五》"祿廩"條則載有上、下路"司獄司""司獄"與"獄典"的俸祿。《至順鎮江志》卷十七

[①] 雖然第 14 行為大字書寫，字號與其他各行不同，但尚無法從筆跡的角度斷定改行文字屬於第二次書寫，因此暫作第一次書寫對待。
[②] 《黑城出土文書》，第 10 頁。
[③] 《全元文》，第 28 冊，第 252 頁。

記載，鎮江路設有"司獄司"，該司有"司獄"和"獄典"等官吏，且載錄了"司獄"與"獄典"的俸祿。由以上可知，"司獄""獄丞""獄典"等應是司獄司中所設官，因此可以肯定，F79：W46文書中出現的"司獄"與"獄典"，應屬於司獄司的職官，而文書的內容則主要涉及該司職官俸祿的放支問題。又，鑒於此件文書的出土地點為元代亦集乃路總管府，且亦集乃路總管府的司屬部門中確有"司獄司"這一機構，如黑水城文獻中編號與擬題為M1·0779［Y1：W36］《出郭迎接甘肅行省鎮撫狀》的文書載，亦集乃路的司屬部門之一為"司獄司"。① 故可知，此件呈文的發文機構應是亦集乃路總管府司獄司，其呈送對象，當為亦集乃路總管府。

至於此件文書形成的具體時間，我們可以通過文書所載官吏俸祿的數額做出進一步的判斷。對於元代各路司獄司官吏的俸祿，《元典章》戶部卷之一《典章十五》"祿廩"條載："司獄司，上下路：司獄十二兩，獄典六兩、米六斗。"② 從F79：W46文書第5、6行可知，司獄楊那孩的俸鈔為"壹定壹拾兩"，元代一錠折合五十兩，可知楊那孩的月俸鈔數達六十兩，獄典倪文德的俸鈔數為"三拾兩"，他們所獲俸鈔數額遠遠多於《元典章》的記載。《元典章》的最早刊行本出現於成宗大德後期③，因此可知，《元典章》所載諸路司獄司官吏的俸祿數目，至少應為大德時期的數額。另，據元代確定官吏俸祿制度的時間，從中統元年（1260）初定④，"至大德六年，正式定各處行省、宣慰司、致用院、茶鹽運司、冶鐵提舉司、淘金總管府、銀場提舉司等官循行俸祿。至此，元代官吏的支俸體系遂臻於完善。"⑤ 由於《元典章》戶部卷之一《典章十五》"祿廩"條已詳細記載了"行省""宣慰司""諸色衙門"的官吏俸祿，因此可知，《元典章》戶部卷之一《典章十五》"祿廩"條所載的官吏俸祿應為"大德六年"之後規定的數額，而非更早時期的俸祿數。由於本文所探討的F79：W46文書中司獄司官吏的俸祿數額與《元典章》的記載不符，據此可以推斷，該件文書的成書時間當晚於大德六年（1302）。

另，《至順鎮江志》卷十三"俸錢"條記載，鎮江路"司獄司官一十二貫"

---

① 《中國藏黑水城漢文文獻》，第5冊，第1009頁；《黑城出土文書》，第94頁。
② 《元典章》，第538頁。
③ 《元典章》，第1頁。
④ 《元史》卷九六《食貨志四》，第2449頁。
⑤ 沈仁國：《元代的俸祿制度》，《元史及北方民族史研究集刊》1991年第12—13期。

司獄司官中有"司獄一員",司獄司"吏三十貫"中有"獄典一名"。之所以該路司獄司官的俸錢比吏還少,主要因為在鎮江路司獄是有職田的,如該書同卷"職田"條載:"司獄司官一頃""司獄一員",而獄典則無職田。所以,由此可知該路司獄的俸錢少於獄典,主要是通過司獄所擁有的職田收入加以調節,司獄職田收益與其俸鈔之和當高於獄典的俸祿。但《至順鎮江志》並未給出該路司獄職田收益的具體數字,所以該路司獄俸祿的總數尚難確知。然而獄典的俸祿是明確的,獄典除了上述三十貫的俸鈔收入外,該書卷十三"祿米"條還載:司獄司獄典的祿米為"六斗"。通過上文 F79:W46 文書第 7、8 行可見,亦集乃路司獄司獄典倪文德的月俸錢數為"三拾兩",祿米為"陸斗",元制一貫即為一兩,故可知,文書中獄典倪文德的月俸與《至順鎮江志》所載鎮江路獄典的俸錢和祿米數額是一致的。《至順鎮江志》成書於元順帝至順時期應無疑義,故該書所載鎮江路官吏俸祿可能是至順時期的數額,由此可以推斷,F79:W46 文書的成文時間很有可能是在元至順時期。

那麼,該件文書的成文時間有無至順之後的可能? 元至順之後,貨幣的貶值愈發嚴重,有鑒於此,至正十一年(1351)元政府曾對官吏的俸祿做過一次調整,以增加官吏的俸鈔,如《南台備要》"均祿秩"條所載:

> 至正十一年三月十二日,准御史台咨:承奉中書省劄付:……擬自至正十一年正月為始,於各處諸名項錢內按月驗數支給,如是不敷,預為申索。外據元支俸錢,隨即開除。仍將四品以下官員合得祿秩開坐前去,合下仰〔照〕驗,就行欽依施行。承此。諮請照驗,欽依施行……一,各處巡檢、獄丞、司獄,歲給寶鈔陸拾錠。①

至正十一年(1351)元政府重新對各地官的吏俸祿釐定後,"司獄"的歲俸達"寶鈔陸拾錠"。F79:W46 文書中司獄楊那孩的月俸鈔為"壹定壹拾兩",據此推算,楊那孩的歲俸鈔數也不過是"十四定二十兩",至正十一年(1351)規定的司獄俸祿竟是楊那孩歲俸的四倍還多,顯然,本件文書中所載官吏的俸鈔數應是至正十一年(1351)之前的數額。所以,此條材料也進一步證實,F79:W46

---

① (元)趙承禧等編,王曉欣點校:《憲台通紀(外三種)》,浙江古籍出版社 2002 年版,第 219—221 頁。

文書為至順時期文書的可能。

綜上，我們認為，此件 F79：W46 文書的形成時間當在元至順時期，其性質是亦集乃路總管府司屬司獄司向該路總管府呈報有關放支該司司獄、獄典六月份俸祿的呈文。由於本件文書的原定名稍顯簡略，故可將其定名為《元至順某年六月廿二日司獄司呈亦集乃路總管府放支本司官典人六月份俸祿呈文》。

文書所見元代俸祿制度

對於元代官吏俸祿制度的實際運作情況，由於傳世史料或語焉不詳，或付之闕如，故前人多未提及，黑水城文獻為我們認識元代俸祿制度實際運作的諸多方面，提供了具體資料。

首先，黑水城文獻所見元代官吏俸祿的放支具有一定的程序。由黑水城F79：W46 文書可見，元代在放支官吏俸祿之前，存在官吏所在部門向俸祿發放機構提交放支俸祿呈文的過程。對於元代官吏俸祿的發放，《元典章》"俸錢按月支付"條是目前所知較為詳細的記載，如該條載：

> 至元二年，中書省欽奉聖旨節該：
> "'但勾當裏行的請俸的人每，一個月勾當過的公事完備、無罪過呵，後月初頭與勾當過的一月俸錢者。如是那一個月勾當的不完備、有罪過呵，趕了者。'麼道，聖旨有來。"奏呵，"是那般有。如今只依著那體例與呵，礙甚事？"麼道，聖旨了也。①

據該條所云，中書省規定，若請俸之人一個月內所承擔的公事處理完備，並無罪過，則於下月的月初發放上一月的俸錢，若公事處理不完，或犯有罪過，則不發放。除此之外，在傳世文獻中未見更為詳細的俸祿發放程序。

通過上文已知，黑水城 F79：W46 文書，是一件亦集乃路總管府司屬機構"司獄司"為發放本司官吏俸祿而向總管府呈報的呈文，該呈文的上報時間為元至順某年的六月廿二日。顯然，由以上可見，至順某年六月份亦集乃路司獄司官吏的

---

① 《元典章》，第 541—542 頁。

俸祿尚未發放，此件呈文是在發放該月司獄司官吏俸祿之前向總管府提交的。如此可知，亦集乃路總管府在放支其司屬官吏俸祿之前，存在相關部門向總管府提交發放申請的程序。另，通過F79∶W46文書所載的呈報時間"六月廿二日"可知，司獄司向亦集乃路總管府申報放支六月份俸祿呈文的時間，是在六月底之前。又，據上文《元典章》"俸錢按月支付"條所載，元代放支官吏的時間是在下個月的月初，下月月初放支上個月的俸祿。由此又可推見，之所以F79∶W46文書在六月底之前提交，可能是基於七月初要發放六月份俸祿的原因。黑水城F79∶W46文書表明，亦集乃路總管府在放支官吏俸祿之前存在下屬部門提交相關呈文的程序，同時，提交相關呈文的時間應在月底之前，而此件呈文的提交時間，也印證了《元典章》所載下月初放支上月官吏俸祿的規定。

既然放支六月份官吏俸祿司獄司需向總管府提交呈文，由此可知，該司其他月份的俸祿發放過程亦應與之相類。據此我們可以推定，亦集乃路在發放官吏俸祿之前，存在下級司屬部門逐月提交申請的過程。既然亦集乃路放支官吏俸祿存在提交申請的程序，而元代其他諸路及部門亦應與之有相似之處。

另，F79∶W46文書的第11行還有一大字書寫的"行"字，由於該字的書寫筆跡與其他各行不同，屬於二次書寫，故該字的書寫者不應為本件文書的撰擬人"高仲德"，而似為文書的審核人所書，即該字為審核、勾檢文字，或可理解為"可行"。由於本件文書的呈報對像是亦集乃路總管府，因此推知，該"行"字應為總管府負責審核的官吏所書。這表明，該件呈文呈報總管府後，經過了總管府的審核，且審核通過。可以推見，該件呈文被審核通過之後，總管府即可根據文書中所載官吏的俸祿數額，於下月初放支俸祿。同時，通過F79∶W46文書的呈報時間為"六月廿二日"而非月底推測，司獄司之所以要在月底之前提交呈文，似乎是為了給總管府審核呈文預留時間。總之，以上說明，在亦集乃路放支官吏俸祿過程中，既存在下屬部門呈報放支俸祿呈文的程序，又存在總管府審核呈文的程序。

綜上得見，亦集乃路總管府放支官吏俸祿的程序如下：首先，下屬部門在月底之前向總管府呈報該司官吏應得俸祿數額的呈文；其次，總管府在月底審核呈文，確定放支數額；最後，在下月初放支上月官吏俸祿。這一放支程序，對於理解元代其他機構放支官吏俸祿的過程，無疑具有啟發意義。

其次，通過黑水城F79∶W46文書發現，元代官吏俸祿放支呈文具有一定的特徵與書式。據前揭，此件 F79：W46 文書第一次書寫的內容包含了三個層次，其中第三個層次為我國古代呈文結尾的慣用程序，在此我們不多討論，而前兩個層次展示了官吏俸祿呈文的一些具體特徵。

第一，官吏俸祿呈文首先要載明在請俸月日，該機構新增、開除及見在請俸人員的數量構成。文書第 1 行所載"收除無"表明，該機構沒有新增及開除請俸人員，可以推見，若有新增或開除人員，據文書第 2 行的行文格式可知，當至少列出新增、開除人員的人數。第 2 行 "實在官典二名"，表明了見在請俸人員的構成，即由"官"與"典"組成，另外，此行還載明官典的人數為"二名"。以上說明，在請俸呈文中，首先需詳細載明新增、開除與見在請俸人員的職官構成及人數。

第二，要載明請俸官吏所申請俸祿的等次。文書第 2 行載有"各支下等"一語，其中"下等"二字，應是指司獄司的兩名官典人他們所申請支俸祿的等次。元代施行具有等級性的官吏俸祿制度，如《元史》卷九六《食貨志四》載：至元"二十二年，復位百官俸，始於各品分上、中、下三例，視職事為差，事大者依上例，事小者依中例。"因此可知，F79：W46 文書第 2 行的"下等"二字，應表示該司所申請的官吏俸祿應為同一品級官吏俸祿的最低等。黑水城文獻中還有幾件文書載有官吏俸祿的等次，如《中國藏黑水城漢文文獻》中M1・1829［83H・F2：W20/0087＋83H・F2：W11/0087］《文書殘件》，其內容如下：

（前缺）
1. ▭▭▭▭等雜鈔數：
2. 　　上等六十兩　中等一定
3. 　　下等叁十兩
4. ▭▭□照驗□□▭▭▭

（後缺）①

此件文書為一殘件，因其為"中國藏"，且其所用紙張及書寫筆跡均與元代其它文書無異，因此可以確認，該件文書亦為元代文書。此件文書的第 2、3 行標明了上、中、下三等所發鈔數，雖然不能不確定該件文書是一件請俸的呈文，還是發放俸祿的文書，但可以確認其為一件元代官吏俸祿文書。從中也可證實，元

---

① 《中國藏黑水城漢文文獻》，第 10 冊，第 2085 頁。

代執行的是三等次的俸祿制度。而 F79：W46 文書則表明，在俸祿請領呈文中需載明請俸的等次。

第三，請俸呈文還需載明申請俸祿的月份、總數及俸祿構成。F79：W46 文書第 2 行"六月一個月"無疑是表明申請俸祿的月份，"六月"本身，即代表一個月，但這裏還進一步申明是"一個月"，這說明，此種表述方式應是請俸呈文的特別要求，即申請俸祿呈文中既需明確申請的是幾月份的俸祿，又要表明是幾個月的俸祿。這一表達方式在黑水城其他俸祿文書中也是存在的，如編號與擬題為 M1·0420〔F125：W26〕《譯史俸祿文書》的文書載：

（前缺）

1. 呈：准 王① 傅等 照 得本傅令譯史等九名俸秩，除
2. 至順四年十月、十②二月終三個月俸錢已行放支了當
3. 外③，據元統二年正月至三月終三個

（後缺）④

此件文書的第 2 行是對有關於譯史等俸祿已發情況的說明。在此文書中，明確載錄了發放的月份即從"十月至十二月份終"，據此我們已可知是發放了三個月的俸錢，但後文又述"三個月"。再比如M1·0424〔F2：W201 正〕《段克明等司吏俸鈔文書》，其內容如下：

（前缺）

1. 司吏捌名，各月俸叁定叁拾　　　六月、七月兩个月該⑤
2. 　　　　鈔伍拾定。
3. 　收俸收名司吏捌名，各月不等，該鈔伍拾陸定壹拾式⑥
4. 　　　　兩伍錢：
5. 　六月、七月兩个月：
6. 　　　段克明　謝故秀　刘荣祖　潘谷　伴旧男

---

① " 王 "，《黑城出土文書》錄文未釋讀，現據圖版補。
② 《黑城出土文書》錄文於"十"字前衍錄一"至"字，現據圖版改。
③ "外"，《黑城出土文書》錄文作"別"，現據圖版改。
④ 《中國藏黑水城漢文文獻》，第 3 冊，第 514 頁；《黑城出土文書》，第 121 頁。
⑤ "該"，《黑城出土文書》錄文錄入下一行，現據圖版改。
⑥ "拾式"，《黑城出土文書》錄文錄入下一行，現據圖版改。

7.　　　　　華嚴奴　李斷①先；
8.　　　七月一个月　林□忠。
9.　　收俸不收名司吏王復初校②过，至正二③十一年六月俸鈔叁④
10.　　　　　　定叁拾柒两伍錢。
11. 奏差伍名，月俸壹定肆拾柒⑤两伍錢，六月、七月兩个□⑥
12.　　　　　該鈔壹拾玖定式拾伍兩。
13.　　　　　武師孟　万德富　邵脱月　張貴里⑦赤⑧
　　　　　　（後缺）⑨

從該件文書中所載的時間"至正二十一年六月"可知，此件文書亦為元代文書。該文書的內容涉及司吏、奏差的俸祿放支問題。同時，通過文書圖版可見，文書中人名及數位處均有朱筆點勘符號，據此推斷，此件當為元末放支司吏、奏差俸祿的文書。該件文書第1行所載"司吏捌名，各月俸叁定叁拾□六月、七月兩个月該"、第5行所載"六月七月兩個月"、第8行所載"七月一個月"等句表明，發放俸祿文書中的月份之後，也要載明是幾個月的俸祿。這說明在與俸祿發放有關的文書中，即載明月份又表明是幾個月，應是俸祿類文書的基本要求。

除了載明月份外，F79：W46文書第2—4行，載錄了"官典"需支取俸祿的總數，其中"支鈔式定令伍兩"是本機構官吏申請俸祿的總數額，第3行與第4行是俸祿總額的構成，即由"俸鈔"及"祿米"折鈔而來。這說明，申請俸祿呈文，既要表明申請俸祿的總額，又要進一步載明俸祿總額的構成情況。

第四，請俸呈文要載錄每名請俸官吏的職官、姓名及所支俸祿的詳細數額與構成。F79：W46第5—8行是申請俸祿的細目。通過文書錄文可見，此部分內容首先要載明申請人的職官和姓名，即"司獄楊那孩"與"獄典倪文德"，然後詳

---

① "斷"，《黑城出土文書》錄文作"繼"，現據圖版改。
② "初校"，《黑城出土文書》錄文作"到後"，現據圖版改。
③ "二"，《黑城出土文書》錄文漏錄，現據圖版補。
④ "俸鈔叁"，《黑城出土文書》錄文錄入下一行，現據圖版改。
⑤ "柒"，《黑城出土文書》錄文漏錄，現據圖版補。
⑥ 據前後文可知，此處所缺文字應為"月"。《黑城出土文書》錄文作"月"，並將其錄入下一行。
⑦ "里"，《黑城出土文書》錄文作"黑"，現據圖版改。
⑧ 文書第11—13行鈐朱印一枚。
⑨ 《中國藏黑水城漢文文獻》，第3冊，第518頁；《黑城出土文書》，第124頁。

細開列每個人所請俸祿的數額。"獄典倪文德"的俸祿由於是由兩部分構成,因此在列出總數"俸錢肆拾伍兩"之後,又進一步開列該人俸祿的構成,即由俸錢與祿米折鈔組成。這些內容表明,在請俸呈文中,需將本機構申請的俸祿總數,落實到每一名官吏,且需將每名官吏的俸祿構成情況進行詳細的說明。

第五,俸祿的數額要用漢文數字大寫。通過 F79:W46 文書錄文得見,凡涉及俸祿數額者,文中均用漢文數字大寫;反之,如官員的人數"二名",月份"六月一個月"等則用漢文數字小寫。黑水城元代請俸呈文的這種數字書寫格式與敦煌吐魯番文書中的帳曆類文書相似,這種用漢文數字大寫書寫俸祿數額的方式,應旨在防止他人的塗改,這當是我國古代涉及帳目文書的一貫做法。

通過上文的分析,可以看出,一件元代官吏請俸的呈文,具有相對固定的內容。由於其性質為呈文,元代呈文又有較為固定的格式,如《新編事文類聚翰墨全書》所載"呈子首末式"條所載元代呈文的基本格式為:

具銜姓某
謹呈:
某處某司或某官云云,為此合行具
呈,伏乞
照驗施行。須至呈者。
右謹具
呈
年月日姓某呈①

以上所載的呈文格式,是以某人的名義呈送的,若以某機構的名義呈報呈文,文書的起首行則應書寫該機構的名稱,此呈文格式中,年月等日期是書寫在一行的,但在實際運行當中,年月與具體日期卻是被分作兩行來寫的,如黑水城文書中一件較為完整的編號為 F116:W555 的呈文文書,其首尾如下:

1. 錢②粮房

---

① 《新編事文類聚翰墨全書》,第 419 頁。
② "錢",《黑城出土文書》未錄,據同組 F116:W557 文書首行文字"錢糧房"可補之。

……

36. 右謹具

37. 呈

38. 　　至正十一①年二月　　吏張世雄　呈

39. （簽押）

40. 　　　十八日　　　　　　　（墨印）

（墨印）②

此件作為錢糧房的呈文，起首行寫明該機構名稱，結尾行文除日期分兩行書寫外，其餘格式與"呈子首末式"大體同。如此可知，本文所討論的F79：W46文書作為司獄司的呈文，其首行所殘缺的文字，當為該機構的名稱"司獄司"，而第9行"謹具"之前所缺文字當為"右"，另外第10行所缺文字應為"呈"字。如此，我們可用根據元代呈文的程序及F79：W46文書的特徵，將本件請俸呈文的書式概括如下：

〔某司〕

……

收除〔有，則具官吏職名、姓名、人數；無，則作無〕

實在〔某職官〕〔某數〕名，各支〔某〕等〔某數〕月〔某數〕個月該支鈔〔某數〕

〔除鈔外，另有祿米者，則需各書其數量〕

〔某職官〕〔姓名〕月支俸錢〔某數〕

〔除鈔外，另有祿米者，則需各書其數量〕

〔某職官〕〔姓名〕月支俸錢〔某數〕

〔除鈔外，另有祿米者，則需各書其數量〕

……

右謹具

---

① 此處文字《黑城出土文書》未錄，據同組F116：W556、F116：W554文書補。
② 《中國藏黑水城漢文文獻》，第2冊，第299—303頁；《黑城出土文書》，第119—120頁。

呈
〔年號〕〔某數〕年〔某數〕月　　〔某職〕〔某人〕呈（簽押）
〔某數〕日（印章）

  以上括弧中的文字代表可據需要填寫者，其他則為固定內容，這應是本件F79：W46 文書的基本書式，該書式可適用於不同的部門之間申請俸祿之用。

  再次，黑水城 F79：W46 文書等表明，元代俸祿的放支時限以是月為基本單位，但在實際運行中又有靈活性。F79：W46 文書申請的是"六月一個月"的俸祿，這印證了官吏"俸錢按月支付"的規定。然而，通過黑水城文書發現，雖然月份是發放俸祿的基本時限，但又不拘泥於此，如上文提及的《段克明等司吏俸鈔文書》中，八名收俸收名司吏所支俸祿的時間"各月不等"，其中有七名支取了六月、七月兩個月的俸祿，有一名支取了七月份一個月的俸祿。這說明，雖然官吏俸祿的發放是以月份為基本單位，但存在兩個月一支，甚至多個月一支俸祿的情況。如前文的《譯史俸祿文書》，則可能是以三月為限進行的俸祿放支。因此推測，F79：W46 文書中之所以在寫明"六月"二字已明確是指一個月俸祿的情況下，又補充強調"一個月"，可能是基於當時存在一個月中支付多個月俸祿情況的存在。這一點表明，元代俸祿制度在實際運行過程中，雖然月為放支的時限，但又會出現拖延放支的情況。

  最後，黑水城 F79：W46 文書表明，元代俸祿制度在執行過程中具有因地制宜的特點。

  元廷曾因貨幣貶值、官吏俸薄，分別在大德三年（1299）、七年（1303）等多次對官吏的俸祿進行調整，其中調整的思路之一，即是通過給官吏增加祿米的方式來實現。如《元典章》"官吏添支俸給"條載：

  大德七年□月，欽奉詔條內一款："官吏俸薄，不能養廉，增給俸米。"欽此〔云云〕。議得："無職田官吏俸米，除甘肅行省與和林宣慰司官吏一體擬支口糧外，其餘內外官吏俸一十兩以下人員，依大德三年添支小吏俸米例，每一兩給米一斗，十兩以上至二十五兩，每員支米一石。餘上之數，每俸一兩，與米一升，扣算給付。若官無見在，驗支俸去處時直給價。雖貴，每石不過二十貫。上都、大同、隆興、甘肅等處不系產米去處，每石合支中統鈔二十五兩。價賤者，從實開坐各各分例。"①

在大德七年（1303）的此次增俸中，由於"甘肅等處不系產米去處"，所以要求該地增給的祿米折合成俸鈔支付。黑水城 F79：W46 文書證實了《元典章》的上述記載，如該文書中獄典本應支取祿米"陸斗"，但卻將祿米折鈔壹拾伍兩支付。另外，黑水城《俸祿文書》中還有一件編號為 M1·0404 [F11l：W55] 的文書，該件文書記載了蒙古教授支取俸祿為"月支鈔陸十兩，祿米一石，每/石折鈔二十五兩，計鈔八十/伍兩。"② 從而可知，該文書所載蒙古教授的俸祿支取亦是將祿米折支為鈔的。該件文書中的蒙古教授，也屬於亦集乃路總管府。③ 由於亦集乃路總管府為甘肅行省所轄，故通過亦集乃路總管府官吏俸祿的執行情況，可證元代甘肅行省官吏的祿米支付是通過折支為鈔進行的。

此外，通過比較 F79：W46 文書與《至順鎮江志》所載官吏俸祿發現，在至順時期，鎮江路司獄因有職田，所以，該路司獄的俸鈔數要少於同時期亦集乃路司獄的俸鈔數額。這說明，亦集乃路的司獄可能是沒有職田收入的，所以將相關職田的收入也折鈔支付，這樣一來該路司獄的俸鈔數額要遠遠多於了鎮江路。以往學者已認識到元代官吏的職田分配"不是固定的，各地不一樣，既是在同一地區也有差異"④ 的事實，但並沒有發現元代西北地方，尤其是甘肅行省的某些地區可能是沒有職田的。⑤ 黑水城文獻的記載拓展了人們對於元代官吏職田問題的認識。

通過以上可以看出，雖然元代官吏俸祿中的俸錢和祿米"有固定的數量，全國統一"⑥，但在執行過程中卻表現出了很大的靈活性，而官吏的職田分配亦是如此，這說明，元代官吏俸祿制度在實際運行過程中，具有靈活性和因地制宜的特點。

（原刊於《敦煌學輯刊》2013 年第 4 期）

---

① 《元典章》，第 546 頁。
② 《中國藏黑水城漢文文獻》，第 3 冊，第 500 頁。
③ 參見蘇力《元代亦集乃路蒙古字學補證》，《東北師範大學學報》（哲學社會科學版）2012 年第 1 期。
④ 陳高華、史衛民：《中國政治制度通史·元代》，人民出版社 1996 年版，第 383 頁。
⑤ 李逸友先生通過黑水城文獻中《也火汝足立鬼地上案文卷》認為，亦集乃路的官員是有職田的，但張國旺先生據黑水城《至正年間提控案牘與開除本官員狀》指出其非，且認為亦集乃路官員無職田，詳見張國旺《俄藏黑水城 TK194 號文書〈至正年間提控案牘與開除本官員狀〉的定名與價值》，《西域研究》2008 年第 2 期。
⑥ 《中國政治制度通史·元代》，第 383 頁。

俄藏黑水城所出《天曆二年呈亦集乃路官府文》考釋

宋 坤

《俄藏黑水城文獻》第四冊第 204 頁收有一件編號 TK201 的文書，編者原擬題為《天曆二年呈亦集乃路官府文》，該書第六冊《附錄·敘錄》中稱此文書為元寫本，未染麻紙；高 28cm，寬 26cm；共 15 行，行 30 字；行楷，墨色淡。本件文書對於研究元代亦集乃路巡檢司職能及養濟院制度有着較高的史料價值，迄今未見有專文研究，因此筆者擬就其中的某些問題試做粗淺探討。為研究方便，現將文書內容迻錄如下：

1. 亦集乃路 巡 檢司
2. 呈 ：照得，前元朵立赤等合得衣裝，除天曆二年夏衣不□□□□□□
3. 當□□冬衣末糸氈台兒未曾支付，當官令行人哈速丁□□司管□□
4. 照依天曆二年十月分時估□，実估計到各各價錢，中間並無高 借 □
5. □捏合不実，如虛當罪。除已取訖行人哈速丁甘結文狀在官外，今將物色
6. 價直開坐，卑司保結，合行具呈
7. 亦集□□揔管府，　伏乞
8. 照驗施行。須至呈者：
9. □□□□ 實在孤老男子婦女陸拾叁名，例支末糸氈台兒，照依天曆二年十月
10. 　　　　　　　　時估，各價不等，計中統鈔壹拾玖定□拾
11. 　　　　　　　　兩伍錢。
12. □□□□□□□氍中改機末糸，每名例支式拾官尺，為無依中 改 機末

　　　　　　　　　　　系每

13.　　　　　　　名支回回地面壹疋，長式拾官尺，計未系肆 拾
14.　　　　　　　三疋，每疋價錢壹拾伍兩，計中統鈔壹拾式
15.　　　　　　　定陸拾伍兩。
16. _____ 毡台兒每 名 支壹塊，長壹丈，闊肆尺半□□□三塊，每塊價

　　　（後缺）

　　本件文書為正背雙面書寫，背面俄藏編號 TK201V，收於《俄藏黑水城文獻》第四冊第 205 頁，編者原擬題為《書信》，與本件文書內容無關。《附錄·敘錄》稱本件文書共有 15 行，誤，從圖版來看，本件文書現存文字 16 行。本件文書第 1 行所缺文字應為"巡"字，因遍查元代典籍，以"□檢司"為名之官府機構只見"巡檢司"一名，故推知此處所缺文字應為"巡"。據《元史·百官七》載："諸縣……巡檢司，秩九品，巡檢一員"[①]，即巡檢司為諸縣下屬機構，但李治安先生指出，元代巡檢司"不僅設於諸縣，還設在部分無屬縣之散州。"[②] 李先生還指出史籍記載元代共設 130 多個巡檢司，其中並未指明有"亦集乃路巡檢司"，但金瀅坤先生《從黑城文書看元代的養濟院制度———兼論元代的亦集乃路》[③] 一文指出《俄藏敦煌文獻》中的 ДХ.19072 號《元至正三年亦集乃路巡檢司為收養郭張驢等孤老狀本路總管府及指揮使判》文書應為黑水城出土文書，其即為巡檢司上亦集乃路總管府之呈狀。另《黑城出土文書（漢文文書卷）》所收［Y1:W30］號文書[④]稱因"甘肅行省差鎮撫薛前來在路開讀聖旨，為此覆奉總府官台旨，仰告示在路並司屬官吏人等至初八日絕早出郭迎接"，其下所開列的司屬即包括"巡檢司"，故可知元代亦集乃路總管府下設有"巡檢司"這一機構。

文書定名及性質

　　《附錄·敘錄》中將本件文書擬題為《天曆二年呈亦集乃路官府文》，按照敦

---

① 《元史》卷九一《百官七》，第 2318 頁。
② 《元代政治制度研究》，第 223 頁。
③ 金瀅坤：《從黑城文書看元代的養濟院制度———兼論元代的亦集乃路》，《中央民族大學學報》（哲學社會科學版）2003 年第 2 期。
④ 《黑城出土文書》，第 94 頁。

煌吐魯番文書整理定名規則來講，此定名稍嫌簡略，對於文書定名所要反映之要素：文書撰擬的時代、文書撰擬的主體、文書反映的內容及文書撰寫的形式種類等包含不全，只反映了文書的撰擬時間及撰擬主體，最重要之文書所反映內容則缺。本件文書現存 16 行，其中第 1 行為發文主體，即"亦集乃路巡檢司"；2—8 行為發文事由之陳述，即文書所反映內容，因"冬衣末系毡台兒未曾支付"，故照依天曆二年十月分時估價，需將實估到各各價錢上呈亦集乃路總管府；9—16 行則為需發放冬衣之各項折錢清單。因此，筆者覺得將本件文書定名為"元天曆二年（1329）亦集乃路巡檢司呈總管府文為孤老朵立赤等合支冬衣氈台兒等物計價錢事"似較為妥當。

金瀅坤先生在《從黑城文書看元代的養濟院制度———兼論元代的亦集乃路》① 一文中曾認為 ДХ. 19072 號文書《元至正三年亦集乃路巡檢司為收養郭張驢等孤老狀本路總管府及指揮使判》是目前所見的唯一一件有關元代養濟院的出土官文書，對研究元代養濟院制度和相關問題有重要意義。郭兆斌《對黑水城兩件收養老人文書的解讀》一文則指出，除 ДХ. 19072 號文書《元至正三年亦集乃路巡檢司為收養郭張驢等孤老狀本路總管府及指揮使判》之外，收於《俄藏黑水城文獻》第四冊第 217 頁的 TK212 號文書《為孤老乞答你支請衣糧狀》也為有關元代養濟院的文書。另外，吳超《〈黑水城出土文書〉所見亦集乃路的孤老救濟初探》② 一文指出除此兩件文書外，另有 Y1：W60③、M1・0176［84HF205B正］④、M1・0749［84H・F116：W530/1704］、M1・0814［84H・F116：W211/1383］四件文書也應為元代養濟院之官文書。

但，從本件文書書寫形式及內容來看，本件文書也應屬於有關養濟院之官文書，理由有二：

首先，本件文書的發文機構和文書的書寫形式與 ДХ. 19072 號文書《元至正三年亦集乃路巡檢司為收養郭張驢等孤老狀本路總管府及指揮使判》相同，為說明方便，現將 ДХ. 19072R 號文書錄文移錄如下：

---

① 參見金瀅坤《從黑城文書看元代的養濟院制度———兼論元代的亦集乃路》一文。
② 吳超：《〈黑水城出土文書〉所見亦集乃路的孤老救濟初探》，《西夏研究》2012 年第 1 期。
③ 此件文書編號吳超所用為李逸友《黑城出土文書（漢文文書卷）》所載"Y1：W60"，同一件文書《中國藏黑水城漢文文獻》當中所載編號為"M1・0220［Y1：W60A］"。
④ 此件文書吳超一文釋讀有誤，吳超文釋錄為："□□珍男無實在孤老一十九名，每名月支米三□□□盡計支米五石七。"但據圖版，其正確錄文應為：（前缺）1. 男子玖名　　婦人壹拾名 2. 收系□3. 實在孤老壹拾玖名，每名月支糧三 4. □大盡所支糧伍石柒斗（後缺）

正：

1. 巡檢司
2. ☐呈照得，孤老郭張馿等貳拾壹名，合得口粮柴薪。至正三年正月
3. ☐已行申稟了①當外，據二月份口粮柴薪錢②未曾支付，今將舊管☐
4. ☐☐各各③花名開呈前去，中間並无冒名頂替、捏合不實。如虛，當
5. 罪④不詞，卑⑤司官吏保結是實，合行具呈
6. 亦集乃路總管府，伏乞
7. ☐☐行，湏至呈者⑥
8. ☐☐孤老男子婦女貳拾名。
9. ☐☐無
10. ☐☐男子壹名：賈買馿⑦。承奉
11. 　　　　　總府指揮該⑧：為賈買馿狀告，為是年邁
12. 　　　　　殘疾，亦无親戚之人，委官体覆⑨是实，仰依上
13. 　　　　　收養施行。奉此，今於至正三年正月廿玖日收
14. 　　　　　養，所據口粮於二月份粮狀。
　　　（後缺）

背：
　　　（前缺）
1. 　　　　　　　（簽押）
2. 　☐☐日
3. 　　　　　　　（簽押）
　　　（後缺）

---

① "稟了"，金瀅坤文作"右合"，現據圖版改。
② "錢"，金瀅坤文作"分"，現據圖版改。
③ 第二個"各"字為省文符號，現徑改。
④ "罪"，金瀅坤文疑其為"詐"，現據圖版改。
⑤ "卑"，金瀅坤文疑其為"檢"，現據圖版改。
⑥ "湏至呈者"，金瀅坤文作"原至呈截"，現據圖版改。
⑦ "馿"，金瀅坤文作"郭"，現據圖版改。下同，不再另作說明。
⑧ "該"，金瀅坤文作"請"，現據圖版改。
⑨ "委官体覆"，金瀅坤文作"要官侍覆"，現據圖版改。

两件文書對照可見，發文機構一致，均為亦集乃路巡檢司；上呈對象一致，均為亦集乃路總管府；文書書寫形式基本一致，只是ДХ.19072R號文書下開列有被收養人員之花名冊，而TK201號文書則無。這是因ДХ.19072R號文書第3—5行言："今將旧管□□□各各花名開呈前去，中間並无冒名頂替、捏合不實。如虛，當罪不詞，卑①司官吏保結是實。"郭兆斌一文曾據此判定此件文書當為"巡檢司在核實收養對象後向總管府遞交的一份保結文書"，此判斷當無誤。而TK201號文書第5—6行則言明："除已取訖行人哈速丁甘結文狀在官外，今將物色價直開坐，卑司保結，合行具□"，可知TK201號文書並非沒有關於巡檢司對收養人員之核查内容，而是因已經呈送亦集乃路總管府，故而未再重復開列。換句話說，ДХ.19072R號文書應為元代在對收養人員發放衣糧之前，巡檢司所出具的被收養人員花名冊，並確保其中並無弄虛作假之甘結文狀，而TK201號文書則為巡檢司在對收養人員出具了甘結文狀之後，所開列的救助物資的發放清單，兩者並不矛盾。

其次，從本件文書的内容也可看出本件文書應為有關養濟院之官文書。文書第9行"□□□實在孤老男子婦女陸拾叁名"一語，證明此件文書物資發放對象即為"孤老男子婦女"，與ДХ.19072R號文書第8行"□□孤老男子婦女貳拾名"行文一致，故可判定其應為有關養濟院之官文書。

本件文書性質的確定對於黑水城所出其他相關文書性質的判定具有參考價值，例如《中國藏黑水城漢文文獻》第2冊第358頁所收M1·0257［F20∶W36］號文書，其文曰：

　　　　（前缺）
1. 甘當罪不詞｜
2. 　伏水改機縻糸②長壹拾陸尺，｜每　　｜
3. 　　　價錢壹拾伍兩；
4. 　氊脫兒長壹拾尺，闊③肆尺，每塊
5. 　　　價鈔柒兩伍錢
　　　　（後缺）

---

① "卑"，金瀅坤文疑其為"檢"，現據圖版改。
② "糸"，《黑城出土文書》錄文作"係"，現據圖版改。
③ "闊"，《黑城出土文書》錄文作"深"，現據圖版改。

此文書內容與 TK201 號文書基本相同，其中"縻糸"與"末糸"、"氈脫兒"與"氈台兒"雖有文字差異，但其所指對象應一致。故此，可以推斷 M1·0257［F20:W36］號文書也應為元代養濟院之官文書。

據此，目前已知現存元代養濟院之官文書應為八件，分別為俄藏三件：ДХ. 19072R、TK201、TK212，中藏五件：Y1:W60、M1·0176［84HF205B 正］、M1·0749［84H·F116:W530/1704］、M1·0814［84H·F116:W211/1383］、M1·0257［F20:W36］。

文書價值

元朝建國不久便着手建立賑濟鰥寡孤獨廢疾的制度，世祖中統元年（1260）"首詔天下，鰥寡孤獨廢疾不能自存之人，天民之無告者也，命所在官司，以糧贍之。至元元年，又詔病者給藥，貧者給糧。八年，令各路設濟眾院以居處之，於糧之外，復給以薪。十年，以官吏破除入己，凡糧薪並敕於公廳給散。十九年，各路立養濟院一所，仍委憲司點治。"[1] 而本件文書為有關養濟院之官文書這一性質的確定，對於研究元代巡檢司和養濟院相關問題有着極為重要的意義，主要體現在以下幾個方面：

首先，本件文書對元代亦集乃路巡檢司之職能範圍研究提供了新的材料。巡檢司為元代散州及諸縣所設負責維護社會治安和緝捕盜賊之機構。如上所述，據李治安先生研究，史籍當中記載元代共設置了 130 多個巡檢司，其中未見關於亦集乃路巡檢司之記載，但 ДХ. 19072R、TK201 及 Y1:W30 等黑水城文書則證實了元代亦集乃路總管府確曾下設巡檢司，彌補了正史記載之不足。另外，ДХ. 19072R、TK201 兩件文書還證實了在元代亦集乃路地區的養濟院收養孤寡之人的相關事務由原負責維護社會治安和緝捕盜賊的巡檢司負責。ДХ. 19072R 號文書為巡檢司所出具被收養人員之花名冊，而 TK201 號文書則為巡檢司所開列的需要發放救助物資的清單，由此可見，亦集乃路巡檢司不僅負責對孤寡之人的收養工作，還負責救助物資的發放事項。《元史·食貨四》載："（至元）十九年，各路立養濟院一所，仍委憲司點治。"金瀅坤據 ДХ. 19072R 號文書內容斷定，巡檢

---

[1]《元史》卷九六《食貨四》，第 2476 頁。

司即為點治養濟院之憲司。按,"憲司"為元代監察機構之通稱,未見巡檢司稱為"憲司"之例。郭兆斌文依據《大元通制條格》中"應收養而不收養,不應收養而收養者,仰御史台按察司計點究治""大德十年三月,中書省御史台呈:各處鰥寡孤獨老弱殘疾不能自存之人,本管官司並不干礙,官司體覆是實,隨即收養放支衣糧等物,開坐申覆。本路正官體覆,廉訪司體察,但有冒濫不應,將先體覆司縣官吏取招議罪,更將支訖衣糧等物陪納。都省准擬。"① 等相關記載認為,對養濟院進行點治的憲司應為御史台按察司、廉訪司等監察機構,筆者以為郭兆斌所言為是。由《大元通制條格》之記載可見,元代負責養濟院事務之地方官員分為兩級,一為"本管官司",一為"本路正官及廉訪司"。其中"本管官司"負責"收養及放支衣糧"等具體事宜,並將相關内容"開坐申覆"。而"本路正官及廉訪司"則負責對"本管官司"之工作進行體覆、體察。由TK201及ДХ.19072R號文書之内容可見,其即為巡檢司將收養放支衣糧等情況"開坐申覆"之文書,聯繫《大元通制條格》可知,元代亦集乃路地區,"巡檢司"即為負責養濟院事務之"本管官司",而非"點治"養濟院之憲司,由此我們對元代巡檢司之職能範圍又有新的認識,其除了負責維護社會治安和緝捕盜賊之外,還負責孤寡老人之收養事務。

其次,本件文書對元代養濟院發放救助物資之細節提供了新的材料。元朝對鰥寡孤獨人員所提供的物質救助涉及衣食住用、醫藥、喪葬等生活的多個方面,主要有布帛絹、衣、糧、薪、鈔、藥和房舍等。在災害和饑荒之時,還給予老人特殊的關照和救助。在所有救助物資當中,口糧發放最早。元初,劉秉忠就上書建議:"鰥寡孤獨廢疾者,宜設孤老院,給衣糧以為養。"忽必烈採納了他的建議,中統元年"首詔天下,鰥寡孤獨廢疾不能自存之人,天民之無告者也,命所在官司,以糧贍之。至元元年,又詔病者給藥,貧者給糧。八年,令各路設濟衆院以居處之,於糧之外,復給以薪"。其中,至元八年(1271)敕"諸路鰥寡廢疾之人,月給米二斗。"但是,對於孤寡之人發放柴薪似並不始於至元八年,因《大元通制條格》載"至元二十一年六月,中書省御史台呈:鰥寡孤獨不能自存之人,官給口糧養濟,合無添給柴薪。戶部照議得:養濟貧民每口支柴五斤,於本處年銷柴内放支"。似對養濟貧民發放柴薪始於至元二十一年(1284),養濟院

---

① 《大元通制條格》卷四《戶令·鰥寡孤獨》,第58—59頁。

建立之後。而對於孤寡之人冬夏衣發放的規定也見於《大元通制條格》："大德六年四月，中書省江西行省臨江路申：貧民冬衣布絮，依舊例每名支給土麻布二疋，稀疏豈能禦寒，徒費官錢，不得實惠，合無支給木棉布疋，庶望貧民溫暖……都省准擬。"即原發放冬衣為每人土麻布二匹，後來改為保暖性較強的木棉布。除定時發放之外，有時皇帝會每人賞賜布、帛和絹。如成宗時曾下詔,："各處孤老，凡遇寬恩，人給布帛各一。"而黑水城所出養濟院文書則為元代對鰥寡孤獨人員所提供的物質救助提供了一些不見於史籍記載之細節，例如吳超曾據Y1：W60、M1·0176［84HF205B正］兩件文書指出元代"兩屯百戶所"曾承擔發放孤老糧食的職責，而且亦集乃路地區對孤老口糧的發放標準為"每名月支糧三斗"，高於至元八年所定"月給米二斗"之標準。① 具體到本件文書來說，本件文書則證明，元代對養濟貧民所發放的冬衣並不僅僅限於土棉布，還包括了毡台兒及回回地面②。通過本件文書可見，天曆二年（1329）亦集乃路地區對養濟貧民所發放物資包括：每名毡台兒壹塊，長壹丈，闊肆尺半；回回地面一匹，長二十官尺。筆者翻檢史籍，未找到相關記載。從字面來看，毡台兒應為某種毛織品，回回地面則似乎應為回回地區或回回民族所出產的某種織品。另外，《大元通制條格》關於發放冬衣之記載為"江西行省臨江路"之情形，其地產棉，故其冬衣為木棉布匹。而TK201號文書所載為亦集乃路地區之情形，其地苦寒，不事種棉，故其發放冬衣以毡台兒等毛織品為主。由此可見，元代對孤寡之人衣物之發放採取因地制宜之措施，而非全國統一。

總之，本件文書為我們證明，元代對養濟貧民的冬衣發放不僅僅是木棉布，還包括其他織品，為我們研究元代養濟院救助物資的發放提供了新的材料。

最後，將本件文書和ДX.19072、TK212號兩件文書結合研究，可以對元代養濟院收養孤寡人員，發放養老物資之程序產生新的認識。為說明方便，現將TK212號《為孤老乞答你支請衣糧狀》也移錄如下：

1. ▢▢▢▢▢▢▢▢

---

① 吳超：《〈黑水城出土文書〉所見亦集乃路的孤老救濟初探》，《西夏研究》2012年第1期。
② 按，文書中第12行出現"改機"一詞。史書中所見"改機"也為一種衣料，多見於明代文獻，如《大明神宗顯皇帝實錄》卷三六一載"改機八百匹"。又如《明英宗睿皇帝實錄》卷二八〇載"紵絲紗羅綾改機紬等項"。元代文獻中僅見一處，《全元南戲·荊釵記》中載"就是送改機來的，裁衣服少了兩幅，做不成罷了"。但此文書中之"改機"是否是指衣料，從文意上筆者不敢妄下論斷。

2. 右乞答你，年七十三歲，除見☐☐☐☐
3. 外，無病，系本路所管附籍☐☐☐
4. 住坐，見充孤老，支請衣☐☐☐☐
5. 總府官 就 問乞答你☐☐☐☐☐
6. 粮☐☐①曾上取狀，今來☐☐☐
7. 不☐☐☐間有父張不☐义☐☐
8. ☐☐☐☐自为本家強☐☐☐☐
9. 給小麥☐石，無打☐得☐☐☐
10. 貨賣他人，次後為父☐☐☐
11. 故止存乞答你☐☐☐☐
12. ☐見侯粮養活☐☐☐☐

（後缺）

　　關於元代養濟院收養孤寡之人及發放救助物資的操作程序，李莎先生認為應是："基層官府要對擬收養對象的基本情況分辨虛實，然後造冊登記，和應發的糧食衣物等一起申報，並核查確認後，方才批准對符合條件的老人進行收養。"② 但是結合三件黑水城文書及上引《大元通制條格》相關記載來看，元代對應收養人員之收養及救助物資發放程序似非如此。

　　首先，關於對應收養人員之收養工作。通過 TK212 號文書第 3 行 "見充孤老" 及 11 行 "見侯糧養活"，可知 TK212 號文書為孤老乞答你為支請衣糧向 "總府" 所呈之狀。此狀由誰所呈，因文書殘缺，不明，但是可以通過 ДX. 19072R 號文書的相關內容進行推斷。ДX. 19072 號文書第 10—13 行云："總府指揮該：為賈買驢狀告，為是年邁殘疾，亦无親戚之人，委官体覆是实，仰依上收養施行。"由此可知，元代在對孤寡之人收養之前，需孤寡之人先向本管官司呈狀申明自己狀況，之後由本管官司委官復查，復查為實之後，即可對其收養。而《大元通制條格》也載："各處鰥寡孤獨老弱殘疾不能自存之人，本管官司並不干礙，官司體覆是實，隨即收養放支衣糧等物。"反映在 ДX. 19072R 號文書中即是 "今於至

---

① 文書中此三字被塗抹。
② 李莎：《元代的養老政策》，《齊魯學刊》2008 年第 3 期。

正三年正月廿九日收養，所據口糧於二月分糧狀。"故而我們可以推知，TK212號《為孤老乞答你支請衣糧狀》即為乞答你向亦集乃路總管府所呈申明自己年老無依之申狀。因此，元代對孤寡之人的收養首先應是孤寡之人向官府遞交申狀之後，官府對呈狀之人進行復查，分辨虛實，如情況屬實，即可由本管官司進行收養（在亦集乃路地區收養工作由巡檢司負責）。另由ДX.19072R號文書中"今於至正三年正月廿九日收養，所據口糧於二月分糧狀"一語可知，元代對孤寡之人的收養在前，申報應發糧食衣物在後，非是申報糧食衣物在前，收養在後。

其次，關於收養及衣糧的發放申報程序。李莎先生認為應為收養名冊和"應發的糧食衣物等一起申報"，《大元通制條格》載"隨即收養放支衣糧等物，開坐申覆"，似也認為是一同申報，但通過對本件文書及ДX.19072R號文書之分析，似應非此。例如ДX.19072R號文書在對賈買驢之基本情況闡述完畢之後云："所據口糧於二月分糧狀"，可知，ДX.19072R號文書中並不包含所應發放之口糧數量，具體的口糧數量在另一份文書即"二月分糧狀"之中，二者並非同時申報。而TK201號文書之中則云："除已取訖行人哈速丁甘結文狀在官外，今將物色價直開坐"，之後詳細列舉了應發放物資的種類及價值，但並不包括關於對發放對象基本情況的核實內容，也即關於發放對象的"甘結文狀"，因其已取送在官，這也證明被收養人員之花名冊與救助物資的申報並不同步。由此我們可知，元代關於養老物資的發放程序應是先由相關部門將被收養對象花名冊，並證明其無弄虛作假之保結文書（此被稱為"甘結文狀"）上呈，之後再將應發糧食衣物申報。

總之，結合三件文書來看，元代養濟院收養孤寡人員，發放養老物資之基本程序應為：先由需被收養之人呈交申狀於官府，官府收到申狀之後委官核查，核查是實即着相關部門對其進行收養，之後再向上級申報應發救助物資數量。而在發放救助物資之時，先由相關部門將被收養對象花名冊，並證明無弄虛作假之保結文書上呈，之後再申報需發放物資之具體數量。對應收養人員之收養及需發放物資具體數量之申報在亦集乃路均由巡檢司負責。

綜上所述，TK201號文書應為元代亦集乃路巡檢司上呈總管府關於養濟院事務的官文書，而此件文書這一性質的判定對於我們研究元代養濟院的主管機構、孤寡人員的收養程序及救助物資的發放等問題均有着極為重要的文獻價值。

（原刊於《元史論叢》（第十四輯），天津古籍出版社2014年版）

儒學、禮儀文書研究

關於黑水城幾件元代府學文書的綴合及其相關問題

杜立暉

　　收錄於《中國藏黑水城漢文文獻》第七冊第 1413 頁的M1·1135［F234：W10］號《亦集乃路儒學教授勸學事跡》文書，第七冊第 1419 頁M1·1142［正］號《府學文書》，以及第九冊第 1948 頁M1·1671［正］號《落款》文書，均為雙面書寫①，且它們的正面文字筆跡、行距相同，文字大小相當，文書的內容又息息相關，因此可以初步確認它們應為同一件文書。由於以上文書中出現了"亦集乃路"的字樣，據之我們可以判定，這幾件文書應為元代文書。關於這幾件文書的研究情況，最初《黑城出土文書（漢文文書卷）》一書除對其中的M1·1135［F234：W10］文書進行了釋錄外，還在"亦集乃路的儒學和文化"部分，對該件文書中的主要人物"胡文整"的職官問題，以及文書涉及的"學課錢"問題做過簡單的介紹。② 此後，吳超先生發表《亦集乃路的儒學管理初探》，孫廣文、蘭天祥發表《元代亦集乃路儒學教育初探》兩文③談及了該件文書中的"學課錢"等問題。學界對於以上幾件文書的研究主要圍繞《黑城出土文書（漢文文書卷）》

---

① 其中，從M1·1142［正］、M1·1671［正］編號來看，其明顯屬於雙面書寫文書的正面，從內容、字跡來看《中國藏黑水城漢文文獻》關於這兩件文書正背關係的判斷是準確的。另外，M1·1135［F234：W10］號文書，雖然《中國藏黑水城漢文文獻》並未加標注是否為正面，但通過該面文書圖版可見，本件文書的紙背有墨痕，故可知該文書亦應為雙面書寫。對於此件文書，《黑城出土文書（漢文文書卷）》一書不僅載錄了文書錄文，同時還對此件文書進行了簡要的介紹："竹紙，殘，楷行書，背面墨書'贍仰'二字"，據此可知，此件文書亦應為雙面書寫文書的正面。
② 《黑城出土文書》，第 48—49 頁。
③ 《陰山學刊》2009 年第 3 期；《寧夏社會科學》2009 年第 5 期，除以上兩文外，來雲琴碩士論文《元代亦集乃路儒學教育研究》（寧夏大學，2011 年未刊稿）；蘇力《元代亦集乃路儒學淺探》（《蘭州學刊》2012 年第 5 期）等文亦有所涉及。

釋錄的M1·1135［F234:W10］文書進行，其他文書以及這些文書之間的關係均未涉及。同時，即使是M1·1135［F234:W10］文書中涉及的相關問題，前人研究亦有未逮之餘，因此，有必要在借鑒前人研究基礎上，對上述文書再做進一步的探討。

關於文書錄文的說明

為研究方便，下面將以上文書據《中國藏黑水城漢文文獻》圖版所做錄文逐件迻錄如下，並做簡要說明。

1. M1·1135［F234:W10］

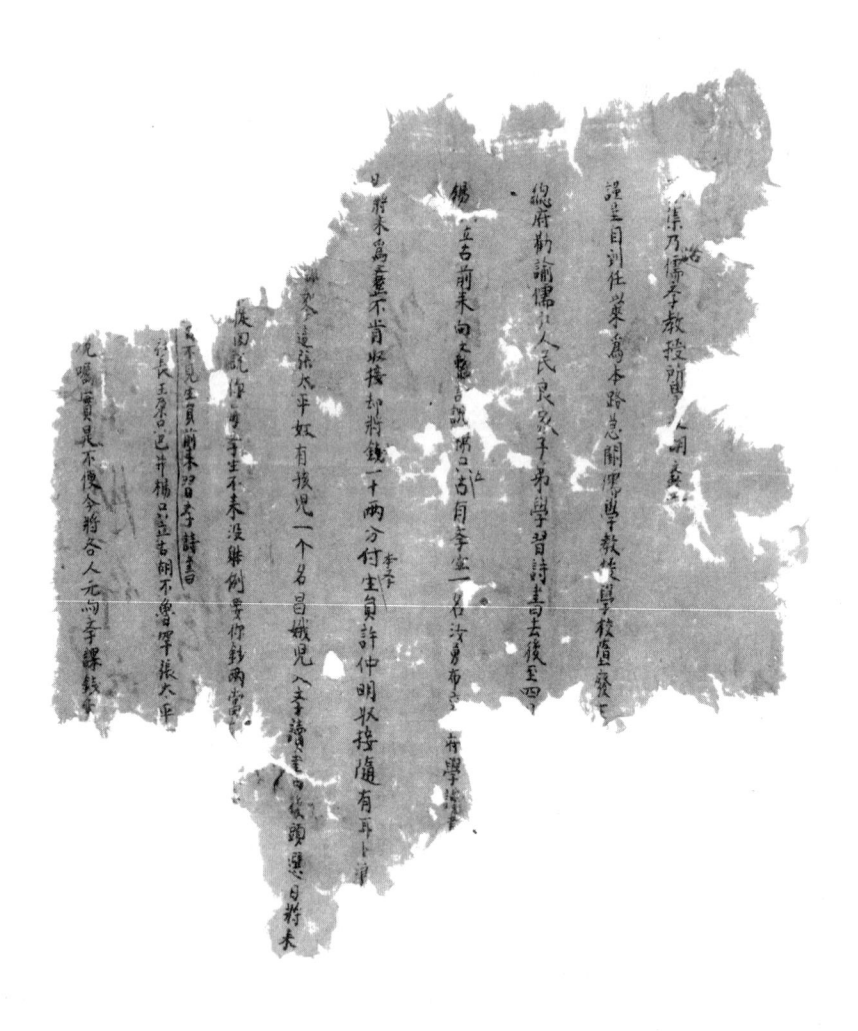

研究編　儒學、禮儀文書研究　2119

M1·1135［F234:W10］文書圖版①

正：

1. 亦集乃路②儒孝教授所學□胡文整

2. 謹呈：自到任以來，為本路急闕儒學教授，學校墮廢□_____

3. 總府勸諭儒户人民良家子弟學習詩書，去後至四月_____

4. 楊只立古前来向文整訴說：楊③只立④古有孝生一名汝勇布，交□府⑤學讀書_____

5. 見將来為文整不肯收接，却將錢一十兩分付本孝⑥生貟許仲明收接，隨有耳卜渠_____

6. _____□，如今這張太平奴有孩兒一个，名昌娥兒，入孝讀書，後頭⑦選日將来_____

7. _____從囬說：你每孝生不來，没躰例要你鈔兩，當_____

8. _____□不見生貟前来習孝詩書，⑧_____社長王朶只巴并楊只立古、胡不魯罕、張太平_____

9. _____說囑，實是不便。今將各人元与孝課錢□_____

（後缺）

此件文書首全尾缺，除第1行外，其他各行全部下殘，除第1—5行外，其他各行全部上殘。其中第1行的"路"字，第4行的第2個"立"字，第5行的"本學"二字，以及第8行的"□不見生貟前来習孝詩書"等文字，均係補寫於原行右側的插入語，且插入語的墨色與原文書有異。由此可見，此件文書經過了修改，屬

---

① 文書圖版引自《中國藏黑水城漢文文獻》，第7冊第1413頁。
② "路"字為右行補入，現徑改。
③ "楊"，《黑城出土文書》錄文未釋讀，現據圖版補。
④ "立"字為右行補入，現徑改。
⑤ "府"，《黑城出土文書》錄文漏錄，現據圖版補。
⑥ "本孝"為右行補入，現徑改。
⑦ "頭"，《黑城出土文書》錄文漏錄，現據圖版補。
⑧ "_____□不見生貟前来習孝詩書"等字為右行補入，現徑改。

於兩次書寫的文書。但這些插入的文字與文書第一次書寫的文字筆跡相同，故可知，這些插入語也應為文書的撰寫者所書。通過文書第 2 行的"謹呈"二字可知，此件文書應為一件呈文，而呈送人應為第 1 行的"亦集乃路儒孝教授所學□胡文整"，本件文書即為文書的呈送人胡文整所書。文書第 2 行至第 9 行，是胡文整呈文的內容，主要涉及其接收學生學課錢一事。文書第 4、5 行說明，楊只立古將學生汝勇布送與府學讀書時，胡文整雖未接收汝勇布的學課錢，但生員許仲明卻接收了。從第 7 行的"你每孝生不來，没躰例要你鈔兩"等語看出，該名學生似乎並未赴府學讀書，正因為該學生未赴府學，但其卻上交了學課錢，所以楊只立古等人可能因之要求胡文整退回相關錢兩，此件呈文正是胡文整就此事向某機關進行的彙報。由於文書後缺，尚不清楚具體的彙報機關，但由於文書首行署名了"亦集乃路"，說明胡文整所在的機構屬於亦集乃路總管府的下屬部門，因此據之推測，胡文整的此呈文應當是呈送給亦集乃路總管府，而非其他機構。

由於該件文書背面為雜寫，內容與正面無關，因此背面文字不錄。

2. M1·1142 [正]

M1·1142 [正] 文書圖版①

(A)

(無文字殘留)

(B)

    (前缺)

1. 向文整☐☐☐☐☐☐☐☐☐☐☐☐如今先与你孝課錢☐☐

2. 兩，文整亦 思 ☐☐☐☐☐☐☐☐ 平☐等將 ☐ 兩分付 ☐☐☐仲明

3. 收接□散□□□②文整思忖得 ☐ 交与文整孝課錢中統□□十兩却將生員不行

4. 赴府訖□☐☐☐☐☐☐☐☐☐此出首前去，合行具呈

5. 亦集乃路總管府，伏乞

---

① 文書圖版引自《中國藏黑水城漢文文獻》，第 7 冊，第 1419 頁。
② 文書"□散□□□"等字為右行補入，現徑改。

6. 詳察施行。湏至呈者
7. 右謹具

   （後缺）

  此件文書的圖版共由兩件殘片組成，其中殘片 A 較小，並無文字痕跡，殘片 B 前後缺，中部殘，且中部殘缺的面積較大，殘片 A 即擺放於殘片 B 的中缺之處。然而，從圖版中卻無法看出這一擺放方式的具體緣由，《中國藏黑水城漢文文獻》編者似有率意所為之嫌。

  此件文書的背面文書被《中國藏黑水城漢文文獻》編號為M1·1143 ［背］，收錄於該書的第七冊第 1420 頁，擬題為《文書》，其內容如下：

A 背

   （前缺）

1. _____□王行
2. _____□□行

2122　中國藏黑水城漢文文獻的整理與研究

　　　　　（後缺）
B 背
（一）
　　　　（前缺）
1. ☐☐☐☐☐☐☐日月照臨，有生皆報　☐正☐☐
2. ☐拱無为，致治一☐①，同☐愛☐②，
3. ☐咸☐☐☐☐☐，阻趨☐③闕，
4. ☐☐☐☐☐☐，称觿☐昏
5. ☐☐☐☐☐寿④。
　　　　（後缺）

　　從文書圖版可見，殘片 A 背面的文字較之殘片 B 背面的文字字號要小得多，且筆跡不同，由此可以確認，殘片 A 的背面與殘片 B 的背面不屬於同一件文書，既然殘片 A 背與殘片 B 背不為同件文書，故可推知，殘片 A 與殘片 B 亦不應屬於同一件文書，《中國藏黑水城漢文文獻》編者將殘片 A 置於殘片 B 的中缺之處，有待商榷。殘片 B 背面的文字有勾畫痕跡，其中第 1 行文字中的絕大部分被整齊裁切，由於整件文書的文字墨色較淡，且文字書寫較為潦草，故其具體內容尚難判斷，但可以肯定的是，該部分內容與正面文書無關。

　　此外，由於殘片 B 已經破損，故《中國藏黑水城漢文文獻》編者在擺放此殘片的過程中，導致原件文書出現了錯位和扭曲現象。如文書的上部，第 5、6 行這兩行文字，目前已交錯成了 4 行文字，顯然第 5、6 行文字的錯位現象，是屬於《中國藏黑水城漢文文獻》的編者在擺放文書原件時造成的文書錯位。另外，文書的下部又出現了嚴重的扭曲現象，從圖版可見，此件文書第 1—4 行的下半部分向右上方傾斜接近 30 度角，可以推見，文書的原始狀態應當是文字與紙張的下沿成 90 度角，而非現在的這種狀態。造成文書右下方向上傾斜的原因，可能是由於《中國藏黑水城漢文文獻》編者對於該件文書圖片的擺放不當所致。另外，殘片 B 的圖版左邊緣，還有明顯的裁切痕跡，此裁切痕跡非常整齊，這道裁痕是屬於文

---

① 此字前有墨筆勾畫痕跡。
② 此字前有墨筆勾畫痕跡。
③ 此字前有墨筆勾畫痕跡。
④ 此字前有墨筆勾畫痕跡。

書的原始形態還是屬於《中國藏黑水城漢文文獻》編者所爲，我們僅通過該件文書尚不能得出準確的判斷。

以上是關於此件文書圖版形態的介紹。在此件文書的文字形態方面亦有值得我們注意之處，如殘片B第3行的"□散□□□"等字，系右側插入文字，這説明此件文書也經過了修改，存在二次書寫的可能。從殘片B第1行的"向文整""如今先与你孛課錢"，以及第3、4行"交与文整孛課錢中統□□十兩却將生員不行赴府"等語可知，本件文書的内容也涉及胡文整接收學生學課錢，而學生並未赴府學學習一事。同時，該件文書所載學課錢的錢數與上件M1·1135［F234：W10］文書亦相關。前件所載生員許仲明所收汝勇布的學課錢爲"一十兩"，此件文書中提及與胡文整的學課錢爲"中統□□十兩"，從此殘文字可知，這兩項學課錢錢數的最後一個數字是相同的，且"中統鈔"是元代的通行貨幣之一，故可知"中統"二字之後所缺文字當爲"鈔"，這説明，此件文中的學課錢亦應爲兩位數，因此可以推見，此件文書的學課錢應與M1·1135［F234：W10］文書所載學課錢應當是一致的，即亦爲"一十兩"。

同時，該件文書第4—7行中的"合行具呈""右謹具"等語，均爲元代呈文結語的慣用套語，故可知，此件文書亦應爲呈文，且爲呈文的後半部分。通過文書内容及該件文書的文體可見，此件文書與M1·1135［F234：W10］文書内容、文體都是一致的。此外，通過文書圖版可見，這兩件文書的文字筆跡和行距等也相似，故可以斷定，以上兩件文書應屬於同一件文書。此件文書第4—5行載明了文書的呈送機構爲"亦集乃路總管府"，這也進一步證實了M1·1135［F234：W10］文書的呈送對象正是該機構。

3. M1·1671［正］

M1·1671［正］文書圖版①

（前缺）

1. 亦集乃路總管府，伏乞

2. 詳察施行，須至呈者，

3. 右謹具

4. 呈。

---

① 文書圖版引自《中國藏黑水城漢文文獻》，第9册，第1948頁。

2124　中國藏黑水城漢文文獻的整理與研究

5. ☐☐☐亦集乃☐☐☐☐☐

此件文書首殘尾全，上部完整，左下方殘缺。文書的右側被整齊裁切，現存文字5行，其中1—4行的内容與上件M1·1142［正］完全一致，且第1、2的文字存在錯位現象，文字錯位的位置和狀態與M1·1142［正］完全一致。此外，從圖版可見，這兩件文書的紙張顏色相同，殘損部位等可以重合，因此可以確認，這兩件文書應屬於同一件文書。爲何之前原本屬於一件的文書被分成了具有重合内容的兩件文書？筆者推測，這可能是《中國藏黑水城漢文文獻》的編者在對文書原件進行拍照及編輯過程中出現的問題。爲了更加全面、清晰地展現文書全貌，《中國藏黑水城漢文文獻》的編者在對文書進行拍照時，將同一件文書拍攝成了兩張照片，但在後期的編輯和出版過程中，該書的編者没有將這兩張照片擺放在一起，而是誤將它們當作了兩件文書，因此對這"兩件文書"進行了不同類別的劃分，並單獨予以編號和單獨擬題。這一方面說明，M1·1671［正］與M1·1142［正］文書中的裁切痕跡並非是原件文書所有，而是後人在整理文書過程中人為拍照造成的；另一方面說明，《中國藏黑水城漢文文獻》對這兩件文書的分類、編號和擬題都是不準確的。同時，《中國藏黑水城漢文文獻》在前言中所載的：《中國藏黑水城漢文文獻》收集的文書數量為"四千二百一十三件"① 的斷言，亦應加以修改，即至少應當從原先文書件數上減去兩件（除本件外，還應包括本件的背面文書）。

此外，M1·1671〔正〕的背面文書，收錄於《中國藏黑水城漢文文獻》第九冊第1949頁編號為M1·1672〔背〕，擬題為《文書》，文書內容如下：

（前缺）

1. 伏以
2. 未明肇序，萬姓□□□□□□□□
3. 詳□□□昇□□之□□□□□□
4. 瑞靄□興孚□以仁□□□□□
5. 德□日月照臨有物皆新□□□
6. 高拱無为致治一□□□□□□
7. □咸　　　　阻趨□□□

（後缺）

此文書第5—7行與上件M1·1143〔背〕B件內容完全相同，可以重合，亦可證明，此件文書圖版與M1·1143〔背〕B亦應為同件文書照片，之所以造成同件文書被《中國藏黑水城漢文文獻》編者分為兩類，且被單獨編號、單獨擬題，其緣由應當與本件文書正面所出現的同類現象是一致的，在此不贅述。

文書綴合

通過以上對M1·1135〔F234:W10〕、M1·1142〔正〕、M1·1671〔正〕所作錄文以及對文書錄文的說明可知，這三件文書應屬於同一件文書，且M1·1142、M1·1671兩號文書為同一紙文書殘片的不同部位，其中有部分文書重合。基於這些認識，我們可以將這些文書加以綴合。

---

① 《中國藏黑水城漢文文獻·前言》，第1冊，第17頁。

2126　中國藏黑水城漢文文獻的整理與研究

首先，可以將M1·1142［正］與M1·1671［正］進行綴合。

這兩件文書由於是同一紙文書殘片的不同部位，由於《中國藏黑水城漢文文獻》編者在編輯該書的過程中的失誤將其作為兩件文書處理，故對這兩件文書綴合即可將它們重合的部分僅作一次性的釋錄，然後再載錄其他不同之處即可，按此原則，這兩件文書綴合如下：

（前缺）

1. 向文整☐☐☐☐☐☐☐☐☐如今先与你李課錢☐☐

2. 两，文整亦思☐☐☐☐☐☐☐☐☐平☐等將☐☐两分付☐☐☐仲明

3. 收接☐散☐☐☐①文整思忖得☐☐交与文整李課錢中統☐☐十两却將生負不行

4. 赴府訖☐☐☐☐☐☐☐☐☐此出首前去，合行具呈

5. 亦集乃路總管府，伏乞

6. 詳察施行，湏至呈者，

7. 右謹具

8. 呈。

9. ☐☐☐亦集乃☐☐☐

綴合之後的文書，應當是首缺尾全，存文字9行，是胡文整呈文的後半部分，這應當是本件文書的原始狀態。為研究方便，我們將綴合之後的文書稱之為甲件。

其次，甲件文書可以與M1·1135［F234:W10］文書進行綴合。

甲件文書雖然可以確認與M1·1135［F234:W10］文書屬於同件文書，但它們的原始狀態確已分裂為兩件，如何進行綴合，則必須考慮兩文書的內容、文書圖版的狀態、文書中相關文字、符號的痕跡等問題。

首先，通過兩件文書的內容可知，M1·1135［F234:W10］文書屬於胡文整呈文的前半部分，甲件文書屬於後半部分，因此，這兩件文書的綴合順序應為M1·1135［F234:W10］在前，甲件文書居後，即M1·1135［F234:W10］文書

---

① 文書"☐散☐☐☐"等字為右行補入，現徑改。

在右側，甲件文書在左側。其次，通過兩件文書圖版可知，甲件文書右側大面積中殘，M1·1135［F234：W10］文書的右側 7—9 行則為上下殘，且按照圖版的大小，可以將M1·1135［F234：W10］文書的右側插入甲件左側的中缺之處，但不能直接和甲件文書邊緣完全結合，可知，甲件文書與M1·1135［F234：W10］之間，還有部分文字殘缺。再次，通過比較兩件文書圖版可見，甲件文書第 3 行的上部有插入文字，且有插入文字符號，M1·1135［F234：W10］文書第 8 行也有插入符號和插入文字，且插入符號與甲件是一致的。此外，甲件 2—3 行及 3—4 行上部的行距與M1·1135［F234：W10］文書 7—8 行及 8—9 行的行距相同，因此據之可以推定，甲件的第 2—4 行正是M1·1135［F234：W10］文書的 7—9 行。最後，將具有傾斜角度的甲件文書 1—4 行的下部內容復原到原始位置後，可以看出，甲件的 1—4 行行距與M1·1135［F234：W10］文書的 6—9 行的行距相同。因此基於以上對兩件文書內容、文書圖版及文字、插入符號等信息的分析和判斷，可以確認，甲件文書的第 1—4 行即M1·1135［F234：W10］的 6—9 行的內容。基於以上認識，將兩件文書綴合後的錄文移錄如下：

1. 亦集乃路儒孝教授所學□胡文整
2. 謹呈：自到任以來，為本路急闕儒學教授，學校墮廢□
3. 總府勸諭儒戶人民良家子弟學習詩書，去後至四月
4. 楊只立古前來向文整訴說：楊只立古有孝生一名汝勇布，交□府學讀書
5. 見將來為文整不肯收接，却將錢一十兩分付本孝生負許仲明收接，隨有耳卜渠
6. 向文整　　　□，如今這張太平奴有孩兒一个，名昌娥兒，入孝讀書，後頭選日將來　　如今先与你孝課錢□□
7. 兩，文整亦思　　從囘說：你每孝生不來，沒躰例要你鈔兩，當　　　平□等將　　兩分付　　仲明
8. 收接□散□□□□不見生負前來習孝詩書，文整思忖得　　社長王朶只巴并楊只立古、胡不魯罕、張太平　　　交与文整孝課錢中統□□十兩却將生負不行

9. 赴府，訖□□□說囑，實是不便。今將各人元与孛課錢□□□□此出首前去，合行具呈
10. 亦集乃路總管府，伏乞
11. 詳察施行，須至呈者，
12. 右謹具
13. 呈。
14. □□□□亦集乃□□□□□

這兩件文書綴合後，為方便研究，我們稱為乙件。乙件現有文字14行，雖然中間有部分文字殘損，但其已經首尾具全。同時據《新編事文類聚翰墨全書》"呈子首末式"條所載元代呈文的基本格式：

具銜姓某
謹呈：
某處某司或某官云云，為此合行具
呈，伏乞
照驗施行。須至呈者。
右謹具
呈
年月日姓某呈①

可以推知，若補全文書第14行的殘文，該行文字似乎應為"□□□（年月）亦集乃路儒學教授所學□胡文整呈"。而文書結尾所殘缺文字，應為本件文書呈報的具體日期。

以上即是對黑水城文獻中幾件元代文書的正面部分的綴合與復原。對於以上三件文書的背面文字，因《中國藏黑水城漢文文獻》未收M1·1135［F234:W10］文書的背面圖版，故該件文書的背面無法與其他兩件文書的背面綴合，但可以將M1·1142［背］與M1·1671［背］綴合。根據前文對這兩件文書形態、內容的

---

① 《新编事文类聚翰墨全书》，《续修四库全书》第1219册，《子部·类书类》，第419页。

說明，現綴合如下：

1. 伏以
2. 未明肇序，萬姓□□□□□
3. 詳□□□昇□□之□□□□
4. 瑞靄□興乎□以仁□□□□
5. 德□日月照臨有物皆新□正□□
6. 高拱無為致治一□同□愛□
7. □咸□□□□□阻趨□闕
8. □□□□□□□，称觴□昏
9. □□□□□□壽
    （後缺）

綴合之後的文書，首全尾缺，共存文字9行，其内容似乎是與詩賦有關。

關於文書的幾個問題

下面重點對乙件文書的幾個問題進行討論。

其一，關於乙件文書的定名問題。

《黑城出土文書（漢文文書卷）》載錄了乙件中的M1·1135［F234∶W10］文書的錄文，但未擬題。《中國藏黑水城漢文文獻》將以上文書擬題為三，顯然，將為M1·1142［正］，擬題為《府學文書》，將M1·1671［正］擬題為《落款》是不夠準確的，因為這所謂的"兩件"文書，是該書在編輯出版過程中人為地造成的，它們原本為一件文書，故將這"兩件"文書分別擬題，有失準確。對於乙件文書的另一部分M1·1135［F234∶W10］文書，《中國藏黑水城漢文文獻》擬題為《亦集乃路儒學教授勸學事跡》是否準確？答案也應當是否定的。原因在於，通過M1·1135［F234∶W10］文書的内容我們不難發現，原編者所擬《亦集乃路儒學教授勸學事跡》一題中的"儒學教授"顯然是指本件文書的撰擬者、呈送人"胡文整"，但文書第1行清楚的寫道："亦集乃路儒學教授所學□胡文整"，胡文整的身份應當為"亦集乃路儒學教授所學□"，而非儒學教授。該行

"學"字之後的文字殘缺,李逸友先生提出此缺字可能為"正"字。① 李先生所言有一定的道理,如據《元史》卷九一《百官志七》載:諸路總管府,"儒學教授一員,秩九品。諸路各設一員及學正一員、學錄一員。"很明顯,胡文整的身份是"學□",而不是儒學教授,由此可知,《中國黑水城漢文文獻》編者對文書撰寫主體人物身份認識有誤。其次,由復原後的文書可見,文書內容主要是關於錯收學課錢一事,而非勸學事跡,《中國黑水城漢文文獻》編者對文書內容判斷也存在錯誤。

另外,儘管李逸友先生對胡文整職官所做判斷有一定的道理,但據上文又可知,胡文整既有為"學正"的可能,亦有為"學錄"的可能性。由於無論"學正"還是"學錄",在元代都統稱為"學官",故我們稱胡文整為"亦集乃路儒學教授所學官",應當問題不大。

按照敦煌吐魯番文書的定名慣例,一件文書的擬題,除了應包括文書的撰寫者外,還需包含文書的主要內容、撰擬時間、所用文體、呈送對象等幾方面的要素。關於乙件文書所用文體及呈送對象,前文已述,在此不贅。由於文書多處殘損,這造成了我們對文書細節內容的理解遇到困難,但通過文書中多次出現的"學課錢"一語可知,此件文書應當是胡文整因為收接生員學課錢一事而向亦集乃路總管府進行的說明。對於文書的形成時間,雖然文書結尾處殘缺,故具體時間不詳,但此件作為元代文書是沒有異議的。由於亦集乃路總管府設立的時間為至元二十三年(1286)②,故可推知,此件文書必然形成於此後,又由於黑水城文獻中的元代文書多數為元中後期文書,故此件文書亦為這一時期文書的可能性很大。

基於以上對乙件文書的認識和判斷,我們似可將該文書擬題為:《元亦集乃路儒學教授所學官胡文整呈該路總管府文為詳察生員學課錢事》。

其二,關於文書中的"亦集乃路儒學教授所"。

上文已經指出,乙件文書第1行的"亦集乃路儒學教授所學□"應當是胡文整的職銜,該句從文義上講,應包含兩個層次,第一,為"亦集乃路儒學教授所";第二,為"學□",而"學□"所指的是"學正"或"學錄"應無太大的異議。那麼"亦集乃路儒學教授所"到底為何?以往研究者均對其避之而不談。

---

① 《黑城出土文書》,第48頁。
② 《元史》卷六〇《地理志三》,第1451頁。

除了此件文書外，黑水城文獻中還有一件文書提及了"亦集乃路儒學教授所"，該件文書即編號為 F39∶W1（1）的文書①，現將該件文書的部分錄文移錄如下：

1. _____亦集乃□②儒孝教授所李③關為本
2. _____文卷等物事理，隨此發去，仰將文
3. _____從實交割收管施行。湏至
4. _____將文卷等物各各④開寫于□⑤。
5.　　至關者：

（後略）

此件文書第 1 行，《黑城出土文書（漢文文書卷）》釋錄為"_____亦集乃□儒學教授李所關為本"，若按此釋錄，"李所關"三字顯然成為了亦集乃路儒學教授之人名。然而，通過圖版可見，"李"字為補字，寫於"所"字的右側，因此，按照古代寫本中補字一般補於文字下方而非上方的原則，可以推知，此處應為"亦集乃□儒學教授所李關為本"，而非《黑城出土文書（漢文文書卷）》所做釋錄。按筆者的釋錄，"李"字，應為某人的姓，此處似是用"李"字來代指其人。此外，該行中的"關"字，據文義可知，其應為元代在同級行政機構間使用的一種公文文體，或稱為"關文"，而非人名的一部分。通過此件文書不難發現，在 F39∶W1（1）文書中亦存在"亦集乃□儒學教授所"。

若以上判斷不誤，則可以得知，在黑水城元代文獻中至少有兩件元代文書存在"亦集乃路儒學教授所"一語。這說明，"亦集乃路儒學教授所"的寫法應非誤寫。上文已述，乙件文書中該語之後的"學□"是胡文整學官的具體職名，那麼"學□"之前的"亦集乃路儒學教授所"一語，從文義上講，就應當為該學官的所屬機構。

元朝在路一級政府設置儒學管理機構的歷史由來已久，如陳高華先生指出："元朝統一全國前後，在路、道均設有儒學提舉司。"⑥《廟學典禮》記載，中統

---

① 《黑城出土文書（漢文文書卷）》，第 196 頁；《中國藏黑水城漢文文獻》未收。
② 據文意推斷，此處所缺文字應為"路"。
③ "李"字為右行補入，現徑改。
④ 第二個"各"為省文符號，現徑改。
⑤ 據文意推斷，此處所缺文字應為"後"。
⑥ 陳高華：《元代的地方官學》，《元史論叢》第五輯，中國社會科學出版社 1993 年版。

二年（1261）八月份元廷曾下過一道關於在諸路設置提舉學校官的聖旨："諸路學校久廢，無以作成人材。今擬選博學洽聞之士以教導之，據某人可充某處提舉學校官。凡諸生進修者，仍選高業儒生教授，嚴加訓誨，務要成材，以備他日選擢之用。仍仰各路官司，常切主領敦勸，宜令准此。"① 元朝在各路設置儒學提舉司這一機構，可能是從此時開始的。但後來情況有所變化，陳高華先生又指出，隨着行省制度在忽必烈統治後期的確立，"地方學校的管理體制也需進行調整"，"元成宗元貞元年（1295）五月，'詔各省止存儒學提舉司一，餘悉罷之'。也就是說，止在行省一級設儒學提舉司，原來各道的儒學提舉司都要撤銷。"② 按陳先生所言，既然各道的儒學提舉司被裁撤了，那麽地方各路的儒學提舉司亦不免此命運。陳先生還進一步指出，"正是從元貞元年起，行省設儒學提舉司成為定制，直到元亡"，"但直屬中央腹里的各路，仍設有儒學提舉司"。③ 陳先生此語又說明，雖然在元貞之後元朝的儒學管理機構呈現出逐步減少並向行省集中的趨勢，但路一級政府中的儒學管理機構並未被一刀裁切了事，陳先生敏銳地發現了元朝腹里地區依然設有儒學提舉司的這一特殊情況。那麽，元代西北地方的情況如何呢？對此，由於此前該區域的材料缺乏，人們往往不甚了了，如申萬里先生在研究元代西部地區儒學的發展情況時慨歎："中國西部原西夏政權控制的範圍以內及宋朝與西夏、吐蕃的交界地區，在宋朝有學校的分佈。進入元朝以後，由於史料的缺乏，目前還很難瞭解這一地區儒學教育的開展情況。"④ 以上黑水城文獻的發現，將使西部地區材料缺乏的局面有所改觀。其中乙件、F39：W1（1）文書中的"亦集乃路儒學教授所"一語提供了重要線索。據文義，該語似指亦集乃路總管府的儒學管理機構，若此推測不誤，那麽，這就使我們對元代亦集乃路所設儒學的管理機構有了新認識。這表明，有元一代，不僅腹里諸路的儒學管理機構沒有被裁撤。同時處於西北地方的亦集乃路總管府亦設有此類機構。同時，通過"儒學教授所"這一名稱可知，亦集乃路所設的儒學管理機構並未稱為"儒學提舉司"，這又說明亦集乃路的儒學管理機構與腹里諸路有所不同。以上種種現象似乎說明，元代在地方上所施行的儒學管理制度，並未採取一刀切的管理策略，

---

① （元）佚名、王頲點校：《廟學典禮》，浙江古籍出版社1992年版，第12頁。
② 參見陳高華《元代的地方官學》一文。
③ 參見陳高華《元代的地方官學》一文。
④ 申萬里：《元代教育研究》，武漢大學出版社2007年版，第82頁。

而是施行了具有一定靈活性的政策。

其三，關於文書中的"學課錢"。

乙件是圍繞接收學生的"學課錢"一事展開，基於M1·1135［F234：W10］文書，李逸友先生提出了"亦集乃路儒學對入學生員收取學課錢"的觀點，① 吳超先生則在其論文中指出"據筆者查閱元代相關文獻，並沒有發現元政府關於學課錢的規定，這可能是亦集乃路總管府的規定，或是儒學自身的規定。"②

首先，關於乙件文書所載的"學課錢"是亦集乃路的特例，還是元代的普遍現象的問題。

通過乙件文書可知，亦集乃路的儒學管理機構存在接收學生"學課錢"的現象，其實除了該件文書對這一現象的記載外，元代文獻中還存在一些相關的記載，這些記載主要集中在《元雜劇》中。如關漢卿的《狀元堂陳母教子》第二折載："（正旦云）師父多教孩兒幾遍。（唱）我去那師父行陪了些下情，則要你工課上念得滑熟；我甘不的這廝看文書一夜到三更後！（三末云）母親，你打我，則是疼你那學課錢哩！（正旦唱）且休說你使了我學課錢，哎，賊也，你熬了多少家點燈油！"③ 第四折載："學的他那有仁有義孝連天，使了我那無岸無邊學課錢。"④ 此出戲曲中多處提到了"學課錢"。再如，秦簡夫的《晉陶母剪髮待賓》第一折載："小生姓陶名侃，字士行，祖居丹陽人氏。年方二十歲。父親辭世，有母湛氏，抬舉小生成人長大，訓課讀書。爭奈家貧，母親與人家縫聯補綻，洗衣刮裳，與小生做學課錢。雖則學成滿腹文章，何日是崢嶸發達之時？今日太學中有一老先生，姓范名逵，來到府學……"⑤ 這曲戲曲記載，陶侃家貧，其母通過給"人家縫聯補綻"來給他掙取"學課錢"一事，同時這裏還提到一日有太學先生"來到府學"，這說明陶侃定為"府學"的生員。此外，《元雜劇》中還有一些類似的記載，在此不一一例舉。通過《元雜劇》的記載不難發現，府學生員繳納學課錢並非僅僅是元代亦集乃路一路的特殊現象，而應當是比較普遍的現象。

其次，是否所有生員都需交納"學課錢"？

我們對上文李逸友先生的觀點似可理解為：在亦集乃路的儒學生員都需交納

---

① 《黑城出土文書（漢文文書卷）》，第48頁。
② 吳超：《亦集乃路的儒學管理初探》，《陰山學刊》2009年第3期。
③ 王季思主編：《全元戲曲》第一卷，人民文學出版社1999年版，第311頁。
④ 《全元戲曲》，第一卷，第321頁。
⑤ 《全元戲曲》，第五卷，第60頁。

學課錢。通過乙件文書第5行"隨有耳卜渠⬜"，第8行"⬜社長王朵只巴並楊只立古、胡不魯罕、張太平⬜"等語可以推知，文書中的兩名學生"汝勇布""昌娥兒"應當都是來自亦集乃路耳卜渠的某一社，這一社的社長為"王朵只巴"。這些信息給我的啟示即是，這些交納學課錢的學生，並非是亦集乃路總管府駐地的儒戶及官僚子弟，而是來自基層農村的儒戶或良家子弟，此件文書反映的正是這些出身的學生交納學課錢的現象。因此僅據此材料，我們還不能得出所有亦集乃路生員都需交納學課錢的結論。同時，通過上文《元雜劇》的材料也不難發現，生員陶侃家境貧困，這說明陶侃也是一名來自基層的生員。因此基於以上認識，筆者認為，來自基層的生員是需要交納學課錢的，但並不能認為所有生員都需交納此錢。

其四，從文書看亦集乃路的社學。

乙件文書顯示，亦集乃路存在路一級的儒學，還擁有專門的機構。儒學是元代在路一級機構設置的官學之一，除此之外，元代路一級的官學通常還包括"蒙古字學""醫學""陰陽學""書院""社學"等。① 黑水城文獻顯示，亦集乃路還存在"蒙古字學""醫學""陰陽學"等官學②，然而該路否存在"社學"等官學，則不甚明了。通過乙件文書，我們似乎可以看到"社學"的身影。

元朝在至元二十八年（1291）"勸農立社事理"中規定："諸縣所屬村疃，凡五十家立為一社"③，"今後每社設立學校一所，擇通曉經書者為學師，於農隙時分各令子弟入學"。④ 陳高華先生指出，"社學，也就是農閑學校"，"農隙只能在冬季，所以社學又叫冬學"。⑤ 乙件文書提到了欲赴儒學讀書的耳卜渠某社的兩名學生，顯然，這兩名學生汝勇布與昌娥兒本身不是儒學的生員，而是來自於社級機構，其中"汝勇布"還是楊只立古的學生，這說明在耳卜渠以王朵只巴為社長的社中有社學的存在。亦集乃路社學的發現，使我們進一步增強了對該路官學的認識，此前我們已知該路擁有儒學、蒙古字學、醫學、陰陽學等官學，若再加上

---

① 參見陳高華《元代的地方官學》一文。
② 如編號為"F111：W55"的文書中載有"蒙古教授"（《黑城出土文書》第121頁）；編號為"F9：W101"文書中載有"醫學教授"（《黑城出土文書》第196頁）；編號為"Y1：W30"文書中載有"陰陽學"（《黑城出土文書》第94頁）。
③ 《元典章》，第916頁。
④ 《元典章》，第920頁。
⑤ 參見陳高華《元代的地方官學》一文。

社學，則說明，亦集乃路的官學，已經具備了比較完善的體系，雖然當前還沒有發現有關該路設置書院的直接證據。

此外，通過乙件文書我們還可以對元代社學學生的出路問題有所認識。關於元代社學學生的出路，陳高華先生提出"社學的學生沒有任何優待，也不存在出路問題"的觀點。① 通過乙件文書可知，作為社學學生的汝勇布與昌娥兒是有機會去儒學進一步學習的，只不過需要交納一定的學課錢。這說明，亦集乃路的社學學生存在一定的出路，而其出路即是赴儒學學習，這些內容對於我們認識元代社學學生的出路問題，提供了新材料。

（原刊於《黑水城元代漢文軍政文書研究》，天津古籍出版社2015年版）

---

① 《元代的地方官學》，第187頁。

由黑水城文書看北元時期肅政廉訪司更換官吏中的作用

郭兆斌

元代在中央設有國子學，地方上則分路府州縣四級官學，除了官學還有廟學，關於元代地方官學和廟學以及兩者關係，已有陳高華、胡務和申萬里等先生已做過研究。① 在黑水城出土文獻中，有一件廉訪司彈劾亦集乃路儒學教授的文書，其中涉及了廉訪司彈劾和薦舉官吏的程序及在此過程中與地方行政長官的關係。對於該件文書，潘潔、吳超等已有專門研究，但其研究關注點都主要集中在官員選任制度方面②，而筆者擬從廉訪司角度對文書進行再研究。為研究方便，現將錄文迻錄如下：

M1·1133［F9: W101］宣光元年更換亦集乃路儒學教授③

1. 皇帝聖旨裏，河西隴北道肅政廉訪亦集乃分司付使哈剌哈④孫朝夕常謂：
2. 　　崇儒重道，固⑤古昔之良規；舉善薦实⑥，尤當今之急務。照得亦集乃路學黌已

---

① 陳高華：《元代的地方官學》，《元史論叢》第五輯，中國社會科學出版社1993年版；胡務：《元代廟學的興建和繁榮》，《元史論叢》第六輯，中國社會科學出版社1997年版；申萬里：《元代廟學考辨》，《內蒙古大學學報》（人文社會科學版）2002年第2期。
② 參見潘潔、陳朝輝《黑水城出土元代亦集乃路選官文書》，《寧夏社會科學》2009年第3期；吳超《黑水城出土文書所見人事變化初探》，《陰山學刊》2011年第2期。
③ 《中國藏黑水城漢文文獻》，第7冊，第1411頁。《黑城出土文書（漢文文書卷）》有錄文，李逸友所做題解為"桑皮紙，微缺，草行書，末尾銜接為宋體大字，蓋朱紅官印三方，印文不清，560mm×615mm。"
④ "哈"，《黑城出土文書》錄文漏錄，現據圖版補。
⑤ "固"，《黑城出土文書》錄文作"因"，現據圖版改。
⑥ "实"，《黑城出土文書》錄文作"良"，現據圖版改。

3. 摧毀，教養無法，与所委任非人，以致①孝校廢弛。今体察得權教授邢守善本②

4. 非教養之才，冒膺師儒之戨，耽悮後進、玷污儒風，擬將本人截日革去。若

5. 不作急選，委才德兼俻、學問擅長之人俾充教授，有妨後進。切見前教

6. 授易和敬，其人行止端方、操履篤实，如將斯人承權於儒孝教授，所掌管

7. 一応事務，誠为相応。累戨③，合行故牒，可④

8. 照驗告行⑤路任摠管施行，湏至牒者

9. 牒　件，今　牒⑥

10. 亦集乃路摠管府

11. 照　驗，故　牒。⑦

12. 　　　宣光元年十月　日牒書吏李遵承行

13. 　　　醫學教授權□□

14. **朝列大夫河西隴北道肅政廉訪亦集乃分司付使哈剌哈孫（簽押）**

　　李逸友先生曾指出文書中更換儒學教授"不經過朝廷任命，這是非常時期的權宜之舉。"同時還認為"故牒的由頭錯寫為'醫學教授權□□'，雖已加蓋官印，但顯然是張廢紙，是否亦集乃路總管府總管照辦，更無從得知。"⑧潘潔則認為這是一件正式公文，此時推薦任官是正規途徑並且已經發展為一種選官方式，北元時期官員的銓選制度已經發生變化，舉善薦良已經成為當務之急。吳超則指出文書中的保舉方式是外舉，同時還有自舉，其將文書分為八個層次之後並未對其進行過多的展開，同潘潔一樣，其認為"被舉薦人的品質在舉薦過程中起着至關重要的作用，薦舉是元代選拔官吏的一個重要形式。"

---

① "致"，《黑城出土文書》錄文作"至"，現據圖版改。
② "本"，《黑城出土文書》錄文作"并"，現據圖版改。
③ "累戨"兩字有塗改痕跡。
④ 《黑城出土文書》錄文於"可"字後衍錄一"以"，現據圖版改。
⑤ "行"，《黑城出土文書》錄文作"該"，現據圖版改。
⑥ 第8—9行鈐朱印一枚。
⑦ 第10—11行鈐朱印一枚。
⑧ 《黑城出土文書》，第48頁。

對文書內容的分析

文書的首句有"皇帝聖旨裏",這是元代一般公文的起首語。"河西隴北道肅政廉訪亦集乃分司付使哈剌哈孫"則證明此次巡按亦集乃路的是河西隴北道肅政廉訪司副使之一的哈剌哈孫。按,河西隴北道肅政廉訪司所監察的區域有七路二州,同其他廉訪司一樣有正官八員:廉訪使二員,副使二員,僉事四員。河西隴北道肅政廉訪司的置司所在地為甘州路,其餘八個路(州)就由兩員副使和四員僉事進行監察。正如李治安先生所說"廉訪分司正官數或是一員,或是兩員。所分治的路數又不限於一個,或是兩個以上。"① 《中國藏黑水城漢文文獻》第四冊《律令與審判文書》第665頁所收M1·0528 [F125:W71]② 號文書中就有"皇帝聖旨裏,亦集乃路總管府今蒙河西隴北道肅政廉訪司甘、肅、永昌等處分司"一語,由此可見這件文書裏的分司至少掌管了三路的監察事務,即一個廉訪分司監察三路的反映。

從第2行的"照得"到第4行"截日革去"所說的是擬將現任儒學教授邢守善革職及擬將其革職原因的闡述。"照得"一詞在《吏學指南》中解釋是"謂明述元因者",屬於發端詞。從文書中可知此次更換亦集乃路儒學教授的原因是亦集乃路官學屋舍出現損毀、學校廢弛等情況無法再進行教學活動,而這些都與現任儒學教授所任非人有關。"体察得"一句則是對"權教授邢守善"品性的考察和評價,證明此人不再適合擔任儒學教授一職,故而擬將其革去,另擇賢良。文書第3行"權教授"並非指權姓教授,此處"權"乃代理,攝守官職之義,也就是說此時邢守善只是個代理儒學教授。

從第5行到第7行"誠為相應",則是廉訪司在彈劾現任儒學教授後所舉薦的替代者,從"不作急選……有妨後進"可知舉薦新任教授是當時之急務,被舉薦者是前任儒學教授易和敬。從第6行"承權"二字來看,易和敬也只是暫且代行儒學教授一職,是權宜之計。承權在此處是權宜除授官員之義,《元典章》中有"若有急闕去處,從行省選注,謂之承權"③。第7行"一應事務"所指的是儒學

---

① 《元代政治制度研究》,第292頁。
② 該件文書還收錄於《黑城出土文書》第144頁,其所記文書編號為 F125:W5。
③ 《元典章》,第1561頁。

教授所掌管的一切事務。"累"有相接、延續之義，則"累職"筆者認為指的就是儒學教授一職的接續，表示易和敬和邢守善在職責上是相延續的，並未出現儒學教授職權的空缺，這與上面提到舉薦新任教授乃當務之急是相照應的，凸顯了事務之急。

在文書的第7行和第8行中有"合行故牒，可照驗告行路任揔管施行。"這應是廉訪司在對邢守善和易和敬做出處理意見之後對亦集乃路總管所下的指示。"故牒"是元代公文行移中用於結句之處的詞語，宋代已有。故牒，"顏師古曰：'故者，謂通其旨義也。'"①《元典章》中規定：

> 照得諸外路官司不相統攝應行移者，品同，往復平牒【正從同】。三品於四品、五品並今故牒，六品以下皆旨揮；回報者，四品牒呈上，五品牒呈上，六品以下並申。其四品於五品往復平牒，於六品、七品今故牒，八品以下旨揮；回報者，六品牒呈上，七品以下並申。……佐官當司有應行移往復者，並比類品從。職雖卑，並今故牒；應申，並諮。②

朱建路據此認為"提刑按察司與各路總管府之間公文行移用今故牒，各路總管府回復提刑按察司公文用牒呈上。"③查《元史》可知"諸路總管府，……上路秩正三品。達魯花赤一員，總管府一員，並正三品，……下路秩從三品。"④《元史》中關於下路達魯花赤和總管的品秩並未予以記載，《事林廣記》則有"【上路】花赤大都副花赤並正三品總管兼尹正三品……【下路】花赤正三品總管從三品"的記載。⑤從這兩處記載可知在元代無論上、下路，其總管府、達魯花赤和總管都是三品官司，只是正從有別。肅政廉訪司官的品秩在《元史》中都有詳細的記載，其中廉訪使為正三品、副使為正四品，對於廉訪司的品秩《元史》中則沒有記載。《南村輟耕錄》中有"各道提刑按察司，至元六年置，正三品，有使、副使、僉事、察判、經歷、知事。"⑥陶氏所記的是提刑按察司，並未提及廉訪司

---

① 《吏學指南》，第38頁。
② 《元典章》，第514頁。
③ 參見朱建路《從黑城文書看元代亦集乃路河渠司》一文。
④ 《元史》卷九一《百官七》，第2316頁。
⑤ （宋）陳元靚編：《事林廣記別集》卷二《外任諸衙門官職》，中華書局1963年版，第31頁。
⑥ （元）陶宗儀撰：《南村輟耕錄》卷二《置台憲》，中華書局1959年版，第24頁。

品秩的變化，再加上廉訪使為正三品，所以可以認為廉訪司也是正三品官司。這樣一來，同為三品官司的亦集乃路總管府和河西隴北道肅政廉訪司之間公文的行移應用平牒。但文書中出現了"今故牒"則說明廉訪司與總管府之間有着統攝關係。李治安先生指出"儘管廉訪司和上路總管府均為正三品，然最晚在成宗初，路總管府等即被視為廉訪司的'屬官'，二者的'尊卑之辨'已在官場上得到普遍的認同。"① 上路總管府尚且如此，作為下路的亦集乃路總管府就更是如此。文書中用"今故牒"亦可以作為總管府是廉訪司屬官的一有力證明。"告行路任摠管施行"說明了廉訪司僅有舉薦和揭發的權力，具體對學官的任免還要由當地的行政正官執行，這也就印證了李治安先生所說的廉訪司具有的"只是檢舉揭發和聽從朝廷裁決的局限性"。

接下來的"須至牒者"四字，據《歷史文書用語辭典》解釋"【須至……者】歷史文書結尾處的固定套語，此語本無多大意義，歷代文書中相為襲用，僅表示文書的完結。凡官府之間往來文書中，無論向上級呈送的文書、向下級發出的文書或平級機關的來往文書中，都可用此語結尾。"② 而且從緊接"須至"之後的文字可以判定文書的性質。在元代文書中經常見到呈文之結尾有"須至呈者"，劄付之結尾後有"須至劄付者"等等，此處的"須至牒者"則表示文書的性質為牒文。到此，這應是文書的第一大部分，內容是廉訪司對亦集乃路學官的任免意見，並以牒文形式要求亦集乃路總管執行自己的處理意見。

第9行至第12行，是文書的第二大部分。這部分應是在寫完廉訪司副使哈剌哈孫對整件事的處理意見之後，書吏按照哈剌哈孫的要求所寫的廉訪司對第一部分的批示意見。其中"牒件"一詞在宋代已有之，《石林燕語》卷三"門狀"條下有：

> 至於府縣官吏見長吏，諸司僚屬見官長，藩鎮入見宰相及台參，則用公狀，前具銜，稱"右某謹祗候，某官伏聽處分，牒件狀如前，謹牒。"此乃申狀，反閘狀也。元豐以前，門狀尚帶"牒件狀如前"等語，蓋沿習之久，後雖去，而祗候、起居並稱，猶不改。今從官而上，於某官下稱"謹狀"，去"伏候裁旨"四字，略如唐制，而具前銜，謂之"小狀"。他官則前銜與

---

① 《元代政治制度研究》，第172頁。
② 劉文傑：《歷史文書用語辭典（明清民國部分）》，四川人民出版社1988年版，第113頁。

前四字兼具,而不言"謹狀",不知有"牒件狀如前,謹牒"七字,則"謹狀"字自不應重出。若既去此七字,則當稱"謹狀"。以為恭而反簡,自元豐以來失之也。①

另《夢溪筆談補》卷一有:

國初公狀之制,前具官,別行敘事後云"牒件狀如前,謹狀"。至宣和以後,始用今制,前具官別行稍低,敘事訖,復別作一行,稍高,云"右謹具申聞,謹狀。"②

從這兩條記載來看,宋代"牒件"一詞用於申狀等上行公文之中。從葉夢得"不知有'牒件狀如前,謹牒'七字,則'謹狀'字自不應重出。若既去此七字,則當稱'謹狀'。"可知在元豐時期,"謹狀"與"牒件狀如前,謹牒"一句是不能同時使用的,但如果有了"謹狀"二字就可以不用"牒件狀如前,謹牒"。宣和以後,從沈括的記載中可以發現"牒件狀如前,謹狀"已經被"右謹具申聞,謹狀"替代,因此"牒件狀如前"與"右謹具申聞"應是指同一個意思。到了元代仍有"牒件狀如前,謹牒"字樣,但已經極少,目前僅在《元典章》中見有:

右具如前,所據歸勘到前項情款,並是端的,保結是實。伏乞
中書刑部詳酌施行,謹具申聞,謹錄狀上。
牒件狀如前,謹牒。　年　月　日依式③

這是在敘述完對儒吏的考試程序及科目之後的進一步規定,此處的"牒件狀如前,謹牒"應與宋代是同一個意思,即所述事項已經開列於上。但在 F9: W101 文書中,緊接"牒件"之後是"今牒"而非"狀如前",這點應從文書收發機關的關係來判斷。無論上引的宋代文人筆記還是《元典章》中所記載的,它們都是

---

① (宋)葉夢得撰,侯忠義點校:《石林燕語》,中華書局 1984 年版,第 33 頁。
② (宋)沈括著,胡道靜校證:《夢溪筆談》之《補筆談續筆談校證》,上海古籍出版社 1987 年版,第 898 頁。
③ 《元典章》,第 445 頁。

上行文書，而這件北元時期的文書則是廉訪司給亦集乃路總管府下達的牒文，責其辦理更換儒學教授一事。既是下行文書，若再出現"狀如前，謹牒"字樣就與其身份不相符，所以在這件文書的最後出現的是用於下行文書中的"故牒"。兩詞中間的"今牒亦集乃路總管府照驗"與第7、8行的意思相同，但其所起的作用與"狀如前"應是相同的，即文書的主要內容前文已述，只不過此處特意強調讓亦集乃路總管府勘實這件事。第12行前半部分是文書的書寫時間及點明文書的性質是牒文，後半部分"書吏李遵承行"則表明是一個李姓書吏遵照副使的命令執行。

第13行"醫學教授權□□"筆者認為應是一個醫學教授的簽押，而不是李逸友先生所認為的是書寫錯誤的由頭。首先，在諸路總管府的屬員中是設有醫學教授一職的，這就使得第13行為醫學教授簽押有了可能性；其次，關於由頭的書寫位置，參考中國藏黑水城所出《大德四年軍糧文卷》中的幾件文書，發現這幾件文書由頭的書寫位置都是緊挨着府吏的簽押，如M1·0296［F116：W553］①號文書中的"檢計稟軍糧事"和M1·0295［F116：W552］②號文書中的"為軍糧掃里鈔事"，反觀F9：W101號文書中"醫學教授權□□"一句所在位置，其離廉訪司書吏簽押所在位置較遠，反而離廉訪司副使的簽押較近，從這點來看這一行更像是簽押；再次，"權"字之下有缺失，但其缺失的部分從空間上看僅能容下兩個字左右，這對於書寫由頭是有些困難的。因此，作為由頭的可能性非常之小。之所以有醫學教授的簽押，應該是參與了此次更換儒學教授的工作，不外乎是參與了對現任儒學教授的調查或者舉薦了其繼任者，那麼此處"權"筆者認為是姓氏，即這是一個權姓醫學教授的簽押，其參與到此次監察工作中應是臨時差遣性質。

第14行則是哈剌哈孫的簽押，用宋體大字書寫。三處朱印由於字跡難以辨認，因此也不能隨意下定論，但與廉訪司及其司官有關這一點是可以肯定的。

文書所反映的儒學教授任免制度和程序

以上是文書主體內容，涉及儒學教授的任免：一部分是彈劾現任儒學教授，

---

① 《中國藏黑水城漢文文獻》，第2冊，第402頁。
② 同上書，第397頁。

一部分是舉薦新的儒學教授。關於儒學教授的選任在《廟學典禮》一書中有着記載：

> 今來議得：各路並府、州教授，別有遷調影下窠闕，擬合令本路官司於所轄州郡教官內，通行推選材德服衆之人，牒委文資正官覆察相應，然後行移本道按察司，公坐出題試驗，將親筆所業文字，並察司的本牒文繳申省部，移文翰林國史院再行考校定奪，其餘學正人等依舊守職。[①]

《廟學典禮》所記，為我們簡要敍述了選任教授的程序：先從各路所轄州郡的教官內推選，然後用牒文委派文資正官進行覆察，將覆察後的結果移交到本道按察司，在進行公開考試選拔之後將各個教官的文章與廉訪司的牒文一併上繳到省部，此處的省部應是中書省吏部，吏部將以上材料移交到翰林國史院定奪。

以上是選任教授的正常程序，文書中的易和敬應正處於第三階段，即廉訪司受到文資正官的覆察結果後，對教授人選所進行的評價，認為易和敬可以擔任亦集乃路官學的教授，而且還認為"如將斯人承權於儒學教授，所掌管一應事務誠為相應"，這是廉訪司的舉賢職能之體現。所謂承權就是權宜除授官員之義，也就是說任命易和敬也只是權宜之計，與上文中"若不作急選……有妨後進"的情勢相應。儒學教授的選任還涉及舉保，對於官吏的舉保在《通制條格》中有如下規定："如自州縣舉保，從本屬總管上司牒委正官復察相同，移文按察司委官體訪。如有按察司舉明者，舉官訪察得實，移文本司，別委正官復察相同，各開著明實跡，前後保察官員職名，保結申台。若保舉職官，亦仰依上復察在任為政各各事跡，保結開申。所保不當，罪及保官。"[②] 結合《廟學典禮》的記載，文書中的易和敬應是由其他人保舉，只不過廉訪司進行了審查，那麼此時廉訪司就要負有連帶責任，其形成的保結文書還要上呈到御史台。在《通制條格》中還規定，"學官人品不同，真偽混淆。……或在任有行止不臧、忝居師席者，從廉訪司糾彈。"[③] 由此可見，在學官們的任職內廉訪司所要做的就是對他們進行監察，一旦發現有不符合規制之處，便檢舉和揭發，官員的遷轉則受到"提調官照勘得別無

---

① 《廟學典禮》卷二《儒職升轉保舉後進例》，第35頁。
② 《通制條格校注》卷六《選舉・舉保》，第295頁。
③ 《通制條格校注》卷五《學令・廟學》，第213頁。

侵欺粘帶,方許給由"的限制。此處的提調官據方齡貴先生解釋認為是路府州縣文資長官,所謂給由則是"官吏任滿遷轉時所與之證明文件,實即在任政績考語。"①

但我們發現,廉訪司在彈劾邢守善和舉薦易和敬之後,並未將這份文書上交到省部進行定奪,而是交由亦集乃路總管府總管辦理此事,這與《廟學典禮》所規定的程序是不相符的。出現這種情況的原因正如李逸友先生所說"不經過朝廷任命,這是非常時期的權宜之舉。"聯繫到當時元順帝已經退出大都,在北方草原組建了北元政權,但政局不穩已經成為現實,許多制度、政策也難以按原來的規定實施和執行下去,文書就應是這點的反映。但有點需要指出的是無論是即將被罷免和繼任的儒學教授,他們的頭銜都有"權"字,即只是暫時代理儒學教授一職,正式的任免則可能還需要元廷執行。從另一方面來看,即使到了北元時期廉訪司的監察工作仍在繼續開展,並未因為戰爭和政權的遷徙而廢止。

以上就是對廉訪司在學官的選任和任職期間所擔負職責的考察。具體來講,廉訪司所要做的就是在學官被任命之前對其人品和才能進行監察;擔任學官後,如有不符學官身份的情況出現則要進行檢舉和揭發。在學官的選任過程中,廉訪司也有着聯名保舉的職責,即對被舉保的候選人審查後如果認可則要舉薦,這點從廉訪司對易和敬的評語中可以看得出來。無論是選任和彈劾,廉訪司都無執行權,其所要做的就是聯名舉薦和檢舉揭發而後由省部或者總管府裁決。在元代前期,都是由省部執行,從文書來看,到了北元時期這些都由當地最高行政機構代為執行。

(原刊於《元史論叢》(第十四輯),天津古籍出版社 2014 年版)

---

① 《通制條格校注》卷五《學令·廟學》,第 213 頁。

黑水城元代禮儀祭祀文書的判定與整理

蔡偉政

《中國藏黑水城漢文文獻》（以下簡稱《中國藏》）第七冊所收錄的文書中涉及禮儀祭祀的共計 19 個編號，其中禮儀類文書 7 個編號，祭祀費用文書 12 個編號。李逸友先生《黑城出土文獻（漢文文書卷）》[①]（以下簡稱《黑城》）一書中則收錄禮儀祭祀類文書 16 個編號，其中禮儀類 6 個編號，祭祀費用類 10 個編號。兩書收錄文書的異同，詳見下表：

	文書編號	《黑城》頁碼	《中國藏》頁碼	備註
禮儀	Y1∶W30	94	1009	《中國藏》中將此件文書歸入"軍政類"，編號為 Y1∶W36
	Y1∶W105	94	1377	
	F1∶W43	94	1379	
	F2∶W31	94	1380	《中藏》編號：[F2∶W31b]
	F62∶W11	95	1378	
	F2∶W59	95	1381	
	84H·F51∶W16/0841		1382	
	84H·Y1 采∶W116/2786		1382	

[①] 《黑城出土文書（漢文文書卷）》，第 94—97 頁。

续表

	文書編號	《黑城》頁碼	《中國藏》頁碼	備註
祭祀費用	F116：W31（1）	95		《中藏》中無此殘片圖版
	F116：W31（2－3）	95	1398—1399	《中藏》中此編號文書共4件殘片，其中兩件《黑書》未錄
	F116：W35（1－3）	95	1387—1388	
	F116：W35（4）	96	1392	《中國藏》[F116：W91]號文書最右角
	F116：W91（1－4）	96	1392	
	F116：W91（5）	96	1390	《中國藏》[F116：W35a]號文書最右角
	F116：W190（1－2）	96	1390	《中國藏》編號：[F116：W35a]
	F116：W190（3）	96	1389	此錄文圖版為《中國藏》編號[F116：W35]文書中第四件殘片
	F116：W190（4）	97	1391	此錄文圖版為《中國藏》編號[F116：W361a]文書右半頁
	F116：W191（1）	97	1407	《中國藏》編號：[F116：W191a]
	F116：W191（2）	97	604	《中藏》將此件文書歸入"桑哥失里大王分例羊酒文卷"，無原始編號，出版編號：[M1·0484]
	F116：W192	97	1402—1403	
	F116：W193	97	1404	
	F116：W361（1）	97	1391	此錄文圖版為《中國藏》編號[F116：W361a]文書左半頁
	F116：W361（2）	97	1406	此錄文圖版為《中國藏》編號[F116：W354]文書右半頁。
	F116：W354（1）	97	1406	此錄文圖版為《中國藏》編號[F116：W354]文書左半頁。
	F116：W354（2）	97	1385	《中國藏》編號：[F116：W361]
	F1：W59	97	1405	

　　這裏需要特別說明的是上表中的文書編號問題。關於文書編號，《黑城》一書"凡例"二寫明"本文收錄的文書均用原始編號，前一部分為出土文書地點的坑位號，冒號後為該地點所出文書的順序號。編號用拉丁文字母，F代表房址，Y

代表院落，T代表探溝和探方，W代表文書。"① 《中國藏》一書據"凡例"可知，其所記文書編號包含兩部分：一是出版編號，指本書整理自訂編號，包括收藏單位所屬省（區）代號＋收藏單位代號·文獻序號；二是原始編號，指考古發掘編號或收藏單位庫存編號等原始性編號，在出版編號後用"[　]"表示。由兩書"凡例"可知，《黑城》一書所記文書編號與《中國藏》中第二部分原始編號同，故上表中所記編號均為文書原始編號，即出土地編號。但通過上表可見，兩書中有幾件文書內容相同，但是編號相異，出現此種情況的原因，《中國藏》中未作說明，筆者也不好妄自揣測。

兩書相比，存在以下幾種不同之處：首先，《中國藏》收錄，《黑城》未收錄，分別為：84H·F51:W16/0841、84H·Y1采:W116/2786及F116:W31號文書中的兩件殘片；其次，《黑城》收錄，《中國藏》未收錄，此種情況僅一件殘片，即《黑城》所收F116:W31號文書殘片一；再次，同一件文書歸類不同，分別為《黑城》歸入"禮儀類"的Y1:W30（《中國藏》編號Y1:W36）、F116:W191（2）（《中國藏》無原始編號，出版編號為M1·0484）兩件文書《中國藏》分別歸入"軍政類"及"桑哥失里大王分例文卷"；最後，內容相同的文書殘片，編號不同，此種情況較多，主要包括《黑城》中的Y1:W30、F116:W35殘片四、F116:W91、F116:W190、F116:W191、F116:W361、F116:W354等7個編號文書，《中國藏》所記編號差異上表"備注"中已詳細標明，在此不再贅述。本文即擬對《黑城》、《中國藏》兩書中歸類及編號存在差異的幾件文書進行一下簡單考釋，以儘量釐清黑水城出土"禮儀祭祀類"文書的本來面貌。

（一）《黑城》F116:W191（2）號文書判定

《黑城》一書所錄F116:W191號文書共計兩件殘片，《黑城》一書中將此兩件殘片都歸入"祭祀費用類"；《中國藏》中則將殘片一編號為M1·1132[F116:W191a]，收入"祭祀費用類"，殘片二僅記錄出版編號為M1·0484，未記錄原始編號，將其收入第三冊"俸祿分例類"，歸為《桑哥失里大王分例羊酒

---

① 《黑城出土文書》，第84頁。

2148 中國藏黑水城漢文文獻的整理與研究

文書》。從內容來看《中國藏》歸類應有誤,其應屬於"祭祀費用類"文書。為說明方便,迻錄該件殘片內容如下:

(一)

1. □粮①房

2. □:蒙奉

3. □□②等处行中書省劄付該:為添支祭祀錢

4. ____此,本房合行具呈者:

   (後缺)

(二)

   (前缺)

1.   開

2.   實支中統鈔肆定壹拾兩整

3. □□③支持庫

《中國藏》M1·1132 [F116:W191a]   《中國藏》M1·0484

---

① "粮",《黑城出土文書》錄文未釋讀,現據圖版補。另,據元代地方行政設置可知,其前所缺文字應為"錢"。
② 據元代地方行政設置推斷,此處所缺文字應為"甘肅"。
③ 據元代文書格式可知,此處所缺文字應為"右下"。

研究編　儒學、禮儀文書研究　2149

4.　　　　　延祐四年七月　　吏沈 天 祿 （簽押）
5. ☐☐等錢　　　　　提控案牘☐☐
6.　　　　　　　　　　知　事馮☐
7.　　　　　　　　　　經　歷☐

（後缺）

筆者認為《中國藏》對殘片二歸類有誤，理由有二：

其一，本殘片書寫格式雖與桑哥失里大王分例文卷中的同類文書相似，但其中第5行"由頭"的書寫方式與桑哥失里大王分例文卷同類文書中"由頭"書寫方式不同。《中國藏》第三冊所收錄的"桑哥失里大王分例羊酒文卷"中"由頭"的書寫方式有三種，一為"桑哥失里大王分例"，一為"桑哥失里大王（某月至某月）分例羊酒"，一為"桑哥失里大王分/例羊酒錢"。第一種見於M1·0472［F116：W546］（第572頁）、M1·0482［84H·F116：W568/1742］（第602頁），第二種見於M1·0475殘片三（第584頁）、M1·0477［F116：W593］（第589頁），第三種見於M1·0480［F116：W598］（第598頁）。未見有"某某等錢"的書寫格式。且該件殘片中第5行"由頭"中"等"字前殘缺，但據第3行可知，其前應缺兩字，因第3行所缺文字據元代文書書寫格式可補入"右下"兩字，一般"右下支持庫"均為頂格書寫，例如"桑哥失里大王分例羊酒文卷"中M1·0472［F116：W546］號文書第10—18行書寫格式為：

（前略）

8.　　　　開
9.　　　　实支中統鈔☐☐
10. 右下支持庫
11.　　　延祐四年正月　吏張☐☐
12.　　　　　提控案☐☐

────────────────

13. 桑哥失里大王分例羊酒
14.　　　　　　知　事
15.　　　　　　經　歷

16. 初九日

據此可知，F116:W191 號文書殘片二上部殘缺約兩字，則其第 5 行由頭應為"□□等錢"，必然不可能為"桑哥失里大王分例羊酒"。

其二，殘片第 6 行"實支中統鈔肆定壹拾兩整"與"桑哥失里大王分例羊酒"支鈔數不符，卻與《元典章》中關於添加祭祀錢的數目相符。據殘片第 4 行可知，該文書書寫於"延祐四年七月"。"桑哥失里大王分例羊酒文卷"中"延祐四年七月"支持庫放支分例文書為 M1·0480〔F116:W598〕號文書，其中放支錢數已缺，但其四月份支持庫放支分例的 M1·0482〔84H·F116:W568/1742〕號文書中鈔數齊全，為"實支中統鈔陸拾定整"。且，根據其他"桑哥失里大王分例羊酒文書"可見，延祐四年中桑哥失里大王共支領分例五次，分別為：正月分支領正月、閏正月兩個月分例；二月份支領二月、三月兩個月分例；四月份支領四月至六月三個月分例；七月份支領七月至九月三個月分例；十月份支領十月份至十二月份三個月分例。其中，除前兩次因為是支領兩個月分例，其分例錢為中統鈔肆拾定整外，其餘三次支領分例錢均為中統鈔陸拾定整。由此可見，桑哥失里大王分例錢與 F116:W191 號文書殘片二中的"中統鈔肆定壹拾兩整"相差甚大。而《元典章》中載延祐四年添加祭祀錢的數目為：

> 諸路：大德九年元降錢數，並今次添支。
> 三皇並宣聖春秋二祭：每祭各元降中統鈔一定，今次添鈔一定，通作二定。
> 社稷春秋二祭：每祭各元降中統鈔三十兩，今次添鈔三十兩，通作一定一十兩。
> 風雨雷師：每祭各元降中統鈔二十五兩，今次添鈔二十五兩，通作一定。[①]

由此材料可見，延祐四年諸路添支的祭祀錢數正為"中統鈔肆定壹拾兩"，與 F116:W191 號文書殘片二相符。

---

① 《元典章》，第 1076—1077 頁。

研究編　儒學、禮儀文書研究　2151

綜上所述，可見《中國藏》對此兩件殘片性質判定有誤，歸類錯誤。

而由圖版可見殘片一左側留有大片空白，兩件殘片並不能直接綴合。另，殘片一為錢糧房文書，據 4 行 "本房合行具呈" 可知其應為上行文；而殘片二上有 "吏" "提控案牘" "知事" "經歷" 等首領官簽押，據此可知其應為亦集乃路總管府文書，且據第 3 行 "右下支持庫" 可知其應為下行文。兩件文書文體不同，也可判定其應非同一件文書殘片。由此可見，《黑城》將兩件殘片作為一件文書釋錄有誤。

但是，我們應注意到，此兩件殘片雖非同件文書殘片，但其應為同一文卷殘片，因兩件殘片內容相關。由殘片一可見，其為錢糧房呈文殘片，所呈內容為 "添支祭祀錢事"，而殘片二中 "中統鈔肆定壹拾兩" 正是延祐四年諸路添支祭祀錢數。故而可見，《黑城》中將兩件文書定為同一件文書其所據應即為此。由此，筆者認為，兩件殘片雖非同件文書殘片，但應為同一文卷殘片。

另外，筆者還注意到《中國藏》所收錄的 "桑哥失里大王分例羊酒文卷" 中 M1·0485［84H·F116：W380/1552］號文書①，其內容及書寫格式與 F116：W191 號文書殘片二基本相同。現將其迻錄如下：

《中國藏》M1·0485［84H·F116：W380/1552］

（前缺）

1. 　　②相同，更照無差，依數責領放　　③
2. 　　④行。
3. 　　開
4. 　實支中統鈔肆定壹拾兩。
5. □⑤下支持庫
6. 　　　延祐四年二月　吏張文興（簽押）
7. 　　　　　提控案牘孔
8. 　　　　錢

---

① 《中國藏黑水城漢文文獻》，第 3 冊，第 605 頁；《黑城出土文書（漢文文書卷）》，第 129 頁。兩書均將此文書歸入 "桑哥失裏大王分例羊酒文卷"。
② 據其他相關文書可知，此處所缺文字應為 "樣"。
③ 據其他相關文書可知，此處所缺文字應為 "支"。
④ 據其他相關文書可知，此處所缺文字應為 "施"。
⑤ 據其他相關文書可知，此處所缺文字應為 "右"。

9. 　　　　　　知　事　①
　　　（後缺）

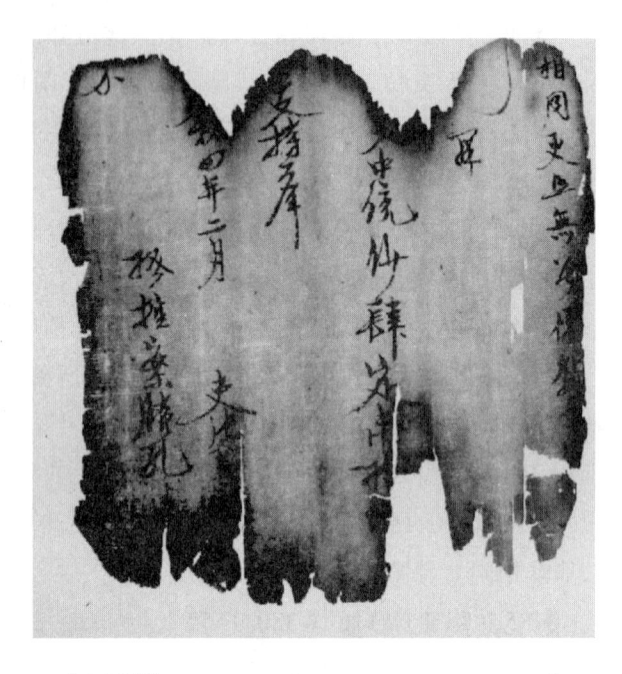

《中國藏》M1・0485　[84H・F116: W380/1552]

通過以上分析可見，此件文書似也應屬於延祐四年添支祭祀錢文書殘片。

(二)《黑城》F116: W35(4) 和 F116: W91(5) 號文書判定

《黑城》所釋錄 F116: W35 號文書共計四件殘片，F116: W91 號文書共計五件殘片。其中 F116: W35 號殘片四《黑城》錄文作"十八日"② 和一方朱紅色的官印，作為其所釋錄的 F116: W35 號文書殘尾，但其所對應的圖版為《中國藏》所收 F116: W91 號文書殘片一右半。F116: W91 號文書殘片五《黑城》錄文"廿一日"③ 和一方朱紅色的官印，作為其所釋錄的 F116: W91 號文書殘尾，但其所對

---

① 《黑城出土文書》錄文於此行文字後衍錄 "□九日" 等字。
② 對照圖版，"十" 字已缺，據《黑城出土文書》錄文引。
③ 對照圖版，"廿" 字已缺，據《黑城出土文書》錄文引。

應的圖版則為《中國藏》所收 F116:W35a 號文書殘片一右半。《中國藏》中兩件殘片圖版如下：

《中國藏》M1·1125［F116:W9］(1)　　　《中國藏》M1·1123［F116:W35a］(1)

由圖版可見，《中國藏》中所收錄的 F116:W91 號文書和 F116:W35a 號文書均由兩紙粘接構成，且其中的右側一紙均為某件文書殘尾，僅存日期及印章；左側一紙則為另一文書開頭。由此可見，此兩件殘片均應非是某單件文書殘片，而應為某一文卷殘片。這種公文卷宗在黑水城出土文書中並不鮮見。文書的出土地點為"F116"，據李逸友先生考訂該地為亦集乃路的架閣庫基址。① 宋代架閣庫的設立，"欲望令諸州，每年造戶口稅租實行簿帳，寫以長卷者，別寫一本送尚書省，藏於戶部。以此推之，其餘天下官吏、民口、廢置、祠廟、甲兵、徒隸、百工、疆畎、封洫之類，亦可以籍其名數，送尚書省，分配諸司，俾之緘掌；候期歲之後，文籍大備，然後可以振舉官守，興崇治教。"② 元代因襲宋代架閣庫制，也是將公文按時間順序編為一長卷。元代"凡公文處理完畢後，須將該專案所有公文，按日期順序粘貼相連為一長卷，並將公文折迭成寬約10釐米的長方形，全卷都整齊折迭一致，形成經折裝的文卷，由司吏在最後一件公文末尾或另幾小紙片書寫該卷公文是'創行未絕'或'創行已絕'，即該專案是否已經辦理完畢，並寫明起止年月日，共有文書若干件，有的還簽署有司

---

① 《黑城出土文書》，第7頁。
② 《宋史》卷一六八《職官八》，中華書局1977年版，第4002頁。

吏及其姓名並畫押。公文經整理成文卷後，由各房司吏開列各種文卷目錄，連同文卷送交架閣庫保存。"① 整理完後或上交朝廷審核，或自行留下備份以便統計和查閱。《中國藏》M1·1125［F116：W91］文書和《中國藏》M1·1123［F116：W35a］文書的圖版所呈現的就是這一制度。

《黑城》在收錄這兩件文書時將兩個日期收錄到另外的文書中，其意是為了使文書有開頭和結尾，其所記錄的文書編號均是以文書內容為標準，未考慮到文書本身形態。其將同一殘片上的兩紙分別編為兩個編號，這種編號方式容易給研究者造成很大困擾。例如，我們如果只看李逸友錄文，則不會知道這些殘片原來是一個文卷殘片，容易使研究者對文書性質的判定出現誤差。

另外，《黑城》的此種編號存在邏輯錯誤。按時間來看，該文卷中應是116：W91殘片一在右，F116：W35a在左，兩者之間則即為《黑城》所錄F116：W91號文書其餘四件殘片內容。最左則應為《黑城》所錄F116：W35號文書其餘三件殘片內容。如此，116：W91中的"十八日"和一方朱紅色的官印在文卷最右，而F116：W35號文書則在文卷最左，兩者絕非同件文書。

綜上所述，《黑城》所記文書綴合有誤。

（三）《黑城》F116：W190（3）號文書判定

《黑城》F116：W190文書在《中國藏》中分散於兩件編號不同的其他文書中，其中前兩件殘片在《中國藏》中編號為M1·1123［F116：W35a］，第三件殘片則收入在編號為M1·1122［F2：W35］的文書中，作為其第四件殘片。對照圖版可以發現《中國藏》關於這第三件殘片的收錄是不正確的，現將關於此幾件殘片的收錄差異錄文如次②：

---

① 李逸友：《元代文書檔案制度舉隅——記內蒙古額濟納旗黑城出土元代文書》，《檔案學研究》1991年第4期。
② 左側M1·1122［F2：W35］依據《中國藏黑水城漢文文獻》圖版校錄，第1386—1389頁；右側F116：W190錄文引自《黑城出土文書》，第95—97頁。

研究編　儒學、禮儀文書研究　　2155

《中國藏》M1·1122 ［F116: W35］
（一）
　　　　　（前缺）
1. □申：本路摠管李太中關，照得□
2. □祭祀，其祭祀之□□□□官為支給□①
　　　　　（後缺）
（二）
　　　　　（前缺）
1. □□□□□
2. □從實應付，不惟官民兩便，崇重祀典之美意□
3. □詳，准此。送據礼部呈，議得江西省咨江州路□
4. □
5. □鈔數，照依各處時直，對物兩平，從實□
6. □□參詳，每歲致祭。
7. □
8. □數，置備犧物、幣帛、香菓，較之徃□
9. □咨各省，照會本部，依上施行。今將每□
10. □部擬都省除外，咨請照驗，依上施行。准此□
11. □付者。②
　　　　　（後缺）
（三）
　　　　　（前缺）
1. □式拾伍兩，通作壹定。
2. □元降錢數，今擬添支
3. □祭，每祭各
4. □鈔式拾伍兩，
5. □式拾伍兩，通作壹定。
6. □各
7. □統鈔式拾兩，
8. □式拾兩，通作肆拾兩。
9. □
10. □中統鈔壹拾伍兩，
11. □添支鈔壹拾伍兩，通作叁拾兩。③
　　　　　（後缺）

《黑城》F116: W190
（一）
1. □□□四年三月初三日例祭□
2. □□不曾□
（二）
3. □添鈔式拾伍兩卻緣前項鈔數物價倍增上漲
4. □祀合用儀物既系一體官破豈有等差若持
5. □鈔數委是不敷有司官吏非肯補助必□□
6. □於民事發到官枉遭刑憲官有畏罪者□
7. □□戶處權借所買豬羊應付祭畢卻
8. □主實為不恭百姓不和神必不亨以致□
9. □衍期或霖不止禱祈弗應水旱薦至
10. □罪生端由於此若將每歲春秋祭祀儀物不
11. □□□各處時值錢估體別無□
12. □□兩平從實應付不惟官民兩便崇重□□
13. □天意得此看詳如准所申事幹通例□
14. □准此送據禮部呈議得江西省諸江州路□
15. □大中言大德九□
（三）
16. □□□元主實
17. □□□合用儀物
18. □□□今增貴收買不敷擬合約量添□
19. □□□呈移諸各省照會本部依上施行今將
20. □□□□今次添給鈔數開呈照詳得此依□
21. □□□除外諸請照驗依上施行奉□
22. □覆奉
23. □府官台旨仰移付錢糧房更照誤差
24. □□放支施行奉此合行開坐移付者
25. 總計中統鈔式定
26. 三皇並宣聖春秋二祭每祭
27. 元降中統鈔壹定
28. 今次添鈔壹定通作式定

---

①　此殘片《黑城出土文書》編號為 F116: W35 (1)。
②　此殘片《黑城出土文書》編號為 F116: W35 (2)。
③　此殘片《黑城出土文書》編號為 F116: W35 (3)。

续表

(四)	(四)
（前缺）	29. ⊕
1. □□	30. □具
2. □元主实	31. 延祐四年七月　　吏沈天祿呈
3. 合用儀物	32. （簽押）（簽押）
4. □□今增貴，收買不敷，擬合約量添□	33. ⊕
5. □呈，移咨各省，照會本部依上施行。今將	
——（騎縫章）——	
6. □外，今次添給抄數開呈照詳。得此，依□	
7. □除外，咨請照驗，依上施行。奉□	
8. □覆奉	
9. □①府官台旨，仰移付錢粮房，更照无差。	
10. □□放支施行。奉此，合行開坐移付者：	
11. 　　　　抱計中統抄式定：	
12. 　　　　　三皇并宣聖、春秋二祭，每祭	
13. 　　　　元降中統抄壹定，	
14. 　　　　今次添鈔壹定，通作式定。②	
（後缺）	

《中国藏》M1·1122 ［F116: W35］（3）（4）

從《中國藏》所收圖版來看上述幾件殘片的文本信息：

首先，M1·1122 ［F2: W35］ 的前三件殘片紙色為灰黃色；第四件為棕黃色，顏色較前三件鮮亮。

其次，從筆跡看，前三件殘片字體為楷體，字跡稍微模糊，但能看出筆劃間

---

① 據文意推斷，此處所缺文字應為"揔"。
② 此殘片《黑城出土文書》編號為 F116: W190 (3)。

不連寫；第四件殘片字體為行書，字跡清晰，並帶有幾字草書，筆畫連寫。

再次，從內容看，前三件殘片的簡要內容是傳達朝廷旨意的公文。背景是大德九年（1305）制定的郡縣祭祀銀兩錢數一直延續到延祐四年（1317），在延祐四年正月，江州路總管李太中上言禮部，認為物價上漲貨幣貶值導致祭祀錢不敷，請求添加祭祀錢，經禮部審議並獲得許可，於是朝廷頒發旨意要求給各路府郡縣添加祭祀錢，並詳細規定各種祭祀的添補錢數，這在《元典章·禮部》中記載如下：

為此照得，大德九年元擬每祭鈔數以此參詳，每歲致祭三皇、宣聖、社稷、風雨雷師，已准諸路散府、上中下州官給祭祀錢數，置備犧牲、幣帛、香果。較之往日，即今增貴，取買不敷，擬合約量添給。如蒙准呈，移諮各省，照會本部，依上施行。今將每歲元擬並今次添給鈔數開呈照詳。得此，依准部議，都省開諮，請依上施行。

諸路：大德九年元降錢數，並今次添支。

三皇並宣聖，春秋二祭：每祭各元降中統鈔一定，今次添鈔一定，通作二定。

社稷，春秋二祭：每祭各元降中統鈔三十兩，今次添鈔三十兩，通作一定一十兩。

風雨雷師：每祭各元降中統鈔二十五兩，今次添鈔二十五兩，通作一定。

散府、上中下州，大德九年給元降錢數，今擬添：

三皇、宣聖，春秋二祭：每祭各元降中統鈔二十五兩，今添支鈔二十五兩，通作一定。

社稷，春秋二祭：每祭各元降中統鈔二十兩，今添支鈔二十兩通作四十兩。

風雨雷師：每祭各元降中統鈔一十五兩，今添支鈔一十五兩，通作三十兩。①

從這則資料來看，M1·1122［F2:W35］前三件已經把上級所要傳達的信息描述完畢，如果把第四件殘片加於前三件的後面，實為畫蛇添足。且第二件殘片第9—10行與第四件第26—28行相類似，第三件最後幾行關於添加錢數是針對散

---

① 《元典章》，第1076—1077頁。

府、上中下州的祭祀，第四件末尾的添加錢數是針對路級祭祀，從《元典章》所發佈的格式看，對於路級祭祀的添加錢數應寫在散府、上中下州前，故《中國藏》將第四件放於前三件後面這種排列有待商榷。

再看看如果把第四件殘片放在《黑城》F116: W190 是否合適：

首先，《黑城》前兩件與第三件在《中國藏》所收的圖版上看來紙色是一致的，均為棕黃色。

其次，前兩件與第三件的字體相似度極高，通過其中幾個相同的字如"官""中""敷"等字進行比對，相似度極高。

再次，從內容上看，前兩件殘片在《中國藏》中也歸為一個編號，在第三件的歸屬兩書各異，《黑城》前兩件的內容為延祐四年三月初三日例祭未曾支付祭祀錢，於是就向上級申請費用，並強調"權借所買豬羊應付祭畢"導致"百姓不和神必不享"和"衍期或霖不止禱祈弗應水旱薦至"等災難的發生。接著引延祐四年正月十八日元廷所發添加祭祀錢的聖旨，說明添加祭祀錢事出有因，這符合前後文的邏輯關係。

從以上分析看來，《中國藏》所收M1·1122〔F2: W35〕的第四件殘片與前三件不連接，而放入《黑城》F116: W190 裡比較合適。

另外，《黑城》F116: W190 的第四件殘片"□具╱　延祐四年七月╱吏沈天祿呈╱　⊙　⊙"，其中的日期明顯不上文第一片殘片的日期"延祐四年三月初三日"不相符。《中國藏》之所以把這件殘片放在 M1.1124（F116: W361a）中，是因為這件殘片與《黑城》F116: W361 的紙是連在一起的，故《黑城》將這第四件殘片放在 F116: W190 中不該將其脫離原件。而《中國藏》的圖版保持著F116: W361a 出土的原貌，為研究者提供了不少便利。

（四）《黑城》F116: W361 和 F116: W354 號文書判定

《黑城》所錄 F116: W361 號文書共計兩件殘片，其中殘片一對應圖版為《中國藏》中編號中M1·1124〔F116: W361a〕文書；殘片二對應圖版則為《中國藏》中M1·1131〔F116: W354〕號文書右半頁。《黑城》所錄 F116: W354 也共計兩件殘片，其中殘片一對應圖版是《中國藏》中編號M1·1131〔F116: W354〕文書；殘片二對應圖版是《中國藏》中編號M1·1121〔F116: W361〕文書。現

研究編　儒學、禮儀文書研究　2159

將這些殘片依兩書的收錄方式錄文如下①：

《中國藏》M1·1121［F116: W361］：	《黑城》F116: W361
1. □謹具	(1)
2. □②	1. 吏禮房
3.　　　延祐四年九月　吏沈天祿呈	2. 照得延祐四年九月初九日例祭
4.　　　呈 祭祀錢　　　（簽押）	3. 合用祭祀錢未曾支付為此覆奉
5.　　　　　　　　　（簽押）	4. 官府台旨移付錢糧房更照無差
（後缺）	(2)
《中國藏》M1·1124［F116: W361a］	5. □□四年九月　吏
（前缺）	《黑城》F116: W354
1.　　　　　□□□	(1)
2. □□具	1.　　□糧房
3. □③	2. □□延祐四年九月初九日例祭
4.　　　延祐四年七月　吏沈天祿呈	3.　　　牲酒禮物錢中統
5.　　　　　（簽押）	4.　　　未曾放支為此本房覆奉
6.　　　　　　　　（簽押）	5. □官府台旨仰將合准
7.　　　　　　　□□日④	(2)
————————————	6. 右謹具
8. 吏礼房	7.　　　延祐四年九月　吏沈天祿呈
9. □⑤：照得延祐四年九月初九日例祭	8. 呈祭祀錢　　　　　　⊕
10. 合用祭祀錢未曾支付。為此，覆奉	9.　　　　　　　　　　⊕
11. □府官台旨，移付錢糧房，更照無差，	
12. 依例放支者。□□□　⑥	
（後缺）	
《中國藏》M1·1131［F116: W354］	
(一)	
（前缺）	
1.　　　四年九月　吏　　　⑦	
（後缺）	

---

① 左側錄文依據《中國藏黑水城漢文文獻》圖版校錄，第1385頁、第1391頁、第1406頁；右側錄文引自《黑城出土文書（漢文文書卷）》，第97頁。
② 據元代文書格式可知，此處應缺一字，所缺文字應為"呈"，《黑城出土文書》錄文未標注，現據圖版補。
③ 據元代文書格式可知，此處應缺一字，其所缺文字應為"呈"，《黑城出土文書（漢文文書卷）》錄文未標注，現據圖版補。
④ "□□日"上鈐印章一枚，《黑城出土文書》錄文漏錄"□□日"，現據圖版補。另，文書第1—6行《黑城出土文書（漢文文書卷）》編號為 F116: W190 (4)。
⑤ 此處缺文《黑城出土文書》錄文未標注，現據圖版補。據文意推斷，其應為"呈"。
⑥ 此行文字《黑城出土文書》錄文未釋讀，現據圖版補。另，文書第7—11行《黑城出土文書（漢文文書卷）》編號為 F116: W361 (1)。
⑦ 此殘片《黑城出土文書》編號為 F116: W361 (2)。

(二)
（前缺）
1. □①粮房
2. 延祐四年九月初九日例祭
3. □牲②酒禮物錢中統
4. 未曾放支，為此本房覆蒙
5. 府官台旨，仰將合□③　　　④
（後缺）

《中國藏》M1·1121 [F116: W361]　　《中國藏》M1·1131 [F116: W354]

《中國藏》M1·1124 [F116: W361a]

① 據元代地方行政設置可知，此處所缺文字應為"錢"。
② 此字據圖版疑為"醒"。
③ 此字殘，《黑城出土文書（漢文文書卷）》錄文作"准"，現存疑。
④ 此殘片《黑城出土文書（漢文文書卷）》編號為 F116: W354（1）。

由上面這些殘片在兩書中的排列，筆者認為有以下三個問題需加以分析：

第一，《中國藏》中 F116: W361 和 F116: W361a 的關係。根據《中國藏》凡例第七條："本書在整理編輯時，對收錄原始編號相同而內容不同的文獻，分別在其原始編號後增加「A、B、C…」，以示區別，並根據內容分別歸入所屬各卷、類。"[1] 據凡例含義，F116: W361 應是原始編號相同且內容相同的文獻，F116: W361a 則是屬於原始編號相同而內容不同的文獻，除此之外應該還有一件或一件以上原始編號為 F116: W361 的殘片，可惜在《中國藏》裏未發現有收錄，不能作比較。這種編號在《中國藏》裏有不少，如 F116: W35 和 F116: W35a 等，那麼，既然把整件文書的每個部分用字母劃分為幾個類分在幾個卷中，那麼沒有標明字母的原文書編號又應作如何解釋？當然，還可能存在另一種情況，就是凡例七說明和舉例用的是大寫的英文字母，而像 F116: W361a、F116: W35a 等用的是小寫英文字母另有其他分類法，只是在凡例中沒有介紹而已。

第二，關於《中國藏》的 F116: W361（本段論述中簡稱"殘片"）的判定。此殘片內容為"右謹具/延祐四年九月　吏沈天祿呈/呈祭祀錢/（簽押）"，這件殘片是否如李逸友所編屬於《黑城》的 F116: W354 的簽押，還是《中國藏》F116: W361a 的簽押，通過對照圖版可以認為前者的可能性比較大。根據殘片內容，落款時間為延祐四年九月，這個日期符合《黑城》F116: W354 的簽押時間，也適合《中國藏》F116: W361a 的簽押時間。但是，我們可以從這幾件文書的筆跡上加以判定。殘片上的"祐"和"祀"的"示"字旁不是草書符號，這與《黑城》F116: W354 中的對應字是一樣的筆跡，而《中國藏》F116: W361a 的對應字則是草書符號；殘片中的"四"和"年"字是草書寫法，與《黑城》同，與《中國藏》異；殘片的"九"字尾筆有回筆痕跡，這與《黑城》F116: W354 中的"九"字是一樣的筆跡，而《中國藏》F116: W361a 的"九"則沒有回筆。由此可見，從筆跡上來看，這件殘片應是《黑城》的 F116: W354 簽押的可能性比較大。

第三，《中國藏》F116: W361a 的殘片拆分問題。《黑城》在收錄這件文書時將左右半頁拆分開來，右半部分歸為《黑城》F116: W190 的第四件殘片，上文已經討論了關於出土文書內容的拆分，故認為《黑城》將 F116: W361a 拆分開來放

---

[1] 《中國藏黑水城漢文文獻·凡例》，第11頁。

於不同文書進行拼湊或整理是有失妥當的。另外上文也已經提到了，F116: W361a 右半頁的落款時間為"延祐四年七月"與《黑城》F116: W190 的正文時間"四年三月"並不對應。因此《中國藏》關於這件文書的編排是可取的。

（本文為首次刊發）

黑水城所出元代禮儀文書考釋三則

蔡偉政

《中國藏黑水城漢文文獻》中所收錄的M1·1117［F2：W31b］、M1·1116［F1：W43］、M1·1115［F62：W11］三件禮儀文書[①]反映了元代亦集乃路的若干禮儀問題，其價值值得發掘，故本文擬對其逐一進行考釋說明。

M1·1117［F2：W31b］號文書

M1·1117［F2：W31b］號文書共二件殘片，《中國藏黑水城漢文文獻》編者原擬題為《跪拜禮》，此擬題較為籠統，故有必要做一下詳細辯證及深入研究。為方便說明，現迻錄文書如下：

（一）

（前缺）

1. 總讚礼生于大[②] 歡☐

2. 排[③]班　班齊 啓[④] 户☐

3. 鞠躬[⑤] 拜[⑥] 興 拜☐

[①] 這三件在李逸友《黑城出土文書》所記編號依次為 F2：W31、F1：W43、F62：W11。
[②] "于大"，《黑城出土文書》錄文作"干夭"，現據圖版改。
[③] "排"字原作"牌"，塗抹後於右行改寫，現逕改。
[④] "啓"字原作"盥"，塗抹後於右行改寫，現逕改。
[⑤] "鞠"字為右行補入，且"躬"字後原衍一"恭"，後塗抹，現逕改。
[⑥] 《黑城出土文书》錄文中無"恭"字，今據圖版補。

2164 中國藏黑水城漢文文獻的整理與研究

4. □ 興 拜 □□ ▭

（後缺）

（二）

（前缺）

1. 平身 □▭
2. 六輔①衆官行礼
3. 衆官皆就②跪③拜□
4. 拜興 平身 復位
5. 鞠躬④ 拜 興 拜
6. 興 平身 闔户⑤東
7. 西隨序⑥班 园 拜 ⑦

（後缺）

對於這件文書的性質，李逸友先生指出"亦集乃路遺址中出土的禮單有 F2: W31……F2: W31 則爲跪拜之儀，祭祀時行禮的禮單。"⑧ 而元代關於宣聖的祭祀種類有三種：釋菜、朔望祭祀和春秋釋奠。釋菜是在書院落成或地方官員到任時所舉行的儀式⑨；朔望釋奠在每月的初一和十五舉行；春秋釋奠則在每年的二月和八月第一個丁日舉行，亦稱爲春秋丁祭或春秋祭丁，"也可以看做是新學期的入學祭祀"⑩。那麽本件文書屬於哪種祭祀儀式的禮儀單呢？我們可以對照這三種儀

---

① "六輔"爲右行補入，"輔"，《黑城出土文書》錄文未釋讀，且其將"六輔"單獨錄爲一行，現據圖版補。
② "就"字前原衍一"去"，後塗抹，《黑城出土文書》錄文照錄，現徑改。
③ "跪"字爲右行補入，現徑改。
④ "鞠"原作"再"，塗抹後於右行改寫，且"躬"字後原衍一"恭"，後塗抹，《黑城出土文書》錄文均照錄，現徑改。
⑤ "闔户"兩字爲右行補入，現徑改。
⑥ "序"字爲右行補入，且此處原補寫兩字，後將第一字塗抹，現徑改。
⑦ "园 拜"，《黑城出土文書》錄文未釋讀，現據圖版補。
⑧ 《黑城出土文書》，第47頁。
⑨ 這是採用徐梓在《元代書院研究》的説法。而申萬里在其著作《元代教育研究》裏將"釋菜"這種類型的祭祀稱爲殿謁或廟謁，其解釋爲"一些非固定的祭祀活動，當儒學或地方社會發生大事的時候，如地方官上任、廉訪司官巡行至郡縣，學校新建、整修、學産的增置等，地方官一般要率領僚屬與學官、儒學生員到文廟拜謁、行禮"。《元代教育研究》，武漢大學出版社2007年版，第216頁。
⑩ 徐梓：《元代書院研究》，社會科學文獻出版社2000年版，第149頁。

式的相關史籍記載來判定。

第一，釋菜儀式的記載不多，《元典章》載：

> 乞賜遍行合屬，春秋二丁，除執事官已有各依品序製造公服外，據陪位諸儒，自備襴帶唐巾，以行釋菜之禮。①

元貞元年（1295），章丘縣學落成，劉敏中所記當時典禮情況：

> 既成，尹率僚屬師生奉像設妥其位，行三獻之禮以告，則陛宇廓然，神靈肅然，尊洗豆籩秩而譁然，蓋降登有餘容而盥薦有加虔焉。②

今人著作裏關於釋菜的研究有《中國古代禮儀文明》，其作者彭林先生認為："相傳古代祭祀先師、先聖之禮還有一種稱為'釋菜'的儀式。有學者說，釋奠有音樂而無屍，釋菜則連音樂也沒有，僅僅在神主之前放一些蘋、蘩之類的菜。"③ 由上引述知釋菜禮亦"行三獻之禮"，但頗為簡單，並無繁瑣禮儀。據文書內容復雜的禮儀可以推測，該文書所書為釋菜儀式的可能性比較小。

第二，關於朔望祭祀，《元典章·儒學》載：

> 每朔旦，日未出，設立獻位階下，諸生列位於後。贊者在前，先兩拜，自東階升殿，喝"擺班"，又喝"班齊"，次喝"初獻官以下皆拜"、"再拜"，兩拜畢，平立。執事者引三獻官升殿，自東階分獻官、諸從祀位如殿上儀。初獻立宣聖位前，亞、終獻分立顏、孟十哲位前，贊者喝"再拜"、"興"、"再拜"畢，就跪，三祭酒再拜、興，亞終獻以如之，禮畢。三獻官詣聖壽位前，先再拜，跪上香，就跪，祝香讀祝訖，三奠酒畢，就拜、興、再拜，禮畢。降自西階復位，贊者喝"初獻官以下皆再拜、兩拜"，禮畢。諸生與獻官員揖，詣講堂講書，告朔講書，乙亥日不講書。④

---

① 《元典章》，第 1035 頁。
② （元）劉敏中：《中庵先生劉文簡公文集》卷一《章丘重修大成殿記》，《全元文》第 11 冊，第 498 頁。
③ 彭林：《中國古代禮儀文明》，中華書局 2004 年版，第 259—260 頁。
④ 《元典章》，第 1087 頁。

可見朔望祭祀和文書所書內容相近，均有"排班""班齊""拜""興"等程序，但上述儀式中沒有"鞠躬""啟戶"和"闔戶"，故文書所書應非朔望祭祀之禮。

第三，春秋釋奠在史籍中記載頗為詳備，簡略引《元史》如下：

> 其釋奠之儀……方初獻點視時，引贊二人各引東西廡分奠官曰"請詣東西廡神位前……初獻官釋公服，司鐘者擊鐘，初獻以下各服其服，齊班於幕次。
>
> 掌儀點視班齊，詣明贊報知，引禮者引監祭官、監禮官就位……明贊唱曰"典樂官以樂工進，就位"……明贊唱曰"諸執事者就位"……明贊唱曰"諸生就位"……明贊唱曰"陪位官就位"……明贊唱曰"獻官就位"……明贊唱曰"辟戶"，俟戶辟，迎神之曲九奏。樂止，明贊唱曰"初獻官以下皆再拜"，承傳贊曰"鞠躬，拜，興，拜，興，平身"。明贊唱曰"諸執事者各司其事"。
>
> 俟執事者立定，明贊唱曰"初獻官奠幣"……
>
> ……
>
> ……贊唱曰"初獻官以下皆再拜"，承傳贊曰"鞠躬，拜，興，拜，興，平身"。樂止……明贊唱曰"闔戶"。又唱曰"初獻官以下退詣圓揖位"，引贊者引獻官退詣圓揖位……俟立定，明贊唱曰"圓揖"。禮畢，退復位，引贊者各引獻官詣幕次更衣。①

上引文中的釋奠儀式為元代朝廷祭祀宣聖之禮。但根據元代規定的祭祀儀式"其飲福受胙，除國學外，諸處仍依常制"②，即郡縣祭祀③仿中央祭祀之儀，或可以根據中央的儀式來判定地方上的釋奠儀式。

對照引文來分析文書內容，可見該文書可分為兩部分：殘片一應是釋奠的準備階段，或稱前奏，在開啟大成殿門之後，初獻官以下的先拜，後"執事者各司

---

① 《元史》卷七六《祭祀五》，第1894—1898頁。
② 同上書，第1898頁。
③ 此處"郡縣祭祀"是相對朝廷祭祀而言，元代實行行省制，無郡縣劃分。

其事"才開始的初獻官奠幣、亞獻官和終獻官等儀式；殘片二應為儀式的尾聲，也是初獻官以下的再拜，然後關閉大殿殿門，衆官分為東西兩序班，然後作圓（文書寫為"园"）揖，禮畢。至於儀式流程中的初獻官、亞獻官和終獻官的禮儀單已經缺失。由此引文對照文書中的各項儀式動作我們可以認為F2: W31b所書內容更接近於春秋釋奠。

文書第2行"啟戶"（有的史籍裏作"辟戶"，如《元史》）和第10行"闔戶"應是辨認該文書屬於丁祭的字眼。"啟戶"即為開啟文廟大成殿的大門，"闔戶"即關殿門，這兩個儀式在其他兩種宣聖祭祀儀式的記載上均未發現，或可以說明丁祭比其他兩種祭祀要隆重得多。文書第3行"衆官皆就跪拜"對照《元史》引文，可以認為"衆官"應指"初獻官以下"的官員，可能是亞獻官、終獻官、監祭官、監禮官、典樂官、陪位官。

文書中的"班"根據儀式的流程應不包括在"排班"前的"東西廡分奠官"，而是指掌儀先點視"班"是否到齊，再讓明贊"排班"的監祭官、監禮官、典樂官、樂工、執事者、諸生、陪位官所組成的祭祀團體。至於"班"成員的具體身份，根據《通制條格》中記載："至元二十一年十一月，中書省河南省諮：迎宣接詔，國家祭祀並朔望行香，止是守土有司為班首。自立行樞密院以來，鎮守軍官亦要與民官具作班首。禮部議得，上項事理合准守土官員為班首。都省准擬"①，即丁祭的參加者應有地方官、肅政廉訪司、政府官員、儒學提舉司、學官、大小學生員和地方耆老等。依據上述論證，可斷定F2: W31b為釋奠時的拜賀禮儀單，可將其定名為《元春秋釋奠禮儀》。

該文書的定性，對於元代的郡縣禮儀有着重要的彌補和印證作用，其價值至少有以下三點：

首先，文書印證了元代郡縣祭祀宣聖的存在。早在周朝的時候，學校每年都要按四季釋奠先師，來表示尊師重教之意。② 一直沿襲到元代，"中統二年夏六月，詔宣聖廟及所在書院有司，歲時致祭……成宗即位，詔曲阜林廟，上都、大都諸路府州縣邑廟學、書院，贍學土地及貢士莊田，以供春秋二丁、朔望祭祀，

---

① 《通制條格校注》卷八《儀制》，第352頁。
② 孔子死後第二年（公元前478年），魯哀公下令曲阜孔子的舊宅立廟，按歲時祭祀。這是祭孔的開始。後來沿襲開來，祭孔成為一種尊師重教的象徵。

修完廟宇。自是天下郡邑廟學，無不完葺，釋奠悉如舊儀。"① F2：W31 文書的出現恰好證實了在元代郡縣祭祀的實行。

其次，文書所書禮儀，可以與《元史》中記載祭祀宣聖儀式作對比。誠如上文所引元代春秋釋奠流程，對照文書中的相關字眼，雖然文書殘缺不全，還是可以看出祭祀儀式上一些核心動作是相同的，如"啟戶""拜""平身""復位""闔戶"等，文書所呈現的儀式正印證了元代郡縣祭祀宣聖過程中的開始和結束步驟。儀式中間部分三獻官的各種活動可能沒有記載或因為文書的殘缺，無法進行比對。

最後，文書的出現證實了元代地方祭祀儀式中的一道程序。為何會出現該文書，據推斷有兩種可能。一種可能，這是元代郡縣祭祀過程中容易讓人忽略的一道程序，即將儀式過程告知民眾。從文書的書寫情況看，釋奠禮儀單有過塗改和增添痕跡，可見該文書不是用於正式場合。且從記載的內容看，F2：W31 出現了"總讚礼生于大歡"和"東西隨序班"，對照史籍中的相應明贊官的口號，有明顯不同，即該文書的用處應不是明贊官在儀式時所要誦讀的儀式口號，而是整個儀式過程的記載。那為何要書寫這種禮儀單，限於筆者能力，未能從史籍中查得合適說法。但《中國古代禮儀文明》中記載着中國的祭祀禮儀在十三世紀左右傳到朝鮮半島，並在朝鮮半島較好傳襲下來的情況："各地鄉校的祭孔典禮，規模雖然要比成均館小得多，但卻是一絲不苟。參加儀式的人，都自豪地稱自己是'儒林'中人，每人都有專門的祭服，稱為'儒巾服'，據說也是從明朝傳去的。祭祀中的各項儀式，從初獻、亞獻、三獻，到監禮、司香、司巾等等，都各有專司，並寫在長長的紙上，公諸於眾。"② 據此可知，祭祀中的禮儀程序要寫在紙上，正如 F2：W31 所記載的丁祭禮，必須公諸於眾，這為我們理解為何出現這件文書作了很好的解釋，即此類文書的出現或可以補充至少元代以來郡縣禮儀活動時需將儀式過程告知民眾的史料之缺。另一種可能，因為每種祭祀在舉行的前幾天都要進行佈置場地及祭前彩排，如史籍所載"前二日，習儀。前一日，滌濯陳設。是夕，遂宿齋，諸儒生並集於學，戒無得群飲。"③ 因文書字跡潦草，不可能用於正

---

① 《元史》卷七六《祭祀五》，第 1901 頁。
② 《中國古代禮儀文明》，第 269 頁。
③ （清）杜春生編：《越中金石記》卷七《至元壬辰復位學式》，《石刻史料新編》第 2 輯，第 10 冊，（臺灣）新文豐出版公司 1979 年版，第 7280 頁。

式場合，所以也極有可能是彩排時用的禮儀單。

（二）M1·1116［F1：W43］號文書

M1·1116［F1：W43］號文書《中國藏黑水城漢文文獻》編者擬題為《貢獻三皇禮儀》，擬題中只點出了祭祀的對象，有必要進一步釋讀。為方便說明，迻錄文書如下：

1. 請初獻官①☐
2. 舉掃②、進笏、盥 手 ③ ☐ ④
3. 三皇帝神位前⑤☐
4. 伏儀⑥皇帝神☐
5. 神農皇帝神☐
6. 軒轅黄帝神☐
7. 羊食⑦一體，豕☐
8. 牢蔽⑧帛獻供 養 ⑨
9. 復位

據文書內容來看，其所記載的是祭祀三皇的儀式。朝廷對三皇的祭祀古而有之，但祭祀的場所過於雜亂，直到唐玄宗天寶六年（747）時才"於京城置三皇、五帝廟，以時享祭"⑩。而三皇在地方上的祭祀可謂是元代的獨創。關於元代郡縣祭祀三皇的儀式，《元史》中規定"郡縣三皇廟：元貞元年，初命郡縣通祀三皇，

---

① "官"字後原衍一"從"字，後塗抹，《黑城出土文書》錄文照錄，現徑改。
② "掃"，《黑城出土文書》錄文作"幕"，現據圖版改。
③ "盥"，《黑城出土文書》錄文作"與"；" 手 "李逸友錄文未釋讀，現據圖版改。
④ 據此行文字與左、右行行距推斷，其應為後寫補入。
⑤ 此行文字用墨筆圈畫。
⑥ "儀"通"義"，《黑城出土文書》錄文作"義"。
⑦ "食"字原誤寫為"豕"，塗抹後於右行改寫，現徑改。
⑧ "蔽"字為右行補入，現徑改。
⑨ " 養 "，《黑城出土文書》錄文作"等"，現據圖版改。
⑩ 《舊唐書》卷九《玄宗本紀下》，第221頁。

如宣聖釋奠禮"①。因為這條規定，現今學者大多認為祭祀三皇的儀式與宣聖釋奠禮儀式相差無幾，我們或可以從朝廷的祭祀三皇儀式上看出大概，元順帝於至元九年（1343）在大都祭祀三皇：

  宣徽供禮饌，光祿勳供內醞，太府供金帛，廣源庫供蒻炬，大興府尹供犧牲、制幣、粢盛、肴核。中書奏擬三獻官以次定，諸執事並以清望充。前一日，內降御香，三獻官以下公服備大樂儀仗迎香，至開天殿庋置。退習明日祭儀，習畢就廟齋宿。京朝文武百司與祭官如之，各以禮助祭。翰林詞臣具祝文，曰"皇帝敬遣某官某致祭"。②

  至於具體三獻官如何獻祭三皇，史籍記載極少，我們暫且根據釋奠禮的形式，可將本件文書定名為《元代亦集乃路祭祀三皇禮儀單》。

  本件文書所提供的信息在一定程度上彌補了元代西北地方郡縣祭祀三皇儀式的史籍記載之缺。因為《元史》中"郡縣通祀三皇，如宣聖釋奠禮"，在傳世典籍中記載元代郡縣祭祀三皇的儀式也流於套話，未有細節方面的描寫，這正是這件文書的最重要價值所在。根據這件出土的罕見的祭祀三皇儀式文書，我們或可以進一步的解讀，以獲得更多相關信息。

  文書第1行有"請初獻官"字樣，說明其中記載的儀式是初獻官以後的過程，一直到第9行的初獻官"復位"，其中的儀式有缺失，但我們可以與釋奠禮的儀式相對照。《元史》記載釋奠禮初獻官的儀式：

  俟執事者立定，明贊唱曰"初獻官奠幣"。引贊者進前曰"請詣盥洗位"。盥洗之樂作，至位，曰"北向立"。搢笏，盥手，帨手，出笏，樂止。及階，曰"升階"。升殿之樂作。樂止，入門，曰"詣大成至聖文宣王神位前"。至位，曰"就位，北向立，稍前"。奠幣之樂作。搢笏跪，三上香，奉幣者以幣授初獻，初獻受幣奠訖，出笏就拜興，平身少退，再拜，鞠躬，拜興，拜興，平身。曰"詣兗國公神位前"。至位，曰"就位，東向立"，奠幣如上儀。曰"詣鄒國公神位前"。至位，曰"就位，西向立"，奠幣如上儀。

---

① 《元史》卷七六《祭祀五》，第1902頁。
② 《元史》卷七七《祭祀六》，第1915頁。

樂止,曰"退復位"……俟立定,明贊唱曰"禮饌官進俎"。奉俎之樂作,乃進俎,樂止,進俎畢。明贊唱曰"初獻官行禮",引贊者進前曰"請詣盥洗位"……①

再對照文書記載,可發現祭祀三皇與上引文中祭祀宣聖儀式上的一些不同:

神位方面,祭祀對象不同,牌位當然要有變動。祭祀三皇時把釋奠禮中的"大成至聖文宣王神位""兗國公神位"和"鄒國公神位"換成了"伏羲皇帝神位""神農皇帝神位"和"軒轅黃帝神位"。由此我們可以確定祭祀三皇時三個神位的祭祀順序。

祭品方面,文書第8行提到"蔽帛",祭祀中的"蔽"根據《尚書》記載指的是繒帛,一般用黑色、黃色的絲織物,祭祀完成後即埋之。"進俎"的牲牢根據元代宣聖祭祀規定,大都祭祀宣聖為大祀,牲品用牛一羊五豕五;郡縣釋奠為中祀,牲品用羊一、豕一。通過文書第7行"羊食一體,豕囗"可見郡縣祭祀三皇仿地方釋奠禮,規模為中祀。

儀式順序方面,我們對照上引文春秋釋奠儀式的引文可以發現本件文書中記載的儀式順序有所不同,釋奠禮中初獻官是在三個神位上分別"奠幣"完成後各自"復位",才開始"禮饌官進俎"的。而文書上儀式的順序為初獻官在"盥洗"之後,分別拜過三個神位,然後"進俎"和"奠幣"再"復位"。不僅在程序上簡化了,而且"奠幣"和"進俎"的順序也顛倒了。由此可以認為元代在郡縣祭祀三皇上雖大體仿釋奠禮,但不如釋奠禮規範和隆重。

另外,對於本件文書中祭祀三皇的"初獻官"身份需要做一下解釋。《元史》載:"黃帝臣俞跗以下十人,姓名載於醫書者,從祀兩廡。有司歲春秋二季行事,而以醫師主之。"② 即郡縣祭祀由醫師來做主要承辦人,醫師即醫學教官,包括醫學提舉官、教授、學正、教諭等。張世清先生以此資料判定祭祀三皇的主祭者為醫師,並認為儀式的參與者應是醫界人士,包括醫官、醫學生徒、醫戶及對醫界"感恩"的人群等。③ 而"初獻官"的身份根據日本學者池內功對《太常集禮》和《元史·百官志》的考證認為:

---

① 《元史》卷七六《祭祀五》,第1895—1896頁。
② 同上書,第1902頁。
③ 張世清:《元代醫祀三皇考》,《史學月刊》2004年第7期。

於路舉行之祭祀祭儀中，蒙古人達魯花赤為初獻官，漢人總管為亞獻官，回回人同知為終獻官。於府舉行之祭祀祭儀中，府達魯花赤為初獻官，知府為亞獻官，同知為終獻官。①

那麼祭祀三皇的"初獻官"身份到底是醫師還是達魯花赤，其實這並不矛盾。"醫師主之"應指主要參與祭祀人員為醫界人士，但班首仍為地方"守土有司"，即仍由達魯花赤充當初獻官，獻官以下和其他"班"的成員為醫界人員。

該件文書或多或少給我們呈現了郡縣祭祀三皇的若干過程，為我們進一步瞭解地方醫祀三皇提供了實證。這件文書的價值不僅具有上文所討論的 F2：W31 文書的價值，還可知祭祀三皇在仿釋奠禮的規模時，儀式上已經簡化，可見地方上祭祀三皇的隆重程度不如釋奠禮。

（三） M1·1115［F62：W11］號文書

M1·1115［F62：W11］號文書在《中國藏黑水城漢文文獻》中擬題為《朝拜禮儀》，而李逸友先生認為這件文書是祭祀禮儀單，二者對於這件文書的性質有不同看法，這就有必要做進一步探討。為方便研究，現逐錄文書如下：

（前缺）

1. ☐ 百② 笏 鞠躬 ☐☐☐

2. ☐ 山呼 山呼 再三 呼☐

3. ☐☐③ 已跪 出笏 就拜 興 拜

4. 平身 僧人 ☐☐☐☐☐

（後缺）

---

① ［日］池内功：《異民族支配與國家祭祀——談元代郡縣祭祀》，《蒙元史暨民族史研究論集：紀念翁獨健先生誕辰一百周年》，社會科學文獻出版社 2009 年版，第 163 頁。

② "百"，《黑城出土文書》錄文未釋讀，現據圖版補。

③ 此兩字殘，《黑城出土文書》錄文作"下跪"，但圖版中第二字殘存左半"月"字旁，故應非"跪"，現存疑。

對於該文書，李逸友先生認為"關於各路府州縣祭祀文廟的禮儀，《元史·祭祀志》未載其詳，亦集乃路遺址中出土的禮單有 F2：W31 和 F62：W11 兩張殘頁，其中後者有'僧人'字樣，當非祭祀孔子禮儀。"① 元代史籍所載的宣聖祭祀活動確實無僧人參與，李先生此觀點是中肯的。但其他祭祀儀式上同樣缺少僧人參與，故筆者對這件文書是否為祭祀禮儀單產生懷疑。《中國藏黑水城漢文文獻》編者擬題為《朝拜禮儀》，有一定的合理性。對於"僧人"參與的儀式，《元史·禮樂一》中記載道：

宣贊唱曰"拜"，通贊贊曰"鞠躬"，曰"拜"，曰"興"，曰"平身"，曰"搢笏"，曰"鞠躬"，曰"三舞蹈"，曰"跪左膝，三叩頭"，曰"山呼"，曰"山呼"，曰"再山呼"，曰"出笏"，曰"就拜"，曰"興"，曰"拜"，曰"興"，曰"拜"，曰"興"，曰"平立"。僧、道、耆老、外國蕃客，以次而賀。②

這是元代"元正受朝儀"。"元正"為正月元日，即正月初一，是一年中重要的節日，是日皇帝要在宮中大擺筵席宴請百官，前後儀式稱為"元正受朝儀"。顯然，在亦集乃路不可能出現"元正受朝儀"儀式，那麼這件文書所載內容是否是郡縣為慶賀元正節所舉行的儀式呢？可以這樣認為，朝廷雖然要求州縣須舉行元正節賀禮，但亦集乃路地區地處西北邊陲，財政中下，相比於其他禮儀如祭祀、朝賀禮等，元正節並非如此重要，簡要舉行無傷國家儀制，當地官員自不會大張旗鼓慶賀元正節，所以這件文書為元正節慶賀儀的可能性不大。

再根據"天壽聖節受朝儀，如元正儀；郊廟禮成受賀儀，如元正儀。"③ "郊廟禮"是古代帝王在郊外祭天地或在宗廟祭先祖的禮儀，在祭拜完皇帝要接受百官慶賀的這種儀式便是"郊廟禮成受賀儀"，在地方州縣上也不會有這樣的朝拜儀式。所以 F62：W11 所書的最有可能的就是天壽聖節禮儀。天壽聖節是古代皇帝的生辰。天子的誕辰當然舉國都要慶賀，郡縣也不例外。《通制條格》有載：

---

① 《黑城出土文書》，第 47 頁。
② 《元史》卷七六《禮樂一》，第 1668 頁。
③ 同上書，第 1669 頁。

至元八年十一月十五日，大司農、御史中丞兼領侍儀司事奏：每遇聖節、元日、詔赦並各官受宣敕，除沿邊把軍官再行定奪外，諸路官員合無令各官照依本品自造公服迎拜行禮。欽奉聖旨：除沿邊把軍官外，那般行者，欽此。①

大德十年五月，中書省四川行省諮：重慶路儒學學正涂慶安呈，春秋釋奠，天壽聖節行禮，諸儒各服唐巾襴帶，學正師儒之官，卻以常服列班陪伴。②

再看《元典章》中這一則聖節案：

照得至元十年七月內……與西京、太原、平陽等路宣慰使釋刺沙，我以前每年聖節，教罷了，休做。如今，你每奏說，隨路分州城裏官人每每年做聖節，多費錢物，百姓生受。更兼本命日，又科斂錢物，百姓生受有……逮及拜賀行禮，必就寺觀中，將僧道祝萬壽歲牌迎引至於公廳置位，或將萬壽牌出其坊郭郊野之際，以就迎接。③

可見對於郡縣地方官員來說，天壽聖節不僅是節日，還可能是"科斂錢物"的好時機，故應比元正節更為看重一些，儀式就舉行得正式和規範一些。特別是對於皇帝本命日，舉國上下的儀式更大，如史籍所載：

至元三十一年七月，中書省御史台呈：舊例，欽遇聖主本命日，所在官吏率領僧道、綱首人等，就寺觀行香祝延聖壽。擬合便行依例施行，都省准呈。④

雖然不能辨認這件文書是不是"聖主本命日"的儀式記載，但可以認為F62∶W11記錄的應是天壽聖節禮儀的儀式，故可定名為《元代亦集乃路天壽聖節

---

① 《通制條格校注》，第341頁。
② 《通制條格校注》，第349頁。
③ 《元典章》，第1004頁。
④ 《通制條格校注》，第355頁。

拜賀禮儀單》。

經過以上定性，這件文書的價值至少有以下三點：

首先，文書證實了元代亦集乃路地區慶賀皇帝生日禮節的存在。目前關於天壽聖節的研究不多，主要原因還在於除了官方史籍外的材料稀少，不能充分佐證天聖壽節在地方上的實行，而這件文書的出現至少證實了這種現象的存在，這是這件文書最重要的價值所在。

其次，關於這件文書的出現，與上文分析祭祀宣聖和祭祀三皇文書一樣，同樣有兩種可能：一是在元代郡縣上，至少是亦集乃路上，不僅祭祀禮儀要寫於長條告知於眾，天壽聖節照樣有這程序；二是慶賀天壽聖節儀式的事前彩排所用禮儀單。

再次，文書反映了地方在天壽聖節時舉行的拜賀儀式。文書紙面較上述祭祀宣聖和祭祀三皇文書來得干淨，筆畫和字體較為明朗，無塗改，且有僧人參與，可以推測當時這種儀式的若干流程，以及郡縣上對於拜賀天聖壽節的重視程度和規模，為我們瞭解地方上的拜賀儀有一定的幫助。

（原刊於《西夏學》（第八輯），上海古籍出版社 2011 年版）

佛經、古籍文書研究及其他

《中國藏黑水城漢文文獻》所收佛經殘頁題名辨正

陳瑞青

塔拉、杜建錄、高國祥先生主編的《中國藏黑水城漢文文獻》2008年10月由國家圖書館出版社出版發行。通讀全書,無論是文書分類還是擬題,均以李逸友先生《黑城出土文書(漢文文書卷)》[1]為藍本,同時又有所推進。從收錄文書數量看,《中國藏黑水城漢文文獻》比《黑城出土文書(漢文文書卷)》更為系統全面。《黑城出土文書(漢文文書卷)》公佈了770件較為完整的元代漢文文書,而《中國藏黑水城漢文文獻》共收錄黑水城漢文文獻4213件,近六倍於李書,使史學界得窺黑水城漢文文書之全貌。《中國藏黑水城漢文文獻》刊佈的黑水城漢文文書圖版更為清晰、準確,為進一步科學利用這批文獻資料研究蒙元史提供了支援。值得一提的是,在文書擬題方面編者不僅汲取李書擬題的精華,並吸收學術界最新研究成果,對大多數文書殘片進行了科學規範的命名。儘管如此,由於時間倉促,仍有一部分殘片沒有釋讀。《中國藏黑水城漢文文獻》第八冊中收錄抄本佛經七十六件,印本佛經八十一件,其他佛教文獻十一件,佛教圖像七件。在印本佛經中,有二十三件佛經殘頁沒有準確撰題,而冠之以"佛經殘頁",這對系統整理黑水城文獻無疑是巨大的缺憾。此前,首都師範大學的彭海濤先生曾對其中的 M1.1462、M1.1468、M1.1469、M1.1471、M1.1472、M1.1473、M1.1477 和 M3.0012 八件佛經殘片進行了整理,並予以定名和復原[2],推動了對黑水城漢文佛經印本的認識。但也應該看到,尚有部分佛經殘頁沒有進行整理,

---

[1] 李逸友:《黑城出土文書(漢文文書卷)》,科學出版社1991年版。
[2] 彭海濤:《黑水城所出八件佛經殘片定名及復原》,《西夏學》第八輯,上海古籍出版社2011年版。

2180　中國藏黑水城漢文文獻的整理與研究

因此有必要對剩餘的佛經殘頁進行重新審視和研究。筆者不揣淺陋，試對《中國藏黑水城漢文文獻》第八冊中的部分佛經殘片進行疏證，並給予合理的定名。不當之處，以就正于方家。

一　M1·1373號文書錄文與定名

M1·1373［F218:W1］號文書收錄於《中國藏黑水城漢文文獻》第八冊第1707頁，原題為《佛經殘頁》，其尺寸為9.9cm×21.9cm，現存5行，行11字。現釋錄如下：

　　　　（前缺）
1. 所有盡法界、虛空界、十方三
2. 世一切剎土①，所有極微一一塵中，
3. 皆有一切世間極微塵數佛。一
4. 一佛所，皆有菩薩海會圍遶。
5. 我當悉以甚深勝解，現前知
　　　　（後缺）

此經文出自《大方廣佛華嚴經》卷第四十，現將《大正藏》原文抄錄如下：

　　所有盡法界、虛空界，十方三世一切剎土。所有極微一一塵中，皆有一切世界極微塵數佛。一一佛所，皆有菩薩海會圍繞。我當悉以甚深勝解，現前知見，各以出過辯才天女微妙舌根。一一舌根，出無盡音聲海。一一音聲，出一切言辭海。

文中劃橫線者為文書中出現的文字，以下不再說明。通過上述復原可知，M1·1373［F218:W1］號佛經殘頁應當定名為"《大方廣佛華嚴經》卷第四十殘頁"。

---

① "剎土"，《黑城出土文書》錄文作"剝木"，現據圖版改。

二 M1·1387號和M1·1388號文書錄文與定名

M1·1387［F79：W15］和M1·1388［F79：W16］兩號文書，文字筆跡、內容均相近。其中，M1·1387［F79：W15］號收錄於《中國藏黑水城漢文文獻》第八冊第1719頁，其尺寸為16.7cm×29.4cm，共由六件殘片組成，其中殘片六文字與佛經沒有太多聯繫，因此可以斷定為混入的世俗文書。M1·1388［F79：W16］號收錄於《中國藏黑水城漢文文獻》第八冊第1720頁，其尺寸為19.1cm×30cm，亦由六件殘片組成，文字殘損嚴重。現將這兩號文書分別錄文如下：

M1·1387［F79：W15］號文書：

（一）

　　　　　　（前缺）
1. 属廣□□□□□□□
2. 抱識□□□□□□
　　　　　　（後缺）

（二）

　　　　　　（前缺）
1. □□□□□□□
2. □□□難脱相□□□
3. □□□慶畜生□□□
4. □□□□□□□
　　　　　　（後缺）

（三）

　　　　　　（前缺）
1. □□□□□□□□
2. □□□言今識麂故□□□
3. □□□極然□□□
　　　　　　（後缺）

(四)

　　　　　（前缺）

1. ☐☐☐☐☐苑初唱事☐☐☐
2. ☐☐☐☐☐☐不見佛☐☐☐

　　　　　（後缺）

(五)

　　　　　（前缺）

1. ☐☐☐☐喜尚☐☐☐☐☐
2. ☐☐☐☐此無礙皆☐☐☐
3. ☐☐☐☐☐懷憶此恩☐☐

　　　　　（後缺）

(六)

　　　　　（前缺）

1. ☐☐☐☐☐五足冬三月☐☐☐☐①

　　　　　（後缺）

M1·1388［F79:W16］號文書：

(一)

　　　　　（前缺）

1. ☐☐☐☐及②覆尋☐☐
2. ☐☐☐☐發此言☐☐☐

　　　　　（後缺）

(二)

　　　　　（前缺）

1. ☐☐☐☐☐其不會衆☐☐
2. ☐☐☐☐☐猶為菩提☐☐☐

　　　　　（後缺）

---

① 此殘片字跡、内容均與其他五件殘片不同，應為混入之世俗文獻殘片。
② "及"，據《大正藏》本應為"反"。

(三)

　　　　（前缺）
1. ▢然▢
2. ▢聖之導所▢
3. ▢言彰言▢
4. ▢影響相▢
5. ▢言以▢
　　　　（後缺）

(四)

　　　　（前缺）
1. ▢佛前▢
2. ▢得出难①我▢
3. ▢難之為語②罪▢
　　　　（後缺）

(五)

　　　　（前缺）
1. ▢親▢
2. ▢不知▢
3. ▢是五自▢
　　　　（後缺）

(六)

　　　　（前缺）
1. ▢正者則難▢
2. ▢可從故▢
3. ▢邊地▢

---

① "难"通"離"。
② "為語"原作"語為"，旁加倒乙符號，現徑改。

（後缺）

上述十二件殘片中，M1·1387［F79:W15］號殘片六無論是字體還是內容都與其他殘頁存在差距，因此可判定是混入佛經中的世俗文獻，在此我們不將其作為考量對象。在剩餘的十一件殘片中M1·1388［F79:W16］殘片三、M1·1387［F79:W15］殘片三、M1·1388［F79:W16］殘片一和M1·1388［F79:W16］殘片二均出自《慈悲道場懺法卷第七·序》，其原文如下：

今日道場同業大衆：夫至德渺漠，本無言無說。然言者，德之詮，道之逕；說者，理之階，聖之導，所以藉言而理顯。理故非言，理由言彰，言不越理。雖言、理兩乖，善惡殊絕，然影響相符，未曾差濫。在於初學，要言以會道；至於無學，乃合理而忘言。自惟凡愚，惛惑障重，於諸法門未能舍言。今識粗，故不盡其妙；見淺，故不臻其極。然言之且易，行之實難，唯聖與聖乃得備舉。今有難言，自不能正，云何正他？汝自三業穢濁，云何勸人清淨？自不清淨，欲使他清淨，無有是處。既不堅固，何以勸人？今言行空說，便成惱他，他既生惱，何不且止？反覆尋省，寧不自愧？余是善知識，故發此言。於是整理衣服，斂容無對。今聞善知識此辭，心情慚惡，自知深過，不敢欺誑。聖人隱覆其失，今欲毀除，恐脫有人，因此增福。適欲存之，復恐有人生謗。進退回遑，不知所措。且立懺法，心既是善，善法無礙，但應努力，不得計此。今唯憑世間大慈悲父，覆護攝受，既已有其言，不容毀滅，正當慚愧，大衆願無觸惱。若謬與理合相與，因此懺法，改往修來，為善知識。如其不會衆心，願佈施歡喜，不成惡知識，猶為菩提眷屬。

因此，以上幾件佛經殘頁可定名為"《慈悲道場懺法卷第七·序》殘頁"。其餘幾件佛經殘頁M1·1388［F79:W16］殘片四、M1·1388［F79:W16］殘片六、M1·1387［F79:W15］殘片二、M1·1388［F79:W16］殘片五、M1·1387［F79:W15］殘片四、M1·1387［F79:W15］殘片五、M1.1387［F79:W15］殘片一，均出自《慈悲道場懺法卷第七·自慶第十》，現將原文移錄如下：

今日道場同業大衆，從歸依已來知至德，可憑斷疑，懺悔則罪惑俱遣。續以發心勸獎兼行，怨結已解，逍遙無礙，豈得不人人踴躍歡喜？所應自慶，今宣其意。經云："八難：一者地獄，二者餓鬼，三者畜生，四者邊地，五者長壽天，六者雖得人身癃殘百疾，七者生邪見家，八者生佛前，或生佛後。"有此八難，所以眾生輪迴生死，不得出離。我等相與生在如來像法之中，雖不值佛，而慶事光多。凡難之為語，罪在於心。若心生疑，非難成難。心若無疑，是難非難，何以知之？第八難云："生在佛前，或在佛後。"是名為難。而城東老母，與佛同生一世，共佛俱在一處，而不見佛，故知心疑是難。未必異世，皆云是難。波旬懷惡，生陷地獄；龍聞說法，便得悟道。當知人天，未必非難。心苟不善，稟報不殊。六天之主，墜在地獄；畜生之賤，超登道場。是則心邪，故輕難成重；心正，故重難無礙。今日道場同業大眾，以心礙，故觸向成難。心能正者，則難非難。舉此一條，在處可從。故知佛前、佛後，無非正法；邊地、畜生，莫非道處。今若正心，則無復八難；如其疑惑，則難成無量。如是自慶，事實不少。大眾日用，不知其功，今略陳管見，示自慶之端。大眾若能知自慶者，則復應須修出世心。何者自慶？佛言：地獄難免，相與已得，免離此苦，是一自慶；餓鬼難脫，相與已得，遠離痛切，是二自慶；畜生難捨，相與已得，不受其報，是三自慶；生在邊地，不知仁義，相與已得，共住中國，道法流行，親承妙典，是四自慶；生長壽天，不知植福，相與已得，更復樹因，是五自慶；人身難得，一失不返，相與已得，各獲人身，是六自慶；六根不具，不預善根，相與清淨，得深法門，是七自慶；世智辯聰，反成為難，相與一心，歸憑正法，是八自慶；佛前佛後，復謂為難，或云面不睹佛，又為大難，相與已能，發大善願，于未來世，誓拔眾生。不以不睹如來為難，但一見色像，一聞正法，自同在昔，鹿苑初唱，事貴滅罪，生人福業，不以不見佛故，稱之為難。佛言：見佛為難，相與已得，瞻對尊像，是九自慶；佛言：聞法復難，相與已得，餐服甘露，是十自慶；佛言：出家為難，相與已得，辭親割愛，歸向入道，是十一自慶；佛言：自利者易，利他為難，相與今日，一拜一禮，普為十方，是十二自慶；佛言：捍勞忍苦為難，相與今日，各自翹勤，有所為作，不為自身，是十三自慶；佛言：讀誦為難，我今大眾，同得讀誦，是十四自慶；坐禪為難，而今見有息心定意者，是十五自慶。今日道場同業大眾，如是自慶，事多無量，非復弱辭，所能宣盡。凡人處世，苦多樂少，一欣一喜，尚不可諧。況今相與，有多無礙，得此無礙，皆是十方三寶威力。宜各至心，懷憶此恩，等一痛切，五體投地，奉為。

　　國王帝主，土境人民，父母師長，上中下座，信施檀越，善惡知識，諸天諸仙，護世四王，聰明正直、天地虛空、主善罰惡、守護持咒、五方龍王龍神八部，諸大魔王，五帝大魔，一切魔王，閻羅王，泰山府君，五道大神，十八獄主並諸官屬，廣及三界六道、無窮無盡含情抱識、有佛性者，至誠歸依，十方盡虛空界一切三寶。願以慈悲心，同加攝受。以不可思議神力，覆護拯接。令諸天諸仙、一切神王及三界六道一切眾生，從今日去，越生死海，到涅盤岸，行願早圓，俱登十地，入金剛心，成等正覺。

　　因此，以上幾件佛經殘頁可定名為"《慈悲道場懺法卷第七‧自慶第十》殘頁"。

三　M1‧1398、M1‧1399和M1‧1400號文書錄文與定名

　　M1‧1398號、M1‧1399號和M1‧1400號等三號文書都收錄在《中國藏黑水城漢文文獻》第八冊第1726頁。這三號文書無論字跡、墨色，還是紙張都十分接近。《中國藏黑水城漢文文獻》編者已經將M1‧1398號文書定名為《慈悲道場懺法殘頁》，卻未對M1‧1399和M1‧1400兩號文書定名。其實，這兩號文書也同出於《慈悲道場懺法》，因此有必要對這三個殘頁進行重新整理。

　　M1‧1398［F209∶W5］號文書：

　　　　（前缺）

　1. 又復□始已來至于□_____

　2. 身殺盜媱，口妄言綺語_____

　3. 自行十惡，教他行_____

　4. 十惡_____

　　　　（後缺）

　M1‧1399［F209∶W6］號文書：

　　　　（前缺）

　1. _____□道，阿脩羅道，人

2. ☐☐☐☐☐☐☐□起□□

  （後缺）

M1·1400 ［F209∶W7］號文書：

  （前缺）

1. ☐☐☐☐☐☐彼①我心

2. ☐☐☐☐☐如是等罪

3. ☐☐☐☐☐重復至②誠

  （後缺）

M1·1398號文書出自《慈悲道場懺法卷第一·懺悔第三》，其原文如下：

  （某甲）等重復志誠五體投地，<u>又復無始以來</u>，<u>至於</u>今日，依身口意，行十惡業，<u>身殺盜淫</u>，<u>口妄言綺語</u>，兩舌惡罵，意貪嗔癡，<u>自行十惡</u>，<u>教他行</u>十惡，讚歎十惡法，讚歎行<u>十惡</u>法者。如是一念之間，起四十種惡，如是等罪，無量無邊，今日懺悔，願乞除滅。

M1·1399號、M1·1400號文書與M1·1398號文書一樣，也是出自《慈悲道場懺法卷第一·懺悔第三》，其原文如下：

  乃至不知餓鬼道、畜<u>生道</u>、<u>阿修羅道</u>、<u>人道</u>、天道，有種種苦，以不平等故，起吾<u>我心</u>，生怨親想，所以怨對，遍於六道，<u>如是等罪</u>，無量無邊。今日懺悔，願乞除滅。（某甲）等<u>重復志誠</u>，五體投地。

因此這三號文書，可定名為"《慈悲道場懺法卷第一·懺悔第三》殘頁"。

四　M1·1401號文書錄文與定名

M1·1401［F79∶W22］號文書收錄於《中國藏黑水城漢文文獻》第八冊第

---

① "彼"《大正藏》本作"吾"，據文意推斷應為"彼"。
② "至"《大正藏》本作"志"，據文意推斷應為"至"。

1727頁，現存3行，其尺寸為7.9cm×14.6cm，現釋錄如下：

　　　　（前缺）
1. 若自書持，若使人書，是則為難。
2. 若以大地，置足甲上，昇於梵天，
3. 亦未為難。佛□□□□□□□
　　　　（後缺）

以上文字內容出自《妙法蓮華經·見寶塔品第十一》，其原文如下：

　　　　假使有人，手把虛空，而以遊行，亦未為難。
　　　　於我滅後，若自書持，若使人書，是則為難。
　　　　若以大地，置足甲上，升於梵天，亦未為難。
　　　　佛滅度後，於惡世中，暫讀此經，是則為難。

因此我們可以將M1.1401［F79∶W22］號文書定名為"《妙法蓮華經·見寶塔品第十一》殘頁"。

五　M1·1416［F20∶W2］號文書錄文與定名

M1·1416［F20∶W2］號文書收錄於《中國藏黑水城漢文文獻》第八冊第1737頁，現存4行，其尺寸為7.6cm×7.2cm，現釋錄如下：

　　　　（前缺）
1. □□□□上无，□□□□
2. □□餘十，諦行□□□□
3. □□脫門，重□□□□
4. □□□□，□□□□
　　　　（後缺）

該號文書出自《阿毗達磨俱舍論本頌·分別定品第八·第三十九頌》，其原文如下：

空謂空非我，無相謂滅四。
無願謂餘十，諦行相相應。
此通淨無漏，無漏三脫門。
重二緣無學，取空非常相。

因此此號文書可定名為"《阿毗達磨俱舍論本頌·分別定品第八·第三十九頌》殘頁"。

六　M3·0013[AE183　ZH122]號文書錄文與定名

M3·0013[AE183　ZH122]號文書收錄於《中國藏黑水城漢文文獻》第八冊第1748頁，現存6行，其尺寸為12.7m×13.3cm，現釋錄如下：

（前缺）

1. 入二①門法中，自然即□□□□
2. 運而轉，故說②自然□□□□
3. 通，三種③謂體相相□□□□
4. 之義。　論大揔地中至□□
5. 問下解釋分，但依此一□□
6. 門等，何故不釋本法所□□

（後缺）

此佛經殘頁內容與宋代普觀所作《釋摩訶衍論記·卷第一釋題目已下》內容相近，但文字略有出入，現將原文抄錄如下：

三大覺下引文歸論二：初，引經證成中。初，歎所入法次示能入門法中。自然即自用義，謂由業用自在無礙，任運而轉，故名自然。對上一體，但云相用影顯示，故或即自相貫通。三自謂即體相。相，相用。相，又由自相覺

---

① "二"《卍新纂續藏經》本《釋摩訶衍論記》無。
② "說"《卍新纂續藏經》本《釋摩訶衍論記》作"名"。
③ "種"《卍新纂續藏經》本《釋摩訶衍論記》作"名"。

心殊勝，故曰自然。二，今攝下歸論，指結中初歸本論。謂攝經文歸論說，故次指廣文大總地中開八種者，彼兼初後，故開八門，此唯後重，故但四種後結此門，此一稱法具有三門，下解釋分唯釋後一，何以前二不別釋耶？謂："由此論散說，門中正所開示四法，相故以後影前義，准知故又由三中前二種門，是其所依，及為能攝本原玄理二論已明，是故此論不復開釋。"

因此，M3·0013［AE183 ZH122］號文書可暫定名為"《釋摩訶衍論記·卷第一釋題目已下》殘頁"。

七 M1·1461號文書錄文與定名

M1·1461［F13:W27］號文書收錄於《中國藏黑水城漢文文獻》第八冊第1767頁，現存6行，其尺寸為6.1cm×9.5cm，現釋錄如下：

（前缺）
1. 賢菩薩諸行願海。是故，善男子，汝於
2. 此義，應如是知：若有善男子善女人，
3. 以滿十方無量無邊不可說不可說
4. 佛剎極微塵數一切世界，上妙七寶
5. 及諸人天最勝安樂，布施尒所一切
6. 世界所有眾生，供養尒所一切世界
（後缺）

此號佛經內容出自《大方廣佛華嚴經卷第四十》，其原文如下：

若諸菩薩，於此大願，隨順趣入，則能成熟一切眾生，則能隨順阿耨多羅三藐三菩提，則能成滿普賢菩薩諸行願海。是故善男子，汝於此義，應如是知：若有善男子善女人，以滿十方無量無邊不可說不可說佛剎極微塵數一切世界，上妙七寶及諸人天最勝安樂，佈施爾所一切世界所有眾生，供養爾所一切世界諸佛菩薩，經爾所佛剎極微塵數劫，相續不斷，所得功德。

因此M1.1461［F13:W27］號應當定名為"《大方廣佛華嚴經·卷第四十》

殘頁"。

八　M1·1470[F6:W74]號文書錄文與定名

M1·1470 [F6:W74] 號文書收錄於《中國藏黑水城漢文文獻》第八冊第1770頁，現存5行，其尺寸為7cm×8.8cm，現釋錄如下：

（前缺）
1. 羅三藐三菩提☐
2. 何降伏其心？佛言☐
3. 菩提，如汝所說如來善☐
4. 菩薩，善☐☐諸☐
5. 當為汝說。善☐
（後缺）

此號文書的內容出自《金剛經·善現啟請分第二》，現將原文抄錄如下：

　　時長老須菩提，在大眾中，即從座起，偏袒右肩，右膝着地，合掌恭敬而白佛言：稀有世尊，如來善護念諸菩薩，善付囑諸菩薩。世尊，善男子善女人，發阿耨多羅<u>三藐三菩提</u>心，應云何住，云<u>何降伏其心？佛言</u>：善哉善哉。須<u>菩提，如汝所說，如來</u>善護念諸<u>菩薩</u>，善付囑諸菩薩。汝今諦聽，<u>當為汝說。善</u>男子善女人，發阿耨多羅三藐三菩提心，應如是住，如是降伏其心。唯然，世尊，願樂欲聞。

因此，M1·1470 [F6:W74] 號文書可定名為"《金剛經·善現啓請分第二》殘頁"。

以上我們對《中國藏黑水城漢文文獻》中收錄的佛經殘片進行了考訂，至少有十個編號佛經殘頁被重新定名，這樣加上彭海濤先生的研究，在二十三個編號佛經殘頁中，十八個編號殘頁得以確認。這些殘頁雖然所存文字較少，但並不妨礙其學術價值的開掘。

首先，這些殘片豐富了黑水城佛教典籍的種類。在黑水城漢文佛教文獻中，已知的佛教典籍中包括《吉祥大黑修法》《智尊大黑八道贊》《吉祥大黑八足贊》

《十方護神贊》《大黑長咒》《佛說大白傘蓋總持陀羅經》《真州長蘆了和尚劫外錄》《吉祥持大輪寶蓮花瓶修習儀軌》《大持金剛稱贊禮》《密宗修法》《妙法蓮華經觀世音菩薩普門品》《大方廣佛華嚴經》《慈悲道場懺法》《修習瑜伽集要施食壇經》《圓覺疏抄隨文要解》《禪密要法經》《金剛經道場前儀》《添品妙法蓮華經》《金剛般若波羅蜜經》《千眼千臂觀世音菩薩陀羅尼經神咒經》《佛母大孔雀明王經》《佛說大乘聖無量壽決定光明如來陀羅尼經》《永嘉正道歌頌》《佛說金輪佛頂大威德熾盛光如來陀羅尼經》《佛說觀彌勒菩薩上兜率天經》《金剛般若經疏論纂要》《釋徒智堅轉頌本》等。但通過我們的研究，在中國藏黑水城漢文文獻中，除《華嚴經》《妙法蓮華經》和《慈悲道場懺法》三種經書的殘頁，在已知的黑水城漢文佛教典籍中能夠見到外，《阿毗達磨俱舍論本頌》和《釋摩訶衍論記》這兩種佛經是首次被發現，因此豐富了黑水城漢文佛教典籍的種類。

其次，這些佛經殘片提供了不同的佛經版本。僅就本文所見的兩種《慈悲道場懺法》來看，這兩種經書在字體、行距等方面都存在明顯的差異。這兩種《慈悲道場懺法》和已經確認的其他《慈悲道場懺法》也不相同。因此可以斷定，在黑水城地區存在不同版本的《慈悲道場懺法》。

最後，這些殘片的認定，為學者繼續開展深入研究，擴大了視角。在以往研究黑水城漢文佛教文獻的成果中，主要集中對較為完整的佛經開展研究，未將這些佛經殘片納入研究視野。例如，吳超先生曾對中國藏黑水城文獻中的《慈悲道場懺法》進行了研究，但沒有將這兩種《慈悲道場懺法》殘片納入研究範圍，因此很難得出較為完整和準確的結論。[①] 當然，目前仍有部分佛經殘片沒有被考證出來，筆者既無佛緣，又無慧根，只待高士大德來完成這項工作了。

（本文原為"中國藏黑水城漢文文獻整理與研究研討會"（2012年8月，煙台）會議論文，此為首次刊發）

[①] 吳超：《中國藏黑水城漢文文獻所見〈慈悲道場懺法〉考釋》，《赤峰學院學報》2011年第8期。

《中國藏黑水城漢文文獻》印本古籍殘片題名辨正

陳瑞青

  《中國藏黑水城漢文文獻》刊佈的黑水城漢文文書,數量巨大,圖版清晰準確,為進一步科學利用這批文獻資料研究蒙元史提供了支援。但其中仍有部分古籍殘片沒有被準確判明,而冠以"印本殘片""古籍殘片"等,這對系統整理黑水城文獻無疑是巨大的缺憾。筆者不揣淺陋,試對《中國藏黑水城漢文文獻》中部分印本古籍殘片進行疏證,並冠以合理的題名。不當之處,以就正于方家。

一　M1·1239[F89:W2]號文書錄文與定名

  M1·1239[F89:W2]號文書收錄於《中國藏黑水城漢文文獻》第7冊第1559頁,原題名為《印本殘件》,現存文字7行,中有雙行小注,現錄文如下:

  （前缺）

1. ☐生名／☐世稱
2. 兒先要安詳恭
3. 莊而不懈執／志一而不雜。今
4. 後世教法不明／☐惰驕則安於
5. 而無檢束提／以懷其美質。到
6. 恭☐麁惡凶狠非／☐☐學積習以至

7. ☐已有☐☐☐☐☐☐☐☐

　　　　（後缺）

上述文字中，大字正文出自朱熹《小學·嘉言第五》，其原文云：

　　教小兒，先要安詳恭敬。今世學不講男女從幼，便驕惰壞了，到長益兇狠，只為未嘗為子弟之事。則於其親，已有物我，不肯屈下，病根常在。

至於小字為何人所加注疏，待考。因此，此件文書可定名為"《小學》注疏殘頁"。

二　M1·1240[F14:W9A]號文書錄文與定名

M1·1240[F14:W9A]號文書收錄於《中國藏黑水城漢文文獻》第7冊第1559頁，原題名為《印本殘件》，共兩件殘片，殘片一存文字2行，殘片二存文字4行。

（一）

　　　　（前缺）

1. ☐☐手曰：囊☐☐☐
2. ☐☐上晝食，上☐☐

　　　　（後缺）

（二）

　　　　（前缺）

1. ☐☐☐☐祀其冢，終
2. ☐☐
3. ☐☐也！夫恭、顯之譖
4. ☐☐☐☐☐☐☐

　　　　（後缺）

上述兩件殘片內容均出自《資治通鑒》卷二八"漢紀二十·孝元皇帝上初元元年七月條"，原文如下：

天子聞之驚，拊手曰："曩固疑其不就牢獄，果然殺吾賢傅！"是時，太官方上畫食，上乃卻食，為之涕泣，哀動左右。……臣光曰：甚矣孝元之為君，易欺而難寤也！夫恭、顯之譖訴望之，其邪說詭計，誠有所不能辨也。

因此，此號文書可定名為"《資治通鑒》卷二八殘頁"。

三　M1·1243［F19:W30］號文書錄文與定名

M1·1243［F19:W30］號文書收錄於《中國藏黑水城漢文文獻》第7冊第1560頁，原題名為《印本殘件》，現存文字1行，中有雙行小注，錄文如下：

（前缺）

1. ☐☐☐☐而哇之。 蓋音閤；辟音避，
頻與顰同，顲與

（後缺）

此號文書內容出自朱熹《孟子集注》卷六"滕文公章句下凡十章"，原文如下：

他日歸，則有饋其兄生鵝者，己頻顣曰："惡用是鶂鶂者為哉？"他日，其母殺是鵝也，與之食之。其兄自外至，曰："是鶂鶂之肉也。"出而哇之。蓋，音合。辟，音避。頻，與顰同。顲，與臉同，子六反。

因此，此號文書可定名為"《孟子集注》殘頁"。

四　M1·1244［F20:W7B］號文書錄文與定名

M1·1244［F20:W7B］號文書收錄於《中國藏黑水城漢文文獻》第7冊第1560頁，原題名為《印本殘件》，現存文字共4行，錄文如下：

（前缺）

1. ☐☐渭，以自彰穢跡，故其☐☐
2. ☐☐漆，不知其所出，故其名曰黑☐

2196　中國藏黑水城漢文文獻的整理與研究

3. ☐也，彼得之而不辭，窮萬世而☐
4. ☐美，為子所喜，而☐
　　（後缺）

此殘頁內容出自柳宗元《柳河東集》卷十四《愚溪對》，原文如下：

　　秦有水，掎汩泥淖，撓混沙礫，視之分寸，眂若睨壁，淺深險易，昧昧不覿。乃合涇渭，以自漳穢跡，故其名曰濁涇。雍之西有水，幽險若漆，不知其所出，故其名曰黑水。夫惡、弱，六極也。濁，黑，賤名也。彼得之而不辭，窮萬世而不變者，有其實也。今予甚清且美，為子所喜，而又功可以及圃畦，力可以載方舟，朝夕者濟焉。

因此，此號文書可定名為"《柳河東集》殘頁"。

五　M1·1248［F96∶W4］號文書錄文與定名

M1·1248［F96∶W4］號文書收錄於《中國藏黑水城漢文文獻》第7冊第1561頁，原題名為《印本殘件》，現存兩件殘片，各存文字2行。
（一）
　　（前缺）
1. ☐之待☐
2. ☐☐更始入雒☐
　　（後缺）
（二）
　　（前缺）
1. ☐禪☐
2. ☐☐位三☐
　　（後缺）

上述文字均出自司馬光《稽古錄》，殘片一出自卷十三"魏文帝黃初元年（220）"，殘片二出自卷五"夏后氏"，原文云：

(一)

　　臣光曰：新室之末，民心思漢，如渴之望飲，饑之待餔也。是以，諸劉奮臂一呼，而遠近響應，曾未期年，元惡授首。更始入雒之初，天下已服矣。

(二)

　　舜受禪，使禹宅百揆。舜老以位傳禹曰：朕居帝位三十有三載，耄期倦于勤，汝惟不怠，總朕師。

因此，此號文書可定名為"《稽古錄》殘頁"。

六　M1·1250 [Y1：W7A] 號文書錄文與定名

M1·1250 [Y1：W7A] 號文書收錄於《中國藏黑水城漢文文獻》第 7 冊第 1561 頁，原題名為《印本殘件》，現存三殘片，殘片一、二各存文字 1 行，殘片三現存文字 2 行。

(一)
　　　　（前缺）
1. ▢▢合也壹▢▢
　　　　（後缺）

(二)
　　　　（前缺）
1. ▢▢等分▢▢
　　　　（後缺）

(三)
　　　　（前缺）
1. ▢▢調臨病濟▢▢
2. ▢▢實諸蟲▢▢
　　　　（後缺）

按，此文書內容出自南宋許洪《指南總論》卷上《論合和法》，原文如下：

> 凡言等分者，非分兩之分，即諸藥之斤兩多少，皆同為等分也。凡煮湯云用水，大盞者約一升也，一中盞者約五合也，一小中者約三合也。務從簡易，庶免參差，俾修合煎，調臨病濟，急不更冗繁易為曉了也。凡草有根莖枝葉，皮骨花實，諸蟲有毛翅皮甲，頭足尾骨之屬。

因此，此號文書可定名為："《指南總論》卷上殘頁"。

七　M1·1252[F2:W1]號文書錄文與定名

M1·1252[F2:W1]號文書收錄於《中國藏黑水城漢文文獻》第7冊第1562頁，原題名為《印本殘件》，現存文字2行，錄文如下：

（前缺）
1. ▢▢▢|起|土山，射▢▢▢
2. ▢▢▢|紹||樓|，皆破▢▢▢
（後缺）

上述文字出自《三國志·魏志·袁紹傳》，原文云：

> 紹為高櫓，起土山，射營中，營中皆蒙楯，眾大懼。太祖乃為發石車，擊紹樓，皆破，紹眾號曰霹靂車。

據此，此號文書應定名為"《三国志》殘頁"。

八　M1·1267[83H·F9:W37/0291]號文書錄文與定名

M1·1267[83H·F9:W37/0291]號文書收錄於《中國藏黑水城漢文文獻》第7冊第1574頁，原題名為《印本殘件》，文書現存文字11行，為一頁之右半頁，僅部分文字可識。

（前缺）

1. □□□訊，具吐情實，惟不招殺人。崇□視所遺
2. □，乃屠刀也。□□□□日大設，合境屠者皆集
3. □塲，以俟宰殺。既而日①晚放□，□□留刀，翌日再
4. 至。乃命以□人刀換下一口。□□□□各來認刀②,③
5. □一屠□後不認④　　　　　　　某刀。問
6. 　是⑤某人　　　　　之，則已竄矣。
7. 　　　　　　斃之。竄者聞
8. 　　富商子　　家，杖背而已。⑥
9. 　　　　　　有術。換刀者，跡賊之
10. 術也。　　　　　　　　何由釋
11. 故　　　　　亦不可

（後缺）

此段文字出自鄭克《折獄龜鑒》卷一《劉崇龜》，其原文如下：

　　唐劉崇龜，鎮南海。有富商子泊船江岸，見一高門中有美姬，殊不避人。因戲語之曰："夜當詣宅矣。"亦無難色，啟扉待之。忽有盜入其室，姬即欣然往就。盜謂見擒，以刀剚之，逃去。富商子繼至，踐其血，洿而僕，聞脰血聲未已，覺有人臥於地，徑走至船，夜解維遁。其家蹤跡，訟於公府。遣人追捕，械系考訊，具吐情實，惟不招殺人。崇龜視所遺刀，乃屠刀也，因下令曰："某日大設，闔境屠者皆集球場，以俟宰殺。"既而晚放散，令各留刀，翌日再至。乃命以殺人刀換下一口。明日，諸人各認本刀。一人不去，云非某刀。問是誰者？云某人刀。亟往捕之，則已竄矣。於是以他囚合死者

---

① "日"四庫全書本《折獄龜鑒》作無。
② "各來認刀"四庫全書本《折獄龜鑒》作"各認本刀"。
③ 文書第3、4行天頭處有書寫字跡，字跡不清。
④ 此幾字四庫全書本《折獄龜鑒》無。
⑤ "是"四庫全書本《折獄龜鑒》無。
⑥ 文書第7、8行天頭處有書寫字跡，字跡不清。

為商人子，侵夜斃之。竊者聞而還，乃擒，置於法。富商子坐夜入人家，杖背而已。舊不着出處，蓋亦唐人小說所載，今見唐書劉政會傳後，崇龜其七世孫也。傳辭太簡，故於舊集刪取其要。

按：凡欲釋冤，必須有術。換刀者，跡賊之術也。斃囚者，譎賊之術也。賊若不獲，冤何由釋？故仁術有在於是者，君子亦不可忽也。

據此，此號文書可定名為"《折獄龜鑑》殘頁"。

上述印本古籍殘片儘管所存文字較少，但透露出極其珍貴的歷史信息，對於全面、準確瞭解黑水城漢文文獻的數量和種類，深入挖掘黑水城漢文文獻的史料價值具有重要意義。其意義可大體歸納如下：

其一，上述古籍殘片的認定，豐富了黑水城發現古籍印本的種類。《中國藏黑水城漢文文獻》第七冊共收錄古籍殘片23種，其中經過編者定名的只有《文獻通考》《碎金》《孟子》《尚書》《孝經》《薛仁貴征遼事蹟》《新編待問》等7種，這次筆者又認定了《孟子集注》《小學》《三國志》《資治通鑑》《稽古錄》《柳河東集》《指南總論》《折獄龜鑑》8種，使中國藏黑水城漢文古籍殘片大部分得以認定。通過分析上述殘片內容，我們大致可將其分為儒家典籍、史籍、文集、醫書、司法著作等類型。其中儒家典籍包括《孟子集注》《小學》；史籍包括《三國志》《資治通鑑》《稽古錄》；文集有柳宗元的《柳河東集》；醫書有許洪《指南總論》；司法著作有鄭克《折獄龜鑑》等。在俄藏黑水城文獻中，涉及的儒家典籍包括TK208號《論語·微子第八十》，TK268號《論語》右半頁文出《子張第十九》，左半頁文出《子路第十三》；醫書有TK166號《孫真人千金方》，醫方有TK173《辰龍麝保命丹》、TK187號《醫方》和TK221號《醫方》；史籍有TK290《新唐書奸臣傳》，Tk315號《漢書·陳萬年附陳咸傳》。TK316號《晉紀》等。新認定的古籍殘片，既有關涉幼稚教育的《小學·嘉言》，也有《三國志》《資治通鑑》《稽古錄》等史籍，還有儒家典籍《孟子集注》，更有涉及古代斷案的《折獄龜鑑》。內容涉及經、史、雜家各部，極大豐富了黑水城漢文典籍的內容。尤其《小學·嘉言》《稽古錄》《折獄龜鑑》等古籍在以往的研究論著中均未涉及，此為首次加以認定。

其二，通過上述古籍殘片可以看出，朱熹和司馬光的著作在黑水城地區受到廣泛的歡迎。上述殘片涉及朱熹的著作有兩部即《小學》和《孟子集注》，既有他的教育著作，也有他的經學著作。其中，黑水城出土的朱熹《小學》不僅有印本還有抄本存世。M1.1175［F19：W15］號文書上有"朱文公小學"五個正楷大字，朱文公即朱熹，此殘頁似為寫本朱熹《小學》之封皮。① 由此可見，朱熹《小學》在黑水城地區存在不同的版本。以上事實說明，朱熹作為理學大師地位的確立早在元代就已形成，其教育理念和經學思想已深深植根於基層之中。司馬光的史學著作既有廣為流傳的《資治通鑒》，也有較少流布《稽古錄》。《稽古錄》是司馬光鑒於《通鑒》及考異、目錄，卷帙繁重，遂又著與《通鑒》相同年代的《歷年圖》《百官公卿表大事記》以相銜接。同時又纂述周威烈王二十二年（前404）上溯至伏羲之事，三編相聯，總為此書。黑水城出土的《稽古錄》，儘管所存文字較少，但仍可想見，司馬氏史學著作在元代的受歡迎程度。

其三，《折獄龜鑒》的發現和認定，對於研究元代黑水城地區的斷獄參考書目提供了線索。此前，李逸友在《黑城出土文書（漢文文書卷）》曾刊佈了刻本《洗冤錄》②的圖版，方齡貴先生曾對其做過細緻的考證。③ 此次對《折獄龜鑒》的認定，豐富了元代黑水城地區斷獄典籍的內容。《折獄龜鑒》是宋人鄭克編寫的司法案例彙編。本書分為二十卷，收集上自春秋、戰國，下到北宋大觀、政和年間的司法官員決摘奸慝、平反冤濫、巧妙斷案的案例三百九十五則，並附以作者的論斷。《折獄龜鑒》對後世偵查破案、司法鑒定、辯誣雪冤、審斷疑獄等具有重要參考借鑒作用。所以自成書以後，長期為世人所重是宋、元、明、清法官必備參考書，"覽者充拓聞見，如龜決疑，如燭鑒物"④。《折獄龜鑒》在黑水城地區的發現，足以證明其在元代基層社會的流行程度。同時，黑城本《折獄龜鑒》提供了此書的最早版本。《折獄龜鑒》，《宋史·經籍志》作二十卷，晁公武《讀書志》、陳振孫《書錄解題》俱題為《決獄龜鑒》，蓋一書而異名。《書錄解題》載其目凡二百七十六條，三百九十五事。傳世之抄本僅存五門，餘皆散失。只有《永樂大典》所載尚為全書，但已經合併連書，不可見原書次序。後人輯為八卷，收入《四庫全書》。其他較好的刻本有守山閣本和金壺本。黑水城此次發現的《折獄龜鑒》可謂是此書最早的版本。

---

① 參見《中國藏黑水城漢文文獻》，第7冊，第1448頁。
② 《黑城出土文書》（漢文文書卷）圖版四六（4），編號為F207：W1。
③ 方齡貴：《元史叢考》之《讀〈黑城出土文書〉》，民族出版社2004年版，第225頁。
④ 《折獄龜鑒》趙時槀跋。

其四，這批古籍殘片，為我們提供了重要的版本依據。儘管這些殘片中沒有明確的紀年，但我們大致可以推定最晚為元刻本。這批古籍的認定為進一步展開研究提供了便利條件。筆者只是在編者整理的基礎上，對上述古籍殘片進行了初步的認定，其版本學、文獻學價值的深入開掘需要更多學者參與研究。

總之，黑水城漢文文獻是研究中國古代史尤其是夏元史的重要資料。對於這批資料的整理、研究和應用，需要下大力氣才能完成。筆者對這批古籍名目的甄別，只算是粗加工。但就僅見的黑水城漢文文獻古籍類別來看，內容異常豐富，充分反映了元代地方政權對於漢文化的重視。在夏、元史資料相對匱乏的現狀下，黑水城文獻的出土，無疑對深入研究該領域具有不可估量的學術價值。可謂片語只言，亦可視同拱璧。

（本文原刊於《薪火相傳——史金波先生 70 壽辰西夏學國際學術研討會論文集》，中國社會科學出版社 2012 年版，收入本書之時有改動）

《中國藏黑水城漢文文獻》讀後

宋 坤

從1908年俄國科茲洛夫上校率領的考察隊首次打開黑水城的大門以來，黑水城文獻的發現已歷百年。百年來，國內外學者在黑水城文獻研究方面取得了輝煌成果。黑水城文獻就其藏地而言主要包括"俄藏""英藏"和"中藏"三部分。從1996年開始由上海古籍出版社出版的《俄藏黑水城文獻》，陸續公佈了大量"俄藏"黑水城文獻的圖版，"英藏"黑水城文獻圖版也已由《英藏黑水城文獻》（上海古籍出版社2005年版）和《斯坦因第三次中亞考古所獲漢文文書（非佛經部分）》（上海辭書出版社2005年版）兩書公佈。唯有國內收藏的黑水城文獻，除了1991年李逸友先生的《黑城出土文書（漢文文書卷）》[1]一書（以下簡稱《黑城出土文書》）公佈了760件文書錄文（書後附有其中191件文書的黑白圖版）以及陳炳應先生《黑城新出土的一批元代文書》[2]一文公佈了少量文書外，其餘大部分的文書遲遲未能公佈。而2008年由國家圖書館出版社出版的《中國藏黑水城漢文文獻》[3]則彌補了這一缺憾。

此套《中國藏黑水城漢文文獻》煌煌10冊，共分10卷，分別為：第一卷"農政文書卷"；第二卷"錢糧文書卷"；第三卷"俸祿與分例文書卷"；第四卷"律令與詞訟文書卷"；第五卷"軍政與站赤文書卷"；第六卷"契約、卷宗與書信卷"；第七卷"禮儀、儒學與文史卷"；第八卷"醫算、曆學、符占秘術、堪輿地理及其他文書卷"；第九卷"佛教文獻卷"以及第十卷"其他文書卷"。其中，第1—7冊分別對應第一至七卷，第8冊包含第八、第九兩卷，第9、10兩冊則為

---

[1] 李逸友：《黑城出土文書（漢文文書卷）》，科學出版社1991年版。
[2] 陳炳應：《黑城新出土的一批元代文書》，《考古與文物》1983年第3期。
[3] 《中國藏黑水城漢文文獻》，國家圖書館出版社2008年版。

第十卷文書。① 綜觀此書，其主要具有以下幾個特點：

首先，該書收錄文書數量巨大，且絕大部分為元代社會文書，為元史研究以及黑水城文獻研究的進一步拓展提供了大批極為重要的史料資源。該書收錄的黑水城漢文文獻主要是内蒙古自治區文物考古研究所會同阿拉善盟文物工作站於1983年和1984年兩次對黑水城遺址進行考古發掘時所獲文書及1962年和1979年各文博部門採集的少量漢文文書，共4213件原始文獻，其中社會文獻3980件，宗教文獻233件。《黑城出土文書》所公佈的760件文書即為這批文獻當中的一部分，而該書相對《黑城出土文書》來言，總數多出了近3000餘件。且這些文書大部分均為首次刊佈，具有着重要的史料價值，這些在杜建錄先生為該書所作前言當中已有詳細論述②，此不贅言。

其次，該書採用了全彩印刷，最大限度地展現了文書原貌，為研究者提供了最為準確、翔實，最有利於研究的原始信息。文書研究，除了要研究文書内容以外，文書所使用的紙張、印章、書寫筆跡、墨色等往往也蘊含着豐富的史料信息，而這些則全要靠文書圖版才能體現。例如，"大德四年軍糧文卷"中F116：W552號文書③，由圖版可見，此件文書是由三紙粘貼而成。前兩紙紙張相同，內容為一完整文書，敘述了事由、事目及首領官簽押，並加蓋墨印，在此兩紙粘貼處也加蓋了墨色騎縫章，其目的應為防止有人私自揭改文書。而最後一紙較小，為另紙粘貼，共存文字6行，其中朱書3行，内容為肅政廉訪司勘驗文書後所留處理意見，最後為肅政廉訪司官吏署名畫押，並加蓋朱色印章及河西隴北道肅政廉訪司木刻墨色照刷戳記。這些信息極為重要，它們可以使我們對元代文書的形成、檢核制度及用章制度有更加真實、更加深入的認識。在《黑城出土文書》中雖也收錄了此文書錄文④，並且在錄文前的說明中提到了"末尾先用朱批、最後加蓋木刻照刷戳記"，但是錄文中卻未對末尾的三行朱批進行釋錄，且關於文書用紙情況及印章顏色也均未能體現。此外，文書圖版當中所反映的書寫筆跡、墨色、畫押、印章等信息，對於文書的聯綴、年代判斷等，也有着極為重要的作用。所以說，該書全彩印刷技術所體現的文書信息，遠較《黑城出土文書》單單釋錄文書内容更為豐富、翔實，而全彩印刷也最利於研究者使用。

最後，利用該書中的文書圖版可以糾正《黑城出土文書》所收760件文書錄

---

① 本套叢書第9冊書題為"佛教文獻卷"，此題有誤。
② 《中國藏黑水城漢文文獻》，第1冊，第25—29頁。
③ 《中國藏黑水城漢文文獻》，第2冊，第398頁。
④ 《黑城出土文書》，第139頁。

研究編　佛經、古籍文書研究及其他　2205

文中的某些錯誤，為研究者提供更為準確的史料。在該書出版之前，有許多學者曾根據《黑城出土文書》中所收文書錄文進行學術研究，並取得了一系列成果。①但是如果將該書當中的文書圖版和《黑城出土文書》當中所對應的李逸友先生所作錄文進行對照，我們就可以發現李先生的錄文當中存在着某些錯誤。現舉《僉補站戶文卷》中 F116: W434 號文書為例，根據文書圖版②，此件文書內容如下：

（前缺）

1. _____□並新僉人戶
2. _____中書省
3. _____
4. _____送摠兵____軍站户，計看守係官
5. _____院□□前去，扵□□有州縣扵見官一____
6. _____
7. _____□的委通政院官前_____
8. _____
9. ____□令各処官司施____□兒應當軍站____□了麼道告
10. ____多有，奏呵，再從便商量____者麼道，有
11. ____□得僉補迯亡貧難站户，除□□丹矨口並昔宝赤及各投下已籍應當軍站户計
12. _____守係官花薗户、匠户、礼樂户、□□種粱米户不許僉補外，令拘該路府州縣扵目
13. □□應當差民戶及除差祗候、□軍、弓手、急遞鋪户內依____有抵業物力
14. 人丁之家僉補，如或不敷，扵應有□居放良還俗僧道漏籍等户及投充別管
15. 官司諸物户計內，依驗人丁事產物力高強，依例僉□，替下站户収係當

---

① 可參閱《中國藏黑水城漢文文獻》"前言"，第 1 冊，第 18—23 頁。
② 《中國藏黑水城漢文文獻》，第 5 冊，第 1143 頁。

16. 差。已佥站户内，果係怯薛丹躯□□昔宝赤，各投下應當_____
17. _____諭了，其有司官吏，若____丁力之家作貧乏_____
18. _____呈□□路攢造衆____二年十月廿七日□□
19. _____御史廉訪司隨即體覆____佥補，欽此。又
20. _____
21. _____□令頭目扵其下及□____□在官司□
22. _____
23. _____奉_____
24. _____户及除_____
25. _____充站户與消乏_____
26. _____户壹千二百九十二户
27. _____本户消乏，佥充□
28. _____李元徐郁李____楊小廝蓋因二户消乏，合_____
29. □□當壹疋正馬東安因____比皆然，為此取具□
30. 各村莊花名，分當站役□____會驗至順三年二月十七
31. □奉
32. ____補逊亡貧難站户，除怯薛丹□□並昔宝赤及各投下已籍應當_____
33. ____蘭户、匠户、礼樂户、晉山種□□□不許佥補外，令拘該路_____
34. □户及除差祗候巡軍____鋪户內依驗殷實有抵業_____
35. 或不敷扵應有析□□□還俗僧道漏藉等户及投充別_____
36. 亦驗人丁事產物力高□，依例佥補替下站户扙係當差。又一款，各処站户元申在逊復
37. 業從差去官□____勘除堪役外，如有消乏不堪當役，可合併者，
38. _____□役人户保勘是實，放罷為民

研究編　佛經、古籍文書研究及其他　2207

39. ☐☐☐☐☐☐☐☐陸運提☐☐☐☐戶除見當役☐☐☐☐府州縣於殷實有

40. ☐☐☐☐應委官與真定保定二☐提調官一同從實☐☐☐☐☐到僉補

41. ☐☐係被災去処，擬合委自各処正官一員提調，行移廉訪司☐體覆明白，於相

42. ☐戶內僉補品荅各各丁力，就発文申車頭應役，具實僉充☐各各村莊花名，

43. 攢造俻細文冊，呈報在迯人戶之事產，召人租賃。另☐☐☐☐招誘復業，依

44. 例給付籹足。其復業存恤限☐☐一戶旣是見行當役☐☐定奪外，拠籍內

45. ☐☐☐☐站戶即目見行歇☐☐☐☐☐，體覆是實，就便僉補及重役周立一戶

46. ☐☐☐☐定應當站☐☐☐☐☐☐照詳。得此，覆奉都堂☐☐陸運提夆

47. ☐☐☐☐☐☐☐☐☐☐☐☐☐☐重復，更為照勘明白，依

48. ☐☐☐☐☐☐☐☐☐俗一十四☐已僉事

49. ☐☐☐☐☐☐☐☐☐☐☐☐☐☐☐☐☐等數晉寧

50. ☐☐☐☐☐☐☐☐☐☐☐☐☐☐☐☐☐☐成等卅

　　　（後缺）

而《黑城出土文書》中，李先生關於此件文書的錄文[1]則為：

　　　（前缺）

1. ☐☐☐並新僉人戶☐☐☐

2. ☐☐☐中書省☐☐☐

3. 送總兵☐☐☐軍站戶計看守系官☐☐☐

4. 院內前去於所有州縣無見官一☐☐☐

5. ☐☐☐的委通政院官前☐☐☐

6. ☐☐☐令各處官司強☐☐☐僅見應當軍站☐☐☐了麼道告

---

[1] 《黑城出土文書》，第176頁。

7. ☐多有奏呵再從便商量☐者麼道有
8. ☐得僉補逃亡貧難戶除☐☐丹驅☐並昔寶赤及各投下已籍應當軍站戶計
9. ☐守系官花園戶匠戶禮樂戶口口種粱米戶不許僉補外今拘該路府州縣於日
10. ☐應當差民戶及除差祗候☐軍弓手急遞鋪戶內依☐有抵業物力
11. 人丁之家僉補如或不敷於應有☐居改良還俗僧道籍等戶及投充別管
12. 官司諸物戶計內依驗人丁事產物力高強依例僉☐替下站戶收系當
13. 差已僉站戶內果系怯薛丹驅☐☐昔寶赤各投下應當☐
14. ☐諭了其有司官吏若☐丁力之家作貧乏☐
15. ☐奉
16. ☐補逃亡貧難站戶除怯薛丹☐☐並昔寶赤及各投下已籍應當
17. ☐園戶匠戶禮樂戶晉山種粱☐☐不許僉補外令拘該路☐
18. ☐戶及除差祗侯處軍☐鋪戶內依驗殷實有抵業☐
19. 或不敷於應有析☐還俗僧道漏籍等戶及投充☐
20. 亦驗人丁事產物力高☐依例僉補替下站戶收系當差又一款如各處站戶元申在逃復
21. 業從差告官☐
22. 同照勘除堪役外如有消乏不堪當役可合併者
23. ☐役人戶保勘是實放罷為民
24. ☐陸運提☐戶除見當役☐府州縣於殷實有
25. ☐應委官與真定保定二☐提調官一同從實☐到僉補
26. ☐系被災去處擬合委自各處正官一員提調行移廉訪司☐體覆明白於相
27. ☐戶內僉補品答各各丁力就發文申車頭應役具實僉☐各各村莊花名
28. 攢造備細文冊呈報在逃人戶之事產召人租賃另☐招誘復業依
29. 例給付收足其復業存恤限☐一戶既是見行當役別無定奪外據籍內
30. ☐站戶即目見行歇☐體覆是實就便僉補及重役周立一戶
31. ☐定應當站☐照詳得此覆奉都堂☐陸運提舉
32. ☐重役更為照勘明白依

33. ☐☐☐俗一十四☐☐已僉事
34. ☐☐☐等數晉寧
35. ☐☐☐成等州
36. ☐☐☐
37. ☐☐☐驅☐
38. ☐☐☐有親管人戶及除☐☐
39. ☐☐☐當站役概新戶☐
40. ☐☐☐當站即與元奉事例不☐☐
41. ☐☐☐不隨僉隨逃中等之家一到☐
42. 逃竄盡絕則州縣虛損戶☐
43. 裏去處令路府州縣之資☐
44. 縣大寧等處☐☐數親詣各處從公麼問體勘委☐
45. ☐☐☐九十一戶全未☐☐相應內戶金補替換☐
46. ☐☐☐濟寧真定等路人戶☐☐各物力不均爭
47. ☐☐☐補不均已經行下合屬☐☐違錯☐
48. ☐☐☐
49. 監察御史言☐☐
50. ☐劄付亦集乃路總管府☐☐

　　　（後缺）

　　兩者相較，可見李先生的錄文除個別文字錯錄、漏錄之外，還存在較大錯誤。首先，李先生錄文當中的第 37—50 行為衍文，此 14 行文字所對應的圖版應為《中國藏黑水城漢文文獻》第五卷"軍政與站赤類"中出版編號為"M1·0928"號文書。[①] 其次李先生錄文之第 14、15 行之間又缺錄了 11 行文字，而缺錄文字當中，又有部分文字被李先生編為"F116：W437"號文書，收入"提調站赤"類[②]，其內容如下：

---

① 《中國藏黑水城漢文文獻》，第 5 冊，第 1145 頁。
② 《黑城出土文書》，第 175 頁。

（前缺）
1. ☐戶及除
2. ☐充站戶與消乏
3. 戶壹千二百九十二戶
4. ☐本戶消乏今定
5. 楊小廟蓋因二戶消乏今
6. 比比皆然如此取具
7. 會驗至順三年二月十七日
8. ☐昔寶赤及如
（後缺）

李先生錄文當中的這些錯誤之處，只有根據圖版進行比對才可發現，所以說該書的出版，對於研究者使用文書材料的準確性、科學性有着極大的意義。

杜建錄先生在該書前言中，曾對目前黑水城文獻的國內外研究現狀作了詳細介紹，從中我們可以發現，目前國內外學者對黑水城出土文獻的關注，主要集中於俄藏黑水城文獻方面，而對國內所藏黑水城文獻的研究則要相對薄弱。這固然是由於俄藏黑水城文獻數量巨大，史料價值豐富，但是國內藏黑水城文獻一直以來只有錄文，無有圖版的現狀無疑也在很大程度上限制了對這批文獻的研究。所以，筆者相信此次《中國藏黑水城漢文文獻》的出版，必然會對這批文獻的研究產生巨大的推動作用。儘管該書的出版有着如此重要的價值，但是事無全美，該書當中也存在着如下幾個問題：

一是遺珠之憾，該書收錄文書存在缺失。據統計，中國的考古學者對黑水城進行的考古發掘主要有以下幾次：1926年9月中旬，由瑞典探險家斯文·赫定和中國北京大學徐炳昶教授組成並共同擔任團長的"西北科學考察團"曾來到黑水城考察並獲得部分文書，現藏於中國社會科學院考古研究所；1962年和1963年，內蒙古文物工作隊兩次派員到黑水城進行考古調查，獲得少量文書，現藏內蒙古文物考古研究所；1978年中國科學院沙漠研究所、人民畫報社、中國報導社、甘肅日報社和甘肅省博物館等單位聯合組成的河西沙漠考察組也曾到黑城遺址進行考察，在城中的兩個垃圾堆中清理出10多件元代文書，1979年，甘肅省電影製片廠前往黑水城拍攝電影期間，王勤台和陳炳應兩位先生也曾發現少量文書，這兩次考察共獲得文書24件，現藏於甘肅省博物館；1983年和1984年內蒙古自治區文物考古研究所會同阿拉善盟文物工作站對黑水城遺址先後進行兩次發掘，這是中國考古工作者對黑水城遺址進行的最大規模的考古發掘，所獲文書現分藏於內蒙古自治區文物考古研究所、阿拉善盟博物館和額濟納旗文物管理所。該書所收錄的只是内蒙古文物考古研究所、阿拉善盟博物館和額濟納旗文物管理所等三地所藏文書，而中國社科院考古研究所藏文書未收錄，甘肅省博物館所藏文書收錄不全，並且對於内蒙古文物考古研究所等三地所藏文書的收錄也存在一定缺失。據筆者對照《黑城出土文書》統計，在李先生收錄的 760 件文書當中，有以下幾件文書，該書未加收錄：

1. 禮儀類 "F116：W31" 號文書的第一件殘片（《黑城出土文書》第 95 頁）；
2. 農政類 "F277：W55" 號文書（《黑城出土文書》第 102 頁），此文書正背兩面均有文字，該書均未收錄，背面錄文見《黑城出土文書》189 頁契約類；
3. 提調農桑類 "F116：W300" 號文書第 2 件殘片（《黑城出土文書》第 102 頁）以及 "F116：W534" 號文書（《黑城出土文書》第 104 頁）；
4. 賦稅類 "F214：W1"（《黑城出土文書》第 110 頁）和 "F9：W31" 號文書（《黑城出土文書》第 112 頁）；
5. 俸祿類 "F150：W10" 號文書（《黑城出土文書》第 124 頁）；
6. 盜賊案 "F155：W10" 號文書（《黑城出土文書》第 150 頁），此為本書書信類 "F115：W10" 號文書的背面文字；
7. 也火汝足立嵬地土案文卷 "F116：W24" 號文書的第 2 件殘片（《黑城出土文書》第 162 頁）；
8. 提調站赤類 "F135：W19" 號文書（《黑城出土文書》第 172 頁）；
9. 票據類 "F1：W38" 號和 "F126：W2" 號文書（《黑城出土文書》第 183 頁）；
10. 府學類 "F39：W1" 號文書第 1 件殘片（《黑城出土文書》第 195 頁）；
11. 封簽及包封類 "F135：W21" 號文書（《黑城出土文書》第 203 頁）；
12. 佛教徒習學本 "F191：W102" 號（《黑城出土文書》第 213 頁）和 "F79：W7" 號文書（《黑城出土文書》第 214 頁）；
13. 佛經抄本 "F13：W11" 號（《黑城出土文書》第 220 頁）、"F20：W3" 號文書（《黑城出土文書》第 221 頁）；
14. 佛經印本 "F9：W42" 號文書（《黑城出土文書》第 223 頁）。

這些文書缺錄的原因，該書中未作任何說明。關於甘肅省博物館所藏文書的文獻價值，陳炳應先生在《黑城新出土的一批元代文書》一文中已有詳細介紹，此不贅言。《黑城出土文書》所收而該書未收錄的多件文書中，雖然部分為殘片，資料價值有限，但其中也不乏極具文獻價值者。例如 "提調農桑文卷" 類 F116：

W534號文書①，據其殘存圖畫可知，原應為一幅"農桑種植指導圖"，它應就是F116:W300號文書②中"今抄寫依樣圖本"所提到的"圖本"，此對我們研究元代農桑的種植方式有着極大的文獻價值，而該書卻未加收錄。又如"農牧類"F277:W55號文書，此件文書正背均有文字，正面為一契約，立契時間為"至正卅年（1370）六月"，屬北元初期。背面文字，李先生作錄文如下③：

1. □逃人民官吏料理乘騎各要首思不□差等除
2. 即捉拿解省把緊關隘□時常巡淖嚴加□
3. 備毋致亂軍侵襲與民為害據□息聲息火速
4. 飛報施行奉此那孩依奉前去馬木□□子等處
5. 撫體人民勸與農民□□照得人民俱各病疾饑
6. 餓身體無力不能挑　　　水澆　　　農民
7. 並無牛具子粒亦無耕種秋田合將已種□□二
8. 麥等物各各所種石數□花戶姓名從實坐開前
9. 去合行
10. 具呈伏乞
11. 照驗施行
12. 　　一總計小麥

背面的文字無具體年代，但根據正面"至正卅年"和其中"把緊關隘""時常巡淖""毋致亂軍侵襲與民為害"等語，我們也可將其大致判斷為北元初期。此文書當中所提到"那孩依奉前去馬木□□子等處，撫體人民，勸與農民□□"，對於我們瞭解北元初期的政治形勢以及北元政府據此所作出的撫民措施等極有價值，而該書也未加收錄。吳超先生在《亦集乃路農業管理初探》一文④中就曾對本件文書所體現的亦集乃路的勸民活動進行論證。另該書缺錄的佛教文書中F191:W102和F79:W7兩件也是內容豐富，價值較大。所以，這些文書的缺錄，不能不說是該書的一大缺憾。

二、該書所收錄文書原始編號與《黑城出土文書》有多件存在差異（該書所收文書圖版有兩個編號，一為文書原始編號，一為文書出版編號，其原始編號應與《黑城出土文書》所收文書編號相同），主要表現為以下幾種情況：

---

① 《黑城出土文書》，第104頁。
② 《黑城出土文書》，第102頁。
③ 《黑城出土文書》，第102頁。
④ 吳超：《亦集乃路農業管理初探》，《吐魯番學研究》2008年第2期。

1. 同一件文書，兩書編號不同。例如，《黑城出土文書》所收"F116: W101"號文書（《黑城出土文書》第 86 頁），該書原始編號記為"84HF79A"（第 6 冊第 1308 頁）。又如《黑城出土文書》所收"Y1: W131"號文書（《黑城出土文書》第 89 頁），該書原始編號卻為"F13: W131"（第 5 冊第 984 頁）；

2. 兩書中同一編號文書，內容不同。例如，《黑城出土文書》所收"F116: W616"號文書（《黑城出土文書》第 117 頁）與該書所收"F116: W616"號文書（第 2 冊第 278 頁）內容不同。又如，《黑城出土文書》所收"F155: W10"號文書（《黑城出土文書》第 150 頁）和該書所收"84H·F155: W10/2112"號文書（第 10 冊第 2198 頁）內容不同；

3. 《黑城出土文書》有編號文書，而該書當中卻無原始編號。例如《黑城出土文書》所收"F116: W137"號文書（《黑城出土文書》第 99 頁），該書則無原始編號，出版編號為"M1·0797"（第 5 冊第 1026 頁）。又如《黑城出土文書》所收"F116: W202"號文書的第 3、4 件殘片（《黑城出土文書》第 170 頁），該書也無原始編號，出版編號為"M1·0669"（第 4 冊第 878 頁）。

出現此種差異的原因，該書中未作任何說明。我們知道，文書的原始編號代表着文書的出土地點及出土順序，蘊含着極大的原始信息。例如某些文書殘缺嚴重時，我們可以根據同一地點出土的文書，而對其進行性質、年代的判定以及進行文書綴合等等。在最初科茲洛夫對黑水城的發掘中，進行的是一種盜掘式發掘，未能留下一份完整科學的發掘報告，故而《俄藏黑水城文獻》中所收錄的大部分文書均無法準確判定其出土地點，這就對這些文書的進一步研究造成了一定程度的障礙。而内蒙古自治區文物考古研究所同阿拉善盟文物工作站於 1983 年和 1984 年對黑水城進行的兩次發掘則是按照科學標準進行的考古發掘，故而根據此兩次發掘所獲文書的編號就可知文書出土的確切位置，這相對於《俄藏黑水城文獻》而言無疑是一個很大的進步。但是該書與《黑城出土文書》中文書原始編號差異現象的出現，對於研究者瞭解文書原始的出土信息就會造成極大的困擾，也為對這些文書進行更深層次的研究造成了一定程度的阻礙。

三、該書只出版了文書圖版，對於文書的解題、釋錄等工作均未進行，且對文書的定名也稍嫌粗略，未能準確全面反映文書內容，給研究者的使用造成了一定的不便。因此，這批文書下一步整理研究所亟須完成的工作之一就是關於這批文書的解題及釋錄、定名。當然，關於文書內容的具體深入的研究也是迫切需要的。

總體而言，此次《中國藏黑水城漢文文獻》的出版仍然可說是功不可沒。筆者相信，該書的出版必然會推動元史研究和黑水城文獻研究的進一步發展。另外，雖然李逸友先生的《黑城出土文書》存在有某些方面的不足，但是在目前仍無文書釋錄本的情況下，李先生的錄文仍具有着極大的參考價值，把這兩本書結合使用，肯定能對學者的研究工作產生極大的幫助。

附表　　　　《中國藏黑水城漢文文獻》（簡稱《中藏》）文書與
　　　　　《黑城出土文書（漢文文書卷）》（簡稱《李書》）文書對照表

	文書編號	李書頁碼	中藏頁號	備註
卷宗類	Y1：W22	85	1295	
	F111：W63	85	1297	
	Y1：W96	85	1302	
	F111：W26	85	1306	《中藏》編號：［F19：W26a］、［F19：W26b］
	F111：W68	85	1298	
	F116：W101	86	1308	《中藏》編號：［84HF79A］
	F116：W9	86	1312	
	Y1：W46	86	1316	
	F116：W88	86	1311	
	F7：W4	86	1308	《中藏》編號：［83H・F7：W4/0250］
	Y1：W7	86	1311	
	Y1：W63	86	1307	《中藏》編號：［84H・Y1采：W63/2733］
	Y1：W6	86	1296	《中藏》編號：［84H・大院內ab：W6/2795］
	Y1：W8	86	1299	
	Y1：W31	86	1302	《中藏》編號：［Y1：W31B］
	F117：W2	86	1312	
	Y1：W187	86	1309	《中藏》編號：［84H・大院內ab：W87/2876］
	Y1：W88	86	1309	《中藏》編號：［84H・大院內ab：W88/2877］
	F123：W3	86	1314	
	F111：W37	86	1314	
	F111：W33	86	1307	《中藏》編號：［84H・F111：W33/1111］
	F117：W19	86	1310	
	Y1：W44	86	1315	
	F116：W429	86	1305	
	Y1：W58	87	1310	《中藏》編號：［84H・大院內ab：W57/2846］
	Y1：W35（1）	87	1317	《中藏》編號：［Y1：W34aA］
	Y1：W35（2）	87	1318	《中藏》編號：［Y1：W34bA］
	Y1：W33	87	1301	《中藏》編號：［Y1：W31A］
	F125：W44	87	1313	

续表

	文書編號	李書頁碼	中藏頁號	備註
人事類	F61：W4	88	992	
	F114：W3	88	1001	
	F116：W2（1）	88	977	《中藏》編號：［F16：W2］
	F116：W2（2）	88	999	《中藏》編號：［84H·F16：W7/0525］
	F64：W2	88	983	
	F131：W1	89	982	
	Y1：W19	89	994	
	Y1：W131	89	984	《中藏》編號：［F13：W131］
	F1：W32（1）	89	988	《中藏》編號：［F1：W54］
	F1：W32（2）	89	989	《中藏》編號：［83H·F1：W32/0032］
	F14：W4	89	996	
	F224：W46	89	995	
	F117：W10	89	991	
	F125：W31	89	990	《中藏》編號：［F125：W31a］
	F125：W8	90	980	
	F64：W6	90	979	
	F116：W182	90	978	《中藏》編號：［F116：W82］
	F131：W7	90	998	
	F209：W53	90	997	
	F111：W45	90	981	
	F197：W32	90	987	《李書》介紹此件文書有"八思巴字蒙古文"一行，根據《中藏》圖版，應為兩行
	F2：W201	90	519	《中藏》將此件歸入"俸祿類"
	Y1：W113	90	985	
	F105：W2	90	986	
民籍類	F114：W13	91	924	《中藏》將其歸入"其他律令與詞訟文書"類
	F125：W73	91	39	
	F249：W22	91	42	
	F20：W12	91	57	
	F239：W4	92	58	
	F1：W51	92	50	
	F1：W60	92	41	
	F131：W2	92	48	

续表

	文書編號	李書頁碼	中藏頁號	備註
民籍類	Y1：W12	92	40	
	F180：W9	92	43	
	Y1：W47	92	44	
	F111：W48	93	46	
	F111：W62	93	51	
	F111：W71	93	45	
	Y1：W109	93	64	
	F111：W27	93	62	由《中藏》圖版可見，在人名前有勾畫符號，應為勘驗時所留
	Y1：W4	93	63	
	F1：W61	93	65	
	F122：W1	93	66	
	F135：W41	93	47	
	F125：W12	93	67	
	F224：W27	93	68	
	禮儀			
	Y1：W30	94	1009	《中藏》中將此件文書歸入"軍政類"，編號為Y1：W36
	Y1：W105	94	1377	
	F1：W43	94	1379	
	F2：W31	94	1380	《中藏》編號：[F2：W31b]
	F62：W11	95	1378	
	F2：W59	95	1381	
	祭祀費用			
禮儀類	F116：W31（1）	95		《中藏》中無此殘片圖版
	F116：W31（2—3）	95	1398—1399	《中藏》中此編號文書共4件殘片，其中兩件《李書》未錄
	F116：W35（1—3）	95	1387—1388	
	F116：W35（4）	96	1392	《中藏》[F116：W91]號文書最右角
	F116：W91（1—4）	96	1392	
	F116：W91（5）	96	1390	《中藏》[F116：W35a]號文書最右角
	F116：W190（1—2）	96	1390	《中藏》編號：[F116：W35a]
	F116：W190（3）	96	1389	此錄文圖版為《中藏》編號[F116：W35]文書中第四件殘片

续表

	文書編號	李書頁碼	中藏頁號	備註
	\multicolumn{4}{c}{祭祀費用}	
禮儀類	F116:W190（4）	97	1391	此錄文圖版為《中藏》編號［F116:W361a］文書右半頁
	F116:W191（1）	97	1407	《中藏》編號：［F116:W191a］
	F116:W191（2）	97	604	《中藏》將此件文書歸入"桑哥失裏大王分例羊酒文卷"，無原始編號，出版編號：［M1·084］
	F116:W192	97	1402—1403	
	F116:W193	97	1404	
	F116:W361（1）	97	1391	此錄文圖版為《中藏》編號［F116:W361a］文書左半頁
	F116:W361（2）	97	1406	此錄文圖版為《中藏》編號［F116:W354］文書右半頁
	F116:W354（1）	97	1406	此錄文圖版為《中藏》編號［F116:W354］文書左半頁
	F116:W354（2）	97	1385	《中藏》編號：［F116:W361］
	F1:W59	97	1405	
軍政事務類	F197:W33	98	1005	
	Y1:W77	98	1049	《中藏》將其歸入第五冊"其他公文類"
	F150:W8	98	1011	
	F116:W470	98	1033	《中藏》中此件無原始編號，出版編號為［M1·0805］
	Y1:W89	98	1016	《中藏》編號：［Y1:W89A］
	F111:W61	99	1077	《中藏》將其歸入第五冊"其他公文類"
	F125:W7	99	1046	《中藏》將其歸入第五冊"其他公文類"
	F175:W9	99	1904	《中藏》將其歸入"年款類"
	F1:W39	99	1014	
	F116:W137	99	1026	《中藏》中此件無原始編號，出版編號為［M1·0797］
	F197:W1	99	1078	《中藏》將其歸入第五冊"其他公文類"
	F125:W54	99	1017	
	F135:W77	99	1018	
	Y1:W16	99	1015	
	Y1:W39	99	1019	

续表

	文書編號	李書頁碼	中藏頁號	備註
軍政事務類	Y1：W56	100	1020	
	F249：W11	100	1021	
	Y1：W38	100	1022	
	Y1：W67	100	1023	
	F114：W15	100	1024	
	F111：W29	100	1025	
農牧類	農牧			
	F257：W6	101	123	《中藏》編號：[F57：W6]
	F116：W66	101	112	
	F116：W20	101	111	
	F111：W64	101	124	
	Y1：W140	101	115	《中藏》編號：[Y1：W40A]
	F209：W47	101	173	
	F111：W67	101	171	
	F79：W23	102	174	
	F277：W55	102		此件文書正背兩面皆有文字，《中藏》均未收錄圖版
	提調農桑文卷			
	F116：W551	102	161	
	F116：W300（1）	102	146	
	F116：W300（2）	102		《中藏》中無此殘片圖版
	F116：W140	103	150	《中藏》編號：[84H・F116：W140/1312]
	F116：W115	103	133	
	F116：W534	104		《中藏》無此件文書圖版
	F116：W528	104	141	《中藏》編號：[84H・F116：W528/1702]
	F116：W108	105	157	
	F116：W296	105	1939	《中藏》編號：[84H・F116：W318/1409＋F116：W296]
	F116：W46	105	162—167	
錢糧類	提調錢糧			
	F116：W96	107	216—217	
	F1：W53	107	219	
	F116：W564	107	214	
	F116：W419	107	211	
	F116：W52	107	212	《中藏》編號：[F116：W522]
	F116：W488	108	218	

研究編　佛經、古籍文書研究及其他　2219

续表

	文書編號	李書頁碼	中藏頁號	備註
		賦稅		
	F117: W5	108	100	
	F111: W51	108	89	
	T9: W1	108	129	《中藏》編號：[F9: W1]
	Y1: W60	108	325	《中藏》將其歸入"口糧文書類"
	Y1: W23	108	99	
	F116: W548	108	73	
	F210: W11	109	96	
	F13: W105	109	78	
	F116: W197	109	293	《中藏》將其歸入"大德十一年稅糧文卷"
	F50: W4	109	108	
	F97: W2	109	82	《中藏》編號：[F97: W5]
	F146: W16	109	83	
	F214: W1	110		《中藏》中無此件文書圖版
錢糧類	F16: W1	110	80	
	F13: W129	110	81	
	Y1: W10	110	83	
	F270: W7	110	92	
	Y1: W108	110	98	
	F274: W1	110	93	
	F270: W11	110	77	
	F20: W16	111	94	
	F111: W58	111	105	
	Y5: W11	111	102—103	
	F111: W72	111	101	
	F146: W30	111	90	
	F114: W6	111	91	
	F116: W562	112	69	
	F9: W31	112		《中藏》中無此件文書圖版
	F249: W36	112	449	《中藏》將其歸入"其他錢糧物文書"類

续表

	文書編號	李書頁碼	中藏頁號	備註
錢糧類	糧食儲運收支			
	F224：W10	112	272	
	F14：W6	112	271	
	F51：W13	112	229	
	F12：W1	113	270	
	F125：W51	113	268	
	F125：W13	113	269	
	Y1：W65	113	252	《中藏》編號：［Y1：W66A］
	F197：W25	113	79	《中藏》將其歸入"戶籍與賦稅文書類"
	F209：W44	113	423	《中藏》將其歸入"官私錢物帳"
	F209：W42	113	251	
	F209：W45	113	251	
	F9：W11	113	246	
	F116：W422	113	267	《中藏》編號：［F116：W472］
	F125：W58	114	230	
	F111：W54	114	253	
	Y1：W11	114	265	
	F146：W21	114	247	
	F249：W27	114	264	
	F110：W1	114	1903	《中藏》將其歸入"年款"類
	F116：W301	114	266	
	F21：W12	114	236	
	大德十一年稅糧文卷			
	F116：W463	115	291	
	F116：W201	115	286	
	F116：W462	115	290	
	F116：W539	115	296	
	F116：W465	115	292	
	F116：W471	115	295	
	F116：W610	116	278	《中藏》編號：［F116：W616］
	F116：W614	116	289	
	F116：W618	116	287	
	F116：W313（1—2）	116	277	

研究编　佛经、古籍文书研究及其他　2221

续表

	文書編號	李書頁碼	中藏頁號	備註
錢糧類	大德十一年稅糧文卷			
	F116: W313（3）	117	2292	《中藏》將其歸入"其他文書類"，無原始編號，出版編號為［M1·219］
	F116: W616	117	283	此為《中藏》編號：［F116: W617］右半頁文書。《中藏》編號［F116: W616］文書，與此內容不同
	F116: W617	117	283	此文書圖版為《中藏》編號［F116: W617］文書左半頁
	F116: W351	117	294	
	F116: W549	117	288	
	阿剌不花口糧文卷			
	F116: W594	117	315	
	F116: W99	118	324	
	F116: W574	118	316	
	F116: W83	118	320	
	至正十一年考較錢糧文卷			
	F116: W557	119	310	
	F116: W582	119	311	《中藏》編號：［84H·F116: W582/1756］
	F116: W556	119	309	《中藏》編號：［84H·F116: W556/1730］
	F116: W555	119	299	
	F116: W554	120	304	
俸祿類	F79: W46	121	498	
	F111: W55	121	500	
	F38: W2	121	515	
	F111: W52	121	502	
	F125: W26	121	514	
	F13: W116	121	333	《中藏》將其歸入"口糧文書"類
	F155: W18	121	513	
	F277: W2	121	513	
	F116: W39（1—2）	122	451	《中藏》將其歸入"其他錢糧物文書"類，編號：［F116: W39］
	F116: W39（3—4）	122	452	《中藏》編號：［84H·F116: W39/1211］
	F116: W42（1—2）	122	507	《中藏》編號：［F116: W42a］
	F116: W42（3）	122	508	《中藏》編號：［F116: W42b］

续表

类	文書編號	李書頁碼	中藏頁號	備註
俸祿類	F116：W26	122	332	《中藏》將其歸入"口糧文書"類
	F65：W1	122	503	
	F125：W35	122	501	《中藏》編號：[F135：W35]
	F209：W56	122	516	
	F249：W35	122	334	《中藏》將其歸入"口糧文書"類
	F209：W66	123	497	《中藏》編號：[F209：W60]
	Y1：W37	123	511	《中藏》編號：[Y1：W37A]
	F9：W26	123	512	
	F117：W25	123	509—510	
	Y1：W99	123	499	
	F146：W28	123	504	
	F146：W25	124	506	
	F150：W10	124		《中藏》中無此文書圖版。《中藏》453頁[84H·F150：W10/2101]號文書與此內容不同
	F24：W101	124	505	
	F2：W201	124	518	《中藏》編號：[F2：W201正]
	諸投下分例			
諸王妃子分例類	F62：W16（1）	125	556	《中藏》編號：[F62：W16b]
	F62：W16（2）	125	557	《中藏》編號：[F62：W16c]
	F62：W16（3）	125	555	《中藏》編號：[F62：W16a]
	F116：W19	125	550	
	F20：W56	125	552	
	F9：W33	125	554	
	F20：W31（1）	125	541	《中藏》編號：[F20：W31a]
	F20：W31（2）	125	542	《中藏》編號：[F20：W31b]
	F20：W31（3）	125	543	《中藏》編號：[84H·F20：W38/0687]
	F20：W39	126	544	
	F20：W35	126	553	
	F111：W44	126	551	
	F20：W14	126	560—562	
	F249：W23	126	525	
	F51：W3	126	537—538	
	Y1：W15	126	526	

续表

	文書編號	李書頁碼	中藏頁號	備註
		諸投下分例		
	F209: W28	126	559	
	F111: W17	126	619	《中藏》將其歸入"卜魯罕妃子分例米麵文書"類
	F146: W18	127	545	
	F26: W101	127	523—524	
	F209: W26	127	558	
	F2: W51	127	546	
	F116: W72	127	535	
	F20: W57	127	536	
	F74: W2	128	273	《中藏》將其歸入"錢糧儲運收支文書"類
	F197: W11	128	539—540	
		桑哥失裏大王分例羊酒文卷		
	F116: W595	128	565	
	F116: W509	128	568	《中藏》編號：[84H・F116: W583/1757]
諸王妃子分例類	F116: W546	129	572	
	F116: W204	129	576	
	F116: W569	129	580	
	F116: W380	129	605	
	F116: W208	129	584	《中藏》中此件文書無原始編號，出版編號為：[M1・0475]
	F116: W593	130	589	
	F116: W572	130	585	
	F116: W573	130	590	
	F116: W568	130	602	
	F116: W521	130	603	
	F116: W358	131	606	
	F116: W596	131	594	
	F116: W598	131	598	
		卜魯罕妃子分例米麵文卷		
	F116: W357	131	613	《中藏》編號：[F116: W62]
	F116: W73	131	620	
	F116: W65	132	611	《中藏》編號：[F116: W367]

续表

	文書編號	李書頁碼	中藏頁號	備註
諸王妃子分例類	卜魯罕妃子分例米麵文卷			
	F116：W29	132	614	
	F116：W62	132	615	《中藏》編號：[F116：W629]
	F116：W63	132	624	
	F116：W349	133	616	
	F116：W363	133	612	
	F116：W86	133	621	
	F116：W92（1）	133	617	
	F116：W92（2）	133	618	《中藏》中此件殘片無原始編號，出版編號：[M1·0495]
	F116：W371	133	622	
	F116：W90	133	623	
	納冬妃子分例米麵文卷			
	F116：W454	134	630	
	F116：W590	134	632	
	F116：W496	134	629	
	F116：W545	134	631	
	F116：W586	134	633	《中藏》編號：[F116：W183]（2—2）
	F116：W485	135	634	
	F116：W325	135	631	
	F116：W589	135	630	
	F116：W588	135	635	
	F116：W75	135	635	
軍用錢糧類	軍用錢糧			
	F116：W561	136	369	
	F125：W61	136	373	
	F62：W18	136	374	
	F79：W25	136	370	
	F166：W11	136	386	
	F123：W7	136	371	
	F13：W121	136	381	
	F13：W124	137	381	
	F116：W160	137	387	

续表

	文書編號	李書頁碼	中藏頁號	備註
軍用錢糧類	軍用錢糧			
	F9: W12	137	382	
	F197: W13	137	378	
	F125: W3	137	380	
	F197: W23	137	375—376	
	Y1: W14	137	377	《中藏》編號：[Y1: W14A]
	F19: W28	137	379	
	F175: W7	138	372	
	Y1: W201	138	1254	《中藏》"契約類"[Y1: W201 正]
	大德四年軍糧文卷			
	F116: W553	138	402	
	F116: W566	138	407	
	F116: W581	138	409	
	F116: W565	139	408	
	F116: W552	139	398	
	F116: W390	139	410	
官用錢糧類	F116: W21	140	355	
	F51: W5	140	351	
	F224: W34	140	350	
	Y1: W62	140	343	《中藏》編號：[Y1: W60b]
	F124: W6	141	1071	《中藏》將其歸入"其他公文類"，編號：[F124: W6a]
	Y1: W34（1）	141	2269	《中藏》將其歸入"其他文書"類，編號：[Y1: W34aB]
	Y1: W34（2）	141	2270	《中藏》編號：[Y1: W34bB]
	Y1: W126	141	243	《中藏》將其歸入"錢糧儲運收支文書"類，編號：[Y1: W26A]
	F197: W9	141	344	
	F270: W9	141	1072	《中藏》將其歸入"其他公文類"
	Y1: W84	141	354	
	F36: W6	141	348	
	F1: W48	141	385	《中藏》將其歸入"軍用錢糧文書"類
	F9: W24	142	361	

续表

	文書編號	李書頁碼	中藏頁號	備註
官用錢糧類	F132：W104	142	1037	《中藏》將其歸入"勘合文書"，編號：[F13：W104]
	Y1：W167	142	347	
	F125：W47	142	360	
	F15：W3	142	363	
	F167：W25	142	345	
	F20：W36	142	358	
	F197：W16	142	359	
	F62：W29	142	357	
	Y1：W43	142	346	
	F125：W17	142	262	《中藏》將其歸入"錢糧儲運收支文書"類
	F180：W3	143	364	
	F36：W1	143	349	
	F14：W102	143	356	
	F9：W105	143	341	
律令與詞訟類	律令			
	F146：W5—6	144	667—668	《中藏》編號：[F14：W6—7]
	F19：W16	144	670	
	F209：W1	144	669	
	F210：W5	144	671	
	F20：W6—9	144	669—671	
	F247：W2	144	671	
	F114：W1	144	672	
	F19：W21	144	672	
	F207：W1	144	672	
	審理罪囚			
	F125：W5	144	665	《中藏》編號：[F125：W71]
	驅口案			
	F192：W9	145	679	
	Y1：W57	145	680	
	F111：W31	145	677	
	F125：W72	145	676	
	F80：W12	145	681	

研究編　佛經、古籍文書研究及其他　2227

续表

	文書編號	李書頁碼	中藏頁號	備註
	\multicolumn{4}{c	}{驅口案}	
	F1: W24	145	946	《中藏》將其歸入"其他律令與詞訟文書"
	Y1: W29	145	678	
	T9: W3	145	675	
	F130: W3	146	682	
	\multicolumn{4}{c	}{婚姻案}	
	F124: W10	146	689	
	F1: W65	146	690	
	F79: W42	146	691	《中藏》編號：[F14: W7]
	F111: W73	146	688	
	F13: W301	146	685	
	\multicolumn{4}{c	}{鬥殺案}	
律令與詞訟類	F116: W294	147	697	
	F20: W22	147	705	
	F17: W2	147	703	
	F80: W9	147	699	
	F2: W54	147	700	
	F135: W48	147	707	
	F111: W57	147	701	
	F166: W12	148	704	
	F146: W23	148	702	《中藏》圖版有塗抹痕跡，《李書》未作說明
	F111: W74	148	698	
	F21: W3	148	706	
	\multicolumn{4}{c	}{盜賊案}	
	F116: W288	148	726	
	F116: W171	148	720	
	Y1: W110	148	718	
	F111: W43	148	717	
	F1: W57	149	714	
	F207: W14	149	721	《中藏》編號：[F207: W4]
	F204: W1	149	727	
	Y1: W86	149	713	《中藏》編號：[Y1: W86A]
	F131: W4	149	724	《中藏》中此編號文書共四件，其中一件《李書》未錄

续表

	文書編號	李書頁碼	中藏頁號	備註
律令與詞訟類	盜賊案			
	F1:W22	149	719	
	F1:W62	150	722	
	F155:W10	150		此為《中藏》[F115:W11]號文書背面文字，《中藏》未加收錄。且《中藏》2198頁[84H·F155:W10/2112]號文書與此內容不同
	財務類			
	F4:W7	150	736	
	F144:W6	150	737	
	F180:W4	150	741	
	F111:W65	150	742	
	F193:W12	150	735	
	F79:W41	150	738	
	F73:W16	150	733	
	F111:W70	151	739	
	F234:W9	151	734	
	Y1:W32	151	740	
	F1:W94	151	1227	《中藏》"票據類"[F1:W94正]文書背面
	地土案			
	F116:W98	151	745—747	
	F245:W31	151	752	
	F14:W14	152	753	
	F245:W5	152	766	《中藏》編號：[F245:W15]
	F116:W476	152	767	
	F209:W55	152	751	
	F144:W4	152	763—764	《中藏》編號：[F144:W9a]、[F144:W9b]
	Y1:W137	152	757	《中藏》編號：[Y1:W37B]
	F13:W115	153	758	
	F9:W34	153	750	
	F123:W6	153	760	
	F116:W491	153	754	
	F245:W16	153	761	
	F17:W1	153	748	
	Y1:W55	153	762	

研究編　佛經、古籍文書研究及其他　2229

续表

	文書編號	李書頁碼	中藏頁號	備註
	地土案			
	F178: W4	154	768	
	Y1: W64	154	759	
	Y1: W66	154	749	《中藏》編號：[Y1: W66B]
	F245: W20	154	769	
	F9: W9	154	755	
	F116: W10	154	756	
	麥足朵立只答站戶案文卷			
	F116: W467	154	775—777	
	F116: W237	155	788	
	F116: W501	155	790	
	F116: W502	155	791	
	F116: W242	155	778—787	《中藏》文書排序與《李書》不同。《李書》中第四件殘片，《中藏》排第一
	也火汝足立嵬地土案文卷			
律令與詞訟類	F116: W186（1）	157	795	《中藏》編號：[F116: W186a]
	F116: W186（2）	157	796	《中藏》編號：[84H·F116: W366/1538]
	F116: W186（3—6）	157	197—800	《中藏》編號：[F116: W186（c—f）]
	F116: W231（1）	157	863	此錄文圖版為《中藏》[F116: W231] 號文書左一件
	F116: W231（2—3）	158	864	《中藏》編號：[84H·F116: W231/1403]
	F116: W231（4—5）	158	863	此錄文圖版為《中藏》[F116: W231] 號文書右一、右二件
	F116: W479	158	804—808	《中藏》中此編號文書共有8件殘片，其中兩件《李書》未錄
	F116: W475	158	801	《中藏》編號：[F116: W541]
	F116: W23（1）	159	866	《中藏》編號：[F116: W23（2—2）]
	F116: W23（2）	159	810	此件文書《中藏》無原始編號，出版編號：[M1·0647]
	F116: W23（3）	159	865	《中藏》編號：[F116: W23（2—1）]
	F116: W23（4）	159	811	此件文書《中藏》無原始編號，出版編號：[M1·0648]
	F116: W27（1—4）	159	827—828	

续表

	文書編號	李書頁碼	中藏頁號	備註
律令與詞訟類	也火汝足立鬼地土案文卷			
	F116: W27（5）	159	862	此件文書《中藏》無原始編號，出版編號：［M1·0658］
	F116: W97	159	860	
	F116: W93	160	829—834	《中藏》文書排序與《李書》不同。《李書》中第7—10件殘片，《中藏》排第2
	F116: W104	160	812—826	
	F116: W116	161	802—803	《中藏》編號：［F116: W116a］、［F116: W116b］
	F116: W24（1）	162	838	《中藏》編號：［F116: W24（12—1）］
	F116: W24（2）	162		《中藏》中無此殘片圖版
	F116: W24（3—13）	162	839—848	《中藏》編號：［F116: W24（12—2）—（12—12）］
	F116: W25	163	849—859	
	F116: W474	164	809	
	失林婚書案文卷			
	F116: W58	164	874	
	F116: W38	164	902—904	
	F116: W148	164	913	
	F116: W68	165	905—907	《中藏》編號：［F116: W602］，且《李書》中缺錄一件殘片
	F116: W162	165	914	
	F116: W37（1—2）	165	912	《中藏》編號：［F116: W37］
	F116: W37（3）	165	881	《中藏》編號：［F116: W71B（4—3）］
	F116: W37（4）	165	883	《中藏》編號：［F116: W37］
	F116: W32	166	889—891	
	F116: W71（1—3）	166	879	《中藏》編號：［F116: W71B（4—1）］
	F116: W71（4）	166	880	《中藏》編號：［F116: W71B（4—2）］文書右一件
	F116: W71（5）	166	880	《中藏》編號：［F116: W71B（4—2）］文書左一件
	F116: W107（1）	167	894	《中藏》編號：［F116: W107］文書右一件
	F116: W107（2）	167	880	《中藏》編號：［F116: W71B（4—2）］文書中間一件

续表

	文書編號	李書頁碼	中藏頁號	備註
		失林婚書案文卷		
律令與詞訟類	F116: W206	167	899	
	F116: W185	167	895—896	
	F116: W106	167	897—898	
	F116: W144	167	887—888	
	F116: W246	168	910—911	
	F116: W176	168	900—901	
	F116: W78	168	886	
	F116: W188	168	882	《中藏》編號：[F116: W71B（4—4）]
	F116: W205	169	915—918	
	F116: W79	169	884—885	
	F116: W117	170	871	
	F116: W30	170	893	《中藏》編號：[F116: W202] 文書右半頁
	F116: W202（1）	170	893	《中藏》編號：[F116: W202] 文書左半頁
	F116: W202（2）	170	894	《中藏》編號：[F116: W107]
	F116: W202（3—4）	170	878	此件文書《中藏》無原始編號，出版編號：[M1・0667]
	F116: W45（1—2）	170	877	《中藏》編號：[F116: W71A]，《中藏》892頁[F116: W45] 號文書與此錄文內容不同
	F116: W45（3）	171	908	《中藏》編號：[F116: W48]
	F116: W143	171	909	
		提調站赤		
站赤類	F1: W31	172	1085	《中藏》編號：[83H・F1: W31/0031]
	F13: W127	172	1095	
	F135: W19	172		《中藏》中無此件文書圖版
	F197: W26	172	1083	
	F135: W101	172	1134	《中藏》編號：[84H・F135 炕內E]
	F111: W59	173	1090	
	F111: W53	173	1104	《中藏》編號：[84H・F111: W53/1131]
	F51: W11	173	1094	《中藏》編號：[84H・F51: W11/0836]
	F64: W7	173	1091	《中藏》編號：[84H・F64: W7/0904]
	F116: W4	173	1129	《中藏》編號：[84H・F116: W4/1175]
	F9: W107	173	1092	《中藏》編號：[F19: W107]

续表

	文書編號	李書頁碼	中藏頁號	備註
站赤類	提調站赤			
	F209: W57	173	1093	《中藏》編號：［84H·F209: W57/2355］
	F135: W78	173	1086	
	F2: W65	174	1087	
	F62: W12	174	1088—1089	《中藏》編號：［F62: W12a］、［F62: W12b］
	F14: W5	174	1105	《中藏》編號：［84H·F14: W5/0514］
	F116: W262	174	1126	《中藏》編號：［84H·F116: W262/1434］
	F116: W286	175	1124	《中藏》編號：［84H·F116: W286/1458］
	F116: W289	175	1123	
	F116: W287	175	1123	《中藏》編號：［84H·F116: W287/1459］
	F116: W265	175	1115	《中藏》編號：［84H·F116: W265/1437］
	F116: W272	175	1125	《中藏》編號：［84H·F116: W272/1444］
	F116: W437	175	1143	此錄文為《中藏》［F116: W434］號文書之一部分
	F175: W60	175	1107	《中藏》編號：［F175: W6］
	F131: W8	175	1084	
	簽補站戶文卷			
	F116: W433	175	1137	
	F116: W544	176	1139	此件文書《中藏》無原始編號，出版編號：［M1·0925］
	F116: W543	176	1144	
	F116: W434	176	1143	此錄文最後的14行為《中藏》1145頁出版編號［M1·0928］號文書
	F116: W5	177	1146	
	至正二十四年整點站赤文卷			
	F116: W560	177	1149	
	F116: W220	177	1153	此錄文圖版為《中藏》［F116: W396］號文書的右半件文書
	F116: W396	178	1153	此錄文圖版為《中藏》［F116: W396］號文書的左半件文書
	F116: W558	178	1158	
	F116: W397	178	1163	此錄文圖版為《中藏》［F116: W579］號文書的右半件文書

研究編　佛經、古籍文書研究及其他　2233

续表

	文書編號	李書頁碼	中藏頁號	備註
	至正二十四年整點站赤文卷			
站赤類	F116: W579	179	1163	此錄文圖版為《中藏》[F116: W579] 號文書的左半件文書
	F116: W150（1—2）	179	1179	《中藏》編號：[84H・F116: W168/1340 + 84H・F116: W154/1326]
	F116: W150（3）	179	1180	《中藏》編號：[84H・F116: W155/1327]
	F116: W615	179	1181—1182	《中藏》編號：[84H・F116: W615/1789]
	F116: W571	180	1168	此錄文圖版為《中藏》[84H・F116: W580/1254] 號文書右半件文書
	F116: W580	180	1168	此錄文圖版為《中藏》[84H・F116: W580/1254] 號文書左半件文書
	F116: W567	180	1173	此錄文圖版為《中藏》[F116: W557] 號文書右半件文書
	F116: W577	180	1173	此錄文圖版為《中藏》[F116: W557] 號文書左半件文書
	F116: W578	181	1183	《中藏》編號：[84H・F116: W576/1750]
	F116: W570	181	1192	《中藏》編號：[84H・F116: W570/1744]
	F116: W406	181	1187	《中藏》編號：[84H・F116: W406/1578]
	F116: W189	182	1197	
票據類	F123: W1	183		《中藏》無此件文書圖版，其第1232頁M1・[F123: W1] 與此內容不同
	F1: W38	183		《中藏》無此件文書圖版
	F192: W2	183	1216	
	F126: W4	183	1224	
	F126: W2	183	1232	《中藏》編號M1・[F123: W1]
	F135: W71	183	1218	
	F135: W72	184	1217	
	F105: W5	184	1220	
	F146: W9	184	1216	
	F97: W3	184	1222	
	F270: W6	184	1219	
	F193: W13	184	1215	
	F166: W9	185	1221	
	F209: W29	185	1225	
	F1: W94	185	1226	

续表

	文書編號	李書頁碼	中藏頁號	備註
契約類	F13∶W130	186	1251	
	F13∶W106	186	1259	
	F255∶W35	186	1247	
	F224∶W28	186	1270	
	F209∶W18	186	1252	《中藏》編號：[F249∶W18]
	F246∶W1	187	1263	
	F125∶W40	187	1270	
	F125∶W37	187	1271	
	F2∶W57	187	1277	
	F95∶W1	187	1237	
	F20∶W45	187	1239	
	Y1∶W87	187	1276	
	F62∶W28	187	1244	
	F62∶W27	188	1245	
	F74∶W3	188	1240	
	F270∶W10	188	1250	
	F20∶W15	188	1253	
	F144∶W23	188	1261	
	F38∶W1	188	1243	
	F209∶W58	189	1248	
	F209∶W27	189	1260	
	F209∶W59	189	1291	
	F96∶W3	189	1262	
	F62∶W26	189	1249	
	F277∶W55	189		此件文書正背兩面均有文字，《中藏》當中均未收錄
	Y1∶W201	189	1255	

续表

	文書編號	李書頁碼	中藏頁號	備註
書信類	F155：W11	191	1329	《中藏》編號：［F115：W11］
	F197：W27	191	1328	
	F105：W3	191	1343	
	F41：W5（1）	191	1334	《中藏》編號：［F41：W5B］
	F41：W5（2）	191	1334	《中藏》編號：［F41：W5A］
	F4：W8	191	1339	
	F2：W18	191	1330	
	F13：W122	192	1327	
	F247：W3	192	1336	
	F249：W19	192	1333	
	Y1：W18	192	1332	
	Y1：W117	192	1331	
	F249：W21	192	1342	
	F125：W16	193	1341	《中藏》編號：［F125：W32］
	F146：W24	193	1340	
	F269：W101	193	1326	
	Y1：W36	193	1335	《中藏》編號：［Y1：W41］
	F1：W64	193	1359	
	F122：W1	193	1325	
	F224：W9	193	1336	
	F9：W30	194	1357	
儒學與文史類	府學			
	F39：W1（1）	195		《中藏》中無此件文書圖版
	F39：W1（2）	195	1416	《中藏》編號：［F39：W1—2］
	F77：W1	195	1412	
	F234：W10	195	1413	
	F177：W12	195	1414	
	F197：W14	196	1415	《中藏》編號：［F197：W14A］
	F9：W101	196	1411	
	啟蒙習字			
	F19：W15	196	1448	
	F249：W5	196	1479	此錄文圖版為兩件殘片，且《中藏》位置與此相反

续表

	文書編號	李書頁碼	中藏頁號	備註
儒學與文史類	啟蒙習字			
	F201: W76	196	1444	此錄文圖版為《中藏》[F501: W7a] 號文書下半件文書
	F247: W4	196	1443	《中藏》編號：[84H·F247: W4/2533]
	F234: W7	196	1442	
	F9: W35	196	1448	《中藏》編號：[84H·F9: W31/0285]
	F210: W7	197	1444	此錄文圖版為《中藏》[F501: W7a] 號文書上半件文書
	F234: W8	197	1440	《中藏》編號：[F234: W18]
	F234: W5	197	1441	
	F234: W6	197	1447	《中藏》編號：[84H·F234: W6/2489]
	F204: W2	197	1439	《中藏》編號：[84H·F234: W2/2286]
	F234: W4	197	1446	《中藏》編號：[84H·F234: W4/2487]
	F234: W3	197	1439	《中藏》編號：[84H·F204: W3/2287]
	F234: W13	197	1445	《中藏》編號：[F245: W11]
	F204: W6	198	1436	《中藏》編號：[84H·F204: W6/2290]
	F204: W4	198	1437	
	F146: W8	198	1438	《中藏》編號：[84H·F146: W8/2064]，且圖版中有三行文字，《李書》未錄。
	F204: W5	198	1425	
	F224: W18	198	1424	《中藏》編號：[84H·F224: W18/2440]
	Y1: W68（1）	198	1478	此錄文圖版為《中藏》[84H·Y1 采: W68/2738] 號文書上件文書
	Y1: W68（2）	198	1478	此錄文圖版為《中藏》[84H·Y1 采: W68/2738] 號文書下件文書
	Y1: W69	198	1478	此與 [Y1: W68（2）] 為同一件文書
	Y1: W102	198	1438	《中藏》編號：[84H·Y1 采: W102/2772]
	Y1: W95	198	1429	《中藏》編號：[84H·Y1 采: W95/2765]
	Y1: W98	199	1428	《中藏》編號：[84H·Y1 采: W98/2768]
	F2: W62	199	1427	
	F175: W1	199	1423	《中藏》編號：[84H·F175: W1/2177]
	F2: W61	199	1426	《中藏》編號：[84H·F2: W61/0128]
	F1: W46	199	1431	《中藏》編號：[84H·F1: W46/0046]

续表

	文書編號	李書頁碼	中藏頁號	備註
	啟蒙習字			
	F117: W17	199	1430	《中藏》編號：［84H・F117: W19/1809］
	F9: W32	199	1430	《中藏》編號：［84H・F9: W32/0286］
	Y1: W72	199	1478	此錄文圖版為《中藏》［84H・Y1 采: W68/2738］號文書中件文書
	F62: W2	199	1433	《中藏》編號［F62: W3］號文書下半件。《中藏》1434 頁［84H・F62: W2/0870］號文書與此内容不同
	F62: W3	199	1435	《中藏》編號：［84H・F62: W3/0871］。《中藏》1433 頁［F62: W3］號文書與此内容不同
	F62: W5	200	1433	《中藏》編號［F62: W3］號文書上半件
	F62: W4	200	1435	《中藏》編號：［84H・F62: W4/0872］
	F62: W6	200	1434	《中藏》編號：［84H・F62: W2/0870］
	F239: W2	200	1432	《中藏》編號：［84H・F239: W2/2495］
	Y1: W93	200	1434	
儒學與文史類	詩文抄本			
	Y5: W10	200	1488	
	Y1: W26（1—3）	200	1489—1491	《中藏》編號：［Y1: W27（a—c）］
	Y1: W26（4）	200	1492	《中藏》編號：［Y1: W26B］
	Y1: W26（5）	201	1493	《中藏》編號：［Y1: W27d］
	Y1: W42	201	1486	
	F2: W58	201	1485	
	F146: W31	201	1495	
	Y1: W40	201	1487	《中藏》編號：［Y1: W40B］
	書籍印本			
	F1: W67	201	1565	
	F43: W2	201	1566	《中藏》編號：［F197: W2B］
	F19: W14	201	1564	
	F21: W23	201	1564	
	F197: W2	201	1564	《中藏》編號：［F197: W2A］
	F43: W1	202	1572	
	F90: W1	202	1561	
	F90: W2—3	202	1570—1571	
	F124: W11	202	1563	

续表

	文書編號	李書頁碼	中藏頁號	備註
	書籍印本			
儒學與文史類	F64：W1	202	1562	
	F209：W2—4	202	1567—1569	
	F6：W36	202	1573	
雜類	封籤及包封			
	F125：W63	203	1638	
	F125：W70	203	1639	
	F125：W66	203	1639	
	F125：W64	203	1640	
	F116：W8	203	1641	
	F116：W87	203	1636	《中藏》編號：[F116：W81B]
	F167：W1	203	1642	
	F167：W2	203	1640	
	F209：W50	203	1643	《中藏》編號：[F209：W48]
	F125：W62	203	1635	
	Y1：W5	203	1644	
	F111：W46	203	1645	
	F125：W49	203	1646	
	F224：W22	203	1646	
	F135：W21	203		《中藏》中無此件文書圖版
	Y1：W189	203	1647	《中藏》編號：[Y1：W89B]
	F249：W24	204	1644	
	Y1：W118	204	1648	
	F7：W101	204	1649	
	F111：W6	204	1649	
	F224：W6	204	1650	
	F279：W1	204	1651	
	束貼			
	F111：W20	204	1660	
	F6：W81	204	1662	
	F1：W56	204	1655	
	Y1：W9	204	1656	《中藏》編號：[Y1：W9A]
	F6：W77	204	1661	
	Y1：W106	204	1657	
	F41：W2	204	1659	

续表

	文書編號	李書頁碼	中藏頁號	備註
	官私錢物帳			
	F51: W12	205	428	
	Y1: W138	205	427	
	F21: W10	205	426	
	F48: W3	205	425	《中藏》編號：[F148: W3]
	F20: W20	205	426	
	F19: W66	205	424	
	F6: W75	205	423	
	Y1: W20	205	423	
	F97: W4	206	429	
	F13: W103	206	421	
	F13: W126	206	419	
	Y1: W25	206	416	
	F20: W38	206	415	
	F13: W123	206	420	
雜類	F217: W5	207	414	
	F9: W6	207	413	
	F1: W33	207	431	《中藏》編號：[F1: W37]
	F175: W8	207	430	
	F160: W5	207	438	
	F234: W18	207	432	《中藏》編號：[F234: W8]
	F270: W3	208	416	
	醫算			
	F20: W10	208	1595	
	F62: W24	208	1596	
	F21: W18	208	1597	
	F8: W2	208	1597	
	F14: W7	208	1600	《中藏》編號：[F14: W7B]
	F13: W113	208	1599	
	F13: W114	208	1598	

续表

	文書編號	李書頁碼	中藏頁號	備註
雜類	符占秘術			
	F135: W39	209	1616	
	F1: W44	209	1616	
	F1: W45	209	1617	
	F62: W23	209	1614	
	F61: W3	209	1615	
	F61: W2	210	1613	
	F61: W1	210	1620	
	F62: W22	210	1620	
	F137: W2	210	1593	《中藏》將其歸入"醫算"類
	F150: W4	210	1618	
	F150: W3	211	1619	
	F14: W1	211	1622	
	F14: W2	211	1622	
	F89: W1	211	1623	
	F62: W15	211	1621	《中藏》編號：[F62: W5]
	堪輿地理書			
	F13: W90	211	1631	
	F13: W63	211	1632	
	曆學			
	F21: W24	212	1605	此為《中藏》編號[F21: W24d]或[F21: W24a]中之一件
	F19: W18	212	1605	
	F21: W22	212	1605	此為《中藏》編號[F21: W24d]或[F21: W24a]中之一件
	F21: W25	212	1606	
	F13: W87	212	1610	
	F14: W10	212	1604	
	F13: W86	212	1607	《中藏》編號：[F13: W86b]
	Y1: W71	212	1603	《中藏》編號：[Y1: W7B]

续表

	文書編號	李書頁碼	中藏頁號	備註
		佛徒習學本		
	F191：W102	213		《中藏》中無此件文書圖版
	F191：W101	213	1777—1782	
	F79：W7	214		《中藏》中無此件文書圖版
		佛經抄本		
	F191：W103	216	1667—1693	
	F218：W1	219	1707	
	F13：W12	219	1702	
	F19：W12	219	1700—1701	
	F19：W5	219	1708—1710	
	F14：W11	220	1714	
	F13：W25	220	1703	
	F13：W2	220	1711	
	F13：W3	220	1704—1705	
	F13：W4	220	1713	
佛教類	F13：W11	220		《中藏》中無此件文書圖版
	F9：W13	221	1712	
	F209：W9	221	1715	
	F9：W36	221	1694	此件文書與［F9：W38］為同一件文書
	F19：W8	221	1706	
	F20：W3	221		《中藏》中無此件文書圖版
	F245：W8	221	1771	《中藏》中將其歸入"印本佛經"類
	F14：W12	221	1774	《中藏》中將其歸入"印本佛經"類
	F245：W9	221	1771	《中藏》中將其歸入"印本佛經"類
	F13：W15	221	1694—1699	
	F9：W38	223	1694	
		佛經印本		
	F14：W13	223	1736	
	F9：W20	223	1731—1733	
	F15：W1	223	1752	
	F197：W4	223	1752	
	F197：W6	223	1744	
	F245：W6	223	1739—1741	

续表

	文書編號	李書頁碼	中藏頁號	備註
	佛經印本			
佛教類	F6∶W70	223	1744	
	F13∶W28	223	1764—1765	
	F13∶W16	223	1767、1771	《中藏》編號：［F13∶W16—1］、［F13∶W16—2］
	F13∶W17	223	1734—1735	
	F9∶W42	223		《中藏》中無此件文書圖版
	F13∶W49	223	1751	
	F5∶W13	223	1761	
	F280∶W101	223	1766	
	F209∶W13	223	1745—1746	
	F19∶W1	224	1761—1763	
	F13∶W36	224	1760	

（原刊於《俄藏黑水城漢文非佛教文獻整理與研究》，北京師範大學出版社 2012 年版）

後　　記

　　本書為筆者主持2011年國家社科基金重大招標項目《黑水城漢文文獻整理與研究》的主要成果之一。本項目結項成果原擬分為文獻整理和文獻研究兩個系列，其中文獻整理系列成果包括三部，分別是《中國藏黑水城漢文文獻整理》、《俄藏黑水城漢文佛教文獻（佛經除外）整理》和《英藏及混入俄藏敦煌文獻中黑水城漢文文獻整理》。本來《中國藏黑水城漢文文獻整理》是計劃作為整套書第一部書出版的，但陰差陽錯，《英藏及混入俄藏敦煌文獻中黑水城漢文文獻整理》最先由天津古籍出版社於2015年5月出版（出版時名稱被改為《英藏及俄藏黑水城漢文文獻整理》），已經列名"之一"，所以本書只能屈居"之二"了。同時，由於本書還收入了部分研究成果，因此又改名為《中國藏黑水城漢文文獻整理與研究》。

　　本书整理編的文書排序與大型文獻圖集《中國藏黑水城漢文文獻》圖版排序一致，按照圖版所顯示的文書格式錄文。我們知道，目前學界對黑水城文書整理一般有兩種排序方式：一是分類排列整理法，即依據文書內容將同類型文書歸為一類進行排序，《黑城出土文書（漢文文書卷）》及《中國藏黑水城漢文文獻》兩書即採用此種整理方式；二是按文書編號排序整理法，俄藏及英藏黑水城文獻整理各書均採用此種整理方式。相對而言，分類整理法的最大特點就是可以將不同地點出土的同類型文書彙集一起，便於研究者進行專題研究之時使用。另外，此種整理方法還將斷裂開來，分處於不同出土地的同一文卷文書進行歸攏，最大限度地復原文卷。但是，此種整理方法也存在着不可忽視的缺點。這是因為文書的出土地點及出土順序，蘊含着豐富的原始信息。例如某些文書殘缺嚴重時，我們可以根據同一地點出土的文書，而對其進行性質、年代的判定以及進行文書綴合等等。在最初科茲洛夫對黑水城的發掘中，進行的是一種盜掘式發掘,未能留下一份完整科學的發掘報告,故而《俄藏黑水城文獻》《俄藏敦煌文獻》中所列文書編號并不能代表其出土地點,導致大部分文書無法準確判定其出土地點,這就對進一步研究造成了一定程度的障礙。例如,因為缺乏詳細的發掘信息,對於各個出土地所出土文書的年代未有精準判斷,學界對以發現大量文獻而聞名的"著名的大塔"的具體廢棄年代仍未達成一致觀點。而斯坦因和內蒙古自治區文物考古研究所同阿拉善盟文物工作站對黑水城進行的發掘則是按照科學方法進行的考古發掘,根據此兩次發掘所獲文書的編號就可知道文書出土的確切位置,這相對於《俄藏黑水城文獻》而言是一個很大的進步。而如果按照分類法進行整理的話,《中國藏黑水城漢文文獻》的這一優勢將無從體現。故而,我們曾經力圖按照出土地來排序文書,以求最大限度地保存文書的原始信息,本項目結項時提交的有關中國藏黑水城文獻整理的成果就是以出土地點為序來彙集和排序文書的。但是,本書最終出版時又採取了與《中國藏黑水城漢文文獻》一致的分類排序,放棄了按出土文書地點排序,主要是因為我們在尋找當年內蒙古自治區文物考古研究所發掘黑水城遺址的詳圖時遇到了重重困難。而沒有遺址文書出土地點詳圖,僅僅按文書出土地點排序,其意義很有限。可喜的是,筆者前段時間聽杜建錄先生說,寧夏大學西夏學研究院已經掌握了文書出土地點詳圖的資料。這無疑是個好消息,也為以後完整復原中國藏黑水城漢文文獻出土地點的詳細分佈和原始信息提供了值得期待的希望。

本書整理編主要由筆者和宋坤、陳瑞青、杜立暉等承擔,其中宋坤貢獻最大,陳瑞青、杜立暉次之,張春蘭、趙生泉、陳靜、魏琳、張重艷、劉廣瑞、郭兆斌、毛永娟、薄嘉、白寧寧、朱建路、蔡偉政、張淮智等參加了一部分整理工作。研究編彙集的論文主要是筆者和楊淑紅、陳瑞青、杜立暉、宋坤、郭兆斌、蔡偉政、薄嘉等近年的研究成果。

在本書即將出版之際,我要特別感謝全國社科規劃辦和國家社會科學基金學科評審專家在課題立項方面給予的大力支持;感謝宋坤、陳瑞青、杜立暉在本書整理編纂中付出的辛勤勞動;感謝張春蘭、趙生泉、陳靜、魏琳、張重艷、劉廣瑞、郭兆斌、毛永娟、薄嘉、白寧寧、朱建路、蔡偉政、張淮智等學生多次參與本書整理過程中的錄核審校以及目錄英譯;感謝河北師範大學歷史文化學院各位領導和老師對筆者多年從事黑水城文獻研究和教學工作的關照支持;感謝河北省社科規劃辦和本院科研處對本課題研究的支持；感謝中國社科出版社對本書出版的支持。向所有在本課題申請、立項、實施和出版過程中給予支持的各位先生表達最誠摯的謝意！

孫繼民
2015 年 9 月於石家莊